Revista de Direito Tributário

109/110

MALHEIROS EDITORES

Revista de Direito Tributário

Publicada sob os auspícios do
Instituto Geraldo Ataliba — IDEPE — Instituto Internacional de Direito Público e Empresarial
Presidente: Prof. Aires Barreto

ISS 0102-7956

REVISTA DE DIREITO TRIBUTÁRIO
publicação trimestral de
MALHEIROS EDITORES LTDA.
Rua Paes de Araújo, 29, 17º andar - conj. 171
CEP: 04531-940 - São Paulo, SP
Tel. (11) 3078-7205
Fax. (11) 3168-5495
Diretor Responsável: Álvaro Malheiros
Diretora: Suzana Fleury Malheiros

Assinaturas e comercialização:
CATAVENTO DISTRIBUIDORA
DE LIVROS S.A.
Rua Conselheiro Ramalho, 928
CEP 01325-000 - São Paulo - SP
Tel. (11) 3289-0811 – Fax. (11) 3251-3756
Supervisão Gráfica: Vânia Lúcia Amato
Composição: *Scripta*
Impressão: Paym Gráfica e Editora Ltda.

SUMÁRIO

CADERNOS DE DIREITO TRIBUTÁRIO

EL PRINCIPIO DE NEUTRALIDAD FISCAL Y LA FINANCIACIÓN DE LAS SOCIEDADES EN LA UNIÓN EUROPEA 7

– César García Novoa

TRIBUTAÇÃO SOBRE "VENDAS DIRETAS" PELO INSS 28

– Paulo de Barros Carvalho

A NOVA LEI DO MANDADO DE SEGURANÇA E AS RESTRIÇÕES À GARANTIA DE JURISDIÇÃO EM MATÉRIA TRIBUTÁRIA 41

– Hugo de Brito Machado

LA APLICACIÓN DEL PRINCIPIO DE RETROACTIVIDAD DE LA LEY PENAL MÁS FAVORABLE EN EL DELITO FISCAL 50

– Luis Manuel Alonso González

ELISÃO FISCAL: LIMITES NA DESCONSIDERAÇÃO DE NEGÓCIOS JURÍDICOS 59

– Maria Rita Ferragut

ESTRITA LEGALIDADE E A IMPORTÂNCIA DAS PROVAS NA APLICAÇÃO DAS NORMAS JURÍDICAS TRIBUTÁRIAS 71

– Fabiana Del Padre Tomé

FEDERAÇÃO E SISTEMA TRIBUTÁRIO 82

– Fernando Aurelio Zilveti

A SUPERAÇÃO DE REGRAS POR PRINCÍPIOS JURÍDICOS NA ATIVIDADE JURISDICIONAL: UM ENFOQUE PELA ANÁLISE ECONÔMICA DO DIREITO 93

– Cristiano Carvalho e Manoel Gustavo Neubarth Trindade

AS CONTRIBUIÇÕES DE INTERVENÇÃO NO DOMÍNIO ECONÔMICO E SUA DESTINAÇÃO NECESSÁRIA: NOTAS CARACTERIZADORAS DA ESPÉCIE TRIBUTÁRIA 107

– Fernando F. Castellani

TAXA E PREÇO PÚBLICO: POR UMA REAVALIAÇÃO DO CONCEITO DE TRIBUTO E DEFINIÇÃO DAS ESPÉCIES TRIBUTÁRIAS 126

– Florence Haret

"VERDADE MATERIAL" *VERSUS* PRECLUSÃO: TRAÇANDO LIMITES 145

– Alberto Macedo

SIGILO FISCAL E A SUA TRANSFERÊNCIA AO MINISTÉRIO PÚBLICO: ABORDAGEM DA JURISPRUDÊNCIA DOMINANTE NO STF E NO STJ...... 158
– Oswaldo Othon de Pontes Saraiva Filho

IMPOSTO SOBRE PROPRIEDADE DE VEÍCULOS AUTOMOTORES E O RODÍZIO VEICULAR NO MUNICÍPIO DE SÃO PAULO...... 188
– Íris Vânia Santos Rosa e Victor Manzin Sartori

LACUNAS NO SISTEMA JURÍDICO E AS NORMAS DE DIREITO TRIBUTÁRIO...203
– Renata Elaine Silva

ESTUDOS E COMENTÁRIOS

O NASCIMENTO OU NÃO DE OBRIGAÇÃO TRIBUTÁRIA EM RAZÃO DO FECHAMENTO DE EMPRESA INDIVIDUAL COM A TRANSFERÊNCIA DOS SEUS ATIVOS À PESSOA FÍSICA...... 213
– Fernando Rister de Sousa Lima

CRÍTICA À ANÁLISE MACROLÓGICA DO DIREITO CONCORRENCIAL ECONÔMICO E SUA INFLUÊNCIA NA INTERPRETAÇÃO DO DIREITO TRIBUTÁRIO...... 233
– Diego Bomfim

O CRITÉRIO DA FONTE NUM CENÁRIO GLOBALIZADO: IMPRECISÕES CONCEITUAIS E O PARADIGMÁTICO CASO *AGASSI*...... 242
– João Victor Guedes Santos

PLANEJAMENTO TRIBUTÁRIO POR MEIO DE ACORDOS DE BITRIBUTAÇÃO (*TREATY SHOPPING*) – “CASO PRÉVOST” E CONCEITO DE “BENEFICIÁRIO EFETIVO”...... 259
– Rodrigo de Freitas

TRANSAÇÃO TRIBUTÁRIA E O PROJETO DE LEI N. 5.082/2009...... 282
– Ana Paula da Costa Herrera

O DECRETO FEDERAL 7.126/2010 E O FAP: A CORREÇÃO DE DISTORÇÕES DA PORTARIA INTERMINISTERIAL 329/2009...... 292
– Camila Campos Vergueiro Catunda

ORÇAMENTO PÚBLICO: UMA VISÃO ANALÍTICA...... 303
– Celso de Barros Correia Neto

ICMS-IMPORTAÇÃO E INTERSTADUAL: UMA QUESTÃO SOBRE A SUJEIÇÃO ATIVA NAS OPERAÇÕES DE IMPORTAÇÃO...... 327
– Rodrigo Antônio da Rocha Frota

LIMITES À INTERPRETAÇÃO DO DIREITO E A IMUNIDADE DOS TEMPLOS RELIGIOSOS...... 339
– Rosana Pasinato

HABILITAÇÃO DO CRÉDITO PÚBLICO NA FALÊNCIA: EFICIÊNCIA NA ARRECADAÇÃO E EFETIVIDADE PROCESSUAL...... 362
– Rafael Gaia Edais Pepe

Revista de Direito Tributário

CADERNOS DE DIREITO TRIBUTÁRIO

Fundador: Rubens Gomes de Sousa (†)

CADERNOS DE DIREITO TRIBUTÁRIO

EL PRINCIPIO DE NEUTRALIDAD FISCAL Y LA FINANCIACIÓN DE LAS SOCIEDADES EN LA UNIÓN EUROPEA

CÉSAR GARCÍA NOVOA
Catedrático de Derecho Tributario/Universidad de Santiago de Compostela (España).
Director del Curso de Experto en Fiscalidad Internacional
y del Curso de Especialización en Derecho Tributario de la Universidad de Santiago.

1. El principio de neutralidad. 2. La neutralidad en el derecho comunitario europeo. 3. Neutralidad y libertad de establecimiento en la Unión Europea. 4. La neutralidad y la libre circulación de capitales. La fórmula import-export. La neutralidad fiscal interna y externa. 5. Las matizaciones en el ámbito del derecho comunitario europeo. 6. La falta de neutralidad en cuanto a la forma de financiación de una compañía. 7. La subcapitalización como mecanismo de reacción contra el abuso en la opción de financiación mediante préstamos: 7.1 Sistema de ratio fija de endeudamiento – 7.2 Asimetría en la calificación – 7.3 Contradicción de la cláusula de subcapitalización con los convenios de doble imposición concertados siguiendo el modelo de la OCDE – 7.4 Contradicción de la cláusula de subcapitalización con el derecho comunitario. El juego de la libertad de establecimiento y la sentencia "Lankhorst".

1. El principio de neutralidad

El escenario de la globalización ha supuesto que los agentes económicos, tanto públicos como privados, hayan tenido que replantearse sus estrategias y comportamientos. Como dicen Vallejo Chamorro-Gutiérrez Lousa, "en el ámbito de lo público, los Poderes Públicos han tenido que replantearse tanto los postulados a los que sus políticas han de servir, como los instrumentos con que para ello cuentan. Así, se han ido abandonando posiciones más intervencionistas, en las que el Estado utilizaba activamente todos los instrumentos de política monetaria y fiscal que tenía a su disposición para actuar sobre el funcionamiento del mercado; el principio de redistribución e intervención de los Poderes Públicos se ha impuesto como consecuencia del cada vez mayor funcionamiento autónomo de la economía. Los Poderes Públicos han tenido, por tanto, que adaptarse a la idea de que su actuación debe orientarse al logro del funcionamiento eficiente de la economía, para lo qué han de desplegar políticas neutrales".[1] Se habla de neutralidad en el sentido de no interferencia de la fiscalidad en la toma de decisiones de los operadores económicos, por ejemplo a la hora de colocar el ahorro o a la hora de decidir las formas de previsión social privada.

La neutralidad es así un principio que en los últimos tiempos se va abriendo paso, con pretensiones de erigirse en un "principio propio" en materia tributaria, es el principio de neutralidad impositiva. Con un lejano origen en el postulado de la "neutralidad distributiva" que en su momento había formulado J. Stuart Mill, según el cual la imposición no debe modificar en nada la situación económico-financiera relativa de los contribuyentes, lo que viene a significar en la actualidad, como ha señalado Neumark, es que el impuesto no debe provocar distorsiones en la competencia, considerando a la misma como una institución "esencialmente trascendente para el orden económico".[2] Pero para el propio Neumark la neutralidad "correctamente interpretada" es una orientación de la política fiscal que aconseja no intervenir en los mecanismos competitivos del mercado allí donde exista una competencia aproximadamente perfecta. Si bien un escenario de competencia perfecta no es imaginable sí lo es un orden jurídico que contemple como valores a proteger por el derecho las libertades económicas.

En este sentido, el principio de neutralidad adquiere especial importancia en sectores del ordenamiento donde lo trascendental es una libre actuación económica, que se erigiría en valor trascendental, y donde la aplicación de determinados tributos supondría perturbar esa libre actuación económica, sobre todo en lo concerniente a la elección del territorio para llevar a cabo la inversión.[3] Especialmente importante es la regla de la neutralidad en lo concerniente al derecho comunitario europeo, que es un ordenamiento de libertades económicas y que tiene como objetivo proteger las "cuatro libertades fundamentales" – libre circulación de trabajadores (art. 39 del Tratado constitutivo de la Comunidad Económica Europea, tras la reforma por el de Ámsterdam), derecho de establecimiento (art. 48), libre circulación de servicios (art. 49) y libre circulación de capitales (art. 56).

2. La neutralidad en el derecho comunitario europeo

En el ordenamiento comunitario europeo la neutralidad no es un principio propio. Es más bien una regla general, que tiene la función de un criterio interpretativo. Y se trata de una regla limitada a ciertos ámbitos de la normativa comunitaria. Hay dos casos muy claros donde la neutralidad tiene un papel importante en el Derecho Europeo. Así, en lo relativo a las operaciones de reestructuración el "Preámbulo" de la versión española de la Directiva 90/434/CEE dice que las "fusiones, escisiones, aportaciones de activos y canjes de acciones entre sociedades de diferentes Estados-miembros pueden ser necesarios para crear en la Comunidad condiciones análogas a las de un mercado interior, y para garantizar así el establecimiento y el buen funcionamiento del mercado común", no debiéndose ver aquéllas "obstaculizadas por restricciones, desventajas o distorsiones particulares derivadas de las disposiciones fiscales de los Estados-miembros". Es esta "neutralidad" la que inspira el llamado *régimen de diferimiento*, que la Directiva 90/434/CEE incluye como principio fun-

1. Vallejo Chamorro y M. Gutiérrez Lousa, "Los convenios para evitar la doble imposición: análisis de sus ventajas e inconvenientes", *Instituto de Estudios Fiscales, Documento 6*, 2002, pp. 14-15.

2. F. Neumark, *Principios de la Imposición*, Madrid, IEF, 1974, pp. 316-317.

3. C. M. López Espadafor, *Fiscalidad Internacional y Territorialidad del Tributo*, monografía, Madrid, McGraw Hill, 1995, 173.

damental en la ordenación de las reestructuraciones empresariales.[4]

Pero en el caso de esta Directiva 90/434/CEE gira en torno a la implementación de un *beneficio* para las operaciones de reestructuración empresarial, construido a partir de un régimen opcional para el contribuyente, llamado *régimen de diferimiento*, el cual, a grandes rasgos, significa que no se exigirán las plusvalías (diferencia entre el valor normal de mercado de los elementos transmitidos y el valor neto contable, en tanto los elementos transmitidos se valoran por su valor de mercado) que se generen como consecuencia de la transmisión de bienes y derechos con ocasión de las operaciones de reestructuración, ya que estos elementos patrimoniales conservarán el valor que tenían en la entidad transmitente, de manera que el gravamen de tales plusvalías se pospone hasta que, eventualmente, los bienes sean enajenados.[5] La Directiva recoge una regla de continuidad en la valoración, imponiendo además la continuidad en los criterios de determinación del resultado y facultando a que los Estados-miembros permitan que las sociedades beneficiarias de las operaciones asuman las pérdidas de las sociedades transmitentes. En el *Diario Oficial de la Unión Europea* de 25.11.2009 se publica la Directiva 2009/133/CE, del Consejo, de 19.10.2009, por la que se aprueba un texto refundido sobre el régimen fiscal de fusiones y escisiones, y en su art. 2,2, en la misma línea, se dice que: "Las fusiones, escisiones, escisiones parciales, aportaciones de activos y canjes de acciones entre sociedades de diferentes Estados-miembros pueden ser necesarios para crear en la Comunidad condiciones análogas a las de un mercado interior, y para garantizar así el buen funcionamiento de dicho mercado". Dichas operaciones no deben verse obstaculizadas por restricciones, desventajas o distorsiones particulares derivadas de las disposiciones fiscales de los Estados-miembros, por lo qué "es importante establecer para dichas operaciones unas normas fiscales neutras respecto de la competencia, con el fin de permitir que las empresas se adapten a las exigencias del mercado interior, aumenten su productividad y refuercen su posición de competitividad en el plano internacional".

La intención de la Directiva no es otra que invocar la neutralidad para habilitar una medida como el diferimiento que exime del pago de tributos por las ganancias de capital puestas de manifiesto en una operación de reestructuración. Es decir, pretende habilitar un beneficio fiscal para propiciar en la Unión Europea condiciones económicas y de competitividad iguales a las de un mercado interior. Se trata de permitir que las empresas se adapten a las exigencias del mercado interior, aumenten su productividad y refuercen su posición de competitividad en el plano internacional. Lo que exige facilitar la adaptación de los operadores económicos a un entorno de competencia internacional. Para ello resulta imprescindible la neutralidad de los sistemas fiscales en relación con las operaciones de adaptación de las estructuras económico-societarias a ese entorno, evitando una penalización de las mismas. La neutralidad supone que la tasación no suponga un impedimento para la toma de decisiones empresariales tendentes a la realización de operaciones de reestructuración o reorganización empresarial,[6] pero está

4. M. Navarro Egea, *Fiscalidad de la Reestructuración Empresarial*, Madrid, Marcial Pons, 1997, pp. 138-139.

5. M. A. Caamaño Anido, "Comentarios al régimen jurídico de las operaciones de fusión empresarial y figuras afines", en Yebra/García Novoa/López Díaz, *Estudios sobre el Impuesto de Sociedades*, Granada, Editorial Comares, 1998, p. 342. La Directiva establece que la determinación de las correcciones valorativas y, en su caso, de las variaciones patrimoniales se efectúe "en las mismas condiciones en que la habrían realizado la o las sociedades transmitentes si no se hubiera llevado a cabo la fusión e escisión" (art. 4,2 de la Directiva 90/434/CEE).

6. A. Serrano Gutiérrez, "Régimen fiscal de las fusiones, escisiones, aportaciones de activos y canje

claro que el hecho de que no se cobren tributos como una consecuencia de una operación de reestructuración sí es un estímulo, por lo qué la neutralidad, en relación con las operaciones de reestructuración, sí favorece un determinado comportamiento económico al incentivar las operaciones de reestructuración.

Otro ámbito en el cual la neutralidad juega un papel primordial es, sin duda, en la definición del impuesto sobre el valor añadido/IVA. El modelo IVA se diferencia de los impuestos indirectos en cascada, en que el empresario sujeto al mismo queda completamente liberado de su carga económica, lo que se consigue con la deducción del IVA soportado. Ello es una consecuencia de la neutralidad, que se vincula de modo directo a la deducibilidad del impuesto soportado por quienes realicen operaciones sujetas y no exentas. La neutralidad de la carga fiscal es, por tanto, un rasgo definitorio del modelo IVA.[7]

El sistema común del IVA, como dice la sentencia del Tribunal de Justicia de las Comunidades Europeas/TJCE "Ghent Coal Terminal", de 15.1.1998, As. 37/1995, "garantiza, por lo tanto, la perfecta neutralidad con respecto a la carga fiscal de todas las actividades económicas, cualquiera que sean los fines o los resultados de las mismas, a condición de que dichas actividades estén, a su vez, sujetas a IVA".

En el ámbito de la Unión Europea, la normativa comunitaria reconoce también este derecho a la deducción. Y el Tribunal de Justicia de la Comunidad Europea ha insistido en ese aspecto nuclear que tiene el derecho a la deducción en el régimen común del IVA.

Así, la sentencia de 5.5.1982 (*Schul*, 15/1981, Rec. 1982, p. 1.409) dispone que "uno de los elementos de base del sistema del IVA consiste en que el IVA sólo se exige en cada transacción una vez que se ha deducido el importe del IVA que gravó directamente el coste de los diversos elementos integrantes del precio de los bienes y de los servicios (...)". Y las sentencias "Ronpelman Aff.", de 14.7.1998 (Ass. 123 y 330/1987), "Oro", de 5.12.1989 (As. 165/1988) y "Genius Holding", de 13.12. 1989 (As. 342/1987), insisten en que "un elemento básico del sistema del IVA consiste en que, en cada transacción, el IVA sólo es exigible hecha la deducción del importe de la cuota que ha gravado directamente el coste de los diversos elementos constitutivos del precio de los bienes y de los servicios".

3. *Neutralidad y libertad de establecimiento en la Unión Europea*

Frente a ello las exigencias de neutralidad vendrían reforzadas por el juego de la libertad de establecimiento. La misma tie-

de valores", en *Manual del Impuesto sobre Sociedades*, Madrid, IEF, p. 899.

7. Así se ha pronunciado multitud de sentencias del Tribunal de Justicia de la Unión Europea, como sentencias de 14.2.1985, As. 268/1983, Rompelman; 21.9.1988 (TJCE 1989, 31), As. 50/1987, Comisión/República Francesa; 6.7.1995 (TJCE 1995, 117), As. C-62/1993, BP Soupergaz; 18.12.1997 (TJCE 1997, 273), Asuntos acumulados C-286/1994, C-340/1995, C-401/1995 y C-47/1996, Molenheide y otros; 15.1.1998 (TJCE 1998, 1), As. C-37/1995, Ghent Coal Terminal; 21.3.2000 (TJCE 2000, 47), Asuntos acumulados C-110/1998 a C-147/1998, Gabalfrisa y otros; 8.6.2000 (TJCE 2000, 126), As. C-98/1998, Midland Bank plc; 8.6.2000 (TJCE 2000, 125), As. C-396/1998, Grundstückgemeinschaft Schloßstraße GbR; 8.6.2000 (TJCE 2000, 127), As. C-400/1998, Brigitte Breitsohl; 19.9.2000 (TJCE 2000, 198), Asuntos acumulados C-177/1999 y C-181/1999, Ampafrance S/A; 19.9.2000 (TJCE 2000, 199), As. C-454/1998, Schmeink & Cofreth AG & Co. K y Manfred Strobel; 22.2.2001 (TJCE 2001, 58), As. C-408/1998, Abbey National plc; 27.9.2001 (TJCE 2001, 250), As. C-16/2000, Cibo Participations S/A; 8.1.2002 (TJCE 2002, 2), As. C-409/1999, Metropol Treuhand Wirtschaftstreuhandgmb y Michael Stadler; 3.3.2005 (TJCE 2005, 57), As. C-32/2003, I/S Fini H y Skatteministeriet; 26.4.2005 (TJCE 2005, 115), As. C-376/2002, Stichting "Goed Wonen"; 26.5.2005 (TJCE 2005, 143), As. C-465/2003, Kretztechnik AG; 26.5.2005 (TJCE 2005, 149), As. C-536/2003, António Jorge Ltda.; 15.12.2005 (TJCE 2005, 411), As. C-63/2004, Centralan Property Ltd.; y 21.2.2006, As. C-255/2002, Halifax plc, Leeds Permanent Development Services Ltd., County Wide Property Investments Ltd.

ne efecto directo, como recordó la sentencia "Klopp", de 12.7.1984, As. C-107/1983. El derecho comunitario originario, y, en concreto, el art. 43,2 del Tratado, describe el alcance del derecho como la posibilidad de acceder a actividades no asalariadas, así como la constitución y gestión de empresas y de sociedades.

Para el TJCE (por todas, sentencia como "Avoir Fiscal", de 28.1.1986 (As. 270/1983) esta libertad tiene como objeto el establecimiento, y el mismo consiste en participar, de manera estable y continuad, en la vida económica de un Estado diferente al de origen, de tal manera que la libertad correspondiente comprende el ejercicio efectivo de una explotación por medio de una instalación permanente en otro Estado-miembro, con una duración indeterminada y sin limitación previsible. Y, en concreto, la libertad de establecimiento abarcaría el derecho a fijar la sede central de la actividad o a establecer filiales, sucursales o establecimientos permanentes.

En concreto, y como dice la sentencia "Centros", de 9.3.1999 (As. C-212/1997), la libertad de establecimiento comprende el derecho a administrar y constituir empresas en las mismas condiciones que las definidas por la legislación del Estado-miembro de establecimiento para sus propios nacionales. La creación de una filial integra el derecho a la libertad de establecimiento de los arts. 43 a 48 del Tratado de la Unión Europea, como ha reconocido la sentencia "Daily Mail", de 27.9.1988 (As. 81/1987). Ello supone no sólo el derecho a instalarse en otros Países de la Unión Europea y de crear filiales, sino que también abarca el derecho a ser tratado en todos los términos, incluso en el ámbito fiscal, de acuerdo con la normativa del Estado en que dicha filial se localice, como lo ha reafirmado la sentencia "Cadbury Schweppes", de 12.9.2006 (As. C-196/2004).

Y si bien el derecho comunitario no salvaguarda el abuso de las libertades comunitarias, como señala por su parte la sentencia "Centros" no se puede presumir el abuso de la libertad de establecimiento por el mero hecho de que la mayor parte de la actividad económica de una empresa o toda ella se localice en la filial y no en la matriz. En cuanto al aprovechamiento de las ventajas comparativas de tributación, en la sentencia "X e Y", de 21.11.2002 (As. C-436/2000), el TJCE ha afirmado que existe "un auténtico derecho del contribuyente a planificar sus operaciones tributarias teniendo en cuenta las diferencias normativas (y de nivel de tributación efectiva) que existen en las legislaciones tributarias de los Estados-miembros y explotando las oportunidades que le ofrece la red de convenios de doble imposición formados entre los mismos". Ahora bien, esto no quiere decir que la evasión y el fraude fiscal estén protegidos por el TJCE. Las cláusulas antielusorias especiales de carácter nacional, entre ellas la transparencia fiscal internacional, son admisibles siempre que cumplan los requisitos propios de las excepciones imperiosas de interés general a las normas del Tratado, sobre todo que se trate de normas no discriminatorias y que respeten el principio de proporcionalidad entendido como la inaplicación de la norma a transacciones no fraudulentas o abusivas.

4. La neutralidad y la libre circulación de capitales. La fórmula **import-export**. *La neutralidad fiscal interna y externa*

En el derecho comunitario, por tanto, la neutralidad es, en primer lugar, una consecuencia de la prevalencia de las libertades económicas. Y, en segundo lugar, una regla con unas aplicaciones muy concretas, muy diferentes, por ejemplo en las operaciones de reestructuración o en el IVA.

Pero la neutralidad fiscal tiene una importante proyección en el plano internacional. Así podemos hablar de neutralidad entre los diferentes ordenamientos tributarios a la hora de localizar las inversiones o de colocar los servicios en un entorno de libertad económica. Esa neutralidad opera sobre unas manifestaciones de riqueza que toman como base la importación o exportación de bienes con valor económico.

El modelo *import-export* se caracteriza fundamentalmente por que las relaciones económicas entre Países se instrumentan en importaciones y exportaciones de bienes y de servicios.[8] Desde el punto de vista fiscal, este modelo tiene diferentes implicaciones según nos refiramos a la tributación directa o a la indirecta. En lo que aquí nos interesa, vamos a centrarnos en la tributación directa y, en concreto, en la que tiene por objeto el gravamen de los beneficios obtenidos por las empresas y en especial por las sociedades.

En tal sentido conviene recordar que, a nivel internacional, rige el principio de gravamen de las sociedades en el País de residencia, y que la residencia de las sociedades se vincula a la constitución de las mismas de acuerdo con la normativa del País. A partir de ahí, dependerá de si la normativa doméstica recoge el principio de renta mundial (*world wide income*) o la tributación territorial. Siendo la opción prioritaria la tributación por renta mundial, ésta desemboca en dos conclusiones: la primera, que la renta mundial supone tributar en el Estado de constitución de la sociedad (Estado de la residencia del contribuyente) por toda la renta de la sociedad, con independencia del lugar donde se encuentre la fuente de la que esa renta procede.

En segundo lugar, la renta mundial se ve matizada por el principio de independencia, elemento esencial en la regla de la empresa separada. Según esta regla, una filial constituida en otro País es un sujeto independiente que tributa en el Estado de constitución. Se tributa por toda la renta mundial en el Estado donde radique la sociedad, pero sólo por la renta mundial imputable a la sociedad constituida en el País en cuestión. La renta mundial no se lleva a sus últimas consecuencias y no conlleva una consolidación fiscal mundial, de manera que las pérdidas generadas en las filiales no se reflejan en la base imponible de la matriz, salvo a través del cómputo como pérdida fiscalmente deducible del deterioro de la participación en la filial, deterioro que ha de ser generado por dichas pérdidas.

Como señala Delgado Pacheco, la mayoría de los Estados acepta, de una u otra forma, que entidades no residentes del grupo desarrollen actividades y obtengan rentas, que sólo deben tributar en residencia cuando se obtengan en forma de retribución de servicios prestados en este Estado o cuando se produce la distribución de los dividendos procedentes de esas entidades no residentes.[9]

Pues bien; la tributación de las filiales en el Estado en el que estén constituidas (principios de independencia) supone aceptar la posibilidad de que se utilicen las llamadas *base companies*, que son compañías situadas en territorios de favorable o baja tributación, destinadas a remansar rentas sin que éstas lleguen a tributar en el Estado de residencia de su beneficiario último. Frente a las mismas se habilita la figura de las *controlled foreign companies*, que es una norma antielusión aplicable cuando se obtienen rentas pasivas (entendidas como rentas puras de capital) a través de *base companies* situadas en territorios de baja tributación. Pero además de una norma antielusión se trata de un instrumento para proteger el principio de neutralidad en la exportación de capitales.[10]

8. Vallejo Chamorro y M. Gutiérrez Lousa, "Los convenios para evitar la doble imposición: análisis de sus ventajas e inconvenientes", cit., *Instituto de Estudios Fiscales, Documento 6*, p. 16.

9. A. Delgado Pacheco, "Las medidas antielusión en la fiscalidad internacional", en *Nuevas Tendencias en Economía y Fiscalidad Internacional* 825/105-106, ICE, septiembre-octubre/2005.

10. E. Sanz Gadea, "El régimen especial de transparencia fiscal internacional", IEE, *Working Papers*, Banco Pastor/Fundación Barrié/A Coruña, 2000, p. 47.

Sólo algunas propuestas como las que defienden el modelo de *home state taxation* admiten esa consolidación fiscal, rompiendo la regla tradicional del principio de independencia y de la empresa separada para considerar como contribuyente al grupo multinacional así como los establecimientos permanentes de las sociedades del grupo, gravándolo aplicando las normas del Estado de residencia de la matriz. Por tanto, desaparecen las sociedades individualmente consideradas, que se integran ahora en el grupo de sociedades en cuanto sujeto pasivo. El *home state taxation* será una modalidad descartada en Europa a favor de la modalidad del *common consolidated corporate tax base*, que presupone una base armonizada y unas normas dictadas por los órganos de la Unión Europea.

Por eso, en el caso de exportaciones, en cuanto la empresa esté localizada y opere en soberanía fiscal determinada, desde la cual realizará las exportaciones, los beneficios de estas operaciones tributan en el Estado de residencia de la sociedad y, por tanto, el hecho de que las ventas se produzcan dentro de dicha soberanía fiscal o fuera es irrelevante a la hora de determinar el tributo a satisfacer.

Sin embargo, la articulación de la fórmula *import-export* tiene especial relevancia cuando el objeto sobre el que recae la *importación-exportación* son los capitales.

La neutralidad en cuanto a la importación o exportación de capitales tiene una serie de manifestaciones que influyen decisivamente en la imposición directa de las empresas y en las grandes categorías que configuran la fiscalidad internacional de las compañías; especialmente en lo relativo a la manera de afrontar la doble imposición jurídica y económica.

La idea fundamental es que el régimen fiscal no perturbe la libertad de los inversores a la hora de elegir el territorio en el que van a llevar a cabo la inversión. Esto es, que el nivel de presión fiscal no afecte a la decisión de invertir en el propio Estado de residencia o en el extranjero. En realidad, conseguir una auténtica neutralidad depende de decisiones que no están en la mano de la política legislativa de un solo Estado. Por eso, es más fácil lograr condiciones que facilitan la neutralidad en la importación y exportación de capitales en el ámbito del Derecho supranacional que a través de medidas de legislación doméstica.

Así, debemos diferenciar, por un lado, la denominada neutralidad en la exportación de capital (*capital export neutrality*), también llamado *principio de neutralidad interna* – según el cual a los sujetos que producen rentas también en el extranjero o sólo en el extranjero se les debe aplicar el mismo tratamiento tributario, ni más desfavorable ni más favorable, que a los sujetos que producen renta exclusivamente dentro del Estado de la residencia.

Lograr este tratamiento similar plantea muchos problemas para la legislación doméstica. De salida, el elemento de comparación al que referir la neutralidad partiría de dos sujetos residentes. El Estado de residencia podría otorgar un tratamiento semejante al residente que sólo obtiene renta en el País de residencia y al que obtiene renta total o parcialmente en el extranjero. Pero para que esta acción legislativa unilateral garantice la neutralidad en la exportación de capitales sería necesario un modelo internacional de tributación de las rentas basado en el principio de residencia, según el cual la renta, sea cual sea el lugar de inversión, tribute siempre y exclusivamente en el Estado de residencia.

Pero la aplicación del principio de residencia como único criterio de tributación internacional (como en su momento propuso el Informe *Neumark*) no es posible hoy en día, ya que los Estados donde se localizan las inversiones no renuncian a gravar la renta que se genera en su territorio. Y también es evidente que la mayoría de los Estados aplica simultáneamente los principios de residencia y de la fuente.

Y esta evidencia se pone de manifiesto de forma mucho más patente con relación a la tributación internacional de los grupos de sociedades, pues, como dijimos, el principio de renta mundial está condicionado por la regla de la independencia y de la empresa separada. El principio de gravamen de la renta mundial facilita la neutralidad en la exportación de capitales, al pretender un gravamen de las rentas con independencia de la localización de su fuente. Sin embargo, esa neutralidad se rompe en la medida en que no se produce esa consolidación global de la base gravable.

Por ello, el Estado de residencia no puede eliminar la tributación, mayor o menor, en el Estado de la fuente, porque ello es ajeno a su soberanía. Y por eso, también, la principal amenaza a la neutralidad en la exportación de capitales es la doble imposición jurídica internacional.

Por eso, sólo se logrará una verdadera *export neutrality* eliminando las diferencias en el tipo efectivo de gravamen, o, lo que es lo mismo, igualando el tipo efectivo de tributación en todos los Países, y ello sólo puede lograrse mediante acciones normativas que superen el limitado ámbito de la legislación doméstica. Ello exigiría, por supuesto, que todos los Países estuviesen integrados en un espacio armonizado, lo cual hoy tampoco es factible en la imposición directa ni siquiera en la Unión Europea. Fuera de los ordenamientos supranacionales, es más difícil todavía una igualación de tipos, ya que poder tributario es algo inherente a la soberanía, y el actual marco de globalización económica ha propiciado la competencia fiscal internacional. Siendo la competencia fiscal indeseable, y así lo proclama la OCDE, su eliminación o mitigación requiere una acción internacional. Y en un sistema basado en el principio de neutralidad en la exportación, en última instancia, lo que pretende es eliminar la competencia fiscal.

Por tanto, por un lado la imposición en el País de residencia coexiste con la tributación en el País de la fuente, generando situaciones de doble imposición jurídica internacional, que son la principal amenaza a la neutralidad en la exportación de capitales. Por tanto, el Estado de residencia deberá adoptar mecanismos para mitigar esa doble imposición. El criterio de la exención parece ser el más aconsejable, puesto que el método alternativo de deducción del impuesto efectivamente satisfecho (*tax credit*) es sólo una corrección parcial pero no suficiente, ya que supone que en el Estado de residencia se va a soportar la diferencia entre el gravamen satisfecho en origen y el más elevado que correspondería según la legislación interna, sino evitando que las rentas obtenidas en un mismo territorio soporten un gravamen distinto en función de que el contribuyente sea o no residente.

Además, la adopción del criterio de residencia legitima un tratamiento diferenciado respecto al no residente, salvo las exigencias de la jurisprudencia de la Unión Europea con relación al principio de no discriminación. En el marco de la jurisprudencia comunitaria, si bien se admite un tratamiento distinto entre residentes y no residentes, éste no puede encubrir una discriminación por razón de la nacionalidad, línea abierta por la sentencia del TJCE Comisión *versus* Francia, conocida como "Avoir Fiscal", de 28.1.1986 (As. 270/1983), lo que supone la exclusión en el ámbito tributario de las denominadas distorsiones fiscales, esto es, discriminaciones de origen fiscal que alteren la competencia de un mercado.

Junto con la *export neutrality* debemos mencionar la neutralidad en la importación de capitales (*import neutrality*) o neutralidad externa (*foreign neutrality*). La neutralidad en la exportación era un principio que iban a aplicar preferentemente los Estados de la residencia de los contribuyentes que suelen ser Países exportadores de capital. Por el contrario, la neutralidad en la importación o neutralidad externa tiene como destinatarios los llamados Estados de la fuente. Esta neutralidad supone que estos Estados deben aplicar igual régimen fiscal a quienes obtienen rentas de modo exclusivo en el mismo que a quienes, por ser residentes en Países terceros, obtienen parte de sus rentas en otro País. Es decir, el Estado de la fuente debe articular los medios para que todos los inversores que localicen sus inversiones en una determinada jurisdicción tengan el mismo tratamiento fiscal, con independencia de su residencia. Pero es evidente que el logro de esta finalidad no puede obtenerse sólo por medio de la actuación del Estado de la fuente.

Como hemos dicho, la neutralidad en la exportación sólo puede lograrse plenamente a través de una imposible igualación de tipos efectivos. Pero la neutralidad en la importación de capitales parte de unos presupuestos mucho más realistas, ya que toma como presupuesto una cierta competencia fiscal internacional. Reconoce, por tanto, la libertad del Estado de la fuente de exigir su *withholding tax* y de gravar la renta obtenida en el territorio, pero garantizando una neutralidad fiscal para el conjunto de los inversores que aplican sus capitales en una determinada jurisdicción.

En lo que se refiere a la tributación de los grupos de sociedades, la neutralidad en la importación de capitales es el imprescindible contrapunto a la neutralidad en la importación. Si la neutralidad en la exportación no se consigue plenamente porque el principio de tributación de la renta mundial de una sociedad en el lugar de residencia de la misma aparece matizado por el principio de independencia, según el cual las filiales tributan en el Estado donde están radicadas (lo cual excluye una consolidación mundial), la neutralidad en la importación opera de forma directa sobre la tributación de las rentas en el Estado de la fuente (singularmente, de los beneficios de las filiales mediante el *corporation tax* que exija el Estado de la fuente), garantizando la neutralidad en ese Estado. La renta de la filial va a ser gravada en el Estado de la fuente como beneficio social. Desde la perspectiva de la matriz situada en el Estado de residencia supone que ese beneficio sólo va a ser gravado en el Estado de residencia cuando se repatríe efectivamente en concepto de dividendo pagado por la filial a la matriz, que soportará una doble imposición económica internacional que habrá de ser corregida en el Estado de residencia. La única excepción será el supuesto de que en el Estado de residencia exista una regla de *controlled foreign companies*, porque la filial es una *base company*. Pero la *controlled foreign* no tendría sentido si los dividendos repartidos por la *base company* estuviesen exentos en el País de residencia de la matriz; esto es, no tendría sentido si se generalizase el método de exención para corregir la doble imposición internacional de dividendos.

5. Las matizaciones en el ámbito del derecho comunitario europeo

En el ámbito del derecho comunitario, como vimos, no es posible una neutralidad en la exportación de capitales químicamente pura, al no existir una armonización de tipos de gravamen y ni siquiera de la base imponible, por lo menos hasta que, a partir del año 2001, la Comisión Europea dictó la Comunicación de 23.10.2001, "Hacia un mercado interior sin obstáculos fiscales – Una estrategia destinada a dotar a las empresas de una base imponible consolidada del impuesto sobre sociedades para sus actividades a escala comunitaria", reiterada en sus Comunicación posterior de noviembre/2003, COM (2003)726.

El principio de tributación por renta mundial en el Estado de residencia y la operatividad del principio de separación se ven reforzados por el hecho de que la creación de filiales en otro País de la Unión Europea se ve reforzada por el hecho de que integra el contenido de la libertad de establecimiento de los arts. 43 a 48 del Tratado de la Unión Europea, como ha reconocido la sentencia "Daily Mail", de 27.9.1988 (As. 81/1987). Y para la sentencia "Centros", de 9.3.1999 (As. C-212/1997), esta libertad comprende el derecho a administrar y constituir empresas en las mismas condiciones que las definidas por la legislación del Estado-miembro de establecimiento para sus propios nacionales. Y si bien el derecho comunitario no salvaguarda el abuso de las libertades comunitarias, como señala por su parte la sentencia "Centros" no se puede presumir el abuso de la libertad de establecimiento por el mero hecho de que la mayor parte de la actividad económica de una empresa o toda ella se localice en la filial y no en la matriz. En cuanto al aprovechamiento de las ventajas comparativas de tributación, en la sentencia "X e Y", de 21.11.2002 (As. C-436/2000), el TJCE ha afirmado que existe "un auténtico derecho del contribuyente a planificar sus operaciones tributarias teniendo en cuenta las diferencias normativas (y de nivel de tributación efectiva) que existen en las legislaciones tributarias de los Estados-miembros y explotando las oportunidades que le ofrece la red de convenios de doble imposición formados entre los mismos".

Paralelo al proceso armonizador instado desde la Comisión, en el terreno jurisprudencial se ha puesto también de manifiesto la dimensión comunitaria de este aspecto de la imposición societaria, con el planteamiento ante el TJCE del conocido caso "Marks & Spencer" (As. C-446/2003). En él se discutía, en efecto, la compatibilidad del régimen fiscal inglés de los grupos de sociedades, en la medida en que excluía la compensación de las pérdidas prevista para las filiales residentes y para las no residentes, con la libertad de establecimiento reconocida en los arts. 43 y 48 del Tratado constitutivo. A pesar de la expectación generada por el proceso judicial, ante las enormes repercusiones presupuestarias y jurídicas de la hipotética declaración de incompatibilidad con el derecho comunitario del citado régimen, la sentencia dictada el 13.12.2005 consideró, finalmente y con carácter general, justificada su incidencia sobre la libertad de establecimiento por diversas "razones imperiosas de interés general": el respeto a los criterios que rigen el reparto del poder tributario entre los Estados-miembros y el riesgo de evasión fiscal y doble aprovechamiento de las pérdidas. Con todo, la medida nacional objeto del litigio se consideró desproporcionada y contraria, en consecuencia, al derecho comunitario cuando las pérdidas no puedan hacerse valer en ninguno de los dos Estados-miembros ya sea por agotamiento del plazo de compensación sin haber obtenido rentas positivas en el Estado de residencia de la filial, la disolución de dicha entidad, o cualquier otra causa, planteando el citado pronunciamiento numerosas dudas en su aplicación, relativas por ejemplo a la prueba del agotamiento de las posibilidades de compensación en dicho Estado, la normativa aplicable a efectos del cálculo de la base negativa o al desfase temporal existente entre el momento de su obtención y la constatación de la imposibilidad de compensar en el Estado de residencia de la filial.

Con matizaciones, la citada jurisprudencia ha sido reiterada, por otra parte, en la sentencia de 15.5.2008, Caso C-414/2006, "Lidl Belgium GmBH & Co. KG *versus* Finanzamt-Heilbronn", relativo a la compensación en la residencia, no de bases negativas de filiales en el exterior, sino de pérdidas de los establecimientos permanentes. En ella se declaran compatibles con la libertad de establecimiento recogida en el art. 43 del Tratado CE las normas alemanas que, en el marco del convenio germano-luxemburgués para evitar la doble imposición, impedían la deducción en Alemania de las pérdidas obtenidas por un establecimiento permanente situado en Luxemburgo. Aún tratándose de una restricción a la libertad de establecimiento, el Tribunal de Justicia considera, sin embargo, admisible esta medida desde el punto de vista del derecho comunitario, al quedar justificada por dos razones: el equilibrio en el reparto del poder tributario entre los Estados-miembros – si no pueden gravar los beneficios no tienen por qué admitir las pérdidas – y la necesidad de evitar el doble aprovechamiento de éstas últimas, en el

Estado de la residencia y en el de la fuente. La medida restrictiva se considera, por otra parte, proporcionada con el fin perseguido siempre que no impida de forma definitiva la deducción de las pérdidas, circunstancia que no concurría en este caso.

Al limitar de esta forma su ámbito de aplicación, el fallo del Tribunal en ambas sentencias supone, en cualquier caso, el reconocimiento implícito de la insuficiencia del cauce jurisprudencial para la resolución de este problema de la imposición societaria, con la remisión, ya sea explícita o tácita, a la adopción de medidas positivas de armonización para permitir la compensación transfronteriza de bases negativas y pérdidas de forma inmediata, más allá de los casos-límite resueltos por el Tribunal.

6. La falta de neutralidad en cuanto a la forma de financiación de una compañía

La posibilidad de endeudamiento entre compañías del mismo grupo es una consecuencia de la relevancia fiscal de las operaciones entre las mismas. Al no existir una consolidación fiscal mundial y no configurarse los grupos de sociedades como contribuyentes, sino las empresas separadas a partir del principio de independencia, las operaciones entre las sociedades del grupo son relevantes (lo que justifica la aplicación de la regla *arm's length*). Y también lo son las operaciones de financiación, esto es, las operaciones de endeudamiento de unas sociedades del grupo con cargo a otras.

En los grupos internacionales de sociedades en los que la matriz está situada en un Estado y la filial en otro es posible el endeudamiento de la matriz con la filial y viceversa. En el supuesto de que la filial financie a la matriz no residente, seguramente dicha filial prestamista será una *base company* situada en un Estado de fiscalidad privilegiada o de baja tributación, o, incluso, un "paraíso fiscal". La reducción de bases imponibles a través del endeudamiento con filiales son estrategias próximas a un *stepping stone*, que suele enfrentarse con la citada fórmula de la *foreing controlled corporation*.

En el caso de que sea la matriz la que financie a la filial, la matriz estará colocando capitales en forma de préstamo de forma paralela a los fondos invertidos en concepto de capital. La matriz que es dueña de las participaciones de la filial es, además, prestamista. Y ello plantea una alternativa para la filial en cuanto a la obtención de fondos. Puede obtenerlos aumentando la matriz su participación mediante un aumento de capital. Y puede obtenerlos vía financiación, obteniendo préstamos de la matriz. En el primer caso la filial pagará dividendos; y en el segundo, intereses.

En el primero se producirá el efecto, ya comentado, de que el beneficio de la filial sólo va a ser gravado en el Estado de residencia cuando se repatríe efectivamente en concepto de dividendo pagado por la filial a la matriz, lo que supone una matización del principio de renta mundial. Sólo aquella porción de renta generada por la filial y que es objeto de distribución a la matriz en concepto de dividendo es gravada en el Estado de residencia de la matriz. El pago de dividendos es, simplemente, una distribución de renta gravable que excepciona la regla de renta mundial al no existir una consolidación fiscal: la parte de beneficio de la filial que no se distribuya a la matriz en concepto de dividendo no será gravada en el Estado de residencia de la matriz, por mucho que ese Estado aplique la *worldwide income*.

En el segundo caso, el pago de los intereses supone el cómputo de una carga financiera deducible para determinar la renta neta, pues la generalidad de los ordenamientos, y en particular el español, considera deducibles los gastos financieros, incluidos los intereses devengados por cualquier préstamo concertado por una entidad para financiar el desarrollo de sus actividades. Incluso el Tribunal Europeo de Justicia ha admitido una limitación a esa deducibilidad, al exigir el Estado de la fuente que los gastos se encuentren relacionados directamente con las actividades que hayan generado los rendimientos imponibles (sentencia "Scorpio", de 31.10.2006, C-290/2004). Se trata de un gasto de la filial y un correlativo ingreso de la matriz. Esto es, ante un componente del beneficio fiscal, tanto en el Estado de la filial como en el Estado de la matriz: en el primero como un componente negativo, y en el segundo como un componente positivo. El beneficio empresarial, después de los gastos financieros, debe tributar en el Estado donde se desarrolla esa actividad económica. El beneficio tributará en el Estado de residencia de la filial, pero siempre que se trate de un rendimiento neto. Por eso, el beneficio que tributará en el Estado donde la filial desarrolla la actividad económica será el beneficio después de deducir los gastos financieros. En cambio, los rendimientos del crédito que genera el endeudamiento con el que se financia esa actividad tributan principalmente en el Estado de residencia del prestamista.

Este esquema se completaba con la tributación compartida en los convenios de doble imposición que siguen el Modelo OCDE, para dividendos e intereses. La justificación de la tributación compartida radica más en una concesión a la soberanía fiscal del Estado de la fuente, permitiéndole gravar de modo limitado rentas provenientes de inversionistas residentes en Estados normalmente desarrollados, que en motivaciones de justicia fiscal. Pero es verdad que el gravamen en la fuente de los intereses "pagados" permite al Estado de residencia de la sociedad pagadora de tales intereses recuperar parte de la fiscalidad teóricamente perdida al aceptar la deducción de aquéllos.

No obstante esta tributación compartida se veía atenuada por el gravamen limitado en la fuente de intereses y dividendos, y por la eliminación efectiva de este gravamen en la fuente en el derecho comunitario. Así, en el ámbito comunitario europeo, el art. 5,1 de la Directiva 90/435/CEE, en redacción dada al mismo por la Directiva 2003/123/CE, del Consejo, de 22.12.2003, dispone que "los beneficios distribuidos por una sociedad filial a su sociedad matriz quedarán exentos de la retención en origen". Mientras que para el caso de sociedades asociadas de diferentes Estados-miembros la Directiva 2003/49/CE, sobre la fiscalidad de los intereses y cánones, suprime cualquier gravamen (generalmente retenciones en origen) sobre los pagos de intereses y *royalties*, disponiendo que los intereses o cánones estarán exentos de cualquier impuesto en el Estado de origen siempre que el beneficiario efectivo de los mismos sea una sociedad de un Estado-miembro situada en otro Estado-miembro o un establecimiento permanente situado en un Estado-miembro distinto del de la sociedad de la que depende.

Pero, además, la opción por el aumento de capital o por el endeudamiento es una opción económica de primera magnitud, pues la filial decidirá si aumenta sus recursos propios o incrementa sus recursos ajenos, sin que existan normas, mercantiles o fiscales, que regulen la proporción que deben observar los recursos propios y ajenos en la financiación de una sociedad. Por ello, y ante esta indiferencia, el factor fiscal parece ser relevante. Y relevante es la existencia de una neutralidad fiscal.

En lo relativo a la sociedad *inversionista*, esto es, a la matriz que puede optar por financiar a su filial mediante un préstamo o aumentando su participación accionarial, en ambos casos el rendimiento percibido tributará en el Estado de residencia; el factor fiscal que supone la doble imposición jurídica provocada por el gravamen en la fuente se ve atenuado o mitigado por la fijación de una tributación limitada a través de los convenios de doble imposición o por la eliminación de dicha imposición en la fuente en el ámbito del derecho comunitario. A su vez, el agravante comparativo que supone la doble imposición económica que concurre en la tributación de los dividendos también se ve mitigado por la adopción por parte de los Estados de residencia de las matrices de métodos de exención.

Todos estos datos refuerzan la tendencia a la ubicación de la carga fiscal del beneficio empresarial en el Estado de la residencia de la entidad participada. El gravamen en la fuente se limita o elimina, por el efecto combinado de los convenios de doble imposición, las Directivas comunitarias y la extensión del sistema de exención como método para evitar la doble imposición. Ello supone, en la práctica, limitar el gravamen del beneficio empresarial al que corresponda al Estado de residencia de la entidad participada (sociedad filial). Pero con un importante matiz: dicho gravamen tendrá lugar después de la deducción de los gastos financieros.

Como apunta Delgado Pacheco, de esta manera, "el sistema es neutral respecto de la decisión acerca de distribuir o no dividendos, pero no es neutral en cuanto a la forma de financiación de una compañía, pues la ubicación del beneficio gravable dependerá de los gastos financieros que se detraigan o deduzcan del beneficio de la actividad".[11]

En la medida en que los gastos financieros son siempre deducibles, cuando un grupo multinacional planifique a nivel internacional la carga fiscal total teniendo en cuenta el principio de independencia y la regla de empresa separada, le convendrá articular préstamos de sus *matrices* en Estados de baja tributación a favor de filiales en Países de tributación alta. De esta manera se conseguirá que los gastos financieros mermen la base imponible de jurisdicciones de elevada tributación sobre el beneficio empresarial, al mismo tiempo que los correlativos ingresos financieros se someten a imposición en jurisdicciones favorables, bien por su menor tributación sobre ese beneficio empresarial o bien por contemplar un tratamiento favorable para los intereses. En este último caso es posible que ese régimen favorable sea un auténtico régimen preferencial, de manera que la sociedad prestamista sea una auténtica *base company*, configurada como centro financiero, con la finalidad de otorgar fondos a préstamo a las distintas filiales situadas en jurisdicciones que contemplan una alta tributación para los beneficios empresariales.

Precisamente, estas expectativas de planificación fiscal evitan que se pueda hablar de neutralidad en la forma de financiación de las sociedades situadas en Países que contemplan una tributación media o alta para los beneficios empresariales. El factor fiscal disuade el fortalecimiento de los recursos propios, incentivando el apalancamiento y favoreciendo el incremento de los recursos ajenos de sociedades situadas en jurisdicciones de tributación media o alta para los beneficios empresariales.

De manera que todo lo que se ha ganado en neutralidad a lo largo de la historia reciente de la tributación internacional, en cuanto a la tributación por renta mundial en el estado de residencia de las sociedades matrices y en cuanto a la decisión de distribuir o no dividendos, se pierde en lo relativo a la decisión de cómo se financia una compañía con cargo a su matriz. Sobre todo porque la decisión de hacerlo incrementando el endeudamiento puede ir guiada por la intención de erosionar la base imponible en el País de residencia de la filial a favor del País de localización del centro financiero, provocando una auténtica *fiscal degradation*.

En función de ello podríamos extraer las siguientes conclusiones:

La tributación de las sociedades en el Estado de residencia en aplicación del principio de renta mundial requiere un contexto de neutralidad, que se reforzará

11. A. Delgado Pacheco, "Las medidas antielusión en la fiscalidad internacional", cit., en *Nuevas Tendencias en Economía y Fiscalidad Internacional* 825/101.

por la aplicación directa de libertades económicas como las que fundamentan el derecho comunitario.

En el caso de compañías integrantes de grupos multinacionales aparece clara la tributación de la sociedad en el País en que esté constituido y de la matriz (centro de coordinación, *holding* o centro de financiación) en el Estado donde éste se sitúe, al no existir una consolidación fiscal a nivel mundial. En la medida en que el Estado donde se sitúa la sociedad filial se configura como Estado de la fuente para el gravamen de los flujos de renta que la filial paga a la matriz, el gravamen en la fuente de esos pagos en concepto de dividendos o intereses se limita o elimina, reduciéndose el gravamen del beneficio empresarial al que corresponda al Estado de residencia de la entidad participada, aunque con deducción de gastos financieros. La neutralidad opera respecto de la decisión acerca de distribuir o no dividendos. Pero la deducibilidad de los gastos financieros matiza la neutralidad en cuanto a la decisión de si la compañía se financia con fondos propios o ajenos.

Para evitar estas situaciones, los Estados de residencia de las sociedades filiales de un centro financiero o matriz prestamista protegen sus bases imponible a través de una clásica cláusula antielusoria especial: la *subcapitalización*, *infracapitalización*, o *capitalización delgada* (*thin capitalization*).

7. La subcapitalización como mecanismo de reacción contra el abuso en la opción de financiación mediante préstamos

La propia idea de "subcapitalización" o "infracapitalización", en Inglés *thin capitalization*, nos remite a una situación en la cual el capital es menor de lo que debiera. Obviamente, no nos estamos refiriendo a la falta de capitalización, sino una situación de *capitalización delgada*. La sociedad filial tiene recursos, por lo qué puede hacer frente a sus deudas; pero esos recursos han sido suministrados por la matriz en forma de préstamo, no en forma de aportaciones de capital, por lo qué el capital prestado se haya fuera de la responsabilidad de los acreedores sociales.[12]

En principio, este presupuesto de hecho de la subcapitalización no debería suscitar mayores problemas, ya que el sistema fiscal no debería interferir sobre la decisión de suministrar fondos a la filial en concepto de capital o en concepto de préstamo. No obstante, dicha neutralidad quebraría en dos situaciones.

En primer lugar, teniendo en cuenta la regla de la empresa separada, las operaciones entre las sociedades de un grupo multinacional son relevantes y deben sujetarse al principio *arm's length*. En tanto nos encontraríamos ante operaciones entre partes no independientes debería valorarse si la concesión de préstamo por parte de la matriz a la filial se efectuaría de la misma forma en condiciones normales de mercado.

En segundo, la vinculación existente entre el prestamista y la sociedad también será relevante en la medida en que la operación de suministro de fondos vía préstamo puede encubrir una verdadera aportación de capital, de manera que el pago de intereses constituya, al tiempo, una distribución encubierta de beneficios. De esta manera, estaremos ante verdaderos supuestos de elusión o simulación.[13]

En el caso de que el pago de intereses forme parte de una actividad fraudulenta ello debe ser combatido aplicando las correspondientes cláusulas antiabuso y, en último término, recurriendo al principio *substance over forms*. Obviamente, el pago

12. C. Palao Taboada, "Límites a la aplicación de la norma española contra la subcapitalización: estado de la cuestión", IEE de Galicia, *Paper Works*, Banco Pastor/Fundación Barrié de la Maza/A Coruña, 2000, p. 63; F. J. Magraner Moreno, *La Coordinación del Impuesto sobre Sociedades en la Unión Europea*, Madrid, Instituto de Estudios Fiscales, 2009, p. 118.

13. F. J. Magraner Moreno, *La Coordinación del Impuesto sobre Sociedades en la Unión Europea*, cit., p. 119.

de intereses tendrá que ser un comportamiento abusivo del contribuyente, lo que exigirá analizar el endeudamiento previo que justifica tal pago de intereses. Y habrá que determinar en cada caso concreto si la actividad tiene motivo económico válido. Así, en España, el Tribunal Económico-Administrativo Central, en resolución de 8.10.2009, recuerda que es lícito para una compañía endeudarse para adquirir algo, lo que no es admisible es que se invierta la relación causa-efecto. Lo normal es que el fin sea adquirir algo y para ello la sociedad se endeude. Lo inadmisible es que la finalidad sea endeudarse para provocar el pago de unos intereses a una entidad perteneciente al mismo grupo, de modo que se busque una adquisición para aparentar la necesidad de ese endeudamiento. Pero la artificiosidad del endeudamiento puede ponerse de manifiesto a través de múltiples situaciones concretas.

Y, desde un segundo punto de vista, lo relevante en la subcapitalización es que la concesión del préstamo, normalmente por la matriz a la filial, se haya hecho en condiciones distintas a las de mercado o a las que concurrirían en situación de independencia. Se estaría vulnerando el principio de independencia, por lo qué habría que afrontar las situaciones de subcapitalización aplicando el principio *arm's length*, que no sólo presidiría la tributación de beneficios de las empresas vinculadas en el plano internacional sino también el problema de la subcapitalización. De hecho, con cierta frecuencia las llamadas operaciones vinculadas socios/sociedad son tratadas como una distribución encubierta de beneficios.

El ordenamiento tributario español regula la subcapitalización en el art. 20 del actual Texto Refundido de la Ley del Impuesto sobre Sociedades (en adelante TRLIS), que, en síntesis, impide la deducción como gastos de los intereses devengados como consecuencia de un endeudamiento que el legislador reputa excesivo y merecedor del tratamiento de los fondos propios, cuya retribución en forma de dividendos no resulta deducible. De esta manera, el art. 20 del TRLIS, en su apartado 1, dispone que cuando el endeudamiento neto remunerado, directo o indirecto, de una entidad, excluidas las entidades financieras, con otra u otras personas o entidades no residentes en territorio español con las que esté vinculada exceda del resultado de aplicar el coeficiente 3 a la cifra del capital fiscal, los intereses devengados que correspondan al exceso tendrán la consideración de dividendos.

Pues bien, siendo esta la principal previsión de la normativa interna española con relación a una cláusula especial como la subcapitalización, la misma plantea, a nuestro juicio, una serie de cuestiones fundamentales que merecen una exposición somera: la llamada *asimetría en la calificación*, el problema de la *ratio* fija de endeudamiento y, sobre todo, los límites derivados de los convenios para evitar la doble imposición y del derecho comunitario.

7.1 Sistema de ratio fija de endeudamiento

En España el dato que determina la existencia de una situación que conllevará la aplicación de la cláusula especial de subcapitalización no es la existencia de una aportación de capital simulada, de una distribución encubierta de beneficios o de una operación de endeudamiento que no responde a condiciones normales de mercado. El presupuesto de esta cláusula especial antielusoria en el ordenamiento español es la existencia de un endeudamiento neto basado en una *ratio* fija. El que la determinación de que existe una subcapitalización se apoye en un sistema de *ratio* fija de endeudamiento sí puede plantear algunos problemas. Así, permite mecanismos que facilitan evitar la aplicación de la cláusula, por ejemplo, que en grupos de sociedades se produzcan cadenas de endeudamientos que individualmente no superen la *ratio* de 3 pero en su conjunto la sobrepasen holgadamente. Y, de modo más habitual, que la prestamista no residente facilite los fondos a la residente y ésta los distribuya entre sociedades del grupo residentes.

Ello se ha solucionado computando en la *ratio* de endeudamiento, tanto el endeudamiento directo como el indirecto. Aunque existen dudas de si en ese endeudamiento indirecto se incluyen los conocidos como préstamos *back to back*, operaciones próximas en la simulación negocial, en las cuales una entidad no vinculada, normalmente una entidad de crédito, recibe unos fondos, del prestamista último del grupo, con la finalidad y el encargo de entregar esos fondos como préstamo a la entidad del grupo destinataria finalmente de esa financiación. Y también existe la duda de si se puede apreciar el endeudamiento indirecto cuando se trata de préstamos simplemente avalados o garantizados por el grupo o inclusive de líneas de crédito solidariamente a favor de diferentes compañías del grupo.[14] Aplicación que resulta difícil, puesto que la compañía que presta y cobra los intereses será un tercero no vinculado que inclusive puede ser residente fiscal en el País de la sociedad financiada, por lo qué no cabría aplicar una cláusula de suerte que difícilmente parece posible extender sin más la norma de subcapitalización a estos supuestos.

Además, aunque se admita que una cláusula de subcapitalización basada en una *ratio* fija de endeudamiento es aplicable a un supuesto en el cual una sociedad residente recibe financiación de la matriz no residente y distribuye la financiación entre compañías residentes radicadas en el mismo País que la prestataria, no está claro cómo se computa el endeudamiento para determinar la *ratio*. En España se ha admitido que el cómputo se hará teniendo en cuenta todas las sociedades que finalmente reciben los fondos y no sólo tomando en consideración el endeudamiento con la no residente de la compañía que sea la primera prestataria residente en España. Aunque la Dirección General de Tributos entiende que la cláusula de subcapitalización se aplica en la relación de préstamo entre la prestamista no residente y la primera sociedad prestataria, pues es esta compañía la que paga los intereses que pueden ser recalificados como dividendos, aunque los requisitos para la valoración de la cláusula tengan que concurrir en la compañía que finalmente recibe los fondos.

Pero, sin lugar a duda, el gran problema de la regulación de una cláusula de subcapitalización con un método de *ratio* fija es su compatibilidad con el ya mencionado principio de independencia que rige la tributación internacional de las sociedades. Y ello porque, si el presupuesto para aplicar la cláusula de subcapitalización se circunscribe a una aplicación automática de un coeficiente de endeudamiento, parece que se excluye la posibilidad de probar que tal endeudamiento se ha llevado a cabo en condiciones que no difieran de las normales de mercado. Y, por tanto, ello resulta incoherente con una concepción de la subcapitalización como una cláusula basada en el principio *arm's length*.

7.2 Asimetría en la calificación

Un sistema de subcapitalización basado en una *ratio* fija supone que la cláusula operará a partir de que tal nivel de endeudamiento resulte superado con una entidad vinculada no residente. Superado ese porcentaje de endeudamiento, el interés pagado se cataloga por la norma como dividendo, configurando de esta manera una ficción jurídica. La consecuencia más importante, aunque no la única, de esta determinación legal es que tal interés es gasto no

14. Respecto a préstamos avalados o garantizados por una entidad vinculada y no residente, la Dirección General de Tributos (Resolución 1.210/2001, 20.6.2001) afirma que el concepto de *endeudamiento indirecto* comprende tales préstamos, si bien la Administración Española ha aceptado que la aplicación del límite que supone la norma de subcapitalización exige probar que, por las circunstancias de las operaciones, la entidad no residente avalista tendrá que devolver o responder del préstamo.

deducible para la entidad que paga esos intereses.

Así, la calificación de la renta como dividendo tiene un efecto pleno en todos los sentidos, aunque, obviamente, para que ello sea posible deberá existir entre la sociedad prestamista y la que recibe el préstamo una relación matriz-filial; esto es, que la que cobra el interés sea socia de la compañía que lo paga.

Si la sociedad que percibe el interés *excesivo* es la matriz de la que los paga, la calificación de lo cobrado como dividendo en la sociedad perceptora sólo dependerá de que el Estado de residencia de la sociedad perceptora esté dispuesto a llevar a cabo esta recalificación. Si el Estado de residencia de la sociedad perceptora no recalifica, habrá una asimetría en la calificación; una misma renta será calificada como dividendo en el Estado de la sociedad pagadora y como interés en el de la compañía que cobra esa renta.

Esta *asimetría* en la calificación puede frustrar el fin de la cláusula de subcapitalización. Así, si el Estado de residencia de la compañía prestamista no procede a una recalificación simétrica del interés percibido por la residente se producirá una sobreimposición, pues el Estado de residencia se verá conminado, todo lo más, a eliminar la doble imposición jurídica pero no la económica, que no se produce nunca respecto a una percepción catalogada como intereses.[15]

Sin embargo, esta pretensión de calificar como dividendo los intereses pagados en exceso, aunque tenga pretensión de tener alcance general, va a tener una eficacia limitada, ya que no existen instrumentos jurídicos para obligar al Estado de residencia de la sociedad perceptora a tratar la renta percibida como dividendo. El único marco jurídico posible sería que entre el Estado de residencia de la sociedad que paga los intereses y el de la sociedad que los cobra hubiese un convenio de doble imposición concertado según el Modelo OCDE. En el Modelo OCDE existe un precepto, el art. 11.6, según el cual "cuando por razón de las relaciones especiales existentes entre el deudor y el beneficiario efectivo, o de las que uno y otro mantengan con terceros, el importe de los intereses habida cuenta del crédito por el que se paguen exceda del que hubieran convenido el deudor y el acreedor en ausencia de tales relaciones, las disposiciones de este artículo no se aplicarán más que a este último importe". Y, en lo que aquí nos interesa, *la cuantía en exceso podrá someterse a imposición de acuerdo con la legislación de cada Estado contratante, teniendo en cuenta las demás disposiciones del presente Convenio.*

Por tanto, el Modelo permitiría al Estado de residencia de la compañía prestamista entender que la misma percibe un dividendo y no interés sólo si su legislación interna se lo permite. Si la norma tributaria doméstica del País de residencia de la compañía prestamista lo permite, este ordenamiento incluirá una ficción legal que ha de llevarse a sus últimas consecuencias.

Pero para que fuese posible aplicar este precepto contenido en un convenio de doble imposición debería admitir el tratamiento de la subcapitalización como una derivación del principio *arm's length*, y aceptar la compatibilidad de una cláusula interna de subcapitalización con los preceptos de un convenio de doble imposición elaborado según las reglas del Modelo OCDE. Esa es otra de las grandes cuestiones a tratar a la hora de plantear la admisibilidad de una cláusula de subcapitalización. Procede, por tanto, analizar la compatibilidad abstracta de la figura de la subcapitalización con el Modelo de la OCDE.

15. J. M. Calderon Carrero, "Estudios de la normativa española sobre subcapitalización de sociedades a la luz del principio de no discriminación: análisis de su compatibilidad con los convenios de doble imposición y con el ordenamiento comunitario", *Crónica Tributaria* 76/13 y ss., 1995.

7.3 Contradicción de la cláusula de subcapitalización con los convenios de doble imposición concertados siguiendo el modelo de la OCDE

El primer problema que plantea la compatibilidad de la subcapitalización con el Modelo OCDE es muy claro: el Modelo no hace expresa mención a la subcapitalización. Ante el silencio del Modelo, el primer planteamiento es el de averiguar si, dado que la subcapitalización consiste en tratar unos intereses como dividendos, ello es posible hacerlo en el marco de una convenio concertado según el Modelo OCDE. Y si es posible hacerlo persiguiendo una finalidad antielusoria. Esta posibilidad no es factible, ya que el § 25 del Comentario al art. 10 del Modelo OCDE dice que sólo se podrá calificar como dividendo el pago de unos intereses cuando el prestamista "comparta efectivamente los riesgos de la sociedad", lo que no concurre necesariamente en todos los supuestos de subcapitalización.

Por tanto, dado que el Modelo OCDE no hace referencia a la cláusula de subcapitalización, su aplicación debería llevarse a cabo desde la legislación doméstica de los Estados firmantes del convenio. Surge aquí toda la polémica relativa a la compatibilidad de las cláusulas antiabuso internas con los convenios de doble imposición.

Curiosamente, la OCDE ha proclamado la compatibilidad de la norma de subcapitalización con un convenio de doble imposición. Así, a través de los Comentarios al art. 24 del Modelo, la OCDE sostiene claramente esta compatibilidad. Para la OCDE, una norma como la de subcapitalización no atentaría contra el principio de no discriminación, a pesar de la redacción del apartado 5 de ese art. 24 del Modelo OCDE. Conforme a este precepto, una entidad residente en un Estado, controlada o participada por entidades residentes en el otro Estado, no puede ser sometida en el primero a tributos más gravosos que los que recaigan sobre el resto de las entidades residentes en aquel Estado. Podría entenderse pues que la norma de subcapitalización resulta contraria a este principio, al afectar sólo a entidades vinculadas a otras no residentes.

Sin embargo, el § 58 de los Comentarios a este art. 24 señala que esta norma debe ponerse en relación con el apartado 4 anterior y, en suma, con lo previsto en los arts. 9.1 y 11.6 del propio Modelo de Convenio de la OCDE. La norma de subcapitalización encajaría pues en el ámbito de las normas relativas a operaciones entre entidades asociadas o vinculadas. En este contexto, el § 3 de los Comentarios al art. 9 proclama la compatibilidad entre un convenio de doble imposición y la norma de subcapitalización siempre que ésta responda al principio de libre competencia.

Por tanto, sólo cabe encajar la subcapitalización en el marco de un convenio de doble imposición elaborado siguiendo el Modelo OCDE si la cláusula de subcapitalización se trata como parte del régimen jurídico de los precios de transferencia entre entidades vinculadas y, por tanto, si la cláusula responde al principio *arm's lenght*.

Por tanto, la adecuación de las normas de subcapitalización a los convenios de doble imposición exigiría el tratamiento del fenómeno de la *thin capitalization* en el marco de las reglas de precios de transferencia. Es necesario tomar como referencia el art. 9 del Modelo OCDE y admitir que un endeudamiento excesivo es una operación que no se habría concertado entre entidades independientes, de tal manera que la Administración rechazaría el gasto financiero correspondiente al exceso de endeudamiento como contrario al principio de libre competencia.[16] Pero si lo que fundamenta la actuación de la Administración contra un endeudamiento excesivo es

16. A. Delgado Pacheco, "Las medidas antielusión en la fiscalidad internacional", cit., en *Nuevas Tendencias en Economía y Fiscalidad Internacional* 825/107.

que tal endeudamiento no responde al principio de libre competencia, habrá que reconocer que la sociedad prestataria a quien la Administración de su País pretende impedir la deducción de los intereses pagados debe poder siempre acreditar que su *ratio* de endeudamiento es compatible con las reglas de libre competencia. La normativa actualmente vigente en España (art. 20,3 del TRLIS) permite que la sociedad deudora pueda someter a la Administración Tributaria una propuesta de aplicación de una *ratio* de endeudamiento diferente a la recogida en la norma. Pero no permite que la sociedad deudora pueda justificar que la *ratio* que aplica se ajusta a las condiciones normales de mercado.[17]

El modelo de convenio de doble imposición no condena expresamente el método de *ratio* fija de endeudamiento pero que sí lo hace implícitamente en la medida en que dicho método no garantiza el respeto del principio de independencia, que se opone a la aplicación de una *ratio* legal.[18] El Informe de la OCDE de 1987 sobre *thin capitalization*, integrado en los Comentarios, entendía que, si bien los Estados podrían disponer la práctica de ajustes para negar la deducibilidad de los intereses sin vulnerar el art. 9 del Modelo de Convenio tomando como presupuesto una *ratio* fija de endeudamiento, debería permitirse la prueba de una *ratio* diferente.[19]

17. R. Falcón y Tella, "Transparencia fiscal internacional, subcapitalización y convenios de doble imposición", p. 6.

18. C. Palao Taboada, "Límites a la aplicación de la norma española contra la subcapitalización: estado de la cuestión", cit., IEE de Galicia, *Paper Works*, 2000, pp. 70-71.

19. J. M. Calderon Carrero, "Estudios de la normativa española sobre subcapitalización de sociedades a la luz del principio de no discriminación: análisis de su compatibilidad con los convenios de doble imposición y con el ordenamiento comunitario", cit., *Crónica Tributaria* 76/34-35; C. Palao Taboada, "Límites a la aplicación de la norma española contra la subcapitalización: estado de la cuestión", *Revista de Técnica Tributaria* 46/54, 1999; C. García Herrera, *Precios de Transferencia y Otras Operaciones Vinculadas en el Impuesto sobre Sociedades*, pp. 238-239.

En suma, la compatibilidad de la subcapitalización con el Modelo de la OCDE parece requerir una norma de subcapitalización flexible, en lugar de *ratios* o coeficientes rígidamente predeterminados. La norma de subcapitalización no sería contraria a un convenio de doble imposición siempre que las empresas afectadas puedan demostrar que habrían obtenido esa financiación de una entidad independiente en condiciones de mercado de libre competencia.

7.4 Contradicción de la cláusula de subcapitalización con el derecho comunitario. El juego de la libertad de establecimiento y la sentencia "Lankhorst"

Pero la gran cuestión que ha planteado en los últimos tiempos la regulación de la subcapitalización concierne a su posible contradicción con el derecho comunitario europeo, o, lo que es lo mismo, la compatibilidad de la subcapitalización con el derecho comunitario.

Recordemos que, en el marco del derecho comunitario, los Estados pueden adoptar medidas internas contra la elusión, siempre y cuando las mismas no supongan negar las libertades comunitarias, libertades básicas; recordemos lo señalado por la sentencia "Centros", de 9.3.1999 (As. C-212/1997): las medidas antielusorias de Derecho interno deben aplicarse de manera no discriminatoria, estar justificadas por razones imperiosas de interés general y ser adecuadas para garantizar la realización del objetivo que persiguen, sin ir más allá de lo necesario para alcanzar dicho objetivo. Y la proporcionalidad ha sido precisamente la piedra angular de la admisibilidad por la jurisprudencia de las medidas internas para hacer frente a la elusión fiscal – sentencias "Vestergaard", de 28.10.1999 (As. C-55/1998) o "Baxter", de 8.7.1999 (As. C-254). Y en los últimos tiempos – así la sentencia "Verkooijen", de 6.6.2000 (As. C- 35/1998) – se ha descartado la regla de coherencia interna, según la cual las limitaciones de ventajas o beneficios fiscales para los no residentes se justifican como exigencia derivada del propio sistema tributario en el que se insertan.

Pero el TJCE se pronunció expresamente sobre la cláusula de subcapitalización en la sentencia "Lankhorst-Hohorst", de 12.12.2002 (As. C-324/2000), en concreto la prevista en el ordenamiento alemán que contempla una *ratio* de endeudamiento fija de 3.[20] La norma enjuiciada en esta sentencia es una norma alemana que recalifica como dividendos los intereses de préstamos hechos por personas vinculadas a la sociedad y no residentes en el Estado de ésta que superen un determinado múltiplo de los fondos propios, que en Alemania como en España es el coeficiente 3. Si se rebasa el porcentaje el exceso se considera dividendo o, según la disposición alemana, "distribución encubierta de beneficios", a no ser que se demuestre que un préstamo en iguales condiciones se hubiera podido obtener de un tercero no vinculado o que se trata de recursos para la financiación de negocios bancarios usuales.[21]

Para el TJCE el riesgo de evasión fiscal no puede justificar una ficción legal de estas características, que sólo se aplicaba cuando el prestamista era no residente. Tampoco podía encontrar apoyo esta norma en la coherencia del sistema fiscal, puesto que entre otras razonas esa coherencia debía advertirse a nivel del mismo sujeto pasivo y no de dos personas distintas, aunque estuviesen vinculadas.

El TJCE concluye en la citada resolución "Lankhorst-Hohorst" que la subcapitalización no persigue un objetivo legítimo compatible con el Tratado y no se justifica por razones imperiosas de interés general. Recuerda el Tribunal de Luxemburgo que las cláusulas antielusión deben permitir enjuiciar los hechos caso por caso, pero no sería acorde con las exigencias de proporcionalidad una cláusula de aplicación automática a todas las situaciones previsiblemente elusorias. Así, sólo resultan admisibles las cláusulas especiales cuando no prevean una regla de carácter general sino que su aplicación requiera un análisis, caso por caso, de cada una de las situaciones. Por tanto, las medidas antielusorias serán aceptables cuando no se basan en presunciones *iuris et de iure*, sino que su regulación debe poder permitir el análisis de cada situación particularizada. Y, por su estructura, esta cláusula especial no se aplica sólo a quienes persiguen montajes puramente artificiales cuyo objetivo sea eludir el tributo, sino a "cualquier situación en la que la sociedad matriz tenga, sea cual fuere el motivo, su domicilio fuera de la República Federal de Alemania". Tampoco resulta aceptable la invocación de la coherencia de los sistemas fiscales que efectuaron los Gobiernos de Alemania y el Reino Unido; en particular que la norma alemana está en armonía con el principio *arm's length* (así en la versión inglesa de la sentencia) internacionalmente aceptado. El TJCE que una presumible vulneración de la coherencia del sistema exista en el caso enjuiciado, en el que no concurre una ventaja fiscal que compense a la filial alemana de la matriz no residente por el trato fiscal desfavorable.

Por tanto, la subcapitalización no es en si misma contraria a las libertades comunitarias y, en especial, a la libertad de establecimiento, sino en la medida en que su regulación provoque efectos discriminatorios. Lo que ha llevado a que los di-

20. En el caso de la sentencia, la sociedad alemana *Lankhorst-Hohorst GmbH*, recibió un préstamo en condiciones especialmente favorables de una sociedad holandesa único socio de otra también holandesa, que a su vez lo era de la primera. El Tribunal Fiscal de Münster, al que se sometió el litigio, planteó la cuestión prejudicial al TJCE por considerar que la norma alemana, al discriminar a las filiales de sociedades no residentes, como era este el caso, frente a las de sociedades residentes podía infringir la libertad de establecimiento.

21. C. Palao Taboada, "Noemas antielusión en el Derecho interno español y en el derecho comunitario", *Asociación Argentina de Estudios Fiscales*, 2002, p. 8.

versos Estados-miembros de la Unión Europea hayan procedido a modificar su normativa en materia de subcapitalización para disipar esos posibles efectos discriminatorios. Así lo pone de manifiesto el Informe *Structures of the Taxation Systems in the European Union: 1995/2004*, elaborado por la Comisión Europea (Doc. TAXUD E4/2006/DOC 3.201), hace una puntual descripción de la situación de la subcapitalización en Europa. El Informe expone como, por ejemplo, Francia ha introducido nuevas normas para limitar la subcapitalización a partir de 1997, línea que han seguido también Países como Polonia y Portugal. Y describe como Países como Alemania, Holanda, Italia o el Reino Unido han modificado su normativa interna en materia de subcapitalización procediendo a extenderla a operaciones entre sujetos nacionales para evitar el efecto discriminatorio. Como podemos comprobar, muchos Estados de la Unión Europea han optado por extender la subcapitalización a las operaciones de filiales con matices residentes, en la convicción de que esta reforma disiparía el efecto discriminatorio. Pero de esta tendencia se ha desmarcado España, que ha procedido, mediante Ley de Medidas Administrativas y de Orden Social, n. 62/2003, de 30 de diciembre, 2004, y con efectos del 1.1.2004, a determinar la inaplicación de la subcapitalización cuando la entidad prestamista se encuentre en un Estado-miembro de la Unión Europea. Así, la Ley 62/2003 ha añadido un apartado cuarto al art. 20 del TRLIS, en el que se excluyen de la aplicación de la subcapitalización las operaciones en las cuales el prestamista sea una entidad residente en un Estado-miembro de la Unión Europea, "salvo que resida en un territorio calificado reglamentariamente como paraíso fiscal".[22]

22. F. J. Magraner Moreno, *La Coordinación del Impuesto sobre Sociedades en la Unión Europea*, cit., p. 125.

CADERNOS DE DIREITO TRIBUTÁRIO

TRIBUTAÇÃO SOBRE "VENDAS DIRETAS" PELO INSS

Análise sobre a possibilidade do Instituto Nacional de Seguridade Social (INSS) exigir contribuição previdenciária de empresas de venda direta em relação aos valores que recebem de seus clientes (revendedoras autônomas)

PAULO DE BARROS CARVALHO
Professor Emérito e Titular de Direito Tributário da PUC/SP e da USP.

1. Palavras introdutórias. 2. As contribuições destinadas ao financiamento da seguridade social na CR/1988. 3. A regra-matriz de incidência tributária da contribuição para a seguridade social prevista no art. 195, inciso I, alínea "a", da Carta Magna: 3.1 O elemento "base de cálculo" do critério quantitativo da regra-matriz e suas implicações na formação do critério material; 3.2 A base de cálculo da contribuição da seguridade social – Art. 195, I, "a"; 3.3 O conceito de "prestação de serviços" no art. 195, I, "a", da CR/1988. 4. A atividade das empresas de venda direta e a inexistência de pagamento de salários ou de remuneração pela prestação de serviços. 5. Contribuição previdenciária incidente sobre a atividade do comerciante autônomo. 6. Amplitude do art. 194 da Constituição e a Emenda Constitucional n. 47/2005 – Reforma Previdenciária. 7. Os princípios da isonomia tributária, capacidade contributiva e equidade na participação do custeio. 8. Tributação e o livre exercício profissional. 9. Das respostas às indagações formuladas.

1. Palavras introdutórias

Sabe-se que "venda direta" baseia-se na alienação de produtos e serviços no domicílio do consumidor ou em outros locais que não sejam pontos permanentes. Nessa espécie de negócio, as pessoas físicas, denominadas revendedoras, compram produtos diretamente do fornecedor e os revendem no sistema "porta-em-porta". Em regra, comerciantes autônomos adquirem os produtos da empresa revendendo-os por conta própria, auferindo lucro pela diferença dos preços de compra e revenda, arcando, inclusive, com todos os ônus inerentes ao negócio. Sua autonomia e liberdade são verificadas na não obrigatoriedade de cumprimento de horários, bem como na inexigência de dedicação exclusiva à revenda de uma única marca, podendo o revendedor atuar, simultaneamente, na comercialização dos produtos de diversas empresas de venda direta e, ainda, exercer qualquer outra atividade profissional.

Tratando-se de operação mercantil, o revendedor é contribuinte do ICMS, sendo o imposto calculado e recolhido pelos comerciantes autônomos, em regime de substituição tributária, nos exatos termos prescritos pelo Convênio ICMS n. 45/1999. A própria legislação previdenciária (Lei n. 6.586/1978) qualifica esses comerciantes independentes como segurados da previdência social na categoria de autônomo, contribuinte individual obrigatório.

A despeito das peculiaridades da "venda direta", o Ministério da Previdência Social apresentou propostas que visam à exigência de contribuição previdenciária incidente sobre as quantias recebidas dos revendedores, com determinação de que tais atos de comércio só possam ser praticados quando houver comprovação da regularidade previdenciária dos comerciantes autônomos.

Narrado o problema jurídico, a presente análise tem por objetivo conhecer, em termos epistemológicos, tais pretensões do Ministério da Previdência Social relativas à introdução no ordenamento jurídico dessa nova sistemática de tributação para as empresas de vendas diretas, manifestando-se sobre a sua constitucionalidade ou não (i) na instituição de contribuição previdenciária para as empresas que praticam "venda direta", a qual seria calculada com base nos valores que recebem dos revendedores autônomos; e (ii) na criação de deveres instrumentais condicionadores do exercício desses atos de comércio. Para dar rendimento ao estudo, e no sentido de isolar os tópicos que outorgam substância ao assunto, apresento cinco indagações, que nos servirão de diretrizes para o estudo seguinte. Ei-las:

1. Sabendo-se que a relação jurídica existente entre as empresas de "venda direta" é uma relação mercantil, de compra e venda de produtos, e que não se caracteriza o vínculo empregatício, pois não estão presentes os requisitos (pessoalidade, onerosidade, subordinação jurídica e habitualidade) e que também não há qualquer prestação de serviços das revendedoras para as empresas de "venda direta", pode o Instituto Nacional de Seguridade Social (INSS) exigir contribuição previdenciária das empresas de "venda direta" em relação aos valores que recebem de seus clientes (revendedoras autônomas), considerando as estritas materialidades das contribuições previstas no art. 195, inciso I, alínea "a", da Constituição da República de 1988?

2. Qual é o alcance do art. 194 da Constituição da República de 1988? O INSS pode se valer desse dispositivo constitucional para exigir das empresas de "venda direta" que retenham e recolham das suas clientes revendedoras a contribuição previdenciária?

3. A Emenda Constitucional n. 47/2005 (Reforma Previdenciária) autoriza a pretensão do INSS? O custeio da seguridade social (saúde, previdência social e assistência social) não deve ser exclusivamente efetuado, no que toca à sociedade, com base na competência tributária do art. 195 da CR/1988? Os §§ 12 e 13 do art. 201 conflitam com o art. 203 da CR/1988? A pretendida "inclusão" não seria matéria da assistência social?

4. A Lei n. 6.586/1978 foi recepcionada pela Constituição da República de 1988? Se recepcionada, seria ela adequada ou suficiente para suportar a tributação das revendedoras?

5. Pode legislação ordinária ou complementar alterar dispositivos do Código Civil ou ainda do Código Comercial que regem a compra e venda de mercadorias no âmbito privado, de tal forma que somente permita que os atos de comércio sejam praticados mediante prova de regularidade fiscal/previdenciária? Caso possa, tal legislação seria constitucional? Caso seja possível, a legislação poderia ser específica para as empresas de venda direta ou deveria ser genérica e alcançar todos os atos de comércio?

2. As contribuições destinadas ao financiamento da seguridade social na CR/1988

São três as espécies de contribuições na Constituição da República de 1988: (i) sociais, (ii) de intervenção no domínio econômico e (iii) de interesse das categorias profissionais ou econômicas (art. 149, *caput*), sendo a primeira subdividida em (i-a) sociais genéricas (art. 149, *caput*) ou (i-b) destinadas ao financiamento da seguridade social, isto é, saúde, previdência e assistência social (art. 195). Todas levam como semelhança o fato de serem instituídas pela Fazenda Pública Federal (União), sendo dissociadas uma das outras pela finalidade a que se destinam.

No tocante à subespécie das contribuições sociais especiais, voltadas para o financiamento exclusivo da saúde, previdência e assistência social, deve-se ter em conta que elas são disciplinadas de forma diferenciada pela Constituição, estabelecendo regime jurídico distinto das contribuições sociais genéricas. De fato, as contribuições para seguridade social receberam tratamento constitucional peculiar. Diferentemente das genéricas, em que a CR/1988 atribui ao legislador ordinário competência de livremente fixar os modelos das possíveis regras-matrizes de incidência tributária, as contribuições para seguridade social têm a materialidade da hipótese restringida pelos inúmeros requisitos que a Carta Maior descreve, estando o legislador infraconstitucional submetidos a tais prescrições. Para fins do presente estudo, destaca-se o requisito das *fontes de financiamento direto da seguridade social* autorizado pelo Texto Magno no art. 195, I a III, e § 8º, introduzido pela Emenda Constitucional n. 20/1998:

> Art. 195. A seguridade social será financiada por toda a sociedade, de forma direta e indireta, nos termos da lei, mediante recursos provenientes dos orçamentos da União, dos Estados, do Distrito Federal e dos Municípios, e das seguintes contribuições sociais:
>
> I – do empregador, da empresa e da entidade a ela equiparada na forma da lei, incidentes sobre:
>
> a) a folha de salários e demais rendimentos do trabalho pagos ou creditados, a qualquer título, à pessoa física que lhe preste serviço, mesmo sem vínculo empregatício;
>
> b) a receita ou o faturamento;
>
> c) o lucro;
>
> II – do trabalhador e dos demais segurados da previdência social, não incidindo contribuição sobre aposentadoria e pensão concedidas pelo regime geral de previdência social de que trata o art. 201;
>
> III – sobre a receita de concursos de prognósticos.
>
> (...).
>
> § 8º. O produtor, o parceiro, o meeiro e o arrendatário rurais e o pescador artesanal, bem como os respectivos cônjuges, que exerçam suas atividades em regime de economia familiar, sem empregados permanentes, contribuirão para a seguridade social mediante a aplicação de uma alíquota sobre o resultado da comercialização da produção e farão jus aos benefícios nos termos da lei.

Como imposição constitucional ao exercício da competência tributária da União, o preceito do art. 195, I a III, e § 8º vincula a atividade do legislador ordinário da União, que, por imposição deste requisito, não pode se distanciar dos termos constitucionalmente estabelecidos, quer no que diz respeito ao sujeito passivo, quer no tocante à hipótese de incidência ou à base de cálculo.

3. A regra-matriz de incidência tributária da contribuição para a seguridade social prevista no art. 195, inciso I, alínea "a", da Carta Magna

Tomando como referência o art. 195, I, "a", do Texto Maior e preenchendo o arranjo sintático da regra-matriz de incidência tributária com a linguagem do direito positivo, saturando as variáveis lógicas com o conteúdo semântico constitucionalmente previsto, identificamos a seguinte norma-padrão:

Hipótese:

• **critério material**: pagar ou creditar salários e demais rendimentos do trabalho a empregado ou prestador de serviço;

• **critério espacial**: território nacional;

• **critério temporal**: momento do pagamento ou creditamento do salário e demais rendimentos do trabalho.

Consequente:

• **critério pessoal**: *ativo*: União (INSS);[1] *passivo*: empregador, empresa e entidade a ela equiparada na forma da lei;

• **critério quantitativo**: *base de cálculo*: valor da folha de salário e dos demais rendimentos pagos ou creditados à pessoa física que preste serviços, com ou sem vínculo empregatício; *alíquota*: percentual fixado em lei.

Quero advertir que o esquema da regra-matriz de incidência tributária é uma fórmula simplificadora, reduzindo, drasticamente, as dificuldades do feixe de enunciados constituidores da figura impositiva. Por óbvio, não esgota as especulações que a leitura do texto provoca, porquanto o legislador lida com múltiplos dados da experiência, promovendo mutações que atingem o sujeito passivo, o tempo da ocorrência factual, as condições de espaço, a alíquota e as formas de mensurar o núcleo do acontecimento. Essa gama de liberdade legislativa, contudo, não pode ultrapassar os limites lógicos que a regra-matriz comporta. Se as mutações chegarem ao ponto de modificar os dados essenciais da hipótese e, indo além, imprimir alterações na base de cálculo, estaremos, certamente, diante de violação à competência traçada pela Carta Constitucional. O emprego desse esquema normativo apresenta, portanto, extrema utilidade, possibilitando o elucidamento de questões jurídicas, mediante a exibição das fronteiras dentro das quais o legislador e o aplicador das normas devem manter-se para não ofender o texto da Lei Maior.

3.1 O elemento "base de cálculo" do critério quantitativo da regra-matriz e suas implicações na formação do critério material

Lembremos de que todos os critérios da regra-matriz são, de certa forma, limites sintático-semânticos da atividade de imposição jurídica no que concerne a criação de tributos. Constituem, portanto, fronteiras jurídico-gnosiológicas dentro das quais o legislador e o aplicador das normas estão jungidos na sua atividade interpretativa e criadora de novas unidades de sentido deôntico. Formada por um antecedente (critério material, espacial e temporal) e um consequente (critério subjetivo e quantitativo), está na regra-matriz de incidência tributária a estrutura mínima de significação para formar uma unidade completa de sentido jurídico-normativo. Norma de conduta que é, ela irá traçar no seu consequente a relação jurídica tributária *stricto sensu*, que prescreve o dever de o contribuinte pagar à Fazenda Pública certo *quantum*, exigido por lei, a título de tributo. Posto isso, o fraseado da RMIT, estabelecerá que *dada a realização do fato jurídico, deve ser a relação tributária entre o sujeito passivo e o ente tributante*. Antecedente e consequente, deste modo, exercem funções diversas na norma, mas complementares. E tal complementação se dá, principalmente, ao estabelecermos o vínculo entre o critério material da regra matriz, que traz em si a ação do homem no mundo, e a base de

1. União é a entidade competente para instituir contribuições para a seguridade social. Ao exercer a competência que lhe foi atribuída, porém, costuma delegar a capacidade tributária ativa ao INSS, implementando a figura da "parafiscalidade".

cálculo, no consequente da norma. Esta não só (a) mede a proporção desse fato, como, no entrelaçamento semântico, acaba por (b) confirmar, infirmar ou afirmar o correto elemento material do antecedente normativo; e, (c) como se não bastasse, junto com a alíquota, compõe a específica determinação do débito. Eis aí as funções que exerce no plano normativo da RMIT, respectivamente: (a) função mensuradora; (b) função comparativa; e (c) função objetiva.

3.2 A base de cálculo da contribuição da seguridade social – Art. 195, I, "a"

Dispõe o Texto Maior que, para fins de instituir contribuição de seguridade social, a base de cálculo deve ser a "*folha de salários e demais rendimentos do trabalho, pagos ou creditados, a qualquer título, à pessoa física que lhe preste serviço, mesmo sem vínculo empregatício*". Diante do preceito do art. 195, I, "a", o critério material será pagamento desses valores. Por "folha de salários" havemos de entender a remuneração da categoria de trabalhadores formada pelos empregados. No subdomínio do direito trabalhista – art. 457 da CLT –, é definido como o valor pago diretamente pelo empregador a título de contraprestação do serviço prestado. Pressupõe, portanto, (i) vínculo empregatício,[2] (ii) não eventualidade na prestação do serviço, e (iii) relação de subordinação (art. 3º da CLT).

É, neste sentido, que assevero, com apoio na legislação e na jurisprudência, descaracterizar-se a remuneração como *salário* quando inexistir relação de emprego. E, não sendo *emprego*, inadmissível o enquadramento na primeira das materialidades relacionadas no art. 195, I, "a", da Carta Magna.

3.3 O conceito de "prestação de serviços" no art. 195, I, "a", da CR/1988

O art. 195, I, "a", do Texto Magno atribui à pessoa jurídica pública da União competência para instituir contribuições de seguridade social sobre os "*demais rendimentos do trabalho pagos ou creditados, a qualquer título, à pessoa física que lhe preste serviço, mesmo sem vínculo empregatício*". Por referir-se a Carta Magna a "rendimentos do trabalho", não integram a base de cálculo da aludida contribuição quaisquer valores cuja natureza não seja a de contraprestação de serviço prestado por pessoa física.

A breve trecho, entendo que, para fins de caracterizar o conceito de *prestação de serviço*, necessária é a coexistência de três elementos que a compõem: o *prestador*, o *tomador* e o *preço do serviço*. Em outras palavras, é imprescindível que o exercício seja realizado por alguém (denominado prestador); sua atuação vise a produzir uma utilidade relativamente a outra pessoa (tomador), a qual remunera o prestador (preço do serviço). Em resumo, prestar serviços pede:

(i) relação jurídica marcada pela bilateralidade, e não reflexiva, imposição que

2. Já asseverei, em outra oportunidade, que a Constituição de 1988, em sua redação original, havia eleito como sujeito passivo apenas a pessoa do empregador, tomando-se como base de cálculo a folha de salários. As aprofundadas discussões e estudos envolvendo essa figura jurídica, a fim de delimitar o campo dos possíveis contribuintes, levaram à conclusão de que "empregador" é a pessoa, física ou jurídica, que admite, assalaria e dirige serviço que lhe é prestado de forma habitual, pessoal e subordinada, remunerando o empregado mediante salário. Em consequência, doutrina e jurisprudência pacificaram-se no sentido de admitirem a exigência da contribuição apenas quando existente o vínculo empregatício. O Texto Constitucional sofreu algumas alterações, para incluir, como integrante do critério pessoal passivo da regra-matriz, a empresa ou entidade a ela equiparada que pague qualquer remuneração por serviços que lhe forem prestados. A significação dos vocábulos emprestados do Direito do Trabalho, tais como empregador e folha de salários, porém, continuam as mesmas: demandam vínculo empregatício, com esforço humano em caráter de habitualidade e dependência para serem configurados.

exige a existência de duas pessoas diversas, no mínimo, uma na condição de prestador, outra na de tomador;

(ii) contrato que tenha conteúdo econômico, fixando-se "preço" em contraprestação à utilidade imaterial fornecida pelo prestador;

(iii) que a prestação seja obrigação de fazer por parte do prestador, não se configurando quando se trate de relação jurídica envolvendo a simples entrega de coisa que já existe.

Entendo, pois, que somente com esses três elementos, que são três atributos é que uma relação jurídica poderá enquadrar-se como prestação de serviços.

4. *A atividade das empresas de venda direta e a inexistência de pagamento de salários ou de remuneração pela prestação de serviços*

Vimos que o critério material da contribuição para a seguridade social referida na alínea "a", do inciso I, do art. 195, da Constituição da República, consiste no (i) pagamento de folha de salários em razão de serviços prestados na vigência de relação de emprego; ou (ii) pagamento de remuneração ao trabalhador que presta serviços sem vínculo empregatício. Nenhuma desses fatos, porém, acontece na "venda direta", levando à impossibilidade de verificação do fato jurídico tributário, já que o evento "venda direta" não se encaixa na hipótese de incidência da referida contribuição.

Nessa espécie de negócio, as pessoas físicas, denominadas revendedoras, compram produtos diretamente do fornecedor e os revendem no sistema "porta-em-porta". Entre empresa e revendedor inocorre vínculo empregatício: são comerciantes autônomos que adquirem os produtos da empresa de "venda direta", alienando-os por conta própria, auferindo lucro pela diferença dos preços de compra e revenda, arcando, também, com todos os ônus inerentes ao negócio. Podem, além disso, praticar operações envolvendo diversas marcas e, também, exercer qualquer outra atividade profissional, simultaneamente. Com isso, entendo estar perfeitamente caracterizada a autonomia e liberdade negocial, incompatíveis com a relação de emprego.

Do exposto, conclui-se não estarem presentes, também, os elementos necessários à figura da "prestação de serviços". Não há obrigação de fazer, mas operação de circulação de mercadorias, abrangendo obrigações de dar. A compra e revenda são inconciliáveis com a figura da prestação de serviços, pois seu objetivo não é a produção de utilidade material ou imaterial, mas a comercialização de utilidade já existente.

Inconcebível, portanto, qualquer pretensão de enquadramento da atividade exercida pelos comerciantes autônomos, tais como empresa de "venda direta", à hipótese de incidência da contribuição para a seguridade social calculada sobre a folha de salários ou rendimentos do trabalho.

5. *Contribuição previdenciária incidente sobre a atividade do comerciante autônomo*

Ficou estabelecido que o revendedor é verdadeiro comerciante autônomo, cujo resultado financeiro equivale aos valores auferidos em sua atividade comercial. Por esse motivo, inexistindo vínculo de emprego nem prestação de serviço, não está a empresa de venda direta obrigada ao recolhimento da contribuição prevista no art. 195, I, "a", da Constituição Federal. Tal admissão, porém, não implica que as pessoas físicas que trabalhem dessa forma estejam excluídas da seguridade social.

A Lei n. 6.586/1978 define como comerciante ambulante aquele que, pessoalmente, por conta própria e a seu risco, exerce pequena atividade comercial em via pública ou de "porta-em-porta". Regulamentando sua condição de segurado obrigatório, prescreve o Decreto n. 3.048/1999, com as alterações do Decreto n. 3.265/1999, *verbis*:

> Art. 9º. São segurados obrigatórios da previdência social as seguintes pessoas físicas:
>
> (...);
>
> V – como contribuinte individual:
>
> 1 – a pessoa física que exerce, por conta própria, atividade econômica de natureza urbana, com fins lucrativos ou não.
>
> (...).
>
> § 15. Enquadram-se nas situações previstas nas alíneas *j* e *l* do inciso V do *caput*, entre outros:
>
> (...);
>
> III – aquele que, pessoalmente, por conta própria e a seu risco, exerce pequena atividade comercial em via pública ou de porta em porta, como comerciante ambulante nos termos da Lei n. 6.586, de 6 de novembro de 1978.

O revendedor é segurado da previdência social na categoria de autônomo, sujeitando-se à legislação previdenciária que rege essa forma de exercício profissional e caracterizando-se como "contribuinte individual obrigatório". Encontra-se, desse modo, obrigado a recolher contribuição para a seguridade social, fazendo jus a todos os benefícios correspondentes.

6. Amplitude do art. 194 da Constituição e a Emenda Constitucional n. 47/2005 – Reforma Previdenciária

A Emenda Constitucional n. 47/2005, visando à Reforma da Previdência, dentre outras modificações realizadas, inseriu dois novos parágrafos ao art. 201 da Constituição Federal, nos seguintes termos:

> Art. 201. (...).
>
> § 12. Lei disporá sobre sistema especial de inclusão previdenciária para atender a trabalhadores de baixa renda e àqueles sem renda própria que se dediquem exclusivamente ao trabalho doméstico no âmbito de sua residência, desde que pertencentes a famílias de baixa renda, garantindo-lhes acesso a benefícios de valor igual a um salário-mínimo.
>
> § 13. O sistema especial de inclusão previdenciária de que trata o § 12 deste artigo terá alíquotas e carências inferiores às vigentes para os demais segurados do regime geral de previdência social.

À primeira vista, poderia o leitor imaginar que mencionar alteração do Texto Constitucional, por prever inclusão previdenciária para trabalhadores de baixa renda, com alíquotas e carências diferenciadas, seria autorizativa de nova contribuição, além daquelas já previstas no art. 195 da Carta Magna. Tal conclusão, contudo, decorre de interpretação superficial e apressada, sem considerar a complexidade do sistema constitucional tributário.

O art. 194 e seu parágrafo único, da Constituição, instituem a definição do conceito de seguridade social, bem como as metas a serem perseguidas na implementação daquele conjunto integrado de ações dirigidas à saúde, previdência e assistência social. Por sua vez, o art. 195 do mesmo Diploma prescreve os meios pelos quais serão custeadas tais ações: (i) de forma indireta, com recursos provenientes dos orçamentos da União, Estados, Distrito Federal e Municípios; e (ii) de modo direto, mediante o emprego das contribuições sociais que taxativamente relaciona.

Como já fiz questão de consignar, toda outorga de competência representa simultânea permissão e proibição: autoriza o exercício legislativo, vedando que este extrapole as balizas constitucionalmente traçadas. E, no que concerne às contribuições para a seguridade social, o art. 195 exerce esse papel delimitativo, autorizando a União a instituir contribuições destinadas a custear parcela dos encargos da saúde, previdência e assistência social, desde que o faça tomando como contribuintes os sujeitos passivos ali relacionados, empregando como base de cálculo os fatos presuntivos de riqueza correspondentes. Logo, o simples fato de novo dispositivo, introduzido por Emenda Constitucional, enfatizar ou ampliar os benefícios de determinada classe de cidadãos não implica, por si só, a concessão de autorização para o ente federal criar outra contribuição, além daquelas expressamente previstas.

Impende recordar que a Lei Maior é repleta de normas jurídicas voltadas a assegurar direitos à população nacional. Quanto à esfera da seguridade social, o art. 194 é exemplo claro dessa preocupação com a abrangência dos benefícios assegurados, referindo-se à universalidade, uniformidade, equivalência e irredutibilidade dos benefícios. Isso não significa, entretanto, permissão para angariar, de forma igualmente universal, recursos para seu financiamento. Conquanto tenha o constituinte, por força do estatuído no inciso I do parágrafo único do art. 194, estabelecida a universalidade da cobertura e do atendimento, em matéria de seguridade social, não ousou fazer o mesmo no que concerne ao custeio do magno programa protetivo que engendrou.

O comentado art. 194 prescreve objetivos a serem perseguidos na seguridade social, sendo a universalidade de cobertura um deles: atendimento a toda a sociedade, independentemente de contribuições. Na seção destinada à disciplina jurídica da prestação de serviço de saúde, essa autonomia entre benefício e custeio fica bem nítida. Estipula o art. 196 que:

> A saúde é direito de todos e dever do Estado, garantido mediante políticas sociais e econômicas que visem à redução do risco de doença e de outros agravos e ao acesso universal e igualitário às ações e serviços para sua promoção, proteção e recuperação.

O mesmo se verifica na regulação da assistência social, dispondo o art. 203 do Texto Maior que "*a assistência social será prestada a quem dela necessitar, independentemente da contribuição à seguridade social*".

Ora, essas determinações não autorizam que a União, a pretexto de implementar programas de "saúde" na forma prescrita pelo art. 196, ou de "assistência social", conforme referido no art. 203, crie novas contribuições com tais finalidades. As exações tributárias permitidas, cujos recursos destinam-se ao financiamento da saúde, assim como da previdência e assistência social, são apenas aquelas relacionadas no art. 195.[3]

Cuida ponderar, ainda, que não obstante os §§ 12 e 13 tenham sido acrescentados ao art. 201, que integra a seção relativa à previdência social, ficariam melhor localizados na seção destinada à assistência social. A previdência nada mais é que uma forma de seguro social, visando à remuneração dos contribuintes ou seus beneficiários nas hipóteses de infortúnios ou aposentadoria, enquanto a assistência social prima pelo amparo de qualquer ser humano dependente, carente, que se encontre em situação de necessidade básica. A assistência, além de possuir caráter universal e independer de contribuição, não se destina a prover recursos para custear eventos futuros; seu objetivo é imediato, cobrindo necessidades atuais.

7. Os princípios da isonomia tributária, capacidade contributiva e equidade na participação do custeio

O art. 150, II, da Carta Magna proíbe a União, Estados, Distrito Federal e Municípios, de instituírem tratamento desigual a contribuintes que se encontrem em situação equivalente. Não haverá qualquer *discrímen* com base na ocupação profissional ou função exercida. O intuito é garantir a tributação justa (sobrevalor). Isso não significa, contudo, que todos os contribuintes devam receber tratamento tributário igual, mas sim, que as pessoas, físicas ou jurídi-

3. Ressalvadas as contribuições residuais, observados os requisitos da (i) instituição por lei complementar; (ii) não-cumulatividade; e (iii) hipótese de incidência e bases de cálculo diversas das já relacionadas na Constituição (art. 195, § 4º, da CR/1988).

cas, encontrando-se em situações econômicas idênticas, ficarão submetidas ao mesmo regime jurídico, com as particularidades que lhe forem próprias. Caberá à legislação de cada tributo, tomando em consideração as notas singulares das diversas classes de sujeitos passivos, eleger fatos distintivos que sejam hábeis para atender às especificidades dos casos submetidos à imposição, de tal maneira que se mantenha a correspondente equivalência entre as múltiplas situações empíricas sobre as quais haverá de incidir a percussão tributária. Ao estabelecer itens de desigualdade entre os destinatários da norma, achando-se esses em situações jurídico-econômicas semelhantes, exige a observância de rigorosa e manifesta proporcionalidade, marca decisiva da própria isonomia com que foram tratadas as ocorrências distintas, e que se traduz numa equação reveladora da aplicação do princípio da igualdade tributária. Afinal, todos sabemos que o real é irrepetível, não havendo nem podendo haver dois sucessos totalmente iguais. Resta ao legislador, portanto, assegurar a estabilidade funcional do diploma normativo de modo que a lei possa irradiar sua eficácia por toda a extensão do domínio pretendido, fazendo-o, contudo, uniformemente, sem oscilações que escapem da equação montada para realizar o equilíbrio da atividade impositiva. Dentro daquele seguimento, os sujeitos saberão, previamente, o modo pelo qual serão alcançados pela incidência da regra tributária, assegurada a proporção entre as inevitáveis desigualdades existentes.

Tudo seria fácil se o princípio da isonomia não fosse um autêntico valor. Para o universo do direito, múltiplos são os critérios que podem ser tomados para a realização da igualdade. Há isonomia entre pessoas qualificadas como maiores para os atos da vida civil, para fins eleitorais, criminais; há igualdade entre pessoas do mesmo sexo, nacionalidade, cor, grupo profissional, político e social. Quando a estimativa "igualdade" é empregada no direito tributário, o critério é bem objetivo: dois sujeitos de direito que apresentarem sinais de riqueza expressos no mesmo padrão monetário haverão de sofrer a tributação em proporções absolutamente iguais. Exemplificando, podemos mencionar a situação de duas empresas localizadas em território nacional, em que uma delas aufira o dobro de receita do valor obtido pela outra: o montante da Cofins devida por uma será exatamente o dobro da outra. Isso quer dizer que o critério jurídico da igualdade, para fins de incidência tributária, tem como ponto de referência a variação jurídico-econômica da base de cálculo, podendo, em casos muito específicos, ser temperado por providências de natureza extrafiscal.

Aproveito para afirmar que não vejo fundamento algum que afaste as contribuições do princípio da capacidade contributiva previsto no art. 145, § 1º, da Constituição. Apesar de o legislador só ter feito menção expressa aos impostos, é certo que a capacidade do sujeito passivo da obrigação tributária sempre (de modo expresso ou implícito) inspirou a edição de normas de tributação por encontrar-se intimamente vinculada ao postulado da isonomia. Além disso, entendo que as contribuições assumem feição de impostos ou taxas, conforme a hipótese de incidência eleita. E, apresentando características de impostos, com escolha de fato signo-presuntivo de riqueza não vinculado à atuação estatal, como é o caso do "pagamento de folha de salários ou rendimentos pela prestação de serviços", inexistem motivos para excluir a aplicação do primado da capacidade contributiva.

Ademais, observando o sistema constitucional como um todo, identifica-se, no art. 194, V, mais um desdobramento do princípio da isonomia tributária, aplicável à seara da previdência social: a equidade na participação do custeio. Conquanto deva a seguridade social ser financiada por toda a sociedade, é indiscutível a existência de categorias economicamente diferentes, compondo o tecido social, cabendo à equidade ditar as diferenças porventura existentes na massa de contribuintes.

A isonomia opera acionando a proporcionalidade e, com isso, temperando as desigualdades econômicas entre os sujeitos de direito. A equidade, como critério de justiça, há de levar em conta a capacidade econômica, com o intuito de que os menos abastados contribuam com parte menor que os economicamente mais fortes.

Importa acrescentar, também, que o art. 150, II, da Carta Magna não veda discriminação tão somente quanto ao montante do tributo a ser recolhido ou dos fatos jurídicos a serem tributados. Sua prescrição tem abrangência mais ampla, vedando a instituição de qualquer *tratamento desigual entre contribuintes que se encontrem em situação equivalente, proibida qualquer distinção em razão de ocupação profissional ou função por eles exercida*. Essa proibição alcança, também, os deveres instrumentais, entendidos como relações de índole fiscal, cujo objeto é um *fazer* ou *não fazer*.

8. *Tributação e o livre exercício profissional*

A Constituição Federal assegura a todos o direito ao livre exercício profissional (art. 5º, XIII), não podendo essa garantia ser amesquinhada pela legislação infraconstitucional ou mesmo por emenda à Carta Magna. Ainda que o interesse público prevaleça sobre o particular, isso nunca poderá se dar em prejuízo dos direitos individuais previstos constitucionalmente.

Os atos de comércio, por exemplo, encontram sua regulação no Código Civil, que fixa os qualificativos necessários a esse ofício. Somente a legislação que disciplina o exercício de determinada profissão pode impor condições, sendo vedado à lei tributária fazê-lo, mormente se suas finalidades são, de modo exclusivo, arrecadatórias. Nesse sentido, reiteradas vezes pronunciou-se o Supremo Tribunal Federal, com a posterior edição da Súmula n. 547: "*não é lícito à autoridade proibir que o contribuinte em débito adquira estampilhas, despache mercadorias nas alfândegas e exerça suas atividades profissionais*".

Com efeito, é defeso ao ente público aplicar "sanções administrativas" como forma de coibir o contribuinte a recolher tributos porventura devidos. Para essa finalidade dispõe o Erário de meios próprios, como o executivo fiscal, que não impede, direta ou indiretamente, o exercício de atividade profissional lícita.

9. *Das respostas às indagações formuladas*

Com base nas considerações desenvolvidas até aqui, passo a responder às indagações formuladas nas palavras introdutórias a este trabalho. Para tanto, permito-me reescrever os enunciados referidos acima, enfrentando-os, objetivamente, um a um.

1. Sabendo-se que a relação jurídica existente entre as empresas de "venda direta" é uma relação mercantil, de compra e venda de produtos, e que não se caracteriza o vínculo empregatício, pois não estão presentes os requisitos (pessoalidade, onerosidade, subordinação jurídica e habitualidade) e que também não há qualquer prestação de serviços das revendedoras para as empresas de "venda direta", pode o Instituto Nacional de Seguridade Social (INSS) exigir contribuição previdenciária das empresas de "venda direta" em relação aos valores que recebem de seus clientes (revendedoras autônomas), considerando as estritas materialidades das contribuições previstas no art. 195, inciso I, alínea "a", da Constituição de 1988?

Resposta: De modo algum. A competência tributária apresenta-se como uma das parcelas entre as prerrogativas legiferantes das quais são portadoras as pessoas políticas, consubstanciada na faculdade de legislar para produzir normas jurídicas sobre tributos. Conquanto traga permissão legislativa, as regras de competência tributária funcionam também como delimitadoras do poder de tributar, ficando o ente público tolhido de agir fora dos delineamentos competenciais conferidos constitucionalmente.

A Constituição da República é extremamente analítica, relacionando as hipóteses onde as pessoas jurídicas de direito público, por intermédio dos respectivos poderes legislativos, estão habilitadas à instituição de tributos. E, quanto às contribuições para a seguridade social, os elementos relevantes para sua fisionomia jurídica encontram-se estipulados no sistema constitucional tributário brasileiro de modo minucioso, uma vez que as situações susceptíveis de tributação encontram-se previstas nos art. 195, incisos I a III e § 8º.

Nenhum desses dispositivos autoriza a exigência de contribuição previdenciária das empresas de venda direta, relativamente aos valores recebidos de seus clientes. Além de inexistir vínculo empregatício, também não se verifica prestação de serviço, únicas hipóteses passíveis de imposição tributária, nos termos do art. 195, I, "a".

Na venda direta a relação jurídica existente é de "compra e venda", de natureza mercantil, onde cada uma das partes envolvidas classifica-se como "comerciante". Os revendedores não recebem salário nem remuneração por serviços prestados; seu rendimento é o lucro que auferem na operação negocial, qualificando-se, por esse motivo, como contribuinte individual obrigatório. Inadmissível lei que equipare o lucro do comerciante autônomo à folha de salários ou à remuneração paga ao prestador de serviços, pois apresentam diferenças que estruturalmente os tornam distintos para o direito.

2. Qual é o alcance do art. 194 da Constituição de 1988? O INSS pode se valer desse dispositivo constitucional para exigir das empresas de venda direta que retenham e recolham das suas clientes revendedoras a contribuição previdenciária?

Resposta: O art. 194 do Texto Constitucional e seu parágrafo único traçam a definição do conceito de seguridade social, bem como as metas a serem perseguidas na implementação dos direitos relativos à saúde, previdência e assistência social. Esse dispositivo introduz no ordenamento normas voltadas a assegurar direitos aos cidadãos, garantindo-lhes universalidade, uniformidade, equivalência e irredutibilidade dos benefícios securitários. Relaciona, também, princípios que deverão ser utilizados como diretrizes, pelo legislador infraconstitucional, ao disciplinar a forma de financiamento desses benefícios, tal como a equidade na participação do custeio.

A universalidade ali prevista, entretanto, não autoriza a instituição de tributo diverso daqueles autorizados pelo art. 195. Ao mesmo tempo em que o constituinte assegurou à população o acesso à saúde e aos benefícios da previdência e assistência social, conferiu aos contribuintes a certeza de que seriam expropriados de valores a título de contribuições apenas nas hipóteses por ele relacionadas como fonte de custeio. Logo, o art. 194 não serve de fundamento à exigência, pelo INSS, de contribuição das empresas de "venda direta", retidas e recolhidas das revendedoras. Não se enquadrando tal imposição em nenhum dos incisos do art. 195, vedada qualquer iniciativa do legislador ordinário no sentido de instituí-la.

3. A EC n. 47/2005 (Reforma Previdenciária) autoriza a pretensão do INSS? O custeio da seguridade social (saúde, previdência social e assistência social) não deve ser exclusivamente efetuado, no que toca à sociedade, com base na competência tributária do art. 195 da CR/1988? Os §§ 12 e 13 do art. 201 conflitam com o art. 203 da CR/1988? A pretendida "inclusão" não seria matéria da assistência social?

Resposta: A Emenda Constitucional n. 47/2005 trouxe, dentre outras alterações, a inserção de dois novos parágrafos ao art. 201 da Constituição, prescrevendo um sistema especial de inclusão previdenciária para trabalhadores de baixa renda, e àqueles sem renda própria que se dediquem exclusivamente ao trabalho doméstico no âmbito de sua residência, desde que pertencentes a famílias de baixa renda, garantindo-lhes acesso a benefícios de valor igual a um salário-mínimo, bem como a fixação de alíquotas e carências inferiores aos vigentes para os demais segurados do regime geral de previdência social.

Com efeito, os novos dispositivos referem-se apenas a benefícios, não conferindo nova competência à União para criar contribuição destinada a custeá-los. Por conseguinte, ficam mantidas as contribuições já existentes, fundamentadas no art. 195 do Diploma Maior, sem acréscimo de qualquer outra possibilidade. Nenhuma influência realizou, no que diz respeito às fontes de financiamento da seguridade social, não autorizando, portanto, a pretensão do INSS de exigir contribuições previdenciárias das empresas de "venda direta" sobre os valores percebidos por suas clientes revendedoras.

Não bastassem os argumentos jurídicos acima, cuida consignar que o assunto disciplinado pelos §§ 12 e 13 do art. 201 configuram matéria de "assistência social", pois além de possuir caráter universal e independer de contribuição específica, não se destina a prover recursos para custear eventos futuros; seu objetivo é imediato, cobrindo necessidades atuais. Esses novos dispositivos ficariam melhor situados no Texto Constitucional se, em vez de acrescidos ao art. 201, tivessem sido integrados ao art. 203. Mas essas são apenas considerações de ordem técnica, pois a localização topográfica não interfere na construção normativa, que deve se orientar pelo exame sistemático do ordenamento.

4. A Lei n. 6.586/1978 foi recepcionada pela Constituição da República de 1988? Se recepcionada, seria ela adequada ou suficiente para suportar a tributação das revendedoras?

Resposta: Entre os primados que ordinariamente aparecem na implicitude do texto está o da "recepção", mediante o qual a ordem adventícia acolhe disposição do direito antigo, não mais vigente, substituído que foi na sua integralidade pela fundação de um novo Estado, já que segundo o modelo com que opero Estado e Ordem Jurídica seriam equivalentes nominais. A *ratio essendi* dessa diretriz, universalmente reconhecida, repousa na impossibilidade material de reescrever-se o direito que não se mostra incompatível materialmente com a nova organização jurídica implantada. Sobre envolver trabalho de proporções inusitadas, seria até um sem-sentido obrigar o legislador das normas gerais e abstratas a reproduzir porções inteiras de matéria legislada que não se contrapunha ao sistema do direito recém-inaugurado. Ainda que não fosse necessário, o princípio da recepção mereceu menção expressa no § 5º do art. 34 do Ato das Disposições Constitucionais Transitórias, que assegura a validade sistêmica da legislação anterior, naquilo em que não for incompatível com o atual ordenamento.

A propósito da Lei n. 6.586/1978, não restam dúvidas quanto à sua incorporação à ordem jurídica instaurada com a Constituição de 5 de outubro de 1988, pois perfeitamente conciliável com as prescrições na nova ordem jurídico-tributária. A definição de "comerciante autônomo", nela traçada, coincide com o sentido de "operações mercantis" conferido pelo Texto Magno. Ademais, empregada essa significação para qualificá-lo como contribuinte individual obrigatório, como fez o Decreto n. 3.048/1999 (alterado pelo Decreto n. 3.265/1999), implementados estão os objetivos de abrangência da seguridade social, nos exatos termos preceituados pelo art. 195, II. Esse é seu apropriado quadramento para fins previdenciários, não havendo fundamento para que do ambulante se exija outra espécie de contribuição, como a do art. 195, I, "a", tendo em vista não estar caracterizada a figura de empregado nem de prestador de serviço.

5. Pode legislação ordinária ou complementar alterar dispositivos do Código Civil ou ainda do Código Comercial que regem a compra e venda de mercadorias no âmbito privado, de forma a somente permitir que os atos de comércio sejam praticados mediante prova de regularidade fiscal/previdenciária? Caso possa, tal legislação seria constitucional? Caso seja possível, a legislação poderia ser específica para as empresas de venda direta ou deveria ser genérica e alcançar todos os atos de comércio?

Resposta: Não. Exigência desse jaez afronta o Texto Constitucional, que assegura a todos os cidadãos o direito ao livre exercício profissional (art. 5º, XIII). Inadmissível, outrossim, que norma jurídica tributária venha a interferir nos atos de comércio, em completo desrespeito às regras específicas que disciplinam a "capacidade para ser comerciante", inscrita no Código Civil.

Ademais, a exigência de prova de regularidade fiscal/previdenciária como condição à atividade profissional configura repudiada "sanção administrativa", objetivando coibir o contribuinte a recolher tributos que a Administração entende devidos.

Vale ponderar ainda, que mesmo se fosse possível a imposição desse requisito à prática comercial, o que admito apenas para fins de argumentação, o comando normativo precisaria ser genérico, alcançando todos os atos de comércio, e não apenas aqueles praticados por empresas de "venda direta", sob pena de tratar desigualmente contribuintes que se encontram em situação semelhante, em manifesta violação ao princípio da isonomia tributária que, como já anotei, aplica-se não apenas à imposição tributária, mas também à prescrição de deveres instrumentais.

A NOVA LEI DO MANDADO DE SEGURANÇA E AS RESTRIÇÕES À GARANTIA DE JURISDIÇÃO EM MATÉRIA TRIBUTÁRIA

HUGO DE BRITO MACHADO
Professor Titular de Direito Tributário da UFC. Presidente do Instituto Cearense de Estudos Tributários.

1. Introdução. 2. Garantia constitucional de jurisdição. 3. Direito ao crédito e direito de compensar: 3.1 Duas situações essencialmente distintas; 3.2 Direito ao crédito contra a Fazenda Pública; 3.3 Direito de compensar como objeto da disputa judicial. 4. Direito à liberação de mercadorias importadas: 4.1 Importação clandestina ou fraudulenta; 4.2 Exigência arbitrária na importação regular; 4.3 Exigência de garantia para a liberação da mercadoria. 5. Flagrante inconstitucionalidade: 5.1 Fundamento constitucional do direito à compensação; 5.2 Fundamento constitucional do direito à liberação de mercadoria importada; 5.3 Ainda a garantia de jurisdição; 5.4 A flagrante inconstitucionalidade.

1. Introdução

A Lei n. 11.016, de 7 de agosto de 2009, disciplina o mandado de segurança antes disciplinado pela Lei n. 1.533, de 31 de dezembro de 1951. Segundo os que defendem a nova lei, teria havido apenas a consolidação em texto único do que já estava em leis anteriores ou no entendimento jurisprudencial pacificado. Não nos parece, porém, que seja assim, pois na verdade algumas inovações foram introduzidas, entre elas a proibição pura e simples da concessão de medida liminar, e da execução provisória da sentença que concede o mandado de segurança, quando a proteção pleiteada pelo impetrante seja para o direito de compensar crédito tributário ou obter a liberação de mercadoria importada.[1]

Não desconhecemos a existência do art. 170-A, do Código Tributário Nacional, albergando norma segundo a qual é vedada a compensação mediante o aproveitamento de tributo, objeto de contestação judicial pelo sujeito passivo, antes do trânsito em julgado da respectiva decisão judicial. Nem desconhecemos o que estabelecia a Lei n. 2.770, de 4 de maio de 1956 quanto a liminar e quanto a execução provisória de sentença que determinasse a liberação de mercadoria procedente do exterior.

Entretanto, não concordamos com o alcance atribuído ao citado artigo do Código Tributário Nacional em decorrência da confusão que tem sido feita entre duas situações distintas. Uma, a situação na qual se discuta o direito à compensação mediante a utilização, pelo contribuinte, de um crédito seu contra a Fazenda Pública, crédito sobre o qual não exista nenhuma pendência. E a outra, aquela situação na qual se discuta o direito à compensação mediante a utilização, pelo contribuinte, como crédito seu, do valor de um tributo cujo paga-

1. Lei n. 11.016, de 7.8.2009, art. 7º, § 2º.

mento o contribuinte considera indevido, mas esteja ainda pendente de decisão judicial definitiva a questão de saber se realmente ocorreu pagamento indevido. E quanto à Lei n. 2.770/1956 lembramos que se vinha entendendo ser a restrição na mesma contida aplicável apenas a mercadorias objeto de contrabando ou descaminho. Entendimento, aliás, inteiramente compatível com a norma de seu art. 2º, que se refere a entrega *ou vinda do exterior* de mercadorias, bens ou coisas de qualquer natureza, a indicar que o provimento judicial em questão seria referente à autorização para importar mercadoria proibida.

Neste pequeno estudo pretendemos demonstrar a distinção essencial entre aquelas duas situações nas quais se cogita de compensação, para deixar claro que a nova lei do mandado de segurança realmente inovou. E quanto à liberação de mercadorias importadas vamos demonstrar que a nova lei do mandado de segurança também inovou e suscitou questão praticamente superada. Em ambos os casos, ao inovar, incorreu em flagrante inconstitucionalidade porque violou a garantia de jurisdição, retirando-a tanto do contribuinte que pretenda proteção para o seu direito à compensação, como daquele que tenha contra si exigência arbitrária relacionada com a importação regular de qualquer mercadoria.

Começaremos pelo exame da garantia constitucional de jurisdição, para deixar claro que a mesma abrange o direito aos provimentos judiciais de urgência quanto estes sejam necessários, assim como o direito à execução das decisões judiciais, que não podem servir apenas como peças de adorno da ordem jurídica. Depois vamos demonstrar que realmente existe uma diferença essencial, da maior importância, entre o direito ao crédito contra a Fazenda Pública e o direito de extinguir um crédito tributário quando o contribuinte tenha contra a Fazenda Pública um crédito líquido e certo, seja porque já por esta reconhecido, seja porque objeto de decisão judicial definitiva. E finalmente examinaremos o alcance dos dispositivos da nova lei do mandado de segurança que albergam restrições relativas ao direito à compensação, assim como ao direito à liberação de mercadorias, buscando demonstrar que eles realmente inovaram e, nessa parte, consubstanciam flagrante inconstitucionalidade.

2. *Garantia constitucional de jurisdição*

Ao cuidar *Dos Direitos e Garantias Fundamentais*, a vigente Constituição Federal assegura que *a lei não excluirá da apreciação do Poder Judiciário lesão ou ameaça a direito.*[2] Resta-nos então examinar o alcance dessa garantia constitucional para vermos se ela foi, ou não foi, contrariada pelos dispositivos da Lei n. 11.016, de 7 de agosto de 2009, que impõe restrições ao mandado de segurança como instrumento para a proteção do direito do contribuinte de compensar, assim como ao direito de obter a liberação de mercadorias importadas.

Sobre o alcance do dispositivo constitucional que garante o direito à jurisdição já escrevemos:[3]

"Ao dizer que a lei não pode excluir da apreciação judicial lesão ou ameaça a direito, a Constituição Federal está proibindo a edição de lei que exclua, quer direta quer indiretamente, a apreciação judicial de pretensões à proteção contra lesões e contra ameaças a direitos. A adequada interpretação do preceito constitucional, que impede se faça dele letra morta, não pode ser outra. O dispositivo constitucional há de ser interpretado de modo a que não reste amesquinhado o seu conteúdo. A não ser assim não estará sendo assegurada a máxima efetividade à norma da Constituição.

"Segundo a moderna doutrina do Direito Constitucional as normas de uma

2. CF/1988, art. 5º, inciso XXXV.

3. Hugo de Brito Machado, *Comentários ao Código Tributário Nacional*, 2ª ed., vol. III, São Paulo, Atlas, 2009, p. 431.

Constituição devem ser interpretadas com observância de alguns princípios, entre os quais se destaca o da máxima efetividade. Como assevera Canotilho, 'a uma norma constitucional deve ser atribuído o sentido que maior eficácia lhe dê'."[4]

A garantia de jurisdição, portanto, há de ser entendida como garantia a uma prestação jurisdicional efetiva, isto é, uma prestação jurisdicional capaz de garantir os direitos, evitando o perecimento ou a deterioração destes pelo decurso do tempo, com os provimentos de urgência, quantos sejam necessários, como a efetividade dos direitos, com a execução do julgado. No dizer de Ricardo Perlingeiro, "não assegurar o direito à execução é o mesmo que negar o direito de ação, não sendo admissível, no atual estágio da sociedade, interpretar o princípio do Estado democrático de Direito de modo a concluir que não há execução contra a Fazenda Pública".[5] E não assegurar os provimentos de urgência, quando sejam necessários para evitar o perecimento do direito, é também, indiscutivelmente, negar a jurisdição.

É importante, pois, entendermos o alcance da norma albergada no art. 170-A, do Código Tributário Nacional, para que possamos entender a inconstitucionalidade do dispositivo da nova lei do mandado de segurança, que veda pura e simplesmente o deferimento de medida liminar que tenha por objeto o direito à compensação de créditos tributários.

3. *Direito ao crédito e direito de compensar*

3.1 *Duas situações essencialmente distintas*

Para que se possa entender o alcance da norma albergada pelo art. 170-A, do Código Tributário Nacional, é importante que se tenha em vista a distinção essencial que existe entre as duas situações, a saber: na primeira, o que se questiona é o direito do contribuinte de extinguir um crédito tributário, mediante compensação, utilizando um crédito seu contra a Fazenda Pública decorrente de um pagamento de tributo que considera indevido e sobre o qual está questionando em juízo. Na segunda, o que se questiona é apenas o direito do contribuinte de extinguir um crédito tributário, mediante compensação, utilizando um crédito seu contra a Fazenda Pública que se opõe à compensação sem negar a existência do crédito, já reconhecida administrativa ou judicialmente.

Porque consideramos essencial essa distinção, já escrevemos:

"Questão da maior importância reside em saber se o art. 170-A do Código Tributário Nacional, ao dizer que é vedada a compensação antes do trânsito em julgado da decisão que reconhece o direito do contribuinte, proíbe o deferimento de provimento cautelar, ou antecipatório, para garantir desde logo o direito de compensar.

"Resposta afirmativa a essa questão não se pode admitir sem menosprezo à garantia constitucional de jurisdição posto que, nos casos em que os provimentos cautelares ou antecipatórios são cabíveis, sua denegação implica denegação da própria jurisdição, que para ser efetiva há de ter útil e não apenas formal. A melhor interpretação do art. 170-A do Código Tributário Nacional, inclusive porque o coloca de acordo com a Constituição, é aquela segundo a qual dita norma não exclui a possibilidade de provimentos cautelares ou antecipatórios."

Realmente, a norma albergada pelo art. 170-A, do Código Tributário Nacional, não exclui de modo nenhum os provimentos judiciais liminares ou antecipatórios, quando se esteja a discutir na ação apenas o direito à compensação. Essa norma só abrange as situações nas quais exista litígio sobre a existência do crédito contra a

4. José Joaquim Gomes Canotilho, *Direito Constitucional*, Coimbra, Almedina,1996, p. 227.

5. Ricardo Perlingeiro, "Redefinição de papéis na execução de quantia certa contra a Fazenda Pública", em *Revista CEJ*, dez./2005, p. 69.

Fazenda. E mesmo nessa situação, por ela abrangida, temos de considerar que se trata de norma dirigida apenas à autoridade administrativa. Entendê-la como regra dirigida ao juiz implica colocá-la em aberto conflito com a Constituição, como já tivemos oportunidade de demonstrar.[6]

Vejamos cada uma dessas duas situações.

3.2 Direito ao crédito contra a Fazenda Pública

A norma do art. 170-A, do Código Tributário Nacional, veda "a compensação mediante o aproveitamento de tributo, objeto de contestação judicial pelo sujeito passivo, antes do transito em julgado da respectiva decisão judicial". Não é preciso que se tenha extraordinária acuidade para perceber que a disputa judicial à qual se refere essa norma é em torno do aproveitamento de tributo que o contribuinte entende haver pago indevidamente. Em outras palavras, a disputa é em torno do direito ao crédito contra a Fazenda Pública. Sobre este ponto já escrevemos:

"O objeto da *contestação judicial*, e da *decisão com trânsito em julgado*, nos termos e para os fins do art. 170-A do CTN é o tributo cujo valor pretende o contribuinte haver como crédito seu à consideração de que o pagou indevidamente.

"Pago um tributo indevidamente, a Administração tem o dever de devolver de ofício a quantia indevidamente recebida. Na prática, porém, não o faz, por razões tão evidentes quanto lamentáveis. Seja como for, feito o pagamento indevido, o contribuinte pode requerer administrativamente a respectiva restituição. E pode pedir a restituição na via judicial, com a ação de repetição do indébito.

"Se prefere promover ação judicial pedindo a restituição do valor que entende haver pago indevidamente, e a Fazenda Pública contesta a ação, como geralmente acontece, aí então só poderá fazer a compensação depois do trânsito em julgado da sentença que julgar a ação procedente. É este o sentido da norma albergada pelo art. 170-A do Código Tributário Nacional."[7]

Havendo questionamento judicial a respeito do crédito contra a Fazenda Pública que o contribuinte quer utilizar para extinguir, por compensação, um crédito tributário, é razoável a restrição estabelecida pela norma do art. 170-A, do Código Tributário Nacional. O crédito tributário regularmente constituído pelo lançamento presume-se líquido e certo. É razoável, portanto, que não se admita a sua extinção por compensação com um crédito sobre o qual existe um litígio. Entretanto, é razoável entender-se que a restrição feita pela norma do art. 170-A, do Código Tributário Nacional, dirige-se à autoridade administrativa, conforme demonstramos em comentário a essa norma.[8] Não nos parece que a referida norma constitua obstáculo ao deferimento de provimento judicial de urgência, quando este seja cabível. A interpretação que atribui a essa norma tamanho alcance a coloca decididamente em conflito com a Constituição, como adiante será demonstrado.

3.3 Direito de compensar como objeto da disputa judicial

Na segunda das situações em exame, repita-se, o que se questiona é apenas o direito do contribuinte de extinguir um crédito tributário, mediante compensação, utilizando um crédito seu contra a Fazenda Pública que se opõe à compensação sem negar a existência do crédito, já reconhecida administrativa ou judicialmente.

6. Hugo de Brito Machado, *Comentários ao Código Tributário Nacional*, 2ª ed., vol. III, pp. 468 a 473.

7. Idem, 2ª ed., vol. III, p. 465.

8. Idem, 2ª ed., vol. III, pp. 470 e 471.

Como não existe disputa sobre o crédito contra a Fazenda Pública, trata-se neste caso de um crédito líquido e certo, tanto quanto o crédito tributário. E pode até tratar-se de um crédito sobre o qual não se pode mais questionar, pois em se tratando de precatório, por exemplo, o crédito já passou por todos os questionamentos judiciais possíveis. Não é razoável, pois, negar-se ao contribuinte o direito à compensação.

Em casos assim, quando o contribuinte impetra mandado de segurança contra a negação, pela autoridade administrativa, do seu direito à compensação, não se questiona o seu direito ao crédito contra a Fazenda, mas, simplesmente, o seu direito à compensação. Em outras palavras, o objeto da disputa é o direito de o contribuinte de ver extinta a sua dívida perante a Fazenda, pelo fato de não ser apenas devedor, mas também ser credor desta. A Fazenda admite ser devedora, mas pretende mesmo assim impedir a extinção do crédito tributário mediante compensação.

Esse direito à compensação, além de ter fundamento constitucional, é daqueles direitos que não precisam estar expressos em nenhuma regra jurídica, porque na verdade decorrem da própria relação jurídica obrigacional.

4. Direito à liberação de mercadorias importadas

4.1 Importação clandestina ou fraudulenta

Denominamos, aqui, importação *clandestina* àquela que seja realizada por vias que não são as legalmente estabelecidas para esse fim. E fraudulenta àquela que, embora realizada pelas vias ordinariamente admitidas para tanto, se faça com indicação fraudulenta do objeto, vale dizer, da mercadoria efetivamente importada, ou do seu preço.

Importante, porém, é a distinção que deve ser considerada entre uma importação fraudulenta e a importação com possível erro de direito, vale dizer, erro na classificação fiscal da mercadoria. Neste caso, em que a descrição das mercadorias nos respectivos documentos é feita com exatidão, e a inexatidão consiste apenas na classificação fiscal correspondente, não se pode considerar a importação fraudulenta. A divergência entre o importador e a Fazenda residirá em questão simplesmente *de direito*. Questão cujo deslinde independe da produção de provas e por isto mesmo pode dar-se no âmbito do mandado de segurança, a cuja impetração o contribuinte tem inegável direito, inclusive com os efeitos ordinariamente a tal impetração inerentes, sem ressalvas de qualquer natureza.

4.2 Exigência arbitrária na importação regular

Restando os direitos do importador desprovidos da garantia de jurisdição de urgência, ou ao menos a ser prestada em prazo razoável, a autoridade da Administração Tributária restará estimulada a formular exigências inteiramente arbitrárias na importação regular de mercadorias.

Admita-se, para demonstrar o que estamos afirmando, que a autoridade aduaneira exija o pagamento de tributos em valor indiscutivelmente superior ao valor efetivamente devido. Em tal situação, ou o contribuinte atende a essa exigência indiscutivelmente ilegal ou não obterá a liberação da mercadoria, pois não dispõe de instrumento jurídico processual que possa utilizar para a proteção do seu direito. Nem o mandado de segurança, nem o procedimento ordinário, pois em ambos está proibida a tutela de urgência, bem como a execução provisória da sentença.

4.3 Exigência de garantia para a liberação da mercadoria

A concessão de um provimento de natureza cautelar ou antecipatória pode em certos casos ser condicionado, pelo juiz, à prestação de contracautela. Dependendo das circunstâncias do caso concreto tal exigência pode ser razoável, porque a reparação do dano eventualmente decorrente de um provimento judicial de urgência, quando a decisão final não o confirma, é indiscutivelmente justa.

A Lei n. 2.770/1956, aliás, admitia expressamente a execução provisória de sentença ou acórdão que determinasse a entrega de mercadoria importada, ou autorizasse a correspondente importação. Neste pondo, portanto, a nova lei do mandado de segurança não se limitou a consolidar, mas realmente inovou a disciplina desse importante instrumento processual.

Realmente, a nova lei do mandado de segurança proíbe expressamente a concessão de liminar, e de execução provisória de sentença ou acórdão, que tenha por objeto a compensação de crédito tributário ou a liberação de mercadoria importada, embora em outros casos permita o provimento de urgência mediante contracautela.

5. *Flagrante inconstitucionalidade*

5.1 Fundamento constitucional do direito à compensação

Não temos dúvida de que o direito de compensar, em se tratando de crédito reconhecido pela Fazenda, ou já afirmado definitivamente pelo Judiciário, como é o caso do crédito consubstanciado em precatório, é um direito que tem fundamento na Constituição Federal, que alberga princípios inteiramente incompatíveis com a ideia de lei que possa impor restrições ao direito de compensar.

Realmente, nossa Constituição Federal alberga entre os objetivos fundamentais de nossa República construir uma sociedade livre, justa e solidária.[9] E assegura que a Administração Pública submete-se aos princípios que indica, entre os quais o princípio da moralidade.[10] Está absolutamente claro, portanto, que justiça e moralidade estão presentes nas relações do Estado com os cidadãos.

Aliás, o Direito só será justo se tiver fundamento moral. E só terá fundamento moral, se for justo. Moral e justiça são ideias inseparáveis, com implicações recíprocas. Sem elas o ordenamento jurídico é inútil, até porque sua eficácia restará de tal forma comprometida que, ao menos nas relações entre o indivíduo e o Estado sobrarão espaços imensos para o arbítrio. Assim, ao examinarmos os fundamentos do direito à compensação temos de começar confrontando esse direito com o princípio da moralidade.

A moralidade, hoje, repele a ideia de um Estado autoritário, irresponsável, soberano senhor do bem e do mal. O Estado de hoje há de ser tratado como um sujeito de direitos e de deveres, como qualquer outro, ressalvadas apenas e tão somente aquelas situações nas quais a Constituição estabelece limitações aos direitos dos cidadãos. Assim, por exemplo, a Constituição atribui ao Estado o poder de tributar, mas traça rigorosos limites ao exercício desse poder. O Estado tributa, mas o faz nos termos da lei. Há de tratar a relação obrigacional tributária como relação jurídica que é. Perante a relação tributária há de colocar-se em condições de igualdade com os cidadãos que da mesma participam, afastada toda e qualquer supremacia do Estado, posto que a supremacia não pode ir além do próprio poder de instituir o tributo.

Nem se venha dizer que as limitações do Estado se resumem no princípio da legalidade, e por isto mesmo, uma vez estabelecidas pela lei, as restrições aos direitos dos cidadãos seriam legítimas. Se essa tese, de clara inspiração autoritária, fosse aceitável, chegaríamos à inevitável consequência de ter de admitir como válida uma lei que extinguisse, pura e simplesmente, créditos contra a Fazenda.

9. CF/1988, art. 3º, inciso I.

10. CF/1988, art. 37.

Imagine-se uma lei ordinária que, aprovada pela unanimidade dos membros do Parlamento, dissesse expressamente que *ficam extintas as dívidas da União*. Essa lei, não obstante aprovada pelo órgão competente – tendo-se assim atendido plenamente o princípio da estrita legalidade – seria flagrantemente contrária aos direitos que a Constituição assegura ao cidadão. Seria verdadeiramente teratológica, e sua invalidade seria da maior evidência.

Da mesma forma e pelas mesmas razões, desprovida de validade, porque contrária à Constituição, é a lei que impõe restrições aos direitos do cidadão, entre eles o direito à compensação, de sorte a extinguir por via oblíqua esses direitos que ficam reduzidos a meras expressões retóricas.

A exclusão da compensação diretamente ou por via oblíqua consubstanciada na exigência de formalidades descabidas, de tão absurda, é desprovida não só do amparo jurídico, mas também e especialmente do amparo na moralidade. Qualquer que seja a concepção de moral que se adote entre as vigentes no mundo civilizado, ninguém encontrará apoio para a pretensão de receber seus créditos sem pagar os seus débitos.

Além do princípio da moralidade, a vigente Constituição assegura o direito de propriedade. Os créditos contra a Fazenda Pública constituem, sem dúvida, direitos de propriedade, posto que integram o patrimônio do credor. Assim, admitir que inexiste o direito à compensação contra a Fazenda Pública é admitir que esta não é obrigada a respeitar o direito de propriedade de seu credor, ou então, em outras palavras, admitir que não existe o direito de propriedade ou que este não pode ser exercido contra a Fazenda Pública, o que consubstancia evidente absurdo.

Os créditos do contribuinte, inclusive o crédito contra a Fazenda Pública, são parcelas de seu patrimônio e estão, portanto, protegidos pelo denominado direito de propriedade, que não se restringe, como podem pensar os menos avisados, aos direitos sobre bens imóveis.

Nem se venha argumentar com as limitações ao direito de propriedade. Como assevera com inteira razão Gabriel Troianelli, as limitações ao direito de propriedade são somente as previstas na própria Constituição,[11] e entre estas não se encontra a possibilidade de desconsideração, na cobrança dos tributos, dos créditos que o contribuinte tenha contra a Fazenda Pública. Por isto mesmo afirma Cleide Previtalli Cais, com toda razão, que: "O princípio de proteção ao direito de propriedade tem larga aplicação nas normas relativas ao exercício do direito de compensação de créditos tributários, visando evitar a colocação de empecilhos ao seu exercício, e, com isso, afastando a ocorrência de confisco e de enriquecimento sem causa por parte da Administração".[12]

Restrições substanciais ao direito do contribuinte à compensação implicam, sem dúvida alguma, confisco de seu crédito perante a Fazenda Pública, absolutamente inadmissível.

A Constituição Federal, por outro lado, também alberga o princípio da isonomia, que consubstancia, aliás, ideia que é da própria essência do Direito. E o direito à compensação tem também, inegavelmente, fundamento no princípio da isonomia. Tanto o direito à compensação como categoria geral, ou categoria da Teoria Geral do Direito, como o direito à compensação no âmbito da relação tributária. O crédito de um dos sujeitos da relação jurídica obrigacional não pode ser privilegiado em relação ao crédito do outro daqueles sujeitos.

Evidentemente o direito de crédito que a Fazenda Pública tem contra o contribuinte não é merecedor de maior proteção do que o direito de crédito que este tem

11. Gabriel Lacerda Troianelli, *Compensação do Indébito Tributário*, São Paulo, Dialética, 1998, pp. 19-21.

12. Cleide Previtalli Cais, *O Processo Tributário*, 4ª ed., São Paulo, Ed. RT, 2004, p. 438.

contra aquela. Coloca-se, então, o princípio da isonomia, como um fundamento do direito que tem o contribuinte à compensação contra a Fazenda Pública.

Aliás, é sabido que a Fazenda Pública, quando tem de fazer algum pagamento, e aquele a quem vai pagar é seu devedor, efetua a compensação correspondente e paga apenas o saldo, se houver. Assim, mais evidente fica o direito do contribuinte à compensação, fundado no princípio da isonomia.

Registre-se, ainda, que também o princípio da razoabilidade ampara o direito do contribuinte de compensar seus créditos contra Fazenda Pública com as dívidas que tenha para com a mesma, na medida em que impede as vedações feitas por via obliqua. Se a lei estabelece condições ou requisitos a serem atendidos, que não sejam razoáveis, porque desnecessários para evitar fraudes e permitir o controle das compensações por parte da Administração, ofende o princípio da razoabilidade e, assim, resulta inconstitucional.

Ressalte-se que as restrições à compensação, mesmo não envolvendo a Fazenda Pública, já tiveram fundamento no interesse do fisco. Como assevera Uelze, uma causa dessas restrições já foi o interesse que o senhor feudal tinha na solução das pendências, pois, de direito, auferia uma parcela da prestação em litígio.[13] Isto, porém, está hoje superado, porque inteiramente incompatível com a ideia de Estado de Direito Democrático.

5.2 Fundamento constitucional do direito à liberação de mercadoria importada

É indiscutível também o fundamento constitucional do direito à liberação de mercadoria importada. Esse fundamento está no direito de propriedade, expressamente assegurado dispositivo segundo o qual *é garantido o direito de propriedade.*[14]

Certamente aqui não estamos nos referindo à mercadoria objeto de importação clandestina ou fraudulenta. Entretanto, excluída a hipótese de crime, posto que é constitucionalmente permitida a pena de perda de bens, negar o direito à jurisdição destinada a garantir a propriedade da mercadoria ou qualquer outro bem importado equivale a negar o direito de propriedade, pondo-se desta forma a lei que o fizer em conflito com a Constituição.

5.3 Ainda a garantia de jurisdição

Registre-se que em face da garantia de jurisdição, assegurada pelo art. 5º, inciso XXXV, da vigente Constituição, o dever de prestar a jurisdição independe de um prévio exame da existência do direito que se diz lesionado ou ameaçado, e abrange as medidas de urgência necessárias à sua efetiva preservação.

A questão de saber se está presente lesão ou ameaça a direito, e se estão presentes os requisitos para a prestação jurisdicional de urgência, deve ser enfrentada na própria prestação jurisdicional, vale dizer, é uma questão que deve ser resolvida pelo próprio juiz do caso, no desempenho regular de sua função.

5.4 A flagrante inconstitucionalidade

Nada justifica, portanto, a proibição pura e simples da concessão da liminar, muito menos essa proibição somada à proibição de execução provisória da sentença concessiva da segurança. Ao conceder a medida liminar o juiz deve ter observado a presença dos requisitos legalmente exigidos para esse fim, e ao prolatar a sentença o juiz já conhece as razões que levaram a

13. Hugo Barroso Uelze, "Compensação tributária: uma proposta de conceituação à luz das 'categorias gerais de direito' e do novo Código Civil", em *Revista Tributária e de Finanças Públicas*, São Paulo, Ed. RT, jul.-ago./2004, n. 57, p. 154.

14. CF/1988, art. 5º, inciso XXII.

autoridade a praticar o ato impugnado como ilegal ou abusivo. Por outro lado, o poder público dispõe, além do agravo contra a concessão da liminar e da apelação contra a sentença, de um meio expedito para impedir a execução, tanto da liminar, como da sentença, que é o pedido ao presidente do tribunal, de suspensão da liminar, e da sentença, nos casos em que tal suspensão de algum modo pode ser justificável.

Não obstante, a Lei n. 11.016/2009 estabelece que *não será concedida medida liminar que tenha por objeto, entre outros, a compensação de créditos tributários e a entrega de mercadorias ou bens provenientes do exterior.*[15] E estabelece também que a sentença concessiva da segurança poderá ser executada provisoriamente, *salvo nos casos em que for vedada a concessão de medida liminar.*[16] E ainda, estabelece também que as vedações quanto a medida liminar se estendem à tutela antecipada a que se referem os arts. 273 e 461 do Código de Processo Civil. Como se vê, essa lei proíbe a prestação jurisdicional efetiva e útil ao contribuinte, quando tenha lesionado o seu direito à compensação. E o faz do modo mais amplo e absoluto, incluindo na vedação até aqueles casos nos quais o crédito do contribuinte contra a Fazenda não seja objeto de qualquer questionamento. Por isto mesmo já afirmamos serem esses dispositivos incompatíveis com a garantia de jurisdição e, assim, inconstitucionais.[17]

É sabido que o trânsito em julgado da sentença que concede o mandado de segurança geralmente demora demasiadamente, sobretudo quando a Fazenda quer protelar, pois a possibilidade de interposição de recursos é praticamente inesgotável. Não temos dúvida, pois, de que os dispositivos legais em questão, ao vedarem a concessão de medida liminar e a execução provisória da sentença em mandados de segurança destinados a proteger o direito do contribuinte à compensação tributária ou à liberação de mercadorias importadas são flagrantemente inconstitucionais.

15. Lei n. 11.016, de 7.9.2009, art. 7º, § 2º.
16. Lei n. 11.016, de 7.9.2009, art. 14, § 3º.

17. Hugo de Brito Machado, *Mandado de Segurança em Matéria Tributária*, 8ª ed., São Paulo, Dialética, 2009, p. 142.

CADERNOS DE DIREITO TRIBUTÁRIO

LA APLICACIÓN DEL PRINCIPIO DE RETROACTIVIDAD DE LA LEY PENAL MÁS FAVORABLE EN EL DELITO FISCAL

LUIS MANUEL ALONSO GONZÁLEZ
Catedrático de Derecho Financiero y Tributario. Universidad de Barcelona (España).

A) Significado y alcance del principio. B) Aplicación del principio cuando la ley favorable nueva surge a partir de la reforma de una norma extrapenal. C) Su aplicación al delito fiscal. D) Posición que niega su aplicación en los delitos fiscales.

El principio de la retroactividad de la ley penal más favorable se encuentra ampliamente aceptado en el Derecho Penal. Existen serias reticencias, no obstante, cuando el delito en cuestión es un delito contra la Hacienda Pública. Todavía es más difícil encontrar rastro de su admisión en el caso de infracciones administrativas tributarias, algo ciertamente extraño cuando el Derecho Administrativo común no erige obstáculos particulares ante el mismo. Esta situación inestable y anómala nos anima a proceder a su análisis en el contexto del Ordenamiento Jurídico español.

A) Significado y alcance del principio

El art. 305.1 del Código Penal español, al regular el delito contra la Hacienda Pública, en relación con la cuota defraudada exige que exceda de 120.000,00 €. En este punto es preciso plantearse la trascendencia que puede tener la aplicación del principio de retroactividad de la ley penal más favorable.

El Código Penal – en adelante, CP –, en su art. 2.2, ha recogido este principio al disponer que "(...) *tendrán efecto retroactivo aquellas leyes penales que favorezcan al reo, aunque al entrar en vigor hubiera recaído sentencia firme y el sujeto estuviese cumpliendo condena*".

"*La aplicación de la ley penal más favorable* – ha dicho el Tribunal Supremo en su Sentencia de 22 de abril de 1991 – *no es una cuestión exclusiva del derecho sustantivo o material ordinario sino que alcanza rango y categoría constitucional por aplicación de lo dispuesto en los arts. 9.3 y 25.1 de la Constitución, así como en los arts. 2.3 del Pacto Internacional de Derechos Civiles y Políticos y art. 15 del Convenio Europeo para la Protección de los Derechos Humanos y las Libertades Fundamentales cuyas disposiciones forman parte de nuestro ordenamiento jurídico al haber sido debidamente ratificados por España.*"

En efecto, reitera la Sentencia del Tribunal Supremo (en adelante, STS) n. 113/2001, de 3 de febrero (Sala de lo Penal. Ponente: Excmo. Sr. D. José Antonio Marañón Chavarri), "*la jurisprudencia ha atribuido al principio de retroactividad de la ley penal más favorable alcance constitucional, mediante una interpretación a sensu contrario de la norma del art. 9.3 de la CE que establece la irretroactividad de las disposiciones sancionadoras no favorables*". Y, por su parte, la STS (Sala 3ª) de 28 de mayo de 1990, dice:

"*el principio de retroactividad de las leyes penales favorables (...) es una consecuencia del principio de legalidad establecido en el artículo 25 de la Constitución (...) para la imposición de condena o sanción, y del principio de irretroactividad de las disposiciones sancionadoras no favorables o restrictivas de derechos individuales que garantiza el art. 9.3 del mismo Texto Fundamental. Su aplicación al Derecho Administrativo resulta, por tanto, de la Constitución, interpretada en esa materia conforme a lo previsto en su artículo 10.2.*"

Sin embargo, tal y como subraya Gómez Tomillo[1] existen otros fundamentos para otorgar a este principio rango constitucional, tales como la relación que mantiene con la justicia como valor fundamental de nuestro ordenamiento (art. 1 de la Constitución Española – en adelante CE), o con otros preceptos de la Constitución como son los arts. 17.1, en cuanto se estime que afecta al principio de proporcionalidad de la sanción[2] o 24, en su vertiente de tutela judicial efectiva.

Aun así, nuestro Tribunal Constitucional (en adelante, TC), tras pronunciarse a favor de combinar los arts. 9.3 y 17 CE en la invocación del amparo constitucional en materia de retroactividad favorable, finalmente se ha decantado por sujetar el tema al art. 25.1 CE en el sentido de que si la ley ha dispuesto la retroactividad de la ley penal más favorable, tal y como sucede con el vigente CP (art. 2.2), las resoluciones que no apliquen ese mandato estarán conculcando el principio de legalidad penal.[3]

En lo tocante a las razones de justicia material, debe sostenerse que es innecesario aplicar un régimen sancionador cuando ya no responde a la valoración que la sociedad hace del hecho cometido traducido en la nueva normativa vigente: "no hay nada más injusto de que una sanción innecesaria o innecesariamente aflictiva".[4] Y en cuanto a la relevancia que corresponde al derecho a la tutela judicial efectiva, la Sentencia del Tribunal Constitucional (en adelante, STC) 99/2000, de 10 de abril, ha afirmado que "*la sumisión del órgano judicial, al aplicar las normas, a las vigentes en el momento de la aplicación debe conectarse con el derecho de la tutela judicial efectiva (art. 24.1 CE)*".

En definitiva, toda esta argumentación camina en la dirección de reconocer el acceso al recurso de amparo en estos casos y si es menester.

Si pasamos ahora al ámbito sancionador administrativo hallamos un reconocimiento explícito de este principio en el art.

1. *Derecho Administrativo Sancionador. Parte General*, Thomson-Aranzadi, 2008, p. 154.

2. Vid. al respecto Juan Antonio Lascuraín Sánchez, "Sobre la retroactividad penal favorable", *Cuadernos Civitas*, Madrid, 2000.

3. Cfr. el extenso tratamiento que dedican al tema, Eliseu Frígols I Brines, "Fundamentos de la sucesión de leyes en el Derecho penal español", Barcelona, Bosch, 2004; y Lascuraín Sánchez, *op. cit.*, Capítulo IV.

4. Gómez Tomillo, *op. cit.*, p. 155; Robledo Villar, De Lamo Rubio, Fernández García, "Delitos y faltas. Garantías penales y aplicación de la ley penal", Barcelona, Ed. Bosch, p. 56; y Juan Carlos Carbonell Mateu, "Derecho penal: concepto y principios constitucionales", Valencia, Tirant lo Blanch, 1999, pp. 140 y ss.

128.2 de la Ley 30/1992, del Régimen Jurídico de las Administraciones Públicas y Procedimiento Común:

"Las disposiciones sancionadoras producirán efecto retroactivo en cuanto favorezcan al presunto infractor."

Y en sentido coincidente el art. 4.1 del Reglamento del Procedimiento para el Ejercicio de la Potestad Sancionadora.

Por último, y por remitirnos al Derecho Comparado, en Derecho Penal Alemán, recuerda Roxin, se dispone que "si la ley vigente al terminarse el hecho se modifica antes de la sentencia, se aplicará la ley más benigna". El sentido de esta regulación es que "parece adecuado tomar como base de una sanción penal la valoración legal existente en el momento de citar sentencia", de modo que "si en el momento de la condena el legislador considera que una conducta es menos merecedora de pena o incluso que no lo es en absoluto, desde el punto de vista políticocriminal no tendría el menor sentido castigar pese a ello conforme a la concepción vigente en el momento del hecho, que entretanto ha quedado superada".[5]

Y, en Derecho Francés, según anota Frígols I Brines, el Consejo Constitucional justifica la retroactividad favorable "precisamente en el principio de necesidad de las penas – también situado en el art. 8 de la Declaración de Derechos del hombre y el ciudadano, al igual que la prohibición de retroactividad –, con el razonamiento de que la derogación de las penas más duras y el establecimiento de otras más leves por el legislador indica, precisamente, que éstas ya no son necesarias".[6]

Finalmente, en el plano comunitario, cabría señalar que la aplicación retroactiva de la ley penal más favorable ha sido reconocida también en el Derecho Administrativo sancionador por el Reglamento (CE EURATOM) n. 2.988/1995, del Consejo, de 18 de diciembre de 1995, relativo a la protección de los intereses financieros de las Comunidades Europeas. Efectivamente, en su art. 2.2 se señala que

"En caso de modificación posterior de las disposiciones sobre las sanciones administrativas contenidas en una normativa comunitaria, se aplicarán con carácter retroactivo las disposiciones menos severas."

B) Aplicación del principio cuando la ley favorable nueva surge a partir de la reforma de una norma extrapenal

La aplicación de la ley penal más favorable con efectos retroactivos afecta también a la relación que se establece entre la norma penal en blanco y la norma extrapenal que la integra y completa en los términos también expuestos por el Tribunal Supremo:

"Cuando se trata de una ley penal en blanco o de un tipo penal con elementos normativos para cuya integración haya de acudirse a una norma diferente de la propiamente penal, la modificación de esta norma complementaria de la de orden criminal puede determinar la destipificación de una concreta conducta y permitir la aplicación del artículo 24 del Código Penal incluso con revisión de una anterior sentencia condenatoria" (Sentencia de 5 de mayo de 1995).

"Toda norma que completa una disposición penal pasa a gozar de la naturaleza penal de esta última. El Tribunal Supremo tiene declarado que la retroactividad de la ley penal más benigna se extiende a la normativa extrapenal llamada a integrar el tipo penal en blanco – Sentencias de esta Sala del Tribunal Supremo de 9 de marzo de 1964, 13 de diciembre de 1966 y 13 de junio de 1990" (Sentencia de 31 de octubre de 1997).

Podemos citar como ejemplos aplicativos de este criterio el tratamiento que los tribunales han dispensado al delito de in-

5. *Derecho Penal. Parte General*, t. I, Madrid, Civitas, 1997, pp. 166-167.

6. *Op. cit.*, p. 399.

trusismo y a la prestación social sustitutoria en los casos de objeción de conciencia.

En relación con el primero, la Sentencia n. 231/2000, de la Audiencia Provincial de Las Palmas (Ponente: Ilmo. Sr. D. Juan José Cobo Plana) concluye que el desarrollo de labores de intermediación inmobiliaria por unos sujetos carentes de la titulación exigible (Agente de la Propiedad Inmobiliaria) deja de ser subsumible en el tipo de intrusismo (art. 403 CP) desde el momento en que se aprueba una norma posterior en el tiempo a los hechos considerados delictivos (Real Decreto Ley 4/2000 de Medidas Urgentes de Liberalización en el Sector Inmobiliario y Transportes) que admite el desarrollo de aquella actividad sin necesidad de estar en posesión de título alguno.

Y en el caso del delito contra el deber de cumplimiento de la prestación social sustitutoria del servicio militar (art. 527.1 CP) se valora una norma posterior en el tiempo a los hechos constitutivos de dicho delito (Real Decreto 266/1995) como más favorable a los acusados en la medida en que prevé la caducidad automática de todo expediente de adscripción de un objetor a la prestación que no haya sido resuelto en el plazo de catorce meses a partir del reconocimiento del derecho. La caducidad del expediente determina la inexigibilidad de la prestación social sustitutoria en ausencia de "una decisión administrativa en vigor y ejecutiva", de modo que ese efecto debe retrotraerse hacia el pasado con lógicas consecuencias en el ámbito penal (Sentencias de las Audiencias Provinciales – en adelante, SAP – de Pontevedra – n. 132/1998. Ponente: Ilma. Sra. Dña. Ana María Enríquez Magallanes – y Guipúzcoa – de 24 y 30 de marzo de 2000, siendo Ponentes, respectivamente, las Ilmas. Sras. Dña. Ana Maite Loyola Iriondo y Dña. Juana María Unane Arratíbel).

La aplicación del principio de ley penal más favorable en el caso de un delito fiscal obliga a ser muy conscientes del carácter de norma penal en blanco de este tipo delictivo:

"*Estamos ante una norma penal en blanco que ha de ser complementada en su parte nuclear por la regulación fiscal, que de esta forma viene a integrarse en el propio tipo delictivo. Con lo cual la normativa específica extrapenal introduce en el tipo del art. 305 del Código elementos extraños que pueden entrar en contradicción con la normativa estrictamente punitiva*" (SAP Madrid 30 de noviembre de 1999, n. 401/1999. Ponente: Alberto G. Jorge Barreiro).

"*La acción típica consiste en no cumplir, como es el caso, con las prestaciones patrimoniales de carácter público. Lo que ocurre es que como el deber no aparece expresamente señalado, surge una ley penal en blanco ya que la conducta delictiva consiste en la infracción de una norma tributaria no recogida de manera expresa en el precepto penal. Debe acudirse, por lo tanto, a la Ley Fiscal que es la que establece el tributo con todas sus consecuencias*" (SAP Zaragoza, sección 1ª, de 22 de junio de 1999, n. 295/1999. Ponente: Mauricio Murillo y García Atance).

Dicho esto, es preciso puntualizar que para llegar a la certeza de cuál es la norma penal más favorable, y teniendo en cuenta el panorama extraordinariamente cambiante de la legislación tributaria, se hace imprescindible proceder a integrar el tipo penal del art. 305 CP con las diversas normas que han sido aplicables desde el momento en el que se cometió el delito y hasta el momento presente para poder valorar finalmente cual de las combinaciones es la más favorable al reo, "*toda vez que de conformidad con el principio de retroactividad de la ley penal más favorable la comparación debe efectuarse no entre la ley en vigor al tiempo del hecho delictivo y la vigente al tiempo del enjuiciamiento, sino entre todas aquellas que hayan estado en vigor entre una y otra fecha*" (SAP Málaga, Melilla, n. 2/2001, de 22 de enero. Ponente: Ilmo. Sr. D. Mariano Santos Peñalver). De este modo, deberá examinarse, incluso el supuesto de legalidad "intermedia", según ratifica el Tribunal Supremo en Sentencia n. 692/2008, de 4 de noviembre (Ponente: Excmo. Sr. D. José Ramón Soriano Soriano).

En definitiva, con Jiménez de Asúa, podemos considerar la fórmula más exacta la propuesta por Franz von Liszt: "el juez debe hacer una mental aplicación de las dos leyes, la vieja y la nueva, y usar aquella que, en el caso concreto, arroje un resultado más favorable para el delincuente".[7]

C) Su aplicación al delito fiscal

Ley más favorable, no tiene que interpretarse, forzosamente, en el sentido de ausencia de condena. Ley penal más favorable quiere decir también que el tipo penal adquiere un contorno menos amplio (SAP Barcelona, sección 6ª, de 31 de mayo de 1999, rec. 67/1999. Ponente: Montserrat Arroyo Romagosa), que la deuda tributaria es la menor posible[8] o que, en definitiva, las consecuencias de la infracción de la norma tributaria son, en su conjunto, menos gravosas, en términos tanto de sanciones pecuniarias como privativas de libertad (SAP Barcelona n. 211/2005, de 28 de febrero, sección 2ª. Ponente: Ilma. Sra. Dña. Mª José Magaldi Paternostro), o, si se prefiere, más benévolas o propicias para su autor.

Esta última es la opción que toma la Audiencia Provincial de Barcelona en su Sentencia n. 728/2002 (sección 2ª) de 25 de julio (Ponente: Ilmo. Sr. D. José Carlos Iglesias Martín), caso BANKPYME, con el efecto de absolver a un acusado (pieza n. 63) en la medida en que se comprobó que al integrar el tipo penal con los preceptos de la Ley 40/1998 del IRPF, posterior desde luego al momento de la comisión de los supuestos hechos delictivos, se generaba una cuota inferior a los 15 millones de pesetas que en aquel momento se consideraban precisos para dotar de significación penal a la actuación desarrollada.

"*Partiendo sólo por vía de hipótesis* – señala la Audiencia citando la STS de 13 de junio de 1990 – *de que con la regulación precedente el hecho fuera delito y hubiera dejado de serlo como consecuencia del cambio operado en la norma extrapenal integradora del tipo punitivo, también debe aplicarse la retroactividad. Los efectos han de ser idénticos tanto si el legislador destipifica o descriminaliza una acción directamente, derogando el correspondiente precepto penal o modificándolo en beneficio del reo, como si a esta consecuencia se llega a través de la modificación de la Ley extrapenal que servía para dar contenido a la norma punitiva. Si el legislador en un determinado momento decide que un comportamiento se sitúe extramuros de la norma penal, cualquiera que sea el procedimiento utilizado, los efectos favorables tendrán efecto retroactivo de manera absoluta e incondicionada. En definitiva, hay que atender que se está en presencia de una Ley nueva que, siendo favorable al reo, dará lugar a la aplicación del art. 24 (vigente art. 2) del CP, y, en sentido inverso, que, siendo perjudicial, sólo será de aplicación a los hechos realizados después de su vigencia*".

Destaca, en la misma dirección, la Sentencia de la Audiencia Provincial de Palma de Mallorca de 28 de junio de 2001, sección 1ª, rollo n. 88/2001, siendo Ponente Doña Margarita Beltrán Mairata. En ella, en su FJ 4º, se asume el criterio sentado por el Tribunal Supremo en numerosas sentencias para confirmar la sentencia absolutoria recurrida en estos términos:

7. *Principios de Derecho Penal. La Ley y el Delito*, Buenos Aires, Lexis-Nexos, Abeledo Perrot, 2005, p. 154.

8. Cfr. José Juan Ferreiro Lapatza, "Delito fiscal y prescripción tributaria", *Revista Técnica Tributaria* 43, 1998, p. 66; Fernando Perez Royo, "La aplicación retroactivas de la ley penal más favorable en los casos de modificaciones en la normativa tributaria", *Revista Técnica Tributaria* 43, 1998.

"(...) *si es la propia parte recurrente quien en su recurso mantiene que según criterios vigentes en 1993 (ex Ley de 1978) existía un incremento patrimonial que no se hubiera producido ni evaluado según criterios vigentes en 1996 (por mor de la nueva Ley del IS de 1995), está paladinamente afirmando y sosteniendo en esta alzada que un hecho típico según el CP de 1973 sería atípico conforme al CP de 1995* (...) *la Sala no va a efectuar – por no precisarlo – el complicado cotejo de normas tributarias entre una y otra legislación, que ha orillado efectuar tanto la acusación particular como la pública, al dar por sentado que la normativa extrapenal posterior hubiera permitido computar, a efectos del impuesto, la partida contable de constante referencia, única que exacerbaría la cuota*".

Y, conforme a la SAP Madrid n. 152/1998 (sección 1ª), de 21 de abril (Ponente: Ilmo. Sr. D. Fco. Javier Vieira Morante), el cambio de la regulación en materia de estimación indirecta del Impuesto sobre el Valor Añadido – en adelante, IVA – que se aprecia entre la Ley 50/1985 y la Ley 37/1992 trae como consecuencia que la nueva regulación determine una cuota defraudada inferior a la que tiene relevancia penal. Y es que la Ley 37/1992 determina que se utilice la estimación indirecta para determinar la base imponible, de modo que debe extenderse a la determinación del IVA soportado, en tanto que en la ley precedente se limitaba a la determinación de la cuota. De tal modo, la ley nueva es la que procede aplicar aun a hechos acaecidos vigente la anterior.

No se puede olvidar, por último, que el TC ha procedido a aplicar la "ley posterior más favorable en materia sancionadora" en su Sentencia 120/2005, pronunciamiento harto conocido por lo que supone en la clarificación de los conceptos de simulación y fraude de ley tributaria en relación con la comisión del delito fiscal. En su FJ 3º, el Tribunal no tiene ningún reparo en servirse en su análisis del art. 24.3 de la Ley General Tributaria tal y como quedó después de la reforma operada en esa norma por la Ley 25/1995 aunque no estuviera vigente en el período en el que sucedieron los hechos controvertidos (1990-1991). De tal modo, el TC asevera que conforme al citado art. 24.3 la apreciación de fraude de ley tributaria no conlleva imposición de sanciones sino la aplicación de la norma tributaria eludida y la liquidación de los correspondientes intereses de demora, en tanto que la norma vigente en el momento de producirse los hechos no llegaba a establecer tales aspectos.

D) Posición que niega su aplicación en los delitos fiscales

Algunos tribunales penales han trazado una distinción en relación con la naturaleza de la norma fiscal con trascendencia en la aplicación del principio de ley penal más favorable que ahora estamos analizando. Así, diferencian entre la norma que afecta al tipo delictivo y la que no le afecta. En este último apartado estarían, por ejemplo, las normas reguladoras de la prescripción tributaria. Con base en esta apreciación, en ocasiones, se niega la aplicación del principio de ley penal más favorable con carácter retroactivo si la norma extrapenal de referencia es una norma que no afecta al tipo delictivo (SAP Barcelona, sección 3ª, de 22 de enero de 1999. Ponente: Ana Ingelmo Fernández, FJ 3º; SAP Barcelona, sección 6ª, de 31 de mayo de 1999, rec. 67/1999. Ponente: Montserrat Arroyo Romagosa). De todas formas ese criterio no puede extenderse a la prescripción, que es materia sustantiva, y así lo manda no solo la Circular de la Fiscalía General del Estado n. 1/2004, de 22 de diciembre (apartado relativo a "Derecho transitorio y prescripción") sino el propio Tribunal Supremo (FJ 4º de la Sentencia n. 404/2003, de 21 de marzo. Ponente: Excmo. Sr. D. Joaquín Delgado García).

En otros casos se pone el acento en el carácter temporal de la norma fiscal cuya retroactividad se pretende. En este punto tenemos que referirnos a dos Sentencias del Tribunal Supremo que a veces se citan por los partidarios de una aplicación restrictiva del principio de retroactividad de la ley penal más favorable: las sentencias de 30 de abril (Caso Vivesa) – Ponente: Excmo. Sr. D. José Jiménez Villarejo – y 28 de noviembre de 2003 (Caso Parc de Mar) – Ponente: Excmo. Sr. D. Cándido Conde-Pumpido Tourón.

Ambas sentencias siguen un planteamiento muy similar.

En primer lugar, rechazan, en principio, tratar de la cuestión en casación por tratarse de una cuestión nueva.

En segundo lugar, advierten que, ni siquiera para el caso de que prosperase la alegación podría ser aplicada al caso al no coincidir el supuesto de hecho con el presupuesto normativo que se pretende sea aplicado por resultar al reo más beneficioso desde el punto de vista fiscal. Así, en el caso de la STS de 30 de abril de 2003 se pide aplicar, en relación con la deuda por Impuesto sobre la Renta de las Personas Físicas – en adelante, IRPF – de 1991, la norma que desde 1992 dejaba libres de tributación las plusvalías con más de veinte años de período de generación, pero el tribunal no acepta que haya transcurrido ese plazo al no tener constancia de la fecha inicial de la titularidad de las acciones por parte del condenado (FJ 7º). Y en la STS de 28 de noviembre, cuando se reclama la no tributación de la plusvalía por haber transcurrido más de diez años desde la adquisición del inmueble que se transmite, medida introducida por el Real Decreto Ley 7/1996 cuando los hechos tuvieron lugar en 1991, se opone que solamente han transcurrido dos (FJ 54ª).

En tercer lugar, se hace patente una visión muy restrictiva y escasamente justificada de la aplicación del principio de retroactividad de la ley penal más favorable. Así, en la Sentencia de 28 de noviembre se arguye que la norma considerada más beneficiosa para el condenado y cuya aplicación retroactiva se postula es una norma temporal por lo que "*no produce efectos retroactivos sobre los impuestos ya devengados ni sobre la substancia del deber en su momento vulnerado*" (FJ 56º). Se califica, además, al Real Decreto-Ley 7/1996 como norma "temporal", atendiendo, muy posiblemente, antes a la urgente necesidad que lo motiva que a su propio contenido puesto que las modificaciones que introduce en la Ley del IRPF lo son con carácter indefinido y no temporal. Debe aclararse que las leyes temporales son aquellas que tienen fijado un plazo de vigencia determinado que establece la propia ley. Por ejemplo, son leyes temporales las previsiones que en materia tributaria hace cada año la Ley de Presupuestos Generales del Estado al disponer una redacción determinada de la norma fiscal con vigencia exclusiva para el ejercicio de que se trate. Basta con acudir a la última de las leyes de presupuestos aprobada, la Ley 2/2008, de 23 de diciembre, para hallar varios ejemplos harto ilustrativos: el art. 64 dispone los coeficientes de actualización del valor de adquisición en IRPF para el año 2009 y el art. 65, "*con vigencia exclusiva para el ejercicio 2009*" modifica el importe de las reducciones por obtención de rendimientos del trabajo en el mismo impuesto.

Cuando se trata de normas temporales es comprensible que no se admita otorgarles carácter retroactivo por las razones que expone el Tribunal Supremo en la Sentencia de 18 de marzo de 2003 (Sala 3ª):

"(...) *las Leyes penales dictadas para un plazo previamente determinado y aquellas que por su naturaleza sean aplicables en función de circunstancias temporales o excepcionales quedarían desvirtuadas en su eficacia mediante la aplicación retroactiva de la norma posterior, ya que el cese de la vigencia de las Leyes temporales no supone necesariamente un cambio de criterio sobre la idoneidad de las penas señaladas por dichas leyes para quienes las infringieron durante su vigencia. Estas consideraciones son especial-*

mente relevantes en relación con la potestad sancionadora de las Administraciones públicas. En determinados sectores en que tiene lugar la intervención administrativa, como el social o el económico, es frecuente que la norma proyecte actuaciones para atender a situaciones coyunturales que se espera corregir o paliar con las medidas adoptadas. Éstas están llamadas a perder su vigencia cuando desaparezcan aquellas situaciones, pero requieren para su eficacia del plus de garantía que comporta el régimen administrativo sancionador. Cuando así ocurre, no son aplicables retroactivamente las normas posteriores más favorables que vienen a sustituirlas."

Pero es que la nueva ley, en la Sentencia de 30 de abril de 2003, es, con toda claridad, una norma de duración indefinida puesto que se trata de la Ley de Renta aprobada mediante la Ley 18/1991 con vigencia indefinida. No hay posibilidad aquí de confundirla con una ley temporal. Quizás por ello el tribunal elabora un argumento de orden general para contrarrestar cualquier intento de fundar la aplicación retroactiva de la ley penal más favorable en una reforma fiscal. Lo que sostiene es lo que sigue:

"*La legislación tributaria se inspira en criterios generales de política económica que responden a la ponderación de las circunstancias económicas por las que atraviesa en cada momento la sociedad, así como de las concretas exigencias recaudatorias que son consecuencia de dichas circunstancias, por lo que las modificaciones normativas de los presupuestos de las obligaciones tributarias no suponen un cambio en la valoración de los deberes – ni consiguientemente en la desvalorización de las infracciones de los deberes – nacidos de una normativa vigente cuando las circunstancias eran otras.*"

Este enfoque resulta sumamente peyorativo para el Derecho Tributario. Del mismo se colige que, siendo una de sus características distintivas tender a adaptarse con más agilidad que otras ramas jurídicas a los cambios que se operan en la parcela de la realidad sobre la que se proyecta, este dato conllevaría la imposibilidad de aplicar el principio de retroactividad de la ley penal más favorable cuando el complemento de la norma penal fuera una norma fiscal. Semejante juicio de valor sitúa al delito fiscal, o mejor dicho, a los ciudadanos acusados de cometerlo, en una situación notablemente desfavorable y discriminatoria en comparación con los infractores de otras normas penales en blanco (delitos contra el medio ambiente, contra la competencia y el orden socioeconómico en general, etc.).

A nuestro modo de ver, como mínimo, debería matizarse la posición que reflejan estas sentencias atendiendo al caso concreto. En realidad, lo que se discute es una cuestión de fondo: si el cambio de la norma fiscal implica realmente un giro en la valoración que sobre la materia en cuestión proyectaba el legislador o si el cambio no alcanza esa categoría. Es este el criterio que emana de la Sentencia de la Audiencia Nacional – en adelante, SAN – n. 53/2008 (sección 4ª), de 26 de noviembre (Ponente: Ilmo. Sr. D. Carlos Ollero Butler), cuando señala que "la alteración o la supresión de un impuesto comunitario después de que se haya perfeccionado una infracción tributaria del mismo no comporta una especie de despenalización de la infracción ya cometida; sólo la comportaría si aquellas modificaciones o erradicaciones fueran consecuencia de una mutación operada en el sistema valorativo de la conducta sancionada". De todas formas, y desoyendo esa ponderada posición de principio, se afirma sin matices en el mismo FJ 9º, que "la desaparición de un tributo a partir de un momento concreto no supone la desaparición de aquellos impuestos que fueron devengados en su día, salvo disposición expresa en contrario".

La respuesta, entendemos, no puede ser única para todos los casos en los que el debate sobre la nueva ley sancionadora, producto de la integración de la norma penal con la extrapenal, viene dada por cambios no en el Derecho Penal sino en el Derecho Tributario.

Mas, incluso si se parte de los postulados que las Sentencias glosadas defienden, una visión de los elementos que concurren en el caso que nos ocupa nos lleva a pensar que no debe presentarse obstáculo alguno para aplicar el principio de retroactividad de la ley penal más favorable.

CADERNOS DE DIREITO TRIBUTÁRIO

ELISÃO FISCAL: LIMITES NA DESCONSIDERAÇÃO DE NEGÓCIOS JURÍDICOS

MARIA RITA FERRAGUT
Mestre e Doutora em Direito Tributário pela PUC/SP. Professora dos Cursos de Pós-Graduação da FIA/USP, PUC/COGEAE e IBET. Advogada em São Paulo.

1. Introdução. 2. Dissimulação de atos e negócios jurídicos. 3. A questão probatória. 4. Desconsideração da personalidade jurídica. 5. Teoria da desconsideração da personalidade jurídica. 6. Reflexos tributários da desconsideração. 7. Responsabilidade tributária. 8. Art. 135 do CTN. 9. Em que consiste a obrigação "resultante" a que alude o "caput" do art. 135 do CTN? 10. Elementos caracterizadores da responsabilidade tributária do administrador: 10.1 Excesso de poderes; 10.2 Infração de lei; 10.3 Infração do contrato social ou do estatuto. 11. Conclusões.

1. Introdução

Ao tratar de elisão fiscal, não poderíamos nos furtar de enfrentar um grande problema interpretativo: para que o ato jurídico seja considerado válido, requer-se vontade livre, agente capaz, objeto lícito, possível, determinado ou determinável, e forma prevista ou não defesa em lei. Mas como saber se houve dissimulação, ao invés de um planejamento fiscal lícito, decorrente de ato jurídico válido?

Em outras palavras, como identificar se as partes celebraram negócio jurídico válido, que implicou redução ou eliminação da carga tributária (elisão fiscal), ou se incorreram em ilícito, mediante a prática de atos dissimulados praticados com os fins de disfarçar, ocultar, a ocorrência do fato jurídico tributário (evasão fiscal)?

Resolver essa questão é uma das nossas principais propostas. E não há como pretender chegar a um resultado minimamente sustentável sem *interpretar*, sem percorrer o árduo caminho da construção do sentido.

Nas valiosas lições do Professor Paulo de Barros Carvalho,[1] "A tarefa do exegeta dos textos jurídico-positivos, ainda que possa parecer facilitada pela eventual coincidência da mensagem prescritiva com a sequência das fórmulas gráficas utilizadas pelo legislador (no direito escrito), oferece ingentes dificuldades, se a proposta for de um exame mais sério e atilado. E, sendo o direito um objeto da cultura, invariavelmente penetrado por valores, teremos, de

1. *O Preâmbulo e a Prescritividade Constitutiva dos Textos Jurídicos*, texto inédito, p. 6.

um lado, as estimativas, sempre cambiantes em função da ideologia de quem interpreta; de outro, os intrincados problemas que cercam a metalinguagem, também inçada de dúvidas sintáticas e de problemas de ordem semântica e pragmática".

E a dificuldade de interpretação não se restringe aos termos vagos da evasão e da elisão fiscais. Pretende-se também neste texto analisar que embora o patrimônio dos sócios e dos acionistas não se comunique com o patrimônio de suas respectivas sociedades – pois, não fosse assim, a atividade empresarial estaria fadada à estagnação, já que poucos se proporiam a comprometer parcela maior do que o patrimônio investido no negócio – nem por isso a separação patrimonial é absoluta. Tanto o Código Civil, quanto os arts. 134, 135 e 137 do CTN, regulamentam a responsabilidade dos sócios, no caso de liquidação de sociedade de pessoas, e dos administradores nas sociedades em geral. A finalidade dessas normas é zelar para que esses sujeitos cumpram, com a devida responsabilidade, as obrigações e os deveres previstos no ordenamento jurídico e nos atos constitutivos de cada sociedade.

O que deve ser levado em consideração, portanto, é que a responsabilidade pessoal dos sócios, acionistas e administradores – terceiros em relação à prática do fato jurídico, mas não à obrigação tributária – é exceção à regra da separação patrimonial, e só pode ser adotada em casos excepcionais, consistentes na prática de atos culposos ou dolosos devidamente tipificados.

É o que passaremos a expor.

2. Dissimulação de atos e negócios jurídicos

O art. 1º da Lei Complementar 104, de 10 de janeiro de 2001, alterou, dentre outros, o art. 116 do CTN, introduzindo-lhe o parágrafo único. Prescreve referido dispositivo que "a autoridade administrativa poderá desconsiderar atos ou negócios jurídicos praticados com a finalidade de dissimular a ocorrência do fato gerador do tributo ou a natureza dos elementos constitutivos da obrigação tributária, observados os procedimentos a serem estabelecidos em lei ordinária".

Dissimular é disfarçar, fingir, ocultar, encobrir. Disfarça-se uma realidade jurídica (ato ou negócio dissimulado), ocultando-se outra que é a efetivamente praticada (ato ou negócio dissimulado), para os fins de diminuir, ou até mesmo eliminar, a carga tributária. Para Maria Helena Diniz,[2] em direito tributário dissimulação é a "ocultação de rendimentos pelo contribuinte com a intenção de sonegar".

A legislação complementar é inovadora no sentido de conferir às pessoas políticas competência para a criação de lei ordinária contemplando o procedimento a ser adotado para a desconsideração de atos jurídicos dissimulados. No entanto, segundo nosso entendimento, o ordenamento jurídico brasileiro, em especial a Constituição Federal, já autorizava a desconsideração de atos ou negócios, efetivada por meio da utilização das presunções *hominis.*

O que se alterou, portanto, foi o fato de a autorização passar a ser escrita, gerando, a partir da vigência da lei, uma modificação na classificação de presunção de omissão de receitas decorrente de ato dissimulatório: *hominis*, no passado; relativa, a partir de 11 de janeiro de 2001, data da publicação da LC 104/2001.

Além disso, a legislação de que ora tratamos determinou a observância do procedimento previsto em lei ordinária, ao passo que até então a realização e o controle da legalidade dos atos de desconsideração eram pautados basicamente em princípios constitucionais (razoabilidade, capacidade contributiva etc.) e regras gerais acerca do procedimento administrativo de fiscalização.

2. *Dicionário Jurídico*, vol. 4, São Paulo, Saraiva, 2004, p. 201.

Entendemos inexistir inconstitucionalidade na desconsideração de atos jurídicos que impliquem evasão fiscal, e que presumam omissão de receitas por parte do contribuinte. Ao permitir o disciplinamento das consequências jurídicas advindas da prática de fatos dissimulados pelo contribuinte, desde que corretamente aplicada e sujeita a controle, a utilização da presunção para a configuração de fatos jurídicos tributários é compatível com as regras jurídicas de superior hierarquia.

A prova indiciária tem por fim sanar as dificuldades que o caso concreto suscita ao conhecimento de fatos juridicamente relevantes, alterados para os fins de se evitar a incidência normativa. Como muitos desses atos artificiosos são realizados de maneira a conferir-lhes uma aparência lícita, se a fiscalização tiver que se restringir à forma das provas que lhe são apresentadas, não terá como saber se o evento descrito no fato realmente ocorreu. Por isso, a perfeição formal de que o ato é revestido não tem o condão de afastar o dever-poder de busca da verdade material.

A preservação dos interesses públicos em causa não só requer, mas impõe, a utilização da presunção no caso de dissimulação, já que a arrecadação pública não pode ser prejudicada com a alegação de que a legalidade, a tipicidade e a segurança jurídica, dentre outros princípios, estariam sendo desrespeitados.

Por isso, não se deve afastar a aplicação da presunção, mas controlá-la, já que irregular não é a possibilidade de sua utilização, mas, eventualmente, o ato ou o produto de aplicação da norma. Exemplificando, não basta qualquer indício para que a Administração produza um enunciado prescritivo individual e concreto; o indício há de ser suficientemente grave para ensejar a convicção acerca da existência do fato descritor de evento fenomenicamente presumido pelo julgador. Ademais, a aplicação deve necessariamente observar todos os demais pressupostos de validade.

Outra questão que merece nossa reflexão diz respeito ao fato de que o parágrafo único o art. 116 não confere à Administração o direito de cobrar tributo correspondente ao montante que deixou de ser pago em face da operação economicamente mais interessante, promovida pelo contribuinte dentro dos parâmetros legais.

O fato das exposições de motivos constantes da Lei Complementar 104/2001 considerar que os planejamentos fiscais implicam diminuição de arrecadação, e que por isso deveriam, por meio da lei, ser combatidos, não significa ter sido essa a hipótese contemplada pela norma: na elisão fiscal não há fato ocultado, único fato típico constante do enunciado-enunciado capaz de gerar a desconsideração do ato.

Assim, de acordo com as razões acima, entendemos que o parágrafo único do art. 116 do CTN, introduzido pela Lei Complementar 104/2001, é constitucional. Mas pode ocorrer, entretanto, do ato de aplicação ultrapassar os limites legais, hipótese em que o ato administrativo deverá ser anulado.

E é exatamente aqui que reside a dificuldade: saber se as partes celebraram negócio jurídico válido, que implicou redução ou eliminação da carga tributária (elisão fiscal), ou se incorreram em ilícito, mediante a prática de atos dissimulados praticados com os fins de disfarçar, ocultar, a ocorrência do fato jurídico tributário (evasão fiscal).

A elisão é permitida pela legislação. Consiste no ato ou série de atos praticados antes da realização do fato jurídico tributário, visando a economia fiscal mediante a utilização de alternativas menos onerosas, permitidas pela lei. É o planejamento tributário lícito, e como exemplos poderíamos citar o da empresa que se estabelece em Município cuja alíquota do ISS é menor, ou do pai de família que integraliza todos os seus bens imóveis no capital de sua empresa e, posteriormente, doa as quotas da sociedade a seus filhos, evitando-se a incidência do imposto sobre doações.

Já a evasão fiscal é proibida, é fraudulenta. Contra ela – e em prejuízo exclusivamente dela – o parágrafo único do art. 116 do CTN se volta. Evasão é o ato omissivo ou comissivo, de natureza ilícita, praticado com o fim único de diminuir ou eliminar a carga tributária, ocultando o verdadeiro ato ou a real situação jurídica do contribuinte.

Como exemplos, podemos citar as seguintes situações: (i) consta do contrato social da empresa que seu estabelecimento é em determinado Município, em que a alíquota do ISS é baixa, mas no entanto esta pessoa jurídica nem ao menos possui uma sala naquele local, exercendo suas atividades, com toda a infraestrutura necessária, em outra cidade; (ii) pessoa jurídica celebra contrato de compra e venda de mercadorias com empresa e bens inexistentes, aproveitando-se dos pretensos créditos de ICMS constantes de notas fiscais frias; e (iii) empresa contrata cooperativa de trabalho em que os cooperados prestam, mediante subordinação, serviços consistentes na atividade fim da empresa tomadora desses serviços.

Esses atos, assim, poderão ser desconstituídos pela autoridade fiscal, que presumirá a ocorrência do fato jurídico e arbitrará a base calculada dos respectivos tributos, já que, no primeiro exemplo (i), o contribuinte dolosamente ocultou o fato de não estar estabelecido no Município cuja alíquota é mais vantajosa, apenas formalmente encontrando-se naquele território; no segundo (ii) há um aumento artificial de créditos, implicando a diminuição do ICMS a pagar quando os mesmos forem opostos aos débitos; e finalmente, no terceiro (iii), ao invés de cooperados, os prestadores de serviços são empregados do tomador, sendo que sobre as quantias que lhes são pagas deveria incidir todas as contribuições sobre a folha de salários.

3. *A questão probatória*

A Administração não detém completa discricionariedade para interpretar os atos e negócios realizados pelos contribuintes, pois a arbitrariedade do fisco não pode de forma alguma ser admitida, o que comprometeria a segurança jurídica.

Nesse sentido, não basta a mera suspeita de fraude ou dissimulação para que o negócio jurídico seja desconsiderado pela autoridade administrativa. Imperioso provar que o ato negocial deu-se em direção contrária à lei, com a intenção (dolo) de evitar o conhecimento do fato jurídico tributário.

Portanto, reside na *prova* da ocorrência do fato típico, dissimulado, o limite para a desconsideração do ato.

A prova manifesta-se sempre por meio da linguagem. Se é assim, e se admitirmos como verdadeira a premissa de que a linguagem é um objeto cultural, criada pelo homem e, por isso, necessariamente impregnada de valor, não poderíamos deixar de reconhecer a influência dos valores na teoria das provas.

As regras de experiência são instrumentos de que o conhecimento humano dispõe, para a valoração das coisas, atos e sujeitos. O valor está no ser, e não nos objetos, razão pela qual a valoração das provas varia muito de acordo com a experiência do intérprete, que constrói a significação do fato segundo suas referências. Isso explica a razão pela qual, para um mesmo fato, possa existir mais de um juízo válido, sem que isso afete a validade da prova.

O sistema de valoração de provas adotado pelo nosso sistema é o do *livre convencimento motivado*, não admitindo arbitrariedade na produção da prova e na sua apreciação. Pressupõe, também, razoabilidade entre o conteúdo das provas e a conclusão obtida a partir delas.

4. *Desconsideração da personalidade jurídica*

O art. 20 do Código Civil de 1916 prescrevia a existência distinta da pessoa jurídica da de seus sócios, implicando a separação entre os respectivos patrimônios, idéia reforçada também pelas normas constantes dos arts. 22 e 23 do mesmo Código, relativas ao destino dos bens da sociedade quando de sua extinção. No atual Código Civil não existe disposição expressa correspondente ao art. 20 do Código Civil de 1916, mas nem por isso a separação das personalidades e a dos patrimônios deixaram de existir. Expliquemos.

As regras veiculadas nos arts. 22 e 23 da legislação anterior encontram-se atualmente previstas, ainda que com redação um pouco diversa, no § 1º do art. 61 do Código Civil. Tal enunciado tem por pressuposto a distinção patrimonial, ao permitir que os associados deliberem restituir-se das contribuições que tiverem prestado ao patrimônio da associação.

Ademais, vários dispositivos do atual Código, ao tratarem das sociedades personificadas, revelam a existência de patrimônio social distinto do de seus sócios, dentre os quais (i) o art. 997, III, que alude ao capital em moeda ou em bens suscetíveis de avaliação pecuniária; (ii) o art. 1.022, que confere à sociedade a prerrogativa de adquirir direitos, assumir obrigações e proceder judicialmente, isto é, ter componentes de personalidade, dentre os quais o patrimônio se inclui; (iii) o art. 1.031 que, tratando da resolução da sociedade, regulamenta a apuração dos haveres dos sócios com base na situação patrimonial da sociedade; e (iv) o art. 1.065, que determina o levantamento de balanço patrimonial ao término do exercício social das sociedades limitadas.

Por fim, o art. 50 do Código Civil, que regula a desconsideração da personalidade jurídica, confirma a distinção e a autonomia patrimonial da pessoa jurídica, dado que uma das causas para a desconsideração da personalidade é exatamente a confusão patrimonial. Se os bens devem permanecer separados, sob pena de desconsideração, é porque a propriedade desses bens é diversa: fossem todos da pessoa jurídica, ou da física, a confusão seria impossível.

5. Teoria da desconsideração da personalidade jurídica

O reconhecimento da personalidade jurídica veio criar a distinção entre as duas espécies de sujeitos de direito, quais sejam, a sociedade e as pessoas que a integram (normalmente mediante participação na formação do capital social). Mas diante da possibilidade de os sócios e acionistas utilizarem-se da sociedade para a prática de atos ilegais, em benefício próprio ou de terceiros, e contrários aos interesses da sociedade e de pessoas de boa-fé, essa distinção não deve ser tomada de forma absoluta.

A solução criada pela doutrina, e aceita pelo Judiciário a partir de decisões proferidas na Inglaterra, Estados Unidos e Alemanha, foi a teoria da desconsideração da personalidade jurídica (*disregard doctrine*), em razão da qual deve-se ignorar a autonomia patrimonial da pessoa jurídica, passando os sócios a responder ilimitadamente pelas obrigações sociais contraídas.

No direito positivo brasileiro, a desconsideração foi introduzida pelo Código de Defesa do Consumidor (art. 28 da Lei n. 8.078/1990). Todavia, são muitas as críticas a esse dispositivo, por não ter se referido ao dolo, e nem excepcionado, ao menos aparentemente, a regra segundo a qual o ilícito é pressuposto para a desconsideração.

Posteriormente, a Lei n. 8.884/1994 (Lei Antitruste) e a Lei n. 9.605/1998 (Lei de Responsabilidade por Danos Ambientais) também adotaram a desconsideração. Mas, nesses casos, o princípio da autonomia patrimonial somente deve ser excepcionado com o objetivo de evitar ou punir a prática de fraudes e abuso de direito.

Pela desconsideração da personalidade jurídica, atingem-se os bens pessoais dos sócios e dos acionistas que tenham praticado atos fraudulentos, não bastando a inexistência de bens sociais e a comprovação de prejuízo ao Fisco.

A obrigação de pagar tributo é da sociedade. A inadimplência, quando não dolosa, provoca apenas a obrigação da pessoa jurídica de quitar a dívida, acrescida das penalidades moratórias, mas não a responsabilidade pessoal do administrador.

Ora, a separação das personalidades jurídica e física existe no direito brasileiro, e esta regra não é vazia de sentido. Somente em casos excepcionais, em que for constatada a presença de dolo, ou a responsabilidade for subsidiária ou solidária em função do tipo de sociedade existente (mas sendo a responsabilidade limitada ao valor da integralização das quotas ou da subscrição ou aquisição de ações), ou do art. 134 do CTN, é que o administrador[3] responderá pessoalmente pelo débito. Não fosse assim, quem se sujeitaria a administrar sociedade com dificuldades financeiras? E numa economia instável como a brasileira, como punir o administrador zeloso, em prol de uma maior arrecadação?

Todo esse nosso entendimento encontra-se confirmado pelo art. 50 do Código Civil, de forma que a desconsideração da personalidade jurídica somente pode ser aplicada se houver *abuso da personalidade*, caracterizado pelo desvio de finalidade ou pela confusão patrimonial. Vejamos o que prescreve referido artigo, *in verbis*:

> Art. 50. Em caso de abuso da personalidade jurídica, caracterizado pelo desvio de finalidade, ou pela confusão patrimonial, pode o juiz decidir, a requerimento das partes, ou do Ministério Público quando lhe couber intervir no processo, que os efeitos de certas e determinadas relações de obrigações sejam estendidos aos bens particulares dos administradores ou sócios das pessoas jurídicas.

A lei prevê, conforme pode ser observado, duas causas para a desconsideração: desvio de finalidade e confusão patrimonial. A primeira refere-se a ocorrências lesivas a terceiros, mediante a utilização da pessoa jurídica para fins diversos dos previstos no ato constitutivo, e dos quais se infira a deliberada aplicação da sociedade em finalidade irregular e danosa. Já a segunda hipótese consiste na impossibilidade de fixação do limite entre os patrimônios da pessoa jurídica e o dos sócios e acionistas, tamanha a mistura (confusão) que se estabelece entre ambos.

Ademais, a desconsideração é aplicável tão somente por ordem judicial. Não implica afronta ao princípio da autonomia patrimonial da sociedade, e nem anulação ou extinção definitiva da personalidade jurídica, já que seus efeitos atingem apenas o ato abusivo.

Assim, preserva-se a personalidade em detrimento do sócio ou acionista que praticou o ato. A pessoa jurídica permanecerá existindo, com todas as suas prerrogativas legais e responsabilidades pelos demais atos, que não o abusivo.

Nas hipóteses em que houver responsabilização pessoal dos administradores *decorrente de ato doloso*, tal como prevêem os arts. 135 e 137 do CTN, a desconsideração da personalidade jurídica estará sendo aplicada, pois se superará a autonomia patrimonial com a finalidade de se responsabilizar o autor da infração, cujo patrimônio seria intocável não fosse a desconsideração.

Não há como compatibilizar os arts. 135 e 137 do CTN com os princípios constitucionais da propriedade, da liberdade e da não-utilização de tributos com efeitos confiscatórios, que não da forma exposta (imprescindibilidade do dolo). Se, de um lado, a lei permite que, em alguns casos, se mitigue a propriedade do administrador em favor da tutela do bem pleiteado pelo Fisco, de outro, a lei também descreve quais são os fatos aptos a gerar a responsabilidade pessoal, sem que os princípios constitucionais da legalidade e da tipicidade autorizem uma interpretação extensiva.

O Estado não pode simplesmente violar direitos individuais em nome de

3. Como também, por vezes, o sócio não-administrador.

uma maior arrecadação. Existe um limite para a intervenção estatal no patrimônio privado do administrador, e é o de que, na desconsideração da personalidade jurídica, a mera culpa é insuficiente: a intenção de fraudar, de agir de má-fé e de prejudicar terceiros é prévia, é condição necessária, é fundamental.

6. *Reflexos tributários da desconsideração*

A obrigação de pagar tributo é da sociedade. A inadimplência, quando não dolosa, provoca apenas a obrigação da pessoa jurídica de quitar a dívida, acrescida das penalidades moratórias, mas não a responsabilidade pessoal do administrador.

Somente em casos *excepcionais* é que o administrador responderá pessoalmente pelo débito. Não fosse assim, quem se sujeitaria a administrar sociedade com dificuldades financeiras? E uma economia instável como a brasileira, como punir o administrador zeloso, em prol de uma maior arrecadação?

Feitas essas considerações, passemos à análise da responsabilidade tributária, reflexo imediato da desconsideração da personalidade jurídica.[4]

7. *Responsabilidade tributária*

Responsabilidade tributária é norma jurídica deonticamente incompleta (norma *lato sensu*), de conduta, que, a partir de um fato não-tributário, implica a inclusão do sujeito que o realizou no critério pessoal passivo de uma relação jurídica tributária.

Poderá tanto constar do veículo introdutor que institui o tributo, quanto de um outro. Independente da hipótese, é significação que comporá a construção da norma jurídica completa.

A responsabilidade é proposição que tem o condão de alterar a norma individual e concreta que constituiu o crédito tributário, sempre que esta norma (a de constituição) tiver inicialmente previsto um outro indivíduo como sujeito passivo da relação (responsabilidade por sucessão).

Por outro lado, é proposição que não altera a norma individual e concreta de constituição do crédito, se, desde o início, o responsável tributário for o sujeito passivo da relação (responsabilidade por substituição, por solidariedade, responsabilidade de terceiros e por infrações).

O responsável diferencia-se do contribuinte por ser necessariamente um sujeito qualquer (i) que não tenha praticado o evento descrito no fato jurídico tributário; e (ii) que disponha de meios para se ressarcir do tributo pago por conta de fato praticado por outrem.

Se a responsabilidade advier de norma primária sancionadora, o ressarcimento poderá não ter cabimento, sem que a diferenciação ora proposta reste comprometida. Nesse caso, teremos o item (i) supra, e o (ii) deverá ser substituído por: "que tenha cometido um ilícito tipificado em lei como apto a gerar a responsabilidade tributária".

Mas quando a responsabilidade será pessoal? Entendemos que sempre que competir exclusivamente ao terceiro adimplir a obrigação, desde o início (responsabilidade de terceiros, por infrações e substituição).

8. *Art. 135 do CTN*

O art. 135 do CTN é tido pela doutrina, pela jurisprudência e pelo Fisco, como principal fundamento de validade para a responsabilização do administrador, pelos tributos decorrentes de fatos jurídicos praticados pelas pessoas jurídicas. Determina referido dispositivo legal o seguinte:

> Art. 135. São pessoalmente responsáveis pelos créditos correspondentes a obrigações tributárias resultantes de atos

4. Tratamos neste artigo, somente, do "redirecionamento" para as pessoas físicas, sem desconsiderar o fato de que a responsabilidade pode-se ocorrer também entre pessoas jurídicas.

praticados com excesso de poderes ou infração de lei, contrato social ou estatutos:

I – as pessoas referidas no artigo anterior;

II – os mandatários, prepostos e empregados;

III – os diretores, gerentes ou representantes de pessoas jurídicas de direito privado.

A primeira pergunta que se coloca é se ser "pessoalmente responsável" significa que a responsabilidade é pessoal, solidária ou subsidiária.

Não temos dúvidas em afirmar que ela é *pessoal*. O terceiro responsável assume individualmente as consequências advindas do ato ilícito por ele praticado, ou em relação ao qual seja partícipe ou mandante, eximindo a pessoa jurídica, realizadora do fato tributário, de qualquer obrigação. O sujeito que realizou o evento nem sequer chega a participar da relação jurídica tributária.

Assim, a responsabilidade *é* pessoal, e *não é* subsidiária ou solidária.

Esse entendimento não é o normalmente adotado pelo Fisco, que considera a responsabilidade do administrador como sendo *subsidiária* e, em regra, constitui o crédito em face da pessoa jurídica, postergando para a ação executiva a inclusão dos responsáveis na relação. A alteração do pólo passivo, com a inclusão de terceiros, dá-se em grande parte das vezes mediante requerimento do procurador do sujeito ativo, procedimento que, em nosso entendimento, é ilegal.

Esse não é, também, o entendimento de grande parte da doutrina, que considera que a interpretação ora defendida (responsabilidade pessoal) incentivaria a criação de "falsos responsáveis", pessoas que, em deliberada fraude fiscal, afastariam as pessoas jurídicas da relação tributária (num momento pré-jurídico, esclareça-se), e passariam a se responsabilizar por débito que não poderiam saldar.

Ora, em que pese a razoabilidade dessa preocupação, o fato é que, se provada a simulação da responsabilidade pessoal do responsável, o Fisco terá o dever-poder de incluir ou de solicitar a inclusão da sociedade no pólo passivo da relação. Considerar a responsabilidade como sendo pessoal não implica, de forma alguma, defender uma interpretação que esteja em desacordo com o interesse público, com a igualdade, com a legalidade e que, finalmente, incentive o ilícito.

9. Em que consiste a obrigação "resultante" a que alude o "caput" do art. 135 do CTN?

Esse ponto é de suma relevância para muitas das conclusões que iremos construir. O *caput* do art. 135 contempla a responsabilidade dos sujeitos mencionados nos incisos I a III, pelos créditos correspondentes a obrigações tributárias *resultantes* dos atos ilícitos lá previstos (excesso de poder, infração de lei etc.).

Portanto, há responsabilidade quando a infração *resulta* na obrigação tributária.

Uma interpretação mais apressada poderia levar-nos a defender a incompatibilidade do *caput* do referido enunciado com o art. 3º do CTN, tendo em vista que o primeiro, a princípio, contempla a possibilidade de a obrigação tributária surgir de atos ilícitos, ao passo que o segundo estabelece que o tributo é sempre decorrente de atos lícitos.

A incompatibilidade é apenas aparente. Na realidade, a infração não diz respeito ao fato jurídico tributário, que é sempre lícito, *mas à decisão de sua prática*, contrária aos objetivos sociais contemplados no contrato social ou no estatuto, à competência pessoal para a tomada de decisões, e, ainda, aos limites fixados em lei. Some-se, a isso, a necessidade de dolo.

Exemplificando, prestar serviços é ato lícito e típico para fins da obrigação de pagar ISS, não obstante a prestação de serviços por sociedade exclusivamente comercial seja ato não autorizado pelo contrato social e, portanto, ilícito para os fins *daquela* sociedade. Nessa situação, temos:

• Um fato jurídico tributário lícito (prestação de serviço sujeito à tributação do ISS);

• Praticado por força de decisão indevidamente tomada pelo administrador (não fosse essa decisão, o fato não haveria de ocorrer, ao menos naquele momento ou da forma praticada. O dolo é fundamental);

• Que, num momento pré-jurídico, afasta o realizador do evento (sociedade) do pólo passivo da relação jurídica tributária; e

• Já dentro do sistema jurídico, prevê como sujeito passivo o terceiro responsável pela prática da infração.

É com base nesse raciocínio que entendemos que muitas das decisões judiciais existentes, e grande parte da doutrina, equivocadamente tipificam a falta de pagamento de tributo como infração prevista no art. 135 do CTN.

Para nós, a falta de pagamento de tributo não é condição necessária para a responsabilidade do administrador, pois o fato ilícito não-tributário que a origina *é necessariamente anterior ao vencimento da obrigação*, pois a resulta. Insistimos: o ilícito opera-se em momento que antecede a efetivação do evento tributário.

Formalizando esse raciocínio, temos que $[f \rightarrow (h \rightarrow c) \,.\, - c]$, em que f é o fato ilícito não-tributário de autoria do administrador, prévio à ocorrência fato jurídico (h) e a ele necessariamente relacionado, de forma que h só existe porque o administrador decidiu por praticar f. Ocorrendo h, deve-ser a obrigação tributária (c). Somente após a constituição de c e o decurso de prazo do pagamento, é que teremos $- c$, o fato-inadimplência.

Comprova-se com base nessa estrutura que, como o art. 135 determina que o fato ilícito *resulte* na obrigação tributária, ele deverá ser, necessariamente, anterior a ela, para poder implicá-la.

Verifica-se, também, que, se a inadimplência ocorre em momento posterior à obrigação tributária, o art. 135 não a contemplou como fato típico. A inadimplência não implica a obrigação, e sim é decorrência do descumprimento de seu objeto.

Por fim, depreendemos que a ocultação do fato jurídico tributário também não é infração típica do art. 135. Sem dúvida alguma, esse fato é ilícito, mas seu fundamento de validade é tão somente o art. 137 do CTN. E por quê? Porque a ocultação não *resulta* na obrigação tributária. O que resulta é o fato ocultado (e posteriormente vertido em linguagem, diga-se).

10. Elementos caracterizadores da responsabilidade tributária do administrador

A seguir, analisaremos os dois elementos necessários à caracterização da responsabilidade prevista no art. 135 do CTN:

• *Elemento pessoal* – refere-se ao sujeito responsável pelo crédito tributário: executor material, partícipe ou mandante da infração. É o administrador da sociedade, podendo ser sócio, acionista, mandatário, preposto, empregado, diretor, gerente ou representante. Não deverão ser incluídas nesse conjunto pessoas sem poderes para decidir sobre a realização de fatos jurídicos, ou se com poderes, que, no caso concreto, não tiveram qualquer participação no ilícito;

• *Elemento fático* – refere-se às condutas reveladoras de infração que exija dolo: excesso de poderes ou infração de lei, contrato social ou estatuto.

10.1 Excesso de poderes

O administrador deve sempre agir com cuidado, diligência e probidade, qualidades que se espera de qualquer ser humano, em todas as suas atividades. Deve zelar pelos interesses e pela finalidade da sociedade, ao mesmo tempo em que preserva o bem público e a função social.

A finalidade da sociedade é alcançada mediante o cumprimento de seu objetivo social, definido no estatuto ou no contrato social. Quando o administrador pratica qualquer ato dentro dos limites estabelecidos, pratica ato da pessoa jurídica, e não seu. Por outro lado, quando o administrador, investido dos poderes de gestão da sociedade, vier a praticar algum ato, ainda que em nome dessa mesma sociedade, mas extrapolando os limites contidos nos contratos sociais, terá cometido ato com excesso de poderes.

No caso, não existe um dispositivo expresso determinando qual é a conduta a ser praticada, mas o sujeito tem conhecimento de que não está autorizado a fazê-la da forma pretendida, como, por exemplo, o sócio de sociedade exclusivamente comercial que decide passar a prestar serviços, e o diretor de recursos humanos que decide fechar negócios não autorizados pelo contrato social. Em ambos os casos, faz-se necessário que o fato seja doloso, e não meramente culposo.

Observe-se que o fato deverá tipificar-se como "além do autorizado", e não contrário a alguma disposição expressa, conduta que, não obstante também seja ilícita, caracteriza-se como infração de lei ou do contrato social/estatuto.

Ademais, o excesso de poderes de que trata a lei não se confunde com a impossibilidade de o administrador praticar todo e qualquer ato não expressamente permitido. Prova disso é que o art. 1.015 do Código Civil autoriza que sejam praticados todos os atos pertinentes à gestão da sociedade, sempre que o contrato da sociedade silenciar.

O excesso restará configurado, então, se for alheio aos fins da sociedade. Some-se a isso, a necessidade desse ato provocar consequências fiscais típicas (nascimento de relações jurídicas tributárias).

10.2 Infração de lei

Infração de lei, numa primeira interpretação, é qualquer conduta contrária à norma, já que as leis existem para ser cumpridas. Assim, responderiam os administradores por todo e qualquer ato contrário à legislação.

Essa interpretação não nos parece a mais adequada, pois se incompatibiliza com a separação da personalidade jurídica e da personalidade das pessoas físicas que lhe são sócias.

Se qualquer infração à lei gerasse a responsabilidade pessoal do administrador, os sócios seriam sempre responsáveis pelas dívidas da sociedade, oriundas tanto de relações de direito público, como de direito privado. Teríamos, então, o fim da separação e da autonomia da personalidade jurídica, desprezando-se o fato de que a sociedade há de se responsabilizar pelos seus atos.

Mas, então, qual lei não poderia ser violada, para os fins do art. 135 do CTN? Entendemos ser *toda proposição prescritiva vinculada ao exercício da administração*, cujo desrespeito implique a ocorrência dos fatos jurídicos tributários.

Nesse sentido, é a lei que rege as ações da pessoa jurídica e que, de alguma forma, interaja com o ilícito praticado. Poderá ser a lei comercial, civil, financeira, desde que se relacione a uma conduta passível de ser praticada pelo administrador, conduta essa que, por sua vez, há de se relacionar com o fato que implicará a obrigação tributária.

Exemplificando, temos a importação de mercadoria com classificação fiscal errada e mais vantajosa financeiramente, a venda de mercadorias antes de confeccionado o talonário de notas fiscais requerido por lei, a prestação de serviços sem prévia autorização de funcionamento pelo órgão regulamentador e a prática fraudulenta de atos do comércio em geral.

Seja qual for a infração, o ilícito foi tipificado a partir do descumprimento de lei que obrigatoriamente gerou efeitos fiscais típicos, já que estamos tratando de responsabilidade do administrador pelo adimplemento de obrigações tributárias, e não por obrigações de outras naturezas.

10.2.a) Falta de pagamento de tributo: infração de lei, para os fins do art. 135 do CTN?

Uma das questões que mais provoca a doutrina e a jurisprudência é se a falta de pagamento de tributo constituiu-se em "infração de lei", para os fins do art. 135 do CTN. Entendemos que *não*, conforme já nos adiantamos linhas atrás, e que aqui desenvolveremos mais profundamente.

Para essa análise, fixemos a premissa de que a situação ora tratada *restringe-se ao inadimplemento*, e não a este fato somado à obrigação tributária resultante da prática de um fato doloso exercido mediante excesso de poderes ou infração de lei, contrato social ou estatuto. Vejamos os motivos que fundamentam nossa posição.

Primeiro motivo: a falta de pagamento de tributo não foi tipificada pela legislação como fato jurídico suficiente ao desencadeamento da relação jurídica sancionadora, que prevê o administrador como responsável tributário. Tanto o art. 135 do CTN, como a legislação ordinária, não prescrevem que a ausência do pagamento gera a responsabilidade.

O princípio da estrita legalidade não autoriza a interpretação do Fisco, e de parte da jurisprudência e da doutrina, de que os sócios devam ser acionados para responder pela dívida fiscal sempre que houver inadimplência por parte da pessoa jurídica.

Exceção à nossa afirmação (de que a inadimplência não se encontra tipificada como fato jurídico suficiente para a responsabilidade de terceiros) é o art. 13 e parágrafo único da Lei n. 8.620/1993, que estabelecem que os sócios das sociedades limitadas respondem solidariamente, com seus bens pessoais, pelos débitos devidos à Seguridade Social. Já os acionistas controladores, os administradores, os gerentes e os diretores respondem solidária e subsidiariamente, com seus bens pessoais, quanto ao inadimplemento das obrigações para com a Seguridade Social, por dolo ou culpa.

A inconstitucionalidade dessa prescrição parece-nos clara, já que o direito à propriedade e à liberdade não podem ser excepcionados de forma que aquele que não praticou o fato jurídico, e nem um fato ilícito passível de repreensão, deva pagar tributos por conta de fatos-signos presuntivos de riqueza praticados por outrem. A cobrança é confiscatória.

Segundo motivo: grande parte da doutrina até hoje produzida, e das decisões judiciais existentes, desconsideram o limite imposto pelo art. 135 do CTN, construindo o significado da proposição independente do enunciado prescritivo.

A redação legal é clara no sentido de que o administrador será responsável pelo pagamento do tributo toda vez que o crédito tributário corresponder a obrigações *resultantes* de atos praticados com excesso de poderes, infração à lei, contrato social ou estatuto. Por isso, a infração de lei *não se refere* ao inadimplemento da obrigação, e *sim à prática de atos jurídicos ilícitos prévios*.

Assim, a infração deve ser identificada em momento anterior ao inadimplemento da obrigação, pois refere-se às circunstâncias relacionadas à prática do evento descrito no fato jurídico, e não à satisfação do crédito.

Essa diferença é primordial, e afasta por completo a responsabilidade pessoal do administrador quando a sociedade estiver inadimplente e as demais condições previstas no art. 135 do CTN não tiverem sido preenchidas.

Terceiro motivo: é basilar que a obrigação de entregar dinheiro aos cofres públicos, a título de tributo, é da sociedade, que foi quem praticou o fato jurídico tributário. A inadimplência, independente de algum outro ato capaz de, por si só, gerar a responsabilidade, provoca apenas a obrigação do contribuinte de pagar o tributo, acrescido das penalidades moratórias, mas não a responsabilidade tributária.

Portanto, constatada a ausência do pagamento, dar-se-á o nascimento da relação jurídica sancionadora, estabelecida entre o contribuinte e o Fisco, e que tem por objeto a cobrança de tributo somado aos juros legais (Selic, atualmente) e à multa moratória ou de ofício, conforme o caso.

Assim, por todas essas razões, entendemos que a falta de pagamento de tributo não é "infração de lei" para os fins do art. 135 do CTN.

10.3 Infração do contrato social ou do estatuto

A infração do contrato social ou do estatuto constituiu-se no desrespeito a uma disposição expressa constante desses instrumentos societários, e que tem por consequência o nascimento da relação jurídica tributária.

É o que ocorre no caso da alienação desautorizada de ativo fixo da sociedade, ou eventualmente na modificação do contrato social sem o consentimento de todos os sócios, e que tenham por objeto alguma das matérias indicadas no art. 997 do Código Civil como passíveis de gerar consequências fiscais (objeto da sociedade, participação de cada sócio nos lucros e nas perdas etc.).

O autor do ilícito, nessas situações, conhece o seu dever, mas deixa de cumpri-lo em que pese ser evitável essa situação.

11. Conclusões

Diante de todo o exposto, concluímos o seguinte:

1. O parágrafo único do art. 116 do CTN não proíbe o planejamento tributário lícito.

2. O parágrafo único do art. 116 do CTN não positiva interpretação econômica dos negócios jurídicos.

3. A discricionariedade do agente fiscal é limitada pelos princípios constitucionais da legalidade, tipicidade, segurança jurídica, ampla defesa, razoabilidade e proporcionalidade.

4. A desconsideração jurídica de atos ou negócios dissimulados, ao invés de violar direitos dos cidadãos, evita que atos que importem evasões fiscais deixem de provocar as consequências jurídicas que lhe seriam próprias não fosse o ilícito. É instrumento que o direito coloca à disposição da fiscalização, para que obrigações tributárias não deixem de ser instauradas em virtude da prática de atos ilícitos pelo contribuinte, tendentes a acobertar a ocorrência do fato típico.

5. O parágrafo único do art. 116 do CTN, interpretado de acordo com o ora exposto, é constitucional.

6. Nas hipóteses em que houver responsabilização pessoal dos administradores decorrente de ato doloso, tal como prevêem os arts. 50 do CC, e 135 e 137 do CTN, a desconsideração da personalidade jurídica estará sendo aplicada, pois se superará a autonomia patrimonial com a finalidade de se responsabilizar o autor da infração, cujo patrimônio seria intocável não fosse a desconsideração.

7. Não há como compatibilizar os arts. 50 do CC e 135 do CTN com os princípios constitucionais da propriedade, da capacidade contributiva, da liberdade e da não-utilização de tributos com efeitos confiscatórios, que não considerando que a presença do dolo é imprescindível. Nesse sentido, a comprovada intenção de fraudar, de agir de má-fé e de prejudicar terceiros é prévia, é condição necessária, é fundamental.

ESTRITA LEGALIDADE E A IMPORTÂNCIA DAS PROVAS NA APLICAÇÃO DAS NORMAS JURÍDICAS TRIBUTÁRIAS

FABIANA DEL PADRE TOMÉ
Mestre e Doutora em Direito Tributário pela PUC/SP. Professora no Curso de Pós-Graduação *Stricto Sensu* da PUC/SP. Professora nos Cursos de Especialização em Direito Tributário da PUC/SP, IBET e FAAP. Advogada.

1. Introdução: considerações sobre os princípios constitucionais tributários. 2. O princípio da estrita legalidade tributária. 3. Fenomenologia da incidência tributária e os requisitos para a subsunção do fato à norma. 4. Importâncias das provas no processo de aplicação do direito tributário. 5. Limites ao emprego de presunções em matéria tributária. 6. O ônus da prova em face de presunções legais. 7. Conclusões.

1. Introdução: considerações sobre os princípios constitucionais tributários

os princípios, tomados como normas jurídicas de forte conotação axiológica, podem ser encontrados em quaisquer espécies de textos integrantes do sistema do direito positivo. Há princípios constitucionais, princípios legais e até mesmo princípios infralegais. Os mais importantes, porém, são os constitucionais, visto que hierarquicamente superiores aos demais, dirigindo a aplicação de todas as normas jurídicas, interferindo, inclusive, no exercício das competências constitucionalmente previstas.

No âmbito tributário, os princípios constitucionais assumem especial relevância, configurando preceitos a serem observados pelo legislador infraconstitucional, no momento da criação das normas jurídicas tributárias. A Carta Fundamental traçou minuciosamente o campo e os limites da tributação, erigindo um feixe de princípios constitucionais com o fim de proteger os cidadãos de abusos do Estado na instituição e exigência de tributos. Desse modo, o legislador, ao criar tributos, deve percorrer o caminho determinado pelo Texto Supremo, observando atentamente as diretrizes por ele eleitas.

Vale salientar a inexistência de valores constitucionalmente fixados que permitam que as necessidades do Governo sobreponham-se aos direitos e garantias dos cidadãos. O fato de ser preciso auferir receitas, por exemplo, não tem o condão de legitimar uma lei instituidora de tributo que viole princípio constitucional. Nem mesmo o princípio da supremacia do interesse público ao do particular justificaria uma situação como essa, pois conforme elucida Susy Gomes Hoffmann,[1] o referido princípio "indica que a Administração Pública, buscando realizar os fins da sociedade, poderá, sem afrontar os direitos e garantias constitucionalmente assegurados aos cidadãos, usar de poderes e faculdades que lhe são próprias para impor aos cidadãos determinadas condutas, mesmo se a sua anuência". Os poderes do Estado não se mostram ilimitados, devendo respeitar os valores considerados relevantes pelo Texto Maior, ou seja, os princípios constitucionais.

Alguns dos princípios previstos pela Constituição regem todo o ordenamento jurídico, sendo, consequentemente, aplicados ao campo tributário: são os *princípios constitucionais gerais*. Outros, porém, regem especificamente o desempenho da função impositiva de tributos pelas pessoas políticas: são os *princípios constitucionais tributários*. Entre esses dois subdomínios, dirigiremos nosso estudo para o segundo, e, mais especificamente, para o *princípio da estrita legalidade tributária*.

2. O princípio da estrita legalidade tributária

Dentre os princípios constitucionais gerais existe o da legalidade (art. 5º, II, da Constituição), segundo o qual "ninguém será obrigado a fazer ou deixar de fazer alguma coisa senão em virtude de lei". Houve por bem o constituinte, contudo, repetir tal preceito para fins especificamente tributários, prescrevendo no art. 150, I, do Texto Supremo que "sem prejuízo de outras garantias asseguradas ao contribuinte, é vedado à União, aos Estados, ao Distrito Federal e aos Municípios: I – exigir ou aumentar tributo sem lei que o estabeleça".

Diante de tal situação, cuida tecer sucinta consideração acerca da lei lógica da idempotência do conjuntor. Esta assim se exprime, em linguagem formal: Op.Op ≡ Op ("O" é a notação simbólica da "obrigação"; "p", uma conduta qualquer; ".", o conectivo da conjunção lógica; e "≡", a equivalência). Segundo a referida lei, a repetição de vários preceitos jurídicos equivale a apenas um. Por esse motivo, já anotamos que seria desnecessária a enunciação do princípio da estrita legalidade tributária, visto que, independentemente de sua existência, imprescindível a edição de lei para criar ou aumentar tributos.[2]

O constituinte, todavia, preferiu ser enfático e repetitivo, pretendendo, com isso, evitar possíveis tentativas de burlar o princípio da legalidade, sob a infundada alegação de não ter sido ele especificamente previsto para a esfera tributária.

Efetuados esses esclarecimentos iniciais, interessante trazermos à balha a observação efetuada por Alberto Xavier,[3] no sentido de que o princípio da legalidade, em matéria tributária, revela-se como uma reserva absoluta de lei formal. Esse autor distingue a reserva da lei em reserva de lei material e reserva de lei formal, afirmando: "No primeiro caso, basta que a conduta da Administração seja autorizada por uma qualquer norma geral e abstrata, seja ela a lei constitucional, a lei ordinária ou mesmo o regulamento. No segundo, torna-se necessário que o fundamento legal do comportamento do órgão executivo seja um ato normativo dotado de força de lei, isto é, de um ato provindo de órgão com competência legislativa normal e revestido de forma externa legalmente prescrita".

É de se concluir, portanto, que apenas o órgão legislativo, por meio de lei ordinária (ou de lei complementar, quando expressamente exigida pela Constituição), tem competência para instituir ou aumentar tributos.

1. *Teoria da Prova no Direito Tributário*, Campinas, Copola, 1999, p. 128.

2. Fabiana Del Padre Tomé, *Contribuições para a Seguridade Social à Luz da Constituição*, Curitiba, Juruá, 2002.

3. "O princípio da legalidade no Brasil", *Revista de Direito Tributário* 41/120.

Ressalte-se ainda que, para a instituição de qualquer tributo, é preciso que a lei (ordinária ou complementar, conforme o caso) traga em seu bojo todos os critérios identificadores do fato jurídico tributário e da relação jurídica tributária, não podendo qualquer dos aspectos da regra-matriz de incidência ser introduzido por veículo diverso.[4] É o que se costuma denominar *princípio da tipicidade tributária*.

Como bem ensina Paulo de Barros Carvalho,[5] o princípio da tipicidade tributária se define em duas dimensões, quais sejam, o plano legislativo e o da facticidade. No primeiro está a necessidade de que a norma geral e abstrata traga todos os elementos descritores do fato jurídico tributário e os dados prescritores da relação obrigacional, ao passo que no segundo tem-se a exigência da estrita subsunção do fato à previsão genérica da norma geral e abstrata, vinculando-se à correspondente obrigação.

O princípio da tipicidade tributária exige a perfeita adequação do fato à norma para que surja a obrigação tributária. Por isso mesmo, o surgimento do vínculo obrigacional está condicionado ao fenômeno da subsunção, que é a plena correspondência entre o fato jurídico tributário e a previsão normativa veiculada na hipótese de incidência, fazendo surgir a obrigação correspondente, nos exatos termos previstos em lei.

3. *Fenomenologia da incidência tributária e os requisitos para a subsunção do fato à norma*

Quando pensamos no fenômeno da percussão jurídico-tributária, vem-nos à mente a figura de um fato que, subsumindo-se à hipótese normativa tributária, implica o surgimento de vínculo obrigacional. É a fenomenologia da incidência.

Nota-se, portanto, que sem lei anterior que descreva o fato tributável, não há como surgir obrigação tributária (princípio da legalidade). Da mesma forma, sem o perfeito quadramento do fato à norma (subsunção), o vínculo obrigacional não se instaura (princípio da tipicidade). Só pode ocorrer a incidência tributária se houver previsão legal e a correspondente subsunção do fato à norma.

Referida operação, todavia, não se realiza sozinha: é preciso que um ser humano promova a subsunção e a implicação que o preceito da norma geral e abstrata determina. Na qualidade de operações lógicas, subsunção e implicação exigem a presença humana. Daí a visão antropocêntrica, requerendo o homem como elemento intercalar, construindo, a partir de normas gerais e abstratas, outras normas, gerais ou individuais, abstratas ou concretas.

É pelo ato de aplicação do direito que se tem o processo de positivação, pois, como pontua Paulo de Barros Carvalho,[6] "a aplicação do direito é justamente seu aspecto dinâmico, onde as normas sucedem, gradativamente, tendo sempre no homem, como expressão da comunidade social, seu elemento intercalar, sua fonte de energia, o responsável pela movimentação das estruturas".

Convém esclarecer que a aplicação do direito não dista da própria produção normativa. A aplicação do Direito é, simultaneamente, produção do Direito. Trata-se de ato mediante o qual se extrai de regras superiores o fundamento de validade para a edição de outras regras, cada vez mais individualizadas. E é somente por meio dessa ação humana que se opera o fenômeno da incidência normativa em geral, assim como da incidência tributária, em particular. Sem que um sujeito realize a sub-

4. Regra-matriz de incidência tributária é a norma de institui o tributo, delimitando todos os aspectos de sua incidência.

5. "A prova no procedimento administrativo tributário", *Revista Dialética de Direito Tributário* 34/105.

6. Paulo de Barros Carvalho, *Curso de Direito Tributário*, 21ª ed., São Paulo, Saraiva, 2009, p. 88.

sunção e promova a implicação, expedindo novos comandos normativos, não há que falar em incidência jurídica.

Essa movimentação das estruturas do direito em direção à maior proximidade das condutas intersubjetivas exige a certificação da ocorrência do fato conotativamente previsto na hipótese da norma que se pretende aplicar. Mas, para que o relato ingresse no universo do direito, constituindo fato jurídico, é preciso que seja enunciado em linguagem competente, quer dizer, que seja descrito consoante as provas em direito admitidas. Observa-se, aí, importante função da linguagem das provas no sistema do direito tributário. É por meio delas que se compõe o fato jurídico, em todos os seus aspectos (conduta nuclear, tempo e espaço), bem como o sujeito que o praticou e sua medida. Como leciona Paulo de Barros Carvalho,[7] "o discurso prescritivo do direito posto indica, fato por fato, os instrumentos credenciados para constituí-los, de tal sorte que os acontecimentos do mundo social que não puderem ser relatados com tais ferramentas de linguagem não ingressam nos domínios do jurídico, por mais evidentes que sejam". Por essas razões, consideramos a *teoria da prova* um dos pontos centrais do direito, e, dentre eles, do direito tributário.

4. Importâncias das provas no processo de aplicação do direito tributário

Como anotamos, para que a aplicação do direito seja realizada de modo apropriado, é imprescindível o perfeito quadramento do fato à previsão normativa. Esse fato, por sua vez, deve ser constituído segundo a linguagem das provas, com vistas a certificar a veracidade dos fatos subsumidos. Observa-se a importância capital que apresenta a *prova* no ordenamento jurídico, inclusive no âmbito da tributação: ao constituir a obrigação tributária e aplicar sanções nessa esfera do direito, não basta a observância às regras formais que disciplinam a emissão de tais atos; a materialidade deve estar demonstrada, mediante a produção de prova da existência do fato sobre o qual se fundam as normas constituidoras das relações jurídicas tributárias.[8]

A fundamentação das normas individuais e concretas na linguagem das provas decorre da necessária observância aos princípios da estrita legalidade e da tipicidade tributária, limites objetivos que buscam implementar o sobreprincípio da segurança jurídica, garantindo que os indivíduos estarão sujeitos à tributação somente se for praticado o fato conotativamente descrito na hipótese normativa tributária.

Os princípios constitucionais tributários da estrita legalidade e da tipicidade exigem que a obrigação de pagar tributo se instale apenas quando verificada a ocorrência do fato previsto na hipótese da norma geral e abstrata, calculando-se a exação com base na medida monetária desse fato.

Desse modo, sendo os atos de lançamento tributário e de aplicação de penalidade vinculados e regidos, dentre outros, pelos princípios da estrita legalidade e da tipicidade, tais expedientes dependem, necessariamente, da cabal demonstração da ocorrência dos motivos que os ensejaram. A motivação deve ser, portanto, respaldada em provas. Seguindo semelhante linha de raciocínio, conclui Paulo de Barros Carvalho:[9] "Na própria configuração oficial do lançamento, a lei institui a necessidade de que o ato jurídico administrativo seja devidamente fundamentado, o que significa dizer que o fisco tem que oferecer prova concludente de que o evento ocorreu na estrita conformidade da previsão genérica da hipótese normativa".

7. *Direito Tributário, Linguagem e Método*, São Paulo, Noeses, 2008, p. 826.

8. Fabiana Del Padre Tomé, *A Prova no Direito Tributário*, 2ª ed., São Paulo, Noeses, 2008.

9. "A prova no procedimento administrativo tributário", *Revista Dialética de Direito Tributário* 34/107-108.

Por esse motivo, a norma individual e concreta[10] que constitui o fato jurídico tributário e a correspondente obrigação deve trazer, no antecedente, o fato tipificado pela norma geral e abstrata, com as respectivas coordenadas temporais e espaciais, indicando, no consequente, o fato da base de cálculo, juntamente da alíquota, especificando o *quantum* devido, bem como os sujeitos integrantes do vínculo obrigacional. E, para que a identificação desses fatos seja efetuada em conformidade com as prescrições do sistema jurídico, deve pautar-se na linguagem das provas. É por meio das provas que se certifica a ocorrência do fato e seu perfeito quadramento aos traços tipificadores veiculados pela norma geral e abstrata, permitindo falar em subsunção do fato à norma e em implicação entre antecedente e consequente, operações lógicas que caracterizam o fenômeno da incidência normativa.

5. Limites ao emprego de presunções em matéria tributária

Os princípios constitucionais tributários da estrita legalidade, da tipicidade e da capacidade contributiva exigem que a obrigação de pagar tributo se instale apenas quando verificada a ocorrência do fato previsto na hipótese da norma geral e abstrata, calculando-se a exação com base na medida monetária desse fato. Inconcebível, portanto, considerar que um fato tenha acontecido, ainda que as provas demonstrem o contrário. Atitude desse jaez viola os preceitos magnos que orientam o sistema tributário.

Tomamos por presunção a operação intelectual que estabelece relação de causalidade entre o fato indiciário e o fato probando. A operação lógica que se faz a partir do indício pode assumir a qualidade de (i) presunção simples ou *hominis*, sendo construída pelo aplicador do direito, segundo sua própria convicção; ou de (ii) presunção legal ou *legis*, elaborada também pelo ser humano, mas expressamente determinada em lei. Nessa segunda hipótese, o raciocínio dedutivo figura no âmbito pré-legislativo, de modo que, após introduzido no ordenamento, impõe uma relação artificial entre um fato F', provado, e o fato probando F''.[11]

As chamadas "presunções legais" são costumeiramente classificadas em relativas e absolutas, conforme admitam prova em contrário ou não. As denominadas presunções absolutas, entretanto, não caracterizam presunção, mas disposição legal de ordem substantiva, estabelecendo a existência de fato jurídico sem que se possa provar o contrário. São, por isso, de inadmissível utilização para fins de determinar a ocorrência de fato jurídico tributário e os elementos definidores da correspondente obrigação. O mesmo se pode dizer das ficções, cujo regime jurídico, no âmbito tributário, é idêntico ao das presunções absolutas, destas se distinguindo de forma muito tênue: enquanto na presunção absoluta a relação causal e sua consequência estão previstas na lei, na ficção o enunciado normativo constrói o próprio fato jurídico, independente de relações de causa e efeito, ainda que artificiais, como ocorre na presunção absoluta. Essas distinções, porém, são de ordem pré-legislativa, de modo que, introduzidas no ordenamento, o tratamento jurídico conferido a ambas é o mesmo.

Convém registrar que as presunções, no âmbito tributário, exercem importantes funções, servindo para (i) suprir deficiências probatórias, sendo empregadas nas hipóteses em que o Fisco se vê impossibilitado de provar certos fatos; (ii) garantir eficácia à arrecadação e (iii) preservar a estabilidade social. O emprego das presunções

10. O lançamento tributário e o auto de infração e imposição de multa são exemplos de normas individuais e concretas.

11. Para considerações adicionais sobre a figura das presunções e sua classificação, consulte-se Fabiana Del Padre Tomé, *A Prova no Direito Tributário*, 2ª ed., cit., pp. 130 e ss.

no direito tributário, segundo Leonardo Sperb de Paola,[12] está relacionado com a criação de mecanismos que dificultem a evasão fiscal e propiciem maior eficiência na arrecadação de tributos. São técnicas que, na visão de Misabel Abreu Machado Derzi,[13] objetivam "evitar a investigação exaustiva do caso isolado, com o que reduzem os custos na aplicação da lei; dispensar a colheita de provas difíceis ou mesmo impossíveis em cada caso concreto ou aquelas que representam ingerência indevida na esfera privada do cidadão e, com isso, assegurar a satisfação do mandamento normativo". Contrapostos, todavia, a essas funções, cuja relevância não se discute, existem direitos constitucionalmente assegurados aos contribuintes, como os princípios da legalidade, da tipicidade, da rígida discriminação constitucional das competências impositivas e da capacidade contributiva, exigindo que a adoção de presunções seja realizada de forma compatível com mencionados direitos constitucionais.

Por esses motivos, José Artur Lima Gonçalves[14] afirma inexistir, no sistema constitucional brasileiro, fundamento para a criação válida de ficções e presunções absolutas em matéria tributária: "Todas – e não menos que todas – as normas jurídicas que pretendam, por meio de ficção, imputar os efeitos de fato imponível a evento fenomênico que não se caracterize como tal ou manipular o conteúdo patrimonial de obrigação tributária, ou alcançar particular não incluído na categoria de contribuinte (entendido este como o destinatário constitucional da carga tributária), deverão, simplesmente, ser descritas como normas inválidas, alheias ao sistema constitucional, incompatíveis com o subsistema constitucional tributário".

Semelhante é o posicionamento de Paulo Ayres Barreto,[15] considerando ser inaceitável recorrer a presunções absolutas e ficções para erigir hipótese de incidência tributária, conotar-se o fato jurídico tributário ou a relação obrigacional dele decorrente. Isso significaria, a seu ver, "propugnar a inexistência de uma rígida discriminação de competência – vale dizer, que se pudesse prever a incidência de tributo sobre o fato 'A' porque fictamente o legislador atribui a ele a condição de fato 'B', sendo a competência para instituir tributos sobre os fatos 'A' e 'B' de entes políticos distintos. Proceder nessa conformidade é fazer tábula rasa dos princípios da estrita legalidade, da tipicidade da tributação e da capacidade contributiva".

As inapropriadamente chamadas presunções mistas, por sua vez, também não encontram aplicação na esfera tributária, pois, sendo ilididas por apenas alguns meios de prova, legalmente especificados, violam não apenas o princípio da legalidade e da tipicidade tributária, mas, também, o princípio constitucional da ampla defesa. Caso a legislação imponha essa forma presuntiva, ou mesmo a chamada presunção legal absoluta, deve sua aplicação dar-se como se estivesse diante de presunção relativa, permitindo qualquer produção probatória em contrário.

Somente as presunções relativas podem ser validamente utilizadas no direito tributário, desde que, evidentemente, sejam compatíveis com os pilares do ordenamento pátrio, possibilitando o exercício da ampla defesa, com todos os meios e recursos a ela inerentes, o que inclui a produção probatória objetivando desconstituir o fato presumido. É a conclusão a que chegam Misabel Abreu Machado Derzi e Sacha Calmon Navarro Coêlho:[16] "se a lei adotar,

12. *Presunções e Ficções no Direito Tributário*, Belo Horizonte, Del Rey, 1997, pp. 98 e ss.

13. *Direito Tributário, Direito Penal e Tipo*, São Paulo, Ed. RT, 1988, p. 105.

14. *Imposto Sobre a Renda: Pressupostos Constitucionais*, São Paulo, Malheiros Editores, 1997, p. 158.

15. *Imposto Sobre a Renda e Preços de Transferência*, São Paulo, Dialética, 2001, p. 143.

16. *Direito Tributário Aplicado: Estudos e Pareceres*, Belo Horizonte, Del Rey, 1997, pp. 351-352.

por razões de praticidade ou para prevenir a evasão, presunções, pautas de valores, tabelas de preços etc., haverá de fazê-lo sempre *juris tantum*, sendo de se admitir a prova contrária, o contraditório".

Exemplo dessa espécie de presunção pode ser observado no art. 42 da Lei n. 9.430/1996, que dispõe estar caracterizada "omissão de receita ou de rendimentos ou valores creditados em conta de depósito ou de investimento mantida junto a instituição financeira, em relação aos quais o titular, pessoa física ou jurídica, regularmente intimado, não comprove, mediante documentação hábil e idônea, a origem dos recursos utilizados nessas operações". Trata-se de presunção relativa, perfeitamente admissível no ordenamento brasileiro.

A título ilustrativo, é interessante fazer referência, também, ao art. 60 do Decreto-lei n. 1.598/1977, reproduzido no art. 464 do Decreto n. 3.000/1999 (RIR/1999). Referidos diplomas prescrevem presumir-se distribuição disfarçada de lucros nos negócios em que a pessoa jurídica pratica operações em valores notoriamente diversos dos de mercado. Tal presunção é desconstituída por prova em contrário, determinando o § 3º do art. 60 do Decreto-lei n. 1.598/1977 que a "prova de que o negócio foi realizado no interesse da pessoa jurídica e em condições estritamente comutativas, ou em que a pessoa jurídica contrataria com terceiros, exclui a presunção de distribuição disfarçada de lucros".

Observa-se, nos dois exemplares normativos acima, a imprescindibilidade de a autoridade administrativa provar o fato que desencadeia a operação presuntiva e viabiliza a instalação da relação jurídica correspondente. A existência de norma presuntiva não dispensa a produção probatória por parte da fiscalização. Assim, para que se possa presumir a omissão de receitas e constituir o fato jurídico tributário "auferir renda", necessário se faz o preenchimento dos requisitos previstos no art. 42 da Lei n. 9.430/1996, do mesmo modo que, para configurar distribuição disfarçada de lucros, a Administração deve provar a incompatibilidade dos valores envolvidos nos negócios jurídicos praticados entre pessoas ligadas.

Nesse sentido, veja-se o seguinte julgado do 1º Conselho de Contribuintes (atual Conselho Administrativo de Recursos Fiscais), em que se reconhece a inviabilidade da atuação fiscal quando o fato que figura na hipótese da norma presuntiva não foi demonstrado por meio da linguagem das provas:

> *Processo administrativo fiscal. Prova indireta.* A presunção legal inverte o ônus da prova em favor do Fisco. Não fica, todavia, o Fisco dispensado de provar a ocorrência do fato base que autoriza a presunção.
>
> *IRPJ. Omissão de receitas. Passivo fictício.* Não comprovado que o passivo era fictício, afasta-se a presunção de omissão de receitas.
>
> *Lançamentos decorrentes.* Aplicam-se aos lançamentos decorrentes as razões de decidir e conclusão adotadas no lançamento matriz.
>
> Recurso provido.[17]

No que diz respeito às presunções *hominis*, grande discussão se instala acerca de sua admissibilidade na esfera tributária. Luís Eduardo Schoueri[18] figura como forte opositor ao emprego dessa modalidade presuntiva, por considerar que, "estando o sistema tributário brasileiro submetido à rigidez do princípio da legalidade, a subsunção dos fatos à hipótese de incidência tributária é mandatória para que se dê o nascimento da obrigação do contribuinte. Admitir que o mero raciocínio de probabilidade por parte do aplicador da lei substitua a prova é conceber a possibilidade – ainda que remota diante da altíssima pro-

17. 1ª Câm., AC. 101-93730, Rel. Cons. Sandra Maria Faroni, sessão de 24.1.2002.

18. "Presunções simples e indícios no procedimento administrativo fiscal", in Valdir de Oliveira Rocha (coord.), *Processo Administrativo Fiscal*, vol. 2, São Paulo, Dialética, 1997, pp. 85-86.

babilidade que motivou a ação fiscal – de que se possa exigir um tributo sem que necessariamente tenha ocorrido o fato gerador". Ocorre que, sendo a presunção *hominis* consistente na dedução realizada pelo julgador, fundada na sua experiência, derivada, segundo Pontes de Miranda,[19] daquilo que ele sabe sobre as coisas, das suas relações de coexistência, causalidade, duração ou localização, tal operação mental está presente em toda e qualquer avaliação probatória. A prova, como signo que é, nunca atinge o objeto que representa. Apresentada uma prova, necessário se faz que o intérprete realize operação de inferência lógica para, a partir dela, deduzir o fato principal. Feita essa certificação, aliada ao fato de existir previsão normativa que autoriza o julgador a apreciar livremente as provas, verifica-se ser a presunção *hominis* inerente a todos os domínios do sistema jurídico, incluindo o direito tributário.

Isso não significa, entretanto, que a autoridade administrativa esteja habilitada a constituir os fatos jurídicos como e quando bem entenda: a presunção *hominis* só pode ser empregada para justificar a constituição do fato jurídico tributário em sentido estrito se evidenciado o nexo lógico entre o fato provado (F') e o probando (F"). É preciso demonstrar que a ocorrência do indício é prova da concretização da hipótese de incidência, de modo que, quando não se consiga estabelecer relação de causalidade entre o indício e o fato presumido, não há que falar em presunção simples.

Dois são os requisitos para que, diante de um indício, possa-se presumir a ocorrência do fato jurídico tributário, constituindo-se a obrigação correspondente: (i) o indício deve ser, necessariamente, provado, já que, se não for provado, não será sequer indício; (ii) é imprescindível a existência de conexão entre o indício e o fato relevante para a aplicação da lei tributária.

19. *Comentários ao Código de Processo Civil*, vol. 3, Rio de Janeiro, Forense, 1958, p. 425.

Essa relação de causalidade, por sua vez, deve apresentar os caracteres da gravidade, precisão e concordância, nos termos explicitados por Moacyr Amaral Santos:[20] graves são as presunções geradoras de probabilidade com eficácia de criar convicção; precisas significa que não se prestam a dúvidas ou contradições lógicas; e concordantes consiste na convergência destas, a partir de vários indícios, para o mesmo resultado. Disso decorre que a implicação presuntiva, além de atender aos reclamos da lógica, deve ser convincente, consistindo na única possibilidade plausível. Miguel Reale Júnior,[21] discorrendo sobre peculiaridades do direito administrativo sancionador, perfeitamente aplicáveis à esfera tributária em virtude dos princípios da estrita legalidade e tipicidade que a orientam, assevera que, "se há um indício insuficiente, é possível instaurar um inquérito, mas, para a condenação, é necessário um indício veemente". Logo, se a verificação do indício a partir do qual se constrói a conclusão permitir não só a ocorrência do fato alegado, como também outro diverso, indevido seu emprego para fins de constituição do fato jurídico tributário.

6. O ônus da prova em face de presunções legais

É frequente a afirmação da doutrina no sentido de que, configurando-se hipótese de presunção legal, ocorreria inversão do ônus da prova, ficando a autoridade administrativa dispensada de maiores providências probatórias, passando a ser do contribuinte o ônus de descaracterizar o fato presumido. Tal assertiva tem suas origens nos ensinamentos de direito processual civil, em que se costuma afirmar existir inversão do ônus da prova sempre que hou-

20. *Primeiras Linhas de Direito Processual Civil*, vol. 3, São Paulo, Saraiva, 2003, p. 501.

21. *Apud* Tércio Sampaio Ferraz Júnior, "Indício e prova de cartel", *Estudos, Documentos, Debates*, São Paulo, Instituto Roberto Simonsen, 2003, n. 24, p. 48.

ver "o estabelecimento de certas presunções legais de existência de fatos (quer constitutivos, quer extintivos, impeditivos ou modificativos) em favor de uma das partes, cabendo à parte contrária a produção de prova que invalide tal presunção".[22] Não podemos, simplesmente, transportar esse raciocínio para a esfera tributária, a qual é regida por princípios próprios, que se aproximam, em muitos aspectos, das rígidas diretrizes do direito penal. A tipicidade é uma delas.

Por isso, mesmo quando existam presunções legais, compete à autoridade administrativa apresentar provas do fato a partir do qual se estabelece o raciocínio presuntivo. Qualquer que seja a modalidade de presunção, é imprescindível a prova dos indícios para, a partir deles, demonstrar a existência dc causalidade com o fato que se pretende dar por ocorrido. A diferença reside na circunstância de que, tratando-se da chamada presunção legal, a relação causal entre fato presuntivo e fato presumido dá-se no âmbito pré-legislativo. Identificando o aplicador do direito, no caso concreto, a situação prevista na hipótese da regra de presunção, há de concluir pela ocorrência do fato prescrito no consequente normativo: o fato presumido. A demonstração do fato presuntivo é condição inarredável para a constituição do fato presumido.

A legislação do imposto sobre a renda e proventos de qualquer natureza relaciona uma série de situações que autorizam presumir a ocorrência do fato jurídico tributário, desencadeando o correspectivo vínculo obrigacional. É o que se verifica, por exemplo, nas hipóteses de configuração de saldo credor de caixa e de passivo fictício.

O art. 9º do Decreto-lei n. 1.598/1977 prescreve, em seus §§ 1º e 2º, que a escrituração mantida com observância das disposições legais faz prova a favor do contribuinte dos fatos nela registrados e comprovados por documentos hábeis, cabendo à autoridade administrativa a prova da inveracidade dos fatos assim registrados. Em razão disso, autuação fiscal fundada na alegação de omissão de receitas só é admissível se demonstrado o fato presuntivo legalmente previsto. Nos termos do art. 12, § 2º, do referido Decreto-lei, "o fato de a escrituração indicar saldo credor de caixa ou a manutenção, no passivo, de obrigações já pagas, autoriza a presunção de omissão no registro de receita, ressalvada ao contribuinte a prova da improcedência da presunção". Esse dispositivo evidencia ser imperativa a produção probatória pelo Fisco: este tem de comprovar a existência de saldo credor de caixa ou de passivo fictício, como pressuposto indeclinável da caracterização da omissão de receitas. É o que se depreende da decisão do 1º Conselho de Contribuintes (atual Conselho Administrativo de Recursos Fiscais), cujo trecho transcrevemos abaixo:

> *IRPJ – Omissão de receitas – Indícios* – A atividade administrativa de lançamento há de se submeter ao princípio da reserva legal, o que faz com que as exigências tributárias somente possam ser formalizadas com prova segura dos fatos que revelem o auferimento da receita passível de tributação ou mediante a demonstração de que ocorreram os fatos expressamente arrolados pela lei como presunção de omissão de receita.[23]

O mesmo se pode dizer da distribuição disfarçada de lucros. Apenas se comprovada a realização de negócio jurídico entre pessoas ligadas, por valor comprovadamente diverso do de mercado, é que se tem instalada a relação implicacional presuntiva.

Também a hipótese de falta de emissão de documento fiscal ou sua expedição em valor inferior ao do negócio jurídico, referidos no art. 2º da Lei n. 8.846/1994, são circunstâncias que exigem comprovação, não bastando meras suposições funda-

22. João Penido Burnier Júnior, *Teoria Geral da Prova*, Campinas, Edicamp, 2001, pp. 132-133.

23. 3ª Câm., 2ª T., AC. 103-21.652, Rel. Cons. Paulo Jacinto do Nascimento, sessão de 18.6.2004.

das em indícios fracos. Esse posicionamento é verificado no seguinte julgado:

> *IRPJ – Omissão de receita – Subfaturamento*: Incabível a exigência com base em omissão de receita pela prática de subfaturamento, quando o Fisco não consegue carrear aos autos provas da ocorrência de tal fato. Pedidos de mercadorias com códigos que sugerem indicações de tal prática são apenas indícios que não confirmam a prática da irregularidade.[24]

Essas são apenas algumas referências, de caráter exemplificativo, com vistas a demonstrar a inocorrência de inversão do ônus da prova, ainda que se esteja diante de hipóteses de presunção legal.

Com maior razão, tratando-se de presunção *hominis*, a nosso ver perfeitamente admissíveis na esfera tributária, as provas hão de ser veementes, não deixando margem a dúvidas quanto à ocorrência do fato alegado:

> *Recurso voluntário – Omissão de receita – Presunção simples* – Incumbe à fiscalização apresentar um conjunto de indícios que permita ao julgador alcançar a certeza necessária para seu convencimento, afastando possibilidades contrárias, mesmo que improváveis. A certeza é obtida quando os elementos de prova confrontados pelo julgador estão em concordância com a alegação trazida aos autos. Se remanescer uma dúvida razoável de improcedência da exação, o julgador não poderá decidir contra o acusado. No estado de incerteza, o Direito preserva a liberdade em sua acepção mais ampla, protegendo o contribuinte da inferência do Estado sobre seu patrimônio.[25]

Por tudo o que se expôs, descabe falar em inversão do ônus da prova, qualquer que seja a figura presuntiva: (i) sendo caso da chamada presunção legal, impõe-se a comprovação, por parte do Fisco, da situação ensejadora da relação implicacional prescrita em lei; (ii) na presunção simples, além da prova do acontecimento tomado como fato presuntivo, é preciso demonstrar o vínculo lógico entre este e o fato presumido.

7. *Conclusões*

O direito tributário rege-se, dentre outros, pelos princípios da estrita legalidade e tipicidade tributária, de modo que a obrigação tributária tem nascimento tão somente se verificado o fato descrito conotativamente no antecedente da regra-matriz de incidência. A figura da *prova* é de extrema relevância nesse contexto, pois sem ela não existe fundamento para a aplicação normativa e consequente constituição do fato jurídico tributário e do respectivo laço obrigacional.

É certo que a obrigação tributária e seus consectários dependem de prévia instituição em lei, mediante prescrição geral e abstrata. Com a edição de norma, descrevendo hipoteticamente o fato cuja ocorrência desencadeia o nascimento do vínculo obrigacional, tem-se instituído o tributo. Isso, porém, não basta para o surgimento concreto daquele liame abstratamente previsto. É preciso que se materialize o fato jurídico, mediante relato no antecedente de uma norma individual e concreta, resultado da aplicação do direito.

Obviamente, a enunciação do fato jurídico posto no antecedente da norma individual e concreta precisa realizar-se em conformidade com as regras do sistema, observando forma e conteúdos normativamente prescritos. Os princípios da estrita legalidade e da tipicidade na esfera da tributação exigem que as relações obrigacionais e sancionatórias sejam desencadeadas apenas se efetivamente verificados os fatos conotativamente descritos nas correspondentes hipóteses normativas, razão pela qual se faz imprescindível que tanto os atos de lançamento e de aplicação de penalidades como as decisões proferidas no

24. Trecho da ementa do AC. 108-05.454, do 1º Conselho de Contribuintes, 8ª Câm., Rel. Cons. Nelson Lósso Filho, sessão de 11.11.1998.

25. Câmara Superior de Recursos Fiscais, 1ª T., AC. 01-05.095, Rel. Cons. Marcos Vinícius Neder de Lima, sessão de 17.10.2004.

curso de processos administrativos tributários sejam pautados em provas.

Inconcebível considerar que um fato tenha acontecido, não obstante as provas demonstrem o contrário. Por isso, em matéria tributária não se admite o emprego de presunções absolutas ou de presunções mistas. Somente as presunções relativas podem ser validamente utilizadas no direito tributário, por possibilitarem o exercício da ampla defesa, com todos os meios e recursos a ela inerentes, tal como a produção probatória objetivando desconstituir o fato presumido.

Quanto às presunções *hominis*, consistentes no raciocínio dedutivo realizado pelo julgador a partir de suas vivências e da observação do que ordinariamente acontece, são admissíveis no direito tributário. Como as provas são sempre indiciárias, exigem aquela operação mental de inferência, podendo a figura da presunção simples ser identificada em toda apreciação probatória.

Qualquer que seja a hipótese presuntiva, é imprescindível a produção de provas pela Administração. A ela incumbe comprovar o fato que desencadeia a operação presuntiva e viabiliza a instalação da relação jurídica correspondente. Tratando-se de presunção relativa, é preciso que a autoridade administrativa prove a ocorrência da situação que a lei estabelece como fato presuntivo. No caso de presunção *hominis*, exige-se a demonstração dos indícios, bem como do nexo de causalidade entre estes e o fato relevante para a aplicação da lei tributária (fato presumido). Por isso, os indícios hão de ser veementes e homogêneos.

Mesmo quando existam presunções legais, compete à autoridade administrativa apresentar provas do fato a partir do qual se estabelece o raciocínio presuntivo. É necessária a prova dos indícios para, a partir deles, demonstrar-se a existência de causalidade com o fato que se pretende dar por ocorrido.

CADERNOS DE DIREITO TRIBUTÁRIO

FEDERAÇÃO E SISTEMA TRIBUTÁRIO

Fernando Aurelio Zilveti
Mestre em Direito Constitucional e Doutor em Direito Tributário pela Faculdade de Direito da Universidade de São Paulo. Professor da Escola de Administração da Fundação Getúlio Vargas – FGV. Conselheiro do IBDT. Advogado em São Paulo.

1. Introdução. 2. Traços históricos da federação brasileira. 3. Federação e sistema tributário. 4. O sistema federado nacional. 5. Conclusão.

1. Introdução

Considera-se um sistema tributário federado a partir da competência impositiva de seus entes. Outra característica de um sistema tributário observada em diversas jurisdições se dá na repartição das receitas tributárias. Essa estrutura rende elogios da doutrina, que aponta vantagens da federação em relação a outros sistemas. Há de se levar em conta, porém, que o sistema tributário federado enfrenta distorções engendradas em grande medida pela sua mais valiosa característica: a autonomia dos entes tributantes. Vejamos.

Alguns pontos positivos do sistema tributário federado podem ser apontados, como a equidade e a autonomia dos entes tributantes federados.[1] Outra vantagem se nota também em relação à cobrança de tributos no sistema tributário federal, estrutura encontrada ainda na Roma de Caio a Teoclesiano.[2] Essas vantagens, entretanto, dependem da estrutura federativa constitucional. Além disso, mesmo que a Constituição preveja um sistema tributário federado, é necessário que ele se imponha efetivamente, sob pena de agravar distorções típicas dos Estados modernos, com forte centralização do sistema tributário.

A federação teve diversos exemplos nas jurisdições em que foi aplicado. Sempre que se trata dessa forma de Estado, o modelo americano é citado para designar um tipo de federação por agregação. Naquilo que concerne à tributação, a espinha dorsal da federação americana se concentra nas disposições sobre soberania, imunidade e legalidade oriunda da Confederação. A união se deu entre os Estados confederados de New Hampshire, Massachusetts Bay, Rhode Island e Providence Plantations, Connecticut, New York, New Jersey, Pennsilvania, Delaware, Maryland, Virginia, North Carolina, South Carolina e Geórgia. A aparente contraditória disposição entre os artigos dois e três quanto à soberania, de fato, não se realiza, uma vez que os Estados

1. Ricardo Lobo Torres, *Curso de Direito Financeiro e Tributário*, Rio de Janeiro, Renovar, 2009, p. 359.

2. Sven Günther, *Vectigalia nervos esse rei publicae – Die inderekten Steuern in der Römischen Kaiserzei von Augustus bis Diokletian*, Wiesbaden, Harrassowitz, 2008, p. 15.

mantêm suas soberanias relativas. À Confederação coube a soberania externa, celebrar e manter os tratados internacionais, conforme dispõe o art. 6º.[3] A legalidade tributária foi prevista num contexto de divisão de custos da federação entre os Estados, de modo a compartilhar as despesas comuns, em tempos de guerra ou paz, por meio de um tesouro único. Assim, os tributos para suportar os custos proporcionais do tesouro americano seriam instituídos pelo Poder Legislativo dos diversos Estados de acordo como o estabelecido entre eles e o Congresso (art. 8º).

O cerne deste trabalho se encontra na tentativa de demonstrar que os problemas do sistema tributário não estão necessariamente ligados à federação, mas essencialmente à questões pontuais características dos modelos econômicos escolhidos. Há, sem dúvida, uma associação possível entre federação e crescimento de arrecadação. Muito disso se deve à estrutura de arrecadação e repartição do sistema federal. Sustenta-se, por outro lado, que as crises econômicas intensificaram ideologicamente a divisão de competências fiscais. Durante as crises, os políticos debateram com maior rigor a coerência da política fiscal.[4]

2. Traços históricos da federação brasileira

A questão do federalismo foi apresentada no Brasil antes mesmo da República. Ainda no Império, o Ato Adicional de 1834 reconstituiu o Estado Imperial sob forma federativa. Essa federação, entretanto, esteve muito distante do modelo federalista hoje adotado. A federação brasileira surgiu como instrumento de defesa da unidade imperial, fundado na adesão das províncias. Defende-se, inclusive, que o federalismo nacional tenha sido engendrado antes, durante os trabalhos da Constituinte de 1823, por defensores do Império.[5]

A proposta, então, é apenas colher a doutrina e questionar alguns pontos nevrálgicos do sistema tributário federativo nacional. Dentre diversos trabalhos doutrinários se destaca, pela abordagem histórica, a monografia de Rubens Gomes de Sousa, que tratou do período colonial e imperial, para fazer um primeiro ensaio da discriminação de rendas. Esse autor também tratou do critério nominalista, típico da Carta dc 1891 e da inclusão dos Municípios na partilha tributária. De mais importante do mencionado trabalho pode ser citado a análise do regime federativo, do qual se tratará abaixo, mais detidamente, com interessante crítica à competência residual e concorrente.[6]

Outra monografia mais recente em que se tratou do tema é da lavra de Alcides Jorge Costa, um relato histórico minucioso da tributação no Brasil.[7] Costa dá a notícia de que teria sido Tomé de Souza o responsável de trazer ao País regimento que já tratava de incentivos fiscais, em 1548.[8]

3. De fato, o art. 6 dos "Articles of Confederation", determina: "No States shall lay any imposts or duties, which may interfere with any stipulations in treaties entered into by the United States in Congress assembled, with any king, Prince, or state, in pursuance of any treaties already proposed by Congress, to the courts of France and Spain" (*Great Books of the Western World,* vol. 43, editado por Robert Maynard Hutchins, Chicago, Londres, Toronto, Genebra, Sidnei, Tóquio e Manila, 1952, p. 5).

4. Elliot Brownlee, *Federal Taxation in America, a Short History.* Cambridge e Nova Iorque, Cambridge University Press, 2004, p. 4.

5. Marta Arretche, "Federalismo e democracia no Brasil, a visão da ciência política norte-americana", in *São Paulo em Perspectiva,* 15(4) 2001, (23-31), p. 23.

6. Rubens Gomes de Sousa, "O Sistema Tributário Federal", *RDA* 72/1-22.

7. Alcides Jorge Costa, "História da Tributação no Brasil", in *Princípios e Limites da Tributação*, coord. Roberto Ferraz, São Paulo, Quartier Latin, 2005, pp. 43-101.

8. O Regimento Real de 1548 dispunha em uma de suas passagens: "Hei por em que daqui em diante pessoa alguma não faça nas ditas terras do Brasil navio nem caravelão algum sem licença". Mais adiante: "a qual de vós dareis nos lugares onde fordes presente, conforme ao regimento dos provedores das ditas terras capitanias, porque lhes mando que deem a dita licença onde vós não estiverdes". E, então, vem

Esse regimento dava incentivos para a construção de navios, facultada a importação do material necessário com isenção, além de dar ao beneficiário quarenta cruzados de prêmio. Na mesma época veio, também, o Provedor-Mor da Fazenda, Antônio Cardoso de Barros, que teve o regimento real a nortear suas ações, além de outros regimentos para regulamentar a tarefa dos provedores da fazenda.[9]

Viveiros de Castro é o autor de importante obra sobre a história da tributação no Brasil, trazendo diversos aspectos da questão federativa. Viveiros de Castro revela a dificuldade do estudo do sistema tributário no período colonial, devido à falta de legislação uniforme. Primeiramente, não vigorava nas colônias a mesma legislação tributária da metrópole. Ademais, nas próprias colônias não eram cobrados os mesmos impostos. Para determinar a quem cabia o poder de tributar seria necessário conferir nas câmaras municipais o exercício desse poder. Teria sido o município o criador dos impostos, sem a participação da metrópole.[10]

Assim, em que pese se falar frequentemente sobre a federação centrífuga no Brasil, em termos de poder de tributar, o movimento se deu em sentido inverso, ou seja, centrípeto, assim como na federação dos EUA. Note-se que a autonomia tributária municipal brasileira se deu por uma infração normativa, uma vez que não se encontra nas cartas reais que criaram os municípios, nem tampouco na estrutura estatal copiada de Portugal, onde esses entes não exerciam qualquer competência tributária na época. O rei reservava para si justamente o poder de tributar e, naturalmente, com exclusividade.[11] Houve, portanto, uma clara usurpação de atribuições dos prepostos do rei no Brasil-Colônia.

Somente em 1727 viria a ser dado o primeiro golpe contra a autonomia dos municípios, quando o governo delegado da metrópole absorveu a iniciativa tributária dos municípios. Um elemento histórico importante para entender esse fenômeno está intimamente ligado com a corrupção. Nesse ano de 1727 se viu necessário nomear um representante imperial para combater os contratadores da arrecadação dos impostos, diante das irregularidades constatadas desses agentes, acobertadas pelas autoridades municipais.[12] Para salientar o inconveniente de serem as rendas da coroa arrecadadas de maneira dispersa por diversas repartições, se estabeleceu um tesouro geral com um único cofre, com jurisdição exclusiva ao conselho de fazenda. Em 17 de dezembro de 1790 um alvará uniu o conselho de fazenda ao erário régio.[13]

Entre as modalidades de tributos coloniais se registra, na leitura dos forais de doação das capitanias, as primeiras normas

o incentivo: "E, sendo de quinze bancos ou daí para cima os navios e que tenham de banco a banco três palmos de goa, hei por bem que não paguem direitos nas minhas alfândegas do Reino de todas as munições e aparelhos que para os ditos navios forem necessários e, fazendo-os de dezoito bancos e daí para cima, haja mais quarenta cruzados de mercê à custa da minha fazenda e para a ajuda de o fazerem" (*apud* Alcides Jorge Costa, "História da Tributação no Brasil", cit., p. 44).

9. Augusto Olympio Viveiros de Castro, "História Tributária do Brasil", in *Revista do Instituto Histórico e Geográfico Brasileiro*, t. 78, parte I, p. 16. Segundo relata Castro, Antonio Cardoso de Barros tinha, entre outros, os seguintes deveres: a) informar quantos oficiais da Fazenda estão encarregados de prover e arrecadar as rendas reais; e remeter uma relação das mesmas rendas; b) providenciar sobre a escrituração dos direitos reais cobrados não somente na capitania da Bahia, como em todas as outras, que o provedor-mor era obrigado a visitar e fiscalizar; c) classificar as rendas e direitos em ramos apartados, devendo os mesmos serem arrematados em público pregão; d) e estabelecer casas para alfândegas nos portos de mar.

10. Augusto Olympio Viveiros de Castro, "História Tributária do Brasil", cit., t. 78, parte I, p. 11. O autor louva a iniciativa da *Revista do Instituto Histórico e Geográfico Brasileiro*, como fonte de pesquisa primária sobre o tema.

11. Augusto Olympio Viveiros de Castro, "História Tributária do Brasil", cit., t. 78, parte I, p. 15.

12. Idem, t. 78, parte I, p. 12.

13. Caetano José de Andrade Pinto, *Impostos e Rendas Geraes do Império do Brasil*, Guaratinguetá, Typologia do Democrata, 1870, p. 1.

tributárias brasileiras. Em outras palavras, o imposto sobre doação de capitanias seria o primeiro tributo brasileiro, conforme instrumento de doação outorgado a Francisco Pereira Coutinho, em 26 de agosto de 1534, relativo à capitania da Bahia.[14]

A tributação colonial consistia em impostos de importação, impostos sobre o consumo e impostos sobre a exportação. Esses tributos se denominavam de impostos sobre a circulação de valores comerciais. A propriedade urbana e rural, bem como o capital, eram isentos, o que motivou de certa maneira a criação da aristocracia agrícola, considerada a primeira manifestação histórica do capitalismo brasileiro.[15]

Dentre diversas disposições, o regimento previa a arrecadação da dízima sobre as mercadorias que viessem ou saíssem do Brasil, segundo o foral de cada capitania. Nota-se, então, a delegação de competência tributária para as capitanias, que tratariam de ter suas próprias receitas.[16]

No Brasil-Colônia se cobrava àquela época, dentre outros: "a dízima, na alfândega, o subsídio grande dos vinhos, o subsídio pequeno dos vinhos; o subsídio das aguardentes do Reino e ilhas; o imposto sobre o azeite doce; imposto cobrado dos navios que entrasse ou saíssem da costa (guarda-costas); o subsídio dos escravos que iam para Minas; os direitos da carta de seguros e provisões das mercês; o dízimo da chancelaria; as passagens dos rios São João, Paraíba e Paraibuna".[17]

14. Augusto Olympio Viveiros de Castro, "História Tributária do Brasil", cit., t. 78, parte I, p. 20.

15. Idem, t. 78, parte I, p. 11.

16. Cada capitania podia cobrar tributos especificados no foral que criava a capitania, ato do rei que dizia quais eram as obrigações e os direitos do capitão: "Havendo, nas terras da dita capitania, costas, mares, rios e baías, qualquer sorte de pedreira, pérolas, aljôfar, ouro, prata, coral, cobre, estanho e chumbo ou qualquer outra sorte de metal, pagar-se-á a mim", ao rei, "o quinto, do qual quinto haverá o capitão a sua dízima" (*apud* Alcides Jorge Costa, "História da Tributação no Brasil", cit., p. 47).

17. Idem, p. 49.

A atribuição de receitas fiscais específicas aos governos locais antecedeu a Constituição Republicana. Os Municípios e suas Câmaras tinham competência para legislar em matéria tributária. O texto da Constituição de 1824 negava às províncias autonomia tributária. Isso não significava extrair competência dos Municípios, embora fosse observada na legislação infraconstitucional tendência a subordinar os Municípios às Províncias que, por sua vez, tinham sua autonomia restrita, o que resultava de alguma forma na centralização do poder de um Estado unitário, sem suprimir a autonomia.[18] Assim, dentro dos limites do Estado unitário, os Municípios e de certo modo também as Províncias, tinham relativa autonomia fiscal.

Ao se fazer breve retrospecto histórico, observa-se que durante o período colonial o Brasil foi Estado unitário, mesmo que se leve em conta a tentativa de descentralização das capitanias hereditárias, que tinham da Coroa garantia de autonomia relativa. Assim, não obstante o País fosse unitário, sua divisão territorial em capitanias já apontava para o que viriam ser os estados federados de hoje, guardadas as respectivas distinções formais e materiais. No século XVIII, com o auge do extrativismo, deu-se início à curiosa relação entre a Coroa e o Brasil: a arrecadação conferida, por delegação, ao Vice-Rei, garantia a unidade imperial, embora fossem relativamente autônomas as capitanias no plano político-territorial.

Não haverá de se encontrar na Constituição de 1824 muito sobre tributação, dada a notável incompetência provincial em legislar sobre a matéria. Após muita pressão, o Ato Adicional de 1834 conferiu autonomia política às Províncias, garantindo-lhes fontes tributárias próprias – primeiro ensaio do que veio a ser chamado de "discriminação de rendas". Sousa fala em

18. Amílcar de Araújo Falcão, *Sistema Tributário Brasileiro*, Rio de Janeiro, Edições Financeiras S/A, 1965, p. 32.

ensaio, pois a Lei n. 99 veio reservar inúmeras figuras tributárias à Coroa, subtraindo, por consequência, autonomia tributária às Províncias.[19]

3. Federação e sistema tributário

Há, portanto, alguma semelhança entre o sistema unitário imperial e o sistema federativo atual, principalmente na reserva de competência tributária, na Constituição, o que deixa mínimo espaço para o exercício de novas competências por parte dos entes federados, fato que será objeto de análise mais detida. Se já faltava autonomia às Províncias no primeiro Império, no segundo, com o descalabro econômico que se deu após a guerra do Paraguai e o prejuízo econômico dos senhores de terras com a abolição da escravatura, a questão da descentralização da arrecadação foi tema proibido.

Muito embora verificados traços de federação no Império, considera-se a Constituição republicana como primeiro esforço efetivo de resolver o problema da repartição de receitas tributárias. Tinha-se presente o ideal de que, para existir uma federação era necessário que a União e os Estados tivessem fontes de receita própria. O tema central dos debates registrados nos anais da Constituinte de 1891 foi a partilha de receitas entre Estados e União.[20] Como sói acontecer na história, a federação não foi fruto de ideais acadêmicos. Havia sempre uma orientação pragmática a orientar a garantia de receitas para entes tributantes. O sistema tributário depende da organização política da sociedade, porém, as conveniências da organização política é que dominam as conveniências da tributação.

Não obstante a intenção republicana centralizadora, a Carta republicana não ficou imune às pressões das distintas tendências que marcaram aquele importante momento político, como a corrente federalista. Os autonomistas advogavam a causa de maior atribuição política e de receitas. O critério nominalista foi escolhido como mais adequado para harmonizar as diferentes tendências. Sousa denuncia a teleologia envolvida no critério nominalístico, ou seja, definir o que cabia à União e aos Estados tinha por escopo restringir os campos delimitados e, assim, criar uma "terra de ninguém" acessível a todos. Segundo tal critério, aos Municípios caberia somente aquilo que os Estados se dispusessem a conferir.[21] Inegável que os Municípios não tinham voz ativa no plano nacional, ao contrário daquilo que representam hoje, após a Constituição de 1988.

Embora tenha sido implementado o chamado "pacto federativo" em matéria fiscal, com atribuição de competências para os entes federativos, prevista na Constituição, a legislação tributária não segue o modelo federativo nem tampouco o modelo unitário. Até hoje seguem os esforços no sentido de dar a legislação fiscal uniformidade para os tributos em geral e, especialmente, para aqueles tributos de competência estadual com reflexos no trânsito de mercadorias entre Estados, como o ICMS. O problema da unificação tributária foi também preocupação de outras jurisdições há mais de um século, diante da complexidade da operação e suas inúmeras consequências políticas.[22] Nosso federalismo constituído do isolamento das capitanias hereditárias, fato que se aprofundou no pe-

19. Rubens Gomes de Sousa, "O Sistema Tributário Federal", *RDA* 72/2. O autor menciona o valioso trabalho sobre a história da tributação no Brasil, de autoria de Viveiros de Castro, *Tratado dos Impostos*.

20. Alcides Jorge Costa, "História da tributação no Brasil: da República à Constituição de 1988", in *Curso de Direito Tributário e Finanças Públicas*, coord. Eurico Marcos Diniz de Santi, São Paulo, Saraiva, 2008, (112/139), p. 113.

21. Sousa, "O Sistema Tributário Federal", *RDA* 72/3.

22. Os italianos denunciaram o problema da unificação tributária, contemporâneo com a unificação política, solucionado anos mais tarde (Antonio Berliri, "Della giustizia tributaria", in *RIDF*, 1943, p. 70).

ríodo colonial, estimulou, entre outros fatores, a construção da República.

Nos EUA, o regime tributário federado se iniciou com a ratificação da Constituição americana em 1788. A Constituição dava ao novo governo federal poderes claros e amplos para impor impostos indiretos, impostos sobre o comércio que os consumidores pudessem pagar apenas indiretamente, por meio de intermediários. Por outro lado, a Constituição americana restringiu a possibilidade de impor impostos diretos, tributos cobrados diretamente dos indivíduos. Essa restrição teve um maior impacto sobre a forma dos regimes fiscais futuros e sobre a divisão das atribuições federais entre os entes federados.[23] Os EUA são uma federação formada entre um governo central e cinquenta Estados, além do Distrito de Columbia. Cada Estado tem suas responsabilidades fiscais com os governos locais, incluindo cidades, municípios, condados, distritos e outras unidades administrativas locais. A estrutura fiscal americana, comparada com outros sistemas, se desenvolveu de modo descentralizado. Estruturalmente, porém, o sistema tributário federado americano foi relegado a uma estrutura constitucional bastante flexível, que foi se modificando ao longo dos anos.[24] Nota-se, portanto, que o regime federado americano, assim como o brasileiro, influenciou a repartição de funções entre entes federados, com as distorções comuns de ambos os sistemas. A ideia de comunidade única parece simples quimera. Vejamos.

Dentro do raciocínio econômico levado a cabo por economistas americanos e brasileiros, as funções alocativa, distributiva e estabilizadora podem ser realizadas pelo Estado organizado de modo centralizado, descentralizado e federado. Esse último modelo combina estruturas centralizadas e descentralizadas. Atribui, ademais, competências nos diversos níveis de entes federados. A experiência histórica da federação indica descentralizações graduais. Isso, porém, tem gerado muita polêmica, principalmente no sistema brasileiro. Contribuições valiosas de Oates, Musgrave, Shah e Ter-Minassian para o debate de temas como autonomia, funções fiscais, competências tributárias, transferências e coordenação de arrecadação demonstram a importância da federação para a administração fiscal do Estado.[25]

Os Musgraves apontam vantagens dos múltiplos centros de decisão, que combinam instrumentos de governo central e periféricos com ganhos de eficiência para a arrecadação.[26] De fato, a adoção do federalismo fiscal importa na distribuição de competências constitucionais fiscais entre os distintos níveis de governo. Parte-se de um conceito de federação como meio de unir agentes em unidades políticas autônomas interligadas por vínculos comuns, como a nacionalidade. O modelo de federação, porém, pode surgir a partir de associações livres entre estados independentes ou, por subdivisão de estados unitários.[27] Importa para este estudo a intensidade que o sistema federado implica na eficiência de um sistema tributário.

Verifica-se que a estrutura financeira do Estado direcionada no sentido de uma federação conta com instrumentos constitucionais e legislativos capazes de conferir ganhos sistêmicos à tributação. Na Alemanha, por meio do art. 108, a administração tributária foi estruturada de modo a outorgar autonomia, regulamentando por meio da legislação infraconstitucional as com-

23. Elliot Brownlee, *Federal Taxation in America, a Short History*, Cambridge e Nova Iorque, Cambridge University Press, 2004, p. 13.

24. Richard A. Musgrave e Peggy B. Musgrave, *Hacienda Pública Teórica Aplicada*, trad. Juan Francisco Corona Ramon, Juan Carlos Costas Terrones e Melia Diaz Alvarez, Madri, 1992, p. 594.

25. Mauro Santos Silva, "Teoria do Federalismo Fiscal: notas sobre as contribuições de Oates, Musgrave, Shah e Ter-Minassian", in *Nova Economia, Belo Horizonte* 15, (117/137), p. 119.

26. Richard A. Musgrave e Peggy B. Musgrave, *Hacienda Pública Teórica Aplicada*, cit., p. 570.

27. Idem, p. 574.

petências dos órgãos administrativos, as competências tributárias, sempre orientados no sentido da federação. A descentralização administrativa tem demonstrado utilidade para a Administração Fiscal. Diferentes níveis de administração do sistema tributário são positivos quando organizados de modo integrado e com competências claramente definidas. Alguma polêmica, porém, se observa quanto à eficiência da administração tributária quanto à arrecadação.[28]

O *trade-off* entre centralização e descentralização desempenha, sem dúvida, um importante papel na questão do federalismo fiscal. Existem bons argumentos para ambos os lados em termos de eficiência, defensáveis de acordo com as circunstâncias históricas das jurisdições envolvidas, bem como em função dos tributos em questão. Os aparentes ganhos de eficiência do sistema federado têm influenciado algumas jurisdições unitárias a adotarem estruturas fiscais tipicamente federadas. Um processo de federalização fiscal é observado na Itália, tomado de preocupação quanto aos reflexos sociopolíticos. Há de se ter cautela, também, com o grau de descentralização, fato que carece de dados específicos quanto à eficiência.[29]

4. *O sistema federado nacional*

No sistema federal de governo, cada unidade decide de modo autônomo quanto destinar em termos de benefício ao contribuinte e, por outro lado, quando arrecadar, quais impostos, bases e alíquotas utilizar. O interesse do contribuinte deve sempre nortear a polêmica sobre o sistema federado. Assumido a premissa que a unidade federada autônoma trabalha no interesse do contribuinte com vistas a otimizar o bem estar social, é preciso investigar se o sistema funciona no plano tributário em relação aos impostos. A estrutura do sistema tributária federado é uma tarefa legislativa de grande relevância. O constituinte determina as linhas mestras, porém a funcionalidade do sistema depende da competência do legislador infraconstitucional em concretizar as premissas constitucionais.[30]

Há muito tempo se discute a federalização do ICMS no Brasil, como meio de diminuir as tensões entre Estados e propiciar melhor controle da arrecadação.[31] De fato, a federalização do ICMS poderia fazer com que o fruto do imposto permanecesse nos Estados, porém o governo federal centralizaria a regulamentação. A centralização da regulamentação resultaria, contudo, na temida perda de autonomia estadual. Inevitavelmente, perderiam os Estados sua força política, relegados a meros agentes de política fiscal unitária, determinada pela União, tal como ocorre nos sistemas federativos europeus, exceção feita à Suíça. Quando em 1948 os cantões suíços se uniram num Estado Federal, se estabeleceu um sistema federado, porém, foram mantidas às autonomias cantonais determinadas prerrogativas, inclusive a competição entre entes federados.[32] A federação

28. Klaus Tipke, Joachim Lang *et al.*, *Steuerrecht*, Colônia, Otto Schmidt, 2008, §§ 21, 34, p. 910.

29. Rafaele Malizia e Emanuele Tassa, *Administrative Decentralization versus Fiscal Federalism. Some Remarks Based on the Italian and European Countries'Evidence*, trabalho apresentado no Seminário Internacional de Economia de Villa Mondragone sobre Estrutura, Economia Internacional e Crescimento, CEIS, Universidade de Roma Tor Vergata, 23-24.6.2004, (1/48), p. 31.

30. Ernst Blumenstein, *System des Steuerrechts*, atual. Peter Locher, Zurique, Schulthess Polygraphischer, 1995, p. 147.

31. Rubens Gomes de Sousa, "O Sistema Tributário Federal", *RDA* 72/11. O autor menciona o imposto sobre vendas e varejo americano (*retail sales tax*), incidente sobre a última venda, pago pelo contribuinte, consequentemente um imposto local. Esse imposto é local, seja jurídica, como economicamente.

32. Ernst Blumenstein, *System des Steuerrechts*, cit., p. 40. Essa estrutura tem garantido aos cantões, individualmente, estabelecer vantagens aos contribuintes de modo a atrair riquezas mundiais para ali viverem, mediante a celebração de acordos fiscais. Os pilotos de Fórmula 1, p.ex., se estabeleceram de distintos cantões, de acordo com as vantagens oferecidas a cada um deles.

demanda, portanto, autonomia dos entes federados.

No Brasil, o sistema tributário se reparte em dois campos: o privativo e o residual. O primeiro se divide em federal, estadual e municipal; o segundo, também denominado concorrente, trabalha com as competências atribuídas aos entes federados em igual proporção, porém, respeitando a verticalidade residual. Delimitado o campo privativo, portanto, o residual se dá na medida do não exercício de competência concorrente pelo ente federado premiado privativamente. Em matéria tributária existe, também, a possibilidade dos entes federados dividirem competências comuns, livres, isolada ou coletivamente. A mecânica concorrente e residual teria por escopo, em tese, resolver a questão da sobreposição de competências tributárias, a bitributação. Sousa criticou essa teoria, pois em que pese aparente prevalência do imposto federal sobre o estadual, o que de fato ocorre é a sobreposição de competências sobre mesmas manifestações de riqueza, porém com designações tributárias distintas. A proposta aceita pelo autor do CTN seria da repartição tripartida, mesmo com suas imperfeições. Definidos, privativamente, os campos restritos a este ou aquele ente federativo, caberiam a todos os demais tributos.[33]

Outra questão a enfrentar na definição de competências tributárias é a denominação jurídica dos tributos, pois existem tributos economicamente iguais, embora juridicamente diferentes. No afã de conferir competências tributárias na Constituição à União, aos Estados e aos Municípios ao limite da descrição dos tributos, conferem-se aos tributos *nomem juris* com individualidade jurídica, que não se vê na face econômica dos respectivos fatos geradores. Assim, o sistema tributário nacional é juridicamente federal, porém economicamente unitário.

33. Rubens Gomes de Sousa, "O Sistema Tributário Federal", *RDA* 72/6.

Um tributo que contribuiria para a federalização do sistema tributário no usufruto seria o imposto de renda, que tem tantos fatos geradores quanto são os tipos de rendimento tributados. Sousa sugere, então que se atribua à entidade tributante o fruto do imposto arrecadado no local onde se dá o fato gerador. A identidade dos fatos que originam sua incidência confere a tal imposto caráter instrumental na definição de políticas econômicas.[34] Não obstante válida a sugestão de Sousa, o que se fez foi criar diversos tributos com fato gerador idêntico ao do imposto de renda.

A Constituição de 1988 estabeleceu o chamado pacto federativo com cláusula pétrea, atribuindo independência e autonomia administrativa aos três níveis de governo. Discriminou a competência tributária, com fundamento em alguns critérios: a) competência privativa; b) competência concorrente; c) competência comum. O Brasil é, afinal, uma República Federativa dividida em três níveis de governo: a União, vinte e seis Estados, um Distrito Federal com *status* de Estado e cerca de 5.500 Municípios. O sistema tributário federado está demonstrado na Constituição de 1988 nos arts. 153 a 156, segundo um critério topográfico.

O federalismo fiscal é definido como o estudo da maneira pela qual as esferas de governo se relacionam do ponto de vista financeiro. Esse estudo compreende a forma segundo a qual o Estado federal se organiza, os níveis de autonomia dos entes federados e as suas incumbências privativas, comuns e concorrenciais.[35] Interessa nesse estudo a relação de forças dos entes federados, demonstrada no aspecto econômico-fiscal. A relação entre entes tributantes, porém, tem se revelado um tanto desproporcional, em função do excesso de competências destinadas à União.

34. Idem, p. 15.

35. José Maurício Conti, *Federalismo Fiscal e Fundamentos de Participação*, São Paulo, Juarez de Oliveira, 2001, p. 24.

A forma organizacional dos entes federados em função das atribuições de competências e, naturalmente, de destinação de receitas para a execução de suas funções, importa na elaboração de alguns princípios. O primeiro princípio a ser analisado é da compensação fiscal, segundo o qual deve ser concebidas maneiras de atenuar distorções ocasionadas por "externalidades". Os prejuízos causados aos entes federados e a seus jurisdicionados serão, portanto, compensados por ações dos outros entes federados no intuito de conferir relativo equilíbrio na federação e segurança aos jurisdicionados. Em nome da federação, por outro lado, também se considera oportuno concentrar a distribuição de renda num governo central, capaz de comandar com mais eficácia e eficiência as medidas redistributivas.[36]

O federalismo fiscal trabalha com mecanismos de repartição de fontes de receita e repartição do produto da arrecadação. São estabelecidas regras capazes de garantir fontes de arrecadação aos entes federados bem como a distribuição do fruto da arrecadação fiscal. A Carta de 1988 traçou o campo e os limites da tributação, possibilitando ao legislador criar as figuras de exação, com respeito aos limites estabelecidos pelo constituinte para proteger o contribuinte.[37]

Com efeito, o federalismo fiscal no Brasil consiste na afirmação do modelo político administrativo federal. Segundo a Constituição, cada nível de governo tem a prerrogativa de instituir tributos no âmbito de sua competência legislativa privativa. A mesma Carta proíbe, por outro lado, que se estabeleçam sobreposições tributárias, especialmente em matéria de impostos e algumas contribuições. No que concerne às taxas, contribuições de melhoria e contribuições previdenciárias e assistenciais, a competência é comum entre entes federados.

Competem à União os impostos sobre importação (II), exportação (IE), renda e proventos de qualquer natureza (IR), produtos industrializados (IPI), operações de crédito, câmbio e seguro ou relativas a títulos e valores mobiliários (IOF), propriedade territorial rural (ITR), e sobre grandes fortunas (IGF). O último ainda pende de regulamentação infraconstitucional para entrar em vigor. A União tem, ainda, competência exclusiva para instituir contribuições sociais, de intervenção no domínio econômico e de interesse de categorias profissionais ou econômicas. Os demais níveis de governo podem instituir contribuição relativa ao custeio da previdência social de seus funcionários.

Os Estados e o Distrito Federal têm competência para instituir impostos sobre circulação de mercadorias e prestação de serviços de transporte interestadual e intermunicipal e de comunicações (ICMS), propriedade de veículos automotores (IPVA) e transmissão *causa mortis* de bens imóveis e doação de qualquer bem ou direito (ITMCD).

Por último, competem aos Municípios os impostos incidentes sobre propriedade predial e territorial urbana (IPTU), serviços de qualquer natureza (ISS) e transmissão *inter vivos* de bens imóveis (ITBI).

Como se vê, a Constituição brasileira optou por indicar áreas de competência de cada ente federativo. Em seguida, definiu conceitos de distribuição competências de arrecadação e redistribuição de receitas fiscais. O Constituinte de 1988 se utilizou desses conceitos com intuito de garantir um nível mínimo de equilíbrio entre os entes federados, ao mesmo passo de conferir meios para a execução das garantias constitucionais típicas do modelo constitucional escolhido.[38]

36. Idem, p. 29.

37. Paulo de Barros Carvalho, *Direito Tributário Linguagem e Método*, São Paulo, Noeses, 2008, p. 228.

38. Marco Aurélio Greco e Tércio Sampaio Ferraz, "Desafios do Federalismo Fiscal Brasileiro", in *Revista do Instituto dos Advogados de São Paulo*, (97-104), p. 103.

Um problema central de qualquer federação se apura na distribuição de bases tributárias e repartição de receitas entre entes federados. Alguns critérios econômicos são, então, utilizados para orientar a atribuição de receitas entre os níveis governamentais de uma federação. Preferencialmente, por exemplo, são destinados à União os tributos progressivos, regulatórios e indutores, instrumentos importantes de política social e econômica, papel do governo central. Aos Estados e Municípios são destinados os tributos de natureza patrimonial e de consumo, em função das particularidades locais e da maior capacidade de fiscalização. A tributação sobre circulação ou produção sempre representa um motivo de desequilíbrio de forças entre entes federados, marcado na jurisprudência constitucional das jurisdições que adotaram esse modelo de Estado.

Outro mecanismo para corrigir distorções federativas em função da distribuição de bases tributárias é a transferência intergovernamental. Os desequilíbrios verticais e horizontais comuns da federação podem ser atenuados por meio de transferências de recursos. O descompasso entre a capacidade tributária e a responsabilidade por determinados gastos nos três níveis da federação brasileira leva a um desequilíbrio vertical. O desequilíbrio horizontal se dá, principalmente, em função de circunstâncias socioeconômicas, responsáveis por diferenças de arrecadação entre entes federados de mesmo nível, como os Estados.

As transferências tributárias se dão em duas formas, basicamente: constitucional e infraconstitucional. A primeira ocorre quase automaticamente, condicionada apenas ao cumprimento de deveres constitucionais, como aplicação de verba determinada para a educação. A segunda, por seu turno, depende de convênios entre governos. O constituinte de 1988 estabeleceu determinadas transferências de receitas decorrentes de impostos, como IR, ICMS, IPVA e IOF. Também se previu na CF a criação e participação em fundos constituídos com a arrecadação de impostos como o IPI e o IR. As transferências tributárias aumentaram na Constituição atual em relação às precedentes.

A modalidade de transferências intergovernamentais denominada como voluntária é fruto, em sua maioria, de emendas individuais de parlamentares e seu controle pelo Executivo Federal. São transferências de recursos públicos federais não vinculados e executadas pelos Ministérios do Poder Executivo Federal aos outros entes da Federação.

5. Conclusão

O sistema tributário ideal é utópico. De igual sorte não se espera do sistema federado tal qualidade. Diversos Estados federados sofrem com a federação fiscal em função dos desequilíbrios demonstrados na gestão da política fiscal. Tanto nas federações por agregação, quanto naquelas por segregação se nota grande concentração de receitas em nome da União. Esse problema atinge os Estados Unidos, Alemanha, Argentina e Brasil, sem contar os demais.[39] O desequilíbrio apontado por Ricardo Lobo Torres se dá fundamentalmente em função do intervencionismo, característica comum dos mencionados estados federados.

É inegável que a partir da Constituição de 1988 o Brasil experimentou uma sensível descentralização financeira, após anos de centralização vividos desde 1964, com a implantação de um regime militar no país. Esse processo de descentralização tem melhorado as condições financeiras dos municípios com riquezas passíveis de arrecadação mediante o exercício de suas competências fiscais. Por outro lado, essa descentralização trouxe novas forças para o já complicado cenário do que se convencionou chamar de "pacto federativo". O que antes dominava as tensões entre União e Estados, agora conta com mais partici-

39. Ricardo Lobo Torres, *Curso de Direito Financeiro e Tributário*, cit., p. 364.

pes, os Municípios, valendo à federação brasileira a denominação de federalismo trino.

O federalismo fiscal brasileiro estimulou, a partir de 1988, um movimento crescente de criação de municípios, diante do gradativo aumento de receitas disponíveis para esses entes da federação constitucional brasileira. Em termos de fonte de arrecadação, a criação de municípios não representa necessariamente um ganho de qualidade para a política fiscal. Além disso, a consequência efetiva desse fenômeno é a criação de despesas públicas com a implantação da máquina administrativa. Mesmo que se argumente que a criação de municípios garante transferências constitucionais vinculadas, tais benefícios não trouxeram até aqui benefícios efetivos, senão à uma parcela pequena da população.[40]

Um ponto positivo do federalismo fiscal brasileiro foi viabilizar o desenvolvimento do constitucionalismo financeiro, meio de obtenção de receitas e realização de gastos para o atendimento das necessidades públicas. O federalismo fiscal se legitima de acordo com os modelos conformes da Constituição Financeira. Esse modelo sofre constante pressão pela legitimação de seus institutos.[41] A política financeira preside à escolha dos meios de obter dinheiro em conformidade com os fins do Estado. A política financeira orientada por um sistema tributário federal é instrumental na obtenção dos recursos patrimoniais necessários à ação do Estado.[42]

O Sistema Tributário Nacional segue os princípios fundamentais e a federação tem inegável valor na concretização desses princípios a ponto de se equiparar ao grau de princípio.[43] Em que pese o exagero dessa afirmação, é inegável a importância da federação para o Sistema Tributário Nacional.

Ademais, há um consenso geral sobre os princípios e estruturas da tributação que informam o sistema tributário do Estado, bem como de sistemas supranacionais, como a União Europeia.[44] O princípio da igualdade tem sido a base da distribuição de competências tributárias nessas organizações supranacionais, preparatórias de uma confederação ou federação mais ampla. O ponto comum para a constituição de uma federação e seu sistema tributário deve ser o princípio da igualdade.[45]

40. Gustavo Maia Gomes e Maria Cristina Mac Dowell, *Descentralização Política, Federalismo Fiscal e Criação de Municípios: o Que É Mau para o Econômico Nem Sempre É Bom para o Social*, texto para discussão n. 706, ISSN 1415-4765, IPEA, (3/29) p. 5.

41. Ricardo Lobo Torres, *Tratado de Direito Constitucional Financeiro e Tributário*, vol. I, Rio de Janeiro, Renovar, 2009, p. 395.

42. Rubens Gomes de Sousa, *Curso de Introdução ao Direito Tributário (Parte Geral)*, apostilas do curso proferido na Escola Livre de Sociologia e Política de São Paulo, 3º ano letivo (set.-nov./1948), p. 4.

43. Américo Lourenço Masset Lacombe, *Princípios Constitucionais Tributários*, 2ª ed., São Paulo, Malheiros Editores, 2000, pp. 50 e 56 e ss.

44. Klaus Tipke, "Europäisches Steuerverfassungsrecht, eine rechtsvergleichende Übersicht", in *Staaten und Steuern, Festschrift für Klaus Vogel zum 70. Geburtstag*, org. Paul Kirschhof, Moris Lehner, Arndt Raupach, Michael Rodi, Heidelberg, C. F. Muller, 2000, (561/578) p. 563.

45. Dieter Birk, "Rahmenbedingungen für den Grundrechtsschutz im Steuerrecht in Europa", in *Staaten und Steuern, Festschrift für Klaus Vogel zum 70. Geburtstag*, org. Paul Kirschhof, Moris Lehner, Arndt Raupach, Michael Rodi, Heidelberg, C. F. Muller, 2000, (157/172) p. 164.

CADERNOS DE DIREITO TRIBUTÁRIO

A SUPERAÇÃO DE REGRAS POR PRINCÍPIOS JURÍDICOS NA ATIVIDADE JURISDICIONAL: UM ENFOQUE PELA ANÁLISE ECONÔMICA DO DIREITO

CRISTIANO CARVALHO
Doutor em Direito pela PUC/SP – Pós-Doutor em Direito e Economia pela U. C. Berkeley – Presidente da Academia Tributária das Américas – Docente da disciplina "Instituições de Direito e Economia" no Programa de Pós-Graduação *Stricto Sensu* em Direito da USP – Advogado no Rio Grande do Sul e em São Paulo.

MANOEL GUSTAVO NEUBARTH TRINDADE
Advogado e Economista – Especialista em Processo Civil e Constituição.

1. Introdução. 2. Regras jurídicas como fixadoras de preços. 3. Caráter de bem público da legislação. 4. Modelo maximizador: eficiência através da Análise Econômica do Direito. 5. Requisitos para a superação das regras. 6. Conclusões.

1. Introdução

A possibilidade da superação de regras por princípios é questão controversa. Atualmente a doutrina jurídica brasileira encontra-se, em certa medida, demasiadamente deslumbrada com os princípios jurídicos. As regras passaram a ser consideradas por alguns como sinônimo de conservadorismo, de impedimento à consecução de valores mais elevados, sejam estes chamados de direitos fundamentais, de justiça social ou da "dignidade da pessoa humana".

Tal visão, todavia, não procede. De modo a atender ao próprio sobreprincípio da segurança jurídica, valor-sustentáculo de qualquer ordem jurídica que almeje ser democrática e libertária, é de importância basilar a preponderância das regras sobre normas mais vagas e maleáveis que são os princípios jurídicos. É que as regras têm uma objetividade que os princípios não possuem – ainda que estes sejam o fundamento axiológico daquelas, é com as regras que se incentiva a ação humana intersubjetivamente, de modo a justamente se alcançar os valores morais consagrados pelo contrato social.

Entretanto, há situações em que as regras por vezes não são suficientes para resolver problemas práticos de decisão jurídica – os chamados *hard cases*. Apenas nesses casos é que as regras devem ser superadas em prol de princípios, espécie de normas jurídicas que, justamente por seu caráter mais vago e argumentativo, funcionam como base de argumentação e fundamentação para resolução de conflitos de interesses.

Assim, de forma sucinta, *definimos o fenômeno da superação de regras como a inobservância, total ou parcial, por parte dos julgadores, em casos excepcionais e em razão de imperiosa necessidade, de determinados regramentos, a fim de se alcançar valores mais elevados, igualmente inseridos no ordenamento jurídico e muitas vezes igualmente almejados pela própria regra superada.*

Como é evidente, a justificativa da obediência às regras vai muito além da antiga idéia de Montaigne pela qual as leis devem ser obedecidas não porque são justas, mas porque são leis[1] – entendimento que induz à errônea compreensão da legitimação apenas por força da autoridade. Entretanto, de modo geral, pode-se dizer que as regras têm a função de decidir, de modo prévio, a forma de exercício do poder, afastando as incertezas e controvérsias que surgiriam caso tais escolhas não tivessem sido realizadas antecipadamente, além de reduzir a possibilidade da ocorrência de arbitrariedades.

Entretanto, em que pese a na maioria das vezes as regras apresentarem soluções previsíveis, eficientes e equânimes dos conflitos sociais, suas aplicações também envolvem valores e carecem de ponderações, podendo, portanto, em circunstâncias excepcionais, ser superadas – desde que, é claro, observadas as necessárias condições.

Assim, o escopo do presente trabalho é propor modelo jurisdicional de superação de regras maximizador de eficiência através da Análise Econômica do Direito, definindo-se requisitos substanciais, bem como aspectos procedimentais de sua aplicação.

Neste sentido, a concepção de modelos de superação de regras parece-nos de extrema relevância, porquanto se revelam esforços pragmáticos no sentido de propor procedimentos capazes de sistematizar e objetivar a resolução destas espécies de obstáculos tão presentes na atividade jurisdicional, com enormes efeitos nas esferas individual e agregada.

Muitos antes de servir como estímulo para a inobservância de regras jurídicas, a proposição de modelos de superação, como ora se faz, objetiva tornar a atividade jurisdicional *passível de verificação e controle*, de modo a permitir a otimização de sua prestação.

Ainda, a proposição destas espécies de modelos se revela ainda mais importante porquanto, em que pese à sua crucial relevância, principalmente em Países de origem legal romano-germânica, a doutrina parece não enfrentar devidamente o tema – o que se infere pela escassez de estudos sobre esta temática.

Cabe assinalar que, muito embora os escassos modelos existentes se demonstrem empreendimentos de indubitável relevo, parece-nos pertinente ainda mais sistematizá-los, com a concepção de procedimentos mais objetivos e padronizados, que permitam aferição dos julgados e análises comparativas, evitando, deste modo, ineficiências, assim como os perniciosos efeitos que justamente a concepção de regras almeja evitar. É que usualmente a teoria jurídica tradicional utiliza-se de métodos puramente retóricos ou, quando muito, emprega disciplinas como a Lógica Deôntica ou a Teoria da Linguagem. Ainda que tais disciplinas sejam de enorme valia e utilidade, muitas vezes não são suficientes.

Não se pode esquecer que o Direito opera na realidade, gerando efeitos que restringem concretamente a liberdade dos indivíduos. No caso extremo (ou que deveria ocorrer apenas em situações extremas) da superação de uma regra por um princípio, uma análise conseqüencialista se torna fundamental para o tomador de decisões escolher corretamente a solução para o caso concreto. Daí a necessidade e importância da Análise Econômica do Direito,

1. Michel Montaigne, *Essais*, Livro III, Cap. XIII.

pois suas ferramentas possibilitam enfocar o Direito como uma máquina geradora de incentivos à conduta humana e, dependendo de como esses incentivos forem manipulados, diferentes resultados advirão a partir da decisão tomada pelo juiz. Em suma, a superação de uma regra por um princípio deve ser feita levando em conta as conseqüências possíveis dessa escolha.

O modelo que propomos aplica-se a qualquer ramo do Direito. No que tange ao direito tributário é interessante perceber que, não obstante sua operabilidade se dar primordialmente através das (inúmeras) regras que determinam não apenas o tributo a ser pago, como também a miríade de obrigações e deveres correlatos referentes à sua arrecadação e fiscalização, os princípios têm inédito relevo. Não há outro segmento do sistema jurídico tão presente na Constituição Federal quanto o tributário, e sua conformação é intensamente principiológica. Daí a tentação de a toda hora se evocar princípios em detrimento de regras, como se estas fossem inadequadas ou, mesmo, ilegítimas *a priori*.[2] Ainda que isso por vezes possa beneficiar um ou outro contribuinte em particular, acaba gerando instabilidade e, conseqüentemente, insegurança jurídica. Logo, o resultado para a coletividade é negativo.[3]

Não se quer defender, aqui, uma submissão do contribuinte ao Estado – longe disso. Entretanto, não há dúvida de que a apelação constante aos princípios é exagerada e imprudente, potencialmente acarretando a incerteza jurídica assim como seus companheiros inafastáveis: custos de transação e ineficiência econômica, entraves contumazes ao desenvolvimento.

Portanto, procuraremos demonstrar que a apelação aos princípios e a superação das regras por eles deve ser a exceção, e não a norma geral, nas decisões jurisdicionais.

2. Regras jurídicas como fixadoras de preços

Como já referido, pode-se dizer, em primeiro lugar, que as regras têm a função de predefinir a solução para conflitos intersubjetivos, afastando a controvérsia e as incertezas que surgiriam caso tais escolhas não tivessem sido feitas previamente pelo legislador.

Em segundo lugar, as regras visam a reduzir a arbitrariedade, conquanto restrinjam a discricionariedade, conforme bem ilustram as palavras de Schauer: "Pode consistir em uma desvantagem quando surge no caminho dos sábios julgadores que, ao perseguirem de forma precisa o bem, intuitivamente levam em consideração todos os fatores relevantes. Entretanto, também pode ser uma qualidade, quando surge para restringir julgadores desavisados, incompetentes, de má índole, ávidos por poder, ou simplesmente equivocados, cujo próprio senso de bem diverge daquele do sistema ao qual servem".[4]

Em terceiro lugar, a opção pelas regras busca evitar problemas de coordenação, deliberação e conhecimento, ensejan-

2. É verdade que isso ocorre sobremodo por conta de muitos advogados tributaristas que, como não poderia deixar de ser, buscam maximizar sua própria utilidade – criando teses e mais teses, invariavelmente no afã de convencer que determinada exação é inconstitucional por conta de algum "princípio" muitas vezes construído retoricamente em suas petições, sem qualquer correspondência com o sistema jurídico.

3. O típico "Dilema do Prisioneiro", situação de interação estratégica clássica na Teoria dos Jogos, onde a escolha racional é maximizadora para o indivíduo, mas não para a coletividade. Assim, é racional que os contribuintes, considerados individualmente, busquem maximizar seu bem-estar ("utilidade", no jargão econômico), contestando, sempre que puderem, as regras tributárias, freqüentemente apelando aos princípios. Todavia, a constante tentativa de convencer os tribunais de que as regras devem ser postas de lado em prol de algum princípio mais elevado acaba por gerar instabilidade no sistema normativo – o que é ruim para a coletividade. Portanto, a cautela que devem ter os magistrados ao avaliar as possíveis conseqüências de suas decisões, mormente as que versem sobre superação de regras por princípios.

4. Frederick Schauer, "Formalism", *The Yale Law Journal* 97-4/543.

do ambiente no qual sejam possíveis o planejamento, o desenvolvimento e o aprimoramento das atividades dos indivíduos e das instituições, além de evitar os excessivos custos que a necessidade de solucionar individualmente cada caso, com autoridade específica e fundamentação própria, acabaria por gerar. Nesse sentido, ainda que criação de regras implique um custo legislativo maior, geram menos custo no processo decisório pelo aplicador.[5]

Partindo destas premissas e analisando-as sobre o prisma da Análise Econômica do Direito, faz-se oportuno registrar que todo o sistema legal se consubstancia em conformador de ambiente no qual os agentes econômicos em sentido *lato* (aí compreendidos, de forma simplificada, as famílias, as empresas e o Estado) irão interagir, a fim de buscar o máximo de satisfação possível (utilidade para os economistas).

Através desta idéia simples – a qual, todavia, encerra em si enorme poderio explicativo – podemos compreender os sistemas legais e mais precisamente as normas jurídicas como sendo fixadoras de preços para as ações dos agentes, capazes de alterar os custos e benefícios relativos das condutas e, portanto, influenciar comportamentos. Naturalmente que por "preço" se entende algo além do mero custo monetário, vez que existem custos que podem ser medidos, *v.g.*, em prestígio, honra, lealdade e reputação.[6]

Nos gráficos abaixo[7] mostramos a Curva de Preço-Consumo e a Curva de Demanda. Conforme é possível observar, do ponto de vista geométrico, havendo variação do preço (p_1) do bem 1 (x_1), enquanto o preço (p_2) do bem 2 (x_2) e a renda (m) permanecem constantes, a Reta Orçamentária irá girar. Ademais, unindo-se os Pontos Ótimos, obteremos a Curva de Preço-Consumo, como ilustra a Figura 1 (A). Essa curva representa as cestas que seriam demandadas nos diferentes níveis de preços de x_1.

Neste sentido, é possível compreender os bens x_1 e x_2 como sendo diferentes comportamentos que podem ser adotados pelos agentes, sendo que o preço para estas ações é determinado pelo Estado, através das regras jurídicas.

Ainda, podemos representar a mesma informação de maneira diferente. Novamente, os preços de x_2 e m serão mantidos fixos, sendo que para cada valor de x_1 será traçado seu nível de consumo ótimo. O resultado é a Curva de Demanda, mostrada na Figura 1 (B). Ou seja, a Curva de Demanda é gráfico da Função de Demanda $x_1(p_1, p_2, m)$, em que p_2 e m são mantidos fixos.

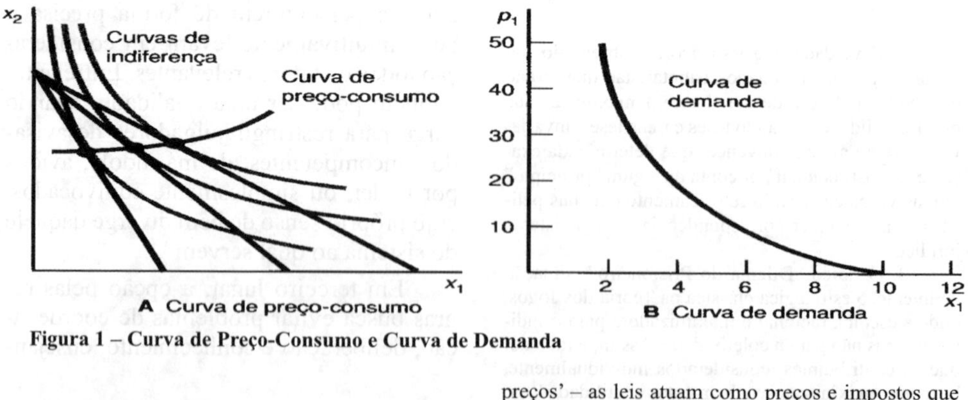

Figura 1 – Curva de Preço-Consumo e Curva de Demanda

5. Louis Kaplow e Steven Shavell, "Rules *versus* standards. An economic analysis", *Dule Law Journal* 42(3)/570, 1992.

6. Conforme Veljanovski: "A principal diferença entre advogados e economistas está no fato de que estes vêem as leis como uma 'gigantesca máquina de preços' – as leis atuam como preços e impostos que geram incentivos. É este o ângulo de visão que marca a contribuição dos economistas à análise da legislação" (*A Economia do Direito e da Lei: uma Introdução,* Rio de Janeiro, Instituto Liberal, 1994).

7. Hal R. Varian, *Microeconomia*, 6a ed., Rio de Janeiro, Campus, 2003, p. 113.

Portanto, infere-se que, em geral, quando o preço de um bem aumenta, a demanda por ele diminui, sendo a recíproca verdadeira – isto é, quando o preço por um determinado bem diminui, seu consumo aumenta. Desta forma, o preço e a quantidade demandada de um bem irão se mover em direções opostas, o que significa que a Curva de Demanda típica terá inclinação negativa.

Para melhor compreensão da idéia na qual substituímos os bens por comportamentos (ou ações) que podem ser adotados pelos agentes, dos quais os preços são determinados pelo Estado, através das regras jurídicas, tomemos como exemplo os bens que são substitutos perfeitos.

Desta forma, podemos observar nos gráficos abaixo[8] que:

(a) a demanda pelo bem 1 (x_1) é igual a zero quando o preço (p_1) de 1 é maior que o preço (p_2) do bem 2 (x_2);

(b) a demanda é igual a qualquer quantidade sobre a reta orçamentária quando os preços de ambos os bens são iguais;

(c) a demanda é igual a m/p_1 quando p_1 é menor que p_2.

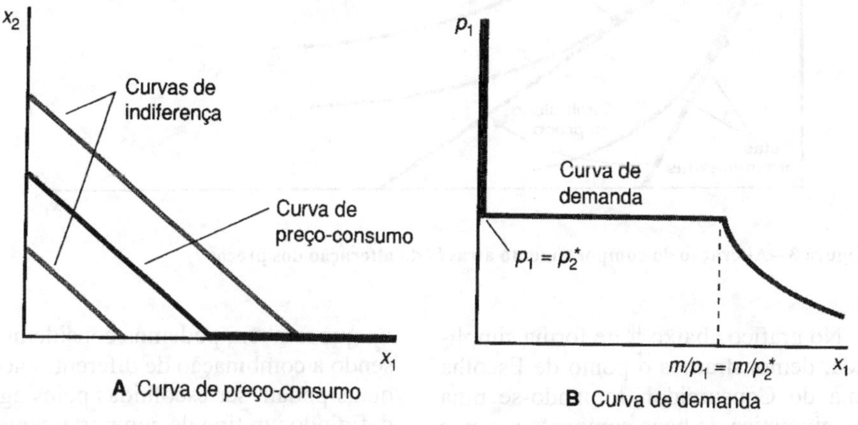

Figura 2 – Curvas de Preço-Consumo e Demanda para Substitutos Perfeitos

Portanto, podemos compreender x_1 e x_2 como dois tipos de comportamentos possíveis a serem adotados por determinado agente (ou agentes). Por exemplo, podemos considerar x_1 como sendo o comportamento ilícito, sendo x_2 o comportamento lícito. Assim, admitindo-se que os indivíduos são agentes econômicos racionais, que escolhem suas ações visando a maximizar seus benefícios, é possível constatar que o agente irá escolher o comportamento que lhe seja mais vantajoso, isto é, que irá lhe trazer maior utilidade (maior satisfação) ao menor custo (preço). Desta forma, enquanto o Estado conseguir manter o preço de x_1 – que é o comportamento ilícito – mais elevado que x_2 – que é o comportamento lícito – não haverá incentivos para que o comportamento antijurídico seja escolhido.

Os bens comuns, por sua vez, servem melhor para expressar hipóteses em que é desejada uma combinação eficiente de dois tipos de ações, como se verifica, por exemplo, nos casos de responsabilidade civil, que são bem ilustrados através da temática dos acidentes de trânsito. Assim, é desejável que os agentes (motoristas) elejam a melhor combinação possível entre a satisfação ao dirigir (por exemplo, velocidade) e o nível de precaução ou segurança a ser tomada.

8. Idem, p. 114.

Nesta esteira, conforme o gráfico a seguir[9] revela, podemos observar que a variação dos preços atribuídos às ações afeta o comportamento dos agentes. A partir da Figura 3, consideramos x_1 como sendo velocidade e x_2 como o nível de atenção exigida ao dirigir. Como se vê, havendo diminuição do preço a ser pago por x_1 (velocidade), é esperado que x_1 irá ser consumido em maior quantidade – ou seja, dirigir-se-á mais velozmente, porquanto as conseqüências de um eventual sinistro não serão tão onerosas quanto na situação anterior.

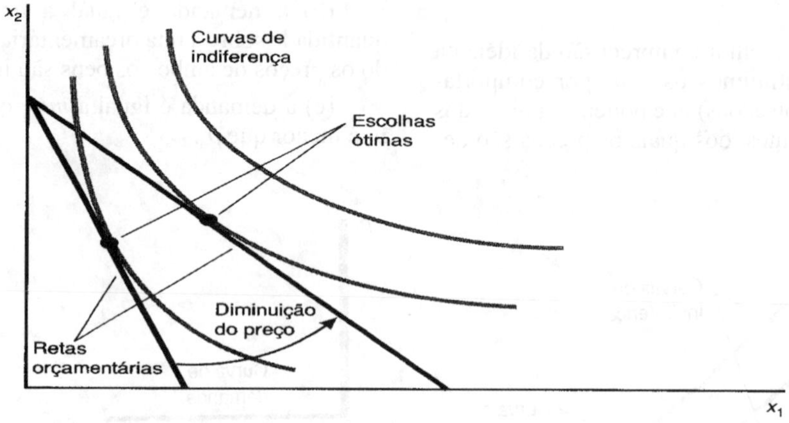

Figura 3 – Alteração do comportamento através da alteração dos preços

No gráfico abaixo,[10] de forma simplificada, demonstramos o ponto de Escolha Ótima do Consumidor, tomando-se uma cesta hipotética de bens composta por x_1 e x_2, que também podemos considerar como sendo a combinação de diferentes ações as quais podem ser escolhidas pelos agentes, definindo um tipo de comportamento.

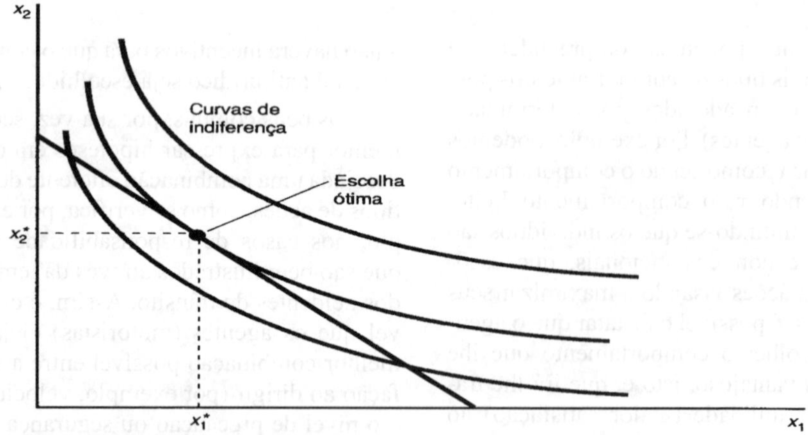

Figura 4 – Escolha Ótima

9. Idem, p. 110.
10. Idem, p. 78.

Conforme conceito econômico, a Escolha Ótima dos bens 1 e 2 (ações ou comportamentos) é chamada *cesta demandada do consumidor*, a qual, se a eficiência for um dos objetivos almejados pelo legislador, deve estar identificada com o comportamento almejado pelo legislador.

Esclareça-se que podemos considerar as preferências como sendo a média do comportamento social. De qualquer forma, importante salientar que diferentes tipos de funções, preferências e bens podem ser utilizados, sendo que ora utilizamos as hipóteses mais simples, para facilitar a compreensão.

Neste contexto, compreende-se que as regras jurídicas fazem com que sejam fixados *ex ante* os preços das ações, permitindo que os agentes possam prever o resultado esperado de suas condutas e, com isto, possam buscar maximizar seus benefícios. Em outras palavras, a legislação é o meio de se ter ciência prévia dos preços das ações, permitindo, inclusive, que haja planejamento – o que, por outro lado, faz alcançar o sobreprincípio da segurança jurídica. Desta forma, não há como se negar que, ao se editar leis, se estará influenciando (ou, pelo menos, assim pretendendo) o comportamento.[11]

Como visto, as regras jurídicas podem fixar preços mais ou menos elevados para as possíveis ações a serem tomadas pelos indivíduos, de forma a influenciar como os mesmos irão se comportar. Contudo, para que as regras jurídicas possam cumprir com sua função de fixadoras de preços para as ações dos indivíduos é necessário que o caráter de bem público da legislação seja assegurado, de forma a permitir o funcionamento do sistema de incentivos que a mesma constitui.

3. Caráter de bem público da legislação

Oportuno mencionar que *a legislação*[12] *tem características de bem público, de acordo com conceito já bem consolidado na Ciência Econômica.*

Considerando que a noção de "bens públicos" e de "bens privados" é diferente entre as Ciências da Economia e do Direito, cumpre esclarecer primeiramente o que significam para a primeira. Os bens públicos são aqueles ofertados pelo Estado em benefício da população, não sendo destinados (ou apropriados), pelo menos em princípio, a apenas um indivíduo ou agente em específico – o que nos faz lembrar do consagrado princípio jurídico da isonomia.

De acordo com Varian,[13] o consumo dos bens públicos pode ser feito simultaneamente por vários indivíduos, sem que haja aumento considerável, pelo menos em tese, dos seus custos[14] – o que também ocorre com o "consumo" da legislação, sobremaneira quando considerada como infra-estrutura legal ou conformadora dos marcos regulatórios.

Portanto, o custo da produção de bem passível de ser utilizado pela coletividade não é superior àquele verificado quando o bem é destinado a apenas um indivíduo. Em outras palavras, o acréscimo de custo ocorrente da utilização de mais de um indivíduo é nulo (custo marginal igual a zero ou próximo disso).

Outrossim, conforme Pindyck e Rubinfeld,[15] atribuem-se aos bens públicos características como a não-rivalidade e a não-excluibilidade. Um bem cujo consumo é não-rival pode ser consumido por diversas pessoas ao mesmo tempo, sendo exemplo clássico na literatura econômica

11. Evidentemente que quando se fala em influenciar o comportamento através das leis há que se considerar aspectos como o nível de credibilidade quanto à imposição das normas por parte do Estado e de seus consectários, assim como o da execução de seus julgados, como no caso das penalidades.

12. Assim como a jurisdição.

13. Hal R. Varian, *Microeconomia*, cit., 6ª ed., 2003.

14. Vale ressaltar que os custos legislativos não são alterados pela extensão da população atingida pelos regramentos editados.

15. S. Pindyck e D. Rubinfeld, *Microeconomia*, 6ª ed., São Paulo, Pearson Prentice Hall, 2006.

a segurança nacional. Por seu turno, dizer que um bem é não-excludente significa denotar a impossibilidade de impedir ou restringir seu consumo pelos indivíduos, muito embora possam ser criados meios de fazê-lo, como, *v.g.*, pelo preço, pela autoridade ou pela ordem de chegada, entre outros.

Todavia, em razão da impossibilidade de adequada captura por parte dos agentes econômicos dos benefícios de sua produção (como, por exemplo, do lucro), o mercado não os oferta devidamente, gerando ineficiências, tanto na atividade social como em termos de crescimento econômico.[16]

De outro lado, o conceito de *externalidades*, também denominadas *economias* ou *deseconomias externas*, refere-se a efeitos positivos ou negativos gerados por atividades de produção ou consumo exercidas por determinados agentes, que acabam por atingir outros indivíduos, sem que haja a participação direta destes.

As externalidades são denominadas *negativas* quando geram prejuízos (como custos) para os demais agentes. De outro modo, as externalidades podem ser *positivas* quando os demais agentes, involuntariamente, são beneficiados, a exemplo dos investimentos governamentais em infra-estrutura.[17]

Neste sentido, compreende-se que os bens públicos são responsáveis por irradiar externalidades, uma vez que principalmente a oferta dos mesmos por parte do Estado é responsável por atingir a sociedade de modo geral. Assim, em razão de suas características, os bens públicos oferecem externalidades positivas, pois implicam distribuição involuntária dos seus benefícios.

Neste contexto, podemos identificar o caráter de bem público que a legislação tem, atingindo não só aqueles diretamente envolvidos em situações de conflito ou demandas judiciais já estabelecidas, mas também todos aqueles que estejam em situações análogas ou que potencialmente possam vir a assim se encontrar, vez que adaptam seus comportamentos às diretrizes legais. Portanto, quando falamos em "legislação" queremos denotar um sistema formado em sua maior parte por regras que proíbem, obrigam ou permitem condutas. Mesmo que os princípios façam parte da legislação em sentido lato, a grande maioria de seus elementos é constituída de regras, sendo os princípios, por sua própria natureza, excepcionais.

No mesmo sentido, deve ser salientado que as regras influem, consistentemente, nos custos de transação e na assimetria de informação – e, portanto, na eficiência social e econômica. Regras objetivas, portanto, facilitam aos indivíduos a compreensão do limite de sua ação, ou seja, até onde vai sua liberdade: o que podem e o que não podem fazer perante o Direito. Essa razoável clareza – que no sistema tributário brasileiro, ou de qualquer País do mundo, dificilmente ocorre – diminui custos de transação e assimetria de informação, possibilitando menos empecilhos ao desenvolvimento social e econômico.

Desta forma, compreende-se o caráter de bem público da legislação,[18] a qual necessita incorporar as características acima

16. Some-se a impossibilidade da autotutela, exceto em casos excepcionais, constante da maioria dos sistemas legais.

17. Atualmente já se reconhece a existência de infra-estrutura legal e da necessidade de marcos regulatórios.

18. Sobre o caráter de bem público dos direitos fundamentais e dos princípios jurídicos, v. Cristiano Carvalho e Ely José de Matos, "Entre princípios e regras: uma proposta de análise econômica no direito tributário", *Revista Dialética de Direito Tributário* 157, São Paulo, Dialética, outubro/2008. Ressalte-se também o caráter de bem público da jurisdição, especialmente das decisões emanadas pelos órgãos hierarquicamente superiores, conforme sustentado no artigo intitulado "As recentes alterações legislativas sobre os recursos destinados aos Tribunais Superiores sob a ótica da *Law and Economics*", de Luciano Timm e Manoel Gustavo Neubarth, 2008, aceito para publicação na *RePro*, São Paulo, Ed. RT (2009).

elencadas a fim de exercer, com plenitude, as funções pelas quais é concebida. Portanto, é o caráter de bem público da legislação que permite o funcionamento do sistema de incentivos que a mesma configura, prescrevendo mecanismos (regras jurídicas) que tanto visam a estimular os comportamentos almejados pelo legislador quanto a inibir as condutas sociais inadequadas e prejudiciais ao bem comum ("ineficientes", como diriam os economistas).

Outrossim, certo é que a superação inadvertida de regras faz com que seja esmaecido o caráter de bem público das regras jurídicas, enfraquecendo seu poder de influenciar comportamentos e, assim, gerando ineficiências. Em outras palavras, a não-efetivação[19] das regras por parte da jurisdição faz com que, em última instância, a própria lei (a legislação de modo geral) perca sua finalidade, destituindo-a de sua função de orientar o comportamento social. Em alguns casos até mesmo pode ocorrer que os estímulos se tornem contrários àqueles pretendidos pela regra jurídica superanda.

As decisões individuais e o casuísmo judicial, portanto, tornam inoperante o sistema de incentivos, contribuindo para o comportamento errático e colocando em xeque todo o sistema legal. Com o enfraquecimento do caráter de bem público da legislação, a sociedade, como um todo, perde em termos de eficiência, haja vista o aumento dos custos de coordenação, informação, planejamento e deliberação, resultando em menor produto agregado (ou riqueza).[20]

Importante salientar também que o enfraquecimento do caráter de bem público da legislação faz com que o Estado seja onerado duplamente. Em primeiro lugar porque é esperado que o número de demandas aumente, devido à inexistência prévia de balizas[21] para o comportamento dos agentes – o que aumenta as incertezas e controvérsias, exigindo recursos para seus enfrentamentos. Em segundo porque o custo de solução das demandas também deve aumentar, haja vista que, não havendo prescrição prévia[22] dos consectários para suas soluções (previsão das conseqüências para o descumprimento), haverá necessidade de investir recursos para, além da análise individual de cada caso,[23] fazer frente aos custos de deliberação particular de cada caso.

19. Em outros termos, "cumprimento", "observância" ou *enforcement*.

20. Seja em termos de Eficiência Global ou Kaldor-Hicks.

4. *Modelo maximizador: eficiência através da Análise Econômica do Direito*

Importante, aqui, salientar, justificando sua escolha como método, que diversos fatores foram decisivamente favoráveis ao surgimento e posterior difusão da Análise Econômica do Direito (ou *Law and Economics*).

Segundo essa perspectiva de análise, as pessoas são racionais e agem tendo em vista seus interesses (cálculo de custo/benefício).[24] Neste contexto, como já dito, as regras legais funcionam como preços, aos quais os agentes respondem dentro do cálculo antes referido. É um método pragmático e conseqüencialista, pois leva em conta os efeitos das decisões e das políticas públicas sobre o comportamento das pessoas.

Acrescendo ao que já foi salientado, interessante ponderar que o pressuposto original dessa nova forma de análise – de que as normas jurídicas criam custos e benefícios para a realização das ações dos indivíduos ou agentes – torna o Direito, por

21. Ou não sendo devidamente observadas.

22. Ou não sendo devidamente aplicada.

23. Necessária em qualquer julgamento.

24. Não se trata de uma racionalidade perfeita, mas limitada pelas informações e pela própria condição humana. Ainda assim o homem é capaz de ordenar suas preferências e buscar aquela solução que lhe traga o maior benefício, tendo em conta seu custo (Posição Ótima ou Eficiente).

conseqüência, suscetível de análise e tratamento, primordialmente, à luz da Teoria dos Preços, que é um ramo da Teoria Microeconômica, como visto acima.

Com efeito, perdem sentido prático as velhas discussões acerca da Dogmática Jurídica se feitas desconsiderando as conseqüências do modo como a jurisdição é exercida. Para os autores que trabalham com as premissas da Análise Econômica do Direito *os litigantes são agentes econômicos racionais*. Eles agirão de acordo com sua análise probabilística, ainda que intuitiva, no sentido em que o exame de custo/benefício indicar ganhos. E é exatamente aí que se torna possível utilizar a racionalidade econômica, bem como o instrumental da Economia, em especial da Análise Econômica do Direito, para alcançar a eficiência, de modo a irradiar efeitos para toda a sociedade.

Ademais, a abordagem econômica, por sua vez, dá ênfase às trocas e à substituição na margem como instrumentos para tornar explícitos os resultados das escolhas, que, *a priori*, são implícitos, o que faz com que na maioria das vezes não sejam percebidos.

Assim, tendo em conta a função das regras jurídicas de fixar preços para as ações dos indivíduos e a necessidade de se assegurar certas características de bem público para a legislação, a fim de garantir o funcionamento do sistema de incentivos que a mesma consubstancia, com a produção de externalidades para a sociedade, imperioso é que a superação de regras seja feita de modo coerente e consistente com a engrenagem na qual está inserida, de modo a não prejudicar seu funcionamento.

Ocorre muitas vezes que os operadores do Direito não estão preparados para identificar quais são os reais objetivos das leis, geralmente apenas se preocupam com a questão da incidência (ou não) sobre determinados suportes fáticos. Menos preparados ainda estão para avaliar se efetivamente os regramentos estão cumprindo o papel para o qual foram propostos, isto é, se as leis estão alcançando os fins para os quais supostamente foram criadas. Nesse contexto, não há como perquirir sobre eficácia, menos ainda sobre os custos dessas normatizações. Não podemos negar a circunstância de que todo regramento envolve uma escolha, o que implica um processo de troca. Dessa forma, não há também como nos furtarmos a ponderar os custos envolvidos, mormente se a eficiência for um dos objetivos perseguidos. É justamente nesse ponto que a Economia traz os subsídios necessários, tornando explícitos os elementos envolvidos nesse processo eletivo.

Portanto, quando se diz que a lei busca a justiça, pressupõe-se que a autoridade da lei está sendo exercida para proteger e dar eficácia a um direito já definido legalmente. Dessa forma, percebemos que o termo "justiça" muitas vezes pode não ter conteúdo ético preconcebido, não informando valores, tampouco informando sobre a moralidade de determinados direitos formalmente estatuídos.

Pertinente é a ponderação de Lucas: "(...) a idéia formal de igualdade ou justiça, como guia de política social, é destituída de qualquer sentido e permite a concepção de todos os tipos de proposta em nome da justiça".[25]

É nesses vácuos conceituais que a Economia ganha ainda mais importância, fornecendo valores precisos, além de revelar os verdadeiros resultados dos regramentos, independentemente das supostas pretensões iniciais.

Portanto, as leis influenciam nos custos, criam incentivos e alteram comportamentos. É importante, de qualquer modo, saber o custo das noções preconcebidas como "Justiça", "Moral", "Eqüidade", entre diversos outros conceitos dogmáticos.

25. E. Lucas, *On Justice*, Oxford, Clarendon Press, 1989, p. 31.

A Economia pode nos revelar hipóteses ocultas, até mesmo incoerentes.

Ademais, é importante destacar que normalmente o vocabulário e o instrumental econômico se revelam mais imparciais que aqueles utilizados no Direito, os quais muitas vezes, mesmo que subliminarmente, estão carregados de subjetivismos e prejulgamentos de ordem moral, nem sempre identificáveis de plano.

5. *Requisitos para a superação das regras*

Importa desde já salientar, como bem observa Humberto Ávila, que, "ao contrário do que a atual exaltação dos princípios poderia fazer pensar, as regras não são normas de segunda categoria. Bem ao contrário, elas desempenham uma função importantíssima de solução previsível, eficiente e geralmente equânime de solução dos conflitos sociais".[26]

Ainda neste sentido, oportuno ressaltar a superioridade de resistência horizontal das regras frente aos princípios. Assim, considerando que as regras têm caráter imediatamente descritivo de conduta ou de atribuição de poder para a adoção da conduta, cabe ao julgador aplicar a regra cujo conceito seja finalmente correspondente aos fatos – o que revela eficácia de resistência horizontal superior à dos princípios, tornando suas hipóteses, via de conseqüência, mais restritivas.

A seguir, considerando que as regras estabelecem previamente decisões para conflitos entre razões colidentes, não cabe ao aplicador substituir, pura e simplesmente, a ponderação legislativa pela sua – o que confere às regras uma eficácia decisiva que os princípios não têm. Ademais, as regras têm eficácia definitória dos princípios, porquanto vários dos ideais cuja realização é por eles determinada já se encontram ponderados e regrados, não cabendo ao julgador concretizar o ideal constitucional de modo diferente daquele previsto pela Constituição.

Mais: admitindo-se que as regras são instrumentos de solução geralmente previsível, eficiente e equânime dos conflitos, sua superação será tanto mais árdua quanto mais imprevisibilidade, ineficiência e desigualdade geral sua inobservância poderá provocar. Vale dizer: tanto mais difícil será sua superação quanto mais potencial houver de comprometimento do valor ou valores substanciais específicos que a regra objetiva promover, bem como do funcionamento do sistema de incentivos do qual a mesma faz parte. Frise-se, então, por pertinente, que o grau de resistência das regras é bastante variável.

Assim, no que tange aos requisitos substanciais, mandatório inicialmente ressaltar que o valor subjacente à regra vincula o grau de resistência à sua superação. Portanto, a possibilidade da superação das regras está inversamente relacionada ao comprometimento do fim que as subsidia, isto é, implica ponderação dos resultados que a inobservância irá gerar frente aos objetivos que justificam sua elaboração (valor substancial específico).

Deste modo, muito embora possa haver subsunção dos fatos à hipótese da regra, a conseqüência do seu descumprimento pode não ser aplicada, porquanto em casos específicos sua inobservância pode não comprometer a promoção do fim que a justificava, ou até mesmo melhor contribuir para sua obtenção.

Como é óbvio, somente será possível aferir a possibilidade de superação de determinada regra se analisado o caso concreto em que recaia esta pretensão. Nesta esteira, deve ser averiguado se a inobservância da regra superanda não irá afetar negativamente o valor que justificou sua edição; ou, em outras palavras, se não irá alterar o preço relativo da ação (ou inação) fixado na figura legal.

26. Humberto Bergmann Ávila, *Teoria dos Princípios: da Definição à Aplicação dos Princípios Jurídicos*, 7ª ed., São Paulo, Malheiros Editores, 2007, p. 114.

De forma intuitiva, considerando que as regras fixam preços para as ações dos indivíduos, ao se pretender suplantar a aplicação de uma regra em um caso específico é necessário aferir se essa inobservância não restará por modificar os preços relativos e, portanto, alterar a equação de equilíbrio (e os resultados esperados) almejada pela regra.

Ademais, frise-se que a superação está vinculada tanto à promoção do valor substancial específico subjacente à regra, como visto acima, quanto à realização do valor subjacente a todas as regras – qual seja, a segurança jurídica. *Neste particular, infere-se que a segurança jurídica diz respeito à integridade do sistema de incentivos que as regras jurídicas consubstanciam.*

Sem embargo, deverá restar demonstrado que a superação da regra não provocará insegurança jurídica. Assim, considerando que as regras são meios utilizados pelo Poder Legislativo para reduzir controvérsias, incertezas e arbitrariedades, assim como evitar problemas de coordenação, deliberação e conhecimento, deve ser nitidamente demonstrado que o modelo de generalização não será afetado.

Caso contrário, havendo prejuízo à segurança jurídica e, conseqüentemente, ao sistema de incentivos que as regras jurídicas consubstanciam, emergirão problemas no tocante ao cálculo de custo/benefício realizado pelos agentes ao escolher suas condutas, desajustando a equação de equilíbrio que incentiva o comportamento almejado pela regra, com a alteração dos incentivos que atuam sobre os indivíduos, inclusive podendo motivar a prática das condutas que justamente se visava a evitar com a elaboração das normas legais analisadas.

Possível constatar que, se a verificação quanto à integridade dos preços relativos diz respeito à situação particular na qual é ponderada a possibilidade da superação da regra, revelando caráter estático e *ex post*; de outro lado, a verificação quanto à integridade do sistema de incentivos de que a regra superanda faz parte diz respeito às potencias situações análogas e futuras, que podem ser influenciadas pela superação pretendida, tendo caráter dinâmico e *ex ante*.

Ademais, a verificação quanto à integridade do sistema de incentivos refere-se não só às situações análogas que podem ocorrer – ou seja, especificamente relacionadas à regra em questão –, mas também a todo o sistema jurídico, que pode ser afetado pela superação da regra.

De modo geral, a ponderação antecedente à superação de regras deve considerar se não resultarão mais prejuízos valorativos que benefícios, considerando-se tanto a promoção do fim que subsidia suas edições (questão ligada à fixação dos preços relativos) quanto a integridade do sistema de incentivos que compõem.

Por fim, superados os dois requisitos anteriores, para que seja admitida a superação deverá, ainda, ser demonstrada a obtenção de maior eficiência em termos econômicos. Por conseguinte, o presente modelo introduz requisito que o distingue, sobremaneira, dos demais modelos eminentemente jurídicos até então propostos, porquanto exige que a situação resultante de eventual superação de regra jurídica seja mais eficiente economicamente, seja em termos alocativos, de riqueza global ou Kaldor-Hicks.

6. Conclusões

A necessidade da superação de regras, ainda que em situações de exceção, é inconteste, sobremaneira nos dias de hoje, em que o avanço do conhecimento revela soluções cada vez mais eficientes, além das não raras peculiaridades casuísticas que exigem decisões particulares.

Assim, torna-se inafastável enfrentar o problema, sendo crucial que se atente tanto para os efeitos que surgem nos casos específicos em que se pretende a superação bem como relativamente ao sistema de incentivos do qual as regras jurídicas fazem parte.

Neste sentido, como visto, as regras jurídicas fazem com que sejam fixados *a priori* os preços das ações dos agentes, permitindo que os mesmos possam prever o resultado esperado de suas condutas e, com isto, possam buscar maximizar seus benefícios.

Contudo, para que as regras jurídicas possam cumprir com sua função de fixadoras de preços das ações dos indivíduos é necessário que seja assegurado o caráter de bem público da legislação, a qual se consubstancia em um sistema de incentivos para o comportamento dos agentes econômicos.

Assim, tendo em conta a função das regras jurídicas de fixar preços para as ações dos indivíduos e a necessidade de se assegurar certas características de bem público para a legislação, a fim de garantir o funcionamento do sistema de incentivos que a mesma configura, imperioso que a superação de regras seja feita de modo coerente e consistente com a engrenagem na qual está inserida, a fim de não prejudicar seu funcionamento.

Para tanto, além da argumentação jurídico-normativa e dogmática, é imprescindível que sejam trazidos elementos objetivos, devendo haver comprovação condizente destas circunstâncias, não sendo suficientes meras alegações para autorizar que as regras sejam superadas.

E é exatamente nesses vácuos conceituais que a Economia revela ainda mais importância, fornecendo valores precisos, além de demonstrar os verdadeiros resultados dos regramentos e de suas aplicações, tendo como uma de suas maiores contribuições a possibilidade de converter disputas entre Justiça, Moral e Eqüidade em disputas por eficiência.

Bibliografia

ALCHIAN, A. A. *Some Economics of Property Rights*. Santa Monica, Rand Corp., 1961.

ÁVILA, Humberto Bergmann. *Teoria dos Princípios: da Definição à Aplicação dos Princípios Jurídicos*. 7ª ed. São Paulo, Malheiros Editores, 2007.

BOULDING, K. E. "Economics as a moral science". *American Economic Review* 58/8. Princeton University, 1968.

CALABRESI, G. "Some thoughts on risk distribution and law of torts". *Yale Law Journal* 70. New Haven, 1961.

CARVALHO, Cristiano, e MATOS, Ely José de. "Entre princípios e regras: uma proposta de análise econômica no direito tributário". *Revista Dialética de Direito Tributário* 157. São Paulo, Dialética, outubro/2008.

COASE, R. T"he problem of social cost". *Journal of Law and Economics* 3. Chicago, Chigago University Press, 1960.

DEMSETZ, H. "Some aspects of property rights". *Journal of Law and Economics* 9/61-70. Chicago, Chigago University Press, 1964.

KAPLOW, Louis, e SHAVELL, Steven. "Rules *versus* standards. An economic analysis". *Dule Law Journal* 42(3). 1992.

LUCAS, E. *On Justice*. Oxford, Clarendon Press, 1989.

MATOS, Ely José de, e CARVALHO, Cristiano. "Entre princípios e regras: uma proposta de análise econômica no direito tributário". *Revista Dialética de Direito Tributário* 157. São Paulo, Dialética, outubro/2008.

MONTAIGNE, Michel. *Essais*. Livro III, Cap. XIII.

NEUBARTH TRINDADE, Manoel Gustavo, e TIMM, Luciano. "As recentes alterações legislativas sobre os recursos destinados aos Tribunais Superiores sob a ótica da *Law and Economics*" (2008). Artigo aceito para publicação na *RePro*. São Paulo, Ed. RT (2009).

NORTH, D. C., e THOMAS, R. P. *The Rise of Western World: a New Economic History*. Cambridge, Cambridge University Press, 1973.

PEREZ LUÑO, Antonio Enrique (coord). *Derechos Humanos y Constitucionalismo ante el Tercer Milenio*. Madri, Marcial Pons, 1996.

PINDYCK, S., e RUBINFELD, D. *Microeconomia*. 6ª ed. São Paulo, Pearson Prentice Hall, 2006.

POSNER, R. *Economics Analysis of Law*. 3ª ed. Boston, Little Brown, 1988.

RUBINFELD, D., e PINDYCK, S. *Microeconomia*. 6ª ed. São Paulo, Pearson Prentice Hall, 2006.

SALAMA, Bruno. "O que é 'Direito e Economia'?". In: TIMM, Luciano Benetti (org.). *Direito & Economia*. 2ª ed. Porto Alegre, Livraria do Advogado, 2008 (pp. 49-61).

SCHAUER, Frederick. "Formalism". *The Yale Law Journal* 97-4/543.

SHAVELL, Steven, e KAPLOW, Louis. "Rules *versus* standards. An economic analysis", *Dule Law Journal* 42(3). 1992.

SPECTOR, H. *Elementos de Análisis Económico del Derecho*. Buenos Aires, Rubinzal y Asociados Editores, 2004.

THOMAS, R. P., e NORTH, D. C. *The Rise of Western World: a New Economic History*. Cambridge, Cambridge University Press, 1973.

TIMM, Luciano Benetti (org.). *Direito & Economia*. 2ª ed. Porto Alegre, Livraria do Advogado, 2008.

______, e NEUBARTH TRINDADE, Manoel Gustavo. "As recentes alterações legislativas sobre os recursos destinados aos Tribunais Superiores sob a ótica da *Law and Economics*" (2008). Artigo aceito para publicação na *RePro*. São Paulo, Ed. RT (2009).

VARIAN, Hal R. *Microeconomia*. 6ª ed. Rio de Janeiro, Campus, 2003.

VELJANOVSKI, C. *A Economia do Direito e da Lei: uma Introdução*. Rio de Janeiro, Instituto Liberal, 1994.

CADERNOS DE DIREITO TRIBUTÁRIO

AS CONTRIBUIÇÕES DE INTERVENÇÃO NO DOMÍNIO ECONÔMICO E SUA DESTINAÇÃO NECESSÁRIA: NOTAS CARACTERIZADORAS DA ESPÉCIE TRIBUTÁRIA

FERNANDO F. CASTELLANI
Especialista em Direito Tributário pelo IBET – Mestre e Doutorando em Direito Tributário pela PUC/SP – Professor dos Cursos de Pós-Graduação do IBET, da PUC/SP/COGEAE e da FDDJ – Diretor Acadêmico do Complexo Jurídico Damásio de Jesus – Advogado.

1. Introdução. 2. Das espécies de contribuições especiais. 3. As contribuições de intervenção no domínio econômico: 3.1 Definição da ordem econômica na Constituição Federal e das formas de intervenção estatal na economia: 3.1.1 Formas de intervenção direta na economia – 3.1.2 Formas de intervenção indireta na economia – 3.1.3 Relacionando as formas de atuação e as formas de custeio da atividade estatal – 3.2 Os princípios da ordem econômica na Constituição Federal – 3.3 As materialidades permitidas para as contribuições interventivas. 4. Das contribuições e a lei orçamentária: 4.1 Orçamento fiscal e as receitas tributárias das contribuições – 4.2 Orçamento de investimentos e as receitas tributárias das contribuições – 4.3 Orçamento da seguridade social e as receitas tributárias das contribuições – 4.4 Receitas de contribuições não constantes do orçamento. 5. Conclusão.

1. Introdução

Nosso sistema jurídico tributário admite a existência de diferentes espécies tributárias. Não há um consenso doutrinário ou jurisprudencial sobre o tema, seja na doutrina pátria, seja na doutrina alienígena.[1] A maior divergência encontra-se, sem dúvida, na configuração, ou não, das contribuições especiais como espécies autônomas de tributo em relação aos impostos, às taxas e às contribuições de melhoria. Essa divergência, inclusive, acaba por nos conduzir à própria discussão dos critérios classificatórios das espécies, assim como sua valoração no processo classificatório.[2]

1. Para aprofundamento das divergências doutrinárias estrangeiras, v. o excelente estudo de Direito Comparado procedido por Paulo Ayres Barreto em seu livro *As Contribuições e a Destinação do Produto da Arrecadação*, São Paulo, Noeses, 2009.

2. Neste sentido: Eurico Marcos Diniz de Santi, "As classificações no sistema tributário brasileiro", *Justiça Tributária*; Luciano da Silva Amaro, "Conceito e classificação dos tributos", *RDTributário* 55/239-296, São Paulo, Ed. RT, janeiro-março/1991;

Neste pequeno trabalho, usando de premissas e conclusões por nós já defendidas e consideradas em obra específica,[3] interessa-nos analisar a necessidade de destinação específica para os recursos da contribuição interventiva.

2. Das espécies de contribuições especiais

As contribuições especiais, em nosso sentir, são espécies autônomas de tributos, apesar de suas evidentes *notas de semelhanças*[4] com as demais espécies.

Nos termos do art. 149 da CF, as contribuições especiais podem ser divididas em (i) sociais, (ii) corporativas e (iii) interventivas. Fruto da alteração decorrente da Emenda Constitucional 39, foi introduzida uma nova espécie, (iv) a custeadora do serviço de iluminação pública.

Não precisamos relembrar que a classificação das contribuições, por si só, é matéria controvertida na doutrina, nacional ou estrangeira. Contudo, muito interessante e elucidativo se faz, neste momento, trazermos à colação posicionamentos do STF, que por diversas vezes se manifestou pela independência da figura das contribuições especiais: “Os tributos, nas suas diversas espécies, compõem o ‘Sistema Constitucional Tributário’, que a Constituição inscreve nos seus arts. 145 a 162. (...). As diversas espécies tributárias, determinadas pela hipótese de incidência ou pelo fato gerador da respectiva obrigação, são as seguintes: (a) os impostos (CF, arts. 145, I, 153, 154, 155 e 156); (b) as taxas (CF, art. 145, II); (c) as contribuições, que podem ser assim classificadas: (c.1) de melhoria (CF, art. 145, III); (c.2) parafiscais (CF, art. 149), que são: (c.2.1) sociais, (c.2.1.1) de seguridade social (CF, art. 195, I a III), (c.2.1.2) outras de seguridade social (CF, art. 195, § 4º), (c.2.1.3) sociais gerais (o FGTS, o salário educação – CF, art. 212, § 5º –, contribuições para SESI, SENAI, SENAC – CF, art. 240); (c.3) especiais: (c.3.1) de intervenção no domínio econômico (CF, art. 149) e (c.3.2) corporativas (CF, art. 149). Constituem, ainda, espécies tributárias os empréstimos compulsórios”.[5]

Nos termos da decisão colacionada, importante notarmos que o STF entende pela natureza jurídica independente e distinta das contribuições – o que não significa o final da controvérsia, até porque representa o entendimento momentâneo do Tribunal, mas que, ao mesmo tempo, não pode ser ignorado.

Antes de iniciarmos nossa análise acerca da espécie de contribuição objeto deste trabalho, é imperioso que definamos um critério, ao menos geral, para sua diferenciação.

Entendemos que as contribuições são *tributos qualificados por sua finalidade*. Em outras palavras, o legislador constituinte, ao atribuir competência para sua instituição, definiu uma finalidade a ser alcançada pela tributação por meio das contribuições.

Nunca é demais lembrar que esta finalidade buscada pela tributação por meio das contribuições será revertida em necessária destinação dos resultados. O produto da tributação por meio de contribuições deve ser revertido, obrigatoriamente, para o atendimento da finalidade específica do tributo.

Assim, a diferença fundamental entre as contribuições sociais, corporativas, interventivas e custeadoras do serviço de ilu-

Tarek Moyses Moussalen, “Classificação constitucional dos tributos”, artigo inédito; Márcio Severo Marques, *Classificação Constitucional dos Tributos*, São Paulo, Max Limonad, 2000.

3. Fernando F. Castellani, *Contribuições Especiais e sua Destinação*, São Paulo, Noeses, 2009.

4. Esta expressão foi utilizada originariamente por Luciano da Silva Amaro em seu clássico *Direito Tributário Brasileiro*, São Paulo, Saraiva, 2005, p. 87.

5. STF, RE 138.284-CE, rel. Min. Carlos Velloso. Apesar de a classificação proposta pelo STF dispor sobre quatro espécies tributárias, ela se mostra importante, por deixar clara a independência das contribuições especiais.

minação estará em sua finalidade, em sua destinação. Cada uma delas deverá ser utilizada como fonte de recursos específicos na manutenção da atividade estatal específica para atingimento de sua finalidade.[6]

Fruto desta destinação específica, alguns autores verificam nas contribuições a característica identificada como referibilidade.[7] Este atributo representa o vínculo necessário entre a atividade custeada pela contribuição e as pessoas que eventualmente suportam o tributo. Em outras palavras, representaria um benefício, direto ou indireto.

Citamos, pela autoridade e relevância, as palavras de Geraldo Ataliba acerca da referibilidade das contribuições: "(...) a hipótese de incidência das contribuições é uma atuação estatal indireta e mediatamente referida ao obrigado (e referida mediante um elemento ou circunstância intermediária), quer dizer: ou (1) é uma conseqüência ou efeito da ação estatal que toca o obrigado, estabelecendo o nexo que o vincula a ela (ação estatal), ou (2) uma decorrência da situação, *status* ou atividade do obrigado (sujeito passivo da obrigação) que exige ou provoca a ação estatal que estabelece o nexo entre esta (ação) e aquele (o obrigado)".[8]

Nas palavras da sempre precisa Susy Gomes Hoffmann temos que: "A Constituição Federal apresenta, como características das contribuições, que estas devem ser instituídas para a concretização das finalidades previstas constitucionalmente; de acordo com essas finalidades, a atividade estatal que pressupõe a cobrança das contribuições ou estará vinculada à vantagem que ocasionou a um determinado grupo ou existirá em razão de um determinado fato que ocasionou a referida atividade estatal".[9]

Em virtude dessas considerações, podemos identificar nas contribuições um vínculo entre as pessoas colocadas no pólo passivo da obrigação tributária e os atingidos pela atividade estatal específica a ser custeada pela contribuição especial.[10]

Esta regra, contudo, não nos parece ser aplicada às contribuições especiais destinadas ao custeio da seguridade social, tendo em vista a previsão de custeio por toda a coletividade, nos termos do art. 195 da CF, o chamado *princípio da solidariedade*.[11] Para esta espécie de contribuição entendemos pela desnecessidade de se buscar tal vínculo, sendo, portanto, uma exceção à referibilidade.[12]

6. Importante salientar que o fato de entendermos que a contribuição deve ser destinada à manutenção da atividade estatal não implica a necessidade de a arrecadação ser procedida pelo ente estatal, necessariamente. Conforme falamos, a parafiscalidade pode ser alcançada sem a delegação da capacidade tributária ativa, desde que se garanta o efetivo repasse dos recursos para a finalidade, órgão ou fundo específico.

7. Geraldo Ataliba, *Hipótese de Incidência Tributária*, 5ª ed., 6ª tir, São Paulo, Malheiros Editores, 1997.

8. Idem, p. 160.

9. Susy Gomes Hoffmann, *As Contribuições no Sistema Constitucional Tributário*, Campinas/SP, Copolla, 1996, p. 42.

10. Assim, os eventuais sujeitos passivos de contribuições de intervenção somente podem ser aqueles que sofrerão os impactos da intervenção estatal; os sujeitos passivos das contribuições de interesse de categoria profissional, apenas os membros da categoria específica; e assim sucessivamente.

11. Acerca da importância e reflexos de tal princípio recomendamos a leitura da obra coletiva *Solidariedade e Tributação*, organização de Marco Aurélio Greco, São Paulo, Dialética, 2005.

12. "Há, todavia, uma exceção à regra da referibilidade entre o grupo sujeito à contribuição e a atuação estatal que enseja a sua cobrança. É o caso das contribuições para a Seguridade Social. Tais contribuições, nada obstante estarem previstas no art. 149 da CF, encontram parâmetros no art. 195 que limitam seu campo de incidência e lhes dão características próprias decorrentes de princípios específicos a que se submetem, como o da solidariedade, que implica a participação de toda a sociedade no custeio das ações estatais nas áreas de saúde, previdência e assistência social, conforme reconhecido por Marco Aurélio Greco (*Contribuições – Uma Figura **Sui Generis***, São Paulo, Dialética, 2000, p. 243) e reconhecido pela iterativa jurisprudência do STF, estremando-as dos outros tipos de contribuição, exigíveis somente dos integrantes de grupos com interesse diferenciado em determinadas áreas de atuação estatal" (Hamilton

3. *As contribuições de intervenção no domínio econômico*

A definição das contribuições de intervenção no domínio econômico, assim como as contribuições sociais, deve ser iniciada pelo estudo de qual atividade estatal será por elas custeada.[13] Como vimos, as contribuições são tributos qualificados por sua destinação constitucional específica, devendo suas receitas ser obrigatoriamente aplicadas nas finalidades previstas.

Nos termos do art. 149 da CF, a contribuição em tela tem por objetivo custear as atividades estatais relacionadas à intervenção no domínio econômico. São tributos de competência exclusiva da União Federal, de modo que somente poderemos pensar nesta espécie tributária como forma de custear atividades desempenhadas pelo ente federal.

Paulo Ayres Barreto assim define a contribuição interventiva: "Em apertada síntese, podemos concluir, respondendo às questões adrede formuladas, que as contribuições de intervenção no domínio econômico são tributos que se caracterizam por haver uma ingerência da União (intervenção) sobre a atividade privada, na sua condição de produtora de riquezas (domínio econômico). Tal forma de intervenção deve ser adotada em caráter excepcional se, e somente se, for detectado um desequilíbrio de mercado, que possa ser superado com a formação de um fundo que seja revertido em favor do próprio grupo alcançado pela contribuição interventiva".[14]

Para interpretarmos a figura das contribuições interventivas, como fizemos com todas as outras espécies, devemos partir da análise do texto constitucional, particularmente dos enunciados relacionados à ordem econômica.[15]

3.1 Definição da ordem econômica na Constituição Federal e das formas de intervenção estatal na economia

A ordem econômica é tratada pelo texto constitucional nos arts. 170 e ss.:

"Art. 173. Ressalvados os casos previstos nesta Constituição, a exploração direta de atividade econômica pelo Estado só será permitida quando necessária aos imperativos da segurança nacional ou a relevante interesse coletivo, conforme definidos em lei.

"(...).

"Art. 174. Como agente normativo e regulador da atividade econômica, o Estado exercerá, na forma da lei, as funções de fiscalização, incentivo e planejamento, sen-

Dias de Souza, "Contribuições especiais", in Ives Gandra da Silva Martins (coord.), *Curso de Direito Tributário*, 9ª ed., São Paulo, Saraiva, 2006, p. 638). O STF manifestou-se no sentido da inexistência da referibilidade necessária ao analisar a incidência da contribuição ao FUNRURAL sobre empresas urbanas, reconhecendo sua sujeição, conforme Ag/RE 238.171-SP, rela. Min. Ellen Gracie, assim como no Ag/RE 205.355-3-DF, rel. Min. Carlos Velloso, no RE 396.266-SC, rel. Min. Carlos Velloso, e no RE 177.137-2-RS, rel. Min. Carlos Velloso.

13. Ricardo Conceição Souza utiliza a nomenclatura "contribuição de intervenção *sobre* o domínio econômico", com o objetivo de realçar o caráter interventivo do tributo ("Perfil constitucional das contribuições de intervenção sobre o domínio econômico", in Marco Aurélio Greco (coord.), *Contribuições de Intervenção no Domínio Econômico e Figuras Afins*, São Paulo, Dialética, 2001, p. 187).

14. Paulo Ayres Barreto, *As Contribuições e a Destinação do Produto da Arrecadação*, tese de Doutorado em Direito, São Paulo, PUC/SP, 2005, p. 144. Tácio Lacerda Gama define tal espécies tributária como "tributos, espécie do gênero contribuições especiais, instituídas com o propósito de custear a intervenção da União no domínio econômico" (*Contribuições de Intervenção no Domínio Econômico*, São Paulo, Quartier Latin, 2004, p. 225).

15. Paulo Roberto Lyrio Pimenta enfatiza que "a solução dos problemas daí decorrentes passa necessariamente por uma análise do assunto sob o ângulo constitucional, a fim de que possam ser delineados os pressupostos, limites e modalidades da atividade interventiva, e, por conseguinte, do regime jurídico ao qual está relacionada: o regime das contribuições interventivas" ("Perfil constitucional das contribuições interventivas", in Marco Aurélio Greco (coord.), *Contribuições de Intervenção no Domínio Econômico e Figuras Afins*, cit., p. 157).

do este determinante para o setor público e indicativo para o setor privado.

"(...).

"Art. 175. Incumbe ao Poder Público, na forma da lei, diretamente ou sob regime de concessão ou permissão, sempre através de licitação, a prestação de serviços públicos."

Analisando os artigos transcritos, podemos perceber, de maneira clara, que a Constituição Federal estabeleceu a possibilidade da participação estatal na atividade econômica, que, para Fábio Konder Comparato,[16] seriam as atividades de produção e distribuição de bens e prestação de serviços no mercado, aproximando-se, inclusive, do conceito de "empresário", definido no Código Civil.[17]

O Estado, portanto, poderá atuar na atividade econômica, ou no domínio econômico, mas baseado por alguns princípios e finalidades específicas, definidos em normas que compõem a ordem econômica. Podemos dizer que o Estado Brasileiro, quando atua na atividade econômica, não pode ignorar seu papel de Estado Social.[18] Em outras palavras, o exercício da atividade econômica pelo Estado deve ser pautado na busca de determinados objetivos e fins, dentre eles os previstos no art. 3º do texto constitucional.[19]

Marco Aurélio Greco, ao tratar das contribuições interventivas, reconhece a existência de uma técnica definidora de competência pela finalidade,[20] chamada por Paulo Roberto Lyrio Pimenta[21] de "programação finalística", fazendo referência à doutrina de programas e códigos, de Niklas Luhmann.[22] Nessa técnica a competência é demarcada pela finalidade buscada, e não pela materialidade (definida pelo autor como "programação condicional") – traço característico, vale dizer, de todas as contribuições.

Na medida em que as contribuições visam a custear as atividades estatais de intervenção no domínio econômico, devem ser analisadas pelo prisma da possibilidade e necessidade de intervenção estatal na economia.

Dos arts. 173 e 175 da CF podemos identificar uma atuação estatal direta ou indireta na economia. No primeiro caso ele atua na atividade, participando das relações econômicas; no segundo, normatiza as relações desempenhadas pela iniciativa privada.

Eros Roberto Grau entende como sendo três as possibilidades de intervenção estatal no domínio econômico: absorção (ou participação), direção e indução.[23] Em sentido similar, Celso Antônio Bandeira de

16. Fábio Konder Comparato, *Ordem Econômica na Constituição Brasileira de 1988*, Rio de Janeiro, Forense, 1999, p. 225.

17. Art. 966 do CC: "Considera-se empresário quem explore, profissionalmente, atividade econômica organizada de produção ou circulação de bens ou serviços".

18. Edvaldo Brito define o Estado Social como "o modelo estatal que nascera não para suprimir ou esvaziar liberdades, direitos e interesses dos indivíduos, mas para tornar-se responsável pela ordenação da vida social, atuando no processo econômico com objetivo de definir políticas e dirigir o seu encaminhamento, construindo, em, conseqüência, uma liberdade econômica compatível com os já citados ideais de bem-estar e desenvolvimento" (*Reflexos Jurídicos da Atuação do Estado no Domínio Econômico*, São Paulo, Saraiva, 1982, p. 20).

19. CF, art. 3º: "Constituem objetivos fundamentais da República Federativa do Brasil: I – construir uma sociedade livre, justa e solidária; II – garantir o desenvolvimento nacional; III – erradicar a pobreza e a marginalização e reduzir as desigualdades sociais e regionais; IV – promover o bem de todos, sem preconceitos de origem, raça, sexo, cor, idade e quaisquer outras formas de discriminação".

20. Marco Aurélio Greco, *Contribuições – Uma Figura **Sui Generis***, cit., p. 234.

21. Paulo Roberto Lyrio Pimenta, "Perfil constitucional das contribuições interventivas", cit., in Marco Aurélio Greco (coord.), *Contribuições de Intervenção no Domínio Econômico e Figuras Afins*, p. 160.

22. Niklas Luhmann, *Sociologia do Direito II*, Rio de Janeiro, Tempo Brasileiro, 1985, p. 27. Para estudo interessante acerca da teoria comunicacional do autor sugerimos a leitura obra de Gustavo Valverde Amaral, *Coisa Julgada em Matéria Tributária*, São Paulo, Quartier Latin, 2004.

23. Eros Roberto Grau, *A Ordem Econômica na Constituição de 1988*, São Paulo, Malheiros Editores, 1997, p. 156.

Mello entende que a atividade interventiva do Estado pode se dar pelo exercício do poder de polícia (disciplina da atividade), por intermédio da concessão de incentivos para a iniciativa privada (estímulo da atividade) ou por intermédio de atuação direta, atuando empresarialmente (atuando na atividade propriamente dita).[24] Ainda, Luís Roberto Barroso defende que a atividade interventiva do Estado pode se dar nas modalidades de atuação direta, de fomento e de disciplina.[25] Por fim, Tácio Lacerda Gama, em trabalho específico acerca de contribuições interventivas, identifica duas formas de intervenção: a participativa e a normativa.[26]

Cumpre-nos assinalar que todas as classificações citadas, assim como outras procedidas pela doutrina, de certa forma, se complementam. Passemos à análise de tais formas de atuação.

3.1.1 *Formas de intervenção direta na economia*

Ao falarmos em "atuação direta", certamente identificamos a "absorção" de Eros Roberto Grau, a "atuação direta" de Celso Antônio Bandeira de Mello e de Luís Roberto Barroso assim como a "ação participativa" de Tácio Lacerda Gama. Essa atuação direta, nos termos da mesma doutrina, pode se dar por intermédio da exploração de serviços públicos como pela exploração de atividade econômica de forma concorrencial, paralelamente ao setor privado, ou por intermédio de exploração exclusiva, decorrência de monopólios estatais.

Nesta modalidade de intervenção podemos identificar o Estado atuando positivamente na atividade econômica. Temos aqui uma participação efetiva do Estado nas relações econômicas, como uma das partes envolvidas na atividade produtora de riquezas.

A doutrina identifica,[27] com base nos art. 173 e 175 da CF, a possibilidade de a atuação direta do Estado na atividade econômica se dar por intermédio da exploração de atividades empresariais e exploração de serviços públicos.

Luís Roberto Barroso assim se manifesta: "O Estado pode interferir na ordem econômica mediante uma atuação direta, isto é, assumindo, ele próprio, o papel de produtor ou prestador de bens ou serviços. Essa modalidade de intervenção assume duas apresentações distintas: (a) a prestação de serviços públicos e (b) a exploração de atividades econômicas".[28]

Na exploração do serviço público o Estado atua, a bem dizer, buscando a dis-

24. "Considerando-se panoramicamente a interferência do Estado na ordem econômica, percebe-se que esta pode ocorrer de três modos, a saber: (a) ora dar-se-á através de seu 'poder de polícia', isto é, mediante leis e atos administrativos expedidos para executá-las, como 'agente normativo e regulador da atividade econômica', caso no qual exercerá as funções de 'fiscalização' e em que o 'planejamento' que conceber será meramente '*indicativo* para o setor privado' e 'determinante para o setor público', tudo conforme o art. 174; ora o fará (b) mediante incentivos à iniciativa privada (também supostos no art. 174), estimulando-a com favores fiscais; e ora (c) ele próprio, em casos excepcionais, como logo se dirá, atuará empresarialmente no setor, mediante pessoas que cria para tal fim" (Celso Antônio Bandeira de Mello, *Curso de Direito Administrativo*, São Paulo, Malheiros Editores, 2004, p. 641).

25. Luís Roberto Barroso, "A ordem econômica constitucional e os limites à atuação estatal no controle de preços", *Revista Diálogo Jurídico* 14/17, Salvador, CAJ, 2002.

26. O autor continua sua classificação visualizando na atividade participativa as modalidades serviços públicos, privativos ou delegáveis, e exploração direta. Já, na atividade normativa identifica a fiscalização e o fomento, este dividido em planejamento e incentivo.

27. Tácio Lacerda Gama cita a posição de José Afonso da Silva (*Curso de Direito Constitucional Positivo*, São Paulo, Malheiros Editores, 1994, p. 681), que diferencia os serviços públicos, especialmente de conteúdo econômico e social, e atividades econômicas; e de Eros Roberto Grau (*A Ordem Econômica na Constituição de 1988*, São Paulo, Malheiros Editores, 2001, p. 135), que identifica a atividade econômica em sentido amplo, dividindo-a em serviço público e atividade econômica em sentido estrito (Tácio Lacerda Gama, *Contribuições de Intervenção no Domínio Econômico*, cit., p. 242).

28. Luís Roberto Barroso, "A ordem econômica constitucional e os limites à atuação Estatal no controle de preços", cit., *Revista Diálogo Jurídico* 14/17.

ponibilização, aos administrados, de atividades que compulsoriamente devem ser oferecidas.

O serviço prestado pelo Estado será considerado um serviço público sempre que prestado por força de mandamentos constitucionais – o que acaba por determinar a sujeição de tais serviços ao regime de direito público.

Na definição sempre precisa de Celso Antônio Bandeira de Mello, temos: "*Serviço público* é toda atividade de oferecimento de utilidade ou comodidade material destinada à satisfação da coletividade em geral, mas fruível singularmente pelos administrados, que o Estado assume como pertinentes a seus deveres e presta por si mesmo ou por quem lhe faça as vezes, sob regime de direito público – portanto, consagrador de prerrogativas de supremacia e de restrições especiais –, instituído em favor dos interesses definidos como públicos no sistema normativo".[29]

Na prestação do serviço público o Estado poderá se valer de terceiros, por intermédio de concessão ou permissão, nos termos do texto constitucional. Com isso, surge importante discussão acerca da forma de custeio destes serviços, mais especificamente sobre a natureza jurídica da contraprestação entregue pelo administrado ao fruir tal serviço. De maneira explícita, estamos na discussão sempre atual acerca da diferenciação entre taxas de serviços e tarifas ou preços públicos.

A classificação dos serviços públicos também é assunto que dá ensejo a dúvidas e manifestações doutrinárias diversas. Entretanto, seguindo o entendimento hoje vigente no STF,[30] os serviços públicos podem ser classificados em serviços públicos propriamente estatais (essencialmente públicos, em regra não-delegáveis), serviços públicos essenciais ao interesse público (passíveis de delegação, podendo ser de utilização efetiva ou compulsória) e serviços públicos não-essenciais (em regra delegáveis, de utilização sempre facultativa pelo administrado).

Com base nesta classificação, a intervenção estatal decorrente de prestação de serviços públicos, essencialmente públicos, não-delegáveis, e os essenciais ao interesse público, mesmo que explorados por terceiros, deverá ser remunerada por meio de taxa de serviço, tributo específico, respeitadas as regras decorrentes do regime jurídico tributário. Já, no caso dos serviços públicos não-essenciais ao interesse público a contraprestação poderá se dar na modalidade taxa (regime jurídico tributário) ou tarifa (regime jurídico tarifário).[31] Em outras palavras, a lei definidora da concessão do serviço público é que definirá tal diferenciação ou opção.

Já, na intervenção direta por meio da exploração de atividades regularmente privadas o Estado atua despido de suas prerrogativas, na medida em que explora atividade tipicamente reservada ao setor privado. Nos termos da Constituição Federal, o Estado somente deve atuar na atividade econômica subsidiariamente,[32] presentes os pressupostos dos imperativos da segurança nacional ou relevante interesse nacional, conforme definidos em lei.

Como se pode notar, nesta atuação, o Estado, ao prestar um serviço ou produzir

29. Celso Antônio Bandeira de Mello, *Curso de Direito Administrativo*, cit., p. 620.

30. STF, RE 89.876.

31. Acaba por ser, de certa forma, uma opção do ente tributante.

32. "Este caráter excepcional é enfatizado pela Constituição Federal em duas normas, uma implícita e outra explícita. A primeira limita a criação de novos monopólios públicos, além daqueles que já constam da Carta. E a segunda impõe a necessidade de lei autorizadora de qualquer forma de exploração direta da atividade econômica pelo Estado, cujos pressupostos são os imperativos da segurança nacional ou o relevante interesse coletivo. Além disso, a Constituição estabelece que o Estado-empresário estará submetido às mesmas condições que os particulares, de modo a evitar a concorrência desleal, com prejuízo maior para o princípio da livre iniciativa" (Luís Roberto Barroso, "A ordem econômica constitucional e os limites à atuação Estatal no controle de preços", cit., *Revista Diálogo Jurídico* 14/17).

um bem qualquer, o faz sob a regência do regime de direito privado, de forma que as eventuais contraprestações serão enquadradas na modalidade preços privados, em nada diferentes dos valores entregues à iniciativa privada que disponibiliza bem ou serviço. Jamais poderíamos falar, nesta contraprestação, em taxa, como modalidade de tributo.

Nesta atuação direta, explorando atividades tipicamente privadas, o Estado se valerá de sociedades de economia mista e empresas públicas, por tudo equiparadas às sociedades empresárias, para fins de trato legal relacionado a benefícios ou regime tributário.

3.1.2 *Formas de intervenção indireta na economia*

Ao falarmos em "atuação indireta" somos tentados a identificar a direção e a indução de Eros Roberto Grau, o exercício do poder de polícia e a concessão de benefícios de Celso Antônio Bandeira de Mello, o fomento e a disciplina de Luís Roberto Barroso assim como a ação normativa, dividida em fomento (planejamento ou incentivo) e fiscalização, de Tácio Lacerda Gama.

A intervenção indireta do Estado na ordem econômica pode se dar de diferentes formas, definidas no art. 174 da CF, como se nota: planejamento, incentivo e fiscalização.

Preferimos a nomenclatura "ação normativa",[33] na medida em que deixa claro que nesta forma de intervenção o Estado não participa da atividade econômica propriamente dita, mas apenas por intermédio da edição de normas que visam, de alguma forma, a fiscalizar, planejar ou incentivar.[34]

Nestas atividades identificadas como possíveis para a atuação interventiva indireta do Estado a fiscalização é muito facilmente identificada como o exercício do poder de polícia,[35] definido como hipótese tributária da taxa de polícia.

Nos termos da Constituição Federal e do Código Tributário Nacional, ao exercer efetivo[36] poder de polícia, o ente tributante poderá instituir e cobrar taxa de polícia por essa prestação. Aqui, o objetivo do Estado é a verificação de condições mínimas para o exercício de determinadas atividades, contratação de mão-de-obra, exigências ambientais, entre outras. O Estado, nessa forma de intervenção, disciplina o exercício dos direitos e liberdades individuais, tendo em vista o interesse coletivo.

Aliado à atividade de fiscalização e disciplina da atividade econômica, o Esta-

33. Tácio Lacerda Gama, *Contribuições de Intervenção no Domínio Econômico*, São Paulo, Quartier Latin, 2003, p. 247.

34. Isto não quer dizer, de forma alguma, que não vislumbremos a possibilidade, e até exigência, de prática de atos administrativos específicos, até mesmo visando à materialização de atos de fiscalização, de concessão de benefícios tributários etc.

35. Nos termos do art. 78 do CTN:

"Art. 78. Considera-se poder de polícia atividade da Administração Pública que, limitando ou disciplinando direito, interesse ou liberdade, regula a prática de ato ou abstenção de fato, em razão de interesse público concernente à segurança, à higiene, à ordem, aos costumes, à disciplina da produção e do mercado, ao exercício de atividades econômicas dependentes de concessão ou autorização do Poder Público, à tranqüilidade pública ou ao respeito à propriedade e aos direitos individuais ou coletivos.

"Parágrafo único. Considera-se regular o exercício do poder de polícia quando desempenhado pelo órgão competente nos limites da lei aplicável, com observância do processo legal e, tratando-se de atividade que a lei tenha como discricionária, sem abuso ou desvio de poder."

36. O STF entende que o exercício efetivo do poder de polícia não exige a atuação individualizada, mas apenas a existência de estrutura fiscalizadora em pleno funcionamento (v. RE 416.601). Luciano da Silva Amaro ("Conceito e classificação dos tributos", cit., *RDTributário* 55/251), ainda, defende que a atuação estatal na taxa de polícia, embora provocada pelo contribuinte, não representa um serviço por ele fruído, na medida em que a atividade fiscalizadora do Estado visa ao interesse da coletividade, e não dele, contribuinte, isoladamente. Com isso se justificaria a imposição da taxa de polícia para ela (motivadora da atividade estatal).

do pode intervir de maneira indireta por intermédio de planejamento ou incentivos, concentradas, pelos autores, como atividades de fomento.[37]

As atividades de fomento podem ser entendidas como todas aquelas relacionadas com o estímulo e o incentivo do domínio econômico, materializadas por ações positivas de investimentos em infra-estrutura, concessão de benefícios fiscais, utilização de políticas tributárias, sempre visando a estimular ou desestimular comportamentos.[38]

Esta forma de atuação estatal se dá por intermédio de normas diretivas, de forma que a adesão ao comportamento indicado representa uma opção dos agentes da economia. Nas palavras de Eros Roberto Grau, temos: "No caso das normas de intervenção por indução defrontamo-nos com preceitos que, embora prescritivos (deônticos), não são dotados da mesma carga de cogência que afeta as normas de intervenção por direção. Trata-se de normas dispositivas. Não contudo no sentido de suprir a vontade do seu destinatário, porém, na dicção de Modesto Carvalhosa, no de 'levá-lo a uma opção econômica de interesse coletivo e social que transcende os limites do querer individual'. Nelas, a sanção, tradicionalmente manifestada como comando, é substituída pelo expediente do convite. Ao destinatário da norma resta aberta a possibilidade de não se deixar por ela seduzir, deixando de aderir à prescrição nela vinculada. Se adesão a ela manifestar, no entanto, resultará juridicamente vinculado por prescrições que correspondam aos benefícios usufruídos em decorrência dessa adesão. Penetramos, aí, no universo do direito premial".[39]

Mostra-se contundente a percepção de que neste segmento da intervenção estatal a atividade será desenvolvida por intermédio de tentativas de indução ou de direcionamento da atividade econômica. Não ignoramos, contudo, que determinadas normas integradoras da atividade interventiva indireta de fomento sejam revestidas de cogência plena, por intermédio de utilização de modais "obrigatório" ou "proibido", quando, por exemplo, reprimem abuso de poder econômico.[40]

Tácio Lacerda Gama, ao comentar a atividade interventiva de fomento, identifica na *atividade de planejamento* a veiculação de normas diretivas para o desenvolvimento econômico, por intermédio de leis ordinárias ou complementares, e na *atividade de incentivo* a atuação estatal por intermédio de uma pessoa jurídica ou fundos de recursos criados especialmente para o desenvolvimento da área econômica específica, criando condições para a atuação do setor privado.[41]

No planejamento o Estado edita normas que prescrevem condutas aos administrados, adequando-se à previsão do art. 174, § 1º, da CF, que determina o estabelecimento de diretrizes e bases para o desenvolvimento nacional, integrantes de planos nacionais e regionais de desenvolvimento.

37. Eros Roberto Grau, *A Ordem Econômica na Constituição de 1988*, cit., 2001, p. 135; Luís Roberto Barroso, "A ordem econômica constitucional e os limites à atuação Estatal no controle de preços", cit., *Revista Diálogo Jurídico* 14/17; Tácio Lacerda Gama, *Contribuições de Intervenção no Domínio Econômico*, cit., 2003, p. 248.

38. Luís Roberto Barroso, "Crise econômica e direito constitucional", *RTDP* 6/41, São Paulo, Malheiros Editores, 1994. Nas palavras de Diogo de Figueiredo Moreira Neto e Ney Prado, "através do fomento público o Estado poderá desenvolver uma atuação suasória, não-cogente, destinada a estimular as iniciativas privadas que concorram para restabelecer a igualdade de oportunidades econômicas e sociais ou suprir deficiências da livre empresa no atendimento de certos aspectos de maior interesse coletivo" ("Uma análise sistêmica do conceito de ordem econômica e social", *Revista de informação Legislativa do Senado Federal* 96/121 – p. 132).

39. Eros Roberto Grau, *A Ordem Econômica na Constituição de 1988*, cit., 2001, p. 164.

40. Neste sentido, v. Luís Roberto Barroso, "Crise econômica e direito constitucional", cit., *RTDP* 6/41.

41. Tácio Lacerda Gama, *Contribuições de Intervenção no Domínio Econômico*, cit., 2003, p. 249.

Mais uma vez com Tácio Lacerda Gama,[42] citando José Afonso da Silva,[43] percebe-se que esta intervenção estatal é exercida por edição de planos, mas, contudo, não se limita a eles. Pode ocorrer – e normalmente isso se verifica – a criação de órgãos encarregados de implementar medidas necessárias para a concretização das diretrizes e planos definidos. Nesse momento inicia-se a atividade de fomento por incentivo.

Frise-se, mais, que nesta atividade interventiva o Estado atuará de maneira positiva e concreta, implementando medidas para estimular a iniciativa privada no desenvolvimento de suas atividades, relacionadas, certamente, com os planejamentos realizados na intervenção por planejamento. Percebe-se que são atividades coordenadas: inicialmente procede-se ao planejamento, para posteriormente se proceder ao estímulo pela criação de condições de exploração. Contudo, para proceder a este incentivo, a esta atuação positiva, certamente serão necessários recursos específicos – afinal, a atividade estatal de criação de condições implicará, quase sempre, obras de infra-estrutura, concessão de condições de financiamento diferenciadas, investimentos em formação de profissionais, entre outras.

Nesse momento, então, vislumbramos a necessidade de contraprestações por parte do administrado. Na intervenção indireta por fomento expresso por planejamento não identificamos forma alguma de remuneração, na medida em que o ente apenas legisla. Já, na intervenção indireta por fomento expresso por incentivo, como temos atividade estatal direcionada a um ramo específico da atividade, beneficiando os membros dessa categoria apenas (que passam a contar com as medidas positivas adotadas – de infra-estrutura, por exemplo), haverá a possibilidade de o Estado instituir um tributo específico, uma contribuição de intervenção no domínio econômico. Nesse sentido, deve-se dizer que está definido o exato campo da competência federal para a instituição de tais tributos: a atividade interventiva indireta de fomento pelo incentivo, materializado em condutas positivas relacionadas ao setor econômico específico.

3.1.3 *Relacionando as formas de atuação e as formas de custeio da atividade estatal*[44]

Apenas com o objetivo de sintetizar o que já foi explicitado no item anterior, organizaremos as formas de atuação estatal e as formas de custeio previstas no texto constitucional.

Conforme discorremos, a atividade interventiva do Estado pode se dar de maneira direta e indireta. Na forma direta temos a prestação de serviços públicos e a exploração de bens e serviços em regime de direito privado, concorrendo com o setor privado. Já, na intervenção por atuação indireta temos a normatização, que compreende as atividades relacionadas à fiscalização, ao planejamento e ao incentivo da atividade privada.

Na atividade direta de prestação de serviços públicos, conforme discorremos, a Constituição Federal permite a utilização da figura tributária da taxa de serviços (quando estivermos diante de um serviço público específico e divisível, essencial ao interesse público) ou a utilização da figura não-tributária de tarifas ou preços públicos (quando estivermos diante de serviços públicos também específicos e divisíveis, contudo não-essenciais ao interesse público – o que significa dizer de utilização

42. Idem, ibidem.

43. José Afonso da Silva, *Curso de Direito Constitucional Positivo*, 9ª ed., São Paulo, Malheiros Editores, 1997, p. 687.

44. Este item muito se baseia no excelente trabalho de Tácio Lacerda Gama, que de maneira muito objetiva e didática relacionou as atividades e suas formas de custeio (*Contribuições de Intervenção no Domínio Econômico*, cit., 2003, pp. 255 e 262).

não-compulsória).[45] Já, na atuação em concorrência com o setor privado, explorando a atividade em regime de direito privado, estaremos diante de remuneração privada, preço do bem ou do serviço, não merecendo qualquer qualificador específico.

A atividade indireta, por sua vez, permite a remuneração apenas para as atividades de fiscalização (ou disciplina) e de incentivo, ficando, portanto, sem contraprestação alguma as atividades estatais de planejamento. A atividade interventiva de fiscalização pode ser remunerada por intermédio da figura tributária da taxa de polícia (desde que haja o efetivo exercício do poder de polícia, materializado pela existência de estrutura administrativa em funcionamento responsável por tal fiscalização). Para a atividade interventiva de incentivo resta a contribuição de intervenção no domínio econômico (desde que haja efetivo planejamento, representado, ao menos, pela existência de um fundo específico para a destinação dos recursos auferidos).[46] Graficamente, temos:

ATIVIDADE INTERVENTIVA ESTATAL	REMUNERAÇÃO PERMITIDA PELO TEXTO CONSTITUCIONAL
Exploração direta em regime de direito privado	Preço privado do bem ou serviço
Exploração direta de serviços públicos essenciais	Taxas de serviço
Exploração direta de serviços públicos não-essenciais	Tarifa (ou preços públicos) ou taxas de serviços[47]
Exploração indireta de planejamento	Inexistência de remuneração
Exploração indireta de fiscalização	Taxa de polícia
Exploração indireta de incentivo	Contribuições interventivas

Concluindo: as contribuições de intervenção no domínio econômico, que são as figuras tributárias que nos interessam neste momento, somente serão permitidas quando o Estado propicie atividade interventiva consistente em incentivo para a iniciativa privada. Esta atividade interventiva, obviamente, deve ser pautada em alguns princípios, conforme veremos.

3.2 Os princípios da ordem econômica na Constituição Federal

A intervenção estatal no domínio econômico, mesmo quando feita por intermédio de participação indireta de incentivo, caso propiciador da instituição de contribuições de intervenção, não deve ignorar a idéia de que a intervenção do Estado nesta seara econômica representa uma restrição à livre iniciativa, atingindo direitos econômicos fundamentais.[48]

45. Vale ressaltar que o serviço público prestado de forma geral e indivisível deve ser remunerado por intermédio dos recursos gerais do ente, ou seja, pelos valores arrecadados sem destino específico, notadamente os impostos e as contribuições de melhoria. Os serviços não-essenciais podem ser remunerados por taxa (figura tributária) ou tarifa (figura não-tributária), dependendo, para isso, da previsão legal do ente tributante.

46. Alguns autores entendem que a contribuição de intervenção no domínio econômico pode ser destinada ao custeio da atividade estatal para a intervenção, como a própria contribuição pode ser a intervenção. Neste sentido, Marco Aurélio Greco dispõe: "No campo econômico, a atuação da União pode consistir em uma atuação material ou numa atuação de oneração financeira. Se a atuação for material, a contribuição servirá para fornecer recursos para o exercício das atividades pertinentes e para suportar as despesas respectivas; se a atuação for no sentido de equilíbrio ou equalização financeira, a contribuição será o próprio instrumento de intervenção" (*Contribuições – Uma Figura **Sui Generis***, cit., p. 236).

47. Definido pela lei do ente competente

48. Nas palavras de Paulo Roberto Lyrio Pimenta: "Essa tensão entre princípios é comum em Constituições que apresentam nítido caráter de compromisso entre interesses de grupos econômicos, políticos e

A implicação prática está na constatação de que a intervenção no domínio econômico somente pode se dar para buscar alguma finalidade específica, para tentar realizar algum objetivo previsto no texto constitucional.

Estes objetivos ou metas estão previstos no art. 170 da CF, sendo representados pela busca da soberania nacional, da propriedade privada e de sua função social, da livre concorrência e defesa do consumidor, entre outros.

Vislumbramos nesse artigo constitucional a definição dos grandes objetivos norteadores tanto da atividade interventiva do Estado como da própria competência tributária para fins de instituição de contribuições de intervenção no domínio econômico.

Toda e qualquer contribuição interventiva somente deve ser instituída e validamente cobrada se respeitados os princípios aqui definidos, sendo a atuação do Estado na modalidade "incentivo" destinada ao atingimento de um destes objetivos. Em outras palavras, a contribuição interventiva deve ser instituída para fazer face aos gastos estatais relacionados ao incentivo de atividades tendentes à busca ou proteção dos objetivos delineados nesse artigo constitucional.

Sobre o assunto, afirma Lúcia Valle Figueiredo que "a intervenção do Estado na ordem econômica justifica-se se e na medida da consagração dos valores assinalados no texto constitucional e pertinentes, sobretudo, à ordem econômica".[49]

Oportuno se torna dizer: sempre que a União Federal proceder às atividades de intervenção na economia com a finalidade de garantir ou estimular os princípios da ordem econômica estaremos diante das hipóteses autorizadoras da competência tributária para as contribuições interventivas. Assim, em caso de atividades federais de incentivo à livre concorrência, defesa do meio ambiente, desenvolvimento do emprego, defesa do consumidor, entre outros,

sociais antagônicos, como a nosso de 1988" ("Perfil constitucional das contribuições interventivas", cit., in Marco Aurélio Greco (coord.), *Contribuições de Intervenção no Domínio Econômico e Figuras Afins*, p. 166). Discorrendo acerca da restrição ou conflitos de princípios constitucionais, são as palavras de Luís Roberto Barroso: "Cabe, nesse passo, uma breve anotação sobre a teoria dos princípios e como eles se inserem na ordem jurídica como um todo. Como já assinalado, nenhum princípio é absoluto. O princípio da livre iniciativa, portanto, assim como os demais, deve ser ponderado com outros valores e fins públicos previstos no próprio texto constitucional. Sujeita-se, assim, à atividade reguladora e fiscalizadora do Estado, cujo fundamento é a efetivação das normas constitucionais destinadas a neutralizar ou reduzir as distorções que possam advir do abuso da liberdade e aprimorar-lhe as condições de funcionamento. A ponderação é a técnica para a neutralização ou atenuação da colisão de normas constitucionais. Destina-se a assegurar a convivência de princípios que, caso levados às ultimas conseqüências, acabariam por se chocar" ("A ordem econômica constitucional e os limites à atuação Estatal no controle de preços", cit., *Revista Diálogo Jurídico* 14/5). E continua o autor, a respeito do tema de conflitos: "O Direito, como se sabe, é um sistema de normas harmonicamente articuladas. Uma situação não pode ser regida simultaneamente por duas disposições legais que se contraponham. Para solucionar essas hipóteses de conflitos de leis, o ordenamento jurídico se serve de três critérios tradicionais: o da hierarquia, o temporal e o da especialização. Esses critérios, todavia, não são satisfatórios quando o conflito se dá entre normas constitucionais. A ponderação de valores é a técnica pela qual o intérprete procura lidar com valores constitucionais que se encontrem em linha de colisão. Como não existe um critério abstrato que imponha a supremacia de um sobre o outro, deve-se, à vista do caso concreto, fazer concessões recíprocas, de modo a produzir um resultado socialmente desejável, sacrificando um mínimo de cada um dos princípios ou direitos fundamentais em oposição. O legislador não pode, arbitrariamente, escolher um desses interesses em jogo e anular o outro, sob pena de violar o texto constitucional. Relembre-se, as regras incidem na forma do 'tudo-ou-nada' (Dworkin), ao passo que os princípios devem ser sopesados" (*Temas de Direito Constitucional*, p. 65).

49. Lúcia Valle Figueiredo, "Reflexões sobre a intervenção do Estado no domínio econômico e as contribuições interventivas", *RDTributário* 81/248, São Paulo, Malheiros Editores. No mesmo sentido Misabel de Abreu Machado Derzi, ao dispor que "as finalidades da intervenção devem perseguir aqueles princípios arrolados na Constituição" (in Aliomar Baleeiro, *Limitações Constitucionais ao Poder de Tributar*, 7ª ed., Rio de Janeiro, Forense, 1999, p. 596).

a União Federal estará legitimada à edição de lei criadora do tributo em questão.[50]

Não é esse o entendimento de Ives Gandra da Silva Martins, que se manifesta no sentido da impossibilidade de utilização ordinária da medida: "Sendo um instrumento interventivo, apenas pode ser adotado excepcionalmente e quando detectado desequilíbrio de mercado, que deva ser superado. Caso contrário a contribuição conformaria uma forma de planejamento determinante para o setor privado, o que vale dizer se tornaria um tributo maculador da Lei Suprema".[51]

Entendemos perfeitamente plausível a posição do autor, contudo encontramos dificuldade em medir a existência, ou não, do desequilíbrio. Em outras palavras: como identificar se determinado setor precisa, ou não, de intervenção na modalidade de incentivo, decorrência de um inicial planejamento?

Desta forma, entendemos que a competência federal para a instituição de tais contribuições acaba sendo de grande abrangência, na medida em que sua limitação estará apenas na sua destinação, desde que, obviamente, exista a atividade interventiva. Alguns autores entendem até pela possibilidade de a mera cobrança representar a intervenção, independentemente da existência de atividade concreta, mas desde que destinada a um fundo específico, a ser aplicado em atividades relacionadas com o setor específico.[52]

Finalmente, compartilhamos do entendimento de Tácio Lacerda Gama, que enumera os requisitos para a instituição de contribuições interventivas: "Além de preencher os atributos do conceito de intervenção no domínio econômico, na modalidade incentivo, para ensejar a criação de contribuições interventivas deverá atender aos seguintes requisitos: (i) a intervenção deve ser criada por lei; (ii) deve ser feita num setor específico da economia; (iii) o produto da arrecadação deve ser integralmente voltado ao custeio da intervenção; (iv) a União deve ser o sujeito interveniente; (v) os princípios gerais da ordem econômica devem ser respeitados".[53]

As contribuições interventivas são, assim, espécies de tributos qualificados por sua finalidade constitucional, devendo, portanto, suas receitas estar vinculadas ao custeio da atividade estatal específica, intervenção no domínio econômico por intermédio de atuação indireta de incentivo.

3.3 As materialidades permitidas para as contribuições interventivas

Valendo-se da regra geral adotada para as contribuições especiais, o legisla-

50. Luís Roberto Barroso faz interessante classificação dos princípios da ordem econômica: "Da leitura dos princípios setoriais em questão, é fácil perceber que não há uma homogeneidade funcional entre eles. O papel que a livre concorrência desempenha na ordem econômica é diverso daquele reservado ao princípio que propugna pela busca do pleno emprego ou pela redução das desigualdades regionais e sociais. À vista desta constatação, é possível agrupar dois grandes grupos, conforme se trate de princípios de funcionamento da ordem econômica e de princípios-fins. Em linhas gerais, os princípios de funcionamento estabelecem os parâmetros de convivência básicos que os agentes da ordem econômica deverão observar. Os princípios-fins, por sua vez, descrevem realidades materiais que o constituinte deseja sejam alcançadas". Entende o autor pertencerem ao grupo dos princípios de funcionamento os constantes dos incisos I a VI, sendo princípios-fins os demais incisos, todos do art. 170 da CF (Luís Roberto Barros, "A ordem econômica constitucional e os limites à atuação Estatal no controle de preços", cit., *Revista Diálogo Jurídico* 14/8).

Interessante relação pode ser travada com os conceitos de princípios-valores e princípios-limites objetivos, classificação desenvolvida, dentre outros, por Paulo de Barros Carvalho, *Curso de Direito Tributário*, São Paulo, Saraiva, 2005, p. 145.

51. Ives Gandra da Silva Martins, "As contribuições e o art. 149 da CF", in *Grandes Questões Atuais de Direito Tributário*, vol. 6, São Paulo, Dialética, 2004, p. 197.

52. Paulo Roberto Lyrio Pimenta, "Perfil constitucional das contribuições interventivas", cit., in Marco Aurélio Greco (coord.), *Contribuições de Intervenção no Domínio Econômico e Figuras Afins*, p. 166.

53. Tácio Lacerda Gama, *Contribuições de Intervenção no Domínio Econômico*, cit., 2003, p. 263.

dor constituinte não definiu as materialidades possíveis de serem eleitas pelo legislador federal para a instituição das contribuições de intervenção. Desta forma, faz-se pertinente tal discussão.

Conforme defendemos neste trabalho, entendemos que as contribuições são tributos qualificados por sua destinação, de forma que a definição da materialidade do tributo será papel do legislador infraconstitucional, no momento da edição da lei específica.

No caso das contribuições interventivas, entendemos que a lei ordinária federal,[54] veículo introdutor competente, poderá se valer de qualquer materialidade, desde que a eleição do critério seja pertinente ao grupo que sentirá os efeitos da intervenção estatal. Em outras palavras, a contribuição interventiva deve ser suportada apenas pelos membros do setor da atividade econômica sob intervenção, de forma que a materialidade eleita não pode ignorar tal relação.

A contribuição de intervenção no domínio econômico deve custear uma atividade estatal específica que se materialize em incentivo, como intervenção estatal indireta, relacionada a determinado grupo. *Eis a referibilidade das contribuições especiais*. Não vislumbramos possível uma intervenção indistinta, em toda a sociedade, capaz de ser custeada por esta espécie tributária. Para a implementação de atividades gerais as receitas tributárias típicas são as decorrentes dos impostos.[55]

Discordamos da afirmação de que a divisão das materialidades realizada nos arts. 153, 155 e 156 da CF estabeleça limites ao legislador para a instituição de contribuições.[56] As materialidades dos artigos citados, a nosso sentir, apenas vinculam as materialidades dos impostos.[57] Aliado a isso, a materialidade das contribuições não precisa estar relacionada a qualquer atividade estatal específica.[58]

Em última análise, valemo-nos das lições de Luís Eduardo Schoueri ao tratar das limitações para a definição das materialidades das contribuições interventivas: "A inexistência de indicação expressa não significa, outrossim, total liberdade do legislador federal. Não podem as contribuições incidir sobre um fato qualquer. Com efeito: em primeiro lugar, nota-se que o fato gerador de qualquer tributo deve ter um fato econômico. A uma contribuição que incidisse sobre um fato não-econômico faltaria, por exemplo, base de calculo para a incidência. (...). Ainda mais: havendo uma atividade estatal a ser financiada, deve-se examinar a quem cabe suportar tais custos. Enquanto no caso das contribuições sociais destinadas à seguridade social o próprio constituinte tratou de delimitar que toda a sociedade deveria assumir tal incumbência (art. 195, *caput*), no caso

54. Essa lei deve definir os aspectos da medida, tais como o setor alcançado, a competência do órgão, o prazo de duração da medida, as condições da intervenção, entre outros.

55. Esse é o entendimento, entre outros, de Tácio Lacerda Gama (*Contribuições de Intervenção no Domínio Econômico*, cit., 2003, p. 265) e do STF, expresso no RE 218.061-5 ("... o setor a ser beneficiado não poderia deixar de estar definido e concretamente organizado contemporaneamente ao início da cobrança dos recursos financeiros que em seu benefício seriam arrecadados").

56. Defendendo a limitação das materialidades: Roque Antônio Carrazza, *Curso de Direito Constitucional Tributário*, São Paulo, Malheiros Editores, 2005, p. 334; Geraldo Ataliba, *Hipótese de Incidência Tributária*, São Paulo, Malheiros Editores, 2000, p. 176. O STF decidiu que as materialidades dos arts. 153, 155 e 156 não se aplicam às contribuições: "As contribuições, não obstante um tributo, não estão sujeitas à limitação inscrita no art. 145, § 2º, da CF. Também não se aplicam a elas as limitações a que estão sujeitos os impostos em decorrência da competência privativa dos entes políticos para instituí-los (CF, arts 153, 155 e 156), a impedir a bitributação" (RE 177.137). Entendeu também pela não-aplicação do art. 154, I, da CF às contribuições, salvo as de seguridade social residuais, por expressa previsão (RE 182.120).

57. Conforme argumentos aduzidos na discussão do mesmo tema nas contribuições sociais.

58. Lembrando que as contribuições interventivas, assim como todas as contribuições, exigem que os recursos sejam obrigatoriamente destinados à sua finalidade definida constitucionalmente.

das demais contribuições inexiste aquela indicação. (...). Ora, se a intervenção estatal é voltada a determinado setor da economia, parece claro que é apenas ali que se buscarão os recursos para a atuação estatal (teoria do benefício); se a intervenção estatal é ampla e indistinta, igualmente abrangente deve ser a busca dos recursos para seu financiamento".[59]

E, por fim, arremata o autor: "Têm-se, pois, delineados os principais contornos constitucionais da contribuição de intervenção no domínio econômico: deve tratar-se de contribuição, cujos recursos serão voltados a uma atuação estatal (intervenção), cobrada daqueles diretamente afetados por aquela atividade, cujo fato gerador, necessariamente econômico e identificando capacidade contributiva, deverá, quando possível, distinguir os contribuintes conforme lhes seja refletida a atuação, vedado o recurso a fato gerador ou base de cálculo próprios dos impostos de competência dos Estados, Distrito Federal e Municípios".[60]

Ao ensejo da conclusão, afirma Roque Antônio Carrazza: "Positivamente, o termo 'contribuição' não é senha para que a União crie qualquer tributo. Pelo contrário, há a necessidade de correlação lógica entre as causas e fundamentos da intervenção no domínio econômico e a instituição do tributo ora em estudo. É que são justamente tais causas e fundamentos que justificam a própria instituição da contribuição interventiva. Todos estes detalhes devem, por evidente, figurar na lei instituidora da exação, até porque eles balizam, inclusive, temporalmente, sua cobrança: desaparecidas ou superadas as causas e fundamentos invocados, desaparecida *ipso facto* também estará a possibilidade de seu lançamento e arrecadação".[61]

4. Das contribuições e a lei orçamentária

Conforme discorremos anteriormente, as contribuições têm regime jurídico definido pelo texto constitucional, no qual a destinação da receita é determinante.

As contribuições especiais são definidas como tributos qualificados por sua finalidade. Cada uma delas representa a fonte de receita específica para o custeio das atividades estatais relacionadas ao campo de atuação determinado pela Constituição Federal.

A natureza jurídica das contribuições depende de sua finalidade específica. A norma de competência tributária relacionada à espécie tributária contém, em seu critério delimitador da competência, sua destinação específica.

Em virtude destas considerações, não podemos deixar de relacionar as afirmações tão categóricas expostas, defendendo a destinação das contribuições, com a norma orçamentária e a previsão de despesas e receitas estatais. Não nos parece razoável supor que um enunciado constitucional expresso determinasse a importância da destinação para ser completamente ignorado em sua materialização na lei orçamentária.

Sabemos que a Lei Orçamentária Anual/LOA deve prever a totalidade dos gastos e das receitas do Estado. Nela estarão definidas as entradas, com sua origem, e os destinos de todas as receitas (as despesas públicas). Estas previsões devem ser elaboradas com base nas regras definidas na Lei de Diretrizes Orçamentárias/LDO,

59. Luís Eduardo Schoueri, "Algumas considerações sobre a contribuição de intervenção no domínio econômico no sistema constitucional brasileiro. A contribuição ao Programa Universidade-Escola", in Marco Aurélio Greco (coord.), *Contribuições de Intervenção no Domínio Econômico e Figuras Afins*, cit., p. 362.

60. Idem, p. 366. Não concordamos com o autor apenas na limitação das materialidades. O autor ainda faz uma interessante análise da proposital não-inclusão no art. 149 da CF da referência ao princípio da igualdade, defendendo que estas contribuições não se pautam nesse princípio, mas sim na proporcionalidade (da participação no benefício).

61. Roque Antônio Carrazza, *Curso de Direito Constitucional Tributário*, São Paulo, Malheiros Editores, 2004, p. 529.

editada também anualmente. Esta, por sua vez, respeitando o planejamento macroeconômico realizado na Lei do Plano Plurianual/LPP.

Obviamente que este percurso, da Lei Plurianual até a Lei Orçamentária Anual, deverá respeitar os demais enunciados constitucionais relacionados às fontes de receitas ou às despesas autorizadas e obrigatórias. Certamente, o Poder Executivo, ao propor os projetos das leis orçamentárias, e o Poder Legislativo, ao aprovar e editar tais leis, não têm competência irrestrita para a definição do seu conteúdo. O legislador constituinte, em uma série de enunciados, definiu algumas receitas e despesas obrigatoriamente relacionadas. Eis o campo das contribuições especiais.

Nem se diga que estaríamos confundindo o campo do direito tributário, relacionado ao tributo, com o campo do direito financeiro, relacionado ao estudo das receitas e despesas. O tributo é receita pública. Mais que isso, o Direito sempre é uno e indivisível, admitindo subsecções meramente didáticas, para fins de delimitação de objetos de estudo. Não aceitamos – ao revés, refutamos – a não-interferência dos enunciados supostamente de direito financeiro no campo dos enunciados supostamente de direito tributário. Estão relacionados, na medida em que ambos tratam de uma forma de receita estatal: o tributo.

Entendemos, portanto, que o legislador, ao editar a lei orçamentária, necessariamente deverá respeitar a seguinte regra: *toda receita originada pelas contribuições especiais deverá ser direcionada às despesas relacionadas ao campo específico da contribuição considerada*. Concluímos, portanto, que toda a receita auferida com contribuições sociais deve ser reservada à aplicação em atividades, fundos, programas, investimentos, relacionados ao campo social do Estado; toda a receita auferida com as contribuições interventivas deve estar relacionada à aplicação em fundos, programas, projetos, incentivos, direcionados ao ramo econômico objeto da intervenção estatal legitimadora do tributo; e assim sucessivamente.

Não poderá uma receita originada por intermédio de uma contribuição especial ser direcionada a qualquer atividade não relacionada com sua específica hipótese. A norma de competência tributária assim impõe ao legislador da norma orçamentária.

Podemos, ainda, buscar fundamento para a destinação obrigatória das contribuições na análise dos direitos e garantias individuais. O sujeito passivo, o cidadão, tem direito à proteção de sua propriedade privada.[62] Certamente que isso não implica dizer que a propriedade seja absoluta, sob pena de não se permitir, sequer, a cobrança de tributos (que é, sem dúvida, uma afronta à propriedade). Contudo, os administrados têm o direito de somente serem afrontados em sua propriedade nos exatos limites e hipóteses expressamente permitidos pela Constituição Federal, de forma a estabelecer um equilíbrio aparente entre a necessidade estatal e a propriedade individual.

Aceitando-se que o administrado somente pode ser afrontado em sua propriedade nos termos e limites da Constituição Federal, configurar-se-ia um desapossamento ilegítimo o tributo cobrado e não destinado ao motivo legitimador da competência (sua destinação específica). Somos obrigados a sofrer a incidência tributária de uma contribuição especial para financiar atividade estatal específica. Ora, se a atividade estatal não será por tais valores suportada, não há razão para a tributação. Estaríamos sendo onerados para custear uma atividade estatal específica mas os recursos não seriam nela aplicados – o que significa dizer que não estaríamos, a rigor, custeando aquela atividade. Perdida, por completo, a legitimação para a instituição de tal tributo.

Resta a questão da vinculação de tais receitas.

62. CF, art 5º, XXII: "é garantido o direito de propriedade; (...)".

Nos termos da Constituição Federal, o orçamento será composto de um orçamento fiscal, de investimentos e de seguridade social (divisões da LOA). As receitas, portanto, deverão ser distribuídas segundo este modelo, seguindo a finalidade constitucional das contribuições. Passemos à análise da distribuição e alocação de tais receitas.

4.1 Orçamento fiscal e as receitas tributárias das contribuições[63]

O orçamento fiscal compreenderá a totalidade dos valores necessários à União para a manutenção de suas atividades, suas obras, sua estrutura pessoal e material, assim como eventuais fundos e órgãos. Esse orçamento, a rigor, receberá e compreenderá as receitas decorrentes das contribuições de intervenção no domínio econômico e contribuições sociais gerais.

É certo que as receitas decorrentes das contribuições interventivas poderão estar representadas no orçamento pela previsão de gastos específicos relacionados ao ramo econômico relacionado à intervenção, seja por intermédio de obras, programas, infra-estrutura ou, mesmo, um fundo específico.

Importante lembrarmos que a intervenção estatal custeada por esta espécie de contribuição, conforme discutimos anteriormente, somente pode se dar por intermédio de atividades de atuação indireta do Estado, representada por incentivos. Estes incentivos, materializados em atividades como obras e serviços, entre outras, serão sempre, é claro, vinculados ao ramo de atividade objeto da intervenção.[64]

Esses valores, com base no princípio da universalidade, deverão constar da LOA, discriminados em um fundo específico ou despesa, no orçamento fiscal. Havendo a criação do tributo já no curso do exercício, após a aprovação da Lei Orçamentária, a despesa ou fundo específico será criado pela própria lei instituidora da contribuição, atendendo, com isso, à exigência do art. 167, IX, da CF. Com isso permanecerá o equilíbrio necessário entre a receita tributária específica das contribuições e a previsão, na Lei Orçamentária, de sua destinação específica.

Como se observa, a contribuição interventiva criada deverá ser destinada somente para o custeio da atividade estatal relacionada à intervenção. Na Lei Orçamentária essa vinculação estará representada pela criação de um fundo específico ou previsão de uma obra de infra-estrutura e serviços, no orçamento fiscal da União.

Nesse orçamento também vislumbramos a possibilidade da criação de fundos, obras ou serviços relacionados com a instituição de contribuições sociais gerais, ou seja, aquelas destinadas a financiar a atividade estatal no campo social, não englobadas no conceito de seguridade social. Dizemos isso baseados na existência, na Lei Orçamentária, de um orçamento para a seguridade social apenas.

63. Importante salientar que não nos preocupamos em descrever os eventuais destinos das receitas tributárias oriundas das demais espécies tributárias, na medida em que fogem ao campo do presente trabalho.

64. Apenas para ilustrar, no caso da instituição das contribuições interventivas sobre operações com combustíveis, previstas constitucionalmente no art. 177 da CF, deverão ter seus recursos destinados a subsídios ao transporte do produto, financiamento de projetos ambientais relacionados à exploração do combustível e infra-estrutura de transportes. Todos os objetivos, portanto, relacionados ao ramo de intervenção – o comércio de combustíveis (art. 177, § 4º, da CF: "§ 4º. A lei que instituir contribuição de intervenção no domínio econômico relativa às atividades de importação ou comercialização de petróleo e seus derivados, gás natural e seus derivados e álcool combustível deverá atender aos seguintes requisitos: (...) II – os recursos arrecadados serão destinados: a) ao pagamento de subsídios a preços ou transporte de álcool combustível, gás natural e seus derivados e derivados de petróleo; b) ao financiamento de projetos ambientais relacionados com a indústria do petróleo e do gás; c) ao financiamento de programas de infra-estrutura de transportes").

4.2 Orçamento de investimentos e as receitas tributárias das contribuições

O orçamento de investimentos compreenderá a totalidade de recursos destinados às sociedades nas quais a União tenha participação societária, seja para sua expansão, seja para aumento patrimonial.

Nesse orçamento, por sua característica específica, entendemos não ser cabível a aplicação das receitas decorrentes da arrecadação de contribuições especiais. Este entendimento baseia-se no fato de a atuação estatal nesse setor, por intermédio de empresas públicas e sociedades de economia mista, configurar intervenção direta do Estado na economia, com objetivo de obtenção de resultados positivos, concorrendo com o setor privado, não havendo no texto constitucional previsão de contribuições especiais com tal destinação. A falta de previsão na Constituição Federal de contribuições especiais destinadas a custear essa específica atividade de intervenção direta do Estado na economia implicará a impossibilidade de alocação das receitas de outras contribuições especiais nesse orçamento, pois acabaria configurado o desvio de finalidade da receita tributária.

4.3 Orçamento da seguridade social e as receitas tributárias das contribuições

Por fim, o orçamento da seguridade social compreende a totalidade das despesas da União relacionadas à seguridade social, representadas pelas atividades de saúde, de assistência social e de previdência.

Nesse orçamento, como não poderia deixar de ser, estará relacionada a totalidade de receitas auferidas com as contribuições sociais para a seguridade social, sejam as ordinárias, previstas no art. 195, *caput*, da CF, sejam as residuais, autorizadas pelo art. 195, § 4º, da CF.

Nos termos do mandamento constitucional constante do art. 167, XI, as receitas específicas das contribuições sociais para a seguridade incidentes sobre remunerações pagas pelo empregador e sobre a aferição de rendimentos por trabalhadores e demais segurados devem ser destinadas especificamente ao custeio do sistema de previdência social. Para essas contribuições o campo de destinação é ainda mais específico, na medida em que a seguridade social engloba também as atividades ligadas à saúde e à assistência social, destinos autorizados para tais contribuições. Em outras palavras, se as demais contribuições sociais para a seguridade podem ter suas receitas utilizadas para o financiamento de qualquer atividade social relacionada à seguridade social, as citadas somente podem ser destinadas ao montante previdenciário.

Não vislumbramos, contudo, qualquer possibilidade de destinação diferenciada desses recursos (não relacionadas à seguridade social). Não seria possível, com isso, alocar os recursos provenientes dessas contribuições nos orçamentos fiscal ou de investimentos.

O art. 167, VIII, da CF indica expressamente a impossibilidade de transpor tais créditos para o orçamento de investimentos, não vedando, desde que haja autorização legislativa, o manejo dos valores entre o orçamento fiscal e da seguridade. Entendemos, apesar de não enunciado de maneira expressa, que a norma de competência das contribuições impõe a impossibilidade de alteração dos valores para *qualquer tipo de orçamento*. Com isso, entendemos que os valores decorrentes das contribuições sociais para a seguridade social devem estar relacionados, em sua totalidade, no orçamento da seguridade.

4.4 Receitas de contribuições não constantes do orçamento

Na análise procedida acerca das receitas das contribuições e sua alocação na Lei Orçamentária ainda não definimos a posição das receitas decorrentes das contribuições corporativas, assim como das contribuições de custeio do serviço de iluminação pública.

As contribuições corporativas, diante da imposição de sua parafiscalidade obrigatória pelo texto constitucional, nem sequer entram no orçamento da União. Serão arrecadadas e administradas pelas pessoas detentoras da capacidade tributária ativa, delegada pela União Federal.

Admitindo a possibilidade da configuração da parafiscalidade, independentemente da delegação da capacidade tributária ativa (ou seja, podendo a própria União proceder à arrecadação de tais valores, para posterior repasse às entidades fiscalizadoras e regulamentadoras da atividade econômica ou profissional), os valores decorrentes dessas contribuições deverão constar do orçamento fiscal. Nesse orçamento, contudo, essas receitas serão destinadas obrigatoriamente a essas entidades.

Por fim, as contribuições para custeio do serviço de iluminação pública, por serem de competência municipal e distrital, não constam do orçamento da União Federal. Contudo, no orçamento dos entes competentes tais receitas devem ser obrigatoriamente destinadas à manutenção de tal atividade, permanecendo a regra atinente a todas as contribuições especiais.

4.5 A destinação das contribuições e orçamento: relação necessária

Diante do exposto, podemos resumir a relação entre a *vinculação das receitas das contribuições especiais* e a *norma orçamentária*, constante do orçamento anual (dividido em fiscal, de investimento e da seguridade).

As contribuições sociais ocupam várias possíveis posições. As contribuições sociais para a seguridade social, sejam as ordinárias (art. 195, *caput*, da CF), sejam as residuais (art. 195, § 4º, da CF), estarão obrigatoriamente no orçamento da seguridade social. As sociais gerais, por sua vez, poderão estar no orçamento fiscal, desde que relacionadas a programas, projetos ou fundos estritamente relacionados com a manutenção da atividade estatal no campo social.

As contribuições corporativas, se não observada a delegação da capacidade tributária ativa, estarão relacionadas no orçamento fiscal, vinculadas ao órgão estatal específico, destinado à regulamentação da atividade profissional ou econômica.

As contribuições interventivas, por seu caráter de atividade de participação indireta na economia, mediante incentivo, constarão do orçamento fiscal, vinculadas a atividade, obra, serviço, programa ou fundo destinado ao custeio da atividade estatal direcionada ao ramo objeto da intervenção. As despesas devem estar relacionadas obrigatoriamente com atividades de incentivo àqueles que pertencem ao ramo onerado com a tributação.

As contribuições de custeio do serviço de iluminação, por fim, constarão do orçamento municipal e distrital, relacionadas ao serviço geral e indivisível, devendo ser destinadas ao custeio de obras de expansão ou manutenção do serviço existente.

5. Conclusão

Diante do exposto, acreditamos ter delimitado, ao menos de maneira superficial, algumas características e considerações relevantes pertinentes à definição do campo de competência e dos requisitos para a instituição válida das contribuições interventivas.

Essa espécie certamente representa grande campo para a atuação estatal na intervenção das atividades econômicas, assim como interessante fonte de custeio a ser explorada pela União. Aguardemos o exercício da competência.

TAXA E PREÇO PÚBLICO: POR UMA REAVALIAÇÃO DO CONCEITO DE TRIBUTO E DEFINIÇÃO DAS ESPÉCIES TRIBUTÁRIAS

FLORENCE HARET
Doutoranda pela Faculdade de Direito do Largo São Francisco, Universidade de São Paulo. Professora e Pesquisadora do IBET. Professora na COGEAE/SP, COGEAE/SS, ESPGE e EPD. Assistente do Professor Titular, na USP, nas disciplinas Direito Tributário I e II.

1. Definição do conceito de tributo. 2. Identificação das espécies tributárias. 3. Identificação e conformação das espécies tributárias. 4. Conceito de taxa. 5. Distinção entre "taxa" e "preço público": análise sobre os critérios adotados pela doutrina e jurisprudência. 6. Definição de tarifa ou preço público. 7. Quadro mimético.

1. Definição do conceito de tributo

A legislação tributária brasileira se preocupou em enunciar um conceito de *tributo*. Segundo o art. 3º do CTN:

> Tributo é toda prestação pecuniária compulsória, em moeda ou cujo valor nela se possa exprimir, que não constitua sanção de ato ilícito, instituída em lei e cobrada mediante atividade administrativa plenamente vinculada.

A definição legal, contudo, deixa dúvidas, traz repetições desnecessárias e, por isso mesmo, em determinados casos é ambígua e vaga. Paulo de Barros Carvalho revelou sua ambiguidade enunciando que a palavra pode denotar distintos conjuntos de entidades tal como relação jurídica, direito subjetivo, dever jurídico, quantia em dinheiro, norma jurídica e, como prefere o Código Tributário Nacional, a relação jurídica, o fato e a norma que juridiciza o fato.[1] Contudo, pondere-se que a imperfeição do conceito legal de tributo não se encontra na pluralidade de acepções que significa mas, mais que isso, na indeterminabilidade pela doutrina tradicional dos critérios imprescindíveis para todas espécies tributárias e sua verificação na diversidade das formas e situações (contextos) em que os tributos se apresentam no direito nacional.

É bem verdade que o caráter semântico plural de todo palavra é algo próprio da linguagem. Deste modo, todo vocábulo se apresenta potencialmente ambíguo e vago. Porém, a pluralidade sígnica, em si mesma considerada, não entrava o processo comunicativo. Na maioria das vezes, é perfeita-

1. Paulo de Barros Carvalho, *Curso de Direito Tributário*, 21ª ed., São Paulo, Saraiva, 2009, pp. 24-27.

mente possível comunicar-se e fazer-se compreendido ainda que todas palavras tenham mais de um sentido. O contexto e o próprio fato comunicacional colaboram na identificação de seu sentido na dinâmica do discurso. O problema impera quando estes são insuficientes para fixar a significação precisa do termo. Não fica claro o conteúdo que se deve dar à palavra. Surge então a *ambiguidade*. Em outros momentos, não sabemos os exatos limites do campo de abrangência semântica de determinado vocábulo. Desconhecemos ao certo se sua aplicabilidade é possível para este ou aquele caso, ainda que, em certa medida, sabemos o seu significado. Assim impera a *vagueza*. Ambiguidade e vagueza do conceito de tributo vêm a tona na determinação das espécies tributárias, e, mais ainda, no dissociar entre taxa e preço público. Eis que o tema pede maiores comentários.

O art. 3º do CTN preceitua relevância significativa em três critérios no conceito de tributo: (i) ser compulsório; (ii) ter caráter pecuniário; e (iii) não constituir sanção de ato ilícito. Em outros termos, todo tributo institui norma que tem por antecedente um fato necessariamente lícito que, uma vez ocorrido e posto em linguagem competente das provas, dá ensejo a uma relação jurídica obrigacional. Imposta pela Lei compulsoriamente, a obrigação tributária implica no dever do contribuinte de *dar* algo em pecúnia ao Estado, valor este quantificado pela base de cálculo e alíquota. Eis os sentidos compulsório, pecuniário e de fato lícito, próprios de toda forma exacional.

Agora, a despeito de parecer hialina a explicação, tais critérios em determinadas situações podem ser assumidos com mais de um sentido. Exemplificando: a condição de compulsoriedade viria da lei? E em assim afirmando, seria tida por compulsória a cobrança de preço público em única via de acesso a determinada cidade e/ou região? Este critério abarcaria um sentido de *compulsoriedade pragmática* ou se restringiria apenas àquele significado imposto por lei? As dúvidas significativas instauram a ambiguidade e vagueza do termo, inapto por si só para nos dar limites precisos na fixação das espécies tributárias. E o que foi feito com o critério *compulsoriedade* poderia muito bem ser produzido com o elemento *pecuniariedade* e a condição de não constituir sanção.

Esses e outros debates são aquilo que nos leva a repensar cada um dos fatores estruturantes do tributo e revê-los segundo as imposições contextuais em que as figuras tributárias se apresentam no direito brasileiro. Assim, pretende-se neste trabalho, redefinindo os próprios conceitos dos critérios distintivos adotados, redimensionar as características inerentes a toda figura tributária, para, ao fim e ao cabo, localizar esta abordagem na diferenciação entre taxa e preço público. Nada melhor para iniciar tal empreendimento que a identificação das espécies tributárias segundo uma concepção normativa.

2. Identificação das espécies tributárias

Sabemos que as normas no direito são homogêneas sintaticamente e heterogêneas no âmbito semântico. Exatamente por esta razão é que o estudo normativo das espécies tributárias, assegurado pela forma jurídica de toda unidade de direito, é um ponto de partida seguro e que nos fornece o dado preliminar para uma análise dogmática do tema.

Diversas são as classificações das estruturas normativas no direito. Bem se vê que dividir em classes é tarefa que não se submete aos valores verdade e falsidade, mas, sim, pode se apresentar mais ou menos útil para aquele que se debruça sobre o assunto. Dentre as classificações que me parecem servir a este estudo encontram-se aquelas que dividem as normas tributárias em (i) em sentido estrito[2] e amplo;[3] em (ii)

2. São consideradas normas em sentido estrito aquelas que instituem o tributo propriamente dito (mensagens com sentido deôntico jurídico completo), também conhecida como regra-matriz de incidência.

regra de estrutura[4] e de conduta;[5] e, por fim, em (iii) norma primária[6] e secundária.[7] Esses três empreendimentos classificatórios permitem localizar o núcleo do direito tributário em termos normativos, fazendo insurgir a regra-matriz de incidência tributária.

Com base nas classificações normativas acima admitidas, firmemos que a regra-matriz é *norma jurídica tributária em sentido estrito*, uma vez que institui diretamente sobre o tributo, criando uma hipótese no antecedente e uma relação jurídica obrigacional no consequente. Em instituindo obrigação, é *norma de conduta* que prescreve, ao contribuinte, um dever de pagar (conduta) em pecúnia tributo devido. É *norma primária*, tendo em vista que diz *não constituir sanção de ato ilícito*. Por fim, é proposição jurídica geral e abstrata: *abstrata*, por prever hipótese de incidência enunciando elementos de ação, tempo e espaço; e *geral*, por se dirigir a todos os agentes compositivos daquele sistema jurídico, fixando os termos pessoais e quantitativos da relação jurídica em termos generalizantes. Eis redefinidos em termos normativos os critérios enunciados pelo art. 3º CTN.

3. Todas as regras de direito que versem direta ou indiretamente sobre a norma tributária em sentido estrito são proposições jurídico-tributárias em sentido amplo. Não estatuem os direitos e deveres da relação jurídica tributária, mas positivam tudo aquilo que permite tal preceituação.

4. São aquelas regras que versam sobre formação e transformação de outras normas no sistema (normas-de-normas).

5. Por seu turno, prescrevem sobre a conduta social que o direito quer ver atingida ou transformada. Dito de outro modo, atinge, imediata e diretamente, a conduta de todos aqueles submetidos a um dado sistema jurídico.

6. Ao modo de Cossio, a endonorma é a regra primária que prescreve um dever, se e quando acontecer o fato previsto no suposto (relações deônticas direitos/deveres).

7. São normas secundárias ou perinormas aquel'outras que determinam uma providência sancionatória, aplicada pelo Estado-Juiz, no caso de descumprimento da conduta estatuída na norma primária (consequências sancionadoras).

Tomando com ponto de partida esta forma nuclear do direito tributário, perceberemos que toda espécie de tributo tem sua regra-matriz, de modo que é um mecanismo seguro para uma primeira aproximação desse tópico. É a partir da regra-matriz que as espécies tributárias vão se apresentando aos nossos olhos. O CTN, em 1966, procedeu em seu art. 5º determinação dos tributos em três hipóteses: impostos, taxas e contribuições de melhoria. Ao assim proceder, restringiu o exame apenas segundo as imposições do fato antecedente da regra-matriz, como se depreende da leitura dos enunciados abaixo:

Art. 16 do CTN. "Imposto é o tributo cuja obrigação tem por fato gerador uma situação independente de qualquer atividade estatal específica, relativa ao contribuinte".

Art. 77 do CTN. "As taxas (...) têm como fato gerador o exercício regular do poder de polícia, ou a utilização, efetiva ou potencial, de serviço público específico e divisível, prestado ao contribuinte ou posto à sua disposição".

Art. 81. "A contribuição de melhoria (...) é instituída para fazer face ao custo de obras públicas de que decorra valorização imobiliária, tendo como limite total a despesa realizada e como limite individual o acréscimo de valor que da obra resultar para cada imóvel beneficiado".

Conforme sua vinculação ou não com uma atividade estatal específica, o tributo pode ser imposto, na ausência de ato do Estado; ou taxa e contribuição de melhoria, em havendo atuação do Poder Público. Nesta última, dependendo do tipo de atividade produzida, será taxa, quando essa atividade pública for exercício de poder de polícia ou prestação específica e divisível de serviço público; ou contribuição de melhoria, quando houver obra pública e valorização do bem privado. Numa atitude de isolamento da regra-matriz de incidência, percebeu no fato antecedente a existência ou não de atividade do estado, assumindo uma classificação tripartite exclusivamente intranormativa, *i.e.*, observando-se tão só o enunciado antecedente da regra-matriz de incidência tributária. Nesta, os elementos úteis ao agrupamento em classes são critério material e base de cálculo, fatores que sozinhos afirmam, confirmam ou infirmam as espécies tributárias em termos intranormativos. Os critérios determinantes são (i) caráter vinculado[8] ou não vinculado[9] e, com base na resposta deste, em sendo tal vinculação (ii) direta[10] ou indiretamente.[11]

Com o advento da Carta Magna, em 1988, e suas posteriores modificações pelo Poder constituinte derivado, passou-se a admitir critérios que fugiram aos limites da proposição nuclear do tributo. Com isso afirmaram-se novas espécies com vista (i) na restitutividade dos valores cobrados e (ii) na destinação específica para o qual são criados. Extrapolando a regra-matriz dos tributos, o Texto Maior trouxe novos tipos tributários que se definem com base na inter-relação da norma nuclear do tributo com outras regras, tal como a que institui a destinação específica ou que impõe o dever de restituição dos valores cobrados do contribuinte. Assim, com a Planta de 88 uma nova classificação se estabeleceu, levando em conta justamente esta conexão entre normas, ou melhor, este vínculo internormativo ou liame extranormativo como preferirem. Eis que surge a definição quinquepartite dos tributos, incluindo agora dentre as espécies: (i) impostos; (ii) taxas; (iii) contribuições de melhoria; (iv) empréstimos compulsórios; e (v) contribuições especiais.

Desta forma, a classificação constitucional das espécies tributárias não invalida aquel'outra estabelecida pelo CTN em 1966. A procedência destes empreendimentos está que, uma vez consciente revelar o CTN os tipos de tributos com base unicamente na regra-matriz e a CF/1988 tendo em vista a regra nuclear e as demais que lhe tangenciam e complementam, nada impede de considerar as duas classificações sobressaltados esses limites e a abrangência de cada qual. Incorreto é integrar diferentes critérios numa única classificação a pretexto de torná-la mais abrangente.

Exemplificando. As contribuições sociais não conformam, segundo o CTN, espécie tributária autônoma, podendo assumir feição de taxas ou impostos, consoante o fato tributado seja atividade estatal ou não respectivamente. Porém deixando de lado o ângulo puramente intranormativo do CTN, para assumir a concepção inter ou extranormativa da CF/1988, configuram espécie autônoma uma vez que só são contribuições sociais aquele tributo que tenha destinação específica. Sob o ângulo intranormativo, repisemos, pode ser imposto ou taxa, dependendo da determinação de sua hipótese, contudo, em termos inter-normativos, será sempre contribuição especial, pois é criada para um fim específico: financiar a previdência social.

Mais que classificar ou dar nomes às coisas, é preciso antes entender o fenômeno jurídico-tributário, exigindo cuidadosa verificação através de perspectivas exegéticas racionais e com pretensões homogeneizantes. É aqui que comparece a regra-matriz e seus elementos *critério material*

8. *Imposto*: conotam, em sua hipótese, uma atividade do Estado direta ou indiretamente relacionada ao contribuinte. Apresentam em seu antecedente normativo, a indicação de aspectos inerentes a negócios jurídicos do contribuinte, não relacionados a qualquer prestação estatal. Deste modo, suas bases de cálculo só pode ser o valor do fato praticado pelo particular.

9. Dizem hipoteticamente sobre atividades do Estado. Suas bases de cálculo não podem ser outra que não: a) o custo da atuação do Estado, quando se tratar de tributo diretamente vinculado; b) a medida dos efeitos dessa atividade, na hipótese de exação indiretamente vinculada.

10. *Taxa*: se o antecedente normativo mencionar fato revelador de atividade estatal, direta e especificamente dirigida ao contribuinte, exibindo, na correspondente base de cálculo, a medida da intensidade da participação do Estado.

11. *Contribuição*, na norma jurídica tributária que ostentar, no suposto, um efeito da atividade do ente público, qual seja, valorização imobiliária decorrente de obra pública, mensurando-a na base de cálculo.

e *base de cálculo* como o binômio que nos servirá de diretriz a partir do qual se conformam as espécies tributárias.

3. *Identificação e conformação das espécies tributárias*

Integrando o antecedente da regra-matriz tributária, diz-se critério material o núcleo da hipótese de incidência. Conotando uma ação humana, compõem-se de um verbo e de complemento(s) que descrevem abstratamente ora uma atuação do Estado ora uma atividade do particular. No consequente da norma tributária em sentido estrito, acha-se a base de cálculo, elemento que, dentre várias funções, mensura a intensidade daquela conduta praticada pela Administração ou pelo contribuinte. Paulo de Barros Carvalho, fundador das concepções da regra-matriz no direito nacional, percebendo as diferentes funções que a base de cálculo exerce na estrutura da norma, elucida-as: "A versatilidade categorial desse instrumento jurídico se apresenta em três funções distintas: *a*) medir as proporções reais do fato; *b*) compor a específica determinação da dívida; e *c*) confirmar, infirmar ou afirmar o verdadeiro critério material da descrição contida no antecedente da norma".[12]

Em "a", a base de cálculo exerce *função mensuradora*, competindo-lhe medir as proporções reais do fato. Em "b", desempenha *função objetiva*, em virtude de compor a específica determinação do débito. Por fim, em "c", preenche *função comparativa*, por confirmar, infirmar ou afirmar o correto elemento material do antecedente normativo.

A relevância desse estudo cultivado pelo jurista paulista é de pronta aplicação. Independentemente dos nomes que lhe são dados, conforme orientação do art. 4º do CTN, as espécies tributárias se desvelam no confronto entre critério material e base de cálculo, principalmente olhando-se para as funções mensuradora e comparativa que cumpre na estrutura da regra, já que a determinação do debito se faz no seu inter-relacionamento com a alíquota.

Exemplo eloquente disso encontra-se na "taxa de melhoramento dos portos" instituída pela Lei n. 3.421, de 10 de julho de 1958, e declarada inconstitucional no RE 76.841-SP. Segundo o art. 3º da referida Lei, a aludida taxa incidiria sobre "todas as mercadorias movimentadas nos portos organizados"; enquanto a base de cálculo partiria do "valor comercial da mercadoria". No confronto entre este binômio viu-se que a exação nada tinha de taxa, sendo verdadeiro imposto.[13]

Isto posto, resta claro a instrumentalidade do binômio Cm/Bc para fins de identificação e conformação das espécies tributárias, motivo pelo qual o manteremos vivo em nosso exame até alcançar as figuras da taxa e do preço público.

4. *Conceito de taxa*

Feitas essas considerações de todo oportunas para a presente reavaliação do conceito de tributo e redefinição das espécies tributárias, cumpre abrir pequeno parênteses para fins de elucidar minuciosamente a figura das taxas e assim alcançar de forma mais preparada a avaliação desta em face dos preços públicos.

A taxa encontra-se prevista no art. 145, II, da CF, e do art. 77 CTN. Ademais, o art. 25, § 1º, da CF/1988, reitera na forma de competência residual a capacidade do

12. Paulo de Barros Carvalho, *Curso de Direito Tributário*, 21ª ed., cit., p. 363.

13. Sobre o assunto, confira decisão do Tribunal Regional Federal da 3ª Região: "Tributário. Taxa de Melhoramento dos Portos. Constitucionalidade. I – Sendo a base de cálculo da Taxa de Melhoramento dos Portos o valor comercial da mercadoria, consubstancia-se em um imposto. II – O tributo TMP enquadra-se na competência residual da União (art. 154, da Constituição Federal) sendo, portanto, constitucional sua cobrança" (TRF-3ª R., AI na AMS 480, INAMS 1875 SP 89.03.001875-3).

Estado em instituí-las. O Texto Magno, todavia, não descreve suas hipóteses; limita-se a prescrever os limites competenciais em que o legislador infraconstitucional está adstrito na determinação desses tipos exacionais. Segundo o enunciado do art. 145, II, da CF, é de competência dita comum aos Entes tributantes instituir taxas, cabendo os valores arrecadados a quem prestar o serviço público ou exercer o poder de polícia. Segundo Paulo de Barros Carvalho, "União, Estados, Distrito Federal e Municípios só estão autorizados a instituir e cobrar taxas conforme desempenhem a atividade que serve de pressuposto para sua exigência, sendo permitida a instituição de contribuição de melhoria apenas pela pessoa jurídica de direito público que realizar a obra pública geradora de valorização imobiliária dos particulares".[14]

Inexistindo conceito constitucional de taxas, e tendo em vista os enunciados do art. 77 em diante do CTN, surgem dentre os tributaristas diferentes concepções teóricas que buscam elucidar o sentido dessa forma exacional no sistema normativo. Dentre as lições sobre este tipo tributário, relevemos aquelas que as consideram como (i) benefício ou vantagem para o contribuinte, dando-lhe por isso mesmo caráter contraprestacional; ou mesmo como (ii) reembolso do custo da atuação estatal; ou ainda (iii) simplesmente como instituto ligado à atuação específica do Estado. Para o citado jurista paulistano: "A espécie tributária denominada 'taxa' apresenta, em seu antecedente normativo, a previsão conotativa de atividade do Estado diretamente relacionada ao contribuinte, que somente pagará o valor exigido pelo Poder Público quando deste receber ou tiver à disposição alguma prestação de serviços públicos específicos e divisíveis, utilizados, efetiva ou potencialmente, ou, ainda, se for exercido o poder de polícia, ficando certo que é imprescindível lei anterior prevendo determinada prática estatal como condição suficiente e necessária à exigência do tributo".[15]

Em sendo nosso objetivo nesse trabalho elucidar o conceito de taxa e preço público, percorrendo os critérios distintivos desses dois institutos, ponderaremos desde já que, no âmbito das taxas, iremos deixar de lado as discussões a respeito do poder de polícia uma vez que o que mais no interessa para fins deste exame é tão só o seu âmbito material *prestação de serviço público*.

4.1 O critério material "prestação de serviço público" nas taxas

O CTN não estabeleceu o que se deve entender por serviço público. Logo, desde já, temos nosso primeiro entrave: o conceito de serviço público é obra doutrinária. Celso Antônio Bandeira de Mello avoca por *Serviço Público*: "toda atividade de oferecimento de utilidade ou comodidade material destinada à satisfação da coletividade em geral, mas fruível singularmente pelos administrados, que o Estado *assume como pertinente a seus deveres e presta por si mesmo ou por quem lhe faça as vezes, sob um regime de Direito Público* – portanto, consagrador de prerrogativas de supremacia e de restrições especiais – instituído em favor dos interesses definidos como públicos no sistema normativo".[16]

Em assim dizendo, define-o com base em que o poder-dever público seja do Estado, razão pela qual é ele mesmo, ou quem lhe faça as vezes, que pratica e desenvolve a atividade para fins de realizar tais direitos dos usuários; e tudo isso sob regime jurídico de direito público. Com tal definição, ressurge o autor dissociando no con-

14. Paulo de Barros Carvalho, *Direito Tributário, Linguagem e Método*, São Paulo, Noeses, 2009, p. 383.

15. Idem, p. 780.

16. Celso Antônio Bandeira de Mello, *Curso de Direito Administrativo*, 17ª ed., São Paulo, Malheiros Editores, 2003, p. 620.

ceito os aspectos formais e materiais da disciplina, certificando que:

"(...) a noção de serviço público há de se compor necessariamente de dois elementos: (a) um deles, que é seu *substrato material*, consistente na prestação de utilidade ou comodidade fruível singularmente pelos administrados; o outro, (b) *traço formal* indispensável, que lhe dá justamente caráter de noção jurídica, consistente em um *específico regime de Direito Público*, isto é, numa 'unidade normativa'.

"Esta unidade normativa é formada por princípios e regras caracterizados pela supremacia do interesse público sobre o interesse privado e por restrições especiais, firmados uns e outros em função da defesa de valores especialmente qualificados no sistema normativo."[17]

É segundo esta definição que muitos olham para o elemento regime de direito público como um potencial critério distintivo das taxas em face dos preços públicos. Mais a frente veremos sua pertinencialidade em termos diferenciador.

Fato é que dentro do gênero *atividade estatal* existem inúmeros tipo de serviços públicos (espécies). Para ser taxa, contudo, é preciso que tenha destinatários precisos e a atividade pública praticada seja divisível. Se apura, pois, o uso individual daquela atuação do Estado para fins de cobrá-la a título de *contraprestação. Serviço público*, para fins tributários, é, pois, "fato produzido pelo Estado, na esfera jurídica do próprio Estado, em referibilidade ao administrado".[18] A especificidade da atividade pública se encontra na aptidão de cindi-la em unidades autônomas ou, ao modo de Roque Carrazza: "uma atuação estatal diretamente referida ao contribuinte" que "pode consistir ou num serviço público ou num ato de polícia".[19]

Dito de outro modo, para ser critério material de taxa, é fundamental que o serviço seja: (i) específico e divisível; (ii) prestado ao contribuinte ou posto a sua disposição; e finalmente (iii) utilizado, efetiva ou potencialmente, pelo usuário.

Todo serviço público cobrado por taxa deve, portanto, ser divisível "E"[20] específico, assim como prestado "OU"[21] posto à disposição. Sobressalto o sentido conjuntivo do caráter divisível[22] e específico[23]

17. Idem, p. 623.

18. Geraldo Ataliba, "Sistema tributário na Constituição de 1988", in *Revista de Direito Tributário* 51/140, São Paulo, Malheiros Editores.

19. Roque Carrazza, *Curso de Direito Constitucional Tributário*, 2ª ed., São Paulo, Ed. RT, 1991, p. 243.

20. O conjuntor "E" existente no vinculo entre as características divisíveis e especificas das taxas é ressaltada por Paulo de Barros Carvalho ao enunciar: "É elemento correlato à especificidade, pois se o serviço mostra-se individualizado, importará admitir que permitirá o cálculo de seu custo relativamente a cada usuário, tornando possível a exigência de taxa. Outros, contudo, preferem salientar o princípio da 'retributividade', mediante o qual o pagamento da taxa pelo sujeito passivo haveria de corresponder à retribuição pecuniária pelo reconhecimento do serviço público utilizado" (Paulo de Barros Carvalho, *Direito Tributário, Linguagem e Método*, cit., pp. 781-782).

21. O disjuntor excludente "OU" implica a exegese segunda a qual o beneficio das taxas não se encontra no uso propriamente dito daquele serviço prestado, mas, antes disso, no simples fato de ter o serviço à disposição. A potencialidade de necessitar o serviço público e oferta pelo Estado de mecanismos para suprir tal necessidade representa por si só uma vantagem.

22. O art. 79, inc. III, do CTN assume por divisíveis as taxas "quando suscetíveis de utilização, separadamente, por parte de cada um dos seus usuários". Paulo de Barros Carvalho precisa o termo dizendo: "'Divisibilidade', por sua vez, significa possibilidade de mensurar o serviço efetivamente prestado ou posto à disposição de cada contribuinte" (in Paulo de Barros Carvalho, *Direito Tributário, Linguagem e Método*, cit., p. 781). Assim é que a divisibilidade é característica da forma especifica das taxas em financiar os serviços públicos divisíveis diferençando-se dos impostos. Estes também contribuem financeiramente na remuneração dos serviços públicos prestados, mas o faz em termos gerais, configuram os modos de financiar serviços públicos indivisíveis, gerais ou impessoais. Nesta toada, encontra-se o STF que, em RREE 231.764-RJ, assim decidiu:

"Taxa de iluminação pública – Lei Municipal de Niterói n. 1.244/1993.

"*Ementa: Tributário. Município de Niterói. Taxa de iluminação pública. Arts. 176 e 179 da Lei Municipal n. 480, de 24.11.1983, com a redação dada pela Lei n. 1.244, de 20.12.1993.* Tributo de exação das taxas, razão por que na ausência de um desses[23]elementos, a cobrança é inconstitucional. Diferentemente é o significado disjuntivo excludente da prestação que pode ser efetiva ou potencial. O disjuntor excludente "OU" entre efetivo e potencial implica a exegese que o benefício das taxas não se encontra no uso propriamente dito daquele serviço prestado, mas, antes disso, no simples fato de ter o serviço à disposição. A potencialidade do serviço público ser necessário ao usuário e a oferta pelo Estado de mecanismos para supri-la representa por si só um benefício. Di-lo Aliomar Baleeiro: "Certos serviços trazem vantagem pela sua existência mesma (...), apresentam vantagem efetiva para quem pode dispor deles".[24] Assim se faz a exigência de ser indispensável que o serviço público se encontre em efetivo funcionamento para se configurar como prerrogativa real.

inviável, posto ter por *fato gerador serviço inespecífico, não mensurável, indivisível e insuscetível de ser referido a determinado contribuinte, a ser custeado por meio do produto da arrecadação dos impostos gerais*. Recurso não conhecido, com declaração de inconstitucionalidade dos dispositivos sob epígrafe, que instituíram a taxa no município" (STF, RREE 231.764-RJ e 233.332-RJ, rel. Ministro Ilmar Galvão, 10.3.1999, grifos meus).

23. A especificidade está disposta no art. 79, inc. II, do CTN: específicos, quando possam ser destacados em unidades autônomas de intervenção, de unidade, ou de necessidades públicas. Segundo Paulo de Barros Carvalho, "É exatamente essa referência direta ao particular que constitui a 'especificidade': um serviço público é específico quando há individualização no oferecimento da utilidade e na forma como é prestada" (in Paulo de Barros Carvalho. *Direito Tributário, Linguagem e Método*, cit., p. 781.) E para Roque Carrazza, dissociando serviços gerais dos específicos, pontifica: "Já os serviços específicos são os prestados *ut singuli*. Referem-se a uma pessoa ou a numero determinado (ou, pelo menos, determinável, de pessoas). São de utilização individual e mensurável. Gozam, portanto, de divisibilidade, é dizer, da possibilidade de avaliar-se a utilização efetiva ou potencial, individualmente considerada" (Roque Antonio Carrazza, *Curso de Direito Constitucional Tributário*, 2ª ed., cit., p. 243).

24. Aliomar Baleeiro, *Uma Introdução à Ciência das Finanças*, 14ª ed., Rio de Janeiro, Forense, 1990, pp. 235-239.

Porém, nem sempre esta interpretação soa comum nos estudos tributários. É justamente no serviço *posto à disposição* que discussões surgem para, de um lado, reafirmar o conceito de tributo; de outro, fazer distinguir este daquel'outras situações de cobrança pelo Estado de valores a título de serviço público, mas que não tem caráter tributário. Na dissociação entre taxa e preço público, sabemos que o problema não se encontra no âmbito da competência tributária em face do exercício de *Poder de Polícia*. Este é sempre taxa. É na abrangência do âmbito dos serviços públicos que se encontra o embate ora em análise: taxa de serviços públicos *versus* preços de serviços públicos.

No item subsequente, pretendemos responder às seguintes indagações: afinal de conta até onde vai o domínio das taxas e quais os limites do campo dos preços públicos. Seriam eles determináveis pela natureza do serviço? Ou pela compulsoriedade dele? Que compulsoriedade é esta? De quê: do uso do serviço, da sua condição de preceito legal, da mera disponibilização dos serviços, do fato de ser prestada pelo Estado? E nos casos de prestação de serviço público por agente outro que não o Estado, como caracterizar essa potencialidade? Existiria taxa facultativa no direito tributário brasileiro? Perderiam as taxas o caráter compulsório inerente a toda espécie tributária quando o uso dos serviços públicos é potencial? Sem compulsoriedade, como se distinguiriam das hipóteses de preços públicos? Eis que para fins desta diferenciação é preciso percorrer criticamente os critérios adotados pela doutrina e jurisprudência para, ao final, ponderar sobre os aspectos de relevo quanto a temática.

5. Distinção entre "taxa" e "preço público": análise sobre os critérios adotados pela doutrina e jurisprudência

A empresa de distinguir *taxa* de *preço público* pede, antes, sejam enunciados os critérios admitidos como diferenciadores. São eles: (1) Agente prestador do serviço (sujeito prestador); (2) veículo introdutor; (3) natureza do serviço; (4) interesse envolvido; (5) prévia autorização orçamentária; (6) compulsoriedade; (7) destino do produto da arrecadação; (8) presença ou ausência de finalidade de lucro; e (9) regime jurídico adotado. Muitos outros fatores poderiam ainda ser assumidos dependendo do grau imaginativo de cada intérprete. Passemos em revista aos principais elementos citados, o que, ao meu ver, já nos confere uma boa dimensão do tema.

(1) *Quanto ao agente ou sujeito prestador do serviço*

Têm competência para prestar serviço público os entes da Administração direta (i) e indireta (ii) ou os agentes paraestatais (iii), estes dois últimos nas hipóteses de descentralização das atividades do Estado. No primeiro caso (i), encontram-se União, Estados, Distrito Federal e Municípios (art. 4º, I, do Decreto-lei n. 200/1967). Juntos compõem a Administração Federal. Nas segunda e terceira ocorrências, frise-se estar-se diante das duas espécies de descentralização: em (ii), estamos diante de hipóteses de serviço público outorgados, *i.e.*, quando o poder de prestação é dado por prazo indeterminado, com titularidade e execução especificadas em lei. Na Administração Indireta, a responsabilidade é objetiva, conforme preceito do art. 37, § 6º, da CF/1988 e o regime é necessariamente de direito público. Compõem a Administração Indireta: (a) autarquias; (b) empresas públicas; (c) sociedades de economia mista; e (d) fundações públicas.

Já em (iii), o serviço público é por colaboração ou por delegação. São praticados por um conjunto de pessoas privadas, também conhecidas como agentes paraestatais, que não pertencem à Administração pública direta e indireta, mas que colaboram com o Estado no desempenho de atividades de interesse público. Funcionam como entes paraestatais: (a) organizações sociais; (b) organizações da sociedade civil de interesse coletivo; e (c) sociedades civis. São atribuídos de competência por prazo determinado, prestando em nome próprio e por sua conta e risco, sob fiscalização do estado e em regime de direito privado, segundo exegese do art. 173, § 1º, da CF/1988.

Em sendo taxas, a cobrança é vinculada a uma prestação divisível e específica de serviço público pelo Estado. O ente apto para o desempenho da atividade deve ter competência para instituir e cobrar as taxas correspondentes.

Quando a prestação for *obrigatória e exclusiva do Estado* estamos diante de hipótese de taxa, em que necessariamente o agente deve comparecer ora como membro da Administração Direta – União, Estados, DF e Municípios – ora como componente da Administração Indireta, na figura das empresas públicas prestadoras de serviço público. Outra é a situação quando o serviço público é *facultativo* aos usuários *e aberto* a todos por processo licitatório. Somente nestas ocasiões é que se têm *preço público*; e aí o sujeito prestador será ou a Administração indireta, quando representado por empresas públicas em exercício de atividade econômica, ou os Entes Paraestatais.

Fator que embaraça a adoção desse critério está em que muitas empresas públicas se apresentam com diferentes perfis jurídico-econômicos na execução de seus trabalhos, enquadrando-se ora como Administração Indireta ora como Ente Paraestatal. O tipo do serviço prestado e sua forma de atuação no mercado modificam sua qualidade enquanto agente auxiliar do Estado, representando essa mudança influência significativa na dissociação empreendida nesse artigo entre taxa e preço público. Essa diferença já nos foi alertada pelo Ministro Carlos Velloso do STF que firmou:

É preciso distinguir as empresas públicas que exploram atividade econômica, que sujeitam ao regime jurídico próprio das empresas privadas, inclusive quanto às obrigações trabalhistas e tributárias (CF, art. 173, § 1º), daquelas empresas públicas prestadoras de serviços públicos, cuja natureza jurídica é de autarquia, às quais não tem aplicação o disposto no § 1º do art. 173 da Constituição, sujeitando-se tais empresas prestadoras de serviço público, inclusive, à responsabilidade objetiva (CF, art. 37, § 6).[25]

Ademais, nesta toada, outro entrave que se mostra na admissão desse critério é o explorar atividade econômica das empresas públicas. Há quem preze a distinção entre as situações em que essas sociedades estatais atuam de forma monopólica daquel'outra em que se submetem às leis de mercado. No primeiro caso, figuraria tal qual o Estado, submetendo-se ao regime de direito público; enquanto no segundo, como uma companhia particular e, por este motivo, contendo-se nas imposições de direito privado. Essa inteligência foi consolidada pelo STF, em decisão proferida em 17 de abril de 1998:

> *Ementa*: *Constitucional. Advogados. Advogado-empregado. Empresas públicas e sociedades de economia mista*. Medida Provisória 1.522-2, de 1996, art. 3º. Lei 8.906/1994, arts. 18 a 21. CF, art. 173, § 1º. I – *As empresas públicas, as sociedades de economia mista e outras entidades que explorem atividade econômica em sentido estrito, sem monopólio, estão sujeitas ao regime próprio das empresas privadas, inclusive quanto às obrigações trabalhistas e tributárias*. CF, art. 173, § 1º. II – Suspensão parcial da eficácia das expressões "às empresas públicas e às sociedades de economia mista", sem redução do texto, mediante a aplicação da técnica da interpretação conforme: não aplicabilidade às empresas públicas e às sociedades de economia mista que explorem atividade econômica, em sentido estrito, sem monopólio. III – Cautelar deferida.[26]

Bem assim, mais que dissociar os agentes em Administração Direta, Indireta e paraestatais, assumir como critério distintivo entre taxas e preços públicos a pessoa que presta o serviço pede o considerar do tipo de serviço prestado, se essencialmente público ou não, e da forma com que atuam no mercado, se monopólica ou não. Foi o que ocorreu na divergência quanto a aplicabilidade do art. 150, VI, *a*, da CF/1988 e seus benefícios à Empresa Brasileira de Correios e Telégrafos. A leitura compensa outras explicações:

> *Ementa*: *Constitucional. Tributário. ECT – Empresa Brasileira de Correios e Telégrafos: imunidade tributária recíproca: CF, art. 150, VI, "a". Empresa pública que exerce atividade econômica e empresa pública prestadora de serviço público: distinção. Taxas: imunidade recíproca: inexistência.* I. As empresas públicas prestadoras de serviço público distinguem-se das que exercem atividade econômica. A ECT – *Empresa Brasileira de Correios e Telégrafos é prestadora de serviço público de prestação obrigatória e exclusiva do Estado, motivo por que está abrangida pela imunidade tributária recíproca*: CF, art. 22, X, c/c art. 150, VI, *a*. Precedentes do STF: RE 424.227-SC, 407.099-RS, 354.897-RS, 356.122-RS e 398.630-SP, Ministro Carlos Velloso, 2ª T. II. A imunidade tributária recíproca – CF, art. 150, VI, *a* – somente é aplicável a impostos, não alcançando as taxas. III. RE conhecido e improvido[27] (grifos meus).

Em resumo, vê-se que o implemento de mais de um exame e, consequentemente, mais de um critério quanto à figura do agente prestador nos remete a outras considerações, deixando sobressaltadas as ideias já esposadas.

25. STF, 2ª T., RE 220.907-RO, j. 12.6.2001, *DJ* 31.8.2001, p. 64. Voto do Ministro Carlos Velloso.

26. STF, Pleno, ADI 1.552-DF, rel. Ministro Carlos Velloso, j. 17.4.1998, *DJ* 17.4.1998, p. 2.

27. STF, 2ª T., RE 364.202-RS, rel. Ministro Carlos Velloso, j. 5.10.2004.

(2) *Quanto ao veículo introdutor da norma institutiva de taxa ou preço público*

Na insuficiência das considerações quanto ao agente ou sujeito prestador do serviço, cumpre analisar um segundo fator distintivo, apegando-nos agora ao veículo introdutor da norma exonerativa. Sabemos que nenhuma regra de direito foge à imposição de que toda unidade jurídica ingressa no ordenamento aos pares. Não há norma introduzida sem norma introdutora. Em sendo ocorrência generalizada na ordem posta, este dialogismo internormativo comparece também nas hipóteses de taxa e, como não poderia deixar de ser, de preço público.

Na linha das conclusões já firmadas ao longo desse texto, percebemos que as taxas, pertencentes ao gênero tributo, são imposições de Lei. Logo, o seu veículo introdutor será sempre a lei, em seu sentido amplo, conclusão esta reforçada pela exegese do princípio da legalidade em direito tributário, estabelecido nos arts. 5º, II, e 150, I, da CF/1988. Diferentemente é a hipótese de preço público, em que o seu ingresso se dá em regra por meio contratual, segundo processo licitatório, ainda que este contrato e a licitação estejam autorizados por lei. Os Entes Paraestatais para prestarem serviços públicos devem estabelecer antes *contrato de concessão de serviços públicos* com o Estado. Prevista no art. 175 da CF/1988, a concessão de serviço público significa: "conjunto finito de normas jurídicas mediante as quais o Estado atribui o exercício de um serviço, de interesse público, a alguém que aceita prestá-lo em nome próprio, sob garantia de manutenção do equilíbrio econômico-financeiro, remunerando-se pela própria exploração, em geral e basicamente por meio de tarifas cobradas diretamente dos usuários do serviço e submetendo-se ao regime de direito privado".[28]

28. Paulo de Barros Carvalho, *Direito Tributário, Linguagem e Método*, cit., pp. 405-406.

Assim, no aludido contrato de concessão haverá sempre um processo licitatório anterior na modalidade de concorrência. O preço público será desde já fixado nas propostas apresentadas pelas pessoas privadas durante o procedimento licitatório, sendo um dos critérios utilizados para fins de escolha inclusive. Logo, a tarifa concedida será determinada pelo preço da proposta vencedora da licitação e mantida ao longo da execução no prazo estabelecido, observados custos do serviço a ser prestado, demais formas de receita e a margem de lucro suficiente para conformar-lhe o caráter remuneratório e a necessária modicidade. O tipo de objeto, a permanência do vínculo e as condições preestabelecidas são fixados entre a administração e o terceiro, podendo-se alterar tais imposições em face dos interesses públicos, e desde que observadas as garantias constitucionais ao patrimônio e renda do contratante privado. Estes termos comparecem em regra no contrato de concessão, contudo podem também estar previstos em lei. Desse modo, cai por terra o critério distintivo ora em exame uma vez que não é absoluto, confundindo-se os veículos introdutores das taxas e dos preços públicos quando ambos estejam prescritos em lei.

Exemplificando. A manutenção da rede de água e esgoto do Município de São Bernardo do Campo se faz através de taxas criadas pela Lei Municipal n. 2.084/1973 que alterou as Leis ns. 1.802/1969 e 1.834/1970. É no art. 225 e ss. do aludido diploma que se determinam as condições de implemento da taxa de manutenção de rede de água e esgoto. Já o transporte público urbano é em regra estabelecido por contrato de concessão de serviços públicos. Logo, sua cobrança se dá por preço público e não taxa. Contudo, a despeito de ser usualmente concedido na forma de outorga ou concessão, nada impede que o Governo passe a atribuir essa tarefa aos entes da administração direta ou indireta, e, neste sentido, ser estabelecido em lei, cobrado mediante taxa e submetido aos princípios e garantias constitucionais tributárias. As situações são inúmeras, motivo pelo qual também aqui não se pode considerar esta critério de forma absoluta.[29]

(3) *Quanto a natureza do serviço*

Muito comum é o aceite do critério *natureza do serviço prestado* como elemento crucial na distinção entre taxa e preço público. De fato, é característica de suma importância, mas que, todavia, sozinha não traduz diferencial apto para elucidar essas duas figuras.

É bastante difundida a classificação dos serviços públicos pronunciada pelo Ministro Moreira Alves em que dissocia tais prestações em (i) propriamente estatais;[30] (ii) essenciais ao interesse público;[31] e (iii) não essenciais.[32] No intuito de tornar a matéria mais didática e delimitada, o ministro se utiliza de vários critérios classificatórios do serviço público, dentre os quais, sua condição de ser: (a) próprio ou impróprio; (b) essencial ou não essencial; (c) concessível ou não-concessível; (d) compulsório ou não compulsório; (e) inerente ou não inerente à soberania do Estado. As condições são tantas que no intento de simplificar passamos a um nível de complexidade que foge aos nossos propósitos. Ademais, nessas características assumidas pelo Excelentíssimo Ministro, a amplitude e as variações de sentido dos termos dificultam ainda mais a tarefa do exegeta. Pensemos no critério essencialidade do serviço público. É bem verdade que hoje assuntos como fornecimento de rede de esgoto pelo Estado se tornaram fundamentais. Todavia, antes dos idos e vindos da década de 1950 ou mesmo 1960, tal temática se encontrava longe de ser considerada essencial. Mudanças semânticas e de contextos sociais pedem uma constante revisão do que sejam serviços essenciais ou de interesse público.[33]

29. Sobre as condições de legalidade ou contratual dos veículos introdutores v. tb. decisão do STF sobre o selo de controle dos atos dos serviços notariais e de registro: STF, Pleno, ADI 3.151-MT, rel. Ministro Carlos Britto, j. 8.6.2005.

30. "1) *serviços públicos propriamente estatais*, em cuja prestação o Estado atue no exercício de sua soberania, visualizada esta sob o ponto de vista interno e externo: esses serviços são indelegáveis, porque somente o Estado pode prestá-los. São remunerados, por isso mesmo mediante taxa, mas o particular pode, de regra, optar por sua utilização ou não. Exemplo: o serviço judiciário, o de emissão de passaportes. Esses serviços, não custa repetir, por sua natureza, são remunerados mediante taxa e a sua cobrança somente ocorrerá em razão da utilização do serviço, não sendo possível a cobrança pela mera potencialidade de sua utilização. Vale no ponto, a lição de Geraldo Ataliba, no sentido de que não é possível instituis taxas por serviços não efetivamente prestados. O que acontece é que certos serviços podem ser tornados obrigatórios pela lei e é isto o que significa a locução posto a disposição do contribuinte. É isto, alias, o que resultado do disposto no art. 79, I, b, CTN" (STF, Tribunal Pleno, ADI 2.586-DF, rel. Ministro Carlos Velloso, j. 16.5.2002, *DJ* 1.8.2003, p. 101).

31. "2) *Serviços públicos essenciais ao interesse público*: são serviços prestados no interesse da comunidade. São remunerados mediante taxa. E porque é essencial ao interesse público, porque essencial à comunidade ou à coletividade, a taxa incidira sobre a utilização efetiva ou potencial do serviço. É necessário que a lei – para cuja edição será observado o principio da razoabilidade, mesmo porque, como bem lembrou o Ministro Moreira Alves, citando Jèze, a noção de serviços essenciais é de certo modo relativa, porque varia de Estado para Estado e de época (*RTJ* 98/238) – estabeleça a cobrança sobre a prestação potencial, ou admita essa cobrança por interesse público. Como água, de coleta de lixo, de esgoto, de sepultamento. No mencionado RE n. 89.876-RJ, o Supremo Tribunal decidiu que, 'sendo compulsória a utilização do serviço público de remoção de lixo – o que resulta, inclusive, de sua disciplina como serviço essencial à saúde publica – a tarifa de lixo instituída pelo Decreto n. 196, de 12 de novembro de 1975, do Poder Executivo do Município do Rio de Janeiro, é, em verdade, taxa" (*RTJ* 98/230)" (STF, Tribunal Pleno, ADI 2.586-DF, rel. Ministro Carlos Velloso, j. 16.5.2002, *DJ* 1.8.2003, p. 101).

32. "3) *Serviços públicos não essenciais* e que, não utilizados, disso não resulta dano ou prejuízo para a comunidade ou para o interesse público. Esses serviços são, de regra, delegáveis, vale dizer, podem ser concedidos e podem ser remunerados mediante preço público. Exemplo: o serviço postal, os serviços telefônicos, telegráficos, de distribuição de energia elétrica, de gás., etc." (STF, Tribunal Pleno, ADI 2.586-DF, rel. Ministro Carlos Velloso, j. 16.5.2002, *DJ* 1.8.2003, p. 101).

33. Exemplo eloquente desses dizeres é o voto do Ministro Carlos Ayres Britto: "as atividades

Outra dificuldade se acha em face da própria tendência atual dos serviços se tornarem cada vez mais complexos, o que problematiza ainda mais a atividade do legislador em determinar os exatos limites de atuação dos serviços próprios do Estado e aquel'outros passíveis de serem outorgados ou delegados a outrem. E mais, quem ou onde se deve determinar essas fronteiras sígnicas ou significativas? Na lei? No contrato de concessão? Ou é matéria de âmbito constitucional, devendo estar preceituada no Texto Maior? Até onde vai a importância jurídica dessa fixação? Ao direito cabe definir tais sentidos?

Indo mais além. Há que se considerar ainda que o Estado tem a faculdade de agir de dois modos no cumprimento dos serviços públicos a ele conferidos: (i) obrigando o indivíduo a executar a tarefa no interesse da coletividade e cominando sanções administrativas ou mesmo penais para quem infrinja a lei; ou (ii) executando ele mesmo. Neste sentido, o implemento pelo Estado desses serviços nada tem que ver com a natureza deles, refletindo apenas uma estratégia de atuação. Por estes e outros motivos é que a natureza jurídica do serviço público é critério inapto a conformar as fronteiras entre taxas e preços públicos.

(4) *Quanto ao interesse envolvido*

Assunto correlato à natureza dos serviços públicos prestados se encontra o fator distintivo *interesses envolvidos*. Em havendo interesse público, em seu sentido restritivo, deve ser realizado por imperativo de ordem pública, de modo que o legislador pode optar pela adoção do regime de taxas. A relevância jurídica conferida aos institutos toma por base os interesses envolvidos na causa e delimitando regimes jurídicos diferenciados para cada um deles. Se interesse público relevante, tangente à soberania nacional, admite-se-o na esfera do direito tributário, sofrendo o peso das prerrogativas e das limitações de todo tributo. Submete-se aos princípios constitucionais de tributação, como, por exemplo, legalidade e anterioridade.

"Se a ordem jurídica obriga a utilização de determinado serviço, não permitindo o atendimento da respectiva necessidade por outro meio, então é justo que a remuneração correspondente, cobrada pelo Poder Público, sofra as limitações próprias dos tributos."[34]

Na dissociação entre taxa e preço público, o autor propõe que a lei defina se há hipótese de taxa ou preço público, dirimindo conflitos:

"a) se a atividade estatal situa-se no terreno próprio, especifico, do Estado, a receita que a ela se liga é uma taxa;

"b) se a atividade estatal situa-se no âmbito privado, a receita a ela vinculada deve ser um preço;

"c) havendo dúvida, pode a lei definir a receita como taxa ou como preço."[35]

A sugestão, contudo, transfere a problemática ao âmbito pré-jurídico ou político, extrapolando as próprias bordas do sistema. Como dogmáticos do direito, devemos, contudo, nos restringir ao âmbito da realidade construída pelas normas postas e válidas no ordenamento. O interesse envolvido, público ou privado, é elemento que muito nos ajuda em determinadas situações a esta tarefa exegética de dissociar hipóteses de taxas e hipóteses de preço público. Porém, como já dito acima quanto à natureza dos serviços, nem sempre a demarcação existente entre os interesses coletivos e aquel'outros dos particulares é de fácil conhecimento, exigindo mais que este critério

em foco [serviços de registros públicos, cartorários e notariais] deixaram de figurar no rol dos serviços públicos que são próprios da União" (STF, Tribunal Pleno, ADI 3.151-MT, rel. Ministro Carlos Britto, j. 8.6.2005).

34. Hugo de Brito Machado, *Curso de Direito Tributário*, 28ª ed., São Paulo, Malheiros Editores, 2007, p. 440.

35. *Curso de Direito Tributário*, 28ª ed., cit., p. 440.

a observância de outros fatores que comprovem estarmos em ocorrência de taxa ou preço público. Em sendo assim, também aqui o elemento é insatisfatório para fins de fixação precisa dos dois campos.

(5) *Quanto a prévia previsão orçamentária*

A prévia determinação orçamentária é característica sobressaltada pela Súmula 545 do STF, enunciado baseado em julgados de 1965 a 1968, e assim prescrevendo:

> Preços de serviços públicos e taxas não se confundem, porque estas, diferentemente daqueles, são compulsórias e tem sua cobrança condicionada a prévia autorização orçamentária, em relação a lei que as instituiu.

Questão tangente à perspectiva financeira do direito tributário é matéria própria da ciência das finanças, que assim é identificada: "(...) é a disciplina que, pela investigação dos fatos, procura explicar os fenômenos ligados à obtenção e dispêndio do dinheiro necessário ao funcionamento dos serviços a cargo do Estado, ou de outras pessoas de direito público, assim como os efeitos outros relevantes dessa atividade de governamental".[36]

É de fato um ramo da ciência do direito, que tem por objeto a própria atividade financeira do Estado. Por isso mesmo, possui traços de ordem econômica e política e, no âmbito jurídico, de direito público-administrativo, uma vez que cuida de administração dos bens que o Estado possui e da forma de arrecadar aquilo que o Ente Público não tem. É no âmbito do direito financeiro, portanto, que se inserem os assuntos de ordem orçamentária.

Ainda que o tema ultrapasse em alguns instantes os limites do jurídico é critério objetivo para se determinar as ocorrências de taxas, legalmente previstas e condicionadas a prévia autorização orçamentária; dos preços públicos, contratualmente firmado e sem previsão na lei do orçamento público. A problematização deste tópico se volta àqueles mesmos casos em que a empresa pública atua ora como membro da Administração indireta, sujeito à Lei Orçamentária; ora como ente parafiscal, não submetido às imposições do aludido Diploma. Em face dessa abertura situacional, é critério elucidativo, porém em si mesmo insuficiente em termos demarcatórios.

(6) *Quanto a compulsoriedade*

Como pudemos relevar no enunciado da súmula supracitada, muito recorrente é a admissão da perspectiva compulsória da cobrança, afinal, rememorando as lições do art. 3º do CTN, tributo é sempre uma prestação compulsória. Agora, no âmbito da amplitude semântica da *compulsoriedade* é possível ajeitar mais de um sentido à palavra: compulsório enquanto (i) imposição de lei ou obrigatoriedade legal; ou (ii) inexistência de outros meios, sendo aquela única ofertada a opção singular dada aos usuários;[37] ou ainda (iii) impossibilidade de sua não-utilização sem se violar a ordem

36. Aliomar Baleeiro, *Uma Introdução a Ciência das Finanças*, 12ª ed., Rio de Janeiro, Forense, 1978, p. 7.

37. Este, p.ex., é um dos sentidos assumidos pelo Superior Tribunal de Justiça, conforme se depreende de decisão abaixo: "IBAMA. Taxa. Autorização para transporte de produtos florestais – ATPF. Hipótese de incidência. Elemento quantitativo. Legalidade. Anexo da Lei n. 6.938/1981. 1. (...). 2. (...) conclui-se ser compulsória a sua utilização, já que não existem opções àqueles que se vinculam à atividade de circulação desses produtos. 3. O valor cobrado na aquisição do formulário tem, assim, natureza jurídica de taxa. Por imposição legal, é o único meio hábil para se obter a necessária autorização para o transporte de produto florestal, inexistindo qualquer alternativa ao sujeito vinculado à atividade objeto de controle e fiscalização pelo IBAMA" (STJ, 2ª T., REsp 641.754, rel. Ministro Castro Meira, un., ago./2004).

Também aqui se acha o Tribunal Regional Federal: "(...) 3. Se o caminhão é obrigado a estacionar no pátio da repartição, com vigilância de empresa contratada, o preço cobrado por esta caracteriza tributo. 4. Tarifa é algo que decorre de demanda voluntária para aquisição de bem ou serviço. (...)"

jurídica; ou, por fim, (iv) ser compulsório o pagamento e não o uso do serviço que se mostra opcional. Ainda que a breve trecho, eis os significados da palavra mais passíveis de serem utilizados. Tal plurisignificação, contudo, não nos ajuda no distanciar entre os conceitos de taxa e preço público, pois, dentro de um ou outro sentidos assumidos pelo termo *compulsório*, o preço público se enquadra perfeitamente como prestação compulsória.

Assim sendo, o problema em adotar de uma vez por todas o critério compulsoriedade faz face preponderantemente no cotejo entre *preços obrigatórios* e *taxas facultativas*. Muito doutrinadores, em face da cobrança de serviço público potencial nas taxas, repensam o valor semântico desse critério inerente a toda forma de tributo, as taxas principalmente. A dificuldade se mostra ainda mais profunda àquela dicotomia acima apresentada. Se acha na resposta da seguinte indagação: o que se entende por esta compulsoriedade/obrigatoriedade? Diz respeito a conveniência na utilização do serviço público? Diz quanto à economicidade que vai me gerar por utilizar-me de serviço público? Deve ser de uso compulsório, sendo impossível sua não utilização sem violar a ordem jurídica? O beneficiamento do serviço e o pagamento do preço correspondente devem ser compulsórios? Eis que essas e demais perguntas encontram respostas justamente na definição de taxa e preço público com base no regime jurídico adotado.

(7) *Quanto ao regime jurídico adotado*

Regime jurídico significa "o conjunto de princípios, normas e categorias, que regem o funcionamento de determinado instituto jurídico".[38] Todas as normas compositiva desse núcleo de sentido jurídico se voltam a um mesmo propósito, a uma mesma finalidade, o que lhe dá sentido comum ou associativo. Para definir um regime jurídico leva-se em conta mais de um critério pois nele envolvem-se (i) princípios; (ii) normas; (iii) categorias; (iv) finalidades, dentre tantos outros atributos, comuns para fins de alcançar este significado unitário, próprio e distintivo de outras formulações de direito.

Como pudemos relevar pela explanação de cada um dos critérios acima, em levando em apreço mais de um atributo, esse elemento é o lugar por excelência para a determinabilidade enfim do que seja taxa e preço público. Como primeiro remate, verificaremos que é demasiadamente reducionista assumir um ou outro critério para fins de determinar tamanha composição de normas voltadas todas à formulação do instituto da taxa ou do preço público. As imposições distintivas são tantas que é preciso considerar mais de um critério dos acima enunciados, porém, em assim procedendo, assumiremos um exame do regime jurídico em que estas cobranças se inserem ele mesmo. A dimensão ampla desse elemento o transforma em fator por excelência para a diferenciação entre taxa e preço público, levando em nota não somente o texto da lei, mas o contexto jurídico em que se insere como um todo.

Nesse diapasão, o regime de direito privado, próprio das hipóteses de concessão e permissão de serviço público, cobrado por preço público se identifica por exigir: (i) licitação prévia; (ii) política tarifária definida em contrato de concessão e permissão; (iii) serviços públicos gerais (art. 175 da CF); (iv) submissão ao princípio mercadológico da livre concorrência (art. 173, § 3º, da CF); (v) não submissão às imunidades (art. 150, VI, "c", da CF); (vi) regime de cobrança de direito privado.

Ainda no empreendimento de definir este específico regime dos preços públicos, tomemos as explicações de Roque Antonio Carrazza:[39] "deriva de um contrato

(TRF-4ª Região, 1ª T., MS 96.04.40046-0-RS, rel. Juiz Fábio Bittencourt da Rosa, jun./1998).

38. Maria Helena Diniz, *Dicionário Jurídico*, vol. 4, São Paulo, Saraiva, 1998, p. 94.

39. *Curso de Direito Constitucional*, 11ª ed., São Paulo, Malheiros Editores, 1998.

firmado, num clima de liberdade, pelas partes, com o fito de criarem direitos e deveres recíprocos. Sobremais, as cláusulas desta obrigação convencional não podem ser alteradas unilateralmente por qualquer dos contraentes que devem observar, com fidelidade, o que pactuaram. Destarte, as prestações de cada uma das partes equivalem-se em encargos e vantagens, sendo umas causa e efeito das outras".

Na mesma linha, firmando a condição específica de cobrança no direito privado, o Supremo complementa a demarcação do regime jurídico enunciando:

> Em consequência, por ter a referida receita natureza jurídica de preço público, cujo regime de cobrança é de direito privado, onde impera a autonomia da vontade, não parece violado o princípio da legalidade estrita[40] (ADI 2.586-4).

Por outro lado, encontram-se as taxas, exonerações de caráter exacional, submetidas ao regime tributário. Dentre as características que compõem este conjunto normativo encontram-se as seguintes citadas: (a) observância dos princípios e garantias constitucionais; (b) serviços públicos específicos (art. 145 da CF); (c) não podem ter base de cálculo de impostos (art. 145, § 2º, da CF); (d) submetem-se às imunidades; (e) regime de cobrança na forma da LEF (Lei n. 6.830/1980); (f) pagamento por precatórios; e (g) bens impenhoráveis.

Excelente discussão que retrata cada uma dessas figuras obrigacionais em seu âmbito normativo se encontra no âmbito do embate sobre a natureza das custas e dos emolumentos judiciais ou extrajudiciais. Causa julgada na ADI 1.444-PR, em 2003, firmou-se ser este instituto hipótese de taxa. Por isso mesmo, inserta no regime de direito tributário, submete-se ao princípio da legalidade, de forma que é vedado majorar a cobrança por decreto, sendo válida somente quando expedida por lei. Em resumo, assim decidiu o Tribunal Pleno:

> (...) as custas e os emolumentos judiciais ou extrajudiciais, por não serem preços públicos, mas, sim, taxas, não podem ter seus valores fixados por decreto, sujeitos que estão ao princípio constitucional da legalidade (§ 29 do art. 153 da Emenda Constitucional n. 1/1969).
>
> (...).

Tal conceito abrange não só as custas judiciais, mas, também, as extrajudiciais (emolumentos), pois estas resultam, igualmente, de serviço público, ainda que prestado em caráter particular (art. 236). Mas sempre fixadas por lei.[41]

Este é um belo retrato para firmar que, na dissociação entre taxa e preço público, há que se considerar não somente um elemento distintivo, mas, mais que isso, ponderar no âmbito do seu regime jurídico, as condições impostas pelo ordenamento para a criação válida de taxa ou preço público. Em assim fazendo, percorremos, como neste artigo, critério a critério, definindo o regime jurídico do instituto, ao mesmo tempo em que se considerará texto e contexto normativo em que se inserem, na amplitude sígnica exigida pelo sistema.

6. Definição de tarifa ou preço público

Feitos todos esses comentários, é chegada a hora de definir *preço público*. No âmbito significativo do termo, é preciso considerar sua formação por meio de duas palavras: "preço" e "público".

Não é qualquer sentido de preço que nos é relevante para esta análise, mas, sim, aquela em direito admitida. A ideia de preço no sistema jurídico está disposta nos arts. 481, 565, do CC/2002 e arts. 20, I; 24, II; 47, I; e 69 do CTN. Segundo Maria Helena Diniz: "Nas *linguagens comum e jurídica* em geral, tem a acepção de: a) recompensa; b) punição; castigo; c) o que se ob-

40. STF, Tribunal Pleno, ADI 2.586-DF, rel. Ministro Carlos Velloso, j. 16.5.2002, *DJ* 1.8.2003, p. 101.

41. STF, Tribunal Pleno, ADI 1.444-PR, rel. Ministro Sydney Sanches, j. 12.2.2003.

tém em troca de algo; d) apreço; e) valor; f) importância; g) consideração".[42]

É usual o emprego de "tarifa" significando "preço" pela doutrina tributária. O uso inaugurou tal equiparação dos termos. Deste modo, emprega-se "preço público" tal qual "tarifa pública". Contudo, é preciso ressaltar em prol de uma boa linguagem que "tarifa", termo originário do Direito Financeiro, expressa não a singularidade do preço da coisa, mas uma pluralidade, ao estilo de uma tabela, de valores. Ainda que isso não faça nenhuma diferença na maioria dos casos, é preciso ter essa distância de significado entre os termos em mente.

A qualidade "pública" do valor, como já pudemos relevar, é construção dogmática. Em síntese, *preço público* é a contraprestação decorrente do consumo de bens ou serviços públicos, estes últimos de natureza comercial ou industrial, prestados por meio de contrato de adesão; e instituídos e cobrados em regime de direito privado (contratual). Sua imposição não é compulsória, usada a palavra no sentido em que (i) não é positivada em lei e (ii) sua não-utilização não implica em uma ilicitude jurídica. Ainda, quanto a compulsoriedade do pagamento, *i.e.*, em face da forma de cobrança, há que se considerar que esta se contém no regime de direito privado e, mais, sob as condições impostas pelo contrato de concessão. Vejamos assertiva em Luciano Amaro: "Os preços, evidentemente, só poderão ser cobrados *nos termos do contrato* firmado, não cabendo *impor* ao indivíduo o pagamento, se ele se recusa a contratar; nada impede, por outro lado, cobrar preço pela simples colocação do serviço à disposição, *se isso tiver sido contratado*".[43]

Por tudo exposto, preço ou tarifa pública é o valor devido pelo usuário como contraprestação de serviço público genérico praticado por ente parafiscal ou empresa pública[44] em exploração de atividade econômica, cobrado não compulsoriamente em regime jurídico de direito privado, segundo política tarifária decorrente de uma concessão de serviço público.

Interessante debate que se vê às voltas do tema é a figura do pedágio. Para alguns autores, pedágio é taxa; para outros, é preço público ou espécie tributária diversa. O STF já se manifestou dizendo que, dependendo das condições das ocorrências, pode ser taxa ou preço público. A Corte Suprema tomou como ponto de partida o critério da *compulsoriedade*, assumindo-o num só tempo em diferentes acepções. Firmou que: havendo uma única via, sem outra alternativa, é hipótese de taxa. Em sendo duas vias, mais ou menos de igual situação, é preço público.

Ora, a subjetividade das perspectivas adotadas pelo aludido tribunal não confere segurança, ao menos para a Ciência Jurídica, no distinguir entre taxa e preço público. Daí a necessária análise que suplanta a adoção de um só elemento distintivo, considerando o regime jurídico em que se encontra como um todo. Exemplifiquemos com o pedágio criado pela Lei 7.712, de 1988, que, em julgamento de 4.5.1999, foi declarado pelo Ministro Carlos Velloso nos autos do RREE 181.475-RS e 194.862-RS modalidade de taxa. Também conhecido por "selo-pedágio", cobrado pelo Departamento Nacional de Estradas e Rodagem DNER nas rodovias federais, o referido tributo foi julgado como *taxa* tendo em vista (i) sua previsão legal (Lei 7.712/1988); (ii) sua compulsoriedade de uso e de cobrança (LEF); e, por isso mesmo, pertencer ao âmbito do (iii) regime de direito público. Vejamos *Ementa*:

> *Ementa*: *Constitucional. Tributário. Pedágio.* Lei 7.712, de 22.12.1988. I. Pedágio: natureza jurídica: taxa: CF, art. 145, II, art. 150, V. II. Legitimidade cons-

42. Maria Helena Diniz, *Dicionário Jurídico*, vol. 3, cit., p. 678.

43. Luciano Amaro, *Direito Tributário Brasileiro*, 14ª ed., São Paulo, Saraiva, 2008, p. 46.

44. Ou sociedade de economia mista.

titucional do pedágio instituído pela Lei 7.712, de 1988. III. RE não conhecido.[45]

Com a referida decisão, a doutrina entendeu o selo-pedágio como verdadeira exceção ao princípio da não-limitação ao tráfego (art. 150, V). Contudo, tomando por base o voto do Ministro Carlos Velloso, a taxa é exigida pelo uso ou conservação das rodovias e não pela mera transposição de Município ou Estado. Sua hipótese de incidência difere do IPVA, cumprindo com isso a exigência do § 2º, do art. 145, da CF/1988. Di-lo o aludido Ministro:

> A hipótese de incidência do pedágio é a conservação da estrada da rodovia e ocorre quando da utilização de rodovias federais, pontes e obras de arte especiais que as integram (Lei 7.712/1988, art. 1º).

Contribuinte do pedágio é o usuário da rodovia (Lei 7.712/1988, art. 2º).

Também a base de cálculo do pedágio não é a mesma do IPVA.[46]

Há que se firmar, em conclusão, que a despeito de neste caso ser o pedágio uma taxa, nada impede situações em que a cobrança seja a título de preço público, apresentando-se todos os fatores compositivos do regime de direito próprios desses tipos exonerativos. Eis que para concluir este trabalho, que já vai extenso, creio oportuno apresentar quadro mimético com as principais similitudes e diferenças que se devam analisar no confronte entre hipóteses de taxas e aquel'outras de preço público.

7. *Quadro mimético*

Dentre as possíveis similaridades, encontram-se:

TAXA	TARIFA / PREÇO PÚBLICO
Prestação pecuniária	Prestação pecuniária
Fato lícito	Fato lícito

Já quanto às divergências entre estes institutos, passemos em revistas os seguintes critérios:

TAXA	TARIFA / PREÇO PÚBLICO
Compulsória	Não-compulsória
É tributo	Não é tributo
Obrigação assumida por imposição da lei	Obrigação assumida voluntariamente
Instituída em lei (art. 5º, II, e 150, I, da CF/1988)	Instituída por contrato (art. 175, I)
Só se desfaz com a revogação da lei	Pode ser objeto de desfazimento do contrato
Administração direita e indireta (o Estado atua investido de sua soberania)	Parestatais e, em alguns casos, administração indireta (o Estado age como se fosse o particular)
O Ente Público visa cumprir com as funções públicas, cobrindo os custos do serviço prestado. É atividade sem fins lucrativos	O ente privado visa lucro

45. STF, 2ª T., RE 181.475-RS, rel. Ministro Carlos Velloso, j. 4.5.1999, *DJ* 25.6.1999, p. 28.

46. Idem.

Regime jurídico tributário	Regime jurídico administrativo e regime jurídico de direito privado (Regime jurídico tarifário decorrente de uma concessão de serviço público; política tarifária)
Serviços públicos compulsórios (art. 145 da CF/1988)	Serviços públicos genéricos (art. 175, § 3º)
Remuneração: política orçamentária	Remuneração: política tarifária (art. 175, III)
Sujeito prestador é sujeito competente para institui o tributo	Sujeito prestador é sujeito concessionário (delegação) ou empresa pública em regime de direito privado
Competência surge desde já do Texto da Constituição	Competência surge só após o Processo de Licitação (art. 175, *caput*)
Comporta atuação extrafiscal pelo Estado	Não admite extrafiscalidade
Condicionado à necessária e prévia autorização orçamentária em relação à lei que o instituiu (Súmula 545 STF)	Não condicionada à Lei orçamentária
Fiscalização pelo Judiciário	Fiscalização pelo Executivo
Responsabilidade objetiva do Estado (art. 37, § 6º, da CF/1988)	Prestam em nome próprio e por conta e risco (art. 173, § 1º, da CF/1988)
Por prazo indeterminado	Por prazo determinado entre as partes

CADERNOS DE DIREITO TRIBUTÁRIO

"VERDADE MATERIAL" *VERSUS* PRECLUSÃO: TRAÇANDO LIMITES

ALBERTO MACEDO
Bachharel pela Faculdade de Direito da USP. Especialista em Direito Tributário pelo IBET/IBDT.
Mestre e Doutorando em Direito Econômico, Financeiro e Tributário pela Faculdade de Direito da USP.
Professor nos Cursos de Pós-Graduação *Lato Sensu* em Direito Tributário da USP, da FGV, da FAAP e do IBET. Auditor-Fiscal e Conselheiro Julgador no Conselho Municipal de Tributos de São Paulo.

1. Introdução. 2. A verdade. 3. Processo administrativo "lato sensu", processo administrativo "stricto sensu" e processo administrativo físico. 4. O atual ordenamento quanto à possibilidade de dilação probatória após a fase da impugnação ao lançamento tributário. 5. A necessidade de flexibilização para a dilação probatória em prol do próprio interesse público – Justificativa exógena. 6. Requisitos necessários para a possibilidade de flexibilização na dilação probatória. 7. Conclusões.

1. Introdução

Em âmbito de processo administrativo tributário, a doutrina se divide entre a possibilidade de apresentação de provas em qualquer tempo desse processo, à luz do chamado princípio da verdade material (em contraposição à verdade formal, reinante no processo judicial) e o respeito aos prazos preclusivos do processo administrativo previstos em lei.

A legislação do processo administrativo das três ordens jurídicas parciais que serão aqui abordadas (União, Estado de São Paulo e Município de São Paulo) prescreve exceções à preclusão do direito de instrução probatória, exceções essas justificadas pela existência de força maior, fato ou direito superveniente ou fatos posteriormente trazidos aos autos.

No entanto, no presente trabalho, pretendemos demonstrar que há possibilidade de apresentação extemporânea de provas não só nas hipóteses fundamentadoras de exceção à preclusão probatória supracitadas, mas em outras situações, desde que presentes outros critérios, conforme veremos a seguir.

A busca desses critérios para delimitar a flexibilização na busca da verdade jurídica é fundamental para que não se permita uma generalização na relativização dos prazos processuais, o que certamente contribuiria para a proliferação da má-fé no trato com o processo administrativo (de forma imediata) e com a coisa pública (de forma mediata), estimulando-se atitudes procrastinatórias.

Assim, o presente trabalho tem como finalidade contribuir para a fixação doutrinária de limites entre a possibilidade de aplicação da flexibilização probatória do processo administrativo e os prazos de apresentação de provas previstos em lei, lembrando-se que esse labor é tomado numa análise dogmática do direito, considerando o direito posto vigente. Afinal, como bem observa Tarek Moussalem: "A norma jurídica é o caminho para a positivação do 'princípio'. Não seria exagero afirmar que a norma jurídica é mais importante que o princípio justamente por ser ela responsável pela aplicação dele. A relativização da aplicação das normas jurídicas por meio dos 'princípios' (com a qual o referido autor não concorda) equivale a possibilidade de realizar todo e qualquer ato dentro do direito positivo".[1]

2. A verdade

Com o advento do Giro Linguístico, novos paradigmas no tocante à teoria da verdade foram traçados, abandonando-se a noção de verdade por correspondência, pela qual a linguagem servia apenas como meio para se descobrir o significado ontológico das coisas, conhecendo-as.

Partiu-se para a verdade por consenso, aliada à verdade por coerência, em que a coerência se dá entre as proposições de um determinado sistema quando elas não apresentam qualquer incongruência entre si; e em que o consenso decorre dessa coerência, na medida em que os utentes dessa linguagem se convencem da veracidade das proposições propostas.

Há que se registrar que não se pode conceber a busca de uma verdade sem precisarmos em que referência essa busca se dá. E essa referência se trata do sistema que adotamos para fazer essa busca, ou seja, da linguagem que esse sistema adota, por meio da qual, as verdades desse sistema serão construídas.

Por isso que a busca de uma verdade material, no sentido de se proceder à revelia dos modos e procedimentos legalmente previstos, apresenta-se como inadmissível no nosso ordenamento. Só há que se falar em busca de uma verdade jurídica,[2] na medida em que produzida conforme os preceitos jurídicos que o ordenamento impõe, conforme a sua linguagem, linguagem jurídica. Exemplo da impossibilidade de estabelecimento de uma verdade não jurídica no sistema do direito é a própria vedação, no processo, às provas obtidas por meio ilícito (art. 5º, LVI, da Constituição de 1988), uma limitação à produção probatória.

Apesar do exposto, reconhecemos a força consensual que se apresenta com o rótulo "princípio da verdade material". Motivo pelo qual continuaremos utilizando essa denominação, mas não com uma acepção de livre dilação probatória a qualquer tempo, mas sim numa acepção mais restrita, no sentido de flexibilização do prazo para instrução probatória sob certas condições, como exporemos a seguir.

3. Processo administrativo "lato sensu", processo administrativo "stricto sensu" e processo administrativo físico

Em termos de tradição doutrinária, o vocábulo "processo" normalmente se aplica a casos em que está presente o contencioso, demandando, pois, um julgamento administrativo ao final. No Direito Tributário, nos casos de constituição de crédito tributário, só surgiria posteriormente a uma impugnação a lançamento tributário, por parte do contribuinte.

1. Tárek Moysés Moussalem, "Prova, sigilo bancário e verdade material no processo administrativo fiscal", in Paulo de Barros Carvalho, Eurico De Santi e Priscila de Souza (orgs.), *V Congresso Nacional de Estudos Tributários – Direito Tributário, Linguagem e Método: as Grandes Disputas entre Jurisprudência e Dogmática na Experiência Brasileira Atual*, vol. V, São Paulo, Noeses, 2008, pp. 927-947.

2. Fabiana Del Padre Tomé, *A Prova no Direito Tributário*, São Paulo, Noeses, 2005, p. 194.

O termo "procedimento" segue mais utilizado quando não há o referido contencioso, caracterizando-se, no Direito Tributário, na atividade preparatória para o ato de lançamento, em que se constitui o crédito tributário.

Odete Medauar está entre aqueles que identifica o critério conflituosidade como distintivo entre "processo" e "procedimento" ao ressaltar a utilização, por parte do constituinte, do signo "litigantes" no art. 5º, LV, da Constituição de 1988:[3]

> Art. 5º. (...).
>
> LV – aos *litigantes*, em processo judicial ou administrativo, e aos acusados em geral são assegurados o contraditório e ampla defesa, com os meios e recursos a ela inerentes; (grifo nosso).

No mesmo sentido entende James Marins, para quem "pode-se (...) asserir, com absoluta segurança, que a partir da Constituição de 1988, *é a configuração administrativa da litigiosidade entre a Administração Pública e o administrado que dispara o mecanismo de natureza processual*" (grifo no original).[4]

A Constituição de 1988 conferiu ao processo administrativo o princípio da jurisdicionalização, revelado a partir de três elementos: (i) garantia do duplo grau de jurisdição; (ii) princípio do contraditório, no qual se exerce a ampla defesa; e (iii) princípio do efeito vinculante das decisões finais proferidas para a Administração.[5]

A essas características Paulo Cesar Conrado acrescenta que quanto ao processo administrativo tributário: (i) o seu nascimento depende de provocação do sujeito passivo; e (ii) ele demanda a constituição prévia da obrigação tributária, com sua função repressiva.[6]

Contrapondo essas peculiaridades do processo administrativo, podemos afirmar que no procedimento administrativo tributário, entendido como aquele em que o Fisco desenvolve atividades preparatórias para a formalização do crédito tributário, não estão presentes, de uma forma plena, a ampla defesa e do contraditório. Nesse sentido, alude Alberto Xavier:[7] "Dificilmente se concebe, na verdade, que o lançamento tributário deva ser precedido de uma necessária audiência prévia dos interessados. Duas razões desaconselham tal audiência: em primeiro lugar, o caráter estritamente vinculado do lançamento quanto ao seu conteúdo torna menos relevante a prévia ponderação de razões e interesses apresentados pelo particular do que nos atos discricionários; em segundo lugar, o fato de se tratar de um 'procedimento de massas', dirigido a um amplo universo de destinatários e baseado em processos tecnológicos informáticos, tornaria praticamente inviável o desempenho da função, se submetida ao rito da prévia audiência individual"

E não só os princípios da ampla defesa e do contraditório é que diferenciam procedimento de processo. James Marins ensina-nos que tais categorias são regidas por outros princípios distintos, e que no desenvolvimento do procedimento o Estado sequer formalizou alguma pretensão tributária perante o contribuinte.[8]

3. Odete Medauar, *A Processualidade no Direito Administrativo*, São Paulo, Ed. RT, 1991, p. 42.

4. James Marins, *Direito Processual Tributário Brasileiro*, 2ª ed., São Paulo, Dialética, 2002, p. 166.

5. Alberto Xavier, *Do Lançamento: Teoria Geral do Ato, do Procedimento e do Processo Tributário*, 2ª ed., Rio de Janeiro, Forense, 2001, p. 314.

6. Paulo Cesar Conrado, *Processo Tributário*, 2ª ed., São Paulo, Quartier Latin, 2007, p. 195.

7. Alberto Xavier, ob. cit., 2ª ed., p. 165.

8. James Marins, ob. cit., 2ª ed., p. 164. O referido autor entende: (i) como princípios comuns ao procedimento e ao processo administrativo tributário: da legalidade objetiva, da vinculação, da verdade material, da oficialidade, do dever de colaboração e do dever de investigação; (ii) como princípios exclusivos do procedimento administrativo fiscal: da inquisitoriedade, da cientificação, do formalismo moderado, da fundamentação, da acessibilidade, da celeridade e da gratuidade; e (iii) como princípios exclusivos do processo administrativo tributário: do devido processo legal, do contraditório, da ampla defesa, da ampla instrução probatória, do duplo grau de cognição, do julgador competente e da ampla competência decisória.

Pelo exposto acima, parece-nos tranquilo inferirmos que a distinção entre procedimento e processo, no atual ordenamento, está posta em âmbito constitucional. Mas não há como negar, por conta da própria equivocidade inerente à linguagem, que se percebe na legislação no mínimo duas acepções para a expressão "processo administrativo". E essa equivocidade, que demanda distinção de nomenclatura conforme a definição de que se fala, não macula em nada a dicotomia processo-procedimento encontrada em sede constitucional.

A legislação de que falamos são as leis que regulam os procedimentos administrativos em geral das ordens parciais União, Estado de São Paulo e Município de São Paulo, respectivamente: Lei Federal n. 9.784, de 29.1.1999 (que "regula o processo administrativo no âmbito da Administração Pública Federal"); Lei Estadual n. 10.177, de 30.12.1998 (que "regula o processo administrativo no âmbito da Administração Pública Estadual"); e Lei Municipal n. 14.141, de 27.3.2006 (que "dispõe sobre o processo administrativo na administração pública municipal"). Primeiro indício que confirma nossa assertiva, como se pode notar, são as próprias ementas das três leis, que se referem a processo administrativo e não a procedimento administrativo.

Além disso, debruçando-nos sobre seu conteúdo, percebemos, na lei federal, que ela utiliza a expressão "processo administrativo" como gênero, conforme se dessume do seu art. 5º, abrangendo, portanto, os processos que não são originários de uma discordância do administrado:

> Art. 5º. O processo administrativo pode iniciar-se de ofício ou a pedido de interessado.

Percebemos também, ainda em âmbito federal, a acepção de "processo" como seu suporte físico:

> Art. 22. (...).
>
> § 4º. O processo deverá ter suas páginas numeradas sequencialmente e rubricadas.

Na lei estadual, por sua vez, há um grande privilégio para o termo "procedimento", em que mesmo quando se instaura um contencioso, não se fala em processo, como verificamos em seu art. 51:

> Art. 51. Esgotados os recursos, a decisão final tomada em procedimento administrativo formalmente regular não poderá ser modificada pela Administração, salvo por anulação ou revisão, ou quando o ato, por sua natureza, for revogável.

Assim também quando prescreve sobre o procedimento sancionatório:

> Art. 62. Nenhuma sanção administrativa será aplicada a pessoa física ou jurídica pela Administração Pública, sem que lhe seja assegurada ampla defesa, em procedimento sancionatório.
>
> Parágrafo único. No curso do procedimento ou, em caso de extrema urgência, antes dele, a Administração poderá adotar as medidas cautelares estritamente indispensáveis à eficácia do ato final.

A referida lei paulista só se vale do termo processo, como já dito, na ementa, tratando da generalidade, seja de procedimentos, seja de processos, e de forma esparsa em alguns dispositivos, sem vincular, em qualquer momento, processo a contencioso.

A lei municipal, dentre as três, foi a única que se preocupou em trazer uma definição legal de processo administrativo:

> Art. 1º. Esta lei estabelece normas comuns aplicáveis aos processos administrativos no âmbito da Administração Municipal.
>
> § 1º. Para os fins desta lei, consideram-se:
>
> I – autoridade – o agente público dotado de poder de decisão;
>
> II – processo administrativo – todo conjunto de documentos, ainda que não autuados, que exijam decisão.

Também traz a Lei municipal n. 14.107, de 12.12.2005, que regula o processo administrativo fiscal do Município de São Paulo, acepção de processo como seu suporte físico, seus autos:

> Art.4º. (...).
>
> Parágrafo único. Na falta de livros, será lavrado termo avulso, em formulário próprio, sendo 1 (uma) via entregue ao sujeito passivo, ficando a outra em poder da fiscalização, para ser anexada ao processo.

O que se depreende de todo o exposto até então é a equivocidade semântica da expressão "processo administrativo", que pode ser entendida, portanto, de três formas distintas: (i) sucessão encadeada de atos administrativos que tendem a um resultado final e conclusivo,[9] a que podemos denominar processo administrativo *lato sensu*, na medida em que comporta tanto o procedimento administrativo (caminho, pressuposto, para a consecução de um ato administrativo específico) quanto aquele que chamaremos processo administrativo *stricto sensu*; (ii) o suporte físico desse processo administrativo *lato sensu*, ou seja, seu conjunto de folhas sequencialmente numeradas que comportam documentos juntados de forma lógica; e (iii) conjunto de atos administrativos sequencialmente postos que encerram um litígio entre a Administração e o administrado ou entre a Administração e o servidor, a que podemos denominar processo administrativo *stricto sensu*.[10]

4. O atual ordenamento quanto à possibilidade de dilação probatória após a fase da impugnação ao lançamento tributário

O fundamento de validade constitucional do direito que possui o contribuinte de impugnar o ato administrativo do lançamento tributário extrai-se dos dispositivos abaixo:

> Art. 5º. (...):
>
> XXXIV – são a todos assegurados, independentemente do pagamento de taxas:
>
> a) o direito de petição aos Poderes Públicos em defesa de direitos ou contra ilegalidade ou abuso de poder;
>
> (...);
>
> LIV – ninguém será privado da liberdade ou de seus bens sem o devido processo legal;
>
> LV – aos litigantes, em processo judicial ou administrativo, e aos acusados em geral são assegurados o contraditório e ampla defesa, com os meios e recursos a ela inerentes;

Mas, obviamente, este direito há que ser regulamentado, com os procedimentos e formas previstos em lei. Afinal, a supracitada cláusula pétrea é clara ao prescrever a necessária existência de um devido processo legal, que objetivará os meios e recursos inerentes à ampla defesa do contribuinte. Nada mais natural, na medida em que a atividade da Administração Pública, seja em procedimento, seja em processo administrativo, pauta-se pelo princípio da legalidade (art. 37, *caput*, da Constituição de 1988), princípio este que, quando aplicado, consubstancia o esperado processo de positivação do direito.

À luz da teoria do sistema autopoiético, de Niklas Luhmann, sabemos que o direito é dotado de fechamento sintático e de abertura semântica.[11] O fechamento sintático ocorre porque os fatos sociais, sejam eles econômicos, políticos etc., não adentram no sistema do direito como tais. É necessário que o direito os receba, no âmbito abstrato, juridicizando-os, em suas hipóte-

9. Celso Antônio Bandeira de Mello, *Curso de Direito Administrativo*, 21ª ed., São Paulo, Malheiros Editores, 2006, p. 464.

10. Para o que chamamos processo administrativo *stricto sensu*, Hely Lopes Meirelles propusera a expressão processo administrativo propriamente dito, para distingui-los dos impropriamente ditos, que seriam os procedimentos administrativos, ou seja, "simples *expedientes* que tramitam pelos órgãos administrativos, sem qualquer controvérsia entre os interessados" (cf. Hely Lopes Meirelles, *Direito Administrativo Brasileiro*, 22ª ed., São Paulo, Malheiros Editores, 1997, p. 592).

11. Fabiana Del Padre Tomé, ob. cit., p. 41.

ses normativas para, a partir delas, prever relações jurídicas (constituindo-se a norma geral e abstrata); e no âmbito concreto, no antecedente da norma como fato jurídico, para, por imputação deôntica, criar as correspondentes relações jurídicas (conformando-se a norma individual e concreta). E esse recebimento se dá conforme outras regras criadas pelo próprio direito, reguladoras de seu processo de positivação.

A abertura semântica, por sua vez, se verifica justamente com o conteúdo semântico-pragmático que o exegeta constrói na interpretação do antecedente da norma jurídica, seja ela abstrata ou concreta.

Temos então que o fechamento sintático do sistema do direito positivo é um todo no qual o fechamento sintático do subsistema das leis que regulam o processo administrativo é parte, sendo que este subsistema prevê os procedimentos necessários para a aceitação da prova em seu âmbito, inclusive no que tange aos prazos de sua apresentação.

Assim, como não podemos definir somente com a Constituição como se dá esse modo pelo qual o fato social ingressa no sistema jurídico, haja vista ela se preocupar mais com a outorga de diversas competências, é o próprio subsistema das leis reguladoras do processo administrativo que traz esse modo.

E o permissivo constitucional que fundamenta essas leis sobre o processo administrativo tributário é o próprio princípio da legalidade (art. 5º, LIV, e art. 37, *caput*), combinado com a competência concorrente entre as ordens jurídicas parciais União, Estados, Distrito Federal e Municípios para legislar sobre direito tributário (art. 24, I), haja vista que a competência da União não como ordem jurídica parcial, mas sim como República Federativa do Brasil, limita-se ao estabelecimento de normas gerais (art. 24, § 1º), o que é corroborado, no que tange ao direito tributário, pelo art. 146, III, "b", também da Constituição de 1988.

Percebemos que o Código Tributário Nacional segue claramente nessa linha (e por isso foi nesse aspecto recepcionado pelo ordenamento de 1988) quando prescreve, em seu art. 151, III, que as reclamações e recursos suspendem a exigibilidade do crédito tributário "nos termos das leis reguladoras do processo tributário administrativo".

Não poderia ser diferente, na medida em que não há como conceber a outorga de competência tributária alijada da competência para legislar sobre o respectivo processo administrativo tributário, ao menos naquilo que não se caracteriza como norma geral.[12]

Portanto, na medida em que cada ente político tem a competência para legislar sobre seu próprio processo administrativo, há que se verificar de qual subsistema estamos falando – municipal, estadual ou federal – quando desenvolvemos dogmática a respeito do tema.[13]

Quanto ao momento limite até o qual se confere possibilidade de dilação probatória, por parte do contribuinte, os três subsistemas adotaram critérios semelhantes para se excetuar esse momento, como verificamos nas prescrições abaixo, respectivamente, do Município de São Paulo, do Estado de São Paulo e da União:

Lei Municipal 14.107, de 12.12. 2005:

> Art. 21. A prova documental deverá ser apresentada na impugnação, a menos que:
>
> I – fique demonstrada a impossibilidade de sua apresentação oportuna por motivo de força maior;

12. Por isso que as normas de prescrição e decadência tributárias foram estabelecidas pelo Código Tributário Nacional (lei complementar material), como normas gerais que são, com a finalidade de conferir segurança jurídico ao Sistema Tributário Nacional, reforçando o Pacto Federativo, extraindo seu fundamento de validade do art. 146, III, "b", da Constituição de 1988.

13. A não ser que esta dogmática restrinja-se a considerações principiológicas ou constitucionais.

II – refira-se a fato ou a direito superveniente;

III – destine-se a contrapor fatos ou razões posteriormente trazidas aos autos.

Art. 22. A juntada de documentos após a impugnação deverá ser requerida à autoridade julgadora, mediante petição em que se demonstre, fundamentadamente, a ocorrência de uma das condições previstas nos incisos do art. 21 desta lei.

Lei Estadual 13.457, de 18.3.2009:

Art. 19, *caput*: As provas deverão ser apresentadas juntamente com o auto de infração e com a defesa, salvo por motivo de força maior ou ocorrência de fato superveniente.

Decreto Federal 70.235, de 6.3. 1972:

Art. 16. (...).

§ 4º. A prova documental será apresentada na impugnação, precluindo o direito de o impugnante fazê-lo em outro momento processual, a menos que: *(incluído pela Lei n. 9.532, de 1997)*

a) fique demonstrada a impossibilidade de sua apresentação oportuna, por motivo de força maior; *(incluído pela Lei n. 9.532, de 1997)*

b) refira-se a fato ou a direito superveniente; *(incluído pela Lei n. 9.532, de 1997)*

c) destine-se a contrapor fatos ou razões posteriormente trazidas aos autos. *(Incluído pela Lei n. 9.532, de 1997)*

§ 5º. A juntada de documentos após a impugnação deverá ser requerida à autoridade julgadora, mediante petição em que se demonstre, com fundamentos, a ocorrência de uma das condições previstas nas alíneas do parágrafo anterior. *(Incluído pela Lei n. 9.532, de 1997)*

No âmbito federal, essa possibilidade de dilação probatória pelo contribuinte era temporalmente mais estendida quando ainda vigente o art. 17 do Decreto 70.235/1972, seja na sua redação original, em que a autoridade preparadora podia determinar, mesmo "a requerimento do sujeito passivo, a realização de diligências, inclusive perícias quando entendê-las necessárias, indeferindo as que considerar prescindíveis ou impraticáveis"; seja na sua redação dada pela Lei Federal n. 8.748, de 9.12.1993:

Art. 17. Considerar-se-á não impugnada a matéria que não tenha sido expressamente contestada pelo impugnante, *admitindo-se a juntada de prova documental durante a tramitação do processo, até a fase de interposição de recurso voluntário. (Redação dada pela Lei n. 8.748, de 1993)*

Provavelmente essa generosa legislação tenha dado sua parcela de contribuição para o fortalecimento, na doutrina, da teoria da aplicação da verdade material, no sentido de admitir-se prova documental a qualquer tempo no processo administrativo.

Mas veio a Lei Federal n. 9.532, de 10.12.1997, e alterou a redação do dispositivo supracitado, excluindo o trecho por nós sublinhado na transcrição acima, inclusive inserindo os dispositivos previstos no § 4º do art. 16, com respeito ao momento de produção probatória.

Poder-se-ia, por isso, concluir, numa interpretação mais apressada, que o chamado princípio da verdade material teria sido ferido de morte. Entretanto, a possibilidade de instrução probatória do processo administrativo não acaba com esses dispositivos legais atualmente vigentes. Há outras previsões legais em que o sistema confere aos órgãos julgadores poderes de diligência para melhor formarem sua convicção a respeito de determinado tema objeto do julgamento.

Podemos exemplificá-las com os dispositivos legais abaixo:

Lei Municipal 14.107/2005:

Art. 25. Os órgãos julgadores determinarão, de ofício ou a requerimento do impugnante, a realização de diligências que entenderem necessárias, fixando prazo para tal, indeferindo as que considerarem prescindíveis, impraticáveis ou protelatórias.

Art. 46. O relator, sempre que julgar conveniente, poderá solicitar, dos órgãos da Administração Municipal e dos contribuintes, as providências, diligências e informações necessárias ao esclarecimento da questão, na forma estabelecida no Regimento Interno. *(Alterado pelo art. 38 da Lei n. 14.256 de 29.12.2006)*

Lei Estadual 13.457/2009:

Art. 25. Os órgãos de julgamento determinarão a realização de diligências necessárias à instrução do processo.

§ 1º. Encontrando-se o processo em fase de julgamento, somente por decisão do órgão julgador poderá ser determinada diligência para esclarecimento de matéria de fato.

No âmbito federal, a possibilidade de determinação de diligência após a primeira instância manteve-se por previsões expressas no Regimento Interno do CARF (Portaria MF 256, de 22.6.2009), nos arts. 18, I, e 58, §§ 3º e 8º, do seu Anexo II, tendo como seu fundamento de validade imediato o art. 37 do Decreto 70.235/ 1972.[14]

Art. 18. Aos presidentes de Câmara incumbe, ainda:

I – determinar, de ofício, diligência para suprir deficiências de instrução de processo;

Art. 58. (...).

§ 3º. O conselheiro poderá, após a leitura do relatório, pedir esclarecimentos ou vista dos autos, em qualquer fase do julgamento, mesmo depois de iniciada a votação.

(...).

§ 8º. Aplicar-se-ão as disposições deste artigo, no que couber, para a conversão do julgamento em diligência.

Reparemos que o que há de comum nas legislações reguladoras dos respectivos processos administrativos fiscais é que a possibilidade de diligência em segunda instância é de iniciativa dos julgadores, não sendo possível, em princípio, o requerimento da parte nesse sentido em segunda instância.[15]

Assim, a única possibilidade de instrução do recurso para melhor esclarecimento dos fatos ser de ofício já denota a necessidade de, à luz do que se encontra nos autos, haver um desconfiança de fácil verificação sobre a qualidade do crédito tributário constituído, implicando numa potencial verossimilhança às alegações trazidas pelo contribuinte.

Nesse sentido é que o julgador solicitante dos novos documentos deve fundamentar sua solicitação para que não se fira determinações de ordem sintática previstas na própria lei do processo administrativo. Afinal, não pode ser premiado o contribuinte que se comporta desidiosamente quanto à instrução probatória de seus pleitos em sede administrativa, seja na fase do procedimento tributário, seja por ocasião da impugnação ao lançamento. Se ele não produziu no tempo adequado as provas necessárias para ter seu pleito aceito e essa não produção se deu exclusivamente por simples falta de comprometimento com as normas de produção probatória do processo administrativo, a aceitação extemporânea de documentos só poderá ocorrer quando o órgão julgador constatar, com os documentos apresentados, grande verossimilhança favorável ao direito do contribuinte.

5. A necessidade de flexibilização para a dilação probatória em prol do próprio interesse público – Justificativa exógena

A doutrina tem se debatido sobre a possibilidade ou não de produção probatória a qualquer momento no decorrer do processo administrativo tributário. De um

14. "Art. 37. O julgamento no Conselho Administrativo de Recursos Fiscais far-se-á conforme dispuser o regimento interno."

15. Esse "em princípio" denota que o direito de petição em geral possibilita que o contribuinte junte intempestivamente provas inequívocas que justifiquem, ao menos, a suscitação de dúvidas por parte do julgador para que ele proponha diligência de ofício.

lado, há autores que defendem que delimitar temporalmente a apresentação de provas por parte do contribuinte feriria o princípio da verdade material, reinante no processo administrativo, em contraposição ao princípio da verdade formal, diretriz do processo judicial.[16]

De outro lado, doutrinadores como Fabiana Del Padre Tomé entendem que não é possível falar em uma verdade material haja vista esta ser inatingível, a não ser como verdade jurídica, construída no interior do sistema do direito. Nada melhor que as palavras da própria autora: "(...) todos esses conceitos (justiça, segurança, verdade), tomados no interior do sistema jurídico, não passam de construções verificadas dentro do próprio ordenamento, acompanhadas pelas limitações inerentes à enunciação linguística. Se assim não fosse, a procura desses ideais não teria fim. Por isso, intervêm as regras do direito, colocando um ponto final no procedimento da busca da verdade, limitando-o mediante a imposição de prazos e condições à revisão das decisões proferidas".[17]

E por conta disso é que a Professora da PUC/SP afirma: "Assim é que o direito à prova, (...), não se apresenta irrestrito ou infinito. Aliás inexiste direito com tais características. (...). A figura do devido processo legal, (...), é construída com base em prazos, regida por formas específicas, fases e preclusões, (...). Falar em direito à prova, portanto, é falar em direito à prova legítima, a ser exercido segundo os procedimentos regulamentados pela lei".[18]

James Marins, por sua vez, no mesmo sentido, afirma, apesar de acórdão unânime da Câmara de Recursos Fiscais em sentido contrário,[19] que: "A flexibilização *generalizada* do regime de fases e de preclusões processuais fragiliza a segurança do processo e não pode ser admitido mesmo sob a invocação do princípio da formalidade moderada, por atingir axioma ínsito ao conceito ontológico do procedimento e do processo entendido *cedere pro*"[20] (grifo nosso).

Como salientado acima, não há que se buscar *ad infinitum* uma verdade no processo administrativo à revelia dos regramentos prescritos para sua ordenação. Mas esse entendimento não impede que esse princípio, a nosso ver rotulado inadequadamente, como já exposto acima, não possa ser considerado sobre outra roupagem, na figura da flexibilização do processo administrativo.

Com isso, não queremos afirmar que basta mudar o nome do princípio que sua essência estará cientificamente purificada para se debruçar sobre os atos processuais realizados em sede de processo administrativo tributário. Apenas intentamos afirmar que o processo administrativo tributário comporta sim certa flexibilização temporal na apreciação probatória por parte dos órgãos julgadores de segunda instância,[21] a qual é influenciada sobretudo por fator exógeno ao processo administrativo tributário.

Assim, por conta desse elemento exógeno, torna-se sim relevante, em prol do próprio interesse público, a flexibilização temporal da produção probatória no processo administrativo tributário, o que não quer dizer que essa flexibilização possa se dar sem controle ou sem fundamentação dos atos que lhe deem forma.

O termo "generalizada", premeditadamente grifado por nós no excerto acima, conduz-nos à concordância de que não

16. Neste sentido: Eduardo Domingos Bottallo, *Processo Administrativo Tributário*, São Paulo, Malheiros Editores, 2005.

17. Fabiana Del Padre Tomé, ob. cit., p. 195.

18. Idem, pp. 195-196.

19. Acórdão n. 102-44.198, 2ª C. do 1ª CC, rela. Maria Goretti Alves dos Santos, *DOU* 1-E 27.12.2000, p. 4.

20. James Marins, ob. cit., 2ª ed., p. 276.

21. A essa diretiva podemos nominar o que James Marins chama de princípio da ampla instrução probatória, em que pese o mesmo autor não admitir, regra geral, prova produzida em segunda instância, em confronto à lei do processo administrativo fiscal (cf. James Marins, ob. cit., 2ª ed., pp. 193, 276).

pode haver uma generalização da flexibilização das preclusões processuais em âmbito de processo administrativo. Mas entendemos que há uma justificativa exógena ao processo administrativo que demanda a flexibilização temporal em certas hipóteses – além daquelas usualmente previstas nas diversas leis do processo administrativo tributário – para a produção de provas.

E essa justificativa é a constatação, por parte do julgador, de uma lacuna probatória que pode ensejar a uma real possibilidade de sucumbência para a Fazenda Pública num *iter* processual posterior (já em via judicial), qual seja, o do processo de execução fiscal, em se constatando uma execução indevida.

Por isso é que afirmamos que o órgão julgador administrativo, quando põe os olhos sobre o recurso administrativo interposto, deve verificar se a negação da apresentação, por parte do contribuinte, de prova extemporânea pode ensejar alta probabilidade de perda por parte da Fazenda Pública, numa eventual lide judicial, seja em âmbito de exceção de pré-executividade, seja em âmbito de embargos à execução. Mas isso não quer dizer também que quaisquer alegações e/ou documentos juntados extemporaneamente devam ser apreciados em segunda instância administrativa, dependendo essa apreciação de determinados fatores.

Assim, temos que perquirir, doravante, que fatores são esses, buscando seu precisamento a fim de contribuir para uma atuação mais segura dos membros dos órgãos administrativos de segunda instância.

6. Requisitos necessários para a possibilidade de flexibilização na dilação probatória

Não há como negar que o dúplice papel dos tribunais administrativos interfere na axiologia dos julgados administrativos. Salienta Alberto Xavier que um dos traços que revelam a jurisdicionalização do processo administrativo é o princípio do efeito vinculante para a Administração das decisões finais proferidas no processo.[22]

Essa vinculação aliada a um princípio maior ainda, que sempre permeia as atividades das autoridades administrativas, qual seja, o princípio da legalidade (o qual se reflete na necessária verificação da legalidade dos atos administrativos, entre eles, o do lançamento tributário), conduzem ao fato de que o ato de julgamento no processo administrativo, consubstanciado na decisão do órgão colegiado, deve levar em consideração situações notórias da irregularidade do lançamento efetuado, objeto do recurso, independentemente de certas regras preclusivas. Isso para que sua omissão não acarrete, no processo de execução a se realizar posteriormente, em insucesso para a Administração Pública, objetivado em pagamento do ônus da sucumbência à parte contrária, por execução indevida.

Essas assertivas tornaram-se ainda mais relevantes, no âmbito federal, na medida em que não se encontra mais presente ali a figura que vigorava com o Decreto Federal n. 83.304, de 28.3.1979, que previa, em seu art. 3º, I, recurso especial à Câmara Superior de Recursos Fiscais contra decisão proferida em segunda instância que tivesse sido contra a lei *ou à evidência de prova*. Essa possibilidade foi excluída, por veto presidencial (Mensagem n. 366, de 27.5.2009) a dispositivo da Lei n. 11.941/2009, sob o pretexto de maior celeridade processual.

Assim também ocorre na esfera municipal paulistana, em que não há previsão dessa espécie, ao menos nos moldes como foi feito no Regimento Interno do Tribunal de Impostos e Taxas, que prescreveu em seu art. 22, a possibilidade da retificação de julgados, quando a decisão contiver erro de fato passível de retificação.

Pelo princípio do efeito vinculante para a Administração das decisões finais no processo proferidas, que contribui para

22. Alberto Xavier, ob. cit., 2ª ed., p. 314.

a confirmação do órgão julgador como de natureza jurisdicional, não cabe qualquer manifestação, por órgão diverso, após o julgamento do recurso administrativo, que conteste o mérito da respectiva decisão. Isso seria usurpação de competência. Os tribunais administrativos efetuam um papel de julgadores, haja vista exercerem efetivamente funções jurisdicionais. Deste modo, atuam como um "juiz na Administração" e não um "juiz da Administração", nas palavras de Feliciano Benvenuti,[23] citado por Alberto Xavier.[24]

A discricionariedade do ato administrativo "decisão do órgão julgador" é plena no julgamento do mérito do recurso interposto. Por conta dessa impossibilidade de usurpação de competência, e pelo fato de as decisões dos órgãos de julgamento administrativo não fazerem coisa julgada material, é que há que se conferir ao órgão julgador, necessariamente, certa discricionariedade para, desde que de forma fundamentada, considerar fatos e documentos trazidos aos autos do processo, mesmo que intempestivamente.

Mas ressalte-se que essa fundamentação deve forçosamente ser caracterizada pela verossimilhança das alegações trazidas pelo contribuinte.

Os pressupostos que são utilizados para a impetração da figura doutrinária-jurisprudencial chamada exceção de pré-executividade funcionam, *mutatis mutandi*, como um farol pelo qual o julgador de segunda instância administrativa pode se pautar na fundamentação da aceitação de prova documental juntada após o termo preclusivo.

Expliquemos. Há que se lembrar que às vezes não é necessário que o executado, para desconstruir a presunção de certeza, liquidez e exigibilidade da certidão de dívida ativa, ingresse em juízo por intermédio do processo autônomo dos embargos à execução, pelo qual possui o ônus da garantia do juízo (art. 8º, *caput*, Lei n. 6.830, de 22.9.1980).

Há situações em que a insurgência do executado pode se dar no "interior" do mesmo processo executivo, pelo instrumento da exceção de pré-executividade, mas instrumento este que só é cabível em hipóteses excepcionais, nas quais o Estado-juiz consegue exercer a avaliação da presunção do título executivo da certidão de dívida ativa sem a necessidade de processo autônomo para tal.

Essa excepcionalidade se justifica pelo fato de o processo de execução não comportar dilação cognitiva, mas apenas a realização do título executivo, caracterizando-se tal excepcionalidade em matérias que não demandam dilação probatória para demonstração do direito, sendo de defesa cognoscível de plano, como nos casos de matéria exclusivamente de direito ou de matéria de fato revelada por prova documental incontrastável.[25]

Pois bem. A mesma natureza de cognoscibilidade imediata que age como pressuposto para a exceção de pré-executividade, pode também fundamentar, ainda no processo administrativo, a aceitação de prova inequívoca favorável ao recorrente.

A natureza da cognoscibilidade imediata também se acha presente em outras categorias processuais, sempre no sentido de um direito demandado que não requer dilação probatória profunda e que pode ser vislumbrado pelo julgador numa análise de plano, preliminar, dos documentos apresentados.

Essa situação verifica-se parcialmente no conceito de direito líquido e certo, no mandado de segurança (art. 5º, LXIX, da Constituição de 1988), conceito este que traz situação fática que está comprovada por documentos ou decorre de fatos cuja comprovação seja desnecessária, ha-

23. "Giudicato (Diritto Amministrativo)", *Enc. del Dir.* XVIII, pp. 898-899.

24. Ob. cit., 2ª ed., p. 279.

25. Paulo Cesar Conrado, ob. cit., 2ª ed., p. 269.

vendo pertinência lógica entre a invocação de um direito adquirido e os fatos comprovados.[26]

Mas entendemos essa aplicação parcial, como dito acima, pelo menos em relação ao que defende Hely Lopes Meirelles, de que a complexidade dos fatos não seria óbice ao cabimento do mandado de segurança.[27] Isso porque não há como admitir a aceitação de prova documental em sede recursal administrativa, ou seja, extemporaneamente, e cuja complexidade não permita quase que de imediato, o reconhecimento do direito do recorrente.

Assim, mais do que a existência de direito líquido e certo, a cognoscibilidade imediata deve ser justificada pela presença de um dos requisitos normalmente necessários para a concessão de medidas liminares: a relevância do fundamento apresentado, classicamente denominada de *fumus boni iuris*. Esse requisito não se confunde com a existência de direito líquido e certo porque trata de pressuposto para a concessão de liminar, em que se comprova somente a plausibilidade das alegações da parte.

Assim, a prova extemporânea pode ensejar o reconhecimento do direito líquido e certo do recorrente de pronto no julgamento ou a justificação – haja vista a relevância da fundamentação – de conversão do processo em diligência para juntada de outras provas conclusivas.

Podemos, portanto, tomar emprestado o mesmo raciocínio que diferencia os pressupostos da concessão de liminar em mandado de segurança daqueles que consubstanciam o direito líquido e certo que enseja sua concessão de forma definitiva.

Assim, demonstrando o recorrente o direito líquido e certo com a documentação juntada, mesmo que em sede recursal, há que se lhe conferir o provimento do recurso interposto. Diferentemente, se não comprovado de pronto o direito líquido e certo, mas sim havendo uma grande relevância na sua fundamentação (com ou sem juntada de prova extemporânea), ou seja, uma fumaça do bom direito, cabe não a concessão antecipada – melhor dizendo, definitiva – do direito pleiteado pelo recorrente, obviamente, mas sim a conversão do julgamento em diligência para que se confirme ou não, com os documentos posteriormente juntados, numa cognição imediata, a relevância do fundamento.

Sim, porque sendo o *fumus boni iuris* um requisito lógico-jurídico para a concessão de medidas judiciais provisórias, surgindo com a demonstração à primeira vista da possibilidade de que o direito do autor exista,[28] deve ele estar presente para provocar na mente do julgador uma fundada convicção de que há grande probabilidade de as alegações do recorrente se confirmarem com a resposta à diligência formulada, com provas cabais e inequívocas a respeito.

E não há qualquer ferimento à lei, quando se opta por essa diligência, haja vista as leis dos processos administrativos aqui tratados preverem a possibilidade de conversão do processo em diligência, de ofício. A determinação, de ofício, de diligência tem como pressuposto justamente a plausibilidade das alegações recursais e das provas juntadas até então no processo, plausibilidade que justamente caracteriza um *fumus boni iuris*.

A relevância da fundamentação supracitada também guarda total semelhança com um dos requisitos da antecipação de tutela, qual seja, a prova inequívoca que conduza à verossimilhança das alegações, nos termos do que dispõe o art. 273 do Código de Processo Civil:

> Art. 273. O juiz poderá, a requerimento da parte, antecipar, total ou par-

26. James Marins, ob. cit., 2ª ed., pp. 430-431.

27. Hely Lopes Meirelles, *Mandado de Segurança, Ação Popular, Ação Civil Pública, Mandado de Injunção, "Habeas Data"*, atualizado por Arnoldo Wald, 15ª ed., São Paulo, Malheiros Editores, 1994, p. 27, *apud* James Marins, ob. cit., 2ª ed., p. 431.

28. James Marins, ob. cit., 2ª ed., p. 465.

cialmente, os efeitos da tutela pretendida no pedido inicial, desde que, existindo *prova inequívoca*, se convença da *verossimilhança da alegação* e: *(redação dada pela Lei n. 8.952, de 13.12.1994)*

I – haja fundado receio de dano irreparável ou de difícil reparação; ou *(incluído pela Lei n. 8.952, de 13.12.1994)*

II – fique caracterizado o abuso de direito de defesa ou o manifesto propósito protelatório do réu. *(Incluído pela Lei n. 8.952, de 13.12.1994)*

7. Conclusões

Não há como aceitar a busca de uma verdade material – entendida como flexibilização das regras de preclusão à instrução probatória por parte do contribuinte – no processo administrativo no sentido de relevar, de maneira generalizada, os prazos processuais previstos legalmente para produção de provas documentais.

Primeiro porque no processo só há a verdade jurídica, que é aquela produzida conforme os meios e procedimentos legitimados pelo ordenamento. Segundo porque a verdade material, entendida como a busca de algo independentemente de delimitações procedimentais acarretaria enorme insegurança jurídica para o sistema, bem como daria azo a comportamentos protelatórios por parte do contribuinte, estimulando a má-fé, na relação processual, afrontando, de forma mediata, o interesse público.

No entanto, não podemos deixar de considerar que o órgão julgador de segunda instância não pode fechar os olhos para situações em que a verossimilhança das alegações do recorrente, acarretada por juntada, mesmo que extemporânea, de provas inequívocas, deve ser considerada na formação, por parte do julgador, de sua livre convicção, haja vista uma justificativa exógena relevante: a real probabilidade de sucumbência a ser sofrida pela Fazenda Pública, no processo judicial de execução fiscal, em decorrência de constatação ali de execução inadequada, acarretando prejuízo aos cofres públicos.

Em havendo, mediante provas, ainda que extemporâneas, trazidas pelo recorrente, uma fumaça do bom direito favorável a esse recorrente, deve o órgão julgador de segunda instância converter o julgamento em diligência para permitir a juntada aos autos dos documentos potencialmente confirmadores de seu direito. Se as provas extemporâneas conduzirem, numa cognoscibilidade imediata, a direito líquido e certo, devem essas provas contribuir para a fundamentação do julgado favorável ao pleito do recorrente.

CADERNOS DE DIREITO TRIBUTÁRIO

SIGILO FISCAL E A SUA TRANSFERÊNCIA AO MINISTÉRIO PÚBLICO: ABORDAGEM DA JURISPRUDÊNCIA DOMINANTE NO STF E NO STJ

OSWALDO OTHON DE PONTES SARAIVA FILHO
Professor de Direito Tributário do Curso de Direito da Universidade Católica de Brasília – UCB. Diretor científico e fundador da *Revista Fórum de Direito Tributário.*

1. Introdução. 2. Impossibilidade de, em regra, o Ministério Público da União, do Distrito Federal e Território ter acesso ao sigilo fiscal, sem prévia intermediação do Poder Judiciário. 3. Impossibilidade, em regra, de os Ministérios Públicos estaduais terem acesso a dados, amparados pelo sigilo fiscal, sem prévia intermediação de órgão ou autoridade judiciária. 4. Conclusão.

1. Introdução

O objetivo deste artigo é contrastar, com a hodierna jurisprudência do Supremo Tribunal Federal e do Superior Tribunal de Justiça, a interpretação, que vem ganhando corpo, no âmbito de alguns órgãos do Ministério Público e da Administração pública, no sentido de que, nos termos do art. 198, § 1º, inc. II, e § 2º, do Código Tributário Nacional, com a redação dada pela Lei Complementar n. 104, de 10 de janeiro de 2001, e do art. 8º, inc. VIII, e § 2º, da Lei Complementar n. 75, de 20 de maio de 2003, não haveria que se opor reserva de sigilo fiscal ao Ministério Público, reconhecendo-se a constitucionalidade do acesso direto dos órgãos do *Parquet* a dados fiscais dos contribuintes, amparados pelo sigilo fiscal.

Sempre guiado pela jurisprudência dos Tribunais Superiores pátrios, pretendemos analisar as seguintes questões: pode o Ministério Público Federal ter acesso, direto, sem a prévia intervenção do Poder Judiciário, ao sigilo fiscal? Essa faculdade alcança, também, o Ministério Público do Trabalho, o Ministério Público Eleitoral, em suma, os outros ramos do Ministério Público da União? E, mais, abrange inclusive, o Ministério Público junto aos Tribunais de Contas e o Ministério Público dos Estados?

2. Impossibilidade de, em regra, o Ministério Público da União, do Distrito Federal e Território ter acesso ao sigilo fiscal, sem prévia intermediação do Poder Judiciário

Em alguns pareceres e notas técnicas, que me deparei, cheguei a observar a valorização, e com razão, da presunção de constitucionalidade das leis, e a concepção de que *o entendimento do STF que afasta a possibilidade* de o *Ministério Público requisitar diretamente* ***dados bancários protegidos pelo sigilo***, não se aplicaria ao sigilo fiscal, isto com a fundamentação de que os sigilos bancário e fiscal são *institutos diferentes*. Assim, ***não*** teria sido afastada ***a possibilidade de requisição de dados fiscais***, *conquanto o decidido no MS 21.729-DF* ***cingiu-se a análise, pelo Pretório Excelso, de requisições de dados bancários***.

Pois bem, a Constituição Federal, de 1988, estipula, no seu art. 5º, incs. X e XII, como direitos fundamentais, a inviolabilidade da intimidade, vida privada e, não de dados informatizados em si, mas da comunicação restringida de dados (liberdade de negação da comunicação).[1]

A respeito da interpretação do inc. X, do art. 5º, da Constituição brasileira, e a diferenciação de intimidade e vida privada, já escrevi:

"Direito à intimidade é o direito de estar sozinho. Intimidade é aquilo que não se compartilha com ninguém, são os pensamentos mais íntimos e secretos, os sentimentos, desejos e as tendências, às vezes, inconfessáveis.

"Direito à vida privada é o direito que tem a pessoa de só compartilhar algo a um grupo restrito de pessoas mais íntimas, cônjuge, familiares, alguns poucos amigos ou profissionais da inteira confiança do indivíduo que faz a discrição (sacerdotes, psicólogos, advogados)."[2]

1. CF/1988: "Art. 5º. (...); X – são invioláveis a intimidade, a vida privada, a honra e a imagem das pessoas, assegurado o direito a indenização pelo dano material ou moral decorrente de sua violação; (...); XII – é inviolável o sigilo da correspondência e das comunicações telegráficas, de dados e das comunicações telefônicas, salvo, no último caso, por ordem judicial, nas hipóteses e na forma que a lei estabelecer para fins de investigação criminal ou instrução processual penal".

2. Oswaldo Othon de Pontes Saraiva Filho, "O sigilo bancário e a administração tributária (LC n. 105/2001; IN-RFB n. 802/2007)", in *Revista Fórum de Direito Tributário* 34/41 e 42.

Outrossim, transcreva-se o que já dissertei sobre a exegese do inc. XII, do art. 5º, da Constituição da República, ou seja, sobre a inviolabilidade da comunicação de dados:

"No mesmo diapasão, leciona Tércio Sampaio Ferraz Júnior, no artigo 'Sigilo de dados: o direito à privacidade e os limites á função fiscalizadora do Estado', publicado em *Cadernos de Direito Tributário e Finanças Públicas* (São Paulo, n. 1, pp. 145-146, 1992):

"'O sigilo, no inc. XII do art. 5º, está referido à comunicação, no interesse da defesa da privacidade. Isto é feito, no texto, em dois blocos: a Constituição fala em sigilo da correspondência e das comunicações telegráficas, *de* dados e das comunicações telefônicas. Note-se, para a caracterização dos blocos, que a conjunção e une correspondência com telegrafia, segue-se uma vírgula e depois, a conjunção de dados com comunicações telefônicas. Há uma simetria nos dois blocos. Obviamente o que se regula é comunicação por correspondência e telegrafia, comunicação de dados e telefônica. O que fere a liberdade de omitir pensamento é, pois, entrar na comunicação alheia, fazendo com que o que devia ficar entre sujeitos que se comunicam privadamente passe ilegitimamente ao domínio de um terceiro. Se alguém elabora para si um cadastro sobre certas pessoas, com informações marcadas por avaliações negativas, e o torna público, poderá estar cometendo difamação, mas não quebra sigilo de dados. Se estes dados, armazenados eletronicamente, são transmitidos, privadamente, a um parceiro, em relações mercadológicas, para defesa do mercado, também não estará havendo quebra de sigilo. Mas se alguém entra nesta transmissão, como um terceiro que nada tem a ver com a relação comunicativa, ou por ato próprio ou porque uma das partes lhe cede o acesso indevidamente, estará violado o sigilo de dados.'

"Em verdade, o Excelso Supremo Tribunal Federal tem afirmado, em várias ocasiões, que a inviolabilidade referida do inc. XII do art. 5º da Carta Magna refere-se à intromissão ou interceptação da comunicação de dados e não ao registro de dados.

"Assim, no inc. XII do art. 5º da Lei Fundamental, o que se protege é a comunicação de dados, é a interceptação indevida da comunicação de dados, por quem não tem justo motivo de ter acesso aos mesmos, não os dados em si mesmos, o que tornaria impossível qualquer investigação administrativa, fosse qual fosse, e a própria declaração dos contribuintes para fins do imposto de renda.

"Nesse diapasão, merece destaque o magistério do Ministro Nelson Jobim, em voto proferido no julgamento do RE n. 219.780-PE:

"'Passa-se, aqui, que o inc. XII não está tornando inviolável o dado da correspondência, da comunicação, do telegrama. Ele está proibindo a interceptação da comunicação dos dados, não dos resultados. Essa é a razão pela qual a única interceptação que se permite é a telefônica, pois é a única a não deixar vestígios, ao passo que nas comunicações por correspondência telegráfica e de dados é proibida a interceptação porque os dados remanescem; eles não são rigorosamente sigilosos, dependem da interpretação infraconstitucional para poderem ser abertos. O que é vedado de forma absoluta é a interceptação da comunicação da correspondência, do telegrama. Por que a Constituição permitiu a interceptação da Comunicação telefônica? Para manter os dados, já que é a única em que, esgotando-se a comunicação, desaparecem os dados. Nas demais, não se permite porque os dados remanescem, ficam no computador, nas correspondências etc.' (RE n. 219.780-PE, Rel. Ministro Carlos Velloso, *DJ* 10.9.1999, p. 23).

"Destarte, a inviolabilidade é a intromissão no momento da comunicação de dados informáticos, e não os dados em si mesmos, pois, em caso contrário, o contribuinte, com base na interpretação equivocada do inc. XII, do art. 5º, da Constituição da República, poderia até deixar de cumprir a obrigação de entregar a sua declaração para fins do imposto de renda, alegando que a mesma se encontra em formato eletrônico, e, por isso, ele estaria protegido pelo sigilo de dado, pelo direito à privacidade!"[3]

Assim, os institutos do sigilo bancário e do sigilo fiscal, embora não tenham sido expressamente nomeados, pela Constituição, como direitos e garantias individuais, são tidos, pela jurisprudência pátria, como amparados, por igual forma, pelas mesmas razões, pela Constituição brasileira, como corolário da inviolabilidade vida privada e da comunicação de dados.

De modo que só se pode entender que os sigilos bancário e fiscal são espécies do gênero *right of privacy* – direito à privacidade.

Por outro lado, além da norma do inc. XXXIII, do art. 5º, da Constituição brasileira,[4] os sigilos bancário e fiscal tem relação com o preceito do § 1º, do art. 145, da mesma Carta Política, que, dispõe que, *especialmente*, ou seja, esta palavra que pode significar especificamente (não exclusivamente), ou principalmente, para conferir efetividade aos objetivos da pessoalidade de alguns impostos, da igualdade no tratamento tributário e da capacidade contributiva, faculta à Administração tributária, identificar, respeitados os direitos individuais, isto é conservando a privacidade e o sigilo dos dados recebidos, e nos termos da lei razoável, o patrimônio, os rendimentos e as atividades econômicas do contribuinte.

3. Oswaldo Othon de Pontes Saraiva Filho, artigo e periódico já citados, pp. 49 a 50.

4. CF/1988, art. 5º, inc. XXXIII: "todos têm direito a receber dos órgãos públicos informações de seu interesse particular, ou de interesse coletivo ou geral, que serão prestadas no prazo da lei, sob pena de responsabilidade, *ressalvadas aquelas cujo sigilo seja imprescindível à segurança da sociedade* e do Estado".

No Mandado de Segurança n. 21.729-4-DF (*DJ* 19.10.2001), impetrado pelo Banco do Brasil S/A em face do Procurador-Geral da República, por ter o referido órgão do *Parquet* solicitado diretamente àquele banco, sem a intermediação do Poder Judiciário, informações sobre concessão de empréstimos, subsidiados pelo Tesouro Nacional, com base em plano de governo, a empresas do setor sucroalcooleiro, julgamento ocorrido em 5 de outubro de 1995, decidiu a nossa Corte Constitucional, em sessão plenária, tendo em vista o art. 129, incs. VI e VIII, da Constituição Federal,[5] o art. 38 da Lei n. 4.595/1964, e o art. 8º, da Lei Complementar n. 75/1993,[6] que não cabia ao Banco do Brasil negar, ao Ministério Público, informações sobre nomes de subsidiados pelo erário federal, sob invocação do sigilo bancário, em se tratando de requisição de informações e documentos para instruir procedimento administrativo instaurado em defesa do patrimônio público, prevalecendo, na espécie, o princípio constitucional do art. 37, *caput*, da publicidade da Administração pública, em confronto com a proclamada reserva de jurisdição em relação à relativização dos direitos previstos nos incs. X e XII, do art. 5º, da Carta Política.

No referido julgamento, o Supremo Tribunal Federal, por seu Tribunal Pleno, e por maioria de votos, deixou registrado que, ressalvadas as hipóteses de informações e dados real ou inerentemente públicos, como os relativos aos atos de gestão de dinheiros públicos, quando deve prevalecer o princípio da publicidade da Administração (CF/1988, art. 37, *caput*), nos demais casos, quando envolvidos direitos individuais, os preceptivos do art. 129, incs. VI e VIII, da Constituição da República, não autorizam a quebra do sigilo bancário – ou, pela mesma razão, do sigilo fiscal – pelo Ministério Público, embora tenha sido admito que os sigilos, admitidos constitucionalmente como direitos individuais fundamentais à vida privada e à inviolabilidade da comunicação de dados não sejam absolutos, podendo ser transferidos ou quebrados apenas por ordem judicial.

Ressalte-se, parenteticamente, que, por ocasião do julgamento do Agravo Regimental em Inquérito n. 897-5-DF, o Supremo Tribunal Federal, em sessão plenária, além de ter assentado que "***a quebra do sigilo bancário não afronta o art. 5º, X e XII, da Constituição Federal (Precedente: Pet 577***, *DJ* 23.4.1993)", decidiu que o sigilo bancário pode ser transferido sem a necessidade de prévia audiência do investigado, tendo em vista que, como bem explicaram os senhores Ministros Carlos Velloso e Celso de Mello, tornando-se necessária a obtenção da prova por esse meio, deve ser *posta no ventre dos autos, não havendo de se cogitar da instauração incidental do contraditório em procedimento nitidamente qualificado pela nota da unilateralidade e da inquisitividade, aí* então, ou a partir daí ocorrerá o contraditório, ou seja, "***o princípio do contraditório não prevalece na fase inquisitorial***" (*DJU* 24.3.1995, p. 6.806).[7]

5. CF/1988: "Art. 129. São funções institucionais do Ministério Público: (...); VI – expedir notificações nos procedimentos administrativos de sua competência, requisitando informações e documentos para instruí-los, na forma da lei complementar respectiva; (...); VIII – requisitar diligências investigatórias e a instauração de inquérito policial, indicando os fundamentos jurídicos de suas manifestações processuais".

6. LC 75/1993: "Art. 8º. Para o exercício de suas atribuições, o Ministério Público da União poderá, nos procedimentos de sua competência: (...); II – requisitar informações, exames, perícias e documentos de autoridades da Administração Pública direta ou indireta; (...); IV – requisitar informações e documentos a entidades privadas; (...); VIII – ter acesso incondicional a qualquer banco de dados de caráter público ou relativo a serviço de relevância pública; (...); § 2º. Nenhuma autoridade poderá opor ao Ministério Público, sob qualquer pretexto, a exceção de sigilo, sem prejuízo da subsistência do caráter sigiloso da informação, do registro, do dado ou do documento que lhe seja fornecido".

7. Nesse diapasão, ou seja, no sentido de que princípio do contraditório não prevalece na fase inquisitória, como é a fase do pedido para que o Poder Judiciário autorize a quebra do sigilo bancário ou fis-

Mas, ficou definido, então, no julgamento do Mandado de Segurança n. 21.729-4-DF, pela mencionada decisão do Excelso Pretório, que as normas do art. 8º, inc. II e IV e § 2º, da Lei Complementar n. 75/1993, e, podemos depreender, como de resto de qualquer outra norma legal ou de outra lei complementar, que regulamente os preceptivos constitucionais do art. 129, c/c o art. 192,[8] do art. 5º, incs. X e XII, não foram autorizadas pela Constituição da República a conferir ao Ministério Público competência para obter diretamente, sem a intermediação do Poder Judiciário, a transferência de sigilos, assegurados, pela mesma Carta Política, aos indivíduos como decorrentes do *right of privacy*, isto pelo fato de inexistir, na Lei Suprema, norma expressa em sentido contrário.

Transcrevam-se trechos dos votos vencedores dos senhores Ministros do STF, proferidos por ocasião do julgamento do MS n. 21.729-4-DF:[9]

O Sr. Ministro Marco Aurélio: (...). Em última análise, tenho que o sigilo bancário está sob a proteção do disposto nos incs. X e XII do art. 5º da Constitui-

cal, cf., tb.: STF, HC n. 5.447, HC n. 9.372; RE n. 136.239 (*RTJ* 143-01, p. 306).

8. CF/1988 (com redação dada pela EC 40/2003): "Art. 192. O sistema financeiro nacional, estruturado de forma a promover o desenvolvimento equilibrado do País e a servir aos interesses da coletividade, em todas as partes que o compõem, abrangendo as cooperativas de crédito, será regulado por *leis complementares* que disporão, inclusive, sobre a participação do capital estrangeiro nas instituições que o integram (destaquei).

9. A propósito, o entendimento no sentido de que o sigilo bancário não se encontra protegido pelo art. 5º, X e XII, da CF, embora, enfatize-se, não seja esse o posicionamento dominante do STF, foi manifestado, pelos Srs. Ministros Francisco Rezek e Sepúlveda Pertence, por ocasião do julgamento do MS n. 21.729-4-DF, conforme os seguintes trechos dos lúcidos votos por nós anotados: "*O Sr. Ministro Francisco Rezek*: Parece-me, antes de qualquer outra coisa, que a questão jurídica trazida à Corte neste MS não tem estrutura constitucional. Tudo quanto se estampa na própria Carta de 1988 são normas que abrem espaço ao tratamento de determinados temas pela legislação complementar. É neste terreno, pois, e não daquele da Constituição da República, que se consagra o instituto do sigilo bancário – do qual se repetiu *ad nauseam*, neste país e noutros, que não tem caráter absoluto. Cuida-se de instituto que protege certo domínio – de resto nada transcendental, mas bastante prosaico da vida das pessoas e das empresas, contra curiosidade gratuita, acaso malévola, de outros particulares, e sempre até o exato ponto onde alguma forma de interesse público reclame sua justificada prevalência. (...). Tenho dificuldade extrema de construir, sobre o art. 5º, sobre o rol constitucional de direitos, a mística do sigilo bancário. (...). O inc. X do rol de direitos fala assim numa *intimidade* onde a meu ver seria extraordinário agasalhar a *contabilidade*, mesmo das pessoas naturais, e por melhor razão a das empresas. (...). Do inc. XII, por seu turno, é de ciência corrente que ele se refere ao terreno das comunicações: a correspondência comum, as mensagens telegráficas, *a comunicação de dados*, e a comunicação telefônica. Sobre o disparate que resultaria do entendimento de que, fora do domínio das comunicações, os dados em geral – e a seu reboque o cadastro bancário – são invioláveis, não há o que dizer. O funcionamento mesmo do Estado e do setor privado enfrentaria um bloqueio. A imprensa, destacadamente, perderia sua razão de existir. (...). Numa reflexão extralegal, observo que a vida financeira das empresas e das pessoas naturais não teria mesmo porque enclausurar-se ao conhecimento da autoridade legítima – não a justiça tão-só, mas também o parlamento, o Ministério Público, a administração executiva, já que esta última reclama, pela voz da autoridade fiscal, o inteiro conhecimento do patrimônio, dos rendimentos, dos créditos e débitos até mesmo do mais discreto dos contribuintes assalariados. Não sei a que espécie de interesse serviria a mística do sigilo bancário, a menos que se presumam falsos os dados em registro numa dessas duas órbitas, ou em ambas, e por isso não coincidentes o cadastro fiscal e o cadastro bancário das pessoas e empresas. Ainda sob o enfoque metajurídico, haveria de perguntar-se por quê não quis o constituinte, seguido pelo legislador complementar, dar ao cadastro bancário proteção igual à das comunicações telefônicas, só devassáveis mediante endosso judiciário à autoridade executiva investigante. Quer parecer-me, desde logo, que a comunicação telefônica cobre nas mais das vezes aquela estrita privacidade pessoal de cuja importância já falara o inc. X do rol das garantias, distinguindo-se nesse ponto da relação contábil entre uma casa bancária e seus clientes. (...). Não vejo inconstitucionalidade alguma em se ampliar, dentro da prerrogativa legítima do legislador, o escopo da exceção já aberta ao sigilo bancário no texto da lei originalmente comum que o disciplinou nos anos 60. E o faz em nome de irrecusável interesse público, adotando um mecanismo operacional que em nada arranha direitos, ou sequer constrange a discrição com que se portam os bancos idôneos e as pessoas de bem".

"*O Sr. Ministro Sepúlveda Pertence*: O sigilo bancário só existe no Direito brasileiro por força de ção Federal. Entendo que somente é possível afastá-lo por ordem judicial. Assim tenho o disposto no § 2º do art. 8º da Lei Complementar n. 75, de 1993, como inconstitucional.

O Sr. Ministro Maurício Corrêa: (...).

9. (...) não vejo como acolher a tese que da interpretação ampliativa ao art. 129, VI, da Constituição, a ponto a entender que nele está contida autorização para a quebra do sigilo bancário por autoridade administrativa. E por essa razão, concluo que o art. 8º, II e IV, e especialmente o seu § 2º da Lei Complementar n. 75, não incluem a quebra de sigilo quando constitucionalmente previsto e assegurado este direito, de forma que em tais casos, qualquer autoridade ou particular pode opor a exceção de sigilo.

9.1 Ressalto, contudo, que se ao Ministério Público não é dado quebrar o sigilo bancário, nem o fiscal, isto não quer dizer que, no interesse da justiça e para a consecução das suas atribuições institucionais, não possa formular tal requerimento perante o Órgão competente do Poder Judiciário para que este decida, em cada caso, sobre ser a hipótese, ou não, de sobreposição do interesse público ao privado e, em caso positivo, sobre os limites da quebra do sigilo.

(...).

11. Por fim, pedindo vênia ao Ministro Relator Marco Aurélio, não declaro a inconstitucionalidade do § 2º do art. 8º da Lei Complementar n. 75/1993, mas lhe dou interpretação conforme, no sentido de ficar ressalvado que a expressão sob qualquer pretexto nele contida não alcança o sigilo bancário, e assim o fiscal, porque estão constitucionalmente previstos e assegurados, e só podem ser violados no interesse da justiça por ordem judicial.

O Sr. Ministro Celso de Mello: (...). (...) *concedo* o mandado de segurança ora impetrado, por entender que *não assiste* ao Ministério Público o poder de requisitar, por autoridade própria, a quebra do sigilo bancário de qualquer pessoa, instituição ou órgão.

Ao assim fazer, *concordo* com o voto do em. Relator, *exceto* no que concerne à declaração de inconstitucionalidade do § 2º do art. 8º da Lei Complementar n. 75/1993, pois – tal como o fez o ilustre Ministro Maurício Corrêa, a quem acompanho neste *específico* ponto –, *também* dou a essa norma legal interpretação conforme à Constituição.

O Sr. Ministro Ilmar Galvão: (...). A Constituição, ao dizer, no art. 129, VI, que tem o Ministério Público a atribuição de requisitar informações e documentos para instruir os procedimentos administrativos de sua competência, não investiu o órgão do poder de devassa. Competência dessa natureza, por interferir no direito fundamental da privacidade, consagrado no art. 5º, X, da CF, haveria de vir expressa, não podendo resultar de interpretação ampliativa do mencionado inciso do art. 129, nem, muito menos, da disposição da lei complementar destinada a regulamentá-lo, (...).

Veja-se que nem sequer ao Fisco, a quem incumbe prevenir a sonegação de impostos, notadamente os que recaem sobre rendimentos auferidos pelos contribuintes, outorgou a Constituição o poder de devassa das contas bancárias, havendo, ao revés, no art. 145, § 1º, da CF, ao facultar-lhe o poder de identificar o patrimônio, os rendimentos e atividades econômicas do contribuinte, consignando a ressalva – "*respeitados os direitos individuais*" – cláusula que vale pela indicação de que o poder investigatório, próprio, do Fisco, encontra limite na intimidade, na vida privada, na casa, na correspondência e nas comunicações em geral, mesmo de dados, valores que se encontram ao abrigo da garantia constitucional de inviolabilidade.

Trata-se de limite somente afastável pela via judicial, em devido processo legal, e diante de razões bastantes para justificarem a decisão do Juiz.

(...).

lei ordinária. Não entendo que se cuide de garantia com *status* constitucional. Não se trata de intimidade protegida no inc. X do art. 5º da CF (...). Em princípio, admitiria que a lei autorizasse autoridades administrativas, com função investigatória a obter dados relativos a operações bancárias."

Se assim é, relativamente ao Fisco, cuja atividade precípua, no caso, é fiscalizar os rendimentos do contribuinte, os quais têm na conta bancária um espelho de sua vida econômico-financeira, não poderia ser diverso quanto ao Ministério Público, relativamente aos procedimentos administrativos (não judiciais) de sua competência.

Na verdade, se exceção houvesse à regra, revestir-se-ia ela, inegavelmente, de muito mais plausibilidade, relativamente à Fiscalização do Imposto de Renda, que há de estar em permanente vigilância, na busca de sinais de riqueza dos contribuintes, do que em relação ao Ministério Público, cuja iniciativa tem em mira casos específicos, em face dos quais o requerimento ao Juiz não acarreta maiores transtornos.

(...).

Com essas considerações, Sr. Presidente, meu voto, com a vênia do eminente Ministro Francisco Rezak, acompanha o voto do eminente Relator e dos eminentes Ministros que o seguiram.

O Sr. Ministro Carlos Velloso: (...) não é o sigilo bancário, assento esta premissa, um direito absoluto. As normas infraconstitucionais podem estabelecer regras, no sentido da sua quebra. Tenho, em primeiro lugar, que essas regras devem vir em lei complementar, tendo em vista a norma posta no art. 192 da Constituição.

No caso, não teríamos o problema, dado que a lei do Ministério Público, em que se sustenta ser possível ao Ministério Público promovera quebra do sigilo bancário, é a Lei Complementar n. 75.

Então deixo assentado, como premissa maior, esta: é possível à norma infraconstitucional estabelecer caso em que será aceita a quebra do sigilo bancário. Como, entretanto, isso poderá ocorrer? Penso que, tratando-se de direito que tem "status" constitucional, esta quebra não pode ser feita por quem não tem o dever de imparcialidade. Somente pode ser realizada a quebra do sigilo pela autoridade judiciária, dado que esta procederá sempre com cautela, com prudência, com moderação, porque estas são virtudes inerentes à magistratura, ou virtudes que os magistrados devem possuir. Não posso admitir que a parte, que não tem o dever ou a obrigação de ser imparcial, e que há de ser parcial, porque é inerente à parte ser parcial, não posso admitir que possa ela própria, por suas próprias mãos, efetivar a quebra de um direito inerente à privacidade, que a Constituição consagra, que tem, portanto, "status" constitucional.

As funções do Ministério Público, *data venia*, por mais importantes que sejam, elas são, entretanto, sobretudo, de parte, de quem requer e não decide, a quem não compete a obrigação de ser imparcial. O advogado é sempre parcial, porque defende a parte. E o Ministério Público é advogado da sociedade, é órgão de acusação na ação penal. Nós que somos juízes há muito tempo, sabemos que o Ministério Público excepcionalmente age como se fosse magistrado. Mas ele tem o papel de defensor da sociedade, é o órgão que promove a ação penal, é parte, pois. Portanto, ele é parte, e a parcialidade é inerente à parte. De modo que penso ser possível à lei conferir ao Ministério Público o direito de promover a quebra do sigilo bancário, num procedimento ou num devido processo legal, mediante a atuação do Poder Judiciário, da autoridade que tem a obrigação de ser imparcial e que, portanto, deverá proceder, repito, com cautela, com prudência e com moderação.

(...).

O Sr. Ministro Moreira Alves: Se V. Exa. se basear no fato de que tanto o inc. X quanto o XII são direitos relativos, e o inc. XII é expresso, só admitindo o afastamento pelo Poder Judiciário, por construção dever-se-á também, em relação à outra inviolabilidade, só admitir pelo Poder Judiciário.

(...).

O Sr. Ministro Sepúlveda Pertence: Seja qual for o conteúdo da referência dada no inc. XII, este é absolutamente inviolável. O que, a meu ver, mostra, para não se chegar a uma desabrida absurdidade da Constituição, a ter que concluir que se refere à comunicação de dados. Só, afinal, a telefonia é relativa, porque pode ser quebrada por ordem judicial, o que é fácil de entender, pois a comunicação telefônica é instantânea, ou se colhe enquanto ela se desenvolve, ou se perdeu a prova; já a comunicação de dados, a correspondência, a comunicação telegráfica, não, elas deixam provas que podem ser objeto de busca e apreensão. O que se proíbe é a intervenção de um terceiro num ato de comunicação, em todo o dispositivo, por isso só com relação à comunicação telefônica se teve de estabelecer excepcionalmente a possibilidade de intervenção de terceiros para se obter esta prova, que de outro modo perder-se-ia.

O Sr. Ministro Moreira Alves: Mas veja V. Exa. que isso reforça ainda a possibilidade de que só a autoridade judiciária pode autorizar, porque mesmo com relação àquelas outras comunicações não se fala em ordem judicial, porque é ordem judicial para efeito de intercepção, mas ninguém nega que pode haver ordem judicial para busca e apreensão. Agora, a Constituição se refere a isso para efeito de interceptação, porque as palavras voam, enquanto que os escritos permanecem, então isso demonstra que esse texto constitucional, que não afasta evidentemente a busca e apreensão judicial, mesmo nesse caso excepcional de comunicação, que é de palavras, e que, portanto, precisa ser feito de imediato, isso mostra que só o Poder Judiciário é que poderia, conseqüentemente naquela outra violação, levando-se em conta o conceito de privacidade, com um certo elastério, mesmo assim esse conceito não seria absoluto, seria relativo, e sendo assim aplicar-se-ia o mesmo princípio daqueles outros que também são relativos e que estão no inc. XII, que são a autorização judicial para comunicação realmente, enquanto que nos outros casos é a busca e apreensão, porque nunca ninguém sustentará que busca e apreensão ficaria barrada por inviolabilidade constitucional, senão seria o paraíso do crime.

O Sr. Ministro Carlos Velloso: (...). Sr. Presidente, encerro o meu voto deferindo o mandado de segurança e entendendo que, emprestando-se interpretação conforme ao dispositivo inscrito no § 2º do art. 8º da Lei Complementar n. 75, de 1993, há de ser entendido que a quebra do sigilo bancário poderia ocorrer a requerimento do Ministério Público e somente seria concedida por decisão judicial, num devido processo legal.

(...).

O Sr. Ministro Octávio Gallotti: (...). Penso, Sr. Presidente, que essa é uma operação na qual o Banco do Brasil não age como banco comercial. Não se pretende devassar conta de particulares, mantida em depósito no Banco do Brasil. Está, ele, nesse caso, desempenhando a função de agente delegado do Governo Federal, e, por isso, não se acha em causa, propriamente, a quebra de um sigilo. Deste se acha imune por sua natureza, a operação realizada com dinheiros públicos, cujo dispêndio, ao revés, está sujeito, pelo art. 37 da Constituição, para não dizer ao princípio da moralidade, pelo menos, sem dúvida alguma, ao princípio da publicidade.

(...).

Sr. Presidente, apenas para deixar mais claro o meu voto (...), não estou, pelo menos nesse caso concreto, considerando que haja autorização de quebra de sigilo para o Ministério Público Federal.

Considero, apenas, estarmos diante de um ato de autoridade, agente do Poder Público, repassando recursos públicos. E pelo próprio art. 37 da Constituição impõe-se todo tipo de publicidade a essa operação.

Não há, portanto, a meu ver, quebra de sigilo, mas a revelação de algo que não só não estava sujeito ao sigilo, como para o qual se recomendava a publicidade.

O Sr. Ministro Néri da Silveira: (...). Em primeiro lugar, se se trata de operação em que há dinheiro público, a publicidade deve ser nota característica dessa operação.

(...).

Nesses termos e limites, indefiro, no caso concreto, o mandado de segurança requerido pelo Banco do Brasil S/A.

O Sr. Ministro Sydney Sanches: Sr. Presidente, peço vênia ao eminente Relator para acompanhar o voto do ilustre Ministro Octávio Gallotti, que bem realçou as peculiaridades justificadoras da não prevalência, no caso, do sigilo bancário.

Indefiro, pois, o Mandado de segurança.

(...).

O Sr. Ministro Moreira Alves: Sr. Presidente, também, com a devida vênia do Ministro-Relator, e tendo em vista a circunstancia de que no caso se trata de empréstimo em que há parcela representada por dinheiro público, entendo que não é de invocar-se o instituto do sigilo bancário.

Por essas razões, acompanho, na conclusão, o voto do eminente Ministro Francisco Rezek, mas com a fundamentação dos votos dos demais Colegas que assim votaram.

Indefiro a segurança.

O Sr. Ministro Sepúlveda Pertence: (...). Há, pois, como objeto das indagações do Procurador-Geral ao Banco do Brasil, não operações bancárias comuns, mas atos de gestão de dinheiros públicos. Ora, em matéria de gestão de dinheiro público, não há sigilo privado, seja ele de "status" constitucional ou meramente legal, a opor-se ao princípio basilar da publicidade da administração republicana.

Por isso, indefiro o mandado de segurança.

Insta destacar que, por ocasião do julgamento do *Habeas Corpus* n. 87.654-4-PR, a 2ª Turma do Augusto Supremo Tribunal Federal, Relatora a Sra. Ministra Ellen Gracie, por votação majoritária, esclareceu que o ***sigilo fiscal***, da mesma forma que o sigilo bancário, *nada mais é que um desdobramento do direito à intimidade e à vida privada*, devendo, pois, a sua legítima transferência submeter-se à prévia autorização judicial, tendo admitido, no entanto, que o Código Tributário Nacional não veda a divulgação de informações relativas a representações fiscais ao Ministério Público para fins penais (CTN, art. 198, § 3º, inc. I, preceptivo acrescentado pela LC n. 104/2001), o que não configura afronta ao sigilo fiscal.

Transcreva-se a Ementa do Acórdão do STF no referido HC n. 87.654-4-PR:

Crime contra a ordem econômica (Lei 8.176/1991). Inquérito policial instaurado com base em apreensão ilícita de documentos. Trancamento pretendido.

1. Eventual vício na primeira apreensão, que foi desconstituída judicialmente, não contamina a segunda apreensão, que foi precedida de prévia autorização judicial. Discutível, ademais, cogitar-se de apreensão ilícita, uma vez que a comunicação de possível crime ao Ministério Público não configura afronta ao sigilo fiscal (CTN, art. 198, § 3º, I).

2. *Habeas Corpus* indeferido (*RTJ* 199-2, p. 727).

O suprafocalizado *habeas corpus* decorreu de acórdão da 5ª. Turma do Egrégio Superior Tribunal de Justiça, que indeferiu medida idêntica, e que ficou assim ementado:

STJ, T5, Habeas Corpus n. 42.693-PR, Rela. Ministra Laurita Vaz.

Ementa: *"Habeas Corpus". Crime contra a ordem econômica. Trancamento do inquérito policial. Ilicitude da prova reconhecida. Inquérito trancado. Obtenção de nova prova do fato em posterior investigação realizada legalmente. Vício anterior que não contamina as novas provas obtidas.*

1. Se as provas que instruem o novo inquérito policial foram obtidas com a quebra judicialmente autorizada dos sigilos bancário, fiscal e telefônico dos indiciados, não há como tachá-los de ilícitos, porquanto desvinculados da prova anteriormente colhida com vício (*DJ* 24.10.2005).

Abra-se, aqui, um parêntese, para avivar que, nos termos do *caput* do art. 83, da Lei n. 9.430, de 27 de dezembro de 1996, *a representação fiscal para fins penais relativa aos crimes contra a ordem tributária, definidos nos arts. 1º e 2º da Lei n. 8.137, de 27 de dezembro de 1990, será encaminhada ao Ministério Público após proferida a decisão final, na esfera administrativa, sobre a exigência fiscal do crédito tributário correspondente.*

A examinar a constitucionalidade do art. 83, *caput*, da Lei n. 9.430, de 27.12.1996, a Suprema Corte, em sessão plenária, por maioria de votos, emanou, na ADI n. 1.571-1, a seguinte decisão, cuja Ementa é a seguir transcrita:

ADI n. 1.571-1, Rel. Ministro Gilmar Mendes.

Ementa: *Ação direta de inconstitucionalidade*. (...). 2. Art. 83 da Lei n. 9.430, de 27.12.1996. 3. Arguição de violação ao art. 129, I da Constituição. *Notitia criminis* condicionada "à decisão final na esfera administrativa, sobre a exigência fiscal do crédito tributário". 4. A norma impugnada tem como destinatários os agentes fiscais, em nada afetando a atuação do Ministério Público. É obrigatória, para a autoridade fiscal, a remessa da *notitia criminis* ao Ministério Público. 5. Decisão que não afeta orientação fixada no HC 81.611. Crime de resultado. Antes de constituído definitivamente o crédito tributário não há justa causa para a ação penal. O Ministério Público pode, entretanto, oferecer denúncia independentemente da comunicação, dita "representação tributária", se, por outros meios, tem conhecimento do lançamento definitivo. 6. Não configura qualquer limitação à atuação do Ministério Público para propositura da ação penal pública pela prática de crimes contra a ordem tributária. 7. Improcedência da ação (*DJ* 30.4.2004).

Feita, de certo modo, essa digressão, com efeito, cumpre, agora, inferir que, embora sendo institutos diferentes, os sigilos bancário e fiscal são corolários do direito à privacidade e à inviolabilidade da comunicação de dados, aplicando-se, consequentemente, ao segundo (sigilo fiscal) as mesmas exegeses dadas pelas decisões de nossa Corte Constitucional quanto ao primeiro (sigilo bancário) em relação ao Ministério Público, sendo certo que cabe ao Supremo Tribunal Federal, como guardião da Constituição, dizer a última palavra em termos de interpretação constitucional.

Pondere-se que os dados acobertados pelo sigilo fiscal, além dos informes prestados à Administração tributária pelos próprios contribuintes, ou os obtidos, pelo Fisco, em decorrência dos cruzamentos das informações prestadas pelos sujeitos passivos dos tributos,[10] tudo isso no específico interesse da fiscalização e da arrecadação dos tributos, muitas vezes, alcança, também, os dados relativos ao sigilo bancário dos contribuintes, transmitidos pelas instituições financeiras, razão pela qual, por ser, algumas vezes, o sigilo fiscal é até mais abrangente, merece o mesmo amparo constitucional do sigilo bancário, como espécies que são do direito à vida privada e à inviolabilidade da comunicação de dados.

Transcrevam-se, neste ponto, os seguintes trechos de Ementas de Acórdãos do Supremo Tribunal Federal a respeito da matéria em comento:

> *STF, T2, RE n. 215.301-CE, Rel. Ministro Carlos Velloso.*
>
> *Ementa*: *Constitucional. Ministério Público. Sigilo bancário: quebra. CF, art. 129, VIII.*
>
> I – A norma inscrita no inc. VIII, do art. 129, da CF, não autoriza ao Ministério Público, sem a interferência da autoridade judiciária, quebrar o sigilo bancário de alguém. Se se tem presente que o sigilo bancário é espécie de direito à privacidade, que a CF consagra, art. 5º, X, somente autorização expressa da Constituição legitimaria o Ministério Público a promover, diretamente e sem a intervenção da autoridade judiciária, a quebra do sigilo bancário de qualquer pessoa.
>
> II – RE não conhecido (*DJ* 28.5.1999).

10. CTN, art. 13, § 2º: "Obrigação acessória decorre da legislação tributária e tem por objeto as prestações, positivas ou negativas, nela previstas no interesse da arrecadação ou da fiscalização dos tributos".

STF, T2, Ag. Reg. no AI n. 541.265-8-SC, Rel. Ministro Carlos Velloso.

Ementa: *Constitucional. Recurso Extraordinário. Ofensa à Constituição. Ministério Público. Sigilo bancário. Quebra. Mediante ordem judicial. Precedentes.*

(...).

VI – O entendimento desta Suprema Corte consolidou-se no sentido de não possuir caráter absoluto a garantia dos ***sigilos bancário e fiscal***, sendo facultado ao juiz decidir acerca da conveniência da sua quebra em caso de interesse público relevante e suspeita razoável de infração penal. Precedentes.

VII – Agravo não provido. Destaquei em negrito (*DJ* 4.11.2005).

STF, T2, AgRg no RE n. 318.136-0-RJ, Rel. Ministro Cezar Peluso.

Ementas: 1. *Recurso. Extraordinário. Inadmissibilidade. Instituições Financeiras. Sigilo bancário. Quebra. Requisição. Ilegitimidade do Ministério Público. Necessidade de autorização judicial. Jurisprudência assentada. Ausência de razões novas. Decisão mantida. Agravo regimental improvido.* Nega-se provimento a agravo regimental tendente a impugnar, sem razões novas, decisão fundada em jurisprudência assente na Corte.

2. *Recurso. Agravo. Regimental. Jurisprudência assentada sobre a matéria. Caráter meramente abusivo. Litigância de má-fé. Imposição de multa. Aplicação do art. 557, § 2º, c/c arts. 14, II e III, e 17, VII, do CPC.* Quando abusiva a interposição de agravo, manifestamente inadmissível ou infundado, deve o Tribunal condenar a agravante a pagar multa ao agravado (*DJ* 6.10.2006).

STF, Tribunal Pleno, AgRg no Inq 2.206-3-DF, Rel. Ministro Marco Aurélio.

Ementa: *Inquérito. Diligência. Extensão.* O deferimento de diligência requerida pelo Ministério Público há de fazer-se em sintonia com as balizas subjetivas e objetivas da investigação em curso, descabendo providências que extravasam o campo da razoabilidade, como, por exemplo, a quebra de sigilo bancário generalizada (*DJ* 2.2.2007).

Impende trazer à colação trechos do didático voto do Sr. Ministro Carlos Mário da Silva Velloso, proferido em um dos julgamentos suprafocalizados, o do Recurso Extraordinário n. 215.301, *ipsis litteris*:

> Quando do julgamento, pelo Plenário, do MS 21.729-DF, Rel. o Ministro Marco Aurélio, julgamento concluído em 5.10.1995, (...) o Supremo Tribunal Federal examinou a questão tendo em vista a Lei Complementar n. 75, de 20.5.1993.
>
> Aqui, em sede de recurso extraordinário, entretanto, isto não pode ocorrer, dado que o contencioso de direito comum não integra o recurso extraordinário.
>
> A questão, portanto, somente pode ser visualizada tendo o que dispõe o dispositivo constitucional que se alega violado, o art. 129, VIII, da CF: "*Art. 129. São funções institucionais do Ministério Público: (...); VIII – requisitar diligências investigatórias e a instauração de inquérito policial, indicados os fundamentos jurídicos de suas manifestações processuais* (...)".
>
> Ora, no citado inc. VIII, do art. 129, da CF, não está escrito que poderia o órgão do Ministério Público requerer, sem a intervenção da autoridade judiciária, a quebra do sigilo bancário de alguém. E se considerarmos que o sigilo bancário [como o sigilo fiscal] é espécie de direito à privacidade que a Constituição consagra, art. 5º, inc. X, somente autorização expressa da Constituição legitimaria a ação do Ministério Público para requerer, diretamente, sem a intervenção da autoridade judiciária, a quebra do sigilo bancário de qualquer pessoa.
>
> No voto que proferi na Petição 577-DF, caso Magri, dissertei a respeito do tema (*RTJ* 148/366), asseverando que o direito ao sigilo bancário não é, na verdade, um direito absoluto – não há, aliás, direitos absolutos – devendo ceder, é certo, diante do interesse público, diante do interesse social, diante do interesse da justiça, conforme, esclareça-se, tem decidido o Supremo Tribunal Federal. Todavia, deixei expresso no voto que pro-

feri no MS 21.729-DF, por se tratar de um direito que tem *status* constitucional, a quebra não pode ser feita por quem não tem o dever de imparcialidade. Somente a autoridade judiciária, que tem o dever de ser imparcial, por isso mesmo procederá com cautela, com prudência e com moderação, é que, provocada pelo Ministério Público, poderá autorizar a quebra do sigilo. O Ministério Público, por mais importantes que sejam as suas funções, não tem a obrigação de ser imparcial. Sendo parte – advogado da sociedade – a parcialidade lhe é inerente. Então, como poderia a parte, que tem interesse na ação, efetivar, ela própria a quebra de um direito inerente à privacidade, que é garantido pela Constituição? Lembro-me de que, no antigo Tribunal Federal de Recursos, um dos seus mais eminentes membros costumava a afirmar que "*o erro do juiz o tribunal pode corrigir, mas quem corrigirá o erro do Ministério Público?*" (...).

Em suma, o art. 129, VIII, não autoriza ao Ministério Público quebrar, diretamente, o sigilo bancário das pessoas.

Destarte, consoante a jurisprudência de nossa Corte Constitucional, numa interpretação conforme à Constituição, os preceitos art. 129, *caput*, incs. VI e VIII, da Carta Política de 1988, não autorizam a transferência direta ao Ministério Público de dados protegidos pelo sigilo bancário ou fiscal.[11]

Sendo assim, ou seja, inexistindo ressalva expressa da Constituição em relação ao Ministério Público, e tendo em vista que o Supremo Tribunal Federal considera que os sigilos bancário e fiscal são nuances do direito constitucional à privacidade e à inviolabilidade da comunicação de dados, lei infraconstitucional alguma, nem sequer lei complementar, poderia restringir ou limitar um direito individual fundamental.

Com efeito, por essa interpretação dada por nossa Corte Constitucional, as normas do art. 198, § 1º, inc. II, e § 2º, dispositivos acrescentados pela LC n. 104/2001, só podem ser lidas no sentido de que a transferência ao Ministério Público de matéria, realmente, acobertada pelo sigilo fiscal poderá suceder, mediante prévia intervenção judicial.

No mesmo diapasão, ou seja, no sentido de ser ilegal a quebra dos sigilos bancário e fiscal efetuada sem a devida autorização judicial, é a jurisprudência do Egrégio Superior Tribunal de Justiça, órgão com o poder de dizer a interpretação definitiva de normas infraconstitucionais, conforme demonstram, a título ilustrativo, as seguintes Ementas de Acórdãos, *in verbis*:

STJ, T5, RO em MS n. 15.552-SP, Rel. Ministro Félix Fischer.

Processual e penal. Recurso Ordinário em Mandado de Segurança. Quebra de sigilo bancário e fiscal. Ministério Público. Legitimidade. Decisão suficientemente fundamentada. Necessidade da medida para fins de investigação criminal.

I – Tem o Ministério Público legitimidade para requerer ao Poder Judiciário a quebra de sigilo bancário, porquanto a ordem jurídica confere explicitamente poderes amplos de investigação ao Ministério Público – art. 129, incs. VI e VIII, da Constituição Federal, e art. 8º, incs. II e IV, e § 2º, da Lei Complementar n. 75/1993. Precedentes.

II – A proteção ao sigilo bancário não consubstancia direito absoluto, cedendo passo quando presentes circunstâncias que denotem a existência de interesse público relevante ou de elementos aptos a indicar a possibilidade de prática delituosa.

11. Ao contrário do decidido em relação ao art. 198, VI e VIII, da CF/1988, quanto ao MP, o STF ainda não decidiu se a norma do art. 145, § 1º, da CF/1988, autorizaria ou não a Administração tributária ter acesso direito ao sigilo bancário, independentemente de prévia intervenção do Poder Judiciário. Reza o do art. 145, § 1º, da CF: "Sempre que possível, os impostos terão caráter pessoal e serão graduados segundo a capacidade econômica do contribuinte, facultado à administração tributária, especialmente para conferir efetividade a esses objetivos, identificar, respeitados os direitos individuais e nos termos da lei, o patrimônio, os rendimentos e as atividades econômicas do contribuinte".

III – Mostra-se suficientemente fundamentada a decisão judicial que, ao determinar a quebra dos sigilos bancário e fiscal, requerida em inquérito policial, indica suficientemente indícios de prática delituosa e os motivos pelos quais a medida se faz necessária, bem como indica com precisão o objeto da investigação e a pessoa investigada.

Recurso a que se nega provimento (*DJ* 19.12.2003).

STJ, T5, RHC n. 20.329-PR, Rela. Ministra Jane Silva.

Recurso em Habeas Corpus. Crimes contra a ordem tributária, contra o Sistema Financeiro e de lavagem de dinheiro. Investigações Preliminares. Quebra do ***sigilo fiscal*** *do investigado. Inexistência de autorização judicial. Requisição feita pelo membro do Ministério Público diretamente à Receita Federal. Ilicitude da prova. Desentranhamento dos autos. Trancamento do inquérito policial. Impossibilidade. Existência de outros elementos de convicção não contaminados pela prova ilícita. Dado parcial provimento ao recurso.*

I – A requisição de cópias das declarações de imposto de renda do investigado, feita de forma unilateral pelo Ministério Público, se constitui em inequívoca quebra de seu sigilo fiscal, situação diversa daquela em que a autoridade fazendária, no exercício de suas atribuições, remete cópias de documentos ao *parquet* para a averiguação de possível ilícito penal.

II – A quebra do sigilo fiscal do investigado deve preceder da competente autorização judicial, pois atenta diretamente contra os direitos e garantias constitucionais da intimidade e da vida privada dos cidadãos.

III – As prerrogativas institucionais dos membros do Ministério Público, no exercício de suas funções, não compreendem a possibilidade de requisição de documentos fiscais sigilosos diretamente junto ao Fisco.

IV – Devem ser desentranhadas dos autos as provas obtidas por meio ilícito, bem como as que delas decorreram.

V – Havendo outros elementos de convicção não afetados pela prova ilícita, o inquérito policial deve permanecer intacto, sendo impossível seu trancamento.

VI – Dado parcial provimento ao recurso (*DJ* 22.10.2007).

STJ, T2, AgRg no REsp 325.997-DF, Rel. Ministro Castro Meira.

Administrativo. Quebra de sigilo bancário. Banco Central do Brasil.

1. Os poderes de fiscalização do Banco Central do Brasil, como órgão de fiscalização do sistema bancário, estão limitados às informações acerca de operações, de ativo, de passivo e de quaisquer outros dados que possam auxiliar o BACEN no exercício de suas atribuições, oriundas das instituições financeiras ou das pessoas físicas ou jurídicas, inclusive as que atuem como instituição financeira.

2. Não se deve confundir o poder de fiscalização atribuído ao BACEN, com o poder de violar o sigilo bancário, que é norma de ordem pública.

3. Agravo Regimental improvido (*RSTJ* 184/156).

STJ, T2, EDcl no AgRg no REsp n. 325.997-DF, Rel. Ministro Castro Meira.

Processual Civil. Embargos de Declaração. Contradição e omissão inexistentes. Sigilo bancário. Banco Central do Brasil.

1. Não se vislumbra estejam as razões de decidir dissociadas da causa, como quer fazer entender o embargante. Se a legislação – tanto constitucional, quanto infraconstitucional –, não distingue o cidadão comum do dirigente de instituição financeira, não pode o Judiciário fazer a pretendida distinção.

2. Não há que se confundir a prestação de informações com quebra de sigilo bancário, vedado pela Constituição Federal e só permitida, mediante autorização judicial.

3. Não prospera a pretensão do embargante, pois não se vislumbra a ocorrência das hipóteses previstas no art. 535 do CPC.

4. Embargos de declaração rejeitados (*DJ* 28.2.2005).

STJ, T1, RO-MS n. 8.716-GO, Rel. Ministro Milton Luiz Pereira.

Ação Cautelar (exibição de documentos bancários). Legitimidade do Ministério Público Estadual. Providências investigatórias urgentes e preparatórias para o Inquérito Civil e a Ação Civil Pública. Constituição Federal, arts. 5º, X e XII, 37, 127 e 129. Lei 4.595/1964 (art. 38). Lei 7.347/1985. Lei 4.728/1965 (art. 4º, § 2º) e Lei 8.625/1993 (arts. 25 e 26).

1. À parla de relevante interesse público e social, ampliou-se ao âmbito de atividades do Ministério Público para realizar atividades investigatórias, alicerçando informações para promover o inquérito e ação civil publica (CF, arts. 127 e 129, III – Lei 7.347/1985, arts. 1º e 5º).

2. O sigilo bancário não é um direito absoluto, quando demonstradas fundadas razões, podendo ser desvendado por requisição do Ministério Público em medidas e procedimentos administrativos, inquéritos e ações, mediante requisição submetida ao Poder Judiciário.

3. A "quebra de sigilo" compatibiliza-se com a norma inscrita no art. 5º, X e XII, CF, cônsono jurisprudência do *STF*.

4. O princípio do contraditório não prevalece no curso das investigações preparatórias incetadas pelo Ministério Público (RE 136.239, AgRg em Inquérito 897, *DJU* 24.3.1995).

5. Não constitui ilegalidade ou abuso de poder, provimento judicial aparelhando o MP na coleta de urgentes informações para apuração de ilícitos civis e penais.

6. Recurso improvido (*DJ* 25.5. 1998).

Destaque-se do voto do Sr. Ministro Castro Meira, nos EDcl no AgRg no REsp n. 325.997, o seguinte trecho:

No recurso especial o ora embargado pede que "se delimite o alcance do poder fiscalizatório do Banco Central em face do direito ao sigilo bancário, proclamando-se que a eventual quebra do sigilo pela autarquia federal encontra-se adstrita – tanto quanto se impõe à autoridade fiscal e ao próprio Ministério Público – à prévia autorização judicial, mediante requerimento contendo a demonstração da necessidade da medida". Aponta violação ao art. 38 da Lei n. 4.595/1964.

No voto condutor do recurso especial, após análise dos dispositivos legais pertinentes, restou consignado:

"Da análise das normas atinentes ao assunto, dúvida não há de que a legislação conferiu ao Banco Central alguns poderes como órgão de fiscalização do sistema bancário, e esses poderes estão limitados às informações oriundas das 'instituições financeiras ou das pessoas físicas ou jurídicas', inclusive as que 'atuem como instituição financeira' (§ 7º do art. 44 da Lei 4.595/1964), vale dizer, informações acerca de suas operações, de seu ativo, de seu passivo e quaisquer outros dados que possam auxiliar o BACEN no exercício de suas atribuições. Todavia, não se deve confundir o poder fiscalizatório atribuído ao BACEN, com o poder de violar o sigilo bancário, que é norma de ordem pública". (fls. 222).

(...).

Dessa forma, não vislumbro estejam as razões de decidir dissociadas da causa, como quer fazer entender o embargante. Se a legislação – tanto constitucional, quanto infraconstitucional – não distingue o cidadão comum do dirigente de instituição financeira, não pode o Judiciário fazer a pretendida distinção.

Por outro lado, não há que se confundir a prestação de informações com quebra de sigilo bancário, vedado pela Constituição Federal e só permitida, mediante autorização judicial.

(...).

Ante o exposto, rejeito os embargos de declaração.

Interposto, pelo Banco Central do Brasil, Recurso Extraordinário n. 461.366-2-DF, em face do suprafocalizado *decisum* do STJ,[12] sustentando ofensa ao art. 5º, inc. X, da Constituição Federal, sob a alegação

12. Em trecho do voto vencido no RE 461.366-DF, o Sr. Ministro Sepúlveda Pertence contraria o dito pelo Sr. Ministro do STJ Carlos Meira nos EDcl no AgRg no REsp 325.997: "(...) não se confundem os dirigentes bancários com o cidadão comum, tanto que são pessoas proibidas de contraírem empréstimos ou fazer operações financeiras com a instituição que dirigem".

de que o sigilo bancário não estaria inserido na "cláusula de reserva de jurisdição",[13] não se revestindo, pois, de caráter absoluto, e aduzindo, ainda, que obstar suas atividades fiscalizadoras em nome do sigilo bancário implicaria sobrepor o interesse privado (do dirigente bancário) ao público e acobertar práticas ilícitas,[14] concebeu a 1ª Turma do Supremo Tribunal Federal, por maioria de votos, conduzido pelo voto do Relator o Sr. Ministro Marco Aurélio, que o preceito regedor da espécie, tendo em conta o sistema da Constituição, seria o do art. 5º, inc. XII, isto é, a regra seria como expressado no voto do Relator do feito, o "sigilo de dados" (e não a inviolabilidade da comunicação de dados, como, a nosso ver, corretamente, assumido pelo Plenário do STF em casos anteriores: MS n. 21.729-4-DF, in *DJ* 19.10.2001; e RE n. 418.416-SC, in *DJ* 19.12.2006), somente podendo ocorrer o seu afastamento por ordem judicial. Por fim, considerou a 1ª Turma do STF, nesse julgamento, que a referida autarquia federal confundira o poder de fiscalização com o de afastar sigilo de dados.

Transcreva-se a Ementa do Acórdão do RE n. 461.366-2-DF, publicada no *DJ* 5.10.2007, pouco antes da aprovação da Nota Técnica n. 179/DENOR/CGU/AGU/2007, *verbis*:

> *Sigilo de dados. Atuação fiscalizadora do Banco Central. Afastamento – Inviabilidade.* A atuação fiscalizadora do Banco Central do Brasil não encerra a possibilidade de, no campo administrativo, alcançar dados bancários de correntistas, afastando o sigilo previsto no inc. XII do art. 5º da Constituição Federal.

Por ocasião do julgamento desse Recurso Extraordinário, o Sr. Ministro Ricardo Lewandowski corroborou em seu voto:

> Entendo (...) que a quebra do *sigilo fiscal* e *bancário* constitui medida excepcionalíssima, *coberta pela reserva de jurisdição,* como *sempre tem afirmado o Supremo Tribunal Federal, inclusive em face do Ministério Público*, cujas atribuições cresceram muito, como nós sabemos, com a nova Constituição. *Não se admite a quebra desses sigilos por meio de procedimentos administrativos.*
>
> Creio que a competência de fiscalizar as entidades financeiras atribuída ao Banco Central, que é amplíssima, não compreende, *data venia*, esta possibilidade de ingressar na esfera privada dos dirigentes destas mesmas instituições financeiras.
>
> Acredito que, nesse caso, *é preciso que isso ocorra dentro de um procedimento formal, de caráter judicial, com autorização das autoridades deste Poder*, que é independente, neutro e se coloca acima dos interesses da própria máquina administrativa (os destaques não constam do original).

Cabe transcrever a Ementa do Acórdão do Supremo Tribunal Federal, decorrente do julgamento, em sessão plenária, do RE n. 418.416-SC, que trata sobre a interpretação do inc. XII, do art. 5º, da Constituição Federal de 1988, Relator o Ministro Sepúlveda Pertence:

> *Ementa*: (...). *II – Quebra de sigilo bancário*: prejudicadas as alegações referentes ao decreto que a determinou, dado que a sentença e o acórdão não se referiram a qualquer prova resultante da quebra

13. Em voto vencido, neste RE 461.366-DF, o emérito Ministro Sepúlveda Pertence deixou registrado, com sua usual sensatez: "Eu gostaria, independentemente da causa, de delimitar este campo. Não vejo no art. 5º, XII, nada que diga respeito a sigilo bancário. Entendo, com muita reserva, que o sigilo bancário, em geral, é protegido pela privacidade, sem levá-lo a ponto da chamada reserva da primeira palavra ao Judiciário. Antecipando um pouco o voto que, provavelmente, não proferirei na ADIn sobre a Lei complementar 105, tenho muita dúvida sobre prova de crime, porque guardada em registro bancário, se inclua na esfera da privacidade".

14. Transcreva-se trecho do voto vencido do Ministro Carlos Britto, que estampa lúcida ponderação: "E para sanear esse estratégico setor do Sistema Financeiro, penso que subtrair ao Banco Central esse poder de polícia para saber, não é para divulgar, de movimentação bancária de contas de dirigentes, é empobrecer a funcionalidade da Constituição e fragilizar esse sistema por ela concebido, inclusive, no plano da moralidade".

do sigilo bancário, tanto mais que, dado o deferimento parcial de mandado de segurança, houve a devolução da documentação respectiva.

III – Decreto de busca e apreensão: validade.

1. Decreto específico, que somente permitiu que as autoridades encarregadas da diligência selecionassem objetos, dentre aqueles especificados na decisão e na sede das duas empresas nela indicadas, e que fossem "interessantes à investigação" que, no caso, tinha pertinência com a prática do crime pelo qual foi efetivamente condenado o recorrente.

2. Ademais não se demonstrou que as instâncias de mérito tenham invocado prova não contida no objeto da medida judicial, nem tenham valorado qualquer dado resultante da extensão dos efeitos da decisão determinante da busca e apreensão, para que a Receita Federal e a "Fiscalização do INSS" também tivessem acesso aos documentos apreendidos, para fins de investigação e cooperação na persecução criminal, "observado o sigilo imposto ao feito".

IV – Proteção constitucional ao sigilo das comunicações de dados – art. 5º, XII, da CF: ausência de violação, no caso.

1. Impertinência à hipótese da invocação da AP 307 (Pleno, 13.12.1994, Galvão, *DJU* 13.10.1995), em que a tese da inviolabilidade absoluta de dados de computador não pode ser tomada como consagrada pelo Colegiado, dada a interferência, naquele caso, de outra razão suficiente para a exclusão da prova questionada – o ter sido o microcomputador apreendido sem ordem judicial e a consequente ofensa da garantia da inviolabilidade do domicílio da empresa – este segundo fundamento bastante, sim, aceito por votação unânime, à luz do art. 5º, XI, da Lei Fundamental.

2. Na espécie, ao contrário, não se questiona que a apreensão dos computadores da empresa do recorrente se fez regularmente, na conformidade e em cumprimento de mandado judicial.

3. Não há violação do art. 5º, XII, da Constituição que, conforme se acentuou na sentença, não se aplica ao caso, pois não houve "quebra de sigilo das comunicações de dados (interceptação das comunicações), mas sim apreensão de base física na qual se encontravam os dados, mediante prévia e fundamentada decisão judicial".

4. A proteção a que se refere o art. 5º, XII, da Constituição, é da comunicação "de dados" e não dos "dados em si mesmos", ainda quando armazenados em computador (cf. voto no MS 21.729, Pleno, 5.10.1995, red. Néri da Silveira, *RTJ* 179/225, 270).

V – Prescrição pela pena concretizada: declaração, de ofício, da prescrição da pretensão punitiva do fato quanto ao delito de frustração de direito assegurado por lei trabalhista – C. Penal, arts. 203; 107, IV; 109, VI; 110, § 2º e 114, II; e Súmula 497 do Supremo Tribunal (*DJ* 19.12.2006).

Na doutrina, Juliana Garcia Belloque corrobora:

"Pretende-se extrair das atribuições descritas, insculpidas no art. 129 da Constituição da República, a atribuição do Ministério Público para requisitar diretamente às instituições financeiras, sob pena de crime de desobediência, informações pertinentes a investigações civis ou criminais por eles desenvolvidas, mesmo quando o cumprimento da ordem implique violação dos sigilos fiscal ou financeiro.

"Nossos Tribunais, no entanto – em interpretação sistemática do texto constitucional, aplicando-se o princípio da prevalência dos direitos humanos –, apontaram a insuficiência deste dispositivo para se conferir tal poder à instituição, já que, constituindo o sigilo financeiro modalidade de manifestação do direito à intimidade, consagrado constitucionalmente como direito individual fundamental, suas limitações devem decorrer de mandamentos expressos e inequívocos, mesmo quando contidos em normas igualmente constitucionais.

Também estas, em sendo mitigadoras de direitos fundamentais, merecem interpretações restritiva."[15]

Mais recentemente, surgiram fatos novos, isto é, decisões do Supremo Tribunal Federal e do Superior Tribunal de Justiça, que admitem estar, em regra, a relativização do sigilo fiscal sujeita à reserva constitucional de jurisdição.

Transcreva-se a este respeito, a Ementa do Acórdão da 2ª Turma do Augusto Pretório, emanada do julgamento do Recurso Extraordinário n. 535.478-4-SC, ocorrido em 28 de outubro de 2008, Relatora a Sra. Ministra Ellen Gracie, do qual restou demonstrado a legitimidade do Ministério Público, para requerer ao Poder Judiciário a transferência do sigilo fiscal, com o fito de confrontação de dados da CPMF com a declaração de Imposto de Renda (Lei n. 10.174/2001), *in verbis*:

> *Direito Processual Penal. Recurso Extraordinário. Mandado de Segurança. Pedido de afastamento de sigilo bancário e fiscal de investigado. Procedimento judicial. Poderes investigatórios do Ministério Público. Improvimento da parte conhecida.*
>
> 1. As questões de suposta violação ao devido processo legal, ao princípio da legalidade, ao direito de intimidade e privacidade e ao princípio da presunção de inocência, têm natureza infraconstitucional e, em razão disso, revelam-se insuscetíveis de conhecimento em sede de recurso extraordinário.
>
> 2. As arguições de violação aos princípios e garantias do devido processo legal, legalidade, presunção de inocência e intimidade, evidentemente, tocam em temas de natureza infraconstitucional, não havendo que se cogitar de afronta direta às normas constitucionais apontadas.
>
> 3. Da mesma forma, não merece ser conhecido o apelo extremo na parte em que se alega violação aos princípios do contraditório, ampla defesa e devido processo legal.
>
> 4. Remanesce a questão afeta à possibilidade de o Ministério Público promover procedimento administrativo de cunho investigatório e o possível malferimento da norma contida no art. 144, § 1º, I e IV, da Constituição Federal.
>
> 5. No caso concreto, tal debate se mostra irrelevante, eis que houve instauração de inquérito policial para apurar fatos relacionados às movimentações de significativas somas pecuniárias em contas bancárias, sendo que o Ministério Público requereu, a título de tutela cautelar inominada, a concessão de provimento jurisdicional que afastasse o sigilo dos dados bancários e fiscais do recorrente. Tal requerimento foi feito junto ao juízo competente e, portanto, não se tratou de medida adotada pelo Ministério Público sem qualquer provimento jurisdicional.
>
> 6. Contudo, ainda que se tratasse da temática dos poderes investigatórios do Ministério Público, melhor sorte não assistiria ao recorrente. A denúncia pode ser fundamentada em peças de informação obtidas pelo órgão do MPF sem a necessidade do prévio inquérito policial, como já previa o Código de Processo Penal. Não há óbice a que o Ministério Público requisite esclarecimentos ou diligencie diretamente a obtenção da prova de modo a formar seu convencimento a respeito de determinado fato, aperfeiçoando a persecução penal, mormente em casos graves como o presente que envolvem altas somas em dinheiro movimentadas em contas bancárias.
>
> 7. A hipótese não envolve a eficácia retroativa da Lei n. 10.174/2001 – eis que esta se restringiu à autorização da utilização de dados para fins fiscais –, e sim a apuração de ilícito penal mediante obtenção das informações bancárias.
>
> 8. Recurso parcialmente conhecido e, nesta parte, improvido (*DJe* 222, divulgado em 20.11.2008, publicação 21.11.2008).

Também, emergiu outro caso interessante – o Mandado de Segurança n. 22.801-6-DF, impetrado pelo Banco Central do

15. Juliana Garcia Belloque, *Sigilo Bancário: Análise Crítica da LC 105/2001*, p. 137.

Brasil contra ato do Tribunal de Contas da União que pretendia acesso, via terminal eletrônico de dados, às transações do Sistema de Informações daquela autarquia – SISBACEN, ocasião em que o Supremo Tribunal Federal, Relator o Sr. Ministro Menezes Direito, em sessão plenária, por unanimidade de votos, concedeu a segurança, nos termos da Ementa do respectivo Acórdão abaixo transcrita:

> *Ementa*: *Mandado de Segurança. Tribunal de Contas da União. Banco Central do Brasil. Operações financeiras. Sigilo.*
>
> 1. A Lei Complementar n. 105, de 10.1.2001, não conferiu ao Tribunal de Contas da União poderes para determinar a quebra do sigilo bancário de dados constantes do Banco Central do Brasil. O legislador conferiu esses poderes ao Poder Judiciário (art. 3º), ao Poder Legislativo Federal (art. 4º), bem como às Comissões Parlamentares de Inquérito, após prévia aprovação do pedido pelo Plenário da Câmara dos Deputados, do Senado Federal ou do plenário de suas respectivas comissões parlamentares de inquérito (§§ 1º e 2º do art. 4º).
>
> 2. Embora as atividades do TCU, por sua natureza, verificação de contas e até mesmo o julgamento das contas das pessoas enumeradas no art. 71, II, da Constituição Federal, justifiquem a eventual quebra de sigilo, não houve essa determinação na lei específica que tratou do tema, não cabendo a interpretação extensiva, mormente porque há princípio constitucional que protege a intimidade e a vida privada, art. 5º, X, da Constituição Federal, no qual está inserida a garantia ao sigilo bancário.
>
> 3. Ordem concedida para afastar as determinações do Acórdão n. 72/1996, TCU, 2ª Câmara (fl. 31), bem como as penalidades impostas ao impetrante no Acórdão n. 54/1997, TCU, Plenário (*DJe* 47, divulgação 13.3.2008, publicação 14.3.2008).

Da mesma forma, recentemente, em janeiro de 2008, no Mandado de Segurança n. 27.091-DF, Relator do feito, o Sr. Ministro Gilmar Mendes, suspendeu, em decisão liminar, acórdão do Tribunal de Contas da União, que determinava ao Secretário da Receita Federal do Brasil que apresentasse, em quinze dias úteis, informações sigilosas de contribuintes registradas no banco de dados do SISCOMEX – Sistema Integrado de Comércio Exterior. Nesse *writ of mandamus*, alegou o Secretário que a imposição do TCU, que daria acesso irrestrito a informações de contribuintes que não manipularam verbas públicas ou que não estão submetidos à fiscalização da Corte de Contas, não encontra respaldo na Constituição Federal e nem no Código Tributário Nacional (art. 198, § 1º, inc. II, e § 2º). Ao deferir o pedido de medida liminar, no aludido Mandado de Segurança, o Sr. Ministro Gilmar Mendes, justificando a plausibilidade jurídica para o deferimento do pedido, lembrou que o STF entende que a quebra do sigilo de dados dos contribuintes, ou seja, do sigilo fiscal, só pode ocorrer quando fundamentada nas hipóteses constitucionalmente autorizadas ao Poder Legislativo ou por ordem do Poder Judiciário, tendo ponderado, ainda, Sua Excelência que, para verificar os procedimentos adotados para habilitação de pessoas físicas no SISCOMEX, o TCU pretendia ter acesso amplo e irrestrito às informações gerenciais e operacionais da Secretaria da Receita Federal do Brasil.

Impende transcrever trechos da supracitada decisão concessiva de liminar (divulgada no *DJe* 19, em 1.2.2008), em favor do Secretário da Receita Federal do Brasil, para que aquela autoridade se abstivesse de fornecer ao Tribunal de Contas da União, informações amparadas pelo sigilo fiscal – MS 27.091-8-MC-DF, *verbo ad verbum*:

> (...).
>
> Constato, inicialmente, a competência do Supremo tribunal Federal para processar e julgar, originariamente, o presente feito, nos termos do art. 102, I, *d*, da Constituição Federal, redação dada pela EC 45/2004. Verifico que o Acórdão n. 1.835/2007, proferido pelo egrégio

Tribunal de Contas da União, decorre de representação formulada pela equipe de auditoria da Secretaria de Macroavaliação Governamental (SEMAG), em face da negativa da Receita Federal do Brasil (SRFB) em conceder pleno acesso às informações registradas no Sistema Integrado de Comércio Exterior (SISCOMEX), em especial, aos processos de habilitação de importadores, exportadores e internadores da Zona Franca de Manaus.

Em sede de cognição sumária, evidencia-se a plausibilidade jurídica no pedido, tendo em vista que, para proceder a verificação dos procedimentos adotados para habilitação de pessoas físicas no SISCOMEX, pretende-se o acesso amplo e irrestrito às informações gerenciais e operacionais que envolvem aquele órgão da Secretaria da Receita Federal do Brasil.

Cumpre salientar que o Plenário desta Suprema Corte, em 17.12.2007, abordou questão em tudo similar ao da presente impetração, quando do julgamento do MS 22.801-DF, Relator Ministro Menezes Direito, pronunciando-se pela *impossibilidade de se proceder a quebra de sigilo dos contribuintes, por ser medida excepcional de afastamento dessa garantia constitucional, que só pode ser elidida, fundamentadamente,* ***nas hipóteses constitucionalmente autorizadas*** *ao Poder Legislativo ou, ainda, por ordem emanada do Poder Judiciário.*

Nesse sentido: MS 26.895-MC-DF, Rel. Ministro Celso de Mello, *DJ* 12.9.2007; MS 25.812-MC-DF, Rel. Ministro Nelson Jobim, *DJ* 27.1.2006; MS 25.361-MC-DF, *DJ* 23.5.2005 e MS 24.750-DF, *DJ* 2.2.2004, de minha relatoria; MS 25.298-MC-DF, Rel. Ministro Cezar Pelluso, *DJ* 21.3.2005 e MS 23.956-DF, Rela. Ministra Ellen Gracie, *DJ* 18.5.2001; dentre outros.

Ante o exposto, defiro o pedido de medida liminar, para suspender a exigência contida no item 9.2 do Acórdão n. 1.835/2007, resultante do julgamento realizado nos autos do Processo TC n. 025.686/2006-7, pelo Plenário do Tribunal de Contas da União. Após, dê-se vista dos autos à Procuradoria-Geral da República (os destaques e negrito não constam do original).

Outrossim, após a aprovação da Nota Técnica n. 179/DENOR/CGU/AGU/2007, a 5ª Turma do Egrégio Superior Tribunal de Justiça, por ocasião do julgamento do Recurso em Mandado de Segurança n. 25.375-PA, realizado em 19 de fevereiro de 2008, confirmou, por unanimidade, a jurisprudência daquele Pretório sobre a impossibilidade da transferência direta do sigilo fiscal à Ministério Público, como demonstra a Ementa do respectivo Acórdão, a seguir transcrita:

Recurso em Mandado de Segurança. Procedimento investigatório criminal. Quebra de sigilo fiscal pelo Ministério Público. Ausência de autorização judicial. Impossibilidade.

I – A proteção ao sigilo bancário e fiscal não consubstancia direito absoluto, cedendo passo quando presentes circunstâncias que denotem a existência de interesse público relevante ou de elementos aptos a indicar a possibilidade de prática delituosa *(Precedentes)*.

II – Entretanto, o Ministério Público não tem legitimidade para proceder a quebra de sigilo bancário e fiscal sem autorização judicial *(Precedentes)*.

Recurso desprovido (*DJe* 7.4.2008).

Destarte, diante unicamente do estágio atual da jurisprudência, praticamente pacificada, dos Tribunais Superiores pátrios, impõe-se que se chegue às seguintes deduções parciais, inclusive, para não favorecer a impunidade com o surgimento de provas ilícitas (CF, art. 5º, LVI),[16] às vezes, contaminadoras até mesmo de outras provas, quando das provas ilícitas decorrentes:

1ª) em regra, a Constituição Federal, de 1988, e as Leis Complementares ns. 75/1993, 105/2001, 104/2001, o Código Tributário Nacional, e a Lei n. 8.625/1993 não admitem a transferência direta de dados protegidos pelo sigilo fiscal diretamente ao Ministério Público da União, e,

16. CF/1988, art. 5º, *caput*, inc. LVI: "são inadmissíveis, no processo, as provas obtidas por meios ilícitos".

com maior razão, ao Ministério Público dos Estados e ao Ministério Público junto aos Tribunais de Contas, sem a prévia autorização do Poder Judiciário;[17-18]

2ª) em matéria de interpretação constitucional, a última palavra cabe ao Supremo Tribunal Federal, guardião da Constituição da República, de modo que se pode repisar que a própria Constituição é aquilo que a nossa Corte Constitucional disser que ela é, da mesma forma, que a interpretação definitiva de leis infraconstitucionais compete ao Superior Tribunal de Justiça, de modo que, para o nosso direito positivo, a interpretação correta da norma legal é aquela que o STJ assentar;

3ª) e, de fato, pelos precedentes coligidos, o STF tem decido que os preceptivos do art. 129, incs. VI e VIII, da Constituição Federal não autorizam a quebra do sigilo bancário, nem do sigilo fiscal, sem a prévia autorização do Poder Judiciário;

4ª) como o sigilo bancário e o sigilo fiscal, embora institutos diferentes, são, igualmente, corolários do direito à vida privada e à inviolabilidade da comunicação de dados, isto é, a interceptação, por terceiro, da comunicação de dados, e não os dados em si, sujeitos estes sempre à determinação judicial de busca e apreensão (CF, art. 5º. X e XII), ambos direitos individuais fundamentais, só norma constitucional expressa poderia autorizar a transferência direta de tais matérias sigilosas ao Ministério Público, como sucede com o preceito constitucional do § 3º, do art. 58, que atribui às *comissões parlamentares de inquérito poderes de investigação próprios das autoridades judiciais*;

5ª) outrossim, mesmo sem a declaração de inconstitucionalidade de leis complementares que tratam sobre os sigilos bancário e fiscal, as jurisprudências do STF e o STJ, numa interpretação conforme, admitem que se conclua que, de modo geral, ninguém pode obstar ao Ministério Público a informação, o registro, o dado ou o documento sob a alegação do sigilo, desde que tenha havido antes a devida intermediação da autoridade judiciária (CTN, art. 198, I);

6ª) também, é razoável que se admita que tais jurisprudências toleram a transferência direta ao Ministério Público de informações e dados relacionados com os sigilos bancário e fiscal, com a dispensa de autorização judicial, nas seguintes hipóteses específicas:

I – quando deva prevalecer o princípio da publicidade (CF, art. 37, *caput*), sendo as informações e os dados requisitados, inerentemente, públicos, e estando em baila o patrimônio público, como, por exemplo, as informações e os dados decorrentes de gestão do dinheiro público (STF, Tribunal Pleno, MS n. 21.729);

II – por ocasião de encaminhamento de informações relativas às representações fiscais para fins penais, nos termos do Código Tributário Nacional, art. 198, § 3º, inc. I, preceptivo acrescentado pela Lei Complementar n. 104/2001 (STF, 2ª Turma, HC n. 87.654-4-PR);

III – não se tratando de pedido generalizado de transferência de sigilo fiscal,

17. No sentido de que o Ministério Público não recebera autorização de lei complementar para obter, diretamente, transferência de matéria sigilosa, necessitando de prévia intermediação do Poder Judiciário, cf. artigo do autor deste Parecer – Oswaldo Othon de Pontes Saraiva Filho – intitulado "O sigilo bancário e a administração tributária (LC n. 105/2001; IN-RFB n. 802/2007)", decorrente da adaptação das Informações AGU/SF/N. 06/2008, apresentadas pelo Exmo. Sr. Presidente da República ao STF, na ADI n. 4.010, requerida pelo Conselho Federal da OAB, in *RFDT* 34/54 e 61. Naquela ocasião, defendi, apaixonadamente, a tese de que a transferência direta do sigilo bancário para a Administração tributária, de que trata o art. 5º, da LC 105/2001, tinha como base constitucional o § 1º, do art. 145, da CF.

18. Também, nesse sentido, a doutrina de Paulo Quezado e Rogério Lima, in "Sigilo bancário", p. 79: "Com a *venia* das autoridades que perfilham tais posicionamentos, discordamos de ambas as correntes. A nosso ver, salta aos olhos de qualquer intérprete, que compreenda a Constituição sistematicamente, que ao MP não foi dado quebrar por si só o sigilo bancário, apesar de que, quando se analisa a literalidade da LC 73/1993, vê-se que o legislador não permitiu a quebra diretamente pelo MP (art. 6º, XVIII, *a*)".

para pesquisa de eventuais cometimentos de ilicitudes, admite-se, nos temos legais, e com a devida ponderação caso a caso, por parte da Administração, a transferência direta ao Ministério Público de restritos dados esclarecedores, realmente, gerais ou cadastrais (o que não se confunde com o inteiro cadastro de clientes ou contribuintes, já que existe a parte confidencial dos cadastros, que não deve ser levada a conhecimento de terceiros, e outros que são de domínio público), que não possam desvendar algo da intimidade ou da vida privada do indivíduo, como aqueles dados que as pessoas, normalmente, utilizam ou revelam em suas relações com os outros, e, dedutivelmente, não se importam que os mesmos sejam revelados, nomeadamente, o nome completo, número do CPF ou CNPJ, registro geral ou número da carteira de identidade, filiação, idade; em regra, o endereço, o estado civil, a profissão, ou outros dados de idêntica natureza.[19]

A respeito desse controvertido tema dos dados cadastrais em cotejo com o direito à vida privada e à inviolabilidade de comunicação de dados, Tércio Sampaio Ferraz Júnior leciona que, em regra, os elementos identificadores cadastrais são de conhecimento público e fornecidos sem qualquer constrangimento, não havendo de falar em sigilo que os envolva. Assim, segundo o abalizado jurista, distinguem-se, entre os dados cadastrais, os que exteriorizam relações de convivência privada ou uma comunicação restringida (liberdade de negação), e os simples elementos de identificação, que não se busca esconder do conhecimento público. Aqueles continuariam resguardados pela Constituição em face do direito à privacidade e à inviolabilidade da comunicação de dados, Esses, em si mesmo, não são sigilosos. São protegidos tão-somente quando compõem relações de convivência privativa, envolvendo a liberdade de negação da comunicação.[20]

Já abordei esse tema de dados cadastrais de identificação:

"Todavia, o nome da pessoa, o número de inscrição no CPF ou CNPJ, se tem conta bancária em determina instituição financeira, se a pessoa é de posses ou não, ora, tudo isto não se oculta, é, em geral, percebido pelos outros, no próprio convívio social e profissional, em absoluto, não há, aqui, matéria sigilosa em relação ao órgão do Estado, que recebeu da Constituição[21] e da lei complementar[22] autorização, para identificar o patrimônio, os rendimentos e as atividades econômicas dos contribuintes.

"Imaginem-se o contra-senso e o absurdo paranóico, se alguém pensasse: 'o conhecimento do meu nome (ou o número do meu CPF) é só para mim e os mais íntimos', ou coisa parecida. (...).

"A privacidade, na espécie, está, portanto, protegida, quando a norma da lei complementar restringe a transmissão das informações, por parte das instituições financeiras, a simples informações cadastrais dos contribuintes usuários de serviços bancários, é dizer meros dados que identificam a pessoa em suas relações sociais, comerciais e com o Poder Público (nome, CPF, endereço), aliás a identificação dos nomes das pessoas faz parte da comunicação humana: ninguém tem identificação só para si mesmo ou para pessoas mais chegadas, o nome das pessoas é mesmo para os outros, para o mundo."[23]

19. Cf. artigo de Paul Medeiros Krause, intitulado "O sigilo bancário e os dados cadastrais", in Fabiano Jantalia (coord.), *A Regulação Jurídica do Sistema Financeiro Nacional*, pp. 147 a 158.

20. Tércio Sampaio Ferraz Júnior, artigo intitulado "Sigilo de dados: o direito à privacidade e os limites à função fiscalizadora do Estado", in *RT – Cadernos de Direito Tributário e Finanças Públicas*, vol. 1.

21. CF/1988, art. 145, § 1º.

22. LC 70/1991, art. 12; e LC 105/2001, art. 5º, § 2º.

23. O. O. de Pontes Saraiva Filho, "O sigilo bancário e a administração tributária ...", in *RFDT* 34/42, 43 e 86.

O dado sigiloso, amparado pela Constituição, é o relativo à intimidade e à vida privada, e não todo e qualquer dado. Aquele pode ser relativizado por ordem judicial.

A seu turno, o que a Lei Suprema protege é a interceptação da comunicação de dados, e não do dado em si. Caso contrário, estaria inviabilizada qualquer fiscalização ou investigação direta por parte da Administração. Assim, dados não sigilosos, contidos em registros públicos, de notório conhecimento público, podem ser transferidos a terceiros, independentemente de intervenção judicial.

Ainda a esse respeito, embora reconhecendo-se que a questão ainda não se encontra assentada no âmbito do Poder Judiciário, insta transcrever as seguintes Ementas de Acórdãos do Superior Tribunal de Justiça:

> *EDcl no RMS n. 25.375-PA.*
>
> *Penal. Embargos de Declaração no Recurso Ordinário em Mandado de Segurança. Procedimento investigatório criminal. Dados cadastrais obtidos junto ao banco de dados do SERPRO. Inexistência de sigilo fiscal ou bancário. Recurso parcialmente provido.*
>
> (...).
>
> III – Não estão abarcados pelo sigilo fiscal ou bancário os dados cadastrais (endereço, n. telefônico e qualificação dos investigados) obtidos junto ao banco de dados do SERPRO. Embargos parcialmente acolhidos, com efeitos infringentes, para dar parcial provimento ao recurso.
>
> *STJ, REsp n. 1.038.272-RS.*
>
> *Civil e Processual. Ação de indenização. Dano moral. Inscrição na SERASA. Protesto de título. Fato verídico. Omissão na comunicação no cadastro da ré. CDC, art. 43, § 2º.*
>
> I – Constatado que o protesto contra a autora constante nos registros da SERASA é fato verdadeiro, não se configura o dever de indenizar pela não comunicação à devedora, notadamente porque a existência do apontamento é informação de domínio público, que pode ser coletada pelos bancos de dados e órgãos cadastrais dispensadas daquela providência pelo princípio da publicidade imanente.
>
> II – Recurso não conhecido.[24]

Impende, neste ponto, voltar a chamar à atenção, para o fato de que a nossa Corte Constitucional, por ocasião do julgamento da *ADI n. 1.790-DF*, ter admitido a legitimidade da transferência de registros de dados de clientes, provenientes de bancos de dados privados, por parte de estabelecimentos comerciais e instituições financeiras, com interesses eminentemente creditícios e comerciais. Afirmou-se então:

> A convivência entre a proteção da privacidade e os chamados arquivos de consumo, mantidos pelo próprio fornecedor de crédito ou integrados em bancos de dados, tornou-se um imperativo da economia da sociedade de massas: De viabilizá-la cuidou o CDC, segundo o molde das legislações mais avançadas: ao sistema instituído pelo Código de Defesa do Consumidor para prevenir ou reprimir abusos dos arquivos de consumo, hão de submeter-se as informações sobre os protestos lavrados, uma vez obtidas na forma prevista no edito impugnado e integradas aos bancos de dados das entidades credenciadas à certidão diária de que se cuida: é o bastante a tornar duvidosa a densidade jurídica do apelo da arguição à garantia da privacidade, que há de harmonizar-se à existência de bancos de dados pessoais, cuja realidade a própria Constituição reconhece (art. 5º, LXXII, *in fine*) e entre os quais os arquivos de consumo são um dado inextirpável da economia fundada nas relações massificadas de crédito (ADI n. 1.790, Rel. Ministro Sepúlveda Pertence, *DJ*, 8.9.2000).[25]

De modo que, com supedâneo em reiterada jurisprudência do STF e do STJ, cumpre admitir que, ressalvadas as hipóte-

24. Em sentido contrário: STJ, T6, RHC 8.493-SP, Rel. Ministro Luiz Vicente Cernicchiaro, *DJ* 2.8.1999, p. 224, e STJ, T2, REsp 306.570-SP, Rela. Ministra Eliana Calmon, *DJ* 18.2.2002, p. 340.

25. O. O. de Pontes Saraiva Filho, espinçado do artigo "O sigilo bancário e a administração tributária ...", in *RFDT* 34/47.

ses retro listadas, as autoridades da Administração Pública têm o dever de resistir – e se for o caso indo ao Poder Judiciário[26] – à solicitação de transferência de sigilo fiscal, feitas, diretamente, por todos os ramos do Ministério Público da União (nos termos do art. 24 da Lei Complementar n. 75, de 20 de maio de 1993, membros Ministério Público Federal, Ministério Público do Trabalho, Ministério Público Militar e Ministério Público do Distrito Federal e Territórios), além de membros do Ministério Público junto aos Tribunais de Contas, sem prévia autorização judicial.

3. *Impossibilidade, em regra, de os Ministérios Públicos estaduais terem acesso a dados, amparados pelo sigilo fiscal, sem prévia intermediação de órgão ou autoridade judiciária*

Divirjo, com o devido acatamento da atual jurisprudência pátria, das orientações concernentes à possibilidade de o Ministério Público dos Estados ter acesso direto, sem a intermediação da autoridade judiciária, de matérias, realmente, amparadas pelo sigilo fiscal, onde não predomina o princípio da publicidade da Administração pública, nem estão em foco simples informes ou dados cadastrais.

Isto, ainda quando a Constituição Federal, ao estabelecer as funções institucionais do Ministério Público, no art. 129, abranger, de acordo com os arts. 128, *caput*, incs. I e II, e 130, da Lei Maior, o Ministério Público da União, compreendendo o Ministério Público Federal, o Ministério Público do Trabalho, o Ministério Público Militar, o Ministério Público do Distrito Federal e Territórios, os Ministérios Públicos estaduais e o Ministério Público junto aos Tribunais de Contas.[27]

Em primeiro lugar, insta observar que qualquer norma jurídica que restrinja ou relativize o sigilo fiscal, como corolário do direito constitucional fundamental à vida privada e à inviolabilidade da comunicação de dados, além de dever ter assento constitucional, como reclama a jurisprudência do STF, deve, ainda, ser interpretada restritivamente, evitando-se interpretação extensiva, sem supedâneo em expressa e clara disposição legal.[28]

Em segundo lugar, como visto, a jurisprudência do Excelso Supremo Tribunal Federal é no sentido de que os preceptivos do art. 129, incs. VI e VIII, da Carta Política, de 1988, não chegam a ponto de autorizar a transferência direta dos sigilos bancário e fiscal ao Ministério Público, independentemente de ordem judicial (STF, MS n. 21.729; RE n. 215.301).

Portanto, *rogata venia*, parece que cometeria equívoco quem pretendesse aplicar ao controvertido caso de acesso direto de dados fiscais por parte do Ministério Público, matéria que, repita-se, a Constituição da República não prevê, o decidido, pelo STF, por ocasião do julgamento da ACO n. 730-5-RJ (*DJ* 11.11.2005), quando, mesmo com a omissão da Lei Complementar n. 105/2001, reconheceu-se à Comissão Parlamentar de Inquérito de Assembleia Legislativa, em simetria com o, expressamente, previsto no art. 58, § 3º, da Constituição Federal, o poder investigatório próprio da autoridade judiciária de receber, diretamente, do Banco Central do Brasil, dados protegidos pelo sigilo bancário, tendo em vista a observância obrigatória, pelos Estados-membros, de aspectos fundamentais decorrentes do equilíbrio federativo e da separação dos Poderes.

26. Cf. Parecer n. GQ-110, com o "Aprovo" Presidencial, em 10.9.1996, publicado no *Diário Oficial* 12.9.1996, que adotou o Parecer n. AGU/PRO-04/96, de 2.9.1996, da lavra do ilustre Consultor da União, Dr. Miguel Pró de Oliveira Furtado, que aconselha a submissão da questão, concernente à pedido, por parte do TCU, de informações e dados sigilosos, ao Poder Judiciário.

27. Comentário de J. G. Belloque, ob. cit., p. 137.

28. Comentários de Juliana Garcia Belloque ao art. 129, VI e VIII, da CF/1988, no livro cit., p. 137.

Ademais, o sigilo fiscal e suas hipóteses de relativização são regulamentados por normas gerais de direito tributário, que, nos termos do art. 146, *caput*, inc. III, do Estatuto Político, devem ser veiculadas por lei complementar (CTN, art. 198, com as inovações da LC n. 104/2001),[29] não bastando lei ordinária.

E, como vimos, a exegese, que os Tribunais Superiores pátrios têm oferecido, pelo menos até aqui, a essa matéria, inclusive com supedâneo no art. 198 do CTN, com as inovações da LC 104/2001, numa interpretação conforme à Constituição, admite, apenas, a transmissão direta de dados fiscais ao Ministério Público, sem a prévia autorização judicial, quando deva prevalecer o princípio da publicidade (CF, art. 37, *caput*), sendo as informações e os dados requisitados, inerentemente, públicos, e estando em baila o patrimônio público; quando os dados solicitados sejam, meramente, cadastrais, ou seja, de conhecimento público, não sendo, verdadeiramente, sigilosos; e nos casos de transmissão de informações relativas às representações fiscais para fins penais.

Aliás, numa interpretação analógica e sistemática, insta colimar que a Lei Complementar n. 105, de 10 de janeiro de 2001, não confere ao Ministério Público a atribuição para requisitar e obter, diretamente, dados bancários sigilosos.

O que vai ao encontro da tese que os preceitos do art. 198, § 1º, inc. II, e § 2º, do art. 198, do Código Tributário Nacional, acrescentados pela Lei Complementar n. 104, de 10 de janeiro de 2001, não atribuiu ao Ministério Público o poder de obter, diretamente, sem a prévia intervenção do Poder Judiciário, dados e informações, amparados pelo sigilo fiscal, isto, além da tradição do nosso direito, repita-se, pelo fato de a Lei Complementar n. 105, da mesma data, não ter autorizado ao *Parquet* a quebra, por si só, do sigilo bancário.

Com efeito, corroboram tal exegese o dispositivo do art. 1º, § 4º, da Lei Complementar n. 105/2001, que reza que *a quebra de sigilo poderá ser decretada, quando necessária para apuração de ocorrência de qualquer ilícito, em qualquer fase do inquérito ou do* ***processo judicial***, bem como o art. 3º do mesmo diploma legal, que dispõe que *serão prestadas pelo Banco Central do Brasil, pela Comissão de Valores Mobiliários e pelas instituições financeiras* ***as informações ordenadas pelo Poder Judiciário****, preservado o seu caráter sigiloso mediante acesso restrito às partes,* ***que delas não poderão servir-se para fins estranhos à lide***.

29. O *caput* do art. 198 da Lei n. 5.172, de 25.10.1966 – Código Tributário Nacional –, recebida pela Constituição Federal com o *status* de lei complementar, com a redação dada pela Lei Complementar n. 104, de 10.1.2001, estabelece o sigilo fiscal, ao dispor que, "sem prejuízo do disposto na legislação criminal, é vedada a divulgação, por parte da Fazenda Pública ou de seus servidores, de informação obtida em razão do ofício sobre a situação econômica ou financeira do sujeito passivo ou de terceiros e sobre a natureza e o estado de seus negócios ou atividades. Além da hipótese do art. 199 do Código Tributário Nacional, o mesmo diploma legal, no seu § 1º, do art. 198, prevê duas exceções ao sigilo fiscal: I – requisição de autoridade judiciária no interesse da justiça; II – solicitações de autoridade administrativa no interesse da Administração Pública, desde que seja comprovada a instauração regular de processo administrativo, no órgão ou na entidade respectiva, com o objetivo de investigar o sujeito passivo a que se refere a informação, por prática de infração administrativa". § 2º do art. 198 do CTN estatui: "O intercâmbio de informação sigilosa, no âmbito da Administração Pública, será realizado mediante processo regularmente instaurado, e a entrega será feita pessoalmente à autoridade solicitante, mediante recibo, que formalize a transferência e assegure a preservação do sigilo". Já o art. 199 do mesmo Código reza: O § 3º do art. 199 estabelece: "Não é vedada a divulgação de informações relativas a: I – representações fiscais para fins penais; II – inscrições na Dívida Ativa da Fazenda Pública; III – parcelamento ou moratória". Por fim, assim dispõe o art. 199 do CTN: "A Fazenda Pública da União e as dos Estados, do Distrito Federal e dos Municípios prestar-se-ão mutuamente assistência para a fiscalização dos tributos respectivos e permuta de informações, na forma estabelecida, em caráter geral ou específico, por lei ou convênio. Parágrafo único. A Fazenda Pública da União, na forma estabelecida em tratados, acordos ou convênios, poderá permutar informações com Estados estrangeiros no interesse da arrecadação e da fiscalização de tributos".

Outrossim, como já exposto, a exegese, que tem sido dada, hodiernamente, pelo Egrégio Superior Tribunal de Justiça, ao art. 8º, incs. II, IV, VIII, § 2º, da lei específica, ou seja, a Lei Complementar n. 75/1993, que dispõe sobre a organização, as atribuições e o estatuto apenas do Ministério Público da União, é no sentido de que o Ministério Público pode ter acesso a dados sigilosos, ninguém podendo opor ao órgão do *Parquet* a exceção de sigilo, mas, em regra, desde que haja prévia autorização judicial.

E, de fato, podendo o Ministério Público figurar, numa relação jurídica processual na condição de parte, falta-lhe, evidentemente, a indispensável imparcialidade, que é dever diferenciador da autoridade judiciária, para a decretação da quebra do sigilo fiscal (STF, RE n. 155.301; RE n. 461.366).

Juliana Garcia Belloque vai além:

"Além disso, o perfil do Ministério Público, desenhado pela Constituição da República de 1988, no qual sobressai a defesa da ordem jurídica, não lhe retira da posição de parte processual, mormente nas causas penais e nas ações civis públicas. Não há como negar que ele constitui um dos sujeitos da relação processual, interessado perante a decisão jurisdicional final, ao qual são atribuídos ônus processuais. O fato de o membro do Ministério Público não deduzir pretensões próprias em juízo e apenas representar o poder-dever de punir do Estado – ao qual não incumbe a imposição de penas àqueles contra quem não se conseguiu reunir provas suficientes à condenação – não autoriza a afirmação de que à instituição não possa ser atribuído interesse no processo penal.

"A componente interessado da relação processual não cabe a atribuição de poder gerador de desequilíbrio incompatível com o devido processo legal. O outro não seria o resultado caso tivesse o Ministério Público poder de requisitar diretamente às instituições financeiras as informações sob a tarja do sigilo.

"O modelo atual do processo justo exige a atuação paritária das partes em contraditório, munidas com igualdade de armas, ou seja, em posição de equilíbrio, (...)."[30]

Aliás, o preceito do art. 6º, *caput*, inc. XVIII, alínea "a", da própria Lei Complementar n. 75, de 1993, corrobora a necessidade, regra geral, de o Ministério Público requisitar à autoridade judiciária a transferência tanto do sigilo bancário, como do sigilo fiscal, ao explicitar que *compete ao Ministério Público representar ao órgão judicial competente para a quebra de sigilo da correspondência e das comunicações telegráficas,* ***de dados*** *e das comunicações telefônicas, para fins de investigação criminal ou instrução processual penal*.

Neste ponto, insta trazer à colação o magistério do douto Juiz Federal Erik Frederico Gramstrup: "*A contrario sensu*, não dispõem do poder de quebrar o sigilo bancário: (...). b) o Ministério Público que, da mesma forma, deve solicitá-lo à autoridade judiciária competente. Isto costuma ser contraditado com a invocação do art. 129, inc. VI, da Constituição, que permite a requisição de informações nos procedimentos internos daquele órgão. A Lei Complementar n. 75/1993, estruturante do Ministério Público da União, art. 8º, permite a determinação dirigida tanto à entidades públicas (inc. II), quanto às privadas (inc. IV). Isoladamente interpretadas, essas disposições indicariam o contrário do que concluímos. Regras semelhantes constam da lei orgânica nacional do *Parquet* (Lei n. 8.625/1993, art. 26, incs. I, "b", e II). Mas nenhum ato normativo pode ser entendido fora do sistema. Em se tratando de informes que o ordenamento tutela com segredo especial, regulamentando franquia constitucional, o tratamento dado pela lei específica prevalece sobre aquelas normas gerais. E se a LC 105 omitiu o Ministério Público dentre as ressalvas ao sigilo de que trata, este silêncio é inteligido como proposital.

30. J. G. Belloque, ob. cit., pp. 140 e 141.

Outra razão está em que, se a Constituição desejasse, teria investido o MP dos mesmos poderes instrutórios que adjudicou às Comissões Parlamentares de Inquérito, estas investidas de atribuições parajudiciais ou, se se preferir chamar assim, jurisdição investigatória extraordinária. Se a Lei Maior não o fez, é porque não o desejava. O *Parquet* tem um poder geral de inquirição e requisição de informações, contrastando em casos particulares como o presente. O que não o impede de formular requerimento perante o órgão competente do Poder Judiciário".

A seu turno, a norma do art. 15, *caput*, inc. I, da Lei Complementar n. 40, de 14 de dezembro de 1981, que estabelece normas gerais a serem adotadas na organização do Ministério Público estadual, estipula, como uma das atribuições dos Promotores de Justiça, promover diligências e requisitar documentos, certidões e informações de qualquer repartição pública ou órgão federal, estadual ou municipal, da Administração direta ou indireta, mas ressalva as hipóteses legais de sigilo e de segurança nacional.

Mas, vamos além, será que as normas do art. 26, *caput*, inc. I, alínea "b", e § 2º, da Lei ordinária n. 8.525, de 12 de fevereiro de 1993, que institui a Lei Orgânica Nacional do Ministério Público, e que dispõe sobre normas gerais para a organização do Ministério Público dos Estados, daria guarida a tese de que o Ministério Público dos Estados poderia receber diretamente da Administração pública dados amparos pelo sigilo bancário ou fiscal, sem a necessidade de prévia autorização judicial?

A resposta é dada pelo próprio intérprete maior e último da lei infraconstitucional, cabendo transcrever Ementa do Acórdão da 5ª Turma do Egrégio Superior Tribunal de Justiça, embora o respectivo julgamento tenha ocorrido antes da publicação da Lei Complementar n. 104/2001:

Habeas Corpus n. 2.352-8-RJ.

Ementa: *Ministério Público Estadual. Poderes. Lei 8.625/1993. Sigilo bancário. Quebra por aquisição direta de Promotor Público. Impossibilidade.*

A criação de novas hipóteses de quebra do sigilo bancário não previstas na Lei 4.595/1964, ou a forma de acesso a informações bancárias sigilosas, só pode ser fruto de lei complementar, não de lei ordinária, de que é espécie a Lei 8.625, de 12.2.1993, instituidora da Lei Orgânica do Ministério Público.

Além disso, o art. 26, II, da referida Lei 8.625 contém autorização genérica que não afasta a exceção da proibição de violação de sigilo. O § 2º desse mesmo artigo define uma hipótese de responsabilidade do membro do Ministério Público, não de autorização de quebra de sigilo.

O acesso a informações bancárias, cobertas pelo sigilo, pode e deve ser obtido pelo Ministério Público através do Poder Judiciário.

Habeas corpus deferido (*DJ* 9.5.1994).[31]

Parece-me que esta exegese é compartilhada pela maioria dos ilustres membros do Ministério Público, tendo em vista a prática difundida que se requisitar a transferência dos sigilos bancário e fiscal à autoridade judiciária.

Corrobora o que fora dito acima, o testemunho de Carlos Alexandre Marques, digno Promotor de Justiça do Estado de Goiás: "Centrando a análise na atuação ministerial, tem-se que o sigilo bancário e fiscal pode e deve ser quebrado mediante decisão judicial quando houver inequívoco interesse em se descobrir a verdade sobre fato maculado de ilicitude civil, penal, tributária ou administrativa, porquanto o que a lei veda é o fornecimento indiscriminado e imotivado de informações sigilosas".[32]

Para encimar, volto a trazer à lume o seguinte trecho de artigo doutrinário, no

31. Cf. precedentes: STJ, RHC 1.290, *DJ* 21.10.1991; STJ, HC 1.458, *DJ* 7.12.1992.

32. Carlos Alexandre Marques, "A natureza do pedido de quebra de sigilo bancário e fiscal e alguns comentários práticos da atuação do Ministério Público", in *RT*, vol. 736, p. 536.

qual admito que não deveria haver maiores problemas no pedido do Ministério Público ao órgão ou autoridade judiciária competente, para a transferência do sigilo bancário ou fiscal,[33] ao invés de se buscar afastar o Poder Judiciário da análise prévia da viabilidade ou não da relativização de direitos assegurados pela própria Lei Maior:

"Por outro lado, cumpre ponderar que o Ministério Público e o Tribunal de Contas da União, estes que, aliás, não receberam autorização de lei complementar para obter, diretamente, transferência de sigilo bancário (o que é muito relevante), não têm mesmo necessidade maior de receber a transferência de matéria sigilosa sem prévia intermediação do Poder Judiciário.

"Isto pela simples razão de que, nesses casos, há, por parte desses órgãos, ciência do objeto investigado e a identificação das pessoas possivelmente envolvidas, diante de fortes indícios contra elas.

"Assim, não haveria maiores problemas de se requerer, nesses casos, que o Poder Judiciário examinasse, previamente, o pedido fundamentado de transferência de matéria sigilosa."[34]

4. Conclusão

Diante de todo o exposto, e, especialmente, diante das interpretações dadas às normas constitucionais (CF/1988, arts. 5º, X, XII e XXXIII; art. 129, *caput*, VI e VIII) e de leis infraconstitucionais (CTN, art. 198, *caput*, § 1º, I e II, e § 2º – redações dadas pela LC n. 104, de 2001; LC n. 75, de 20.5.1993, art. 6º, *caput*, XVIII, alínea "a", e art. 8º, *caput*, II e VIII, e § 2º; LC n. 40, de 14.10.1981, art. 15, *caput*, I; Lei n. 8.525, de 12.2.1993, art. 26, *caput*, I, alínea "b", e § 2º), que, dia a dia mais, vêm se firmando, no seio do STF e do STJ, forçoso é concluir que a Administração só está autorizada a atender à solicitação do Ministério Público da União, do Ministério Público dos Estados e do Ministério Público junto aos Tribunais de Contas, em casos em que esteja em mira dados e informações inerentemente públicos, como o de gestão de dinheiro público, onde deva prevalecer o princípio da publicidade administrativa (CF/1988, art. 37, *caput*), ou, em conformidade com o estágio atual da jurisprudência, de dados, realmente, gerais ou cadastrais, que não possam desvendar algo da intimidade ou da vida privada do indivíduo, como aqueles dados que as pessoas, normalmente, utilizam ou revelam em suas relações públicas, e não se importam, ou, pelo menos, não aparentam, pelo comportamento exteriorizado, se importar que os mesmos sejam revelados, nomeadamente, o nome completo, número do CPF ou CGC, registro geral ou número da carteira de identidade, filiação, idade; em regra, o endereço, o estado civil, a profissão, ou outros dados de idêntica natureza.

Infere-se, também, que, independentemente de pedido, cabe à Administração, encaminhar aos Ministérios Públicos, quando comportar, informações relativas às representações fiscais para fins penais (CTN, art. 198, § 3º, inc. I).

Nos demais casos, quer a solicitação seja feita pelo Ministério Público da União, quer pelo Ministério Público dos Estados, ou do Ministério Público junto às Cortes de Contas, o atendimento, somente, pode suceder mediante prévia ordem judicial.

Consoante tal jurisprudência, numa interpretação conforme à Constituição, os preceitos art. 129, *caput*, incs. VI e VIII, da

33. Queixam-se, no entanto, alguns membros do MP, contra o excesso de exigências, algumas vezes impostas pelo Poder Judiciário. Exemplo dado: exigências de individualização e de fortes indícios em relação ao fato ou pessoa investigada – a não aceitação de pedido de quebra genérica, para que seja autorizada a transferência dos sigilos bancários e fiscais, a ponto de se exigir verdadeira prova impossível. Obtidas as transferências de dados sigilosos, as provas seriam encontradas, mas, com indeferimento, mediante se pondera, fica, praticamente, impossível obter as provas necessárias à condenação dos infratores (STF, AgRg no Inq n. 2.245-4-MG, in *DJ* 9.11.2007; AgRg em Inq. n. 2.206-3-DF, in *DJ* 2.2.2007).

34. Oswaldo Othon de Pontes Saraiva Filho, "O sigilo bancário e a administração tributária ...", in *RFDT* 34/54.

Carta Política, de 1988, não autorizam a transferência direta ao Ministério Público de dados protegidos pelo sigilo bancário ou fiscal.

Sendo assim, ou seja, inexistindo ressalva expressa da Constituição em relação ao MP, e tendo em vista que o a jurisprudência dos Tribunais Superiores considera que os sigilos bancário e fiscal são nuances do direito constitucional à privacidade e à inviolabilidade da comunicação de dados, lei infraconstitucional alguma, nem sequer lei complementar, poderia restringir ou limitar um direito individual fundamental.

Assim, nos demais casos, não ressalvados acima, quer a solicitação seja feita pelo Ministério Público da União, quer pelo Ministério Público dos Estados, ou do Ministério Público junto às Cortes de Contas, o atendimento, pela Administração, somente, pode suceder mediante prévia autorização judicial.

Entendimento contrário poderia favorecer, na visão atual da jurisprudência dos Tribunais Superiores pátrios, a geração de provas ilícitas (CF/1988, art. 5º, LVI).[35]

Bibliografia

ANDRADE, José Carlos Vieira de. *Os Direitos Fundamentais na Constituição Portuguesa de 1976*. Coimbra, Almedina, 1987.

BELLOQUE, Juliana Garcia. *Sigilo Bancário: Análise da LC 105/2001*. São Paulo, Ed. RT, 2003.

BRASIL. Advocacia-Geral da União. Parecer n. GQ 110, de 9.9.1996. "Aprovo" Presidencial em 10.9.1996. *Parecer n. AGU/PRO-04/96*, da lavra de FURTADO, Miguel Pro de Oliveira. "Sigilo bancário e fiscal – Submissão ao Poder Judiciário", in *DO* 12.9.1996, e *RDDT* 14/108-126, São Paulo, Dialética, nov./1996.

______. Advocacia-Geral da União. Nota Técnica n. 179/DENOR/CGU/AGU/2007, aprovada por despachos do Sr. Consultor-Geral da União e do Excelentíssimo Sr. Advogado-Geral da União, em 27.12.2007.

______. Procuradoria-Geral da Fazenda Nacional. Pareceres ns. PGFN/CAT/593/2008 e PGFN/CAT/752/2009, aprovados pelo Sr. Procurador-Geral-Adjunto de Consultoria e Contencioso Tributário, em 16.4.2009.

COVELLO, Sérgio Carlos. *O Sigilo Bancário (com Particular Enfoque na sua Tutela Civil)*. São Paulo, Ed. Universitária de Direito, 1991.

______, e COVAS, Silvânio. "A ilegitimidade do Ministério Público para requisitar diretamente informações sigilosas às instituições financeiras", in *Revista de Direito Bancário e do Mercado de Capitais* 5/145-156, São Paulo, Ed. RT, ano 2, mai.-ago./1999.

COÊLHO, Sacha Calmon Navarro. *Curso de Direito Tributário Brasileiro*. 9ª ed., Rio de Janeiro, Forense, 2006.

FARHAT, Raymond. "Le secret bancaire (Étude de Droit Comparé – France, Suisse, Liban)", in *Bibliothèque de Science Financière*, vol. VIII, Paris, LGDJ, 1970.

FERRAZ JUNIOR, Tércio Sampaio. "Sigilo de dados: o direito à privacidade e os limites à função fiscalizadora do Estado", in *RT – Cadernos de Direito Tributário e Finanças Públicas*, vol. 1, São Paulo, Ed. RT, out.-dez./1992, pp. 141-154.

______. *Direito Constitucional: Liberdade de Fumar, Privacidade, Estado, Direitos Humanos e outros Temas*. Barueri, Manole, 2007.

______. "Sigilo bancário", in *Revista Fórum de Direito Tributário* 1/64-80, Belo Horizonte, Fórum, 2003.

35. Tenho dois amos: a jurisprudência assentada do STF em matéria de interpretação de norma constitucional, e a jurisprudência pacificada do STJ em matéria de interpretação de lei infraconstitucional. De modo que, no sentido das conclusões, expostas neste artigo, independentemente de nossas convicções pessoais, é a jurisprudência atual dos nossos Tribunais Superiores, e, tudo leva a crer, parece ser esta a tendência da jurisprudência pátria futura.

FOLMANN, Melissa. *Sigilo Bancário e Fiscal: à Luz da LC 105/2001 e Decreto 3.724/2001*. Curitiba, Juruá, 2001.

GARCÍA, José Ramón Ruiz. *Secreto Bancario y Hacienda Pública (el Deber de Colaboración de las Entidades Bancarias en el Procedimiento de Gestión Tributaria)*. Madrid, Civitas, 1988.

GRAMSTRUP, Erik Frederico. "Sigilo fiscal e bancário: fundamentos normativos e principiológicos da quebra", in PIZOLIO, Reinaldo, e GAVALDÃO JR., Jayr Viégas (coords.). *Sigilo Fiscal e Bancário*. São Paulo, Quartier Latin, 2005, pp. 225-245.

GRECO, Marco Aurélio. "O sigilo do Fisco e perante o Fisco", in PIZOLIO, Reinaldo, e GAVALDÃO JR., Jayr Viégas (coords.). *Sigilo Fiscal e Bancário*. São Paulo, Quartier Latin, 2005, pp. 73-90.

______. "Sigilo bancário e a Lei Complementar n. 105/2001", in *Revista Fórum de Direito Tributário* 1/81-89, Belo Horizonte, Fórum, 2003.

KRAUSE, Paul Medeiros. "O sigilo bancário e os dados cadastrais", in JANTALIA, Fabiano (coord.). *A Regulação Jurídica do Sistema Financeiro Nacional*. Rio de Janeiro, Lumen Juris, 2009, pp. 147-158.

MACHADO, Hugo de Brito. *Comentários ao Código Tributário Nacional*. vol. III. São Paulo, Atlas, 2005.

MARQUES, Carlos Alexandre. "A natureza do pedido de quebra de sigilo bancário e fiscal e alguns comentários práticos da atuação do Ministério Público", in *RT* 736/535-538, São Paulo, Ed. RT, ano 86, fev./1997.

MAZZILLI, Hugo Nigro. *Regime Jurídico do Ministério Público: Análise do Ministério Público na Constituição, na Lei Orgânica Nacional do Ministério Público, na Lei Orgânica do Ministério Público da União e na Lei Orgânica do Ministério Público paulista*. 6ª ed., São Paulo, Saraiva, 2007.

MENDES, Gilmar Ferreira (em colab. COELHO, Inocêncio Mártires, e BRANCO, Paulo Gustavo Gonet). *Curso de Direito Constitucional*. São Paulo, Saraiva, 2007.

______ e MARTINS, Ives Gandra da Silva. "Sigilo bancário, direito de autodeterminação sobre informações e princípio da proporcionalidade", in *Repertório IOB de Jurisprudência* 24/438-436, Caderno 1, São Paulo, IOB, dez./1992.

NABAIS, José Casalta. "Algumas reflexões sobre o actual Estado fiscal", *Revista Fórum de Direito Tributário*, v. 1, n. 4, pp. 91-120, Belo Horizonte, jul.-ago./2003.

PIZOLIO, Reinaldo, e GAVALDÃO JR., Jayr Viégas (coords.). *Sigilo Fiscal e Bancário*. São Paulo, Quartier Latin, 2005.

QUEZADO, Paulo, e LIMA, Rogério. *Sigilo Bancário*. São Paulo, Dialética, 2002.

ROQUE, Maria José Oliveira Lima. *Sigilo Bancário e Direito à Intimidade*. Curitiba, Juruá, 2001.

SANCHES, José Luís Saldanha. "Segredo bancário e tributação do lucro real", in *Estudos de Direito Contabilístico e Fiscal*. Coimbra, Ed. Coimbra, 2000.

SARAIVA FILHO, Oswaldo Othon de Pontes. "Sigilo bancário e a administração tributária", in *Cadernos de Direito Tributário e Finanças Públicas* 11/55-69, São Paulo, Ed. RT, 1995.

______. "Sigilo bancário e *right of privacy*", in *Revista Consulex* 41/65, ano IV, Brasília, Ed. Consulex, 2000, p. 65.

______. "Sigilo bancário e Fisco – Uma análise constitucional", in *Revista Consulex* 108/24-30, ano V, Brasília, Ed. Consulex, 2001.

______. "Sigilo bancário e tributário", in *III Colóquio Internacional de Direito Tributário* (*III Colóquio Internacional de Derecho Tributario*). São Paulo, La Ley/IOB/A. Thomson Company, 2001, pp. 447-484.

______. "O sigilo bancário e a administração tributária (LC n. 105/2001; IN-RFB n. 802/2007)", in *Revista Fórum de Direito Tributário* 34/31-109, Belo Horizonte, Fórum, jul.-ago./2008.

______. "O acesso de dados bancários por parte do Fisco: a transferência do sigilo bancário para o sigilo fiscal", in PIZOLIO, Reinaldo, e GAVALDÃO JR., Jayr Viégas (coords.). *Sigilo Fiscal e Bancário*. São Paulo, Quartier Latin, 2005, pp. 131-197.

SCAFF, Fernando Facury. "Sigilo fiscal e reserva de jurisdição", in *RDDT* 71/60-71, São Paulo, Dialética, ago./2001.

SEGUNDO, Hugo de Brito Machado. *Código Tributário Nacional: Anotações à Constituição, ao Código Tributário Nacional e às Leis Complementares 87/1996 e 116/2003*. São Paulo, Atlas, 2007.

VALENTE, Christiano Mendes Wolney. *Sigilo Bancário: Obtenção de Informações pela Administração Tributária Federal*. Rio de Janeiro, Lumen Juris, 2006.

CADERNOS DE DIREITO TRIBUTÁRIO

O IMPOSTO SOBRE PROPRIEDADE DE VEÍCULOS AUTOMOTORES E O RODÍZIO VEICULAR NO MUNICÍPIO DE SÃO PAULO

ÍRIS VÂNIA SANTOS ROSA
Mestre e Doutoranda pela PUC/SP. Professora de Direito Tributário no COGEAE/SP e IBET/SP. Advogada

e

VICTOR MANZIN SARTORI
Especialista em Direito Tributário pela PUC/SP. Advogado.

Introdução. 1. A problemática da restrição ao trânsito de veículos automotores proposto pela Lei n. 12.490/97 diante da hipótese de incidência tributária do IPVA. 2. Pressuposto do imposto sobre propriedade de veículos automotores: 2.1 Regra-Matriz de Incidência Tributária do imposto sobre propriedade de veículos automotores e a fenomenologia da incidência: 2.1.1 Critério material; 2.1.2 Critério espacial; 2.1.3 Critério temporal; 2.1.4 Critério pessoal; 2.1.5 Critério quantitativo. 3. Pressupostos da Lei 12.490/97 e a chamada norma jurídica do "rodízio de automotores": 3.1 Antecedente normativo; 3.2 Consequente prescritor. 4. A intersecção da Regra-Matriz de Incidência do IPVA e a Regra-Matriz de Incidência do Rodízio Veicular. Conclusão. Referências bibliográficas.

Introdução

Todo inicio de ano os proprietários de veículos automotores, na qualidade de contribuintes do Imposto sobre a Propriedade de Veículos Automotores – IPVA depara-se com a Guia para o recolhimento imaginando quais as possibilidades, admitidas em lei, que poderiam reduzir o valor daquela exação.

Nesse contexto, surge interessante questão interligando especificamente a Restrição ao trânsito de Veículos Automotores proposto pelo Rodízio Municipal de São Paulo, implantado pela Lei n. 12.490 de 3 de outubro de 1997 com a Hipótese de Incidência Tributária do Imposto sobre a Propriedade de Veículos Automotores – IPVA, prevista no art. 155, inciso III, da Constituição Federal.

Para clarificar o assunto, propusemonos a definir brevemente a Regra-Matriz de Incidência Tributária do Imposto sobre a Propriedade de Veículos Automotores, destacando os critérios necessários ao desenvolvimento do tema.

Em continuidade, demonstramos os enunciados prescritivos que abordam a temática do Rodízio Veicular e desenvolvemos uma Regra-Matriz de Incidência própria à norma deôntica em comento.

Ao final, será ilustrada a intersecção dessas Regras Matrizes construídas, justamente sobre os critérios pessoais das normas, possibilitando a relativização dos critérios materiais e temporais da RMIT do IPVA, perante a incidência do Rodízio Veicular.

1. A problemática da restrição ao trânsito de veículos automotores proposto pela Lei n. 12.490/97 diante da hipótese de incidência tributária do IPVA

Não há como negar que o entrelace entre as características do IPVA e aquelas referentes ao rodízio de veículos não se perfaz de fácil identificação. De um lado temos o equilíbrio de valores e relativização de direito individuais em prol dos direitos coletivos e sociais, surgido no Município de São Paulo pela Lei 12.490, de 3 de outubro de 1997, popularmente conhecida como rodízio Municipal de Veículos Automotores. De outro, temos um tributo da espécie imposto, instituída pelo Estado por meio de lançamento de Ofício, por Lei, absolutamente exigível.

Como bem clarifica o ilustre jurista De Plácido e Silva,[1] ao definir o conceito de propriedade destaca "O sentido exclusivo e absoluto, que se exerce sobre determinada coisa, em caráter permanente, não se mostra arbitrário e infinito: vai até onde o impeça a natural limitação, imposta pela concorrência de outro direito igual ou superior a ele".

A essência do rodízio veicular exalta a notável preocupação ambiental, especificamente a emissão de gases poluentes, determinando a diminuição expressiva do número de veículos circulando por parte das ruas do município, ou "centro expandido" como é popularmente chamada a área de restrição veicular, proibindo-se também, a circulação de certos veículos da frota paulista dentro dessa área legalmente delimitada.

Veja-se que a Prefeitura Municipal de São Paulo, por meio de norma individual e concreta, criou mecanismos sancionatórios que inibem a circulação dos grupos de restrição definidos em lei, coibindo os munícipes, proprietários de veículos automotores, de circularem nos dias e horas aprazadas pela autoridade Municipal, sob pena de aplicação de multas punitivas, previstas no Código de Trânsito Brasileiro.

De fato, a sociedade não pode ficar insensível quanto à necessidade de diminuição de veículos trafegando no Município de São Paulo, providência essa imperativa a todos os paulistas que convivem nessas condições adversas de tráfego e circulação de automotores, no entanto, à lei não é defeso o desrespeito a direitos individuais consagrados e a desconsideração de princípios jurídicos esculpidos na Constituição Federal, sob a justificação de alcançarem-se direitos coletivos superiores.

Assim, já que o núcleo de ambos as exigências convergem à propriedade, nada mais coerente e plausível do que possibilitar um saudável "abono" tributário, tratando a questão com equilíbrio para que não haja excessos prejudiciais a toda a sociedade e as receitas estaduais.

2. Pressuposto do imposto sobre propriedade de veículos automotores

O Imposto sobre Propriedade de Veículos Automotores – IPVA, criado pela Emenda Constitucional n. 27, de 28 de novembro de 1985, ainda sob a égide da Constituição de 1967, foi instituído em substituição a antiga Taxa Rodoviária Úni-

1. De Plácido e Silva, *Vocabulário Jurídico*, p. 1.115.

ca – TRU, cobrada anualmente pela União, no licenciamento de veículos.

Devido às características da antiga Constituição Federal, que dispensava a obrigatoriedade de Lei Complementar para traçar as normas gerais de instituição das exações tributárias, a competência para criação do IPVA foi atribuída aos Estados e Distrito Federal através de lei ordinária, impossibilitando-se a previsão legal uníssona desse tributo, no plano nacional.

Com o advento da Constituição Federal de 1988, que recepcionou o Código Tributário Nacional – CTN (Lei ordinária n. 5.172/1966), como lei complementar *ratione materiae*, constatou-se que o IPVA, novamente, a míngua dos legisladores pátrios e em atenção às receitas destinadas aos entes Estaduais, foi laconicamente previsto pelo art. 155, inciso III, *in verbis*:

> Art. 155. Compete aos Estados e ao Distrito Federal instituir impostos sobre:
>
> (...);
>
> III – propriedade de veículos automotores.

Esse breve panorama histórico, que explicita a confluência de legislações atemporais em torno da instituição do IPVA, já nos situa sobre a problemática enfrentada pela doutrina e os tribunais pátrios, diante da variabilidade de normas e textos prescritivos criadas pelos entes Federados, dificultando imensamente ao exegeta, a formação da base empírica para conhecimento da matéria.

Nesse contexto, destacou-se de forma positiva o Supremo Tribunal Federal, que modificando entendimento outrora firmado em relação ao extinto Adicional do Imposto de Renda, decidiu pela constitucionalidade das exigências engendradas pelos Estados e Distrito Federal no exercício de sua competência legislativa plena, asseguradas pelo art. 24, § 3º, da Constituição Federal e art. 34, § 3º, do ADCT.

A título de elucidação, transcrevemos a ementa do Acórdão prolatado nos autos do RE-AgR 191.703-SP, de relatoria do Ministro Néri da Silveira (*DJ* 12.4.2002):

> Recurso extraordinário. 2. Imposto sobre a Propriedade de Veículos Automotores – IPVA. 3. Competência legislativa plena da unidade da Federação, à falta de normas gerais editadas pela União. Art. 24, § 3º, da Constituição Federal. Precedentes. 4. Agravo regimental improvido.

Visto que aos Estados e Distrito Federal compete a regulamentação e implantação do IPVA, o Estado de São Paulo, aos 23 de dezembro de 2008, revogando as disposições da Lei 6.606/1989, criou a Lei ordinária n. 13.296, que dispõe sobre referido tributo.

2.1 Regra-Matriz de Incidência Tributária do imposto sobre propriedade de veículos automotores e a fenomenologia da incidência

A Regra-Matriz de Incidência Tributária – RMIT consiste em um modelo teórico-proposicional disciplinador da conduta do sujeito passivo para com o sujeito ativo, titular do direito de crédito, em que o núcleo da norma jurídica tributária apresenta-se composto por uma hipótese como descritor de um fato e uma consequência como instauradora da relação obrigacional e seus efeitos propagados, consubstanciadas em critérios identificativos.

Estes critérios subdividem-se em: critério material, critério espacial, critério temporal, critério pessoal e critério quantitativo. O critério material trará a referência com relação ao comportamento das pessoas de direto sejam elas físicas ou jurídicas apontadas pelo verbo indicativo de ação e verbo indicativo de estado e seus respectivos complementos. O critério espacial vem a ser o condicionante localizador da ocorrência do comportamento em determinada área espacial. Refere-se ao lugar onde teremos a ocorrência do fato com a finalidade de irradiar seus efeitos. Pelo critério temporal entende-se como o elemento condicionante de tempo ao qual se unem juridicamente credores e devedores da obrigação pela função de um objeto, para o seu devido cumprimento.

Referente aos critérios no consequente inserto na regra, constitutivos do laço obrigacional, o critério pessoal aponta os sujeitos vinculados da relação sendo estes o sujeito passivo e o sujeito ativo, sendo o primeiro o titular do direito subjetivo de exigência da obrigação pecuniária e o segundo a pessoa de quem se exige o cumprimento desta exigência. Temos ainda o critério quantitativo o qual, se exprime pela precisa e exata quantia devida concernente ao tributo, explicitada pela mensuração de base de cálculo e alíquota.

O descritor ou hipótese da Regra-matriz de Incidência Tributária tem a função de prever um fato de possível ocorrência, situado em determinado espaço e tempo.

Tem o consequente da Regra-Matriz de Incidência Tributária a função prescritiva, como peça de juízo hipotético, de direitos e obrigações para as pessoas (físicas ou jurídicas) relacionadas no acontecimento do fato jurídico tributário, objetivando decifrar o perfil da relação jurídica imputada ao fato, no enlace normativo.

Encontra-se no consequente da Regra-Matriz de Incidência Tributária a sequência de (I) critérios de identificação do sujeito ativo, possuidor do direito subjetivo, e do sujeito passivo, possuidor do dever jurídico, sendo este o critério pessoal da Regra-Matriz de Incidência e (II) critérios de quantificação da dívida do sujeito passivo, sendo este, o critério quantitativo composto pela base de cálculo e a alíquota, por onde se dará a mensuração da dimensão do fato jurídico.

Operativamente, a Regra-Matriz de Incidência Tributária permite ao hermeneuta, a partir do texto constitucional, delimitar a tipologia do tributo *sub examine*, bem como suas espécies e subespécies, com apurado rigor e exatidão conceitual. No quesito praticidade, indiscutivelmente, a figura da Regra-Matriz de Incidência, tem se mostrado um instrumento científico apurado para a delimitação da unidade irredutível da norma tributária.

Assim, direcionando ao tema, destacamos a Regra-Matriz de Incidência Tributária do IPVA.

2.1.1 *Critério material*

O aspecto material previsto na Hipótese de Incidência Tributária que descreve com a substancia tributável dentro dos fatos ocorridos no ambiente social, invariavelmente, emerge de expressões genéricas designativas de comportamentos humanos específicos, vertidos em linguagem por meio de um verbo acompanhado de complemento linguístico.

Com propriedade adverte o ilustre Prof. Paulo de Barros Carvalho,[2] que "não se podem utilizar os verbos da classe dos impessoais, ou aqueles sem sujeitos, porque comprometeriam a operatividade dos desígnios normativos, impossibilitando seu alcance".

Assim, dentro do corte metodológico proposto, o fato jurídico ao qual se reputa relevante importância na definição do antecedente da norma-padrão dos tributos, impreterivelmente, será formado por um verbo pessoal de predicação incompleta e seu complemento normativo, identificando e delimitando, num só tempo, o fato jurídico almejado pelo legislador.

No caso do IPVA, a teor do disposto no art. 155, inciso III, da Constituição Federal, o critério material consiste em *ser* (verbo) *proprietário de veículo automotor* (complemento).

O verbo previsto no comando constitucional, não requer maiores digressões, sendo simplista a sua compreensão normativa, no entanto, os questionamentos suscitados pelo complemento verbal previsto no critério material da Regra-Matriz de Incidência do IPVA, são primordiais

2. Ibidem, p. 287.

para aclarar os debates que seguirão no presente trabalho.

2.1.1.1 *Propriedade* – Cumpre-nos destacar que o legislador constituinte, ao trabalhar com o conceito de *propriedade* na hipótese de incidência do IPVA, indiscutivelmente, utilizou-se de conceitos previstos na seara Civilista, área de estudos do direito privado, obrigando-nos, a buscar novos suportes físicos de significações jurídicas, para compreendermos a construção normativa.

Tendo em vista que, a rigor do art. 110 do Código Tributário Nacional, *a lei tributária não pode alterar a definição, o conteúdo e o alcance de institutos, conceitos e formas de direito privado, utilizados, expressa e implicitamente, pela Constituição Federal, pelas Constituições dos Estados, ou pelas Leis Orgânicas do Distrito Federal ou dos Municípios, para definir ou limitar competências tributárias*, certo é que o suporte fático previsto no inciso III, do art. 155, da Constituição Federal tem por base o art. 1.228 do Código Civil Brasileiro, que prevê:

> Art. 1.228. O proprietário tem a faculdade de usar, gozar e dispor da coisa, e o direito de reavê-la do poder de quem quer que injustamente a possua ou detenha.

A propriedade plena de veículo automotor, capaz de desencadear a subsunção do fato a norma, deverá conferir, necessariamente, ao sujeito passivo da exação tributária, os plenos direitos típicos do titular do direito de propriedade, direitos de uso, de gozo e de disposição do bem, cumulativamente.

2.1.1.2 *Veículo automotor* – Por veículo automotor, para fins específicos de incidência tributária entende-se como o instrumento ou aparelho, dotado de meios próprios de propulsão (sem influencia de forças externas), destinado ao transporte de coisas e pessoas.

Não obstante os debates suscitados pela doutrina, acerca da inclusão ou não, de embarcações e aeronaves na categoria de automotores, sejam de expressiva significância, ficaremos adstritos aos automotores relevantes ao tema proposto, quais sejam, os veículos comuns ao município de São Paulo, como automóveis, *ônibus, microônibus, caminhões, motocicletas etc.*

2.1.2 *Critério espacial*

Novamente, a ausência do legislador constitucional em abarcar ao Imposto sobre Propriedade de Veículos Automotores, dá azo aos entes federados legislarem de formas adversas sobre o tema, multiplicando os entendimentos legais e criando toda sorte de conflitos positivos e negativos de competência.

No caso dos automotores que trafegam por vias terrestres, a solução para os possíveis conflitos de competência surge de uma interpretação lógico-sistemática da própria Constituição Federal em consonância com o Código Tributário Nacional, que em seu art. 158, inciso III, e art. 127, respectivamente, assim determinam:

> Art. 158. Pertencem aos municípios:
>
> (...);
>
> III – cinquenta por cento do produto da arrecadação do imposto do Estado sobre a propriedade de veículos automotores licenciados em seu território.
>
> Art. 127. Na falta de eleição, pelo contribuinte ou responsável, de domicílio tributário, na forma da legislação aplicável, considera-se como tal:
>
> I – quanto às pessoas naturais, *a sua residência habitual*, ou, sendo esta incerta ou desconhecida, o centro habitual de sua atividade;
>
> II – quanto às pessoas jurídicas de direito privado ou às firmas individuais, o *lugar da sua sede*, ou, em relação aos atos ou fatos que derem origem à obrigação, o de cada estabelecimento;
>
> III – quanto às pessoas jurídicas de direito público, qualquer de suas repartições no território da entidade tributante.

Nessa ordem de ideias, considera-se como o aspecto espacial do antecedente normativo do IPVA, *o local da matrícula, licenciamento ou registro do veículo*, cabendo a esse município parte do *quantum* arrecadado a título de IPVA. Na ausência desses locais específicos, utilizar-se-á a regra geral do art. 127, que determina às pessoas físicas, o registro de seus veículos no Estado da Federação onde residam com habitualidade, e às pessoas jurídicas de direito privado que registrem seus veículos onde tenham a respectiva sede.

Corroborando o posicionamento suscitado, destacamos que a Legislação Estadual de São Paulo (Lei 6.606/1989) traz em seu art. 2º, que "O imposto será devido no local onde o veículo deva ser registrado e licenciado, inscrito ou matriculado, perante as autoridades de trânsito, da marinha ou da aeronáutica. E reforça em seu parágrafo único: Não estando o veículo sujeito a registro e licenciamento, inscrição ou matrícula, o imposto será devido no local de domicílio do seu proprietário".

Cumpre-nos frisar que a matricula, licenciamento ou registro do veículo, regra geral, não consiste em requisito indesviável à realização do fato gerador do IPVA, mas presta tão somente para identificar seu aspecto espacial, não sendo o ato formal de cadastramento imprescindível ao surgimento da obrigação tributária.

2.1.3 *Critério temporal*

Compreendemos o critério temporal da hipótese tributária como o grupo de indicações, contidas no suposto da regra, em que nos oferece elementos para auferir com precisão o momento que acontece o fato previsto no descritor, passando a existir a relação jurídica tributária, entre sujeito passivo e sujeito ativo.

No caso do Imposto sobre Propriedade de Veículos Automotores, mostra-se novamente, a problemática já elucidada pelo Prof. Paulo de Barros Carvalho[3] ao criticar a classificação dos fatos geradores em função do momento de sua ocorrência, visto que a propriedade não se trata de fato instantâneo, ou de curto prazo. A propriedade se propaga no tempo, como forma de manutenção do *dominus* do proprietário sobre a coisa possuída.

A dificuldade em trazer de forma lógica ao sistema legal nacional, referido posicionamento, impôs ao legislador pátrio formas diversas de fixação do critério temporal normativo, refletindo, consequentemente, em uma incontável variedade de interpretações jurídicas sobre tais possibilidades.

Dentre as teses sopesadas, merece destaque o posicionamento defendido por doutrinadores como Amílcar de Araújo Falcão, Luciano Amaro e Hugo de Brito Machado, onde se classificam os aspectos temporais da incidência, como instantâneos, continuados e complexivos.

Não obstante o respeitável posicionamento defendido pelo Prof. Paulo de Barros Carvalho, que defende apenas como instantâneos os fatos geradores dos tributos, visto que se esgotam em determinada unidade de tempo, acreditamos que a tese defendida pelos fatos jurídicos ditos continuados, ou seja, que representam situações que se mantém no tempo e que são mensuradas em cortes temporais, merece especial atenção e não se reduz de toda incorreta.

Como no caso do IPVA, a propriedade sobre os veículos automotores é perene, duradoura, estável no lapso temporal determinado, diferenciando-a dos fatos jurídicos instantâneos.

Como leciona Luciano Amaro,[4] "A qualificação que o matiza (fatos geradores continuados), na verdade, põe em destaque, tratar-se não de situação que ocorre e se esgota a cada instante de tempo em que ela se põe (tal qual a luminosidade de um

3. Paulo de Barros Carvalho, *Curso de Direito Tributário*, p. 297.

4. Luciano Amaro, *Direito Tributário Brasileiro*, p. 261.

vaga-lume), mas de situação duradoura, que pode manter-se estável ao longo do tempo. Algumas dessas situações são mais estáveis que as outras, como se da com a propriedade (...)".

O legislador pátrio, novamente solucionando de forma simplista a problemática encontrada, aproximou os fatos jurídicos continuados dos instantâneos, elegendo um momento específico no tempo para a ocorrência do fato jurídico imponível, desencadeando a incidência tributária. Geralmente os Estados elegem o primeiro dia do ano (para veículos usados), como o marco temporal da norma jurídica, no entanto, deve-se observar as legislações Estaduais especificas sobre a matéria.

2.1.4 *Critério pessoal*

No imposto sobre propriedade de veículos automotores, o sujeito ativo previsto em lei, titular do direito subjetivo de exigir a prestação pecuniária, são os Estados e o Distrito Federal, inclusive no tocante a sanção nos casos de inadimplemento da obrigação avençada, não se tratando de matéria competente a União.[5]

No pólo passivo da obrigação, como protagonista do fato jurídico tributário previsto no antecedente normativo, figura (I) o *contribuinte* ***proprietário do veículo automotor***, independentemente da forma de sua aquisição da sua propriedade, ou (II) o *responsável* tributário, que a despeito de não participar pessoal e diretamente do fato gerador da obrigação tributária, tem com ele algum vinculo jurídico que permite ao legislador imputar-lhe o ônus legal de satisfazer o credito tributário em prol do sujeito ativo.

Com efeito, é bastante comum nas legislações ordinárias Estaduais a previsão de hipóteses de solidariedade passiva no dever de recolher o IPVA, forte no art. 124 do Código Tributário Nacional, podendo ilustrar, a título exemplificativo:

O *adquirente*, pelo recolhimento do imposto incidente sobre a propriedade do veículo adquirido, relativo ao exercício em que ocorrer a transferência de sua titularidade, ou aos exercícios anteriores e o *devedor fiduciário*, em relação ao imposto incidente sobre a propriedade do veículo objeto da alienação.

2.1.5 *Critério quantitativo*

O critério material quantitativo é aquele que informa o quanto, em dinheiro, deve ser entregue pelo sujeito passivo ou dele exigido, processando-se seu calculo através dos critérios da base de cálculo e alíquota.

Nas palavras do Professor Paulo de Barros Carvalho,[6] "a base de calculo é a grandeza instituída na consequência da regra-matriz tributária, e que se destina, primordialmente, a dimensionar a intensidade do comportamento inserto no núcleo do fato jurídico, para que, combinando-se á alíquota, seja determinado o valor da prestação pecuniária".

Com relação ao IPVA a conversão do direito de propriedade sobre o veículo automotor em expressão monetária capaz de permitir a apuração do crédito tributário é feita considerando-se como base de calculo o valor mercadológico do veículo automotor e suas especificidades.

5. STF, ADI 1.654-7, Pleno, rel. Ministro Mauricio Correa, *DJU* 19.3.2004, p. 16: "Ementa: *Ação Direta de Inconstitucionalidade. Lei estadual 194/1994. Código Tributário Estadual. Imposto sobre propriedade de veículos automotores. Não-pagamento. Consequência. Competência estadual. Código Tributário Estadual. Imposto sobre Propriedade de Veículos Automotores – IPVA. Não-pagamento.* Consequência: impossibilidade de renovar a licença de trânsito. Ofensa à competência privativa da União Federal para legislar sobre transporte e trânsito de veículos. Alegação improcedente. Sanção administrativa em virtude do inadimplemento do pagamento do IPVA. Matéria afeta à competência dos Estados-membros. Ação Direta de Inconstitucionalidade julgada improcedente".

6. Idem, p. 235.

A Lei 6.017/1996, do Estado do Pará, utiliza-se da expressão *preço corrente do veículo*,[7] ao passo que a Lei 8.115/1985, do Estado do Rio Grande do Sul, utiliza-se da *expressão valor médio de mercado*.[8] Já a Lei 7.543/1988 do Estado de Santa Catarina, em consonância com a Lei 888/1996 do Estado do Tocantins, prefere a expressão *valor de mercado*.[9]

A multiplicidade de expressões apenas confirma a ideia central de que se calculará o imposto a partir do valor supostamente obtido com a alienação do direito de propriedade do veículo, dentro das leis mercadológicas da oferta e da procura. As Fazendas Estaduais criam dispositivos que auferem esses valores, que simulam os preços praticados hodiernamente no mercado, trazendo-os à base de calculo do imposto e possibilitando o cálculo do *quantum* tributário.

Juntamente com a alíquota fixada por lei ordinária, observadas as disposições do § 6º, do art. 155, da Constituição Federal,[10] calcular-se-á o valor da obrigação tributária devida a título de Imposto sobre a Propriedade de Veículos Automotores.

3. Pressupostos da Lei 12.490/97 e a chamada norma jurídica do "rodízio de automotores"

Não se pretende questionar a constitucionalidade das normas propostas pela Municipalidade de São Paulo, no intuito de implementar o Programa de Restrições ao Transito de Veículos Automotores no Município de São Paulo.

Não obstante, alguns autores defendam eventual vício de constitucionalidade, forte no art. 22, inciso XI, da Constituição Federal,[11] a questão é que a lei federal que versa sobre trânsito, especificamente, o Código de Trânsito Brasileiro,[12] estabeleceu em seu art. 21, inciso II, como competência dos órgãos e entidades executivos de trânsito dos municípios, no âmbito de sua circunscrição: "planejar, projetar, regulamentar e operar o trânsito de veículos, de pedestres e de animais, e promover o desenvolvimento da circulação e da segurança de ciclistas".

Com base nesse permissivo legal e na própria Lei 12.490/1997, o Executivo Paulista criou o Decreto 37.085, de 3 de outubro de 1997, regulamentando a implantação do Programa de Restrição aos Veículos Automotores no Município de São Paulo e ampliou sua incidência a uma gama maior de Veículos, por meio do Decreto 49.800, de 23 de julho de 2008.

Mesmo não se tratando de uma temática exclusivamente tributária, podemos aplicar o corte metodológico proposto pela RMIT, visto que sua hipótese prevê fato jurídico de conteúdo econômico, enquanto o consequente normativo estatui vinculo obrigacional com o Estado, de tal sorte que o sujeito ativo ficará investido de direito subjetivo público de exigir, enquanto o sujeito passivo, em contrapartida, ficará cometido do dever jurídica de prestar aquele objeto.

Como bem leciona o insigne Professor Paulo de Barros Carvalho,[13] "*diante do principio da homogeneidade sintática das regras de direito positivo, não pode ser outra a conclusão senão aquela segundo a qual as normas jurídicas tributárias ostentam a mesma estrutura formal de todas as entidades do conjunto, diferenciando-se apenas nas instâncias semânticas e pragmáticas*".

7. Art. 8º da Lei 6.017/1996.

8. Art. 8º da Lei 8.115/1985.

9. Art. 87 da Lei 888/1996 e, respectivamente, art. 6º da Lei 7.543/1988.

10. "Art. 155. Compete aos Estados e ao Distrito Federal instituir impostos sobre: (...). § 6º. O imposto previsto no inciso III: I – terá alíquotas mínimas fixadas pelo Senado Federal; II – poderá ter alíquotas diferenciadas em função do tipo de utilização."

11. "Art. 22. *Compete privativamente à União Federal legislar sobre*: (...); XI – *trânsito e transporte*".

12. Lei n. 9.503, de 23.9.1997.

13. Paulo de Barros Carvalho, *Direito Tributário: Linguagem e Método*, p. 533.

3.1 Antecedente normativo

Como prevê o art. 2º do Decreto 37.085/1997,[14] são proibidos de circular os automotores com dígitos finais da placa de licenciamento 1 (um) e 2 (dois) as segundas-feiras; finais 3 (três) e 4 (quatro) as terças-feiras; finais 5 (cinco) e 6 (seis) as quartas-feiras; finais 7 (sete) e 8 (oito) as quintas-feiras; e finais 9 (nove) e 0 (zero) as sextas-feiras; nos horários de maior índice de movimentação de veículos.

Definido o critério material, tem-se como critério espacial, ou seja, o local onde se considera realizada a conduta dos sujeitos de direito descritas no antecedente, a área definida pelo art. 3º do Decreto 37.085/1997, conhecido como Mini Anel Viário do Município de São Paulo.

O critério temporal, que informa o momento em que se considera realizada a conduta capaz de propalar os efeitos do consequente normativo, está previsto no art. 1º do mencionado Decreto Municipal, fixando-se o horário empreendido ente 07h00min (sete horas) às 10h00min (dez horas) e das 17h00min (dezessete horas) às 20h00min (vinte horas).

Veja-se que o antecedente normativo construído indica as especificidades inerentes ao Rodízio de Automotores, visto que, diferentemente dos tributos municipais, não se aplica intermitentemente no plano temporal e nem se estende a todo o território do Município de São Paulo.

3.2 Consequente prescritor

Encontra-se no consequente da Regra-Matriz de Incidência a sequência de critérios de identificação do sujeito ativo, possuidor do direito subjetivo, e do sujeito passivo, possuidor do dever jurídico, sendo este o critério pessoal da RMIT; e critérios de quantificação da dívida do sujeito passivo, sendo este, o critério quantitativo por onde se mensurará a dimensão do fato jurídico.

Como sujeito ativo, temos a Municipalidade de São Paulo, ente federativo criador do Rodízio Municipal e principal responsável pela sua fiscalização. Como sujeitos passivos da norma jurídica, segundo o art. 4º do Decreto 37.085/1997, configuram-se todos os veículos cujo digito final da placa de licenciamento, corresponda ao dia da semana em que está proibida sua circulação, desencadeando a sanção prevista no art. 6º do mencionado Decreto, *in verbis*:

> Art. 6º. A inobservância da restrição objeto do Programa acarretará a autuação da infração prevista no art. 83, inciso X, do Código Nacional de Trânsito, ou do dispositivo equivalente que vier a substituí-lo quando da vigência do novo Código, observando-se as regras de reincidência pertinentes.
>
> § 1º. Caracteriza-se a infração por período de utilização irregular do veículo no dia e na área especificados neste Decreto.

14. "Art. 1º. Fica criado o 'Programa de Restrição ao Trânsito de Veículos Automotores no Município de São Paulo', em caráter experimental, a ser implantado nos meses de fevereiro a junho e de agosto a dezembro, nos períodos compreendidos entre 7h00 e 10h00 e entre 17h00 e 20h00 horas, de segunda a sexta-feira, exceto feriados.

"Art. 2º. O Programa ora criado objetiva a melhoria das condições do trânsito, por meio da redução do número de veículos em circulação nas vias públicas, com base no dígito final da placa de licenciamento, ficando proibida a circulação, nos horários fixados no art. 1º deste Decreto, na seguinte conformidade: I – 2ª feiras: finais 1 e 2; II – 3ª feiras: finais 3 e 4; III – 4ª feiras: finais 5 e 6; IV – 5ª feiras: finais 7 e 8; V – 6ª feiras: finais 9 e 0.

"Art. 3º. O Programa abrange a área compreendida no Centro Expandido (mini anel viário), conforme Anexos I – Relação das Vias e II – Mapa, integrantes deste Decreto, e é delimitada pelas seguintes vias, inclusive: Marginal do Rio Tietê, Marginal do Rio Pinheiros, Avenida dos Bandeirantes, Avenida Afonso D'Escragnole Taunay, Complexo Viário Maria Maluf, Avenida Presidente Tancredo Neves, Avenida das Juntas Provisórias, Viaduto Grande São Paulo, Avenida Professor Luís Inácio de Anhaia Melo e Avenida Salim Farah Maluf.

"Art. 4º. As disposições deste Decreto são aplicáveis aos veículos que circulem na região delimitada no artigo anterior, durante o período de execução do Programa, independentemente da localidade de seu licenciamento."

> § 2º. Das penalidades aplicadas caberá recurso às Juntas Administrativas de Recursos de Infrações – JARIS/DSV, no prazo legal.

Devido às alterações promovidas no Código de Transito Brasileiro, Lei n. 9.503/1997, atualmente, a infração aplicada nos casos de desrespeito ao Rodízio Municipal encontra-se no art. 187, que dispõe:

> Art. 187. Transitar em locais e horários não permitidos pela regulamentação estabelecida pela autoridade competente:
>
> I – para todos os tipos de veículos:
>
> Infração – média;
>
> Penalidade – multa;

Desta feita, verifica-se que o critério quantitativo da RMIT aqui desenvolvida encontra-se prescrito em enunciado introduzido por legislação diferente, buscando-se a sanção pelo comportamento descrito no antecedente normativo, em norma de âmbito Federal.

Criar a Regra-Matriz de Incidência Tributária, transitando sobre os subsistemas de direito e buscando os enunciados prescritivos necessários à articulação das significações normativas, facilita imensamente o trabalho do hermeneuta na compreensão dos efeitos jurígenos da norma, podendo inclusive, como se pretende a seguir, observar suas similitudes com outras normas presentes no ordenamento jurídico.

4. A intersecção da Regra-Matriz de Incidência do IPVA e a Regra-Matriz de Incidência do Rodízio Veicular

Feitos os apontamentos necessários a Regra-Matriz de Incidência do Rodízio Veicular, clarifica-se suas similitudes com a Regra-Matriz de Incidência Tributária do Imposto sobre Propriedade de Veículos Automotores.

Como desenvolvemos brevemente nos subitens 2.2.1 e 3.2, o núcleo do antecedente normativo do IPVA, qual seja, ser proprietário de veículo automotor, relaciona-se indiscutivelmente com os sujeito passivo da Norma Jurídica posta pelo Rodízio Veicular, visto que se destina aos proprietários de veículos automotores ou seus responsáveis tributários, ficando esses impossibilitados de transitar no Centro Expandido nos horários previstos em lei.

A unificação desses dados referenciais permite-nos ilustrar a intersecção das normas jurídicas estudadas e seus efeitos aos sujeitos passivos:

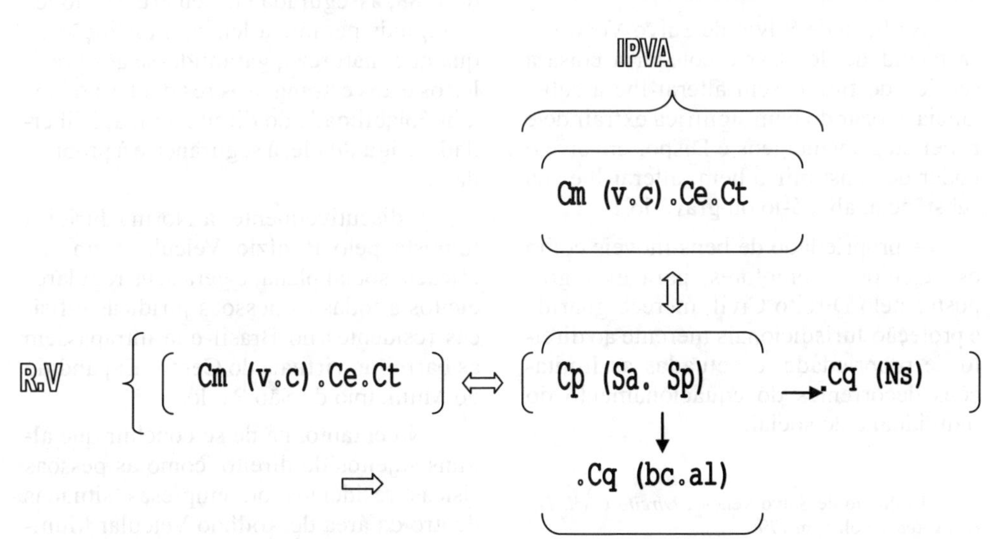

Explicando os símbolos utilizados, teremos:

"IPVA" é a RMIT do Imposto sobre a Propriedade de Veículos Automotores. "R.V" é a Regra-Matriz de Incidência do Rodízio Veicular; "[Cm (v.c). Ce.Ct]" em ambas as equações significam o antecedente normativo, em que "Cm" é o critério material da hipótese, núcleo da descrição fática; "v" é o verbo pessoal de predicação incompleta e "c" é o complemento verbal; "Ce" é o critério espacial; "Ct" o critério temporal;"." e "→ "são conectivos conjuntores; "⇔" é o símbolo do conectivo condicional, interproposicional; "[Cp (Sa. Sp) (Cq (bc.al)]" é o consequente normativo da RMIT do IPVA, sendo: "Cp" o Critério Pessoal composto de; "Sa" Sujeito Ativo e "Sp" Sujeito passivo; "Cq" Critério quantitativo, composto de "bc" que é a Base de cálculo e "al" que é a alíquota. No caso da Regra-Matriz do Rodízio Veicular, verifica-se no consequente o símbolo "Ns", que significa a Norma sancionatória aplicada.

O termo propriedade utilizado na Regra-Matriz de Incidência Tributária do IPVA, como preceito retirado da seara civilista, refere-se aos poderes inerentes ao proprietário (*ius utendi, fruendi, abutendi*) de usar, fruir e dispor de seus bens.

Na lição de Silvio de Salvo Venosa,[15] "a faculdade de Usar é colocar a coisa a serviço do titular sem alterar-lhe a substância. Gozar do bem significa extrair dele benefícios e vantagens e Dispor envolve o poder de consumir o bem, alterar-lhe sua substância, aliená-lo ou gravá-lo".

A propriedade de bens móveis como os veículos automotores, para as regras postas pelo Direito Civil, merece guarida e proteção Jurisdicionais inerente ao direito de propriedade, excetuadas as limitações decorrentes do equacionamento do individual e do social.

O Rodízio Veicular, notoriamente tem caráter social, prestando-se a proteger o bem estar e a saúde da coletividade inclusive atenuando-se a quantidade de gases poluentes emitidos pelos Veículos. No entanto, se há limitação da propriedade dos cidadãos sobre seus automóveis, em um raciocino lógico, verifica-se que há afetação do consequente imposto incidente sobre a propriedade.

Não se trata de uma crítica à Norma Jurídica adotada pela Municipalidade de São Paulo, que se reveste de excelência por sua nobreza social e ecológica, no entanto, aos sujeitos de direito que são tolhidos semanalmente de usar e dispor de seus veículos deve-se questionar perante as normas tributárias seus antecedentes normativos e a fenomenologia de sua incidência.

Não obstante para o direito civil o cerceamento da propriedade justifica-se expressamente em prol do bem comum, acreditamos que no direito tributário, principalmente por tratar-se do núcleo material da hipótese de incidência de uma norma jurídica tributária, essa leniência não se justifica, devendo ser questionada sua manutenção.

Pelo próprio principio da igualdade, preceito basilar da Constituição Federal de 1988, assegurada em seu art. 5º, "todos são iguais perante a lei, sem distinção de qualquer natureza, garantido-se aos brasileiros e aos estrangeiros residentes no País a inviolabilidade do direito à vida, à liberdade, à igualdade, à segurança e à propriedade".

Indiscutivelmente, a Norma Jurídica imposta pelo Rodízio Veicular, tem sua eficácia social plena, e gera seus regulares efeitos a todas as pessoas jurídicas e físicas residentes no Brasil que ultrapassem as barreiras virtuais do Centro Expandido do Município de São Paulo.

No entanto, há de se concluir que alguns sujeitos de direito, como as pessoas físicas residentes ou empresas situadas dentro da área de Rodízio Veicular Muni-

15. Silvio de Salvo Venosa, *Direito Civil: Direitos Reais*, vol. 5, p. 179.

cipal, sofrem de forma desproporcional a incidência dessa norma restritiva, se comparadas com outros sujeitos de direito nacionais.

Outrossim, o próprio IPVA, como imposto que atende a extrafiscalidade proposta pelos Estados, detém mecanismos que possibilitam o incentivo ou a restrição de setores da economia, por meio da variação do critério quantitativo do consequente normativo, incidente sobre determinadas categorias de veículos automotores.

A relativização da propriedade no específico caso do IPVA, já vem sendo discutido na legislação e nos tribunais pátrios, por vias diversas da tese aqui proposta, mas com grandes similaridades em seu conteúdo fático.

A própria legislação paulista que regulamenta o IPVA (Lei 13.296/2008 que revogou a Lei 6.606/1989) prevê em seus arts. 14 e 15,[16] a possibilidade de "dispensa" do pagamento do imposto, no caso privação dos direitos de propriedade do veículo ou ainda a restituição proporcional do valor recolhido, caso a chamada "privação" ocorra no decorrer do ano-exercício.

Nesse mesmo sentido, vem manifestando-se reiteradamente o Tribunal de Justiça do Estado de São Paulo, afastando a incidência do IPVA nos casos de incontroversa privação da propriedade, como bem ilustra o r. Acórdão prolatado pela 5ª Câmara de Direito, nos autos da Apelação com Revisão n. 758.651-5/1-00, que pedimos vênia para transcrever:

> À questão discutida nesta impetração se refere à possibilidade, ou não, de afastamento de exigibilidade de IPVA dos anos de 2001 a 2003, inerente ao veículo roubado em 1999.
>
> (...).

A impetração está fundada em afirmação incontroversa de roubo e na negativa manifestada pela Autoridade Coatora ao pedido de dispensa de recolhimento do imposto, que foi efetivado em 2007; e sobre estes argumentos comprovados documentalmente (fls. 20 e 28) deve recair a análise da existência, ou não, do direito líquido e certo alegado.

Não há dúvida de que a Lei Estadual n. 6.606/1989, em seus arts. 11 e 16, § 1º, estabelece a responsabilidade dos proprietários de veículos automotores no sentido de comunicação, de quaisquer alterações ocorridas em relação à propriedade e ao próprio bem, e que a dispensa do pagamento do IPVA quando da ocorrência de

16. "Art. 14. *Fica dispensado o pagamento do imposto, a partir do mês da ocorrência do evento, na hipótese de privação dos direitos de propriedade* do veículo por furto ou roubo, quando ocorrido no território do Estado de São Paulo, na seguinte conformidade:

"I – *o imposto pago será restituído proporcionalmente ao período, incluído o mês da ocorrência em que ficar comprovada a privação da propriedade do veículo*;

"II – a restituição ou compensação será efetuada a partir do exercício subsequente ao da ocorrência.

"§ 1º. A dispensa prevista neste artigo não desonera o contribuinte do pagamento do imposto incidente sobre fato gerador ocorrido anteriormente ao evento, ainda que no mesmo exercício.

"§ 2º. O Poder Executivo poderá dispensar o pagamento do imposto incidente a partir do exercício seguinte ao da data da ocorrência do evento nas hipóteses de perda total do veículo por furto ou roubo ocorridos fora do território paulista, por sinistro ou por outros motivos, previstos em regulamento, que descaracterizem o domínio ou a posse.

"§ 3º. Os procedimentos concernentes à dispensa, à restituição e à compensação serão disciplinados por ato do Poder Executivo.

"Art. 15. Poderá ser dispensado o pagamento do imposto relativo ao veículo de propriedade de empresa locadora:

"I – a partir do mês seguinte ao da transferência para operação do veículo em outro Estado, em caráter não esporádico, desde que seja comprovado o pagamento proporcional aos meses restantes do ano civil em favor do Estado de destino, se assim estiver previsto na legislação do referido Estado;

"II – quando, na hipótese prevista na alínea 'b' do inciso X do art. 3º desta lei, tratar-se de veículo destinado à locação avulsa, e a permanência neste Estado seja temporária, conforme disposição regulamentar, observado o disposto no art. 33 desta lei."

furto, roubo, sinistro, ou outro motivo que descaracterize o domínio ou a posse do veículo, depende de prévio requerimento de dispensa acompanhado de documentos (Decreto 40.846/1996, arts. 1º e 2º).

O impetrante não cumpriu a exigência legal. No entanto, é inquestionável que a hipótese de incidência tributária do IPVA outra não é senão a da propriedade sobre veículo automotor.

Ora, sendo incontroverso o fato relativo ao roubo do veículo, resta evidente que a partir de 1999 a propriedade que sobre o bem era exercida pelo impetrante acabou por razões alheias à vontade deste.

E com isto, uma vez que a hipótese de incidência tributária desapareceu, não há razão à pretendida manutenção do imposto.

O perecimento da hipótese de incidência tributária se sobrepõe à falta de comunicação do sinistro pelo impetrante, daí incorreto o lançamento do imposto em nome deste último.

Destarte, porque efetivamente existente o direito líquido e certo invocado, a concessão da segurança era medida de rigor.[17]

O resultado do raciocínio empreendido pelos Desembargadores e os legisladores paulistas é de suma importância para o debate aqui suscitado, visto que atentos a variação do *status quo* presente no critério material da Regra-Matriz de Incidência do IPVA, questionou-se o critério temporal da RMIT, fracionando-a de acordo com meses do ano-exercício, e possibilitando a repetição do indébito tributário.

Essa norma trazida pela Municipalidade de São Paulo, principalmente pelo art. 14, inciso I, da Lei 13.296/2008, possibilita aos estudiosos do direito uma interpretação completamente nova do critério temporal da Regra-Matriz de Incidência do IPVA, que coaduna-se com perfeição a tese defendida no presente artigo.

Partindo-se dessa premissa, haja vista o embate entre o exercício de competência Estadual e Municipal vislumbra-se o sucesso ora pretendido, apenas com a propositura de ações antiexacionais, que visem a obtenção de uma norma individual e concreta, exarada pelo Poder Judiciário, que fracione o critério temporal da Regra-matriz de Incidência do IPVA, em benefício dos sujeitos de direito afetados pela Regra-Matriz de Incidência do Rodízio Veicular Municipal.

Considerar o critério temporal da Regra-Matriz do IPVA de forma incidental e periódica já foi objeto de estudos da doutrina pátria, mostrando-se uma possibilidade plausível de lançamento tributário, inclusive clarificando o próprio critério material, posto que seja perene no decorrer do ano-exercício.

Por tratar-se de processo judicialmente instaurado, onde se busca a irrefutável verdade lógica dos fatos, apenas se presentes as provas em direito admitidas, ter-se-á por ocorrido o fato jurídico tributário, posto que, como assevera Eurico Marcos Diniz De Santi, *fato jurídico é fato juridicamente provado.*[18]

A Regra-Matriz de Incidência do Rodízio Veicular, indiscutivelmente, coloca seus sujeitos passivos em situação dispare se comparados ao resto da coletividade, visto que estão obrigados a recolher o Imposto Incidente sobre a Propriedade de Veículo Automotor, como procede toda a sociedade brasileira, contudo, priva-os de exercer está propriedade periodicamente, desconsiderando os recolhimentos efetuados.

Apenas a título de exemplo, imaginemos uma empresa que transporta cargas,

17. TJSP, AC 758.651-5/00, rel. Dimitrios Zarvos Varellis, reg. n. 02107156, *DJ* 7.1.2009.

18. Eurico Marcos Diniz de Santi, *Decadência e Prescrição no Direito Tributário*, 2000, p. 43, *apud* Fabiana Del Padre Tomé, "Capítulo I – A prova no processo administrativo fiscal", in *Curso de Especialização em Direito Tributário*, p. 559.

cuja sede está dentro do âmbito do Rodízio Veicular. Se sua frota for composta por 100 (cem) caminhões, sendo cada grupo de 10 (dez) caminhões com dígitos idênticos, distribuídos sobre os 10 (dez) grupos de dígitos possíveis, pode-se dizer que nos 5 (cinco) principais dias da semana, essa empresa sofrerá um déficit de 10% (dez por cento) de sua frota, no horário específico do rodízio, sendo que o pagamento do IPVA sobre seus caminhões foi feito de forma integral, não havendo, por parte da Fazenda do Estado de São Paulo, nenhuma forma de compensação.

Conclusão

Inegável, diante dos argumentos ora trazidos que se torna perfeitamente plausível e produtivo o entrelaçamento das legislações do IPVA e do Rodízio Municipal em São Paulo, em prol da equalização difundida pela nossa Constituição Federal e tão defendida pela doutrina e jurisprudência pátria.

As legislações existentes e as próprias manifestações do Poder Judiciário provam que há um processo de relativização dos critérios formadores da RMIT do IPVA, abrindo o caminho para o questionamento das impropriedades perpetradas, a sombra do Princípio da Igualdade.

Se pudermos imaginar a diluição do valor recolhido a título de Imposto Sobre Propriedade de Veículos Automotores – IPVA pelos 365 (trezentos e sessenta e cinco dias) do ano, possível será determinar qual o valor diário pago de tributo e consequentemente será possível arbitrar o desconto, por dia, dado àquele veículo que deixou de circular em razão do Rodízio Veicular.

A somatória dos dias de paralisação veicular, por ano, corresponderá ao total do desconto conferido ao proprietário de veículo automotor, portanto, ao contribuinte do IPVA.

Referências bibliográficas

AMARO, Luciano. *Direito Tributário Brasileiro*. São Paulo, Saraiva, 2003.

BERNARDI, Renato. "Domicilio tributário", *Revista Bonijuris* 54/21-22, Ano XVIII, 2006.

CAIS, Cleide Previtalli. *O Processo Tributário*. São Paulo, Ed. RT, 2007.

CARRAZZA, Roque Antonio. *Curso de Direito Constitucional Tributário*. São Paulo, Malheiros Editores, 2007.

CARVALHO, Paulo de Barros. *Direito Tributário: Fundamentos Jurídicos da Incidência*. São Paulo, Saraiva, 2006.

______. *Direito Tributário: Linguagem e Método*. São Paulo, Noeses, 2008.

______. *Curso de Direito Tributário*. São Paulo, Saraiva, 2007.

DAMBROS, Cristiano Dressler. "A Lei estadual 11.400/1999 e a isenção parcial do IPVA: novos vícios de inconstitucionalidade". *Revista da Ajuris* 102/79-97, Porto Alegre, 2006.

FREITAS, Vladimir Passos de. *Código Tributário Nacional Comentado*. São Paulo, Ed. RT, 2005.

JARDIM, Eduardo Marcial Ferreira. *Dicionário Jurídico Tributário*. São Paulo, Dialética, 2005.

MAMEDE, Gladston. "A base de cálculo do IPVA". *Revista Dialética de Direito Tributário* 70, São Paulo, Dialética, 2001.

NUNES, Rizzato. *Manual da Monografia Jurídica*. São Paulo, Saraiva, 2009.

PAULSEN, Leandro. *Direito Tributário. Constituição e Código Tributário à Luz da Doutrina e da Jurisprudência*. Porto Alegre, Livraria do Advogado, 2006.

______, e MELO, José Eduardo Soares de. *Impostos Federais, Estaduais e Municipais*. Porto Alegre, Livraria do Advogado, 2006.

SILVA, De Plácido e. *Vocabulário Jurídico*. Rio de Janeiro, Forense, 2006.

SILVA, Paulo Roberto Coimbra. "Perfil constitucional da hipótese de incidência do IPVA". *Revista Fórum de Direito Tributário* 23/139-153. Belo Horizonte, Ano 4, 2006.

______. "IPVA: critério subjetivo de seu comando normativo". *Revista Tributária de Finanças Públicas* 75/199-213, 2007.

TOMÉ, Fabiana Del Padre. "Capítulo I – A prova no processo administrativo fiscal", in *Curso de Especialização em Direito Tributário: Estudos Analíticos em Homenagem a Paulo de Barros Carvalho*. Rio de Janeiro, Forense, 2006, pp. 555-578.

VENOSA, Silvio de Salvo. *Direito Civil: Direitos Reais*. vol. 5. São Paulo, Atlas, 2005.

CADERNOS DE DIREITO TRIBUTÁRIO

LACUNAS NO SISTEMA JURÍDICO E AS NORMAS DE DIREITO TRIBUTÁRIO

RENATA ELAINE SILVA
Doutoranda e Mestre pela PUC/SP em Direito Tributário. Especialista pelo Instituto Brasileiro de Estudos Tributários. Coordenadora e Professora do Curso de Pós-Graduação *Lato Sensu* em Direito Tributário da Escola Paulista de Direito – EPD. Julgadora do Conselho de Tributos e Multas da Prefeitura de SBC. Advogada.

1. Introdução. 2. Direito, sistema jurídico e premissas metodológicas. 3. Espécies de lacunas. 4. Análise sintática, semântica e pragmática das lacunas: 4.1 Análise sintática e semântica; 4.2 Análise pragmática e semântica. 5. As lacunas e as normas de direito tributário. 6. Conclusões. 7. Bibliografia.

1. Introdução

O estudo das lacunas no direito tributário é um tema pouco explorado. A Ciência que descreve as normas jurídicas voltadas ao direito tributário demonstra pouca atenção ao tema, talvez porque o assunto seja próprio da Teoria Geral do Direito e por este motivo sua aplicação pode ser realizada sem complexidade ou necessidade de adequação interpretativa.

Entretanto, como todo assunto do mundo jurídico está em constante dinamismo, para poder acompanhar o próprio direito que é objeto cultural e necessita de uma visão dinâmica correspondente, podemos afirmar que há sim, um campo fértil e prazeroso a ser explorado. Basta um pouco de curiosidade cientifica.

Pois bem. Procuraremos nestas breves páginas fazer uma análise do tema aplicando as premissas metodológicas da Teoria da Linguagem e as normas jurídicas do sistema do direito tributário, com o propósito de provocar seus operadores e chamar à atenção para a necessidade de um estudo especializado, que retrate o tema com uma visão comprometida cientificamente, e quem sabe, estimule ricas construções doutrinárias. Vamos a ela.[1]

2. Direito, sistema jurídico e premissas metodológicas

O direito é um sistema uno e indivisível e tem como função principal disciplinar os comportamentos dos indivíduos e regular as condutas intersubjetivas para que todos possam conviver harmonicamente em sociedade.

1. Algumas premissas das páginas que seguem foram extraídas do livro de minha autoria *Decisões em Matéria Tributária: Jurisprudência e Dogmática do Supremo Tribunal Federal em Controle de Constitucionalidade*, o qual sugerimos a leitura do capítulo 3 em sua íntegra.

Não há possibilidade de analisar o tema "lacuna no direito" sem delimitar o sistema no qual as normas estão inseridas, não existe lacuna sem sistema de referência que lhe sirva de suporte, isto porque os temas são imbricados: sistema, norma e lacuna. Resumidamente, podemos dizer que lacuna é a falta de norma abstrata positivada para aplicação a um caso concreto, dentro de um sistema de normas válidas.

O sistema[2] que as normas estão inseridas é o sistema do direito positivo, que é formado por normas jurídicas válidas dispostas em uma estrutura hierarquizada, fundada na derivação e fundamentação e integradas pela linguagem prescritiva, única que possui o comando capaz de disciplinar as condutas intersubjetivas.

É importante destacar que todo sistema possui a necessidade de ser aberto para os fatos sociais e fechado em sua disposição formal. Revelando sua estrutura homogênea em termos sintático e heterogênea em termos semântico, necessária para conter em si os fatos sociais que necessitam ser regulados.

Por fim, os elementos filosóficos que utilizaremos para a análise do tema proposto serão aqueles relacionados com a Filosofia da Linguagem, mais precisamente conhecido por "giro linguístico" que passou a ser cientificamente relevante após a segunda obra de Wittgenstein chamada *Investigações Filosóficas*. Por esse método, toda forma de compreensão se dá por meio da linguagem, não mais como simples instrumento que aproxima o sujeito do objeto, mas como elemento de construção do próprio sujeito e do próprio objeto de conhecimento, passando a ser uma relação de significações (sentidos) entre linguagens.

2. Não vemos diferença entre ordenamento e sistema, por isso trataremos as palavras como sinônimas.

3. Espécies de lacunas

O tema lacunas pode ser analisado sob vários aspectos, doutrinariamente encontramos várias espécies de lacunas, cada qual representando o ângulo pelo qual o tema pode ser analisado.

A mais comum é a lacuna normativa[3] que corresponde à definição que descrevemos a pouco, ou seja, ausência ou omissão de norma jurídica abstrata positivada no sistema para solucionar um caso concreto, isto significa dizer que a lacuna normativa decorre da inexistência de previsão legal, que permite ao aplicador socorrer-se dos meios de integração encontrados em seu sistema jurídico, tais como: analogia,[4] costume,[5] princípios gerais, etc.

Também merecem destaque as lacunas chamadas axiológicas que são aquelas que apresentam uma solução insatisfatória para o fato, considerando a norma de rele-

3. Para Alchourrón e Bulygin, é a lacuna normativas que apresenta-se quando há insuficiência do direito positivo (escrito ou consuetudinário) para determinadas situações objetivas, que exige uma decisão judicial complementar ao direto positivado (Carlos E. Alchourrón e Eugenio Bulygin, *Introducción a la Metodología de las Ciencias Jurídicas y Sociales*, 1974).

4. A analogia está proibida quando seu emprego resultar em exigência de tributo não previsto em lei, conforme disposição expressa do art. 108, § 1º, do CTN, o que corrobora com as disposições do art. 150, I, e art. 146, III, "a", ambos da CF.

5. Nem todas as normas são passíveis de aplicação analógica, inclusive em Direito Tributário. A analogia seria uma forma de aplicação de uma norma a um fato semelhante que não encontra qualificação normativa, ou seja, um caso que não se subsuma a norma, mas apresenta uma semelhança do fato tipo previsto. O costume seria a prática reiterada de determinado fato que não previsto na norma acaba por passar a ser previsto devido a sua repetição, mas parto da premissa que apenas o costume-enunciação, ou seja, o costume que foi positivado que pode ser usado em direito tributário. E os princípios gerais são todos aqueles expressos ou implícitos que servem de norma de estrutura para a aplicação de uma lei. V. explicação detalhada sobre costume-enunciação em Tárek Moysés Moussallem, *Fontes do Direito Tributário*, 2006.

vância do sistema, ou seja, existe solução para o caso, mas o julgador entende inadequado política e eticamente e, portanto, haveria uma subordinação das normas jurídicas às questões éticas.

Vale anotar, outrossim, as chamadas lacunas ordinárias, que são aquelas indeterminações que surgem quando o direito utiliza termos vagos. Raz,[6] por sua vez, é enfático em dizer que as lacunas ordinárias são inevitáveis considerando a complexidade da linguagem. Esse entendimento vem ao encontro das premissas da teoria da linguagem, uma vez que o direito é construído pela linguagem que será sempre ambígua e vaga.[7]

Ainda, para compreender o tema fazse importante colacionar os conceitos de "lacunas de conhecimento" e "lacunas de rcconhecimento", apresentadas por Alchourrón e Bulygin,[8] por esta teoria as "lacunas de reconhecimento" seriam aquelas que decorrem do desconhecimento acerca da resolução de um caso, em virtude da indeterminação semântica dos conceitos (vagueza) que caracterizam um caso genérico. Para os autores, a vagueza pode até ser reduzida pelo uso de termos técnicos, mas não desaparece nunca. Por outra feita, as "lacunas de conhecimento" são aquelas que apresentam o desconhecimento do fato, o juiz desconhece na aplicação do direito ao caso concreto as informações fáticas. Nesse último caso, pode-se dizer que a ausência de conhecimento pode ser suprida pelas presunções legais[9] e outras regras de natureza processual.

Poderíamos elencar várias espécies de lacunas e inúmeras doutrinas sobre o tema, mas para os fins que se pretende alcançar com trabalho, as indicações acima são suficientes para mensuramos sua proporção doutrinária. Entretanto, não iremos trabalhar com uma das definições apontadas, e sim, ajustar as concepções à análise de investigação dos sistemas sígnicos,[10] em que Charles Morris, influenciado pela distinção de Pierce, distingue três planos: (i) sintático: relação de signos entre si, ou signo com signo; (ii) semântico: relação signo com objeto do mundo que ele representa (dicionário); (iii) pragmático: relação dos signos com o utente (usuários) da linguagem (emissor e destinatário). Ou seja, o plano sintático seria a organização dos signos; o plano semântico,[11] a significação dos signos; o

6. Joseph Raz, "Legal principles and the limits of law (postscript)", in Marshal Cohen (ed.), *Ronald Dworkin and Contemporary Jurisprudence*, p. 81.

7. "É mister esclarecer que apenas nas linguagens puramente formais, como a da lógica e a da matemática puras, não surge esse problema da vaguidade, não porque os seus conceitos sejam mais exatos do que o de outros tipos de linguagem, mas, sim, porque são empíricos. Em outros termos, o problema da aplicação de um conceito matemático ou lógico a objetos da experiência sensível, simplesmente não se apresenta, pois nada há na experiência sensível que corresponda ao ponto geométrico, ao número 5 ou à implicação lógica. Porém, quando estes mesmos conceitos são utilizados empiricamente, isto é, para a descrição da realidade empírica – como sucede com a geometria aplicada – o problema da vaguidade reaparece com todas as suas implicações. Poder-se-á dizer, parafraseando Einstein, que 'na medida em que os conceitos se referem à realidade são vagos, e na medida em que não soa vagos não se referem à realidade'" (Maria Helena Diniz, *As Lacunas no Direito*, 7ª ed., p. 273).

8. Alchourrón e Bulygin, 1974, pp. 61-63.

9. As presunções legais podem ser consideradas em síntese como aquelas "elaboradas pelo legislador e impostas como regras jurídicas gerais e abstratas" (Maria Rita Ferragut, *Presunções no Direito Tributário*, 2ª ed., p. 294).

10. Paulo de Barros Carvalho, *Direito Tributário, Linguagem e Método*, p. 36.

11. Apenas para esclarecimento, com lição de um dos mais eminentes linguistas da atualidade: "Certos teóricos afirmam, é verdade, que a sintaxe se ocupa das relações dos signos entre si e a semântica das relações entre os signos e as coisas. Limitemo-nos, entretanto, no quadro da Linguística sincrônica, a examinar qual a diferença entre sintaxe e semântica. A linguagem implica dois eixos. A sintaxe se ocupa do eixo dos encadeamentos (concatenação), a semântica do eixo das substituições. Suponhamos que eu diga, por exemplo, 'o pai tem um filho': as relações entre 'o', 'pai', 'tem', 'um', e 'filho' se situam no campo da cadeia verbal, são sintáticas. Quando comparo os contextos – 'o pai

plano pragmático, a possível determinação dos signos construída pelos utentes.

As lacunas serão analisadas nesses três planos, mesmo que um deles tenha maior ênfase em face dos outros, será necessária a analise dos três planos.

4. Análise sintática, semântica e pragmática das lacunas

A análise aqui proposta sempre partirá de duas acepções que se conjugam: (i) sintática e semântica, em que se analisa a compatibilidade das normas com as normas, e das normas com o sistema, isto é, se as normas deste sistema são completas ou não, e (ii) pragmática e semântica, em que o preenchimento das lacunas caberá a decisão judicial dentro do contexto em que estão inseridas.

O direito não pode ser compreendido apenas por um ângulo, por isso, as análises se completam e não se excluem. Destacando que sempre considerará o aspecto semântico, sem o qual não é possível alcançar o conteúdo das normas.

4.1 Análise sintática e semântica

Hans Kelsen será a referência doutrinária que utilizaremos para analisar as lacunas em seu aspecto sintático/formal. Para o mestre de Viena a ausência de norma é de impossível ocorrência.[12]

O autor entende que as normas jurídicas são estruturadas de forma "ser/dever ser", isto é, "descrição de uma conduta e a sanção estatuída". Com base nos modais deônticos: proibido (V), permitido (P) e obrigatório (O), as normas prescrevem em seu consequente um relação jurídica modalizada em um desses comandos, isto porque, todas as condutas relevantes juridicamente devem estar positivadas normativamente. Se no ordenamento não há uma norma geral proibitiva, a conduta será permitida (através da permissão geral). Kelsen chama de "ordem jurídica negativa";[13] deste modo, nunca haveria ausência de norma. É importante mencionar aqui, com relação ao Direito Público a tautologia se inverte "o que não está permitido está proibido", posto que a atividade pública e vinculada à lei, *v.g.*, lançamento tributário.

Diante da premissa de que o sistema é completo e que todo e qualquer problema pode ser solucionado pelas normas válidas do sistema, Kelsen defende que diante de um caso concreto que não encontre literalmente o fato descrito em alguma norma, os órgãos aplicadores do direito poderão aplicar a solução mais justa. Sem que isso represente uma lacuna, visto que, o que não está proibido está permitido ou ainda o que não está permitido é proibido,[14] fazendo assim com que todas as condutas sejam juridicamente qualificadas.

"Sendo o sistema jurídico uno, pleno e harmônico, não pode haver lacunas ou espaços em branco no direito: todo conflito, toda controvérsia encontra nele solução adequada, sempre será possível a decisão judicial, de forma que o direito é, necessariamente, aplicável em qualquer hipótese".[15]

Isto porque o legislador não tem condições de antecipar todas as futuras ações humanas e ao aplicador cabe a escolha: entre não aplicar uma sanção por ausência de norma geral ou ainda aplicar uma norma que servirá como meio de integração

tem um filho', 'a mãe tem um filho', 'o pai tem uma filha', 'o pai tem dois filhos', substituo certos signos por outros e as relações semânticas com que nos havemos são relações tanto linguísticas quanto sintáticas. A concatenação implica a substituição" (Roman Jakobson, *Linguística e Comunicação*, p. 30).

12. No mesmo sentido Joseph Raz, "Legal reasons, sources and gaps", in *The Authority of Law*, pp. 53-77, p. 76.

13. Hans Kelsen, *Teoria Pura do Direito*, 7ª ed., p. 273.

14. Kelsen, ibid., p. 270.

15. Diniz, 2002, p. 44.

do direito. Não cabe à Ciência do Direito verificar as razões internas do julgador, mas sim a psicologia ou a sociologia.

Quando da aplicação da ordem jurídica vigente a mesma demonstra-se insatisfatória para resolver o caso que foi apresentado ao Juiz para decidir, este só poderá fazer o papel do legislador quando o direito apresentar uma ausência de norma (lacuna). Mas, partindo da premissa sintática/semântica de que o direito não apresenta lacunas, como resolver?

Kelsen responde que o julgador nesse caso teria que aceitar a existência de "suposta lacuna" e criar direito novo. Contudo, o Tribunal deveria assumir a responsabilidade de colocar-se no lugar do legislador e criar uma norma individual sem correspondência em relação à norma geral. Afirma, no entanto, que "raramente [o aplicador] fará uso do poder, que lhe é conferido, de assumir o lugar do legislador".[16]

Assim, de certa forma, Kelsen admite como "ficção" a existência das lacunas, que são as chamadas política ou axiológica. Interessante a passagem de Maria Helena Diniz,[17] que com ele concorda: "Apesar de Hans Kelsen não admitir a existência de 'lacunas' no sistema jurídico, reconhece a importância da teoria das lacunas no âmbito da jurisdição, como um limite ao poder normativo do magistrado. Considerando a 'lacuna' como uma ficção utilizada pelo legislador com a finalidade de restringir o poder de interpretação e de integração conferido aos tribunais, quando estes constatam a falta de uma determinada norma, na ordem jurídica, para resolver certo caso, 'falta essa determinada com base num juízo de valor ético-político subjetivo, que é apresentada como impossibilidade lógica da aplicação dessa ordem jurídica'".

16. Kelsen, 2006, pp. 275-276.

17. Diniz (2002, p. 44), comentando a posição de Kelsen.

Admitindo, portanto, que as lacunas são ficções que estabelecem limites ideológicos à atividade judicial, acredita-se que apenas em seu aspecto formal o mestre de Viena teria razão, mas, como já mencionado, o direito não pode ser visto apenas por um ângulo (formal) que o torna injustificável, quando efetivamente estamos no âmbito de aplicação da norma geral e abstrata.

4.2 Análise pragmática e semântica

A lacuna sob o aspecto pragmático (e semântico) existe como forma de continuação da positivação do direito, isto porque o legislador deixa termos vagos e ambíguos para que o aplicador possa continuar o processo de positivação com base nos enunciados prescritos na norma. Forma analítica que constrói a seguinte norma: dado o fato de existir um conflito, deve ser a decisão judicial.

O sistema jurídico é diferente dos demais sistemas (político, social, ético, econômico, etc.), isto porque é o único sistema que se auto-obriga a tomar decisões, esta é sem dúvida a maior diferença de todos os demais sistemas, que, também se socorrem do sistema jurídico no caso de controvérsias internas que necessite de uma tomada de decisão. Interessante notar que os demais sistemas políticos, sociais, éticos e econômicos, entre outros, para fazer uso da característica julgadora do sistema jurídico deve se adequar a linguagem própria do direito, caso contrário o sistema jurídico não conseguirá decidir conflitos desses sistemas.

O centro do sistema jurídico será ocupado pelos Tribunais que têm o dever de decidir, devido à cláusula do *non liquet*,[18]

18. Tércio Sampaio entende que nesse caso podem ser usadas as "regras de calibração": "Assim, por exemplo, quando no interior do ordenamento surge a configuração de um fato cuja relevância jurídica se reconhece, mas para o qual não se encontra uma norma adequada (problema das lacunas), o sis-

sob essa denominação ou sob a denominação de "cláusula de proibição de denegação de justiça", que representa uma suposta e aparente posição hierárquica do legislador sobre o julgador, em que o sistema positivou sua obrigatoriedade de tomar decisões, inclusive para os casos em que o legislador não normatizou. Em nosso ordenamento, a cláusula está positivada através dos seguintes artigos:

Art. 108 do CTN: "Na ausência de disposição expressa, a autoridade competente para aplicar a legislação tributária utilizará, sucessivamente, na ordem indicada: I – analogia; II – os princípios gerais de direito tributário; III – os princípios gerais do direito público; IV – a equidade".

Art. 126 do CPC: "O juiz não se exime de sentenciar ou despachar alegando lacuna ou obscuridade da lei. No julgamento da lide caber-lhe-á aplicar as normas legais; não as havendo recorrerá a analogia, aos costumes e aos princípios gerais do direito".

Art. 4º da LICC: "Quando a lei for omissa, o juiz decidirá o caso de acordo com a analogia, os costumes e os princípios gerais de direito".

Os artigos transcritos são as normas positivadas no sistema pátrio que garantem a legitimidade do aplicador de criar uma norma individual (ou geral), mas sempre concreta, para a situação fática apresentada, diante da ausência ou omissão de norma geral e abstrata, vale notar que apenas soluciona a situação concreta apresentada.

Um exemplo seria as decisões do Supremo Tribunal Federal, em controle concentrado de constitucionalidade,[19] não apenas cria uma norma para o caso concreto como também cria uma norma que vincula todos os demais casos concretos, mas isso não significa que a norma venha resolver a ausência normativa no sistema. Do mesmo modo, quando a decisão é proferida pelo Supremo Tribunal Federal em controle difuso, a lacuna permanece porque a decisão não terá *status* deôntico de garantir todos os comportamentos. Sempre necessitará de uma norma abstrata para resolver o problema das lacunas, a norma concreta apenas preenche a lacuna para o caso concreto. A norma individual e concreta, ou geral e concreta emitida pelo Juiz ou pelo Supremo Tribunal Federal, é necessária para a continuação do sistema, e sua criação não é autônoma, feita com base em seu livre-arbítrio, e sim dentro dos limites formais delimitados pela linguagem do próprio sistema.

O aplicador do direito apenas resolverá, para um determinado caso concreto, a ausência da norma (lacuna), mas jamais a eliminará do sistema. Essa tarefa de eliminar caberá apenas ao legislador; mesmo no caso das decisões do Supremo Tribunal Federal em controle abstrato porque a decisão em controle de constitucionalidade não retira ou põe norma abstrata no ordenamento que pode resolver o problema de lacuna.

Resumidamente, quando o direito é analisado em seu aspecto formal, não é possível verificar a existência de lacunas, pois todas as condutas devem estar modalizadas em proibidas, permitidas ou obrigatórias. Mas, quando a análise recai sobre fatos concretos, no campo pragmático (e aqui, ressalva-se que a analise é jurídica positiva) as lacunas existem como parte do sistema de positivação do direito (norma de estrutura voltada ao Juiz) e cabe ao Juiz, através de suas decisões, o preenchimento das lacunas para emissão da norma concreta (individual ou geral), mas sem resolver o problema que continua existindo no âmbito das normas abstratas.

tema evoca uma regra de calibração segundo a qual é defeso ao juiz deixar de julgar sob o argumento de falta de obscuridade da lei" (Ferraz Jr., 2003, p. 193).

19. Sobre controle de constitucionalidade v. tb. Robson Maia Lins, *Controle de Constitucionalidade da Norma Tributária: Prescrição e Decadência*, 2005.

5. *As lacunas e as normas de direito tributário*

Partindo das premissas levantadas nos tópicos antecedentes, podemos agora analisar sob o enfoque das normas de direito tributário que são aquelas voltadas à instituição, arrecadação e fiscalização de tributo.

Portanto, dependendo da análise que se faça, sintática ou pragmática, poderá haver falta de possibilidade lógica de solução normativa que nos leve a perceber que certas relações jurídicas não encontram correspondente caracterização deôntica modalizada, ou seja, não encontra uma proibição, permissão ou uma obrigatoriedade. "O direito positivo, cuja unidade é uma mera ideia teórica não pode contar com soluções para todos os casos".[20] Assim o acervo normativo encontrado no direito positivo em algum momento pode não apresentar a completude idealizada, mas mesmo assim necessita de uma solução, pois o conflito existe e o Tribunal não pode negar-lhe uma decisão.

Não podemos nos esquecer que no direito tributário temos o princípio da tipicidade fechada, isto significa dizer que apenas os tipos que estão normatizados podem sofrer incidência tributária, mas o próprio sistema permite alguns métodos integrativos, *ex vi*, o citado no art. 108 do Código Tributário Nacional. Por isso afirmamos que no plano lógico ou formal/sintático no direito tributário não encontraremos lacunas. Aqui nos socorremos novamente da tautologia deôntica: tudo que não está permitido está proibido. "A opção pela seleção dos fatos que podem ser tributados é decisão exclusivamente legislativa, da mesma sorte que é decisão tipicamente legislativa deixar de fora os fatos aos quais não pretenda atribuir a incidência de normas tributárias, numa espécie de declaração do não-tributável, por omissão na tipificação, o que alguns denominam de 'vazios legais desejados'.[21]

Contudo no plano da decisão quando estamos diante das lacunas chamadas ordinárias, que são aquelas indeterminações que surgem quando o direito utiliza termos vagos, defendida por Raz,[22] vemos que realmente são inevitáveis uma vez que o direito é construído pela linguagem e sabemos que a linguagem será sempre ambígua e vaga. Do mesmo modo quando estamos diante das chamadas de "lacunas de conhecimento" e "lacunas de reconhecimento", apresentadas por Alchourrón e Bulygin,[23] classificada doutrinariamente no campo da pragmática, é possível dizer que as normas de direito tributário apresentam lacunas sim. Posto que há, e não se pode negar, uma intenção regulatória do legislador de deixar tais espaços vazios para o aplicador que tem o dever de decisão, que para nós, chama-se lacuna pragmática e semântica.

Mesmo porque, diante de uma situação fática o aplicador que não encontra prescrições legais para o caso que se apresenta, por mera opção legislativa, pode ferir princípios basilares do direito tributário como, *v.g.*, o princípio da igualdade. Assim, vê-se muitas vezes o aplicador tendo que fazer uso da permissão geral e dos métodos integrativos do direito tributário, para decidir um caso concreto. Nesse sentido é o julgado do Superior Tribunal de Justiça, *verbis*:

> *Previdenciário. Instituto de Previdência dos parlamentares – IPC. Extinção. Restituição de contribuições. Direito dos antigos e atuais congressistas.*
>
> 1. O Direito Tributário contém regras de hermenêutica para as hipóteses de lacunas legais, determinando em seu art. 108, *verbis*: *Na ausência de disposição expressa, a autoridade competente*

20. Roberto José Vernengo, *Curso de Teoría General del Derecho*, 2ª ed., p. 383.

21. Heleno Taveira Torres, *Direito Tributário e Direito Privado*, pp. 229-230.

22. Joseph Raz, "Legal principles...", cit., p. 81.

23. Alchourrón e Bulygin, 1974, pp. 61-63.

para aplicar a legislação tributária utilizará sucessivamente, na ordem indicada: I – a analogia; II – os princípios gerais de direito tributário; III – os princípios gerais de direito público; IV – a equidade. §§ 1º e 2º (...).

2. A Lei n. 9.506/1997, ao extinguir o IPC e disciplinar o ressarcimento das verbas a ele recolhidas a título de contribuição dos segurados, *omitiu-se quanto à situação do ex-segurados não detentores do direito à pensão.*

3. *É princípio basilar de direito público a isonomia, mercê cláusula pétrea, admitindo-se na omissão da lei a analogia e a equidade.*

4. À luz desses cânones, revela-se injusta a interpretação literal dada à norma indigitada do art. 1º, § 5º, da Lei n. 9.506/1997, porquanto discrimina ex-congressistas em situações idênticas.

5. O direito dos contribuintes ao ressarcimento das contribuições recolhidas ao IPC visou precipuamente o princípio básico do direito previdenciário da contraprestação, *evitando o enriquecimento sem causa do fundo.* Precedente: REsp n. 638.514-DF, rel. Ministro José Delgado, *DJU* 16.8.2004; REsp n. 427.223-DF, rel. Ministro João Otávio de Noronha, *DJU* 20.10.2003.

6. Recurso Especial provido (REsp n. 783.427-DF (2005/0157884-9), rel. Ministro Luiz Fux).

Neste sentido, cabe a leitura, do interessante voto do Ministro Luiz Fux no Recurso Especial n. 413.865-PR (2002/0017151-1), que pleiteava a equiparação do Consórcio de Empregadores Rurais como pessoa Jurídica para ter possibilidade de adesão ao Programa de Recuperação Fiscal – REFIS, vejamos os argumentos articulados:

(...) O exame dos autos revela que o v. Acórdão recorrido não merece censura.

É que o Consórcio de Produtores Rurais criado e reconhecido pelo Ministério do Trabalho como instrumento de otimização das relações com os trabalhadores rurais, em última análise, traduz-se em técnica que viabiliza a atividade para todos os consorciados, mercê da regularização das carteiras de trabalho.

Nesse sentido, a responsabilidade do consórcio para com as contribuições previdenciárias, implica em reconhecer-lhe aptidão para beneficiar-se do programa REFIS, muito embora não seja pessoa jurídica.

Com efeito, a hipótese resume-se à integração da legislação que dispõe sobre o ingresso junto ao REFIS, dada a lacuna acerca da possibilidade dos consórcios serem equiparados à pessoa jurídica para este fim.

O Eminente Professor Hugo de Brito Machado acerca do tema esclarece:

"(...).

"Realmente, o art. 4º de nossa Lei de Introdução ao Código Civil autoriza expressamente o recurso à integração. Também o art. 126 do Código de Processo Civil o faz, determinando: 'O juiz não se exime de sentenciar ou despachar alegando lacuna ou obscuridade da lei. No julgamento da lide caber-lhe-á aplicar as normas legais; não as havendo, recorrerá à analogia, aos costumes e aos princípios gerais de direito'. Da mesma forma, o Código Tributário Nacional, em seu art. 108, acolheu a teoria das lacunas, dando à autoridade competente para aplicar a legislação tributária competência para deixar de aplicar as normas gerais, afirmando, em face da ausência de norma específica, a existência de lacuna, e resolvendo o caso por analogia, pelos princípios gerais de direito, ou pela equidade.

"O exame do caso e a tarefa de identificação da norma a ele aplicável é atividade de interpretação, em sentido amplo. Se há norma específica, dizer o significado desta é interpretação, em sentido restrito. Se inexiste norma específica, e a autoridade entende por isto estar diante de lacuna, a identificação de uma norma que não foi elaborada para aquele tipo de casos, mas é aplicável ao caso concreto de que se cuida, constitui atividade de integração" (in *Curso de Direito Tributário*, 20ª ed., Malheiros Editores, pp. 93-94).

Na parte que disciplina a interpretação e integração da legislação tributária, especificamente no art. 108, o Código Tributário Nacional preceitua (...) "In casu", o v. Acórdão "a quo", referendando posição assumida pela r. sentença singular, empregou para solucionar a lide tanto a analogia como a equidade. Nesse sentido, percebe-se que o uso da analogia *não criou tributo não previsto pela legislação, pelo contrário, fomentou o adimplemento das obrigações tributárias em atraso*; e não resultou na dispensa do tributo devido, uma vez que, novamente, permitiu que o consórcio procedesse ao pagamento parcelado de seu débito fiscal.

Deveras, não se pode olvidar da intenção do referido "Programa de Recuperação Fiscal", cuja finalidade é, sem dúvidas, dúplice, porquanto proporciona ao contribuinte a possibilidade de saldar os seus débitos, mesmo que de forma parcelada, e, ao Estado, de receber seus créditos.

Andou bem, portanto, o aresto recorrido ao equiparar, "in casu", consórcio de empregadores rurais à pessoa jurídica para fins de adesão ao REFIS, uma vez que nada mais fez do que preencher uma lacuna que o legislador não preencheu, ***notadamente em face da dinâmica das situações concretas****.*

Na era da "desconsideração da pessoa jurídica" e do reconhecimento da *legitimatio ad causam* às entidades representativas de interesses difusos, representaria excesso de formalismo negar ao Consórcio reconhecido pelo Ministério do Trabalho a assemelhação às pessoas jurídicas para fins de ingresso junto ao REFIS, *máxime porque essa opção encerra promessa de cumprimento da obrigação tributária.*

Destarte, merece registro, como bem o fez o Egrégio Tribunal *a quo*, que o Recorrente não faz distinção no momento de cobrar seus débitos previdenciários, tributando o consórcio como se pessoa jurídica fosse.

Por esses fundamentos, conheço do Recurso e nego-lhe provimento (grifos não constam do original).

É de se notar, que o ato de aplicação do direito sempre requer uma análise muito mais comprometida e completa do sistema, o aplicador não pode ignorar a existência de norma positivada no sistema que regule a situação fática submetida a julgamento, mas por outro lado não pode ignorar o sistema em sua completude que possui normas de comportamento e normas de estrutura (princípios[24]), esta é a justificativa do voto acima, demonstrando que no campo pragmático *diante da dinâmica das situações concretas* não há como se negar a existência das lacunas.

6. Conclusões

O legislador, respeitando a dinamicidade do sistema, deixa lacunas para sejam preenchidas pelo aplicador, uma vez que os fatos sociais não podem ser todos previstos pelo legislador.

Estas lacunas são, portanto, pragmáticas, e aparecem no ato de aplicação do direito, por isso afirmamos que estas lacunas não interferem na completude do sistema sob a análise sintática, e por meio desta análise sempre haverá a tautologia deôntica referida anteriormente: tudo que não está permitido está proibido.

O princípio da tipicidade fechada e da legalidade estrita por sua vez impede a incidência da norma tributária sem lei previa, com isso concordamos, mas olhando o sistema sob o aspecto pragmático vemos que as chamadas lacunas aparentes ou espaços livres são as tais lacunas pragmáticas das quais nos referimos no texto e que não podem ser ignoradas pela doutrina. É o que queremos por a reflexão.

7. Bibliografia

ALCHOURRÓN, Carlos E., e BULYGIN, Eugenio. *Introducción a la Metodología de*

24. Sobre princípio ser norma de estrutura, v. cap. 2, item 2.2.5.1, pp. 22-26, do livro de minha autoria *Decisões em Matéria Tributária:...*, cit., 2009.

las Ciencias Jurídicas y Sociales. Buenos Aires, Ed. Astrea, 1974.

CARVALHO, Paulo de Barros. *Direito Tributário, Linguagem e Método*. São Paulo, Noeses, 2008, p. 36.

DINIZ, Maria Helena. *As Lacunas no Direito*. 7ª ed. adaptada ao novo Código Civil. São Paulo, Saraiva, 2002.

FERRAGUTT, Maria Rita. *Presunções no Direito Tributário*. 2ª ed., São Paulo, Quartier Latin, 2005.

FERRAZ JR., Tércio Sampaio. *Introdução ao Estudo do Direito. Técnica, Decisão, Dominação*. 4ª ed., São Paulo, Atlas, 2003.

JAKOBSON, Roman. *Linguística e Comunicação*. Trad. Izidoro Blikstein e José Paulo Paes. São Paulo, Editora Cultrix, 2007.

KELSEN, Hans. *Teoria Pura do Direito*. Trad. João Baptista Machado. 7ª ed., São Paulo, Martins Fontes, 2006.

LINS. Robson Maia. *Controle de Constitucionalidade da Norma Tributária: Prescrição e Decadência*. São Paulo, Quartier Latin, 2005.

MOUSSALLEM, Tárek Moysés. *Fontes do Direito Tributário*. São Paulo, Noeses, 2006.

RAZ, Joseph. "Legal principles and the limits of law (postscript)", in COHEN, Marshal (ed.). *Ronald Dworkin and Contemporary Jurisprudence*. Totowa, New Jersey: Rowman & Allanheld, 1984.

______. "Legal reasons, sources and gaps", in *The Authority of Law*. Oxford, Clarendon Press, 1979, pp. 53-77.

SILVA, Renata Elaine. *Decisões em Matéria Tributária: Jurisprudência e Dogmática do Supremo Tribunal Federal em Controle de Constitucionalidade*. São Paulo, Saraiva, 2009.

TORRES, Heleno Taveira. *Direito Tributário e Direito Privado*. São Paulo, Ed. RT, 2003, pp. 229-230.

VERNENGO, Roberto José. *Curso de Teoría General del Derecho*. 2ª ed., Buenos Aires, Depalma, 1995.

ESTUDOS & COMENTÁRIOS

O NASCIMENTO OU NÃO DE OBRIGAÇÃO TRIBUTÁRIA EM RAZÃO DO FECHAMENTO DE EMPRESA INDIVIDUAL COM A TRANSFERÊNCIA DOS SEUS ATIVOS À PESSOA FÍSICA

FERNANDO RISTER DE SOUSA LIMA
Doutorando em Direito PUC/SP. Foi pesquisador visitante na Universidade de Lecce, Itália.

"É de sua essência, o imposto sobre a renda, o mais intrusivo dos impostos, o mais inquisitório, o mais ocasionado a conflitos entre a autoridade e os contribuintes. Devassando as fortunas, devassa a vida individual no recato" (Rui Barbosa, *A Imprensa*, III-30).

I – Introdução

1. Este artigo pretende resolver a seguinte indagação: *nasce ou não obrigação tributária (IR), em razão do fechamento de empresa – sendo esta firma individual – e com a transferência dos seus ativos à pessoa física.*

2. Assim, para, procurar, elucidar a questão, por diversos ângulos, e, não deixar brechas, rigorosamente, procurar-se-á – na linha do orientado pelo mestre francês René Descarte – dividir em partes o problema e ao final unir as premissas chegadas e auferir uma opinião científica sobre a proposição ofertada.[1] E, ainda, neste breve intróito, relata-se que se procurou fazer uma pesquisa na dogmática e no campo empírico. Todavia, visou-se, também, adotar premissas que, ao nosso sentir, são as adotadas pelo Direito Positivo, e, para tanto, nos baseamos em três grandes referências no mundo jurídico, ligadas, umbilicalmente, aos temas enfrentados: uma delas é o Mestre italiano Tullio Ascarelli, autor de uma clássica obra sobre a teoria da empresa, intitulada *Corso di Diritto Commerciale*, utilizada como premissa irretocável no que diz respeito à empresa e ao empresário; ligados ao Direito Tributário, buscamos amparo nas balizas delineadas por dois grandes Maestros, o primeiro foi criador da Escola de Direito Tributário da Faculdade de Direito da Pontifícia Universidade Católica de São – PUC/SP e conseguiu um feito para poucos: ser Professor Titular dessa prestigiosa Universidade e da Faculdade de Direito da

1. René Descartes, *Discurso do Método e as Paixões da Alma*, ensina que para resolver um problema o melhor é: "dividir cada uma das dificuldades em tantas parcelas quanto for possível e requerido para melhor as resolver".

Universidade de São Paulo – FADUSP – Largo do São Francisco, o inesquecível Geraldo Ataliba, que contribuiu de forma imensurável com o trabalho: *Hipótese de Incidência Tributária*; e o segundo Mestre – por fim, mas de forma alguma menos importante ao desenvolvimento deste *lavoro*, como será demonstrado no texto – o legendário Roque Antonio Carrazza, Professor Titular de Direito Tributário da Faculdade de Direito da Pontifícia Universidade Católica de São Paulo – PUC/SP, precursor dos estudos de Direito Constitucional Tributário no Brasil, com a já consagrada e imortalizada obra *Curso de Direito Constitucional Tributário* e a mais recente: *Imposto sobre a Renda*, a qual foi referência obrigatória por todo o trabalho, isto, facilmente, constatado pela sua repetição nas notas de rodapé, o que se justifica devido à temática pertinente e mormente à sua valorosa contribuição à Ciência Tributária.

3. À vista do exposto, apresenta-se o seguinte sumário:

I – Introdução. II – Do Imposto de Renda: brevíssima menção histórica e conceituação. III – Da tipificação constitucional. IV – Do enquadramento infraconstitucional. V – Do fato gerador do IR: VIa – Conceito de renda; VIb – Da posição da jurisprudência sobre a tributação ou não do IR na retirada da quota social pelos sócios. VII – Do patrimônio da firma individual no novo Código Civil. VIII – Do não-nascimento da obrigação tributária. IX – Das conclusões.

II – Do Imposto de Renda: brevíssima menção histórica e conceituação

4. O Imposto de Renda, famoso e também odiado imposto, começou a ser cobrado a partir de 1924 – é verdade que foi criado no ano de 1922 pela Lei Orçamentária 4.625/1922 – depois de várias tentativas infrutíferas, o seu escopo era tributar toda renda líquida, obtida anualmente. Enquanto, porém, a sua origem os historiadores não chegaram a um consenso, alguns apontam à Prússia – século IX – outros datam o ano de 1779 na Inglaterra, por meio de um ato parlamentar no mandato do Primeiro Ministro Willian Pit, com escopo de conseguir fomento às tropas britânicas, que naquele momento lutavam com Napoleão Bonaparte.[2]

5. Como o próprio vernáculo utilizado pelo Direito Positivo induz (ver arts. 16 e 43 do CTN, e art. 153 da CF), o Imposto sobre a Renda é uma espécie do gênero tributo, sendo cobrado do acréscimo patrimonial, obtido por meio da renda ou dos proventos de qualquer natureza, todavia, sem qualquer atividade vinculada do Estado, quer dizer, cobra-se sem oferecer nenhuma contraprestação em troca, são os tidos: "impostos como tributos não vinculadas à atuação estatal".

III – Da tipificação constitucional

6. Dentro da perspectiva de escalonamento do Ordenamento Jurídico, a Consti-

2. No aspecto: "1. O imposto sobre a renda (IR), o mais famoso tributo brasileiro, acaba de ultrapassar a marca dos 80 anos: embora criado pela Lei orçamentária 4.625, de 31.12.1922, só passou a ser efetivamente exigido a partir de 1924, com as alterações introduzidas pela Lei orçamentária 4.783, de 31.12.1923. Várias tinham sido as tentativas de instituí-lo, entre nós. Já em 1867, durante o Segundo Império, Franciso de Montezuna, o Visconde de Jequitinhonha, conselheiro de D. Pedro II, fazia praça que, embora ninguém goste de contribuir com somas de dinheiro para a mantença do Estado, havia boas possibilidades de o IR vingar, pois acreditava que, "entre nós, há muita gente que antes quer parecer que é rica, do que confessar que é pobre" (Roque Antonio Carrazza, *Imposto sobre a Renda*, p. 20). Veja-se o previsto na Lei do Orçamento – 4.625/1922: "Art. 31. Fica instituído o imposto geral sobre a renda, que será devido anualmente, por toda pessoa física ou jurídica, residente no território do país, e incidirá, em cada caso, sobre o conjunto líquido dos rendimentos de qualquer origem". Sobre a origem do IR indica-se: Carlos de Araújo Leonetti, *O Imposto sobre a Renda como Instrumento de Justiça Social no Brasil*, pp. 1 a 30.

tuição Federal é sempre o topo da pirâmide, significa dizer: é a base de sustentação das outras normas e, por isto mesmo, todas as outras devem estar em sintonia com as suas orientações, sob pena de inconstitucionalidade. Isto, aliás, já deveria ser suficiente para o operador do direito, o cidadão e principalmente ao Estado que, quando atuar, deveria olhar primeiro o seu conteúdo. Não é diferente nas questões tributárias. Não obstante tal estrutura, ainda a Carta Magna, de modo exaustivo, cria o Sistema Tributário, regrando toda a tributação, quer dizer, toda legislação infraconstitucional é inconstitucional, até que se prove o contrário. Exageros à parte, mas, a Constituição é a Regra Matriz, é a fonte primeira dos Tributos, inclusive não faltam opiniões no sentido de apontá-la como a que mais regula o sistema tributário no mundo.[3]

7. A dimensão do Sistema Constitucional Tributário é de tamanha expressão que a palavra "renda" – em sua forma singular ou plural – vem mencionada nos seguintes artigos da Constituição Federal: 7º, XII; 30, III; 43, § 2º, IV; 48, I; 150, VI, "a"; 150, VI, "c"; 150, §§ 2º, 3º e 4º; 151, II; 153, III; 157, I; 158, I; 159, I e § 1º; e 201, VI e § 12. ADCT, os arts. 72, I, II, V, e § 5º, e 79; e "proventos" – em sua forma singular ou plural – vem mencionada nos seguintes artigos da Constituição Federal: 37, XI, e § 10; 40, §§ 1º, e incisos I-III, "b", 2º, 3º, 7º, I, II, e 18; 100, § 1º-A; 103-B, § 4º, III; 130-A, § 2º, II; 151, II; 153, III; 157, I; 158, I; 159, I, e § 1º; 201, § 6º; e 249. E ADCT, arts. 17, 20, 53, V e 72, I, II e V, e § 5º.

8. Ao presente é relevante a tipificação constitucional do Imposto de Renda e não é omissa a nossa certidão de nascimento; pelo contrário, regula nas mais diversas formas de normas, quais sejam, as de eficácia plena, aplicabilidade imediata e mesmo as de eficácia contida; todavia, o curioso é que cabe à legislação infraconstitucional regular uma parte da matéria, no entanto, é imutável o aumento de patrimônio como conceito de renda, quer dizer, a premissa constitucional de que renda é invariavelmente o aumento, ou ainda o seu aumento, sem o acréscimo não há o imposto.[4]

3. V. Roque Antonio Carrazza, *Imposto sobre a Renda*, p. 25: "I – A Constituição é a fonte direta por excelência do direito tributário, no Brasil. Nela há extenso rol de disposições que, sem necessidade de *interpositio* da legislação ordinária, regulam a ação estatal de exigir tributos. É o caso das que cuidam de direitos subjetivos e garantias fundamentais dos contribuintes, que, efetivamente, 'têm aplicação imediata' (art. 5º da CF), não carecendo, pois, de regulação para além da prevista na própria Lei Fundamental do Estado". É o mesmo espírito da doutrina de Sacha Calmon Navarro Coelho, *Curso de Direito Tributário Brasileiro*, pp. 47-48: "O Brasil (...) inundou a Constituição com princípios e regras atinentes ao direito tributário. Somos, indubitavelmente, o país cuja Constituição é a mais extensa e minuciosa em tema de tributação. Este cariz, tão nosso, nos conduz a três importantes conclusões: *Primus* – os fundamentos do direito tributário brasileiro estão enraizados na Constituição, de onde se projetam altaneiros sobre as ordens jurídicas parciais da União, dos Estados e dos Municípios; *Secundus* – o direito tributário posto na Constituição deve, antes de tudo, merecer as primícias dos juristas e dos operadores do Direito, porquanto é o texto fundante da ordem jurídico-tributário".

4. Sobre as espécies de normas Edvaldo Brito, *Imposto de Renda: Natureza Jurídica do Respectivo Lançamento, Contagem do Prazo Prescricional, Compensação de Prejuízo com Lucro Tributável*, pp. 215-216: "No caso do Imposto sobre a Renda, a Constituição formula normas de eficácia plena e aplicabilidade imediata e outras de eficácia contida e aplicabilidade imediata e algumas de eficácia limitada e aplicabilidade mediatas. São de eficácia plena e aplicabilidade imediata aquelas em que a própria Constituição descreve, de logo, o efeito e, por isso, são aplicáveis, por si sós. Exemplo: o princípio da não-cumulatividade que abrange todos os impostos; princípio da pessoalidade (§ 1º do art. 145) e o seu corolário, o da graduação (§ 1º do art. 145, c/c o item do § 1º do art. 153)". Ora, falando do caráter de renda o mesmo autor, p. 221: "Estão expressos: elemento pessoal do lado ativo: a União que é autoridade com atribuições para instituir; do lado passivo, ainda que não expresso na regra de competência, estará o titular da disponibilidade adquirida; elemento material: renda e proventos de qualquer natureza. A Constituição não define renda nem proventos de qualquer natureza; logo, a tarefa é do legislador complementar de normas gerais (cf. art. 146, III, *a*). Mas não

8.1 Desse modo, vem regulado, pois, o conceito de renda, nos arts. 21 e 153 da Constituição, e, de forma alguma, deixa brechas para uma desconfiguração do critério de renda pelo legislador, que não o constitucional, com opinião no mesmo aspecto Roque Antonio Carrazza, Edvaldo Brito e Carlos Valder do Nascimento.[5] Entretanto, comentário, à luz do texto constitucional, merecedor de destaque é o do ex-Ministro do Supremo Tribunal Federal e um dos maiores tributaristas brasileiro, o do baiano Aliomar Baleeiro: "A União no exercício de sua competência privada, expressa ou residual, à luz da Constituição de 1988, não poderá, de modo algum, miscigenar os conceitos de renda e capital (...)".[6]

9. Em síntese, o legislador ordinário não pode alterar o fato gerador do IR – quer dizer a renda – e não pode alterar o caráter de sempre ser tido como aumento patrimonial, simplesmente em razão da pequena margem deixada pela Carta Magna.[7]

IV – Do enquadramento infraconstitucional

10. O regramento, infraconstitucional – *CTN, art. 43* –, legisla, de forma contundente, o imposto sobre a renda e, como

é legítimo, outrossim, que o legislador complementar elabore definição incompatível com o discurso constitucional, a ponto de considerar renda – para efeito de incidência do imposto – algo que não represente um valor acrescido ao patrimônio em certo período de tempo; nem é legítimo mensurar esse valor acrescido de modo artificial, ainda que se tente apoiar esse artificialismo na linguagem da contabilidade; daí por que se torna necessário identificar, juridicamente, o patrimônio e a forma de apuração do seu acréscimo. O elemento temporal corresponde ao da aquisição da disponibilidade e esta há de ser o acréscimo patrimonial efetivo".

5. Cite-se os respectivos dispositivos legais: "Art. 21. Compete à União instituir impostos sobre: (...); IV – renda e proventos de qualquer natureza, salvo ajuda de custo e diárias pagas pelo cofres públicas, *na forma da lei*". "Art. 153. Compete à União instituir impostos sobre: (...); III – renda e proventos de qualquer natureza". V. Carlos Valder do Nascimento, *Comentários ao Código Tributário Nacional*, 3ª ed., Forense, pp. 88-89. "A nosso ver o conceito jurídico tributário de renda realmente há de ser buscado no Direito Positivo. Não se pode, todavia, admitir que o legislador ordinário desfrute de inteira liberdade para considerar renda tudo quanto pretenda tratar como tal para fins tributários (...). Aliás, o simples fato de haver na Constituição vigente um dispositivo atribuindo à União competência para instituir e cobrar imposto sobre renda e proventos de qualquer natureza, é bastante para autorizar a conclusão de que o legislador não desfruta de inteira liberdade para definir o conteúdo dessa expressão. Renda e proventos de qualquer é expressão. Renda e proventos de qualquer é expressão que limita o âmbito de incidência de imposto federal. A não ser, ter-se-ia de ler a norma constitucional como se esta atribuísse competência à União para instituir e cobrar impostos sobre qualquer fato, a critério do legislador (...). E isto evidentemente não está escrito na norma constitucional (...). Se, no exercício dessa liberdade, o legislador transpõe o quadro, ou moldura, que a Ciência do Direito estabelece, definido como renda o que renda não é, em qualquer de seus significados aceitáveis, agride a Constituição". Também, Roque Antonio Carrazza, *Imposto sobre a Renda – Perfil Constitucional e Temas Específicos*, Malheiros Editores, 2005, p. 34: "E como melhor veremos, há na Constituição Federal conteúdos semânticos mínimos (noções genéricas) quer de renda, quer de proventos de qualquer natureza, a serem obrigatoriamente levados em conta na criação *in abstracto* do imposto em tela". Hugo Brito Machado, "O conceito jurídico de renda", em *Repertório IOB de Jurisprudência* 15/88, 1ª quinz. ago./1988, é outro a defender a limitação do legislador infraconstitucional: "Em conclusão, podemos afirmar que, no sistema jurídico brasileiro, (a) a expressão renda e proventos de qualquer natureza só abrange os fatos que possam ser considerados como acréscimo patrimonial; e (b) o legislador ordinário não pode definir como acréscimo patrimonial aquilo que evidentemente não o seja, na linguagem comum; e, finalmente, (c) cabe ao Poder Judiciário, e em última instância ao Supremo Tribunal Federal, dizer o que se há de entender como acréscimo patrimonial, declarando a inconstitucionalidade do dispositivo de lei que estabelecer conceito diverso".

6. *Direito Tributário Brasileiro*, 11ª ed., atualizada por Misabel Machado Derzi, Forense, p. 285.

7. Roque Antonio Carrazza, *Imposto sobre a Renda...*, cit., p. 34: "Em suma o legislador federal não tem liberdade para formular um conceito, seja de renda, seja de proventos de qualquer natureza, que abarque a prática de operações mercantis, a prestação onerosa de serviços, o patrimônio imobiliário e os demais fatos econômicos que compõe a base de cálculo de outros impostos, inclusive os compreendidos na chamada competência residual, de resto somente exercitável por meio de lei complementar".

não poderia ser diferente, em sintonia com a Constituição Federal, só havendo tributo, com o aumento de acréscimo patrimonial.[8] O legislador, aqui, foi prudente e respeitou a legalidade estrita imposta pela Carta Magna, tipificando renda como determina o legislador constitucional.

10.1 Sendo assim, criou-se, por meio da Constituição Federal, o condicionamento do exercício válido das competências constitucionais à distinção entre renda e capital, por outras palavras: não basta ter capital para insurgir tributação, deve-se, outrossim, ter aumento de capital, o qual é obtido, entre outras formas pela renda.[9] Motivo pelo qual, o termo renda do *CTN, art. 43*, compreendem critérios de ganho de capital, quer seja, o do capital, quer o do trabalho, quer ainda a combinação de ambos, mas, sempre, havendo um acréscimo de capital.[10] E, por isso mesmo, o significado da nomenclatura patrimônio carece de ser investigada,[11] e, facilmente, chega-se: patrimônio é um complexo de direitos e obrigações pecuniariamente apreciáveis, nos dizeres de Edvaldo Brito, citado literalmente na nota de rodapé.[12]

8. Eis o trecho da lei: "Imposto sobre a Renda e Proventos de qualquer Natureza. Art. 43. O imposto, de competência da União, sobre a renda e proventos de qualquer natureza tem como fato gerador a aquisição da disponibilidade econômica ou jurídica: I – de renda, assim entendido o produto do capital, do trabalho ou da combinação de ambos; II – de proventos de qualquer natureza, assim entendidos os acréscimos patrimoniais não compreendidos no inciso anterior". A doutrina de Carlos Valder do Nascimento, *Comentários ao Código Tributário Nacional*, 3ª ed., p. 89: "Como qualquer lei, também aquela que direto ou indiretamente define o alcance da expressão renda e proventos de qualquer natureza, está sujeita ao controle de constitucionalidade (...). Como se vê, o Código Tributário Nacional estreitou o âmbito de liberdade do legislador ordinário, que não poderá definir como renda, ou com proventos, algo que não seja na verdade um acréscimo patrimonial".

9. Aliomar Baleeiro, *Direito Tributário Brasileiro*, 11ª ed., pp. 285 e 287: "Com isso a Constituição, de 1988, mais ainda do que as anteriores, condiciona o exercício válido da competência federal, formal e material, à distinção entre renda e capital (ou patrimônio) (...)". Continua à frente "Será inconstitucional, então, a lei federal que tribute a receita representativa de mera reposição de bens patrimoniais (por terem sido objeto de aplicação de capital da pessoa) (...)".

10. Vittorio Cassone, *Direito Tributário*, 11ª ed., p 258: "A expressão renda deve ser entendida, no texto do art. 43 do CTN como abrangente de todos os acréscimos patrimoniais, derivados de do capital, do trabalho ou da combinação de ambos, ao passo que proventos de qualquer natureza compreendem os acréscimos auferidos sob forma de ganho de capital ou mais valias, únicas modalidades não derivadas de capital, trabalho ou sua combinação". Continua à frente, p. 259: "Para os efeitos fiscais, portanto, evoluiu-se do conceito de propriedade para o de patrimônio, no sentido de que toda a disponibilidade possuída por uma determinada pessoa, de bens materiais ou força de trabalho produtivo, constituía *patrimônio suscetível de produzir riqueza, ou seja renda*. Assim, o patrimônio rentável de uma determinada pessoa pode se constituir de uma propriedade imobiliária, de um capital mobiliário ou da força do próprio trabalho, na medida em que, qualquer desses fatores patrimoniais, conjugada ou isoladamente, possam produzir renda (...). Para fins de tributação, a renda a ser considerada é sempre pessoal. Representa ganho econômico por certo período de tempo, assim como a ideia de renda nacional. Mas por ser de pessoas, somente constituirá renda tributável aquela proveniente de capital (ou fonte patrimonial) pertencente à própria pessoa".

11. V. Edvaldo Brito, *Imposto de Renda: Natureza Jurídica do Respectivo Lançamento, Contagem do Prazo Prescricional, Compensação de Prejuízo com Lucro Tributável*, p. 222: "Assim, colhe-se do art. 43 dessa lei complementar o Código Tributário Nacional – que o elemento objetivo ou material do Imposto sobre a Renda e proventos de qualquer natureza é o acréscimo patrimonial. De logo, deve-se buscar o significado que a linguagem jurídica cunhou para o signo 'patrimônio'".

12. Idem, p. 222: "Esses bens, universalmente considerados, permitem ao direito moderno constituir, a respeito deles, a noção técnica de 'patrimônio', qual seja, a de um complexo de direitos e obrigações pecuniariamente apreciável. Esse complexo compreende as coisas, os créditos, os débitos, enfim todas as relações jurídicas de conteúdo econômico das quais, participe a pessoa ativa ou passivamente: 'o patrimônio é a representação econômica da pessoa', mesmo quando afetado a um fim (patrimônio especial), porque continua encravado nas relações jurídicas que envolvem a pessoa que destacou, do seu patrimônio geral, uma parte dos bens que o compõem para afetar a um fim econômico determinado".

10.2 Justamente o porquê de no art. 43 do CTN prever-se acréscimo do patrimônio, como fato gerador do tributo em tela.[13] E o curioso é que a Suprema Corte Americana, em 1913, proferiu uma decisão abordando o critério de renda e respeitável doutrina brasileira, aponta este julgado como uma das origens de renda tipificado no Brasil, com isto, cita-se um pequeno trecho da decisão: "*renda é o ganho derivado do capital, do trabalho ou de ambos combinados, sempre que se entenda incluído o benefício ganho por meio da venda ou da conversão de capital*".[14]

11. Ante ao descrito, fica patente a sintonia existente entre a CF e o CTN – ao menos no que diz respeito ao IR – tipificou-se em ambos os acréscimos patrimoniais – isto é, o lucro – como condição *sine qua non* ao nascimento da obrigação tributária.

V – Do fato gerador do IR

12. Ao se pensar em fato gerador, logo, conota-se a dúplice distinção devida, a primeira diz respeito à hipótese, ou seja, o tão famoso "*deve-ser*", por outras palavras, é a descrição da conduta que o Estado deve impor como correta; o fato gerador é o acontecimento da vida que preenche a descrição proposta pelo tipo legal, noutras palavras é quando surge subsunção do fato à norma.[15] Por conta disto, fato gerador é o tipo descrito na norma como conduta tributável denominada de hipótese do fato gerador.[16]

13. V. Edvaldo Brito, *Imposto de Renda:...*, cit., p. 225: "O conceito de acréscimo patrimonial obtém-se da própria norma geral de direito tributário. Estabelece o art. 43 do CTN que o Imposto de Renda tem como objeto o ato jurídico consubstanciado na aquisição da disponibilidade econômica ou jurídica de renda ou de proventos de qualquer natureza. Logo, o fato gerador é este acontecimento: o ato jurídico pelo qual se adquire a disponibilidade. Então, são os elementos essenciais do conceito: disponibilidade econômica; disponibilidade jurídica; renda; proventos de qualquer natureza; aquisição".

14. Quem relata é Edvaldo Brito, *Imposto de Renda:...*, cit., pp. 225-226: "O conceito veiculado pelo art. 43 do Código é quase cópia *ipsis literis* de uma decisão de 1913 da Suprema Corte dos Estados Unidos da América, no caso "Stratton's Independence *vs.* Howbert": renda é o "ganho derivado do capital, do trabalho ou de ambos combinados, sempre que se entenda incluído o benefício ganho por meio da venda ou da conversão de capital", porque os incrementos de valor não realizados não são renda; bem assim não o é "o aumento no valor dos bens antes da realização de tal valor por meio da venda ou conversão dos bens".

15. Edvaldo Brito, *Imposto de Renda:...*, cit., pp. 215-216: "Hipóteses do fato gerador de um tributo. A noção de hipótese do fato gerador distingue os dois núcleos: hipótese e fato gerador. Se é hipóteses é um juízo. Se é fato gerador é acontecimento da vida. Se é juízo, deve ser sempre o juízo de dever-ser, que, no caso do tributo, somente pode ser formulado pelo legislador. Isso porque, entre nós, existe o princípio da legalidade que consistente em o legislador ter a competência privativa para descrever o fato gerador da obrigação de pagar um tributo, debuxando o acontecimento social que desencadeia uma consequência no plano jurídico. Essa atribuição do legislador é expressa por um discurso e, por isso, é uma mensagem que tem de ser decodificada pelo receptor – o intérprete – que não deve utilizar-se, apenas, de uma linguagem formalizada, de linguagem meramente lógica, da linguagem que se socorre de fórmulas lógicas, pois estas fórmulas não resolvem os desafios desse discurso como, por exemplo, se na definição legal resta claro qual a situação jurídica que configura os chamados período-base (ano-base) e ano-calendário, para os efeitos de apurar a ocorrência dos elementos da hipótese do fato gerador do Imposto sobre a Renda... Razão porque o receptor desse discurso terá de socorrer-se do método lógico-linguístico, para decodificar, com precisão técnico-jurídica, o conteúdo semântico de cada signo designativo dessa situação jurídica".

16. CF. Edvaldo Brito, *Imposto de Renda:...*, cit., pp. 215-216: "Fato gerador – Logo, toa a nossa concepção sobre fato gerador é a de que se trata de todo o tipo descrito pela hipótese, por isso, a denominamos 'hipótese do fato gerador' ou hipótese do tipo. Fato gerador, sendo como o é entidade distinta daquela de sua hipótese consiste no acontecimento da vida ao qual a lei atribui o efeito de fazer nascer para o sujeito passivo da obrigação o dever jurídico de cumprir a prestação tributária. Esse fato é representado por qualquer acontecimento que a ordem jurídica caracteriza como fato jurídico, ou seja, fato que a ordem jurídica tributária atribui o efeito de fazer nascer a obrigação tributária, tal como se observa no esquema seguinte: Acontecimentos naturais (fatos jurídicos, *stricto sensu*). Ordinários. A morte, por exemplo. Extraordinários. O caso fortuito, por

12.1 Nesse prisma, convém-nos tratar do fato gerador do Imposto de Renda, o qual está muito claro na norma e não traz dúvida quanto ao seu conteúdo – ao menos não deveria restar controvérsia. Pensemos juntos: foi demonstrado, acima, que o fato gerador, noutras palavras, é o ato que se praticado pelo contribuinte gera nascimento da obrigação tributária, este, sempre, previamente tipificado pela lei. Com isto, o fato gerador do IR obrigatoriamente é aquele previsto em lei, que com a sua prática surge a favor do Estado crédito tributário. Por conta disto, pergunta-se: qual o acontecimento na vida do cidadão deve ocorrer?

12.2 Parece-nos não ser uma resposta tão difícil de ser dada, mormente pelo fato do próprio tributo chamar-se Imposto sobre a Renda e a expressão "renda" vem mencionada nos seguintes artigos da Constituição Federal: 7º, XII; 30, III; 43, § 2º, IV; 48, I; 150, VI, "a"; 150, VI, "c"; 150, §§ 2º, 3º e 4º; 151, II; 153, III; 157, I; 158, I; 159, I e § 1º; e 201, VI e § 12. ADCT: os arts. 72, I, II, V, e § 5º; e 79; e "proventos" – em sua forma singular ou plural – vem mencionada nos seguintes artigos da Constituição Federal: 37, XI, e § 10; 40, §§ 1º, e incisos I-III, "b", 2º, 3º, 7º, I, II, e 18; 100, § 1º-A; 103-B, § 4º, III; 130-A, § 2º, II; 151, II; 153, III; 157, I; 158, I; 159, I, e § 1º; 201, § 6º; e 249. E ADCT, arts. 17, 20, 53, V, e 72, I, II e V, e § 5º.

12.3 Por essas máximas, o fato gerador – ou melhor, o ato autorizador da tributação – do Imposto de Renda é o aumento patrimonial, seja obtido pela valorização dos bens ou quer pela prestação de serviços, porém, sempre se pegando como base um período temporal, o que significa dizer: o operador deve analisar o ano fiscal do contribuinte e ver se naquele interregno houve aumento de bens, ou nas palavras do legendário Professor Titular em Direito Tributário da Faculdade de Direito da PUC/SP, Roque Antonio Carrazza, é preciso ter "*lucro*".[17] Tudo porquanto a hipótese de incidência tributária será o fato descrito em lei, e, como já dito, somente com o acontecimento daquele fato surgirá a obrigação tributária. Nessa medida no Imposto de Renda o Fato Gerador deve ser o descrito em lei, precipuamente o constitucionalmente previsto e depois o infraconstitucionalmente, que são em ambos o acréscimo patrimonial, seja pela renda ou pelos proventos de qualquer natureza.[18] Modo pelo qual, o fato gerador do imposto de renda debuscado no Direito Positivo,

exemplo. Acontecimentos volitivos (ações humanas: atos jurídicos – fatos jurídicos *lato sensu*) Lícitos Ato Jurídico *stricto sensu* Ato jurídico 2.2 Ilícitos".

17. Cf. Roque Antonio Carrazza, *Imposto sobre a Renda...*, cit., p. 45: "VIII – Posto isto, podemos afirmas que, por injunção constitucional, o IR deve ter por hipótese de incidência o fato de uma pessoa (física ou jurídica), em razão de seu trabalho, do seu capital ou da combinação de ambos, obter, ao cabo de certo período, rendimentos líquidos (acréscimos patrimoniais). Tais rendimentos líquidos, no caso da pessoa jurídica, têm o nome técnico de 'lucro'" . V. Edvaldo Brito, *Imposto de Renda:...*, cit., pp. 219-220: "Hipótese do fato gerador do Imposto sobre a Renda – Reitera-se que essa hipótese é formulada a partir da regra de competência debuxada pela Constituição. Relembre-se, por oportuno, que uma regra de competência prescreve as condições para que um ato de criação válido e, por isso, tenha força normativa. Essas condições classificam-se em três espécies: a) condições que indicam que indicam a pessoa ou as pessoas qualificadas para realizar o ato de criação; b) condições que descrevem o procedimento de criação; c) condições que limitam a matéria, a atribuição objeto da regra que há de ser criada por essas pessoas e segundo o tal procedimento".

18. V. Vittorio Cassone, *Direito Tributário*, p. 258: "Em qualquer hipótese, porém, o fato gerador da obrigação tributária do IR terá sempre que ser a aquisição de disponibilidade econômica ou financeira de renda ou proventos de qualquer natureza, nos termos do art. 43 do CTN, *sob pena de o tributo assumir caráter de inconstitucionalidade por não se legitimar*". Assim, Roque Antonio Carrazza, *Imposto sobre a Renda...*, cit., p. 45: "Hipótese de incidência é o fato, descrito em lei, que, acontecendo no mundo fenomênico, faz nascer a relação jurídica tributária, que tem por objeto a dívida tributária. Ou, invocando as lições sempre preciosas de Geraldo Ataliba, é fato, descrito em lei, que, se e quando acontecido, faz nascer, para uma pessoa, o dever de pagar um dado tributo".

pelas regras da Constituição e passando pelas regras gerais, até chegar ao art. 43 do CTN.[19]

13. Daí, pelo exposto, o tributo só pode ser exigido quando o fato ajusta-se rigorosamente ao fato imponível, vale citar, que o comando *tu deve-se pagar tributo* é sempre condicionado: a realização do fato tido como gerador, que, por sua vez, sempre está condicionado há um tempo e lugar, o acontecimento do núcleo e dos elementos tem que estar preenchidos para a realização do fato gerador estar atendida.[20-21]

13.1 Assim, no caso em análise, dizer que o contribuinte em foco deve pagar IR é o mesmo que dizer: ele teve rendas ou proventos suficientes para lhe trazer um aumento patrimonial.[22] Com efeito, o imposto nunca surge – nunca mesmo – de uma atuação estatal, mas de fato que venha alterar a realidade fática: o acréscimo patrimonial.[23]

VIa – Conceito de renda

14. É razoável, logo de plano, deixar bem claro: só se buscará noutra norma o conceito de renda se a norma constitucional não regulá-lo. O que, com as vênias de estilo, não é o caso,[24] pois que o apontado

19. A respeito, Edvaldo Brito, *Imposto de Renda:...*, cit., p. 221: "Nesses termos, a hipótese do fato gerador desse tributo é debuxada, no direito positivo brasileiro, pelas regras que se encontram na Constituição, passando pela lei de normas gerais, até chegar às leis que o organizam (leis orgânicas do tributo) que, no caso desse imposto, são centenas e, para complicar, são plenas de argot contábil, deveras comprometedor, se esse argot não for compatibilizado com os signos da linguagem técnico-jurídica".

20. Ensina A. Becker "Os fatos (núcleo e elementos adjetivos) que realizam a hipótese de incidência, necessariamente, acontecem num determinado tempo e lugar, de modo que a realização da hipótese de incidência sempre está condicionada às coordenadas de tempo e às de lugar. O acontecimento do núcleo e dos elementos adjetivos somente terão realizados a hipótese de incidência se tiverem acontecido no tempo e no lugar predeterminados, implícita ou explicitamente, pela regra jurídica" (ob. cit., p. 301).

21. Cf. Roque Antonio Carrazza, *Imposto sobre a Renda...*, cit., p. 34: "O tributo só pode ser validamente exigido quando um fato ajusta-se rigorosamente a uma hipótese de incidência tributária. E este fato outro não é senão o fato imponível. Valem, a propósito, as clássicas lições de Hensel, para quem, o comando tu deves pagar o tributo – é sempre condicionado à frase: se realizas o fato imponível" (*Direito Tributário*, trad. do italiano da obra de Dino Jarach, p. 148 – traduzimos para o português de Roque Antonio Carrazza, *Imposto sobre a Renda...*, cit., p. 45).

22. V. Roque Antonio Carrazza, *Imposto sobre a Renda...*, cit., p. 34: "Evidentemente, dizer que uma pessoa deve recolher IR é o mesmo que afirmar que ela percebeu renda ou proventos de qualquer natureza; já, negar que ela há de assim proceder significa – salvo nas hipóteses de imunidade, isenção, não-incidência, decadência e prescrição – que não os obteve". "Enfim, imposto nunca surge de uma atuação estatal referida ao contribuinte (obra pública, serviço público, ato de polícia etc.), mas, sempre, de um fato qualquer que não envolva uma contraprestação estatal. Esta ideia foi muito bem explicada no art. 16 do CTN: 'imposto é o tributo cuja obrigação tem por fato gerador uma situação independente de qualquer atividade estatal específica, relativa ao contribuinte'".

23. V. Roque Antonio Carrazza, *Imposto sobre a Renda...*, cit., p. 30: "O imposto – se quisermos fugir da definição pela negativa – sempre se origina ou de um comportamento do contribuinte (*v.g.*, comportamento de alguém vender uma mercadoria), ou de uma situação jurídica na qual ele se encontra (por exemplo a situação jurídica de proprietário de imóvel localizado na zona urbana de um lado Município)". Eliana Calmon foi sobremodo feliz ao averbar: "O conceito, que não é dos melhores, tem o mérito de caracterizar o imposto em relação à taxa e à contribuição de melhoria, as duas outras espécies de receita tributária. Estabelecendo que seu fato gerador é uma situação independente de qualquer atividade estatal específica, relacionada com o contribuinte, indica a não-vinculação da recita. E isso porque o imposto tem caráter geral, sem vantagem específica para com o contribuinte. Esta é a característica mais marcante da espécie de que se cuida, como manifestação maior do poder político que impõe um dever, de caráter geral, sem gerar, em contrapartida, benefício específico ou vinculação orçamentária" ("Comentários ao art. 16 do Código Tributário Nacional", in *Código Tributário Nacional Comentado*, 2ª ed., p. 51).

24. Cf. Marcelo Magalhães Peixoto, "O conceito constitucional de renda", *Revista da Academia Brasileira de Direito Tributário* 52/174: "Desta feita, faz-se mister indagarmos: podemos depreender

pela melhor doutrina e à vista de uma leitura racional do Sistema Constitucional Tributário: renda existirá sempre que se puder falar num *plus*, seja pela realização de determinada atividade ou simplesmente pela valorização de um bem, descontado as despesas com a operação, e, ao final, constatar-se aumento, poder-se-á dizer houve renda.[25]

15. À conta do exposto e mormente pela ênfase em afirmar a regulação constitucional do IR, a primeira pergunta a ser feita é da tipificação constitucional ou não do conceito de renda, ou seja, podemos depreender o conceito de renda direto da Constituição ou é a partir do CTN ou ainda é carente de legislação regulando a matéria ou mesmo pode ser encontrada na legislação esparsa?

15.1 Em decorrência do escalonamento do ordenamento (ver item 12.2 deste parecer), a Constituição tem primazia na sua regulação e disto se usufruiu, dispôs exaustivamente.

15.2 E, a conclusão de que a leitura do texto magno reporta, invariavelmente, a definição de renda como aumento e nunca redução ou mantença do patrimônio, no período denominado de ano fiscal, é vastamente encontrado na doutrina, à guisa de exemplo, na nota de rodapé transcreve-se textos dos professores: Roberto Quiroga Mosteiro, Ayres Brito (atualmente Ministro do Supremo Federal) e Marcelo Magalhães Peixoto.[26]

o conceito de renda diretamente da Constituição Federal? Ou devemos construir o conceito de renda a partir do Código Tributário Nacional (CTN)? Em nosso pensar, o conceito de renda deve ser construído, impreterivelmente, diretamente do Texto Magno, pois o Sistema Tributário Nacional é, data vênia, totalmente constitucionalizado. Vale dizer, a norma padrão de incidência dos tributos está contida na Constituição Federal, que de uma maneira direta ou indireta aponta: a hipótese de incidência possível – o sujeito passivo possível – o sujeito ativo possível – a base de cálculo possível e a alíquota possível".

25. Idem, p. 174: "Corroborando esse entendimento, José Artur Lima Gonçalves professa que 'está sedimentado que o conceito de renda não pode ficar – e não fica – à disposição do legislador infraconstitucional e que, por outro lado, o nosso conceito de renda não está explicitado no texto constitucional, impõe-se deduzir um conceito de renda pressuposto pela Constituição'. José Artur Lima Gonçalves sustenta: 'Identificados e apartados esses conceitos próximos, encontraremos parâmetros mínimos que, muito embora genéricos e carregados de incertezas – que servirão de pretexto para abusos do legislador ordinário e, até mesmo, da administração –, constituem o conteúdo semântico mínimo do conceito constitucional pressuposto de renda'." E continua: "Renda haverá, portanto, quando houver sido detectado um acréscimo, um plus; tenha ele, ou não sido consumido; seja ele, ou não, representado por instrumentos monetários, direitos, ou por bens, imateriais ou físicos, móveis ou imóveis, agora não importa (...)". Cf. Marcelo Magalhães Peixoto, "O conceito constitucional de renda", cit., p. 176: "José Luiz Bulhões Pedreira, em capítulo de seu clássico *Imposto de Renda* escrito sob a égide Constituição Federal de 1967 (alterada pela EC 1 de 1969), asseverou que: 'A Constituição Federal autoriza a União a impor tributos sobre a *Renda e os Proventos de Qualquer natureza.* No exercício do Poder Legislativo cabe ao Congresso Nacional definir, na legislação ordinária, o que deve ser entendido por renda, para efeitos de tributação. Mas ao definir a renda tributável o Congresso Nacional tem o seu poder limitado pelo sistema constitucional de distribuição de poder tributário, e fica sujeito à verificação, pelo Poder Judiciário, da conformidade dos conceitos legais com os princípios da Constituição. O Congresso pode restringir ou limitar o conceito de Renda e Proventos de qualquer natureza constante da Constituição, mas não ampliá-lo além dos limites compatíveis com a distribuição constitucional de rendas'".

26. Quem faz essas referências é Marcelo Magalhães Peixoto, "O conceito constitucional de renda", cit., p. 177: "Roberto Quiroga Mosqueira também preleciona que os conceitos existentes no art. 43 do CTN devem necessariamente adequar-se ao conceito constitucional de 'renda' e 'proventos de qualquer natureza' extraídos da Carta Maior. É dizer: o conteúdo do art. 43 do CTN não pode estar dissociado da noção contida na Constituição Federal dos termos aludidos. Desarte, o mesmo professor transcreve as lições do mestre Celso Antônio Bandeira de Mello: 'Bandeira de Mello aponta que as normas infraconstitucionais não podem conferir aos termos *renda* e *proventos* uma conotação ou denotação transbordantes do sentido admissível na intelecção normal e daqueles demarcados constitucionalmente. Ressalta ainda o ilustre jurista que, caso fosse negada essa assertiva, de que às significações das normas jurídicas de hierarquia inferior devem adequar-se às significações de *renda* e *proventos*

15.3 Premissa essa tida como intocável, e, por isso mesmo, levou o STF – Supremo Tribunal Federal exalar a seguinte ementa:

> Não obstante isso, não me parece possível a afirmativa no sentido de que possa existir renda ou provento sem que haja acréscimo patrimonial, acréscimo patrimonial que ocorre mediante o ingresso ou o auferimento de algo, a título oneroso (RE 117.88-6-SP).[27]

16. Demais disso, é verdade que o CTN está na mesma linha que a CF, naquele também se adota o conceito de renda, na mesma proporção do acréscimo patrimonial, significa dizer, sempre é preciso o aumento e somente depois dele se efetuar realmente poder-se-á em Imposto de Renda.[28]

17. Por assim dizer renda – legalmente falando – não é o mesmo que rendimento, porquanto, a primeira almeja dizer: sou o excedente da riqueza obtida em determinado período, reduzido os gastos necessários no processo de produção, explicando, se vendo imóveis – por exemplo – todos os numerários dispensados na melhoria dos bens e na sua divulgação são deduzidos do montante ingressado com a sua venda, e, não se pode afirmar o mesmo, ao termo rendimento, à medida que é tudo que entrou com a venda dos imóveis – nos referindo ao nosso exemplo –, sem retirar do bruto as despesas.[29]

presentes no Texto Supremo, os preceptivos constitucionais teriam valência nula, isto é: não se prestam a cumprir sua única e específica função: demarcar, na qualidade de regras superiores, o campo de liberdade do legislador, assim como de todos os regramentos, atos e intelecções sucessivas. Deveras, se o legislador ou o aplicador da regra pudessem delinear, a seu talante, o campo de restrições a que estão submetidos, por meio da redefinição das palavras constitucionais, assumiram, desarte, a função de constituinte'". Marcelo Magalhães Peixoto, "O conceito constitucional de renda", cit., p. 177: "Roberto Quiroga, nas conclusões de seu Renda e proventos de qualquer natureza, ressalta que 'o patrimônio das pessoas é o critério basilar adotado pelo legislador constitucional para repartir as competências tributárias entre as pessoas jurídicas de direito público (...). De qualquer sorte, o Prof. Paulo Ayres Barreto sustenta que da análise do Texto Constitucional conclui-se que a expressão Renda e Proventos de Qualquer Natureza deve ser interpretada como um acréscimo a um dado conjunto de bens e direitos (patrimônio), pertencentes a uma pessoa (física ou jurídica), observando um lapso temporal necessário para que se realize o cotejo entre certos ingressos, de uma lado, e determinados desembolsados, de outro'".

27. Cf. Marcelo Magalhães Peixoto, "O conceito constitucional de renda", cit., p. 185: "Desta feita, podemos dizer que a doutrina e a jurisprudência são unânimes em afirmar que o critério material do Imposto de Renda é construído a partir do texto Constitucional. Vejamos o que a Suprema Corte decidiu no RE 117.88-6-SP: 'Não obstante isso, não me parece possível a afirmativa no sentido de que possa existir renda ou provento sem que haja acréscimo patrimonial, acréscimo patrimonial que ocorre mediante o ingresso ou o auferimento de algo, a título oneroso'".

28. Marcelo Magalhães Peixoto, "O conceito constitucional de renda", cit., p. 177: "O conteúdo do enunciado prescritivo veiculado pelo Código Tributário Nacional em seu art. 43, não desborda o conceito constitucional de renda. Deveras, a referência a proventos de qualquer natureza, como acréscimos patrimoniais não compreendidos no inciso anterior, impõe a seguinte conclusão: nos termos do Código Tributário Nacional os acréscimos patrimoniais sujeitos à incidência do Imposto sobre a Renda são os enunciados no inc. I do art. 43 ou quaisquer outros. Vale dizer por analogia, as cores escolhidas para cobrir esta superfície são preto, branco, cinza ou qualquer outra". Marcelo Magalhães Peixoto, "O conceito constitucional de renda", cit., p. 180: "Com efeito, estamos convencidos de que o legislador infraconstitucional ao exercer a sua competência atinente ao Imposto sobre a Renda está adstrito ao que preceitua o Texto Supremo, ou seja, não poderá, em hipótese alguma, ampliar o conceito de renda, pois assim o fizer irá incorrer em cabal inconstitucionalidade".

29. Nesta linha: "Também renda não é, juridicamente, o mesmo que rendimento. Este é qualquer ganho, isoladamente considerado; ao passo que aquela como a seguir melhor veremos – é o excedente de riqueza obtido num dado período de tempo, deduzidos os gastos necessários à sua obtenção e mantença" (Roque Antonio Carrazza, *Imposto sobre a Renda...*, cit., p. 35). Continua o mestre à frente: "Para que haja renda e proventos de qualquer natureza é imprescindível que o capital, o trabalho ou a conjunção de ambos produziram, entre dois momentos temporais, riqueza nova, destacada daquela que lhe deu origem e capaz de gerar outra" (Roque Antonio Carrazza, *Imposto sobre a Renda...*, cit., p. 36).

17.1 Doutrinando sobre o critério de renda tributável, recorre-se ao escólio do Italiano Luigi Vittirio Bertiri: “II reddito tassabile non può essere costituito che si sai una nuova ricchezza, produtta da capitale, o da lavoro, i dall’uno e dall’altro insieme e che si sai distaccata dalla sua causa produttiva, acquistando una propria autonomia ed una propria ed indipendente idoneità a produrre concretamente altra ricchezza”.

Pela tradução do magnífico texto, chega-se: “A renda tributável não poder ser constituída senão por uma nova riqueza, produzida pelo capital, do trabalho ou de um e outro conjuntamente, e que seja destacada de uma causa produtiva, conquistando uma autonomia própria e uma aptidão própria e independente para produzir concretamente outra riqueza” (*L’Imposta di Ricchezza Mobili (Incontri e Scorri di Dottrina e Giurisprudenza*, p. 36).

17.2 Pode-se utilizar outras palavras, e expressar-se, no aspecto de que renda e proventos de qualquer natureza – expressões tipificadas na CF e no CTN – são o resultado positivo da operação, a qual, tem-se utilizado os rendimentos brutos auferidos pelo contribuinte num determinado período, subtraindo as despesas da operação.[30]

18. De qualquer forma, só pode auferir ou não a existência de imposto quando dentro de um determinado marco temporal, pois, do contrário é impossível se verificar se houve ou não lucro. Os exemplos, quando bem elaborados, demonstram bem essa necessidade, assim, como no caso de exercício anual escolhido pela norma, deve-se analisar a declaração de imposto de renda do ano presente e confrontá-la com a do ano anterior, senão vejamos: imaginemos que o Comendador XXX tenha na declaração de Imposto Renda, apresentada no exercício anterior, um patrimônio de R$ 10.000.000,00 (dez milhões de reais) e destes R$ 5.000.000,00 (cinco milhões) é o resultado da sua quota parte de empresa “X”. Todavia, o contribuinte encerrou a sua empresa – ou simplesmente se retirou da sociedade – e levou, consigo, a sua parte. Quando da elaboração da sua declaração o seu contador constata que os mesmos cinco milhões, antes sob a ficção da pessoa jurídica, doravante estão sob a também ficção chamada de pessoa física.

18.1 Sendo assim, qual o aumento patrimonial existente? Nenhum.[31]

30. Cf. Roque Antonio Carrazza, *Imposto sobre a Renda...*, cit., p. 36: “Dito de outro modo, renda e proventos de qualquer natureza são acréscimos patrimoniais experimentados pelo contribuinte ao longo de um determinado período de tempo. Ou, caso, preferirmos, são o resultado positivo de uma subtração que tem por minuendo os rendimentos brutos auferidos pelo contribuinte entre dois marcos temporais, e por subtraendo o total das deduções e abatimentos que a Constituição e as leis que com ela se afinam permite dizer”. Luiz César Souza de Queiroz oferece-nos uma bem-elaborada definição de renda e proventos de qualquer natureza, que, com ser abrangente, tem a virtude de buscar apoio não na Economia, mas no próprio texto Constitucional, *verbis*: “Renda e proventos de qualquer natureza (ou renda em sentido amplo ou simplesmente Renda) é conceito que está contido em normas constitucionais relativas ao imposto sobre a renda e proventos de qualquer natureza e que designa o acréscimo de valor patrimonial, representativo da obtenção de produto ou de simples aumento no valor do patrimônio, apurado, em certo período de tempo, a partir da combinação de todos os fatos que contribuem para o acréscimo de valor do patrimônio (fatos-acréscimos) com certos fatos quem estando relacionados ao atendimento das necessidades vitais básicas ou à preservação da existência, com dignidade, tanto da própria pessoa quanto de sua família, contribuem para o decréscimo de valor do patrimônio (fatos-decréscimos)” (*Imposto sobre a Renda – Requisitos para uma Tributação Constitucional*, p. 239). V. ainda Roque Antonio Carrazza, *Imposto sobre a Renda...*, cit., p. 37: “O importante é termos sempre presente que este tributo só pode alcançar o enriquecimento real econômico, advindo do fato obter renda”.

31. Vale ser transcrito: “III – Por conseguinte, há acréscimo patrimonial quando, confrontados em dois momentos temporais, os elementos ativos sobrepõem-se aos elementos em dois passivos da totalidade do patrimônio do contribuinte (...). Renda e proventos são conceitos que, para fins de tributação específica, referem-se a um resultado, isto é,

18.2 O autor do Anteprojeto de Lei, cujo, posterior, aprovação pelo Congresso Nacional, transformou-o no CTN, foi o saudoso Tributarista e Professor Rubens Gomes de Souza, quem o pensamento é idêntico: "Em outras palavras 'renda' é, para efeitos ficais, o acréscimo patrimonial liquido verificados entre duas datas predeterminadas. Nesta última fase, a palavra chave é 'acréscimo': com efeito, a característica fundamental da renda (...) e a de configurar uma aquisição de riqueza nova que vem aumentar o patrimônio que a produziu que e que pode ser consumida ou investida reduzir".[32]

19. Portanto, o patrimônio por si mesmo não é tributável: o fato de se possuir R$ 1.000.000,00 em imóveis não legitima o estado a tributar, somente isto ocorrerá quando numa venda haja lucro ou ainda com os aluguéis recebidos mensais, caso estivessem alugados. Do contrário, a tributação não é possível.[33]

20. Diante da ementa e das referências doutrinárias exaustivamente citadas, seja no bojo do trabalho ou primordialmente nas notas de rodapé, só pode-se concluir no sentido de que renda é o que sobra, calculando-se, o que entra e o que sai no

à diferença positiva entre as receitas e as despesas do contribuinte, dentro de um determinado período (em geral, o exercício financeiro)" (Roque Antonio Carrazza, *Imposto sobre a Renda...*, cit., p. 38). Mais à frente: "Em suma, 'renda e proventos de qualquer natureza', para fins de tributação específica, é a mutação patrimonial positiva apurada num determinado espaço de tempo" (Roque Antonio Carrazza, *Imposto sobre a Renda...*, cit., p. 40). No mesmo sentido, Hugo de Brito Machado esgrime: "(...) como o patrimônio é uno, não se pode conceder a configuração de acréscimos sem a consideração dessa unidade. Em outras palavras, operações realizadas em um mesmo período devem ser consideradas em conjunto. Se de umas resultou acréscimo, mas de outras resultou decréscimo, o resultado, positivo ou negativo, há de ser resultante, necessariamente, da soma algébrica" ("A supremacia constitucional e o imposto de renda", *Estudos sobre o IR (em memória de Henry Tilbery)*, p. 50). "Pelo contrário, o tributo deverá incidir sobre o evento que efetivamente traga valores positivos ao patrimônio global do contribuinte. Para tanto, a base de cálculo dessa figura exacional deverá necessariamente medir o acréscimo patrimonial global, havido ao longo de todo o período de apuração. De outro modo sempre haverá o risco de tributar, ao invés dos rendimentos, o próprio patrimônio do contribuinte. De fato, se a lei compartimentaliza seus rendimentos, mantendo-os incomunicáveis, nada garante que está tributando a renda. Assim, por exemplo, se uma empresa experimenta prejuízos em sua atividade operacional mas obtém lucros em suas aplicações financeiras de títulos de renda fixa, impedir que uns e outros sujam globalmente considerados no momento de se calcular o *quantum debeatur* é o mesmo que tributar-lhe o patrimônio. Como percebemos, o IR incide sobre a riqueza nova, globalmente considerada" (Roque Antonio Carrazza, *Imposto sobre a Renda...*, cit., p. 42).

32. *Pareceres - 1 Imposto de Renda*, pp. 66-67. "Daí que a renda e proventos de qualquer natureza são os acréscimos patrimoniais líquidos ocorridos entre duas datas legalmente predeterminadas". V. Roque Antonio Carrazza, *Imposto sobre a Renda...*, cit., p. 43. "Tais Acréscimos patrimoniais líquidos pressupõem sejam levados em conta marcos temporais, e não meras situações de momento. Há de se verificar, no caso, um aumento efetivo, entre dois intervalos de tempo da riqueza econômica do contribuinte. Logo não é qualquer entrada de dinheiro nos cofres da pessoa (física ou jurídica) que pode ser alcançada pelo IR, mas tão-somente o ganho efetivo por ela havido num determinado interregno".

33. V.: "De fato, o patrimônio, em si mesmo considerado, não é passível de tributação por meio de IR. É apenas o ponto de partida deste tributo, que só nascerá da variação positiva do patrimônio detecta um dado período de tempo (de regra, durante um exercício financeiro, porque é ele que move o Orçamento Público e, de alguma maneira, orientada as atividades das pessoas físicas e jurídicas)". Roque Antonio Carrazza, *Imposto sobre a Renda...*, cit., p. 44. "Estamos sempre mais confirmando que a identificação do acréscimo patrimonial depende da comparação do patrimônio do contribuinte em duas datas distintas" (Amílcar de Araújo Falcão sustentava que, nos termos da Constituição, só há renda tributável quando, num dado período de tempo, verifica-se um aumento do patrimônio do contribuinte em razão do emprego do capital, do trabalho ou da contribuição de ambos (*Imposto de Renda e Lucros Extraordinários*, 1ª ed.). Helenílson Cunha Pontes sintetizou, com propriedade estas ideias: "A opção por um caminho de proteção aos direitos fundamentais e encontra clara na ordem constitucional brasileira, que, em matéria de tributação, consubstancia um sistema articulado de limites ao poder estatal. Em nenhuma outra Constituição ocidental verifica-se tão exaustiva e analítica disciplina do fenômeno tributário como na Constituição Federal Brasileira" (*Relação Jurídica Tributária, Inconstitucionalidade*).

processo de produção, isto é, o famoso resultado do caixa, e, consequentemente, quando se falar em renda, não se pode esquecer o complemento patrimonial.[34]

20.1 Para ilustrar o argumentado, acintosamente, traz-se as palavras de jurista espanhola Antonia Agulló Agüero: "Uma definição fiscal de renda há de ser apta a medir a capacidade contributiva, e esta característica é precisamente o que a diferencia de outras definições, que, como a contábil ou a estritamente econômica, perseguem fins tais como a comparação entre os resultados de vários exercícios econômicos ou o cômputo de valor agregado num processo de produção".[35]

34. Cf. Aliomar Baleeiro, *Direito Tributário Brasileiro*, 11ª ed., cit., p. 288: "Será sempre riqueza nova, emanada do patrimônio ou capital como fonte produtiva, entendida essa como a disponibilidade "possuída por uma determinada pessoa, de bens materiais ou força de trabalho produtivo (...). Assim, o patrimônio é tudo aquilo que possa vir a traduzir um acréscimo de riqueza". Também, Vittorio Cassone, *Direito Tributário*, p. 258: "Aquisição de disponibilidade econômica de renda e proventos de qualquer natureza é a obtenção da faculdade de usar, gozar ou dispor de dinheiro ou de coisa nele conversíveis, entrados para o patrimônio do adquirente por ato ou fato jurídico". Ainda Marcelo Magalhães Peixoto, "O conceito constitucional de renda", cit., p. 185: "Sendo assim, diante da referida decisão, e dos ensinamentos doutrinários aqui expostos, podemos afirmar com hialina clareza que não se pode falar em renda sem o complemento acréscimo patrimonial. Quanto a isso não encontraremos divergências na doutrina nem na jurisprudência; ambas concordam que a renda advém necessariamente conjugada com o complemento acréscimo patrimonial. A única divergência que existe – que existe – inclusive entre os doutrinadores – é a definição do que seria acréscimo patrimonial? O Código Tributário Nacional fala em disponibilidade econômica ou jurídica, mas nesse trabalho, a nesse trabalho, a nossa construção do conceito de renda terá como ponto de partida a Carta Cidadã, de sorte que, ao nosso pensar, a renda é necessariamente o confronto de entrada e saídas, vale dizer, receitas e despesas/custos no transcorrer de um período 'que para nós será um ano', de toda forma, a renda configurar-se-á na ocorrência de um acréscimo no patrimônio (riqueza nova) de uma pessoa física ou jurídica, a um dado conjunto de bens e direito. Esse acréscimo pode ter sido consumido ou poupado".

35. "Estructura de la imposición sobre la renta y el patrimonio y el principio de capacidad contributiva", *RDTributário* 41/38.

VIb – Da posição da jurisprudência sobre a tributação ou não do IR na retirada da quota social pelos sócios

21. Com efeito, as premissas chegadas atrás, de que o fato gerador do Imposto de Renda, é aumento patrimonial – o dito lucro – num determinado período, é lógico afirmar-se a não ocorrência do fato gerador quando um sócio retira da Sociedade Empresarial a sua quota social, simplesmente pela ausência de acréscimo, tendo em vista que o patrimônio já era dele. Os bens estão tão somente maquiados pela ficção legal da pessoa jurídica.

21.1 Todavia, visando-se elucidar ainda mais a questão, buscar-se-á, no presente, descrever – por meio de citações de ementas – a abordagem da questão no âmbito jurisprudencial:

A) Supremo Tribunal Federal, Recurso Extraordinário n. 117.887-6, rel. Ministro Carlos Velloso:

> *Constitucional. Tributário. Imposto de renda. Renda – Conceito.* Lei n. 4.506, de 30.XI.1964, art. 38, CF/1946, art. 15, IV; CF/1967, art. 22, IV; EC 1/1969, art. 21, VI. CNT, art. 43. I – *Rendas e proventos de qualquer natureza: o conceito implica reconhecer a existência de receita, lucro, proveito, ganho, acréscimo patrimonial que ocorrem mediante o ingresso ou o auferimento de algo, a título oneroso. CF, 1946, art. 15, IV; CF/1967, art. 22, IV; EC 1/1969, art. 21, IV. CTN, art. 43.* II – Inconstitucionalidade do art. 38 da Lei 4.506/1964, que institui adicional de 7% de imposto de renda sobre lucros distribuídos. III – RE conhecido e provido.

B) Superior Tribunal de Justiça, 1ª T., REsp 663.872-ES; Recurso Especial 2004/098246-3, rel. Ministro Luiz Fux:

> *Processual civil e tributário. Ofensa ao art. 535, do CPC. Inocorrência. Imposto de Renda. Extinção de "holding". Debate acerca da ocorrência ou não de distribuição efetiva de lucros. Súmula 7/STJ.* (...). 3. Assentando o Tribunal *a quo*, com fulcro no parecer do Ministério Público, que o Fisco não demonstrara

"aquilo que os autos desmentem, a saber, a suposta distribuição de lucros, a redundar em ganho para os sócios e justificar a incidência do IR, no caso concreto", bem como lançando a assertiva de que: "(...) quando a 'holding' foi extinta, não havia lucro efetivo a ser distribuído aos sócios, sendo substituído o valor de participação de cada um dos quotistas por ações e quotas de outras empresas (as controladas), não havendo geração de riqueza nova, uma vez que ocorreu apenas uma permuta de bens. Tratou-se de simples fato permutativo, do ponto de vista das ciências contábeis, que provoca uma troca de elementos patrimoniais, sem, contudo, alterar o patrimônio líquido do contribuinte. Não se pode confundir com a hipótese de fatos modificativos positivos (plano contábil), que importam em uma efetiva mutação aumentativa dos elementos patrimoniais da pessoa, caracterizando acréscimo patrimonial, fato imponível do IR", ressoa cristalino que fundou a sua conclusão no contexto fático-probatório. (...) *Isto porque o acórdão recorrido, no exercício de cognição plena, perfilhou o entendimento da não incidência de imposto de renda, partindo da premissa de que, "in casu", não houve distribuição de lucros efetivos aos sócios, mas mera permuta de bens, uma vez que o valor da participação de cada um dos quotistas foi substituído por ações e quotas de outras empresas (as controladas), gerando mera expectativa de percepção futura de lucro.* (...) 6. Recurso especial parcialmente conhecido e, nesta parte, improvido.

B1) Superior Tribunal de Justiça, 1ª Seção, Embargos de Divergência em Recurso Especial n. 76.499-CE (96/0004185-7), Ministro Humberto Gomes de Barros:

Tributário – Imposto de Renda – Dissolução de entidade de previdência privada – Rateio do patrimônio entre quotistas – Não incidência – A entrega aos quotistas do valor de cada quinhão, apurado na liquidação de fundo mútuo de previdência privada, não acarreta acréscimo patrimonial. Por isso, não constitui fato gerador de imposto de renda.

B2) Superior Tribunal de Justiça, 2ª T., Recurso Especial n. 413.291-RS, rel. Ministra Eliana Calmon:

Tributário – Imposto de Renda – Dissolução de entidade de previdência privada – Rateio. 1. O patrimônio de entidade imune ao Imposto de Renda, se rateado entre os associados, quando liquidado, não serve de base de cálculo para o referido imposto. 2. Importâncias recebidas que não se subsumem no conceito de renda (art. 43 do CTN). 3. Recurso especial provido.

C) Tribunal Regional Federal da 3ª Região, 3ª T., 96.03.010384-5, AC 302.451, rel. Desembargador Fedederal Baptista Pereira:

Processual Civil e Tributário. Imposto sobre a Renda. Ação meramente declaratória. Dissolução de sociedade. Distribuição disfarçada de lucro não caracterizada. I. O interesse do autor pode limitar-se à declaração da existência ou inexistência de relação jurídica, nos termos do art. 4º, inciso I, do CPC. Adequação da ação declaratória. II. *Não há como considerar aquisição de disponibilidade econômica ou jurídica de renda (art. 43, I, do CNT), fato tributável pelo imposto sobre a renda, a simples partilha dos bens pertencentes à sociedade comercial em dissolução entre seus sócios, na proporção da suas cotas societárias, eis que não há auferição de benefício econômico pelos sócios.* III. Não há que se falar, *in casu*, em distribuição disfarçada de lucros, eis que não autorizam tal conclusão o fato de que foram avaliados os bens por seu valor contábil, por quanto nos termos do art. 60, do Decreto-lei n. 1.598/1977, e o art. 367, do RIR, Decreto n. 85.450/1980, há, para tanto, que serem os bens alienados ao sócio "por valor notoriamente inferior ao de mercado", o que deve ser comprovado por quem, ou seja, pela Receita Federal. IV. Não há óbice a restituição do patrimônio aos sócios da sociedade dissolvida elo valor contábil, uma vez que a Lei n. 6.404/1976, aplicada subsidiariamente às sociedades por cotas de responsabilidade limitada nos termos do art. 18, do Decreto n. 3.708/1919, autoriza a dispensa da liquidação diante dos sócios que detêm 90% das ações, prevendo-se que os bens a serem partilhados podem ser avaliados pelo valor contábil (art. 215, § 1º).

D) Tribunal Regional Federal da 1ª Região, Apelação Civil 89.01.24695-3, rel. Juiz Fernando Gonçalves:

> *Tributário. Imposto de Renda. Distribuição aos sócios do patrimônio da sociedade dissolvida. Alienação. Não configuração. Distribuição disfarçada de lucros. A distribuição aos sócios, na proporção do respectivo quinhão, do patrimônio líquido da sociedade dissolvida, não configurada alienação e afasta, consequentemente, a hipótese de distribuição disfarçada de lucros.* Precedentes do STF e do TFR. Sentença reformada.

23. Consubstancia-se, com a leitura dos verbetes acima referidos, a total ilegalidade de se tributar um patrimônio pelo IR que não mudou de titular: o sócio dono das suas quotas sociais, não é por que se retirou da sociedade e levou-as consigo que obteve lucro. Em verdade, nada se alterou. Os números não aceitam sofisma.

VII – Do patrimônio da firma individual no novo Código Civil

24. Não obstante as razões expostas até o item precedente e a guarita que já encontraram nos Tribunais Brasileiros, a problemática em estudo ainda permite mais este argumento a favor da não incidência do IR, pois, com a devida vênia, a firma individual é uma ficção jurídica nos mesmos termos que a sociedade empresarial e a pessoa física, mas, porém, com peculiaridades de ambas.

24.1 Em breves palavras, a firma individual pode comercializar como a sociedade empresarial. No entanto, o seu patrimônio se confunde com o da pessoa física. Noutros termos, na firma individual, o patrimônio é o mesmo da pessoa física, havendo o que se tem por confusão patrimonial. Opinião já seguida pelo Tribunal de Alçada de São Paulo, ora na lavra do hoje Desembargador Pereira Calças: "O comerciante individual, também conhecido como empresário individual ou firma individual, não é pessoa jurídica, mas sim, pessoa física que exerce o comércio" (TACivSP, 5ª Câm., AI 475.190, rel. Juiz Pereira Calças, j. 20.11.1996).

25. Ademais, o referido Tribunal de São Paulo, em outro julgado memorável, ora pela relatoria do Magistrado Lino Machado: "Não há duplicidade de personalidade jurídica do empresário individual" (TACivSP, 6ª Câm., Ap. c/Rev. 586.953-00/9, rel. Juiz Lino Machado, j. 16.5.2000). Coleciona-se, ainda, a seguinte ementa: "(...) *a firma individual, pouco importando tratar-se de microempresa, e o empresário individual se confundem, sendo uma só pessoa* (...)" (TACivSP, 12ª Câm., Ap. c/ Revisão 613.386-0/0, rel. Juiz Palma Bisson, j. 30.11.2001).

26. O ato de ser empreendedor, ora se fazendo menção ao empresário, desenvolve-se, nas mais diversas vertentes, sobretudo na organização de força de trabalho, maquinário e demais estruturas, porém, muitas vezes por diversas razões não leva à formação de uma sociedade, pois prefere o empreendedor agir sozinho seja pelo seu ímpeto ou pela conveniência. Esta atitude gera riquezas em diversas esferas da economia e não pode ser esquecida – ou melhor, discriminada –, de forma alguma, pelo Estado.

26.1 Apesar disso, de longa data, a comunicação jurídica, representada, pela refinada pena de Tullio Ascarelli, comenta (com a nossa tradução) que normalmente os empreendedores – almejando nos dia hodiernos se dizer: os empresários – correspondem às sociedades, todavia, continua o professor afirmando ser a regra geral, mas nunca a regra absoluta, porquanto, noutras situações, o empreendedor atua por meios financeiros.[36]

36. V. o curioso comentário do maestro italiano Tullio Ascarelli, *Corso di Diritto Commerciale*,

26.2 As mencionadas premissas têm entre outros o fato de que o conceito de sociedade, de empresa e mesmo de atividade empresarial, historicamente, confundem-se e são, em diversas situações, um complexo de bens, os quais podem ou não estar ligados a uma ficção jurídica, com um patrimônio autônomo.[37]

26.3 A opção legislativa de ser permitir a prática de comércio por meio da firma individual é decorrente da evolução conceitual do conceito de comércio e empresa, e, nessa senda, como explica Tullio Ascarelli, a organização dos bens à geração de riqueza podem ser ou não feitos em forma de sociedade e quando não, nada impede que o seja de forma individual: "1. La unitarietà di ogni azienda, abbiamo notato, è data dalla sua funzione, dallo specifico fine in relazione al quale i vari beni sono organizzati. Questa organizzazione, a sua volta, è un risultato di fatto, frutto da un lato di negozi giuridici dell'imprenditore (contratti di acquisto, locazione ecc.), dall'altro di meri procedimenti di fatto (distribuzione e proporzione delle machine, organizzazione del locale ecc.); non invence di un negozio che abbia per oggeto l'organizzazione aziendale o di un singolo atto di volontà individuale".[38]

27. Ademais, convém mencionar: o novo Código Civil – art. 44, não elenca no rol das pessoas jurídicas a firma individual, mesmo regulando a matéria na sua íntegra, leva, então, a se concluir que a firma individual é apenas e tão somente utilizável à tributação de forma diferenciada e a permitir que o empresário pratique a mercancia, individualmente falando, sem constituição de sociedade.

27.1 Do mesmo modo, é perfeitamente possível se afirmar pela inexistência da pessoa jurídica firma individual, trata-se, pelo novo código de pessoa jurídica, que praticará o comércio com regras específicas, contudo, não se enquadra na ficção legal: pessoa jurídica.

28. Portanto, se levarmos em consideração que no Código Civil antigo a jurisprudência já era pacífica, no sentido da confusão patrimonial existente entre firma individual e pessoa física, o que dizer agora, quando o Código em vigor legisla de forma exaustiva as pessoas jurídicas e não cita a firma individual, levando-se a não se ter qualquer dúvida: os bens de uma são também do outro, não há diferenciação patrimonial.

VIII – Do não-nascimento da obrigação tributária

29. Em verdade, a história demonstra: cada época a humanidade cresceu nas mais diversas áreas do conhecimento, como, por exemplo, o iluminismo, onde se procurou a valoração do renascimento cultural, ou mesmo se pegando como referência poucas décadas atrás e ressaltar as lutas de classe, no Brasil, para a conquista de direitos trabalhistas – o curioso sobre esta temática, é que atualmente se fala muito na sua redução – e isto sem comen-

p. 315: "2. Ad ogni imprenditore (salvo nel periodo preparatorio che precede l'inizio della attività divisata e durante il quale, del resto, abbiam notato, non può ancora parlarsi di 'imprenditore', corrisponde (almeno) una azienda, nella generalità dei casi. Diciamo nella generalità dei casi, perchè abbiamo già rilevato come possa tuttavia darsi un impreditore la cui organizzazione non importi l'esistenza di una azienda, riducendosi all'impiego di mezzi finanziari". Continua à frente o maestro Tullio Ascarelli, *Corso di Diritto Commerciale*, p. 315: "Possiamo dunque, in line generale, affermare che ad ogni imprenditore (6) corrisponde (almeno) un'azienda. Non ogni azienda però ha come titolare un imprenditore (ed anche prescindendo dall'ipotesi di enti pubblici esercenti un'empresa – e v. art. 2.093 e 2.201 – e così titolare di aziende, sebbene non imprenditori)".

37. Interessante é o pensamento de Tullio Ascarelli, *Corso di Diritto Commerciale*, p. 331: "9. Con azienda ci referiamo dunque ad un complesso di beni (inteso nel senso sopra indicato) e non ad un patrimomio autonomo".

38. Cf. Tullio Ascarelli, *Corso di Diritto Commerciale*, p. 336.

tar que vivemos um processo de constante avanço tecnológico. Entretanto, um tema que sempre esteve em voga é o da atuação estatal e, consequentemente, surgiram estas questões: O que é o Estado? Qual a sua finalidade? Ele realmente é preciso? Há limites à sua atuação?[39]

29.1 Tais proposições são salutares ao desenvolvimento da democracia, visto que só quando a instrução científica chegar aos mais longe dos rincões deste extenso país à cidadania estará enraizada no coração do povo e a partir deste momento, poderemos nos intitular como uma democracia. E, dentre destes, o respeito à lei deve começar pelo Estado em toda atuação, não sendo diferente na tributação, a norma determina o deve ser não só aos súditos, mas, principalmente, ao rei – num Estado Democrático de Direito, como é o nosso, é claro.[40]

29.2 Nesse contexto, a contemporaneidade aponta o respeito aos direito do contribuinte como viga mestre dessa nova relação súdito *x* rei a ser construída nas próximas décadas. Não se deve ficar a impressão que estamos, aqui, apenas, à nível Brasil, por isto, vale citar o ocorrido na Suprema Corte americana, onde foi decidido que o intercâmbio de bens societários, desde que não demonstrado real aumento de patrimônio, não há que se falar em Imposto de Renda e a intervenção do Estado, neste caso, configurar-se-ia uma abuso e extrapolaria os limites da intervenção estatal.[41]

39. O seguinte texto do Ministro do STJ José Delgado elucida bem a questão: "A ciência jurídica, na época contemporânea, tem voltado as suas preocupações para destacar, como o máximo de intensidade, os direitos fundamentais da cidadania. Há doutrinadores que afirmam, com absoluta razão, ser o século XXI o da implementação dos valores dignificadores da pessoa humana e da valorização do cidadão. Alertam que a humanidade, nos séculos anteriores, voltou-se para a construção do renascimento cultural, para a implementação de revolução industrial, para as conquistas dos direitos trabalhistas, para o avanço tecnológico, especialmente, na área das comunicações e da informática (a exemplo do último século). Nunca, porém, o Estado, o homem e a sociedade, de mãos dadas, lançaram-se na missão de fazer com que a dignidade da pessoa humana e a valorização da cidadania fossem expressão maior de suas atuações. Não podemos deixar de lado, no contexto dessas ideias, a necessidade de serem consagrados, na doutrina, no ordenamento jurídico positivo, no campo jurisprudencial e, especialmente, na prática cultural dos povos, o respeito integral pelos direitos fundamentais do contribuinte" ("Os direitos fundamentais do contribuinte", *Revista da Academia Brasileira de Direito Tributário*, 58/11).

40. Idem, pp. 12-13: "De há muito persiste a afirmação de que o conceito fundamental de democracia se assenta na real participação do povo no exercício do poder, sob forma de que esse poder é exercido por alguém em nome de quem o elegeu. Na verdade, em retrato teórico, nada mais perfeito do que o povo participando do poder e o sustentando pela via da sua contribuição tributária, tudo para atingir a concretização das suas necessidades de impor segurança, saúde, educação, amparo à criança, à velhice, ao adolescente, ao deficiente físico, ao meio ambiente, consumando-se com o respeito à dignidade e à liberdade de cada ser humano (...). Abrimos espaço especial, nesta fase de nossa exposição para cometer apropriação das ideias expostas pelo Min. Edson Vidigal, no dia 18.3.2003, ao agradecer homenagem que lhe prestou o C. TSE, quando questionou a consistência das estruturas sustentadoras da democracia. Afirmou, com precisão induvidosa, ao nosso pensar, que: 'A construção democrática é obra de prazo certo, é tarefa inacabável que só se realiza na afirmação cotidiana de todos os seus valores. Ao longo dos séculos, em meio a tantas lutas e muito sangue, a humanidade soube vencer a intolerância e se convencer de que somente na convivência fraterna e respeitosa, sendo todos iguais perante a lei, é possível a paz. A humanidade civilizada tem feito questão de viver sob o Estado de Direito Democrático. Esta foi também a nossa escolha no Brasil. Nós, juízes; nós, advogados; nós, Ministério Público, operadores do direito, temos mais compromissos e responsabilidades para com o Estado de Direito Democrático do que os demais da sociedade. Isto porque cabe a nós, em especial, fazer funcionar a democracia, em seus direitos e garantias, em favor de todos os brasileiros. Por isso, não podemos construir em qualquer conspiração, por mínima que pareça, contra a democracia. As ideias más estarão sempre em duelo aberto contra as ideias boas'".

41. Cf. José Augusto Delgado, "Os direitos fundamentais do contribuinte", cit., p. 61: "Os limites da atuação fiscal não podem ultrapassar os rigores da legalidade, sob pena de ferir diretamente postulados da democracia, além de produzir violação aos direitos de cidadania e ir de encontro às regras protetoras da dignidade humana. A ética na relação

30. De fato, nos dias hodiernos, fala-se muito de que Estado almejamos, mas, umbilicalmente, também se discutimos o que não desejamos, sem dúvida, não se aceita um predador insaciável, especializando-se no confisco e na violação à propriedade, que no afã de arrumar receitas vai de encontro à própria lei, seja em qualquer âmbito legal, quanto mais se for contra a Constituição Federal, certidão de nascimento do Estado.

31.1 Portanto, não é possível o surgimento de obrigação tributária, no problema proposto, simplesmente porque não há lucro e, por conseguinte, não há fato gerador do imposto. Senão, observemos, quanto tinha de patrimônio na declaração de IR do XXX, resposta "XX", sendo um "X" de propriedade da pessoa física e o outro "X" de bens da sua firma individual, apenas no referido documento consta como proprietário dos bens a citada empresa, que é de propriedade do precitado Senhor.[42]

32. Qual o aumento de patrimônio obtido pelo Sr. XXX, após o fechamento da sua empresa? Ele continua com dois "XX". Ressalta-se, enfim, que o Sistema Tributário escolheu o ano fiscal, como espaço temporal de análise de aumento de riqueza, para, desta forma, auferir se houve ou não.[43]

jurídica tributária deve ser exigida tanto de quem arrecada como de quem é chamado a cumprir com as suas obrigações. Essa conduta gera estabilidade social e fortalece a confiança na atuação do Estado". V. Edvaldo Brito, *Imposto de Renda:...*, cit., p. 226: "Essa exposição demonstra que a hipótese do fato gerador do Imposto de Renda nada tem do especioso com que as formalizações contábeis apresentam. Ao contrário: buscado o conceito nessa sua origem, qual seja, a jurisprudência da Suprema Corte dos Estados Unidos da América, verifica-se que esse conceito, adotado pelo legislador brasileiro, formou-se, nos Estados Unidos, na evolução do julgamento de diversos casos. Assim é que, em 1920, a Corte, no caso 'Eisner *vs.* Macomber' formulou uma definição de renda com a preocupação de que ela viesse a servir para o futuro; incluiu, então, o requisito da separação da renda (*severance tese*). O caso cuidava de dividendos em ações. A Corte entendeu que a hipótese requerida a realização do ganho; "que, no suposto dos dividendos em ações, o acionista, depois da emissão do dividendo; e que nem o acionista, nem a sociedade eram mais pobres nem mais ricos depois da declaração do dividendo. Portanto, não havia separação de ganho derivado do capital investido e, consequentemente, não era renda tributável (...). Já na hipótese de troca de bens, a Corte, em outro estágio, posterior a esses dois primeiros (1913 e 1920), portanto, 1931 e 1936, teve a oportunidade de examinar e dar solução a problemas como devolução de capital ao sócio e sua afetação a capital de outra sociedade, concluindo que em matéria dessas reorganizações sociais é possível produzir-se benefício ou a sua perda, porque nem o contribuinte, nem o Fisco podem afirmar, com certeza, que uma parte da coisa nova é renda e outra parte é capital. Isso porque, em se tratando de intercâmbio de bens, o benefício é extraído ou separado do capital somente no sentido de que a coisa foi trocada; a inversão monetária original, mais qualquer aumento ou incremento do seu valor, estará representada em outra forma, porém, esse aumento não é, fisicamente, distinto".

42. De fato, como aguisadamente pondera Misabel Derzi, "o lucro só é tributável se há uma mudança patrimonial – acréscimo de valor – efetiva e concreta, que se tornou dinheiro ou em valor equivalente; enfim, quando está realizado" (notas de atualização ao livro *Direito Tributário Brasileiro*, de Aliomar Baleeiro, 11ª ed., 10ª tir., p. 304). V. Roque Antonio Carrazza, *Imposto sobre a Renda...*, cit., p. 46: "Por acréscimo de valor há de ser entendido tudo que se agrega ao patrimônio da pessoa jurídica, determinando sua real crescença. Daí a ideia de *plus*, de riqueza nova, de algo economicamente apreciável, que, inexistindo anteriormente, se incorpora ao patrimônio da empresa, ampliando-o Do contrário o imposto incidirá sobre ingressos – o que não coaduna com a regra-matriz constitucional desta figura exacional".

43. V. Roque Antonio Carrazza, *Imposto sobre a Renda...*, cit., p. 47: "Se a pessoa física ou jurídica, deixar de experimentar, num dado lapso de tempo, saldo positivo entre riqueza velha e a riqueza nova, não nascerá, para ele, o dever de recolher o imposto ora em estudo, ainda que a lei queira (inconstitucionalmente) sujeitá-la a tal tributação. Em suma, o IR caracteriza-se por (a) seu aspecto material ser o acréscimo de patrimônio (a disponibilidade de riqueza nova) do contribuinte; (b) seu aspecto temporal exigi um termo inicial e um termo final. Sobremais, em relação a ele ganham relevo os critérios da progressividade, da universalidade e da generalidade (art. 153, § 2º, I, da CF), que, conjugamos, imprimem-lhe caráter pessoal, graduando-o de acordo com a capacidade econômica dos contribuintes (art. 145, § 1º, da CF) – circunstância que, melhorando a distribuição da carga fiscal entre eles,

33. Se é de direito a só tributação na presença de lucro, visto que se um sócio se retira de uma sociedade com a sua quota parte somente levou o que já lhe pertencia e, por isto mesmo, não há rendimento, quiçá de empresário que fecha a sua firma individual, quer dizer, onde as propriedades se misturam, não há divisão de patrimônio e sim uma confusão regulada em lei.

33.1 Conquanto, a questão é simples e só depende de visualizar a questão das premissas legais e jamais da voracidade arrecadatória.

34. Assim sendo, resta-nos ofertar um trecho das ideias do Rubens Gomes de Sousa, eminente autor do Anteprojeto do Código Tributário Nacional, que argumenta neste sentido: "Assim, a Comissão de 1964 julgou mais adequado à função prática de definir o fato gerador do imposto dar ênfase ao requisito da aquisição da disponibilidade. Mas nem por isso, repito, o requisito de tratar-se de riqueza nova foi repudiado; pelo contrário, não só ele está implícito no conceito da disponibilidade, como já disse, mas está também expresso no art. 43, I, onde se diz que a renda é um 'produto' do capital, do trabalho ou da combinação de ambos, e no art. 43, II, onde se diz que os proventos de qualquer natureza são os 'acréscimos patrimoniais' não compreendidos no inciso anterior. A propósito, vale sublinhar que esta redação do inciso II implica que também a renda, de que trata o inciso I, é um acréscimo patrimonial, como já está dito pela palavra 'produto' constante desse inciso".[44]

35. Em razão do disso tudo, os Tribunais vêm bruscamente combatendo a equivocada tributação:

A) "*Tributário. Imposto de Renda – Pessoa jurídica – Imóveis – Estoque – Correção monetária – Fato gerador – Inexistência – Remessa oficial desprovida.* A atualização monetária dos valores dos imóveis em estoque, pertencentes à empresa que se dedica à construção e à incorporação imobiliária, não se caracteriza como fato gerador de imposto de renda. A correção monetária dos imóveis em estoque não é renda, pois em nada acrescenta ao patrimônio da empresa contribuinte. A aquisição da disponibilidade econômica ou jurídica como fato gerador do imposto de renda, *in casu*, ocorre com a alienação dos imóveis. Sem a venda, não há que se falar em lucro real, gerador, aí sim, da renda a ser tributada" (Tribunal Regional Federal da 1ª Região, 3ª T., MS 1999.37.00.00850-4-MA, rel. Plauto Ribeiro, *Revista da Academia Brasileira de Direito Tributário* 51/308, São Paulo).

B) "Com efeito, na qualidade de relator, depois de explicitar o posicionamento da E. 3ª T., deste Tribunal acerca da matéria, levando em consideração o que dispõe o art. 43 do CTN, concluí, *in verbis*: (...) na minha compreensão, correção monetária não é, na verdade, renda, não podendo pois, sobre ela, incidir imposto de renda. O fato gerador deste, *in casu*, é a alienação do imóvel. Sem venda, não há que se falar em lucro real, gerador do mencionado imposto de renda" (Tribunal Regional Federal da 1ª Região, 3ª T., MS n. 1999.37.00.00850-4-MA, trecho do Voto do relator Plauto Ribeiro, *Revista da Academia Brasileira de Direito Tributário* 51/309).

torna-se mais justos". Também: Ives Gandra da Silva Martins: "Em nenhum momento o legislador complementar pretendeu tributar um 'não acréscimo', uma 'não-renda', um 'não-provento' como fato gerador, como hipóteses impositiva do imposto sobre a renda, pois, não haveria como compatibilizar o conteúdo do vocábulo 'acréscimo' – constante da dicção do art. 43 do CTN –, que sempre implica situação fática, com provisão 'infra-complementar', de legislação ordinária admitindo que, para a situação jurídica, os 'acréscimos' seriam irrelevantes" ("Inteligência do § 1º do art. 342 do Regulamento do Imposto de Renda – Nítido dispositivo antifraude – Tratamento jurídico dos juros nos atrasos de pagamento do Poder Público", *Revista Dialética de Direito Tributário*, pp. 107-115).

44. Trabalhos da Comissão Especial do CTN, p. 8.

IX – Das conclusões

36. Posto tudo isso e considerando o problema proposto, expõe-se os seguintes enunciados:

A) Ciência do Direito quando se propõe a produzir comunicação, seja por meio de doutrina ou ainda através de um parecer, conforme o presente, deve-se ater, primordialmente, às leis, depois aos precedentes jurisprudenciais e, por fim, utilizar-se de comunicações doutrinárias já produzidas e dentro desse tripé procurar identificar os princípios gerais à Ciência Direito, mas, sobretudo, identificar o específicos, daquele sub-ramos investigado, *in casu*, o Direito Tributário e o Comercial.

B) Dos referidos princípios gerais, o escalonamento do Ordenamento Jurídico é um deles, levando o cientista a desconsiderar todo o seu restante até ter sido aprovado pelo crivo da Constituição Federal, noutras palavras, tudo decorre dela e por isto precisa estar em sintonia com ela.

C) Nessa realidade, o Direito Tributário, impõe a legalidade como rigor absoluto e dela decorre: surgimento da obrigação tributária, apenas após o acontecimento do fato gerador, que é a hipótese do mundo dos fatos que deve ocorrer para assim se tributar.

D) No caso do Imposto de Renda, o fato gerador é o aumento patrimônio, cujo conceito sempre conota acréscimo de valores, ou, tecnicamente falando, o lucro, no ano fiscal.

E) As quotas sociais de um sócio são suas antes de sair da sociedade e, por conseguinte, a sua retirada não é hipótese de fato gerador do IR, quiçá quando se esteja tratando de firma individual, onde os patrimônios se confundem e, inclusive, nem consta no novo Código Civil, como pessoa jurídica.

37. À luz das enumeradas premissas, é forçoso ementar que os patrimônios da firma individual e da pessoa física se confundem. Por isto, não há que se falar em tributação do imposto de renda com o seu encerramento. Diante disso, tem-se ausência de acréscimo patrimonial.

CRÍTICA À ANÁLISE MACROLÓGICA DO DIREITO CONCORRENCIAL ECONÔMICO E SUA INFLUÊNCIA NA INTERPRETAÇÃO DO DIREITO TRIBUTÁRIO

DIEGO BOMFIM
Mestre em Direito Tributário pela Pontifícia Universidade Católica de São Paulo – PUC/SP. Professor da Escola Paulista de Direito – EPD. Advogado.

1. Introdução. 2. Norma jurídica concorrencial, juízo hipotético-condicional, lógica deôntica e macrológica. 3. Análise das normas de direito econômico e sua compatibilidade com a lógica deôntica. 4. Insegurança jurídica e análise macrológica no direito tributário. 5. Ponderações finais a título de conclusão.

1. Introdução

O objetivo do presente texto é verificar se as normas de direito econômico podem ou não ser expressas por meio de juízos hipotético-condicionais e, em consequência, analisar sua sujeição, do ponto de vista sintático, ao arcabouço da lógica deôntica, tudo com o intuito de disponibilizar instrumentos coerentes de interpretação a respeito da amplitude de influência das normas de direito concorrencial econômico, notadamente o princípio da livre concorrência, sobre as normas de direito tributário.[1]

Essa análise, de importância fundamental no trato da interação entre concorrência e tributação, toma como ponto inicial de diálogo os argumentos de Roberto Ferraz[2] sobre a sujeição das normas de di-

1. Para uma análise sobre a necessidade de interação entre os microssistemas normativos do direito tributário e do direito econômico, bem como sobre a impossibilidade de uma divisão autonômica, mesmo didática, do direito tributário, cf. Diego Marcel Bomfim, *Tributação e Livre Concorrência: Análise da Influência do Princípio da Livre Concorrência no Exercício da Competência Tributária*, Dissertação (Mestrado), São Paulo, PUC/SP, 2009, pp. 20-53.

2. A escolha, como contraponto, da doutrina de Roberto Ferraz se justifica pela seriedade e originalidade da abordagem que vem sendo empreendida pelo autor com relação à lógica das normas de direito econômico, bem como de suas conexões com as normas de direito tributário. Para tanto, toma-se como base de seu pensamento os seguintes trabalhos de Roberto Ferraz: "A macrológica do direito econômico e o processo civil: a lógica diferenciada das ações civis públicas", *Revista de Processo* 156/357-374, São Paulo, Ed. RT, fev. 2008; "A macrológica do direito econômico", *Revista de Direito Mercantil, Industrial, Econômico e Financeiro* 142/80-86, São Paulo, Malheiros Editores, abr./jun. 2006; e "O consumo, a concorrência, o mercado e as distorções da substituição tributária (para frente)", in Valdir de Oliveira Rocha (org.), *Grandes Questões Atuais*

reito econômico ao que chamou de *macrológica*, já que tais normas estariam amparadas em uma "lógica fundamentada em dados macroeconomicamente identificados como, por exemplo, os do consumo e os da concorrência".[3]

Para o autor, por estarem as normas de direito econômico baseadas numa lógica diferenciada (a macrológica), sua aplicação teria de ser distinta das demais normas jurídicas (sujeitas à lógica deôntica), já que "não se terá como resultado da aplicação de tais normas a estrutura típica da lógica de imputação, isto é, não se estará diante de uma aplicação de norma do tipo 'Se A é, B deve ser'. Muitas vezes se estará diante de uma estrutura do tipo 'Se A pode ocorrer ou ocorre, A deve ser atrapalhado ou mesmo impedido'".[4]

As normas de direito econômico, nessa linha, não respeitariam em sua aplicação um modelo segundo o qual dada a ocorrência de um fato qualquer previsto no antecedente normativo, surgiria um consequente, permitindo, proibindo ou obrigando determinada conduta. As normas de direito econômico seriam postas para desestimular, atrapalhar ou, mesmo, impedir a realização de determinadas condutas.

A discussão que, em um primeiro momento, pode parecer um exercício de tertúlia acadêmica, demonstra seus efeitos sobre a aplicação do direito positivo quando se tem em mente que esse tipo de raciocínio pode legitimar, com base numa macrológica sem previsão jurídica, interpretações equivocadas do direito positivo, desde que amparadas em dados macroeconomicamente identificados.

A tentativa de manejo das normas de direito econômico por meio de lógicas diferenciadas pode ter, como consequência direta, nítida ofensa ao princípio da segurança jurídica, já que as normas de direito econômico não se aplicariam consoante um juízo hipotético-condicional, mas segundo os ditames de uma lógica que, juridicamente, não é delineada.

No entanto, antes de tratar dos efeitos que a subsunção das normas de direito econômico à macrológica pode fomentar, é imperioso verificar sua compatibilidade com a lógica deôntica.

2. *Norma jurídica concorrencial, juízo hipotético-condicional, lógica deôntica e macrológica*

A ciência do direito, encarada como ciência do direito em sentido estrito, é quase uníssona em afirmar que as normas jurídicas são expressas mediante o que se convencionou chamar de *juízo hipotético-condicional*.

As normas são expressas mediante a descrição de uma *hipótese* que, se concretizada, faz nascer uma relação alocada no *consequente* normativo. Há uma relação de causalidade, criada artificialmente pela norma (um dever-ser), entre o antecedente e o consequente normativo, compondo o que Lourival Vilanova[5] nomeia de nexo "*se..., então*". Nesse exato ponto, fica marcada a principal diferença entre a causalidade física (presente nas chamadas leis da natureza) e a imputação deôntica (causalidade jurídica): a artificialidade.[6-7] Enquan-

de Direito Tributário, vol. 11, São Paulo, Dialética, 2007, pp. 359-379.

3. Roberto Ferraz, "O consumo, a concorrência, o mercado e as distorções da substituição tributária (para frente)", cit., pp. 359-379 (359).

4. Roberto Ferraz, ob. cit., p. 361.

5. Lourival Vilanova, *As Estruturas Lógicas e o Sistema do Direito Positivo*, 3ª ed., São Paulo, Noeses, 2005, p. 116.

6. Hans Kelsen, *Teoria Pura do Direito*, trad. João Baptista Machado, São Paulo, Martins Fontes, 2006, pp. 100-102.

7. Como assevera Alfredo Augusto Becker, "a 'lei' *natural* traduz, por si, um determinismo *real*; enquanto a *regra jurídica* impõe um determinismo *artificial*. A aplicação da regra jurídica transforma o determinismo puramente social e espontâneo em um determinismo salutarmente artificial porque impõe aos fatos sociais uma distorção específica e um

to na causalidade jurídica o consequente *é*, na causalidade deôntica o consequente *deve-ser*.

Lourival Vilanova reforça esse posicionamento, afirmando que: "inexiste, pois, no universo das proposições jurídicas, necessidade lógica ou factualmente fundada de a hipótese implicar a tese ou consequência. É a própria norma que põe o *vinculum*, é a *fonte formal* do Direito que, fundando-se num *ato de valoração*, estatui como devendo ser que a hipótese implique o consequente. Sem norma válida o nexo desfaz-se".[8]

Essa linha de argumentação, traçada em linhas muitos gerais, possui uma série de desdobramentos, havendo dissonâncias quanto a muitas das especificidades que o estudo aprofundado do tema gera. Assim, para alguns autores, os princípios não poderiam ser expressos mediante esse juízo hipotético-condicional, residindo nesse exato ponto a diferenciação entre os princípios e as regras; outros já rechaçam veementemente essa posição, bem como a relevância desse critério na classificação entre regras e princípios.[9]

Sobre o elemento que faz nascer a relação jurídica prescrita no consequente normativo, mais uma vez não se tem unicidade. Enquanto Pontes de Miranda[10] defende que a incidência normativa se dá de forma automática e infalível com a ocorrência do evento descrito no antecedente da norma, afirmando que "a incidência da lei, pois que se passa no mundo dos pensamentos e nêle tem de ser atendida, opera-se no lugar, tempo e outros 'pontos' do mundo, em que tenha de ocorrer, segundo as regras jurídicas. É, portanto, infalível", Paulo de Barros Carvalho, dentro do que nomeia de *constructivismo lógico-semântico*, defende que esse nascimento se dá apenas quando o evento descrito na hipótese normativa é relatado em linguagem competente (a linguagem exigida pelo próprio direito positivo), sendo imprescindível que haja uma intervenção humana para que se tenha a imputação normativa.[11-12]

Pois bem. Mesmo com essa pequena exposição, já se percebe o volumoso rol de desdobramentos que a questão pode fomentar, devendo haver, no entanto, a assertiva de que, em verdade, todas as normas jurídicas, inclusive os princípios, podem ser expressas por meio de juízos hipotético-condicionais.[13] Essa é a forma que o direito positivo prescreve condutas, não decorrendo dessa premissa a conclusão de que as normas de direito econômico ostentariam lógica diversa.

Sobre o assunto, Eurico Marcos Diniz de Santi[14] é enfático em afirmar que "o

comportamento cuja estrutura e direção se apresentou ao legislador como necessária ao bem comum (autêntico ou falso)" (Alfredo Augusto Becker, *Teoria Geral do Direito Tributário*, São Paulo, Lejus, 2002, p. 590 – os grifos constam no original).

8. Lourival Vilanova, *As Estruturas Lógicas e o Sistema do Direito Positivo*, 3ª ed., cit., p. 92 (os grifos constam no original).

9. Humberto Ávila, *Teoria dos Princípios: da Definição à Aplicação dos Princípios Jurídicos*, 8ª ed., São Paulo, Malheiros Editores, 2008, p. 44.

10. Francisco Cavalcanti Pontes de Miranda, *Tratado de Direito Privado*, vol. I, Rio de Janeiro, Borsói, 1970, p. 16.

11. Paulo de Barros Carvalho, *Direito Tributário, Linguagem e Método*, São Paulo, Noeses, 2008, pp. 425-426 e 544-555.

12. Para uma análise dessa questão, cf. Tárek Moysés Moussalllem, "Algumas críticas a 'Notas sobre o fato jurídico: crítica segunda ao realismo linguístico de Paulo de Barros Carvalho'", *Revista Trimestral de Direito Civil* 11/151-173, Rio de Janeiro, 2002; Tácio Lacerda Gama, "Obrigação e crédito tributário: anotações à margem da teoria de Paulo de Barros Carvalho", *Revista Tributária e de Finanças Públicas* 50/98-113, São Paulo, Ed. RT, mai./jun. 2003; e Adriano Soares da Costa, *Teoria da Incidência da Norma Jurídica: Crítica ao Realismo Linguístico de Paulo de Barros Carvalho*, 2ª ed., São Paulo, Malheiros Editores, 2009, *passim*.

13. Segundo Humberto Ávila, "qualquer norma pode ser reformulada de modo a possuir uma hipótese de incidência seguida de uma consequência" (Humberto Ávila, *Teoria dos Princípios*, cit., p. 43).

14. Eurico Marcos Diniz de Santi, "Norma, evento, fato, relação jurídica, fontes e validade no direito", in Eurico Marcos Diniz de Santi (coord.), *Curso de Especialização em Direito Tributário: Es-*

direito positivo destaca-se pela intrínseca homogeneidade sintática de seus elementos: toda norma jurídica apresenta idêntica estrutura hipotético-condicional".

O que pode ocorrer em certas normas jurídicas é uma maior flexibilidade semântica na hipótese normativa, por imposição do próprio sistema normativo, sem que, no entanto, reste descaracterizada a homogeneidade sintática das normas jurídicas.[15]

As normas jurídicas, é preciso repisar, têm como escopo a regulação das condutas intersubjetivas, tomando, para tanto, em um ato valorativo, certas condutas como obrigatórias, proibidas ou permitidas, dentro da construção artificial de um *dever-ser* entre uma hipótese e uma consequência. Daí dizer-se que as normas jurídicas, em geral, possuem identidade quanto à formulação sintática, apesar das manifestas diferenças do ponto de vista semântico e pragmático. Endossando a ideia, segue o posicionamento de Paulo de Barros Carvalho, para quem entre as normas jurídicas: "há homogeneidade, mas homogeneidade sob o ângulo puramente sintático, uma vez que nos planos semântico e pragmático o que se dá é um forte grau de heterogeneidade, único meio de que dispõe o legislador para cobrir a imensa e variável gama de situações sobre que deve incidir a regulação do direito, na pluralidade extensiva e intensiva do real-social".[16]

Ou seja, o direito positivo, no momento de regulação das condutas intersubjetivas, é criado por meio da edição de normas com hipóteses normativas mais amplas (como, em geral, acontece com as normas de direito econômico), enquanto outras (como as normas de direito tributário, por exemplo) são criadas com hipóteses normativas fechadas, ou, como quer parte da doutrina, estritamente fechadas.

E com isso, diga-se, não há qualquer impedimento da utilização, na análise das normas de direito econômico, dos avanços da lógica deôntica. As hipóteses das normas de direito econômico podem, em alguns casos, exigir uma ponderação maior e um esforço mais intenso do intérprete/aplicador quando da verificação ou não da ocorrência do evento descrito na hipótese normativa, o que, de forma alguma, desnatura a submissão das normas de direito econômico à lógica deôntica.

3. Análise das normas de direito econômico e sua compatibilidade com a lógica deôntica

Com o intuito de demonstrar seu raciocínio pela impossibilidade da utilização da lógica deôntica às normas de direito econômico, Roberto Ferraz oferece como exemplo as normas de direito econômico que instituem o controle preventivo dos atos de concentração empresarial no Brasil pelo Conselho Administrativo de Defesa Econômica – CADE.

Seguindo a sua linha de entendimento, o autor tenta demonstrar que esse tipo de norma jurídica não se sujeita a um juízo hipotético-condicional do tipo *dada a ocorrência de "A", então deve-ser "B"*, submetendo-se a lógica diversa expressa no modo *se "A" pode ocorrer ou ocorre, "A" deve ser atrapalhado ou mesmo impedido*, afirmando que: "Colocada a questão: 'a empresa A pode adquirir a empresa B?', e submetida aos tradicionais 'ramos do direito', concebidos mediante uma lógica não baseada em dados macroeconomicamente identificados (...) chegar-se-á somente a um terminativo 'sim' ou a um 'não'. Essa a estrutura tradicional do Direito e dos Tribunais, entidades formadas para alcançar essas conclusões terminativas. Posta a mesma questão ao Direito

tudos Analíticos em Homenagem a Paulo de Barros Carvalho, Rio de Janeiro, 2007, pp. 1-33 (10).

15. Sobre o assunto, cf. Diego Marcel Bomfim, *Tributação e Livre Concorrência*, cit., pp. 132-136.

16. Paulo de Barros Carvalho, *Direito Tributário, Linguagem e Método*, cit., p. 136.

Econômico, à luz de regras concebidas levando em conta os aspectos mercadológicos macroeconomicamente identificados, a resposta será muito diferente, começando com um 'depende'".[17]

Não há, no entanto, incompatibilidade das normas que determinam o controle preventivo dos atos de concentração empresarial à lógica deôntica, tudo na dependência das formulações linguísticas que o intérprete está disposto a empreender.

As normas de controle preventivo da concentração empresarial no Brasil são típicas de direito econômico concorrencial e *podem* atrair, em uma análise rápida, o entendimento, acima destacado, que defende a impossibilidade de aplicação da lógica deôntica em sua análise. Essa construção, no entanto, não pode prevalecer. Em verdade, todas as normas extraídas do art. 54 da Lei n. 8.884/1994[18] podem ser formalizadas, consoante os critérios da lógica deôntica, na seguinte forma: $\{(p \rightarrow q) \vee [(p \,.\, -q) \rightarrow S]\}$.

A primeira norma que se pode extrair do enunciado legal é aquela que obriga a submissão ao CADE de determinados atos de concentração empresarial, assim entendida: *com a ocorrência do evento descrito no antecedente normativo (p), qual seja, a existência de atos de concentração empresarial, em mercados relevantes, que possam prejudicar ou limitar a livre concorrência, deve-ser o consequente normativo (q), configurado pelo dever de submissão do ato de concentração ao CADE (para autorização ou não do ato), sendo certo que, uma vez verificada a ocorrência do ato de concentração disposto pela norma (p) e a não submissão do ato ao CADE no prazo estipulado (-q), deve-ser a aplicação de multa (S).*

Muitas outras normas podem ser extraídas desse dispositivo legal, todas passíveis de formalização pelos ditames da lógica deôntica, enquadrando-se nesse contexto as normas jurídicas que impedem a concentração empresarial tendente a limitar ou de qualquer forma prejudicar a livre concorrência, ou resultar na dominação de mercados relevantes.

Portanto, as concentrações empresariais, no Brasil, são permitidas, desde que não venham a limitar ou de qualquer forma prejudicar a livre concorrência, sendo estabelecida outra regra (uma regra de exceção) que estabelece a autorização de atos de concentração, mesmo quando tendente a limitar ou prejudicar a livre concorrência, se

17. Roberto Ferraz, "A macrológica do direito econômico", cit., p. 82.

18. "Art. 54. Os atos, sob qualquer forma manifestados, que possam limitar ou de qualquer forma prejudicar a livre concorrência, ou resultar na dominação de mercados relevantes de bens ou serviços, deverão ser submetidos à apreciação do Cade. § 1º. O Cade poderá autorizar os atos a que se refere o *caput*, desde que atendam as seguintes condições: I – tenham por objetivo, cumulada ou alternativamente: a) aumentar a produtividade; b) melhorar a qualidade de bens ou serviço; ou c) propiciar a eficiência e o desenvolvimento tecnológico ou econômico; II – os benefícios decorrentes sejam distribuídos equitativamente entre os seus participantes, de um lado, e os consumidores ou usuários finais, de outro; III – não impliquem eliminação da concorrência de parte substancial de mercado relevante de bens e serviços; IV – sejam observados os limites estritamente necessários para atingir os objetivos visados. § 2º. Também poderão ser considerados legítimos os atos previstos neste artigo, desde que atendidas pelo menos três das condições previstas nos incisos do parágrafo anterior, quando necessários por motivo preponderantes da economia nacional e do bem comum, e desde que não impliquem prejuízo ao consumidor ou usuário final. (...). § 4º. Os atos de que trata o caput deverão ser apresentados para exame, previamente ou no prazo máximo de quinze dias úteis de sua realização, mediante encaminhamento da respectiva documentação em três vias à SDE, que imediatamente enviará uma via ao Cade e outra à Seae. § 5º. A inobservância dos prazos de apresentação previstos no parágrafo anterior será punida com multa pecuniária, de valor não inferior a 60.000 (sessenta mil) Ufir nem superior a 6.000.000 (seis milhões) de Ufir a ser aplicada pelo Cade. (...). § 7º. A eficácia dos atos de que trata este artigo condiciona-se à sua aprovação, caso em que retroagirá à data de sua realização; não tendo sido apreciados pelo Cade no prazo estabelecido no parágrafo anterior, serão automaticamente considerados aprovados (...)."

alcançados os requisitos elencados pelos §§ 1º e 2º do artigo acima citado.

Nessa linha, a resposta à pergunta "*a empresa A pode adquirir a empresa B?*", formulada por Roberto Ferraz, pode ser respondida da seguinte forma: *sim, desde que essa concentração não gere distúrbios concorrenciais ou, mesmo gerando, se enquadre nas exceções legais*. Essa pergunta, certamente, poderia ser respondida com um "depende", mas a dependência seria da subsunção da situação aos ditames normativos.

Afirme-se que a resposta dada em dependência à configuração de determinadas hipóteses é intrínseca à forma de prescrição de condutas realizada pelo direito positivo. Note-se que a resposta à pergunta "a empresa A pode aderir ao regime do lucro presumido na apuração de seu Imposto de Renda?" também não pode ser respondida com um simples "sim" ou "não", mas com a formulação de uma assertiva configurada em função da existência ou não de determinados pressupostos fáticos exigidos pela própria norma, como, por exemplo, ter a empresa, no ano-calendário anterior, auferido receita bruta total igual ou inferior a R$ 48.000.000,00 (quarenta e oito milhões de reais).[19] A resposta a essa pergunta também poderá ser um "depende", sem que com isso seja pretendida sua submissão a uma macrológica ou mesmo seja entendida como uma norma de direito econômico ou, ainda, por outra explicação qualquer, se vislumbrasse a sua não subsunção à lógica deôntica.

Com isso, tem-se que as normas de direito econômico podem ser expressas, como quaisquer outras, por meio de um juízo hipotético-condicional, sendo plenamente submetidas aos ditames da lógica deôntica, havendo apenas uma diferenciação quanto à amplitude das hipóteses das normas de direito econômico, mais amplas e, portanto, geradoras, em certos casos, de um maior esforço do intérprete no momento de sua aplicação.

4. Insegurança jurídica e análise macrológica no direito tributário

Com os argumentos apostos nos tópicos anteriores, tem-se a constatação da total compatibilidade das normas de direito econômico a uma análise realizada com esteio na lógica deôntica. Firmou-se, também, a ideia de que as normas de direito econômico podem ser, como quaisquer outras, apresentadas mediante um juízo hipotético-condicional.

De qualquer forma, para que seja demonstrada de maneira sólida a incompatibilidade da chamada macrológica é necessário ir além da constatação de viabilidade na utilização da lógica deôntica às normas de direito econômico, sendo fundamental que sejam apresentadas as razões pelas quais a própria macrológica tem de ser reprimida.

Para tanto, é necessário entender em que sentido se tem pugnado por uma análise macrológica do direito econômico, estudando os efeitos daí advindos sobre a interpretação do direito tributário.

Nessa linha, a distinção entre microeconomia e macroeconomia é o primeiro passo, já que, segundo a linha de doutrina defensora da macrológica, "a lógica das normas de direito econômico está para a Macroeconomia como a lógica das normas dos tradicionais ramos do direito estão para a Microeconomia".[20]

Costuma-se dizer que a diferença entre as duas figuras é de enfoque. Enquanto a microeconomia se preocupa com a análise do comportamento de unidades econômicas individualizadas, a macroeconomia centra sua atenção nos chamados *grandes agregados*, tomando as unidades econômicas em conjunto, dentro de uma siste-

19. Cf. art. 13 da Lei n. 9.718/1998.

20. Roberto Ferraz, "A macrológica do direito econômico", cit., p. 82.

maticidade econômica.[21] Na didática exposição de Fábio Nusdeo,[22] pode ser construída a seguinte figura: "a microeconomia estuda a árvore, enquanto a macroeconomia estuda a floresta. Com efeito, a grande massa florestal apresenta fenômenos que não se confundem com os observados em cada árvore".

Com isso, o estudo do todo econômico (macroeconomia) destaca certas vicissitudes para as quais a análise individualizada das unidades econômicas (microeconomia) não tem capacidade de alcance.

Se esse for o contexto de aplicação de uma macrológica ao direito econômico, a conclusão é de que uma análise desse tipo imporia um estudo amplo do fenômeno normativo (macro), exigindo do intérprete a análise, no caso de uma norma tributária, dos limites (positivos e negativos) trazidos por outras normas postas no sistema normativo, como as normas de direito econômico.

Nessa linha, uma norma tributária teria como limitação, *v.g.*, o princípio da livre concorrência, uma vez que não analisada apenas sob um viés pontual, e sim com base na amplitude sistêmica da ordem normativa. Se essas fossem as bases da aplicação de uma macrológica ao direito econômico, no entanto, seria imperiosa a aceitação de que todos os demais ramos do direito precisariam ser analisados por esse enfoque. O direito é uno e todas as normas do sistema normativo possuem, com intensidades distintas, relações. Se fosse esse o sentido pretendido com a utilização da expressão, as críticas seriam empreendidas quanto à prescindibilidade da nova expressão para nomear o já conhecido fenômeno da unidade do ordenamento, bem como quanto à incongruência de se pretender um estudo sistemático apenas com relação às normas de direito econômico, sem falar no risco que a utilização da nova expressão gera, pois pode fomentar a eleição de parâmetros não normativos (macroeconômicos) na interpretação da interação das normas de direito econômico com os demais ramos do direito.

Esse, no entanto, não parece ser o sentido utilizado pela doutrina que vem defendendo a aplicação da macrológica ao direito econômico. Primeiro, porque esse pensamento contrapõe macrológica e lógica deôntica, como se houvesse, efetivamente, uma forma diferenciada de aplicação das normas de direito econômico; segundo, porque reconhece sua aplicação apenas para determinadas normas; e terceiro, porque reputa à macrológica o condão de legitimar – tendo em vista pressupostos macroeconômicos – distorções normativas verificadas por uma análise com base na lógica deôntica (micro).

Parece, então, que a macrológica imporia ao intérprete a análise de situações econômicas como justificativa das normas jurídicas. Segundo Roberto Ferraz,[23] "em matéria tributária é possível identificar a mesma situação em que a norma de direito econômico, macrologicamente concebida, afasta a aplicação das normas tradicionalmente desenvolvidas".

21. Numa diferenciação técnica, propõe William H. Branson que "na teoria microeconômica assume-se, normalmente, o pleno emprego dos recursos, de tal modo que a análise se centra na determinação dos preços relativos e na distribuição de recursos escassos entre utilizações alternativas. A macroeconomia, por outro lado, foca a sua atenção no nível de utilização dos recursos – particularmente no nível de emprego – e no nível geral de preços. Para além disso, no âmbito da macroeconomia estuda-se a questão dos factores que determinam a taxa de crescimento do produto potencial –, assim como as determinantes do seu nível de utilização em todos os momentos" (William H. Branson, *Macroeconomia – Teoria e Prática*, 2ª ed., Lisboa, Fundação Calouste Gulbenkian, 2001, p. 3).

22. Fabio Nusdeo, *Curso de Economia. Introdução ao Direito Econômico*, 2ª ed., São Paulo, Ed. RT, 2000, p. 91.

23. Roberto Ferraz, "A macrológica do direito econômico", cit., p. 83.

Nesse ponto, o autor se refere às normas que instituíram a substituição tributária para frente, aceitando-as em virtude da "necessidade de regularizar-se a concorrência", a despeito de admitir que tal instituto "perverte os mais importantes conceitos desenvolvidos no âmbito do Direito Tributário (hipótese de incidência, base de cálculo, fato imponível)".[24]

O autor, ao longo de seu texto, uma vez justificada macrologicamente a constitucionalidade da substituição tributária para frente, elabora uma série de requisitos, inclusive com base no princípio da livre concorrência, para manejo desse instituto, já que só poderia ser estabelecido "quando não exista alternativa de tributação mais justa – do ponto de vista individual – sem que haja prejuízo coletivo superior, em importância, àquelas injustiças trazidas pela adoção da sistemática de substituição". Por isso, é imperioso afirmar que não se critica a perquirição de novas ferramentas de controle do instituto, e sim a tentativa de justificação de afrontas a direitos fundamentais dos contribuintes com base numa macrológica de difícil (ou impossível) definição objetiva.

O princípio da livre concorrência delimita, positiva e negativamente, o exercício da competência tributária, sendo imperioso que o intérprete, quando da análise das normas tributárias perquira sobre sua aplicabilidade.

Não se nega, portanto, a importante e crescente interação entre tributação e livre concorrência. No entanto, essa *simbiose* entre o princípio da livre concorrência e as demais normas tributárias deve ser realizada do ponto de vista jurídico, e não mediante análises econômicas baseadas numa macrológica não identificada do ponto de vista normativo. Disto se extrai, dentre outras conclusões, a impossibilidade de menoscabo de direitos e garantias constitucionais do contribuinte sob o pretexto de preservação da livre concorrência.[25]

Essa técnica macrológica pode legitimar arbitrariedades na imposição tributária, "podendo-se sustentar, de modo arriscado, que motivos macroeconômicos e político-financeiros venham a justificar, sem limitações precisas, o uso de qualquer técnica tributária. Essa consequência é, certamente, indesejável num Estado de Direito".[26]

Na mesma linha, assevera Hugo de Brito Machado Segundo,[27] para quem "a determinação constitucional de preservação da livre concorrência pode vir a ser (indevidamente) utilizada como uma nova vestimenta para um velho (e recorrente) problema: a invocação das razões de Estado para justificar a cobrança de tributos, desta vez com aparência de legitimidade maior. O indigitado princípio passaria a ocupar (e já está fazendo isso) lugar antes preenchido pela prevalência do interesse público e pela solidariedade".

O princípio da livre concorrência, apesar de sua importância e necessária correlação com o direito tributário, não pode funcionar como justificativa para que normas incompatíveis com o ordenamento jurídico sejam convalidadas, ainda que se

24. Roberto Ferraz, "O consumo, a concorrência, o mercado e as distorções da substituição tributária (para frente)", cit., p. 362.

25. Nessa linha, começam a ser editados atos normativos que, no afã de preservar a livre concorrência dos contribuintes, acabam ferindo de morte o princípio da livre iniciativa o que, por via transversa, gera efeitos nefastos na própria livre concorrência. Sobre o assunto, cf. Diego Bomfim, "Limites ao exercício da competência tributária pela instituição de obrigações acessórias: um confronto com os princípios da livre iniciativa e da livre concorrência", *Revista de Direito Tributário* 107/300-317, São Paulo, Malheiros Editores, 2009.

26. Tércio Sampaio Ferraz Júnior, "Estrutura e função: breve estudo sobre a finalidade constitucional dos impostos", in Tércio Sampaio Ferraz Júnior, *Direito Constitucional: Liberdade de Fumar, Privacidade, Estado, Direitos Humanos e outros Temas*, cit., pp. 351-364 (352).

27. Hugo de Brito Machado Segundo, "Tributação e livre concorrência", in Roberto Ferraz (coord.), *Princípios e Limites da Tributação 2*, São Paulo, Quartier Latin, 2009, pp. 397-426 (399-400).

alegue a função indutora das normas tributárias, já que a utilização da tributação com esses anseios encontra limites no próprio regime tributário, não podendo servir de base para que direitos e garantias constitucionais dos contribuintes sejam amesquinhados sob o pálio de uma macrológica não juridicamente identificada, mesmo que se tenha em mente a preservação efetiva da livre concorrência.

5. *Ponderações finais a título de conclusão*

Não se pretende construir ao final deste trabalho um rol objetivo de conclusões a respeito do tema, mas, ao revés, empreender ponderações que, apesar de darem certo ar de finalização ao trabalho, propõem o desenvolvimento de novos estudos e o convite ao debate sobre o tema de fundo, ainda tão pouco explorado na doutrina e, também, na jurisprudência.

De toda forma, é possível afirmar que a influência das normas de direito econômico sobre as normas de direito tributário deve ser encarada pela ciência jurídica, sob pena de superficialidade e não alcance do seu intento de contribuir com a decidibilidade dos conflitos normativos. Isso, no entanto, não pode implicar na sobre-elevação do princípio da livre concorrência sobre todos os direitos e garantias fundamentais do contribuinte. O princípio da livre concorrência deve ser levado em conta na interpretação das normas de direito tributário, sem macular, no entanto, sua racionalidade, bem como os direitos preservados pela Constituição Federal. A liberdade coletiva – representada pelo direito econômico – não se sobrepõe, como regra objetiva e automática, à proteção das liberdades individuais – representada pelo direito tributário.

Nessa linha de entendimento, e aceitando a fixação conceitual empreendida para o termo, pode-se ponderar que a aplicação de uma macrológica às normas de direito econômico dentro de uma interação com as normas de direito tributário funciona como um verdadeiro propulsor de insegurança jurídica, uma vez que pode servir de *justificativa* para a edição e interpretação de normas não condizentes com os ditames do direito positivo, margeando a antiga justificativa das *razões de Estado* na instituição de tributos. Trata-se, portanto, de um disfarçado e potente retorno, mesmo que não intencional e percebido pela doutrina que a sustenta, de um expediente contrário ao estado de direito e a muito rechaçado pela doutrina e pela jurisprudência do Supremo Tribunal Federal.

O CRITÉRIO DA FONTE NUM CENÁRIO GLOBALIZADO: IMPRECISÕES CONCEITUAIS E O PARADIGMÁTICO CASO *AGASSI*

João Victor Guedes Santos
Mestrando em Direito Econômico, Financeiro e Tributário pela USP. Pós-Graduado em Direito Tributário Internacional pelo IBDT. Bacharel em Administração Pública pela EAESP/FGV. Advogado em São Paulo.

I – Introdução. II – Caso "Agassi": os fatos. III – Soberania fiscal e elementos de conexão. IV – A imprecisão conceitual do termo "fonte". V – Fonte de produção "x" fonte de pagamento. VI – Caso "Agassi": a decisão. VII – Celeuma injustificada: ganhos de capital de não-residentes. VIII – Conclusões.

I – Introdução

Sem qualquer exagero nesta afirmação, pode-se dizer que o Direito Tributário Internacional existe primordialmente em função dos elementos de conexão. São estes os nexos relacionais mínimos entre dada situação de fato e um território, os quais justificam a possibilidade de um Estado exercer plenamente sua soberania fiscal e, por conseguinte, exigir tributação.

Portanto, os inúmeros elementos de conexão passíveis de serem delineados podem acarretar pretensões tributárias por parte de mais de uma soberania, produzindo, por consequência, o fenômeno da dupla ou plúrima tributação. Note-se que mesmo a adoção de apenas um único elemento de conexão pelos Estados tem o condão de resultar em pretensões tributárias múltiplas, como ocorre quando duas ou mais nações clamam pela residência de uma pessoa ou se declaram fonte de um dado ganho ou rendimento.

A tributação com base na localização da fonte de ganhos e rendimentos vem adquirindo progressiva importância no cenário de globalização com que nos deparamos. A mobilidade dos fatores e dos agentes produziu uma verdadeira crise do Imposto de Renda entendido na sua feição tradicional, o que conduziu Marco Aurélio Greco a afirmar que as atuais circunstâncias demandam a necessidade de se instaurar efetivo deslocamento da tributação baseada no critério da residência para a imposição fiscal com fundamento no critério da fonte, sem que, contudo, se abandone aquele elemento de conexão.[1] É no contexto da tributação fundada no critério da fonte que se insere este estudo.

1. In *Internet e Direito*, São Paulo, Dialética, 2000, pp. 166-173.

Reconhecido internacionalmente como critério suficiente para embasar o exercício de soberania fiscal, não se objetiva, nesta oportunidade, a análise das justificativas teóricas existentes em prol de uma tributação com base no critério da fonte, em detrimento da tributação com arcabouço no critério da residência. O presente estudo tem o escopo de clarificar o sentido do intrincado critério da fonte, que, embora seja tido como elemento de conexão justificador de imposições tributárias por parte de uma nação, ainda hodiernamente suscita muitas dúvidas no que toca a sua aplicação. No cenário da efetivação do critério da fonte, diferentemente da seara relacionada à sua própria justificação, está-se diante de substanciais imprecisões conceituais.

A análise doravante desenvolvida terá como pano de fundo um precedente jurisprudencial muito importante da *House of Lords*, última instância da Justiça britânica até 1º de outubro de 2009:[2] o caso *Agassi*. O referido caso foi um dos precedentes estrangeiros que com mais fundamentos analisaram a extensão do critério da fonte, discutindo até que ponto poderia uma nação exigir tributação sobre rendimentos percebidos por não-residentes de fontes pagadoras situadas no exterior.

Nada obstante a relevância do caso *Agassi*, as linhas que seguem não estarão restritas a ele.

Primeiramente, serão expostos os fatos desse precedente britânico, aguçando a curiosidade do leitor e forçando-o a raciocinar sobre a decisão que seria mais adequada à situação descrita. Para tanto, nos tópicos em sequência serão dispostos e analisados argumentos doutrinários que visam a discutir o critério da fonte, atribuindo maior precisão conceitual a este elemento de conexão *vis-à-vis* a noção de soberania fiscal como limite para qualquer imposição tributária.

2. Em razão de reforma constitucional ocorrida em 2005, a partir de 1.10.2009 tal função passou a ser exercida pela recém-criada Suprema Corte.

Depois desse momento, será comentada a decisão conferida pela *House of Lords*, a qual, em razão da similitude dos conceitos compulsados, será de imenso auxílio no posterior desenvolvimento de abordagem crítica sobre teorias que visam a contestar, sob um espectro de jurisdição fiscal, a tributação de ganhos de capital de não-residentes imposta pela legislação brasileira.

II – Caso "Agassi": os fatos

Andre Agassi foi um tenista muito renomado no cenário internacional. Cidadão e residente dos Estados Unidos, disputou inúmeros torneios do circuito da Associação dos Tenistas Profissionais (ATP) ao longo de sua carreira, tendo vencido muitos deles. Dentre esses torneios destacavam-se os disputados no Reino Unido, notadamente o de Wimbledon, um dos quatro torneios mais importantes do mundo (conhecidos como *Grand Slam*).

Basicamente duas eram as maneiras pelas quais Andre Agassi era remunerado no decorrer de sua carreira de tenista profissional: (i) premiação fornecida pelos organizadores dos torneios de que participava, em razão de sua *performance* em quadra; e (ii) publicidade e direito de imagem recebidos de seus patrocinadores.

No que tange à primeira forma de remuneração, as legislações nacionais costumeiramente exigiam a retenção de Imposto de Renda por parte da fonte pagadora, o que fazia com que os tenistas, dentre eles Andre Agassi, recebessem a premiação após as incidências tributárias devidas. Neste caso, estando fonte de produção e fonte de pagamento – critérios estes que serão analisados adiante – no país em que o torneio é disputado, inconteste era a possibilidade de exigência de tributação sobre os valores percebidos por tenistas domiciliados em outros países.

A discussão que fez com que o caso *Agassi* adquirisse notoriedade no cenário internacional corresponde à questão de se o Fisco britânico poderia exigir tributação sobre os valores recebidos por Andre Agassi de seus patrocinadores, o que aconteceu relativamente aos anos-calendário de 1998 e 1999.

Vejamos com detalhes os fatos que ensejaram essa imposição tributária do Reino Unido.

À época do ocorrido, Andre Agassi detinha uma empresa norte-americana denominada Agassi Enterprises Inc., cujo objeto incluía a celebração de contratos com fabricantes de materiais e equipamentos esportivos com vistas a que o ex-tenista os utilizasse no circuito profissional, divulgando-os. Dois desses contratos tornaram-se relevantes no caso em comento: (i) o contrato firmado com Nike Inc. ("Nike"), datado de 1º de janeiro de 1995; e (ii) o contrato firmado com Head Sport AG ("Head"), datado de 1º de janeiro de 1999.

Em razão de tais contratos firmados, a empresa controlada por Andre Agassi recebeu, no decorrer dos anos-calendário de 1998 e 1999, valores substanciais a título de patrocínio, os quais foram considerados pelo Fisco britânico como sendo tributáveis no Reino Unido. Esta imposição tributária ocorreu mesmo (i) sendo Andre Agassi cidadão e residente dos Estados Unidos; (ii) estando a sua empresa domiciliada nos Estados Unidos; (iii) sendo Nike e Head empresas domiciliadas nos Estados Unidos que não conduziam negócios no Reino Unido direta ou indiretamente, através de filiais ou agências; e (iv) não tendo os pagamentos em comento sido efetuados no Reino Unido.

O caso *Agassi* traz subsídios muito interessantes para a discussão do conceito de fonte que aqui se propõe. Embora seja tido como um dos mais relevantes elementos de conexão existentes, o critério da fonte ainda hoje é pouco compreendido, o que resulta em dificuldades no pleno entendimento da extensão da soberania fiscal dos Estados nacionais.

Diante disto, passa-se neste momento à elaboração de análise conceitual do critério da fonte visando a verificar até que ponto podem os países exercer plenamente o seu poder tributante com base nesse elemento de conexão. Apenas depois de tal análise será mencionada e comentada a decisão proferida pela *House of Lords* em 2006, quando foi definitivamente julgado recurso do Fisco britânico relativamente ao caso *Agassi*.

III – Soberania fiscal e elementos de conexão

Qual Estado nacional detém o direito legítimo de tributar determinados signos de riqueza? Todos eles, independentemente de haver uma relação intrínseca entre o fato econômico e os seus respectivos territórios, ou apenas um ou alguns deles, que se mostrem minimamente relacionados a determinado fato a ser juridicizado?

As questões acima propostas remetem-nos ao conceito de soberania estatal e seus atributos. Dentro de seu território, um Estado é soberano para tomar as decisões que julgar pertinentes em face de suas necessidades. O Estado tem o poder de disciplinar os aspectos jurídicos de fatos conforme os seus anseios políticos, atribuindo-lhes os mais diversos efeitos possíveis, dentre eles os tributários. Isto posto, pode-se concluir que a soberania do Estado delimita a sua jurisdição fiscal, demonstrando de que forma a nação é fiscalmente soberana.

Neste sentido, expressa Rutsel Martha que em princípio a jurisdição fiscal não pode existir sem que haja soberania, sendo aquela um dos atributos desta. De acordo com o entendimento do mencionado jurista, havendo uma soberania e, consequentemente, um Estado, poderá ser exercida a jurisdição, inclusive a fiscal.[3]

3. "Extraterritorial Taxation in International Law", in Karl M. Meessen (org.), *Extraterritorial*

Ainda que se pense que uma nação em tese não pode sofrer limitações em seus poderes, a convivência entre Estados reunidos numa comunidade internacional já faz pressupor a existência de algum limite ao poder soberano estatal. Para Guido Soares, a história e os fatos atuais mostram que a autolimitação não advém de uma decisão soberana, ficando suas raízes na inevitabilidade de um convívio com outras nações soberanas e na necessidade da existência de uma relação que não gere permanente estado de agressão recíproca.[4] A este fenômeno há quem atribua a denominação de "paradoxo da soberania", porquanto a autodeterminação interna e o reconhecimento de reciprocidade externa compõem a própria noção de soberania.[5]

Consoante a posição de Gerd Rothmann sobre o tema, inicialmente exarada há mais de três décadas,[6] mas recentemente reiterada,[7] não haveria obstáculo de Direito Internacional Público que impeça os Estados a estenderem seus fatos geradores para além de suas fronteiras. Embora reconheça a existência de limites à competência tributária estatal, afirma o tributarista que teoricamente todos os Estados poderiam tributar fatos ocorridos em qualquer lugar do mundo. Haveria, pois, uma *jurisdiction to prescribe* ilimitada, sendo, por conseguinte, válidas as regras jurídicas que alcançassem fatos sem qualquer conexão com um Estado. O problema de previsão de tributação indiscriminada dessa estirpe estaria, para o autor, no campo da eficácia, uma vez que nenhum Estado pode agir coativamente fora de suas fronteiras, violando a soberania de outro Estado. Destarte, a *jurisdiction to enforce* seria limitada, o que imporia que na prática se observasse algum elemento que vincule determinado fato a um Estado.

De outra maneira, o entendimento de Eric Kemmeren é de que embora um Estado possa em princípio dispor livremente sobre a sua jurisdição fiscal, na seara das relações internacionais a imposição tributária é limitada, de um lado, pelas restritas possibilidades de um Estado, sob um ponto de vista prático, exercer seus direitos relativos à tributação, e, por outro, pelo próprio Direito Internacional Público.[8] Vê-se, pois, que o autor entende que tanto a *jurisdiction to enforce* como a *jurisdiction to prescribe*, ambas componentes da jurisdição fiscal de uma nação, restam limitadas quando se está diante de relações entre soberanias distintas.

Esse mesmo entendimento é compartilhado por Alberto Xavier, para quem o Direito Internacional Público impõe, à soberania fiscal dos Estados, limites que impedem a tributação de estrangeiros em função de situações que não tenham relação com os seus territórios, com consequências que iriam desde a invalidade da lei até a responsabilidade internacional.[9]

Independentemente de os limites para a imposição estatal nas relações internacionais estarem relacionados ao campo de validade ou de eficácia da norma jurídica, ou mesmo a qualquer outro aspecto, o fato é que restrições à soberania fiscal dos Estados existem. Requer-se em âmbito fiscal uma mínima relação entre o território de um Estado e o fato jurídico passível de imposição tributária. Apenas

Jurisdiction in Theory and Practice, Londres, Kluwer Law International, 1996, pp. 22-23.

4. In *Curso de Direito Internacional Público*, São Paulo, Atlas, 2004, p. 51.

5. Heleno Tôrres, *Pluritributação Internacional sobre as Rendas de Empresas*, São Paulo, Ed. RT, 2001, pp. 67-68.

6. "Bitributação Internacional", in *Enciclopédia Saraiva do Direito*, São Paulo, Saraiva, 1977, p. 449.

7. "Tributação internacional sem sujeito passivo: uma nova modalidade de imposto de renda sobre ganhos de capital?", in Valdir de Oliveira Rocha (org.), *Grandes Questões do Direito Tributário*, vol. 10, São Paulo, Dialética, 2006, p. 109.

8. "Source of income in globalizing economies: overview of the issues and a plea for an origin-based approach", in *Bulletin for International Taxation*, Amsterdã, IBFD, 2006, p. 431.

9. *Direito Tributário Internacional do Brasil*, Rio de Janeiro, Forense, 2007, p. 14.

isto resultará em uma vinculação suficiente para que seja exercida a soberania fiscal de uma nação. A esta vinculação suficiente dá-se a denominação de elementos de conexão.

Neste momento, cumpre tecer breve digressão para o que a doutrina internacional vem denominando *international tax regime*. Alguns autores estrangeiros vêm desenvolvendo a tese de que existiria um regime tributário internacional (*international tax regime*), formado tanto pelos princípios norteadores dos tratados firmados pelos Estados nacionais como por regras dispostas na legislação interna de diversos países, o qual impossibilitaria às Administrações a livre implementação de quaisquer regras tributárias por elas desejadas. A ação unilateral seria possível, mas restrita, haja vista que os países ficariam relutantes em adotar medidas que violassem algumas normas básicas por trás do dito regime. Possuindo a oposição de autores como Graetz e Rosenbloom, essa tese é encabeçada por juristas gabaritados, como é o caso de Avi-Yonah.[10]

O autor israelense Reuven Avi-Yonah fornece alguns exemplos de medidas que entende compor um coerente regime tributário internacional. Essas medidas iriam desde a limitação do poder ou jurisdição para tributar (*jurisdiction to tax*) dos Estados, para que não sejam alcançadas por tributos nacionais situações em que há não-residentes auferindo rendimentos de fontes estrangeiras – ausência de elemento de conexão –, até a necessidade de se seguir o princípio *arm's length* como padrão a ser observado nas transações entre partes relacionadas. Destarte, sugere que se uma nação não observa determinados preceitos independentemente de tratado que os imponha, como a concessão de alívio contra a dupla tributação ou a vedação de regras discriminatórias, estaria descumprindo normas de Direito Internacional Público, porquanto iria de encontro ao costume internacional.[11]

Por não ser escopo deste estudo, não teceremos considerações mais aprofundadas sobre o *international tax regime* tal como preconizado por Avi-Yonah. Nesta ocasião, mister se faz apenas esclarecer que temos dificuldade em confirmar a existência de um regime tributário internacional que componha o Direito Consuetudinário, em tese aplicável obrigatoriamente para todos os Estados nacionais. Ao menos, não da forma ampla preconizada por Avi-Yonah. Há, sim, um rol de regramentos comumente adotados por certos países, seja por razões jurídicas ou por pressões econômicas, que delineia o formato do Direito Tributário Internacional de cada um deles. Entretanto, no exemplo citado pelo tributarista israelense relativo à impossibilidade de tributação de não-residentes sem que haja qualquer elemento de conexão, julgamos que efetivamente seja o caso de estatuirmos estarmos perante verdadeiro costume internacional.

Eis, portanto, a linha de corte que delineia a jurisdição fiscal dos Estados: presença ou ausência de conexão do fato com seus territórios.

Destaque-se que o poder decorrente da soberania está estritamente vinculado à noção de território, e, por consequência disso, à noção de povo. A territorialidade a que se relaciona a soberania fiscal não deve ser tomada no seu aspecto puro ou formal. A soberania de um Estado não está adstrita aos fatos ocorridos dentro do seu território. De outra maneira, a territorialidade aqui deve ser assimilada em sua acepção material, segundo a qual se exige que a situação tributável tenha alguma

10. Reuven Avi-Yonah, *International Tax as International Law: an Analysis of the International Tax Regime*, Nova York, Cambridge University Press, 2007, p. 1.

11. *International Tax as International Law*, University of Michigan Law, Public Law and Legal Theory, Research Paper n. 41; Michigan Law and Economics Research Paper n. 04-007, 2004, pp. 10-16.

conexão com o Estado.[12] Por isto se fala de um rol de elementos que podem estar *de alguma forma vinculados a um território*, seja do ponto de vista objetivo ou subjetivo.

Conforme já destacado, diversos são os elementos de conexão passíveis de serem adotados pelos Estados nacionais com o fito de justificarem a imposição tributária sobre determinados fatos. Fonte, residência, domicílio, cidadania, local de constituição da empresa, local de direção efetiva, estabelecimento permanente, *situs*, local da prestação de serviços, local da assinatura de contratos, entre outros. Todos esses elementos possuem, em maior ou menor grau, um relacionamento econômico com dado Estado de tal forma que, conforme se observa na seara internacional, isoladamente considerados em princípio já justificariam o exercício pleno de jurisdição fiscal por parte deste, salvo a existência de tratado que porventura limite total ou parcialmente a sua competência tributária.

Nessa mesma esteira, Heleno Tôrres comenta a necessidade de utilização de elementos de conexão que tenham o condão de exprimir um contato efetivo entre o fato-evento com elementos de estraneidade e o Estado que tem a pretensão discipliná-lo sob um espectro fiscal (*genuine link*). Este seria, segundo o autor, o elemento mínimo requisitado para o exercício do poder tributante estatal, na ausência do qual os países devem limitar a sua atividade legislativa de modo a não alcançar essas situações.[13] Outro não é o entendimento de Luís Eduardo Schoueri, para quem é prática reiterada (costume internacional) ou mesmo princípio geralmente reconhecido que, ausente uma conexão com o Estado, fica afastada a possibilidade de tributação.[14]

Alberto Xavier nos ensina que os elementos de conexão consistem nas relações existentes entre pessoas, objetos e fatos com os ordenamentos jurídico-tributários, podendo ser doutrinariamente segmentados em elementos subjetivos (ou pessoais), quando se reportam a pessoas, e elementos objetivos (ou reais), quando vinculados a coisas e fatos. No primeiro caso, menciona o autor os elementos de conexão "residência" e "nacionalidade", enquanto na segunda hipótese faz menção aos critérios "fonte de produção", "fonte de pagamento", "lugar do exercício da atividade", "lugar da situação dos bens", lugar do estabelecimento permanente" e "lugar de celebração de um contrato".[15]

É o critério da fonte, portanto, um dos elementos passíveis de utilização pelos Estados nacionais como vínculo gerador de poder tributante. Sobre este elemento de conexão debruçaremos nossa análise doravante.

IV – A imprecisão conceitual do termo "fonte"

Embora a grande maioria dos países exerça sua jurisdição fiscal primordialmente com base nos critérios da fonte e da residência, raramente se encontra uma precisa definição teórica do que esses termos significam. Esta ausência de definição é particularmente acentuada no caso do critério da fonte, o qual é pouco desenvolvido na legislação e na doutrina.

Em texto escrito em 1928, o financista público norte-americano Edwin Seligman já apontava para a dificuldade de se definir o local onde se originaram ganhos e rendimentos: "O problema do *situs* da propriedade já é difícil o suficiente; o problema da origem de rendimentos ou da

12. Cf. Luís Eduardo Schoueri, "Princípios do Direito Tributário Internacional: territorialidade, fonte e universalidade", in Roberto Ferraz (org.), *Princípios e Limites da Tributação*, vol. 1, São Paulo, Quartier Latin, 2005, p. 336.

13. Ob. cit. (nota 5), p. 69.

14. Ob. cit. (nota 12), pp. 336-337.

15. Ob. cit. (nota 9), p. 252.

renda é vastamente mais difícil".[16] Para justificar a sua afirmação, demonstra a complexidade de determinação da fonte na situação hipotética abaixo: "Toda renda de um indivíduo pode ser derivada de valores mobiliários detidos em um país. Os dividendos decorrentes desses valores mobiliários são distribuídos de um *home office* num segundo país, enquanto os negócios da sociedade, cujo capital é quase que inteiramente detido num terceiro país, podem ser desenvolvidos em um quarto país. Esses lucros podem ser derivados da venda de *commodities* produzidas num quinto país, vendas estas efetuadas para pessoas físicas em inúmeros outros países. Em qual desses diferentes países a renda é auferida? Qual é o lugar de origem da renda?".[17]

Percorrendo caminho semelhante, mas enfocando-o na problemática da tributação do comércio eletrônico, Reuven Avi-Yonah demonstra por meio de exemplo em que a personagem fictícia Linda Jones resolve se utilizar da internet para comprar a cozinha dos seus sonhos, que a variedade de elementos de conexão e, em especial, de conceitos para o termo "fonte", pode, ao menos em tese, acarretar múltiplas tributações: (i) país onde está domiciliada a empresa contratada e onde se localiza a sua equipe de vendas; (ii) país de domicílio de Linda Jones e onde ocorre o consumo dos bens; (iii) país onde reside o *designer* da cozinha; (iv) país onde se localiza o *mainframe* que armazena o pedido e participa no *design*; (v) país onde o *software* que tornou o *design* possível foi fabricado; (vi) país onde se encontram os consultores; (vii) país onde se produzem os acessórios e equipamentos; e (viii) país onde a cozinha é produzida.[18]

Neste diapasão, assevera Eric Kemmeren que o critério da fonte é comumente adotado por legislações tributárias, juízes e doutrinadores, mas o termo "fonte" nem sempre é definido de forma clara, sendo utilizado em sentidos variados. Menciona o autor que muitas vezes se considera fonte como sendo o país (i) em que a propriedade tangível ou intangível está localizada ou é utilizada; (ii) em que os serviços são performados; (iii) em que os serviços produzem resultados; (iv) em que o contrato é assinado; (v) em que o contrato é executado; (vi) que detém as leis que regem determinado contrato; (vii) de que quem efetua pagamentos é cidadão; (viii) de que quem efetua pagamentos é residente; ou (ix) de onde saíram os recursos para que pagamentos fossem efetuados.[19]

A mesma conclusão alcançada por Kemmeren também o foi cerca de duas décadas antes por Klaus Vogel, que, constatando não possuir o termo "fonte" um significado preciso e livre de qualquer ambiguidade uma vez que o seu conceito varia de país para país e, a depender da situação, o conceito é díspar dentro de uma mesma soberania fiscal, leciona que a aceitação unânime da legitimidade do critério da fonte para fins de tributação encerra-se no momento em que se verifica

16. No original: "The problem of the situs of the property is difficult enough; that of the origin of the yield or the income is vastly more difficult" (in *Double Taxation and International Fiscal Cooperation*, Nova York, Macmillan, 1928, p. 29, *apud* Alex Easson, "Common Law approaches to the determination of the source of income: pragmatism over principle", in *Bulletin for International Taxation*, Amsterdã, IBFD, 2006, p. 496).

17. No original: "The whole income of an individual may be derived from corporate securities kept in one country, the dividends of which are distributed from the home office in a second country, while the business of the corporation, whose capital is almost entirely owned in a third country, may be carried on in a fourth country, and the profits may be derived from the sale of commodities produced in a fifth country, the sales being made to individuals in half a dozen other countries. In which of all these different countries is the income earned? What is the place of origin of the income?" (ob. cit., nota 16, pp. 30-31).

18. "A tributação internacional do comércio eletrônico", in *Revista Internacional de Direito Tributário* 6/417-421, Belo Horizonte, Del Rey, 2007.

19. Ob. cit. (nota 8), p. 432.

que o conceito de fonte é deveras abstrato.[20]

Este cenário também foi plenamente captado por Alex Easson, o qual constatou que a ausência de maior precisão ao conceito de fonte é uma realidade muito existente nos países de *common law* – notadamente no Reino Unido –, em que cabe aos tribunais declararem o significado do termo "fonte", o que resulta em surpreendentes e às vezes desastrosos resultados.[21]

Nesse particular, o *Australian Income Tax Assessment Act* de 1936, em sua seção 6AB(1), contém uma definição de "renda estrangeira" que pouco ajuda o aplicador da legislação australiana: considera-se renda estrangeira aquela que é oriunda de fontes em um ou mais países estrangeiros. Diante da ausência de qualquer exatidão de tal definição, demandou-se da Suprema Corte da Austrália um esclarecimento acerca do que o termo em comento deve significar. Este esclarecimento foi supostamente conferido no caso *Nathan*: "Ao utilizar a palavra 'fonte', o Legislativo buscou não um conceito legal, mas algo que um 'homem experiente' olharia como sendo a real fonte da renda (...). A verificação da real fonte de uma dada renda é uma questão fática muito difícil na prática".[22]

Constata-se, pois, que a ausência de definições mais nítidas a respeito dos conceitos inerentes ao termo "fonte", citado em inúmeras legislações nacionais, acaba por exigir do aplicador do Direito um esforço hercúleo para que se consiga desvendar as situações em que a competência tributária fundada na fonte de ganhos e rendimentos é atribuída para um ou outro país.

Essa dificuldade se repete também na grande maioria dos tratados contra a dupla tributação firmados entre os países, tratados estes que, a despeito de primordialmente visarem à alocação de competências tributárias entre o Estado da Residência e o outro Estado Contratante (em regra, o Estado da Fonte), carecem de uma definição explícita do significado do termo "fonte".

Imprecisões conceituais estão presentes nas mais adotadas Convenções Modelo, como a da Organização para a Cooperação e Desenvolvimento Econômico (OCDE), a da Organização das Nações Unidas (ONU) e a desenvolvida pelos Estados Unidos.[23] É de se notar, no entanto, que a Convenção do Pacto Andino, aprovada em 1971 pela Decisão 40 do Acordo de Cartagena – assinado inicialmente entre Bolívia, Colômbia, Chile, Equador e Peru –, possui dispositivo que traz critérios explícitos acerca do local onde se considerará existir a fonte (de produção).[24] Trata-se do art. 2(e), que esclarece que o

20. "World-Wide *vs.* Source Taxation of Income: a revision and re-evaluation of arguments", in Charles McLure *et al.* (orgs.), *Influence of Tax Differentials on International Competitiveness*, Amsterdã, Kluwer, 1989, p. 119, *apud* Luís Eduardo Schoueri, ob. cit. (nota 12), p. 343.

21. "Common Law approaches to the determination of the source of income: pragmatism over principle", in *Bulletin for International Taxation*, Amsterdã, IBFD, 2006, p. 495.

22. No original: "The legislature in using the word "source" meant, not a legal concept, but something which a practical man would regard as a real source of income (...). The ascertainment of the actual source of a given income is practical, hard matter of fact" (Alex Easson, ob. cit., nota 21, p. 495).

23. Cite-se como exemplo o caso dos juros e dos *royalties*, em que se considera Estado da Fonte aquele de que tais rendimentos são "provenientes" (correspondendo ao termo em inglês *arising from*), sem que haja explicitação de a que se refere essa tal proveniência.

24. Em verdade, a Decisão 40 do Acordo de Cartagena aprovou uma Convenção entre os países-membros, dotada das características de um verdadeiro tratado multilateral (*Convenio para Evitar la Doble Tributación entre los Países Miembros*), e uma Convenção Modelo para ser adotada em tratados firmados entre os países-membros e outros países (*Convenio Tipo para Evitar la Doble Tributación entre los Países Miembros y otros Estados ajenos a la Subregión*). Dada a similitude dos textos das Convenções, neste estudo estamos fazendo menção a ambas de forma conjunta.

termo "fonte de produção" se refere à *atividade, direito ou bem que produz ou poderia produzir renda.*[25]

Com vistas a atribuir maior precisão ao critério da fonte, os Estados Unidos criaram regras domésticas (as denominadas *source rules*) cuja ambição foi de produzir uma transparência jurídica não existente em muitos outros sistemas tributários. Essas regras têm o condão de definir se os Estados Unidos podem tributar ganhos e rendimentos em dadas situações expressamente mencionadas, cabendo a outros dispositivos internos a determinação de se tais itens serão efetivamente tributados e em que medida haverá essa tributação.[26]

Conforme preconiza David Rosenbloom, as *source rules* norte-americanas servem a duas funções diferentes: (i) definir quando a renda de um não-residente pode estar sujeita à tributação norte-americana; e (ii) para fins de concessão de crédito, verificar qual país detém o direito primário de tributar o residente ou cidadão norte-americano: os Estados Unidos – nesta hipótese, não haverá a concessão de crédito relativo a imposto estrangeiro porventura pago – ou outro país.[27]

Os principais dispositivos do *Internal Revenue Code* que dispõem sobre tais regras estão entre as seções 861 e 865, que estatuem de forma expressa as seguintes fontes de ganhos e rendimentos, entre outras: (i) se decorrentes do uso de capital: residência de quem efetua pagamentos; (ii) se decorrentes de serviços: local onde estes são prestados, com raras exceções; (iii) aluguéis e *royalties*: local onde a propriedade está situada ou onde ela é utilizada; e (iv) ganhos da alienação de propriedade imobiliária: local onde a propriedade está situada (*situs*).

Mesmo havendo grande imprecisão conceitual concernente ao critério da fonte quando este não é expressamente esclarecido nas legislações internas e/ou em normativos internacionais, existe de certo modo uma convergência na comunidade internacional de que o termo "fonte" possui duas principais acepções, quais sejam, "fonte de produção" e "fonte de pagamento", ambas em tese passíveis de serem adotadas como elemento de conexão a um Estado.

V – Fonte de produção "x" fonte de pagamento

Consoante tudo o quanto foi visto até este momento, o critério da fonte é adotado por inúmeras jurisdições para delimitar o alcance da lei tributária nacional. Nunca é demais reiterar que diferentemente da residência, o critério da fonte é elemento de conexão objetivo, segundo o qual um determinado Estado poderá tributar todo ganho e rendimento cuja origem esteja localizada em seu território, independentemente de aspectos subjetivos relativos ao destinatário dos proventos (sua nacionalidade, por exemplo).

No Direito Tributário Internacional, costuma-se essencialmente fazer a distinção entre duas modalidades de fonte: (i) fonte de produção; e (ii) fonte de pagamento. O primeiro conceito possui acepção intrinsecamente econômica, exigindo a verificação do local onde foi desenvolvida a atividade que fez com que ganho ou rendimento fosse auferido, enquanto o segundo conceito é relacionado à residência

25. Esse dispositivo é de extrema relevância no contexto da Convenção do Pacto Andino, haja vista que esta é a única Convenção que atribui ao Estado da Fonte parcela extremamente substancial de poder tributante, em detrimento do Estado da Residência. Neste sentido, o seu art. 4º (Jurisdição Fiscal) traz uma regra genérica de que independentemente da nacionalidade ou residência das pessoas, a renda será tributável apenas no Estado Contratante em que estiver localizada a fonte de produção da renda, salvo exceções expressamente previstas no corpo da Convenção.

26. David Rosenbloom, "US Source Rules: building blocks of cross-border taxation", in *Bulletin for International Taxation*, Amsterdã, IBFD, 2006, p. 387.

27. Ob. cit. (nota 26), pp. 387-388.

da pessoa que arcou com os recursos para o pagamento do ganho ou do rendimento.

Destarte, a fonte da renda pode tanto se referir ao local em que esta foi gerada (neste caso, fonte de produção) ou ao local onde reside aquele que despendeu recursos financeiros utilizados para o seu pagamento (neste caso, fonte de pagamento). Embora possam os dois elementos estar situados numa mesma localidade, não é raro que se localizem em países diversos, cabendo a cada ordenamento nacional optar, para fins de incidência tributária, por um ou outro critério, ou mesmo por ambos.[28]

Não bastassem as dificuldades existentes para a busca de definição do critério da fonte, nota-se que o conceito de fonte de pagamento faz menção a outro elemento de conexão: qual a *residência* da pessoa que arcou com determinado dispêndio? Isto acaba por tornar ainda mais problemática a estipulação do local onde se encontra a fonte de ganhos ou rendimentos, haja vista que os conceitos de residência variam de país para país, havendo a possibilidade de tanto pessoas físicas como pessoas jurídicas possuírem dupla (ou múltiplas) residência(s), a depender dos critérios contidos nas variadas legislações domésticas existentes. Neste contexto, importância deve ser atribuída aos tratados contra a dupla tributação, cujo art. 4º dos que seguem a Convenção Modelo da OCDE, da ONU ou dos Estados Unidos possui o condão de estipular de onde a pessoa física ou jurídica será considerada residente, em situação em que dois Estados clamam pela sua residência.

Buscando conferir maior precisão conceitual ao local onde foi produzida a renda, Eric Kemmeren propõe uma análise baseada, em particular, na relação econômica com o Estado em questão. Partindo da premissa de que renda apenas é produzida se uma pessoa utiliza os fatores de produção "trabalho" e "capital", estatui o autor que a tributação da renda deveria estar relacionada, sempre que possível, ao território em que esses fatores são utilizados.[29] Esta também foi a conclusão alcançada por Heleno Tôrres quando aplicou esses mesmos conceitos ao ordenamento jurídico-tributário brasileiro com o objetivo de examinar em que local estaria situada a fonte de produção da renda.[30]

No Brasil, a consolidação dos fundamentos legais para a imposição de Imposto de Renda sobre não-residentes com base no critério da fonte está primordialmente disposta nos arts. 682 e 685 do Regulamento do Imposto de Renda – RIR/1999 (Decreto n. 3.000/1999):

> Art. 682. Estão sujeitos ao imposto na fonte, de acordo com o disposto neste Capítulo, a renda e os proventos de qualquer natureza *provenientes de fontes* situadas no País, quando percebidos: (...) (destacamos).

> Art. 685. Os rendimentos, ganhos de capital e demais proventos *pagos*, creditados, entregues, empregados ou remetidos, *por fonte* situada no País, a pessoa física ou jurídica residente no exterior, estão sujeitos à incidência na fonte: (...) (destacamos).

Ao comentar a incidência na fonte de Imposto de Renda sobre rendimentos de residentes do exterior, Alberto Xavier destaca que o legislador, ao redigir os arts. 682 e 685 do RIR/1999, utilizou as expressões "rendimentos *provenientes de fontes* situadas no país" e "rendimentos *pagos por fontes* situadas no país" nas acepções de, respectivamente, fonte de produção e fonte de pagamento, *in litteris*: "A 'proveniência' da fonte alude à fonte de produção, fonte econômica ou fonte objetiva, que é a origem da renda, ou seja, a atividade, bem ou direito de que resulta; o 'pagamento' pela fonte alude à fonte de pagamento, fonte financeira ou fonte subjetiva,

28. Luís Eduardo Schoueri, ob. cit. (nota 12), p. 343.

29. Ob. cit. (nota 8), p. 431.
30. Ob. cit. (nota 5), pp. 122-125.

que é a pessoa que efetua o pagamento da renda ao seu titular".[31]

Eis a razão segundo a qual se afirma que a combinação dos dois artigos citados indicaria que *em regra* é exigida, para a tributação de não-residentes, a combinação de dois elementos de conexão vinculados à fonte: fonte de produção e fonte de pagamento.[32-33]

A regra de cumulação de fonte de produção e de fonte de pagamento possui exceções.

A primeira delas se encontra disposta no art. 6º do Decreto-lei n. 1.418/1975, o qual disciplinou a incidência de Imposto de Renda sobre serviços prestados por não-residentes "independentemente da forma de pagamento e do local e data em que a operação tenha sido contratada, os serviços executados ou a assistência prestada". Em razão de ter sido estipulado pelo legislador que a tributação independe do local onde os serviços são executados, exige-se apenas a fonte de pagamento localizada no Brasil para fins de imposição tributária sobre não-residentes prestadores de serviços.

A outra exceção encontra-se disciplinada no art. 26 da Lei n. 10.833/2003, que, regulando tema relativo à matéria de responsabilidade tributária, asseverou que o residente ou domiciliado no exterior estará sujeito à tributação brasileira se auferir ganho de capital na alienação de ativo localizado no Brasil (fonte de produção nacional), independentemente da localização do adquirente (fonte pagadora nacional ou estrangeira).

31. Ob. cit. (nota 9), p. 510.

32. Cf. Luís Eduardo Schoueri, ob. cit. (nota 12), pp. 339-340.

33. Sem que haja qualquer mácula no raciocínio acima desenvolvido, importante se faz mencionar que os textos legais que embasaram o art. 682 do RIR/1999 – o art. 97 do Decreto-lei n. 5.844/1943 e o art. 17, § 3º, da Lei n. 3.470/1958 – não contêm a expressão "provenientes de", muito embora o último dispositivo mencionado faça menção a rendimentos "produzidos" no País.

À polêmica da tributação dos ganhos de capital de não-residentes voltaremos na seção derradeira deste estudo. Para que possamos focar novamente nossa atenção no caso *Agassi*, é suficiente que tenhamos claro que a despeito de o conceito de fonte ser deveras impreciso, a comunidade internacional tomou o critério da fonte de produção como sendo absolutamente legítimo para fins de imposição tributária, o que é adotado por legislações domésticas nacionais.

VI – Caso "Agassi": a decisão

Em seção ocorrida em 17 de maio de 2006, detiveram-se no julgamento do caso *Agassi* cinco membros da *House of Lords*: Nicholls of Birkenhead, Hope of Craighead, Scott of Foscote, Walker of Gestingthorpe e Mance. Por maioria de votos, ficou decidido que os pagamentos feitos por Nike e Head em consonância com os dois contratos de patrocínio firmados com a empresa detida por Andre Agassi eram tributáveis de acordo com a legislação tributária britânica.

Com vistas a justificar a imposição tributária, o Fisco britânico se baseou primordialmente na seção 555 do *Income and Corporation Act* de 1988. O referido dispositivo exige a tributação de rendimentos de pessoas que são artistas ou esportistas e desenvolvem atividades no Reino Unido, independentemente de sua residência. Para tanto, basta que sejam performadas por tais pessoas atividades comerciais ou relacionadas a sua profissão ou vocação, requerendo o mencionado dispositivo que a fonte pagadora retenha o imposto exigido pela legislação britânica.

Em razão dessas previsões legislativas, a discussão travada na *House of Lords* tangenciou diversos pontos deveras interessantes.

Algumas das questões levantadas pelo Lorde Scott of Foscote em seu voto foram: (i) estava Andre Agassi desenvolvendo atividades no Reino Unido?; (ii) poderiam os rendimentos pagos por Nike e Head serem considerados decorrentes das atividades porventura lá desenvolvidas?; (iii) quando a legislação britânica menciona rendimentos decorrentes do desenvolvimento de atividades por uma pessoa, poderia o Fisco britânico querer tributar quantias pagas a pessoas jurídicas no exterior (*i.e.*, a empresa detida pelo ex-tenista)?; (iv) existiriam problemas concernentes à praticabilidade no que toca à imposição fiscal sobre artistas ou esportistas não-residentes que não possuem qualquer ativo no Reino Unido?

Muitas dessas questões envolvem diretamente a aplicação prática dos dispositivos contidos na legislação britânica, o que não é escopo deste estudo. No entanto, antes de adentrarmos na questão-chave concernente à existência ou não de fonte no Reino Unido, cumpre apenas fazer menção às conclusões alcançadas pelos julgadores com relação a alguns dos pontos acima suscitados.

O posicionamento do Lorde Scott of Foscote, seguido pelos Lordes Nicholls of Birkenhead e Hope of Craighead, foi de que embora a regra pareça exigir retenção na fonte sobre rendimentos percebidos diretamente pelo artista ou esportista, isto não seria suficiente para afastar a sujeição à tributação britânica dos proventos auferidos pela empresa detida por Andre Agassi.

Em contrapartida, o Lorde Mance ponderou pelo afastamento de qualquer responsabilidade tributária para fontes pagadoras situadas fora do Reino Unido, mantendo, no entanto, a sujeição de Andre Agassi à tributação neste caso.

Voto contrário proferiu o Lorde Walker of Gestinghorpe, para quem, considerando que a legislação prevê que o Imposto de Renda nessas situações somente seja aplicável em sua modalidade de retenção na fonte, a interpretação de haver obrigatoriedade de que pessoas residentes de outros países retenham e recolham imposto ao Tesouro britânico iria contra a sistematicidade do texto legislativo e também colidiria com a intenção do Parlamento.

Independentemente do resultado do julgamento no que concerne às particularidades exigidas pela legislação britânica, cabe-nos analisar se haveria conexão entre os rendimentos percebidos por Andre Agassi – na realidade, pela empresa por ele detida – e o território do Reino Unido.

Como outrora vimos, basta a existência de um elemento de conexão para que qualquer país possua jurisdição fiscal sobre determinado fato econômico. No caso *Agassi*, o critério que parece indicar alguma conexão com o território britânico é a fonte, assimilada não na acepção de fonte de pagamento – afinal, as fontes pagadoras estão domiciliadas nos Estados Unidos –, mas na sua vertente de fonte de produção.

Nada obstante tenha havido conclusões dissonantes nos votos proferidos na *House of Lords*, não houve qualquer divergência sobre um ponto fulcral ao nosso estudo: para os Lordes, os pagamentos feitos por Head e Nike certamente tinham conexão com a atividade desenvolvida pelo extenista no Reino Unido.

Com efeito, verbas de patrocínio vinculadas à utilização de materiais e equipamentos esportivos para fins de divulgação das marcas localmente e no exterior estão estritamente relacionadas ao acesso a um mercado que possibilite essa exposição dos produtos. Vultosos montantes de patrocínio apenas foram desembolsados por Nike e Head porque se tinha conhecimento de que Andre Agassi disputaria importantes torneios no circuito profissional. Caso as referidas empresas soubessem de antemão que o ex-tenista, por hipótese, não disputaria qualquer torneio numa temporada em decorrência de contusão sofrida, jamais acordariam o pagamento de verbas de patrocínio, ao menos não na quantia efetuada.

Ante os fatos narrados e os conceitos desenvolvidos ao longo deste estudo, julgamos que a *House of Lords* agiu com absoluta retidão ao declarar que a fonte de produção dos rendimentos de patrocínio auferidos por Andre Agassi era a localidade em que este efetuava aparições, inclusive para fins de disputa de torneios.

Pode-se questionar se a efetiva submissão do ex-tenista à tributação britânica pode ser extraída da interpretação dos dispositivos então vigentes, bem como se essa imposição seria a mais adequada sob um ponto de vista de política fiscal. Entretanto, não resta dúvida de que existia jurisdição fiscal para que o Reino Unido tributasse esses rendimentos, não havendo limitação a que lei preveja a referida tributação (*jurisdiction to prescribe*) e a que o Fisco efetue a cobrança do crédito tributário emergente (*jurisdiction to enforce*), desde que dentro dos limites do território britânico.

Por fim, mencione-se que chegou a ser alegado pela defesa de Andre Agassi que o afirmado por James LJ no caso *Ex parte Blain*, de 1879, onde expressou que a "legislação inglesa (...) é aplicável apenas para assuntos ingleses ou para estrangeiros que, tendo vindo para este país, por um longo ou curto período, tornaram-se neste período sujeitos à jurisdição inglesa",[34] demonstraria a impossibilidade de qualquer tributação pelo Fisco britânico nesta situação. Este falacioso argumento da defesa do ex-tenista, no entanto, foi logo desfeito pelo Lorde Scott of Foscote, que, fazendo menção ao voto do Lorde Scarman no caso *Oceanic Contractors*, de 1983, afirmou que a jurisdição fiscal britânica nunca esteve exclusivamente limitada a nacionais ou estrangeiros residentes do Reino Unido, o que, por conseguinte, não impede de forma alguma a tributação sobre não-residentes.

VII – Celeuma injustificada: ganhos de capital de não-residentes

O art. 18 da Lei n. 9.249/1995 estatui que o ganho de capital auferido por não-residentes será apurado e tributado conforme as regras aplicáveis aos residentes do País. Embora o legislador não tenha esclarecido de forma cristalina a quais regras relativas a pessoas residentes estava se referindo, se às regras aplicáveis às pessoas físicas ou se às regras que disciplinam os ganhos de capital de pessoas jurídicas, em razão de os não-residentes sofrerem tributação analítica (*i.e.*, incidência sobre itens de ganho ou rendimento, e não sobre a renda total auferida, de maneira sintética), a interpretação predominante foi de que a equiparação existente é entre não-residentes e pessoas físicas residentes, as quais também são tributadas analiticamente quanto aos ganhos de capital.[35]

Ocorre que as regras concernentes à incidência de Imposto de Renda sobre ganhos de capital de pessoas físicas residentes, dispostas no art. 3º da Lei n. 7.713/1988, expressam que "a tributação independe da denominação dos rendimentos, títulos ou direitos, da localização, condição jurídica ou nacionalidade da fonte, da origem dos bens produtores da renda, e da forma de percepção das rendas ou proventos, bastando, para a incidência do imposto, o benefício do contribuinte por qualquer forma e a qualquer título". A questão que se coloca preliminarmente é se poderia o Fisco brasileiro exigir tributação sobre ganhos de capital de pessoas não-residentes que alienam a outras pessoas não-residentes ativos não localizados no Brasil.

Em consonância com o que já foi densamente explicitado, a resposta a essa indagação não poderia ser outra que não a negativa. Faltaria ao Brasil jurisdição para

34. No original: "(...) English legislation (...) is applicable only to English subjects or to foreigners who by coming into this country, whether for a long or short time, have made themselves during that time subject to English jurisdiction (...)".

35. Este também é o posicionamento das autoridades fiscais, expresso na Instrução Normativa SRF n. 208/2002: "Art. 26. A alienação de bens e direitos situados no Brasil realizada por não-residente está sujeita à tributação definitiva sob a forma de ganho de capital, segundo as normas aplicáveis às pessoas físicas residentes no Brasil".

disciplinar fiscalmente relações desse jaez, porquanto estaria ausente vinculação suficiente para autorizar eventual tributação brasileira. Esta impossibilidade de tributação sem a existência de elemento de conexão ficou esclarecida pelo art. 26 da Lei n. 10.833/2003, o qual dispôs que em alienações ocorridas entre não-residentes, apenas será devido Imposto de Renda às autoridades nacionais se o objeto da alienação for ativos localizados no território brasileiro, *verbis*:

> Art. 26. O adquirente, pessoa física ou jurídica residente ou domiciliada no Brasil, ou o procurador, quando o adquirente for residente ou domiciliado no exterior, fica responsável pela retenção e recolhimento do imposto de renda incidente sobre o ganho de capital a que se refere o art. 18 da Lei n. 9.249, de 26 de dezembro de 1995, auferido por pessoa física ou jurídica residente ou domiciliada no exterior que alienar bens localizados no Brasil.

Insurgiram-se vozes na doutrina clamando que a tributação de ganhos de capital advindos de negócio praticado entre partes domiciliadas no exterior seria absolutamente contrária ao Direito, ainda que tal negócio se refira a bem localizado no Brasil. Esta celeuma adquiriu especial relevo na discussão de ganhos auferidos na alienação de participação societária. Dentre os que sustentam essa posição, destaque deve ser conferido aos trabalhos publicados por Gerd Rothmann sobre o tema, tributarista que também vislumbra problemas na forma como o legislador exigiu essa incidência, com a eleição do procurador do adquirente como responsável pelo recolhimento de Imposto de Renda sobre os aludidos ganhos de capital.[36-37]

Afirma Gerd Rothmann ser internacionalmente reconhecido o direito de os Estados tributarem, na fonte, rendimentos e ganhos de capital auferidos no seu território por não-residentes, mas condiciona esse direito à presença cumulativa da fonte de produção e da fonte de pagamento, pois a existência exclusiva do critério da fonte de produção não seria suficiente. Prossegue seu raciocínio expressando que se não houver fluxo monetário do Estado da Fonte para o Estado da Residência, a tributação por aquele se torna "economicamente infundada, juridicamente ilegítima e praticamente inviável".[38]

Com a devida vênia ao insigne professor, julgamos que esses argumentos não procedem. Em âmbito internacional, inclusive em tratados contra a dupla tributação, não se olvida que o critério do *situs* é em tese suficiente para a tributação, pelo Estado da Fonte, de ganhos decorrentes da alienação de propriedade imobiliária, independentemente de a fonte de pagamento estar localizada nesse Estado. No âmbito da OCDE, o Estado da Fonte tem inclusive o direito primário de tributação dos ganhos decorrentes da alienação de participação societária que possua mais de 50% de seu valor oriundo, direta ou indiretamente, de propriedade imobiliária nele situada. Não vislumbramos qualquer razão de ordem de soberania fiscal – o que em

36 Cf. Gerd W. Rothmann, "Tributação internacional sem sujeito passivo: uma nova modalidade de imposto de renda sobre ganhos de capital?", in Valdir de Oliveira Rocha (org.), *Grandes Questões do Direito Tributário*, v. 10, São Paulo, Dialética, 2006, pp. 106-161; "Tributação dos ganhos de capital nas relações internacionais: sujeito passivo fazendário, judicial ou legal?", in *Revista de Direito Tributário Internacional* 8/51-72, São Paulo, Quartier Latin, 2008.

37. Foge ao escopo deste artigo a análise acurada de se haveria algum problema de natureza jurídica na eleição do procurador do adquirente como responsável tributário nessas hipóteses. Todavia, isto não nos impede de deixar expressa a nossa posição de que tal sujeição passiva está em plena consonância com o ordenamento tributário brasileiro, visto que, além de o adquirente (e consequentemente seu procurador no Brasil) possuir plena vinculação com o fato gerador, é ele quem manterá vínculos com o Fisco nacional após a aquisição da participação societária, podendo, pois, ser executado por eventual crédito tributário para com a Fazenda que não tenha sido liquidado.

38. Ob. cit. (nota 7), pp. 130-131.

muito difere de política fiscal, ressalve-se de imediato – para que no caso de participações societárias que não se enquadrem na situação acima mencionada a aplicação do critério da fonte seja diferente.

Destarte, estando a fonte de produção localizada num dado Estado, não se admite que um regime tributário internacional tal como preconizado por Avi-Yonah exija a presença cumulativa da fonte de pagamento para que uma nação possa impor tributação sobre não-residentes.[39] É isto, aliás, que o caso *Agassi* nos demonstra.

Com efeito, a doutrina internacional parece atribuir maior relevância ao critério da fonte de produção, deixando em plano secundário o critério da fonte de pagamento. Eric Kemmeren é um dos autores que prestigiam a busca pela real origem da renda, caracterizada pelo local onde foi produzida. Assevera, assim, que o Estado em que está situada a fonte de produção tem pleno poder para tributar dado ganho ou rendimento, haja vista que, segundo o tributarista holandês, a fonte de pagamento não reflete *per se* a causa pela qual a renda foi gerada. Com isto, reconhece que em relação a propriedades tangíveis o critério da fonte justificaria a atribuição de jurisdição fiscal para o Estado em que elas estão localizadas, citando como exemplo propriedades imobiliárias e ações ou títulos.[40]

Poder-se-ia de outro modo alegar que a fonte de produção do ganho de capital decorrente da alienação das participações societárias estaria no local onde estão situados certificados que as representam – na hipótese ora tratada, com o alienante não-residente –, o que implicaria a ausência de elemento de conexão no Brasil. Alegação dessa estirpe também nos parece ser incabível. Não há que se cogitar que nesta hipótese o ganho de capital não é produzido no Brasil.

Isto porque o preço de alienação da participação societária estará estritamente vinculado a bens e direitos detidos pela pessoa jurídica brasileira e/ou à expectativa de lucros futuros decorrentes de operações de tal entidade. É disto que se extrai o preço que o adquirente estará disposto a pagar. Quanto maior a solidez da pessoa jurídica no Brasil, maior será o ganho de capital auferido pelo não-residente. Um mero certificado detido por não-residente não tem valor econômico em si, no papel em que está corporificado, mas apenas porque representa a participação societária brasileira. A fonte de produção de eventual ganho na disposição do capital investido nesta situação está, pois, indubitavelmente, no Brasil.

Não se quer defender que um Estado deva efetivamente exercer seu poder tributante sobre ganhos de capital auferidos por não-residentes, em negociações de participações societárias efetuadas com outros não-residentes. A comunidade internacional procura evitar esse tipo de imposição tributária, notadamente quando o valor da participação societária não decorre prioritariamente de bens imóveis situados no Estado da Fonte, o que resta evidenciado no art. 13 das Convenções Modelo mais utilizadas pelos países ao negociar tratados contra a dupla tributação. Não obstante, há que se delinear com precisão a diferença entre soberania e política fiscal.

A título ilustrativo, mencione-se que o Governo brasileiro, na negociação de seus pactos internacionais, permitiu apenas no tratado firmado com o Japão que fosse retirada a competência do Estado da Fonte para tributar ganhos de capital auferidos por não-residentes na alienação de ações relativas a empresas localizadas em seus territórios. Nos demais tratados, em que não foram seguidos os ditames da Convenção Modelo da OCDE no que toca a esse tema, não há que se falar que o Brasil teria ultrapassado a sua soberania fiscal; houve, apenas, a adoção de política fiscal que o

39. Ob. cit. (nota 10), p. 1.
40. Ob. cit. (nota 8), p. 433.

Governo brasileiro julgava ser a que mais atendia aos seus interesses.

Dessa mesma maneira assimilamos a edição da Lei n. 10.833/2003: exercício de política fiscal legitimamente embasada na soberania fiscal brasileira relativa a essa matéria.

Até por uma questão de praticabilidade, as legislações internas de muitos países procuram evitar a imposição tributária sobre não-residentes em situações em que a fonte de pagamento não está localizada em território nacional. O pensamento adotado é uniforme: se o Estado não materialmente enxerga o fluxo de riquezas quando a fonte de pagamento está no exterior, como exigir parte desse fluxo monetário? Aqui não se trata do reconhecimento de ausência de soberania fiscal, mas apenas do exercício de política fiscal dentro dos limites existentes.

Exemplo nesse sentido é o Canadá, em que os não-residentes são tributados pelo Imposto de Renda sobre qualquer alienação de "propriedade canadense tributável" (*taxable Canadian property*), conceito este que em princípio compreende ações de sociedades domiciliadas no Canadá.[41] Entretanto, naquele país a atuação da política fiscal sobre a legislação tributária produziu dispositivo segundo o qual o não-residente terá seus ganhos de capital tributados no Canadá apenas se o adquirente (fonte pagadora) estiver domiciliado naquele país.[42]

Por tudo que foi demonstrado ao longo deste estudo, seja com a teoria que envolve argumentos doutrinários seja com o pragmatismo inerente à análise de casos, o debate que se instaurou acerca do tema ora comentado parece-nos uma celeuma carecedora de justificação mais consistente. O Brasil possui jurisdição para editar dispositivo que vise a tributar ganhos de capital nesta hipótese (*jurisdiction to prescribe*) e, com a imposição de responsabilidade tributária ao procurador da pessoa que manterá estreitos vínculos com o Fisco brasileiro antes e depois da negociação da aquisição de participação societária, o Brasil também possui jurisdição para executar o crédito tributário (*jurisdiction to enforce*). Ficam atendidas, pois, as duas facetas da jurisdição fiscal. Todavia, saliente-se novamente que isto em nenhum momento quer significar que esta seria a mais adequada política fiscal a ser adotada pelo Governo brasileiro.

VIII – Conclusões

Pode-se concluir que o critério da fonte, conquanto careça de maior precisão conceitual em muitos ordenamentos jurídico-tributários, justifica a tributação de fatos dotados de conteúdo econômico que tiverem relação com o território de uma nação. Isto é ainda mais patente quando se está diante da fonte de produção em um dado Estado, onde há o exercício de atividade que efetivamente acarreta a geração de renda.

Não há na comunidade internacional a imposição de que a fonte de produção venha necessariamente acompanhada da fonte de pagamento para fins de incidência tributária. Pelo contrário, o elemento "fonte de produção" é considerado mais legítimo do que o elemento "fonte de pagamento" quando se discute a tributação baseada no critério da fonte. Diante disso, estando a fonte de produção localizada em um dado país, este possui plena soberania fiscal para tributar os ganhos e rendimentos decorrentes do exercício da atividade econômica produtora de renda.

Embora tenha havido divergências nos votos proferidos na *House of Lords* relativamente ao caso *Agassi*, elas se cingiram a aspectos peculiares da forma como

41. Da mesma forma, o Fisco australiano tem o poder legislativamente conferido de tributar os ganhos de capital de não-residentes decorrentes da alienação de ativos que tenham "conexão necessária com a Austrália" (*necessary connection with Australia*), conceito este que também é tomado numa acepção ampla.

42. Cf. Alex Easson, ob. cit. (nota 21), p. 498.

se dava a exigência tributária pela legislação britânica sobre rendimentos de não-residentes percebidos de fontes pagadoras no exterior. O cerne do precedente jurisprudencial em questão não foi em nenhum momento colocado em dúvida: o Fisco britânico, os advogados de defesa de Andre Agassi e os Lordes que votaram neste caso anuíram que o Reino Unido era a fonte de produção dos rendimentos auferidos pelo ex-tenista em razão de contratos de patrocínio firmados com empresas domiciliadas nos Estados Unidos.

Essa decisão proferida em meados de 2006 está em plena consonância com o melhor entendimento doutrinário sobre a matéria, o que implica dizer que a Lei n. 10.833/2003, embora possa ser criticada sob um ponto de vista de política fiscal, não o pode quanto a uma suposta exacerbação de soberania fiscal pelo Governo brasileiro, haja vista que ganhos de capital auferidos por não-residentes, provenientes da alienação de ativos localizados em território brasileiro, claramente possuem como fonte de produção o Brasil. Este fato, sem sombra de dúvida, possibilita a imposição de Imposto de Renda sobre os ganhos desses não-residentes, ainda que o adquirente não esteja aqui domiciliado.

ESTUDOS & COMENTÁRIOS

PLANEJAMENTO TRIBUTÁRIO POR MEIO DE ACORDOS DE BITRIBUTAÇÃO (*TREATY SHOPPING*) – "CASO PRÉVOST" E CONCEITO DE "BENEFICIÁRIO EFETIVO"

RODRIGO DE FREITAS
Mestrando em Direito Econômico, Financeiro e Tributário pela USP. Advogado em São Paulo.

Introdução. 1. Análise do "Caso Prévost" – Colocação do problema. 2. Conceito de "treaty shopping". 3. Combate ao "treaty shopping" por meio de normas contra o abuso de formas. 4. Combate ao "treaty shopping" com a utilização do direito interno: 4.1 Críticas à utilização do direito interno para o controle do "treaty shopping"; 4.2 Poderia o Brasil combater o "treaty shopping" unilateralmente? 5. Medida bilateral de controle – Conceito de beneficiário efetivo ("beneficial ownership"). 6. Análise dos fundamentos da decisão no "Caso Prévost". Conclusões.

Introdução

No atual contexto econômico das relações internacionais, verifica-se que cada vez mais ganha importância a celebração de acordos de bitributação, uma vez que se torna importante o estabelecimento de regras claras para se eliminar ou reduzir os efeitos da bitributação internacional. Com efeito, ao celebrar esses acordos, os Estados contratantes abrem mão de parte de sua capacidade tributária ativa, repartindo suas competências tributárias sobre determinados rendimentos.

Ocorre que, para se valer dos benefícios tributários previstos nestes acordos, é possível que investidores (não inicialmente abrangidos nos acordos) promovam o planejamento tributário internacional denominado *treaty shopping*, por meio do qual tais investidores constituem uma interposta pessoa em um terceiro país, para fruir os benefícios tributários do acordo por ele celebrado.

Esta prática costuma ser combatida pelos Estados signatários dos acordos, uma vez que estende a aplicação de determinado benefício fiscal a um investidor não abrangido pelo acordo, por não ser residente de nenhum dos Estados contratantes.

No presente trabalho, pretende-se analisar a aplicabilidade das *normas internas* de controle ao planejamento tributário quando se fala em *treaty shopping* (medidas unilaterais), bem como analisar as normas de controle geralmente adotadas nos *acordos de bitributação* que seguem o modelo da OCDE (medidas bilaterais), por meio do instituto do "beneficiário efetivo" (*beneficial owner*).

Como pano de fundo do presente estudo, será analisado o "Caso Prévost" recentemente julgado pela *Federal Court of Appeal* do Canadá, no qual se discutiu o conceito de beneficiário efetivo e a aplicabilidade das normas internas sobre o controle do planejamento tributário.

1. Análise do "Caso Prévost" – Colocação do problema

Para a análise do planejamento tributário internacional por meio de acordos de bitributação, no que tange ao conceito de beneficiário efetivo, passa-se a analisar o "Caso Prévost" (*Prévost Car Inc.* v. *Her Majesty The Queen* – Docket: A-252-08; Citation: 2009 FCA 57), julgado pela *Federal Court of Appel* no Canadá, em 26 de fevereiro de 2009.

No caso em tela, foi analisada uma operação de *remessa de dividendos* por uma subsidiária integral residente no Canadá (Prévost Car Inc. – "Prévost") para sua controladora residente na Holanda (Prévost Holding B. V. – "*Holding*"). A *Holding*, por sua vez, repassava a maior parte de seus rendimentos aos seus acionistas: (i) a Volvo Bussar Corporation ("Volvo"), residente na Suécia; e (ii) a Henlys Group plc ("Henlys"), residente na Inglaterra.

A alíquota interna do Canadá sobre dividendos distribuídos é de 25% (vinte e cinco por cento). Contudo, nos termos do acordo de bitributação celebrado entre o Canadá e a Holanda, os dividendos remetidos pelo residente de um Estado contratante (Estado da Fonte) ao residente do outro Estado Contratante, somente poderiam ser tributados no Estado da Fonte a no máximo 5% (cinco por cento).

Com feito, no presente caso, os dividendos distribuídos pela Prévost à *Holding* somente foram tributados pelo imposto de renda na fonte à alíquota de 5%. Confira-se o quadro ilustrativo abaixo:

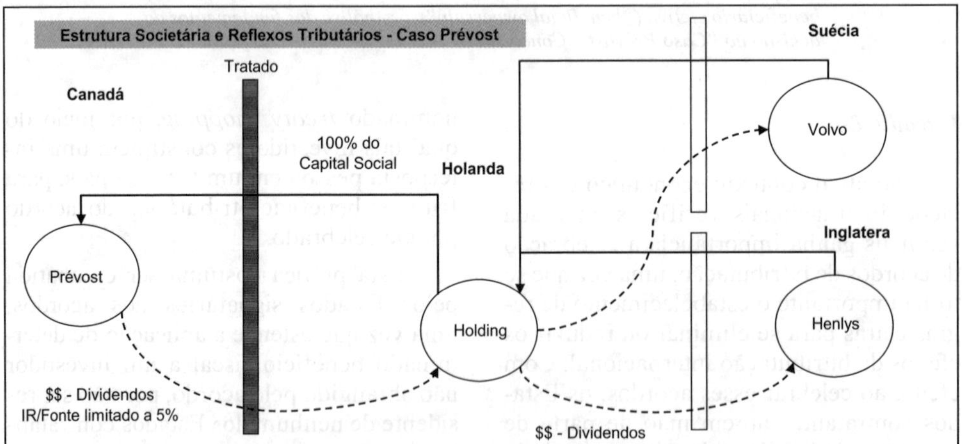

A regra de repartição de competências no âmbito do acordo, que limita a tributação dos dividendos pelo Estado da Fonte, como a aplicável ao caso em tela, obedece ao seguinte Modelo da OCDE:[1]

1. Confira-se na redação atual (redação de 17.7.2008): "Article 10. *Dividends* – 1. Dividends paid by a company which is a resident of a Contracting State to a resident of the other Contracting State may be taxed in that other State. 2. However, such dividends may also be taxed in the Contracting State of which the company paying the dividends is a

1. Os dividendos pagos por uma sociedade residente de um Estado Contratante a um residente do outro Estado Contratante poderão ser tributados nesse outro Estado.

2. Entretanto, esses dividendos poderão ser igualmente tributados no Estado Contratante do qual a sociedade que paga os dividendos for residente, em conformidade com a legislação desse Estado, *mas, se o beneficiário efetivo dos dividendos é residente do outro Estado Contratante, o imposto assim exigido não poderá exceder*:

a) 5 por cento do montante bruto dos dividendos, se o beneficiário efetivo for uma sociedade (que não uma sociedade de pessoas – *partnership*) que detenha, diretamente, no mínimo 25 por cento do capital da sociedade que paga os dividendos;

b) 15 por cento do montante bruto dos dividendos em todos os demais casos.

Portanto, a limitação para a cobrança do imposto pelo Estado da Fonte (no caso 5%) somente será aplicável caso a sociedade que os receber seja o "beneficiário efetivo". No caso em tela, a Coroa (*Her Majesty the Queen*) entendeu que não se aplicaria o acordo Canadá/Holanda, uma vez que a *Holding* residente na Holanda seria uma "empresa-canal" (*conduit company*) para o recebimento de rendimentos por suas controladoras Volvo (residente na Suécia) e Henlys (residente na Inglaterra). Ressalte-se que, não fosse essa *Holding* localizada na Holanda, a Volvo e Henlys não teriam direito aos benefícios do acordo Canadá/Holanda.

No caso em tela, a Coroa entendeu que o IR/Fonte incidente sobre os dividendos pagos deveria ter sido cobrado às alíquotas de *15% para a Volvo* (nos termos do Acordo Canadá/Suécia) e *10% para a Henlys* (nos termos do Acordo Canadá/Inglaterra).

No julgamento proferido pela *Federal Court of Appeal*, foi analisado (i) o conceito de "beneficiário efetivo" para fins de aplicação do acordo de bitributação, bem como (ii) qual é a importância das normas de direito interno para fins de controle do *treaty shopping*.

Antes de analisar os argumentos apresentados pelas autoridades canadenses, bem como os fundamentos da decisão proferida pela Corte canadense, passa-se a tecer algumas considerações sobre o conceito de *treaty shopping*.

2. Conceito de "treaty shopping"

O *treaty shopping*[2] pode ser considerado como uma hipótese de planejamento tributário internacional, por meio da utilização de acordos de bitributação. Este planejamento tributário tem como característica a busca de benefícios concernentes a determinado acordo de bitributação, embora o investidor, beneficiário do rendimento, não seja residente dos Países signatários.[3]

resident and according to the laws of that State, but if the beneficial owner of the dividends is a resident of the other Contracting State, the tax so charged shall not exceed: a) 5 per cent of the gross amount of the dividends if the beneficial owner is a company (other than a partnership) which holds directly at least 25 per cent of the capital of the company paying the dividends; b) 15 per cent of the gross amount of the dividends in all other cases".

2. "Nasceu a expressão *treaty shopping* de uma analogia com *forum shopping*, conceito comum em direito internacional privado, que consiste na prática pelas partes de um contrato internacional de sair em busca de um foro (ou em certos casos uma legislação aplicável a um negócio jurídico internacional) que lhes seja mais favorável, manobrando os elementos de conexão para viabilizar a jurisdição escolhida, que regra geral não seria competente para conhecer a matéria" (Marcelo Hermes Huck, *Evasão e Elisão: Rotas Nacionais e Internacionais do Planejamento Tributário*, São Paulo, Saraiva, 1997, p. 249).

3. "El *Treaty Shopping*, en suma, consiste en crear la situación propicia para obtener ventaja de las provisiones de un tratado por parte de una persona que no es residente en ninguno de los Estados signatarios, mediante una entidad dentro del territorio de alguno de ellos" (Tulio Rosenbuj, "*Treaty Shopping*: el abuso de tratado", in Victor Uckmar (org.), *Corso di Diritto Tributario Internazionale*, 2ª ed., Padova, CEDAM, 2002, p. 704).

Com efeito, no desiderato de obter uma economia fiscal em uma determinada transferência internacional de rendimentos, o investidor cria uma estrutura societária/negocial com a interposição de uma pessoa ou um estabelecimento permanente entre a fonte do rendimento e o beneficiário efetivo, de modo a fruir o benefício tributário decorrente da aplicação de um acordo de bitributação. Assim, este sujeito que em princípio não participaria dos benefícios de um determinado acordo de bitributação, utiliza uma interposta pessoa constituída apenas para se valer do acordo internacional que não seria a ele aplicável.[4]

Trata-se, portanto, de um problema de "qualificação subjetiva": qualificação de residentes para fins dos acordos de bitributação. O Prof. Heleno Tôrres ressalta a importância de se destacar a natureza subjetiva do problema de qualificação no *treaty shopping*. Isto para que se possa distingui-lo do *rule shopping*, que se refere a um problema de "qualificação objetiva".[5]

No *rule shopping*, os sujeitos são efetivamente beneficiários do acordo de bitributação, mas promovem estratégias para mudar a qualificação de um rendimento e com isso obter uma vantagem fiscal com a aplicação do acordo de bitributação.

Cite-se, por exemplo, o caso de *dividend stripping*, no qual o sujeito aliena uma participação acionária antes da distribuição dos dividendos que seriam devidos. Com isso, muda-se a natureza do rendimento recebido para fins de aplicação de um acordo de bitributação (o rendimento que seria recebido a título de dividendos será recebido a título de ganho de capital).

Por outro lado, o planejamento tributário internacional realizado por meio do *treaty shopping* consiste na aplicação de um acordo de bitributação a determinada transferência internacional de rendimentos, na qual o beneficiário deste rendimento cria uma estrutura que permita a *transferência da titularidade* desses rendimentos a uma interposta pessoa, residente no Estado contratante.

Apenas a título ilustrativo, confiram-se os seguintes exemplos de estruturas construídas com a finalidade de *treaty shopping* citadas pelo Prof. Luís Eduardo Schoueri:[6]

(i) *Constituição de "empresa-canal" ou "conduit company"*:

(a) uma sociedade controlada, residente no País B, paga dividendos para sua controladora residente no País A;

(b) o pagamento de dividendos para a controladora no País A está sujeito à tributação de 30% a título de IR/Fonte no País B (Estado da Fonte);

(c) nos termos do acordo de bitributação celebrado pelo País B com o País C, os dividendos remetidos aos residentes do País C estariam isentos de tributação;

(d) os dividendos recebidos no País C também não estão sujeitos à tributação pela legislação interna deste País;

(e) com efeito, a controladora no País A transfere a participação societária que possui para uma nova companhia subsidiária constituída no País C (NewCo – *conduit company*);

(f) o pagamento de dividendos para NewCo não são tributados no País B (Estado da Fonte) nos termos do acordo de bitributação celebrado com o País C;

(g) o lucro auferido pela NewCo no País C pode ser acumulado pela Controladora, reinvestido em outros países ou emprestados à própria controladora.

4. "Podemos, portanto, para fins do presente estudo, dizer que o *Treaty Shopping* ocorre quando, com a finalidade de obter benefícios de um acordo de bitributação, um contribuinte que, de início, não estaria incluído entre seus beneficiários, estrutura seus negócios, interpondo, entre si e a fonte do rendimento, uma pessoa ou um estabelecimento permanente, que faz jus àqueles benefícios" (Luís Eduardo Schoueri, *Planejamento Fiscal através de Acordos de Bitributação: "Treaty Shopping"*, São Paulo, Ed. RT, 1995, p. 21).

5. Heleno Tôrres, *Direito Tributário Internacional – Planejamento Tributário e Operações Internacionais*, 2ª ed. rev., atual. e ampl., São Paulo, Ed. RT, 2001, pp. 321 e ss.

6. Cf. ob. cit. (nota 4), pp. 24 a 26.

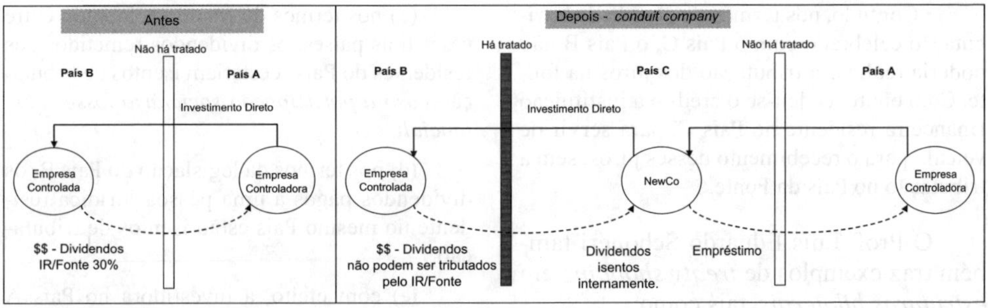

• Como se percebe do exemplo hipotético apresentado, caso a Empresa Controladora, residente no País A, recebesse os dividendos decorrentes do empréstimo feito à Empresa Controlada, residente no País B, haveria a tributação do IR/Fonte no País B (País da fonte) à alíquota de 30%.

• Contudo, aplicando-se o acordo de bitributação celebrado com o País C, o País B não poderia realizar a tributação dos dividendos na fonte. Com efeito, constituiu-se uma nova empresa (NewCo) para servir de veículo para o recebimento desses dividendos, sem a tributação no País da Fonte.

(ii) *Constituição de "empresa-trampolim" ou "stepping stone company"*:

(a) uma sociedade controlada residente no País B toma empréstimo da sua controladora residente no País A, por meio da emissão de notas promissórias;

(b) o pagamento de juros para controladora no País A está sujeito à tributação de 30% a título de IR/Fonte no País B (Estado da Fonte);

(c) os juros recebidos do exterior são isentos no País A;

(d) nos termos do acordo de bitributação celebrado pelo País B com o País C, os juros remetidos aos residentes do País C estariam isentos de tributação;

(e) com efeito, a controladora no País A transfere as notas promissórias para uma companhia constituída no País C (*v.g.*, uma instituição financeira – *stepping stone companie*);

(f) o pagamento de juros para instituição financeira (nova detentora dos direitos creditórios) não são tributados no País B (Estado da Fonte) nos termos do acordo de bitributação celebrado com o País C;

(g) o lucro a ser tributado pela instituição financeira no País C é muito pequeno, uma vez que as receitas decorrentes do recebimento de juros são anuladas com as despesas de pagamento de juros à Empresa residente no País A.

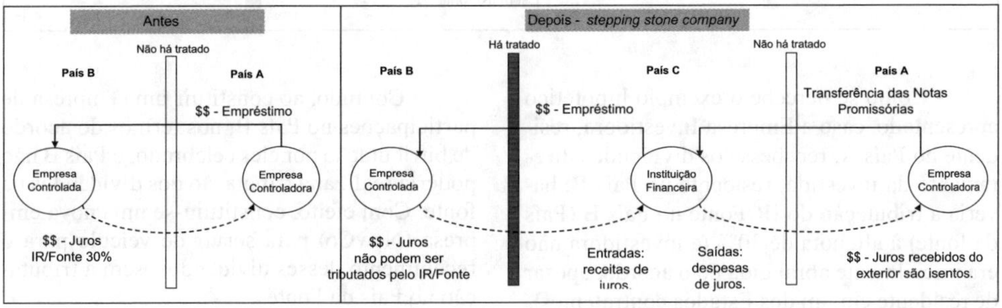

• Como se percebe do exemplo hipotético apresentado, caso a Empresa Controladora, residente no País A, recebesse os juros decorrentes do empréstimo feito à Empresa Controlada, residente no País B, haveria a tributação do IR/Fonte no País B (país da fonte) à alíquota de 30%.

• Contudo, nos termos do acordo de bitributação celebrado com o País C, o País B não poderia realizar a tributação dos juros na fonte. Com efeito, cedeu-se o crédito à instituição financeira residente no País C, para servir de veículo para o recebimento desses juros, sem a tributação no País da Fonte.

O Prof. Luís Eduardo Schoueri também traz exemplos de *treaty shopping* em *estruturas bilaterais*, tais como:

(i) *Constituição de empresa de participação nos mesmos países signatários ou "same country holding structure"*:[7]

(a) uma sociedade residente no País B paga dividendos para sua investidora residente no País A, que possui *pequena participação* no capital da empresa no País B;

(b) o pagamento de dividendos para a investidora no País A está sujeito à tributação de 30% a título de IR/Fonte no País B (Estado da Fonte);

(c) nos termos do tratado celebrado entre esses dois países, os dividendos remetidos aos residentes do País A estariam isentos de tributação *caso a participação societária fosse substancial*;

(d) nos termos da legislação do País B, os dividendos pagos a uma pessoa jurídica residente no mesmo País estão isentos de tributação;

(e) com efeito, a investidora no País A transfere a participação societária que possui para uma nova companhia subsidiária constituída no próprio País B (NewCo – *same country holding structure*);

(f) o pagamento de dividendos para NewCo não são tributados no País B nos termos da legislação interna;

(g) o pagamento de dividendos pela NewCo para a investidora no País A não são tributados no País B (Estado da Fonte) nos termos do acordo de bitributação.

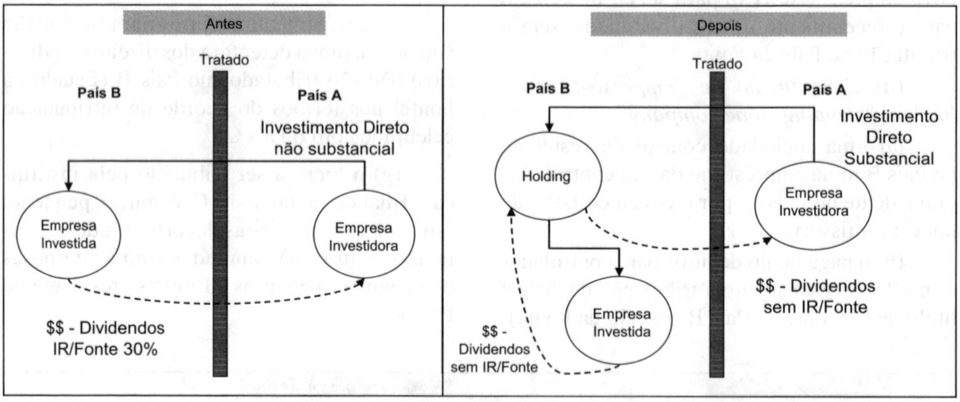

• Como se percebe o exemplo hipotético apresentado, caso a Empresa Investidora, residente no País A, recebesse os dividendos diretamente da investida, residente no País B, haveria a tributação do IR/Fonte no País B (País da fonte) à alíquota de 30% (a investidora não era inicialmente abrangida pelo acordo, apesar de residente em um dos Estados contratantes).

• Contudo, ao constituir uma empresa de participações no País B, nos termos do acordo de bitributação por eles celebrado, o País B não poderia realizar a tributação dos dividendos na fonte. Com efeito, constituiu-se uma nova empresa (NewCo) para servir de veículo para o recebimento desses dividendos, sem a tributação no País da Fonte.

Por fim, ressalte-se que também é possível falar em *treaty shopping* com a utilização de estabelecimentos permanen-

7. O "Caso Quinteto" também citado pelo Prof. Schoueri será abordado adiante, uma vez que já foi objeto de decisão pela Corte alemã.

tes como interposta pessoa (filial, sucursal e outros) para a gestão de participações societárias, conforme exemplo abaixo:

(ii) *Colocação de filial – Estabelecimento permanente*:

(a) os EUA denunciaram parte do acordo de bitributação com os Países Baixos no que tange à sua aplicabilidade às Antilhas Holandesas, consideradas paraíso fiscal, uma vez que permitia a tributação dos rendimentos provenientes dos EUA a 3%;

(b) com efeito, os investidores passaram a constituir uma sociedade na Holanda (que continuou abrangida pelo tratado), com uma filial nas Antilhas Holandesas;

(c) o lucro transferido por filiais do exterior não eram tributados na Holanda;

(d) assim, as filiais constituídas nas Antilhas Holandesas continuaram fruindo o benefício fiscal do acordo com os Países Baixos, uma vez que a destinatária dos lucros por elas auferidos era a sociedade residente na Holanda.

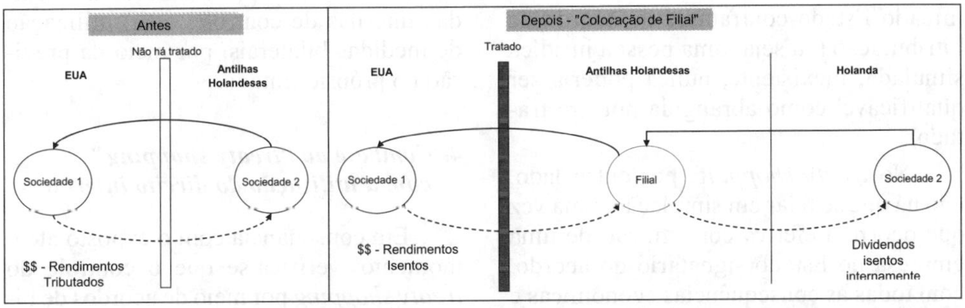

Ressalte-se ainda que a maior parte das relações comerciais internacionais é realizada entre empresas do mesmo grupo econômico. Assim, *paralelamente* ao planejamento tributário realizado por meio de tratados, também é comum o planejamento tributário decorrente da *transferência indireta de lucros* por meio de operações sujeitas aos preços de transferência. Ocorre que essas operações não são objeto apenas de transações contempladas por acordos de bitributação, motivo pelo qual não serão objeto do presente estudo.

Ante o exposto até o momento, bem como após a análise dos exemplos trazidos à colação, passa-se agora a discorrer acerca das formas de controle desse planejamento tributário internacional, por meio de acordos de bitributação.

3. Combate ao "treaty shopping" por meio de normas contra o abuso de formas

Conforme analisado anteriormente, o *treaty shopping* se dá, em regra, por meio da pesquisa da rede de tratados realizados por determinado país da fonte, que ofereça um tratamento tributário mais favorável a determinada operação de remessa internacional de rendimentos. Após a eleição do "melhor tratado" para fins tributários, cria-se uma interposta pessoa que será considerada residente em geral no país que não seja o da Fonte (qualificação subjetiva), uma vez que o investidor não teria direito à fruição dos benefícios do acordo de bitributação escolhido sem a criação desta estrutura.

Esta interposta pessoa é uma sociedade constituída nos termos da legislação vigente do Estado em que é residente, embora tenha sido constituída com o intuito principal de servir de instrumento para o Investidor fruir os benefícios tributários de um tratado.

Desde logo é importante ressaltar que o *treaty shopping* (nos termos em que proposto no presente estudo) não abrange os casos em que a interposta pessoa é simulada. Isto porque, na simulação, as formas jurídicas adotadas não correspondem à realidade fática existente. De fato, na simulação, existe um negócio jurídico aparente (simulado – no caso a simulação de uma pessoa jurídica), que está (i) encobrindo outro negócio jurídico dissimulado (simulação relativa); ou (ii) está encobrindo uma relação jurídica inexistente (simulação absoluta).[8]

No caso, tratar-se-ia de uma simulação absoluta, na qual a interposta pessoa estaria encobrindo o fato verdadeiro, que é a *inexistência de um residente* em determinado Estado contratante do acordo de bitributação (ou seja, uma pessoa jurídica simulada, inexistente, nunca poderia ser qualificável como abrangida por um tratado).

No *treaty shopping*, por outro lado, não há que se falar em simulação, uma vez que ocorre a efetiva constituição de uma empresa no Estado signatário do acordo, com todas as consequências econômicas e jurídicas deste ato, embora *possa ser questionado o fundamento econômico para a criação de uma empresa para fins de fruição de um benefício tributário por um **beneficiário efetivo não residente** nos Estados signatários do acordo.*

Nos casos de *treaty shopping*, portanto, a solução para o controle desses atos de planejamento tributário internacional não desejados pelos Estados Contratantes se restringe a (i) *cláusulas gerais* de combate ao abuso de forma ou à aplicação da teoria do *substance over form* etc.; ou (ii) *cláusulas específicas* de controle de operações, tais como regras especiais de limitação de benefícios (LOB – *limitation on benefits*) e cláusulas de referência ao beneficiário efetivo (*beneficial owner*).

Portanto, passa-se agora a analisar a aplicação dessas cláusulas específicas de controle do *treaty shopping*, que pode se dar de duas formas: (i) utilização de medidas internas de controle; e (ii) utilização de medidas bilaterais, por meio da previsão no próprio tratado.

4. Combate ao "treaty shopping" com a utilização do direito interno

Em consonância com o exposto até o momento, verifica-se que o controle do *treaty shopping* por meio de acordos de bitributação pode ser feito de duas formas:

(i) Aplicação de cláusulas gerais

No que tange à aplicabilidade de cláusulas gerais de controle do planejamento tributário previstas no direito interno em situações amparadas por tratados, é interessante a análise de alguns precedentes da Corte Fiscal alemã.

Conforme dispõe o § 42 do Código Tributário alemão (AO), a lei tributária não pode ser fraudada por meio do abuso de formas jurídicas. No caso de abuso, o Fisco pode desconsiderar as formas jurídicas adotadas e tributar os fenômenos econômicos como se tivesse adotado a forma jurídica adequada.

Trata-se de uma regra geral de controle ao planejamento tributário, que poderia, em princípio, ser utilizada pelo Fisco para desconsiderar as interpostas pessoas criadas para fruição dos benefícios do tratado. Contudo, como se trata de um dispositivo interno aplicável ao controle do planejamento tributário, questiona-se a

8. Heleno Tôrres, *Direito Tributário e Direito Privado – Autonomia Privada – Simulação – Elusão Tributária*, São Paulo, Ed. RT, 2003, p. 309. Para Tulio Rosembuj, "la simulación absoluta propugna la inexistencia del negocio jurídico, que no incide ni en la realidad ni existe para el Derecho. Entre los supuestos de simulación absoluta destacan los contratos ficticios, por sustraer bienes a la acción de los acreedores, fraude a los creedores sea por disminución del activo o aparentando un aumento de pasivo. (...) En la simulación relativa las partes crean la apariencia de un negocio jurídico diverso del que efectivamente quieren: 'es un disfraz, en ella se realiza aparentemente un negocio jurídico, queriendo y llevando a cabo en realidad otro distinto'" (*El Fraude de Ley, la Simulación y el Abuso de las Formas en el Derecho Tributario*, 2ª ed., Madri, Marcial Pons, 1999, pp. 49 e 50).

sua aplicabilidade para fins de interpretação de fatos que sejam objeto de acordos de bitributação.

Nos casos a seguir colacionados, restou consignada a impossibilidade de aplicação do conceito de abuso de forma para fins de combater o *treaty shopping*.

Caso "Quinteto" (primeiro caso de *treaty shopping* submetido à Corte Fiscal alemã)[9]

Principais informações:

(a) o art. 13 do acordo de bitributação Alemanha/Holanda de 16.6.1959 determinava que os dividendos remetidos de um Estado contratante para o outro Estado não poderiam ser tributados no primeiro Estado (da Fonte), em uma alíquota superior a 15%;

(b) o protocolo anexado ao acordo determinava que, enquanto vigorasse na Alemanha um imposto, sobre dividendos distribuídos, maior que o imposto sobre os dividendos acumulados, a Alemanha poderia tributar a remessa de dividendos para a Holanda à alíquota de 25%, caso a investidora possuísse mais de 25% do capital votante da empresa controlada;

(c) uma empresa controladora na Holanda que possuísse menos de 25% do capital votante da empresa controlada na Alemanha teria um tratamento fiscal privilegiado (continuaria sendo tributada a no máximo 15%).[10]

Representação gráfica:

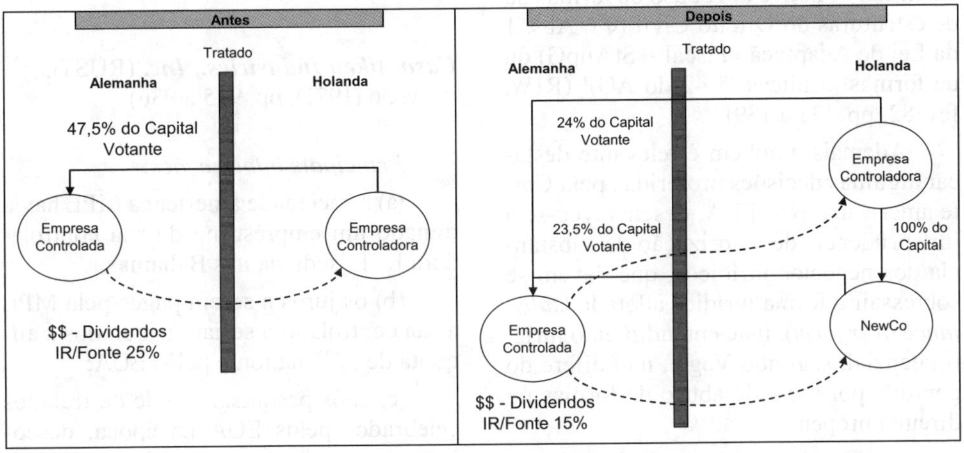

Decisão da Corte Fiscal alemã: A remessa estava sujeita à proteção do acordo de bitributação, embora não tenha se manifestado sobre a aplicabilidade do § 42 do AO.

Caso "Mônaco"[11]

Principais informações:

(a) uma sociedade constituída em Mônaco (beneficiário efetivo) pretende realizar investimentos na Alemanha (fonte), sem a tutela de um tratado;

(b) o beneficiário efetivo constitui uma sociedade de capital (interposta pes-

9. Luís Eduardo Schoueri, cf. ob. cit. (nota 4), p. 44.

10. Denomina-se esse caso de "quinteto", pois uma pessoa que detivesse 100% do capital votante constituía 5 sociedades de participação e transferiria 20% do capital votante para cada uma, fazendo jus assim aos benefícios do tratado.

11. Luís Eduardo Schoueri, cf. ob. cit. (nota 4), pp. 44 e 45.

soa) na Suíça, para fins de fruir os benefícios fiscais do acordo de bitributação que este País possui com a Alemanha;

(c) o terceiro interposto residente na Suíça realiza o investimento na Alemanha;

(d) em função da aplicação do tratado Suíça/Alemanha, a tributação na fonte pela Alemanha será menor do que aquela que haveria caso o dividendo fosse remetido diretamente ao beneficiário efetivo em Mônaco.

Decisão da Corte Fiscal alemã: "Neste julgamento, a I Turma daquela Corte foi clara, ao enunciar: 'A constituição de uma sociedade de capital no exterior, por um estrangeiro, é pressuposto que não afeta o direito tributário interno, e a presente decisão também se abstém de examinar se houve um abuso de formas ou de estruturas do Direito Civil (§ 6 Abs. 1 da Lei de Adaptação Fiscal – StAnpG) ou de formas jurídicas (§ 42 do AO)' (RIW, fev. 82, pp. 135 a 139)".[12]

Ademais, também é relevante destacar algumas decisões proferidas pela Corte americana. Nos EUA, desenvolveu-se a jurisprudência de valorização da substância dos negócios jurídicos, que devem se sobressair à forma jurídica adotada (*substance over form*). Este entendimento jurisprudencial, segundo Vogel, não difere do controle por meio do abuso de formas no direito europeu.[13]

Em face desse contexto, é interessante notarmos o entendimento do Poder Judiciário norte-americano nas seguintes decisões:

Caso Perry R. Bass **(RUSTC, v. 50 (1968), pp. 595 a 602)**

Principais informações:

(a) um contribuinte residente nos EUA possui direitos de exploração de um campo de petróleo nos EUA;

(b) este contribuinte constitui uma sociedade na Suíça e transfere para ela os direitos de exploração;

(c) o lucro decorrente da exploração desse campo de petróleo não é tributado nos EUA em razão da aplicação do acordo de bitributação EUA/Suíça.

Decisão da Corte americana: Admitiu-se a validade da estrutura adotada, uma vez que a sociedade constituída na Suíça possuía outras atividades operacionais, celebrava contratos de trabalho e recebia *royalties*. A Corte não criticou a intenção de economizar tributos, mas limitou-se a analisar se a sociedade efetivamente existia (*business purpouse test*).[14]

Caso Aiken Industries., Inc. **(RUSTC, v. 56 (1971), pp. 925 a 936)**

Principais informações:

(a) a sociedade americana MPL havia tomado um empréstimo de sua controladora ECL, sediada nas Bahamas;

(b) os juros a serem pagos pela MPL à sua controladora seriam tributados à alíquota de 30% na fonte pelos EUA;

(c) após pesquisar a rede de tratados celebrados pelos EUA na época, descobriu-se que vigorava um acordo de bitributação entre EUA e Honduras que isentava de imposto nos EUA os juros pagos para residentes de Honduras;

(d) com efeito, para fugir dessa tributação, a ECL transferiu as notas promissórias representativas do crédito para uma subsidiária recém constituída em Honduras, a *Indústrias*.

Representação gráfica:

12. Luís Eduardo Schoueri, cf. ob. cit. (nota 4), p. 45.

13. Luís Eduardo Schoueri, cf. ob. cit. (nota 4), p. 50.

14. Luís Eduardo Schoueri, cf. ob. cit. (nota 4), pp. 52 e 53.

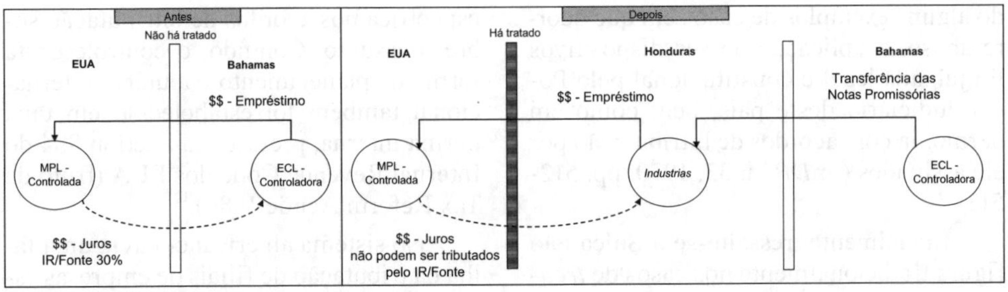

Decisão da Corte americana: Na decisão ora analisada, o juiz William H. Quealy entendeu que o acordo não pode ser interpretado apenas pela sua literalidade, mas também pelo seu contexto e pela intenção das partes. Para ele, o acordo protegia os juros "recebidos por" uma sociedade hondurenha, pois a cláusula trata de uma sociedade residente em algum dos Estados contratantes como algo seu e não como algo que já se tinha a obrigação de repassar a alguém. Dessa forma, como no presente caso os juros recebidos pela sociedade hondurenha seriam apenas temporariamente seus, devendo ser repassado para a sua controladora residente nas Bahamas (beneficiário efetivo), entendeu a Corte americana que tais rendimentos não estavam albergados pelo acordo.[15]

Os exemplos expostos acima tratam da aplicação de regras gerais internas de desconsideração de planejamentos tributários (abuso de formas na Alemanha e *substance over form* nos EUA). Contudo, há Países em que a legislação interna traz normas específicas para o controle do *treaty shopping*.

(ii) Aplicação de cláusulas específicas de controle, por meio de regras que limitam a aplicação do tratado em determinadas situações

(a) *Suíça*

A primeira nação a adotar cláusulas internas com objetivo de combater o *treaty shopping* foi a Suíça. De fato, em 14.12.1962, o Conselho Federal Suíço estabeleceu uma Resolução dispondo sobre situações de utilização abusiva de acordos de bitributação.

A preocupação deste País foi que ele sofresse retaliação das demais nações, uma vez que estava se tornando muito comum que residentes de terceiros países utilizassem a Suíça como um *treaty haven* em razão da grande rede de acordos de bitributação por ela assinados, bem como das diversas garantias e vantagens societárias e tributárias lá existentes.

Com efeito, o art. 2º desta Resolução estabeleceu o conceito de abuso na utilização de acordos.[16] Este conceito foi estabelecido genericamente, como *a situação em que uma sociedade residente ou sediada na Suíça pleiteia a aplicação do benefício fiscal, que irá beneficiar terceiros não abrangidos pelo acordo.*

Como exemplo, são citados os seguintes casos:

a) sociedades canalizadoras de recursos;

b) sociedades controladas por estrangeiros, com grande distribuição de lucros;

c) relações fiduciárias; e

d) fundações ou empresas familiares, administradoras de patrimônio próprio.

Posteriormente, foi baixada uma Circular da Administração Tributária Federal com esclarecimentos sobre âmbito de aplicação desta Resolução, bem como trazen-

15. Luís Eduardo Schoueri, cf. ob. cit. (nota 4), p. 54.

16. Luís Eduardo Schoueri, cf. ob. cit. (nota 4), p. 104 (ver Anexo I).

do alguns exemplos de casos em que ocorre abuso. A aplicação desses dispositivos foi julgada legal e constitucional pelo Poder Judiciário deste país, bem como em harmonia com acordos de bitributação por ele assinados (in *DB*, n. 33, 1970, pp. 512-513).[17]

Inicialmente, ressalte-se a Suíça não figura tradicionalmente nos casos de *treaty shopping* como país da fonte. Dessa forma, a adoção unilateral de regras de controle a esse planejamento tributário internacional é mais simples, uma vez que as interpostas pessoas são constituídas dentro de sua própria jurisdição.

Ademais, a aplicação dessas normas internas irá beneficiar, na maior parte dos casos, o outro Estado contratante na qualidade de país da fonte, uma vez que a maior parte dos casos de *treaty shopping* decorre da utilização dos acordos de bitributação para eliminar/reduzir a tributação no Estado da Fonte, o que torna questionável a efetiva aplicação desses conceitos pela Suíça.

No que tange ao conteúdo destas medidas, pode ser questionada a utilização de critérios objetivos para determinar situações abusivas, uma vez que não havia regras de exceção para situações em que se comprovasse não haver abuso (inexistência de salvaguardas). Contudo, critérios subjetivos também teriam desvantagens, uma vez que são de difícil aplicação. Independentemente das críticas, estas medidas têm gerado reflexo positivo para a Suíça na negociação de novos tratados.[18]

(b) *EUA*

Nos EUA, o controle do *treaty shopping* iniciou-se pela jurisprudência e posteriormente foi introduzida uma cláusula específica nos acordos de bitributação sobre o assunto. Contudo, o controle desta forma de planejamento tributário internacional também foi estabelecido em uma norma interna, prevista na Section 884 do Internal Revenue Code dos EUA (fruto da Tax Reform Act de 1986).[19]

No sistema americano, havia uma falha na tributação de filiais de empresas estrangeiras neste País, o gerava vantagem em relação à instalação de subsidiárias. Com este dispositivo interno, estabeleceu-se a equiparação das filiais às subsidiárias para fins tributários, com a instituição de um imposto sobre o lucro das filiais das empresas estrangeiras operando nos EUA, o *branch profits tax*.

O *branch profits tax* era uma regra genérica aplicável inclusive nos casos de operações realizadas entre residentes de países que tivessem celebrado acordo de bitributação. Contudo, para as relações entre residentes desses países, o imposto poderia ser afasto em algumas situações, nos termos da Section 884 (e). Entre outros casos, afastava-se essa tributação quando o destinatário dos rendimentos fosse um *qualified resident* do Estado Contratante do acordo de bitributação (*v.g.*, empresa na qual mais de 50% de seu capital não pertencem a pessoas físicas não residente do Estado contratante ou dos EUA – Section 884-e-4-A).[20]

Esta medida unilateral de controle do *treaty shopping* foi criticada internacionalmente, uma vez que se estaria violando os acordos de bitributação celebrados pelas partes. No mesmo sentido, a OCDE entendeu que o combate ao *treaty shopping* deve ser feito por meio de medidas bilaterais e não unilaterais, sob pena de contrariar obrigações assumidas por meio do acordo de bitributação (Recomendação de 2.10.1989 – *TNI*, jan. 90, pp. 31 e 33).

17. Luís Eduardo Schoueri, cf. ob. cit. (nota 4), pp. 104 e 105 (ver Anexo II).

18. Luís Eduardo Schoueri, cf. ob. cit. (nota 4), pp. 106 e 107.

19. Luís Eduardo Schoueri, cf. ob. cit. (nota 4), p. 107.

20. Luís Eduardo Schoueri, cf. ob. cit. (nota 4), pp. 107 e 108.

Com efeito, verifica-se que é possível se pretender controlar o *treaty shopping* por meio de medidas de direito interno (medidas unilaterais) de duas formas: (i) aplicação de cláusulas gerais internas de controle ao planejamento tributário, como a vedação ao abuso de forma e a análise da *substance over form*; e (ii) a adoção de normas internas específicas para controle do *treaty shopping*, como ocorre na Suíça e nos EUA.

(c) *Alemanha*

A Alemanha estabelece uma norma interna específica para o controle do *treaty shopping*, o art. 50d, § 3, do Código alemão dc Imposto dc Renda (EStG). De acordo com este dispositivo, os benefícios de um tratado (especialmente a redução do IR/Fonte) não serão concedidos a uma sociedade estrangeira se:[21]

(i) os acionistas da companhia que pleiteiam o benefício não fariam jus a este benefício se recebido diretamente;

(ii) não há razões econômicas ou outras razões relevantes para a interposição da sociedade; e

(iii) a companhia não possui uma atividade comercial independente.

Com relação à aplicação deste dispositivo, é interessante comentar a decisão proferida pela Suprema Corte Fiscal alemã em 31 de maio de 2005 (docket no. I R 74, 88/04), comentada por Haarmann e Knödler.

Neste caso, duas sociedades *holdings* holandesas pertencentes a um mesmo grupo eram detentoras da integralidade das ações de duas sociedades operacionais residentes na Alemanha, bem como a integralidade das ações de outras sociedades europeias. As *Holdings* holandesas estavam pleiteando a restituição do IR/fonte pago sobre os dividendos distribuídos pelas sociedades residentes na Alemanha, com base na EC Parent-Subsidiary Directive.

As duas *Holdings* não possuíam funcionários nem equipamentos de comunicação como linhas telefônicas ou fax (pressupostos comerciais). Elas utilizavam o escritório de uma empresa do grupo e o seu diretor também servia diversas outras empresas do grupo.

Conforme ressaltam Haarmann e Knödler, essa decisão deve ser ressaltada especialmente por dois motivos:

(i) a Suprema Corte Fiscal alemã entendeu que o art. 50d, § 3, do EStG seria uma norma especial de controle ao planejamento tributário, motivo pelo qual não seria aplicável a rega geral prevista no § 42 do AO;

(ii) não se aplicaria o art. 50d, § 3, do EStG a estas *Holdings*, pois elas não poderiam ser consideradas *foreing base companies* (também denomindas *letterbox companies*), já que (a) havia outras empresas operacionais residentes no mesmo país (Holanda) atuantes no setor de TV, comprando, vendendo e licenciando filmes; (b) as *Holdings* já exerciam a atividade de administração de participação societária de diversas sociedades na Europa, há bastante tempo; (c) neste contexto, entenderam os julgadores que as *Holdings* exerciam uma atividade econômica relevante, independente e funcionalmente autônoma: a gestão de participação societária.

Passa-se agora a analisar as principais críticas feitas a estes modelos de controle por meio de medidas unilaterais.

4.1 Críticas à utilização do direito interno para o controle do "treaty shopping"

A primeira crítica que se pode fazer à adoção de medidas unilaterais é o desres-

21. Wilhelm Haarmann e Cristoph Knödler, "German Supreme Tax Court Limits the Scope of the German Anti-Treaty Shopping Rule and Redefines Substance Requirements for Foreing Companies", in *International Tax Review*, maio/2006, pp. 260 a 262.

peito ao que foi convencionado pelas partes no acordo de bitributação. Isto porque, ao celebrar um acordo, os Estados convencionam exatamente as regras de repartição/limitação de competências que são aplicáveis entre os residentes desses Estados.

É pressuposto básico dos tratados internacionais que o que foi acordado deve ser cumprido pelas partes (art. 26 da Convenção de Viena sobre o Direito dos Tratados).[22] Como corolário desse pressuposto, estabelece o art. 27 da Convenção de Viena que as normas de direito interno não podem ser invocadas para a não aplicação de um tratado.[23]

Assim, é fundamental no momento da aplicação dos acordos de bitributação que se cumpra o combinado, de boa-fé. Não poderia, portanto, um Estado pretender afastar o Acordo de bitributação para situações por ele abrangidas, com base na interpretação dos fatos em conformidade com as normas internas (*treaty override*), a não ser que referido acordo contrarie a própria Constituição.

Com efeito, não tendo sido estipulada nenhuma regra de controle do *treaty shopping* no âmbito do próprio acordo, a adoção de medidas unilaterais de controle (*v.g.*, desconsideração, pelo Estado da fonte, de uma interposta pessoa residente no outro Estado contratante) significa a não aplicação do acordo para uma situação que é por ele abrangida, o que viola expressamente o art. 27 da Convenção de Viena.

Não bastasse essa primeira crítica, também é importante destacar que, em tese, sequer poderiam as normas internas interferir neste problema de qualificação subjetiva do âmbito de validade do tratado.

Isto porque, a despeito das discussões travadas entre dualistas e monistas (atualmente ambos convergindo para posições moderadas), deve-se ter em consideração que os acordos de bitributação têm prevalência sobre a ordem interna dos Estados contratantes, uma vez que estabelecem regras de repartição/limitação das suas próprias jurisdições.

Contudo, a utilização de normas internas de controle de situações de abuso de formas, para fins de contenção do *treaty shopping*, somente seria admitida caso se pudesse afirmar que os tratados contra a bitributação integram a ordem interna dos países signatários.[24]

Isto porque, na sistemática de aplicação dos acordos de bitributação, o aplicador irá inicialmente investigar quem é considerado residente em cada Estado contratante (art. 4º do Modelo da OCDE), pois é a partir deste conceito que irá saber qual é o âmbito subjetivo de aplicação dos benefícios por ele estipulado (art. 1º, em conjunto com o art. 4º, do Modelo da OCDE).

Somente após a delimitação do aspecto subjetivo do acordo de bitributação é que se irá delimitar quais são os rendimentos sujeitos ao acordo e quem é que pode tributá-los nos termos das normas de repartição/limitação de competências.

Portanto, tendo em vista que o acordo traz no seu bojo o conceito de quem é considerado residente em cada Estado contratante, não poderia a lei interna ser utiliza-

22. "Art. 26. *Pacta sunt servanda*. Todo tratado em vigor obriga as partes e deve ser cumprido por elas de boa-fé."

23. "Art. 27. *Direito Interno e Observância de Tratados*. Uma parte não pode invocar as disposições de seu direito interno para justificar o inadimplemento de um tratado. Esta regra não prejudica o art. 46. (...). Seção 2 - *Nulidade de Tratados* – Art. 46. *Disposições do Direito Interno sobre Competência para Concluir Tratados*. 1. Um Estado não pode invocar o fato de que seu consentimento em obrigar-se por um tratado foi expresso em violação de uma disposição de seu direito interno sobre competência para concluir tratados, a não ser que essa violação fosse manifesta e dissesse respeito a uma norma de seu direito interno de importância fundamental. 2. Uma violação é manifesta se for objetivamente evidente para qualquer Estado que proceda, na matéria, de conformidade com a prática normal e de boa-fé."

24. Luís Eduardo Schoueri, cf. ob. cit. (nota 4), p. 30.

da para alterar ou restringir esse conceito, uma vez que não possui competência para tanto.

Neste sentido, conforme figura elaborada por Klaus Vogel, os tratados devem ser considerados como uma "máscara" sobreposta a um "texto" tapando determinadas partes do texto de forma mudar a mensagem transmitida. Assim, o acordo de bitributação (máscara) se sobrepõe à legislação de cada Estado contratante, delimitando quais fatos da vida cada Estado poderá tributar e quais serão eventuais limitações para essa tributação.[25]

Esta figura é muito didática para a compreensão do tema da prevalência do tratado em face da lei interna, conforme ressalta Luís Eduardo Schoueri, por três motivos:

(a) os tratados *não revogam a legislação interna*, apenas se sobrepõe a ela (a legislação interna continua válida, mas com sua aplicação contida pelo tratado);

(b) os tratados *não criam tributos*, mas apenas delimitam o campo de tributação de cada Estado contratante (a "máscara" será sobreposta à legislação interna, mas pode ocorrer de determinado Estado não tributar aquele rendimento); e

(c) a análise da "mascara" e a análise do "texto" são feitas em *momentos distintos*, ou seja, a interpretação do acordo é um processo que se encerra em si mesmo, não dependendo da legislação interna para tanto.

Confira-se o seguinte exemplo gráfico da aplicação do acordo como uma regra de repartição/limitação de competências, por meio da qual cada Estado terá delimitado qual o conjunto de fatos da vida que poderá tributar, bem como eventual limitação para essa tributação desses fatos:

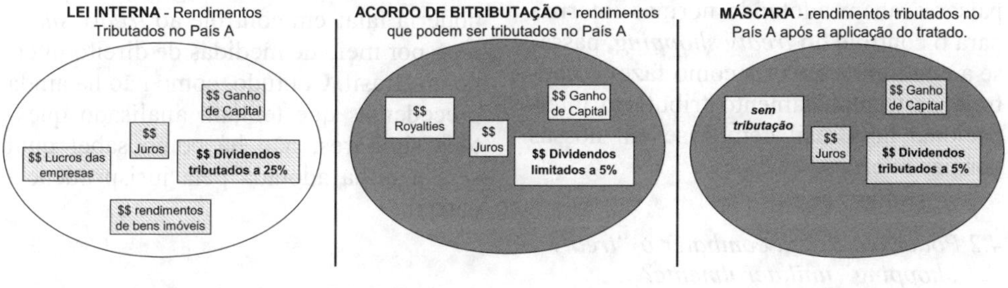

Portanto, nesta linha de raciocínio, resta claro que os tratados não devem ser interpretados em conformidade com os dispositivos internos do ordenamento jurídico dos Estados contratantes, no que tange à delimitação das regras de repartição/limitação de competências, mas sim de acordo com as regras do próprio tratado.

Em outras palavras, não se deve utilizar as normas de direito interno de controle ao planejamento tributário para fins de controle do *treaty shopping*, uma vez que tais normas não pertencem ao mesmo plano normativo:

(i) inicialmente, verifica-se no tratado qual é o limite da jurisdição de cada Estado para fins de tributação dos fatos da vida nele estabelecidos (especialmente em face das regras de residência para fins de repartição/limitação de competências – elemento de conexão subjetivo);

(ii) após definidos quais são os fatos da vida que podem ser tributados em cada Estado contratante, passa-se a investigar quais são as normas internas de tributação para tais fatos;

(iii) somente quando da tributação de tais fatos pelo direito interno é que cada

25. Luís Eduardo Schoueri, "Tratados e Convenções Internacionais sobre Tributação", in *Direito Tributário Atual* n. 17, São Paulo, Dialética, 2003, p. 35.

Estado contratante irá aplicar seu ordenamento jurídico de forma integral, inclusive com a aplicação das cláusulas de controle ao planejamento tributário (*v.g.*, no controle do *rule shopping*).

Com efeito, percebe-se da análise acima que a problemática do controle ao *treaty shopping* não está sujeita às regras de controle ao planejamento tributário previstas na ordem interna de cada País. Isto porque o *treaty shopping* ocorre em uma etapa anterior, qual seja: a delimitação da jurisdição de cada Estado para fins de tributação.

Portanto, as normas que devem ser observadas no controle ao *treaty shopping* são aquelas que se referem à interpretação do próprio acordo de bitributação, uma vez que não deveria haver espaço para a aplicação das normas de direito interno de cada Estado contratante.

Contudo, tendo em vista que alguns países acabam adotando normas internas para o controle do *treaty shopping*, passa-se a analisar se haveria como fazer o controle deste planejamento tributário internacional no Brasil com base em nossas normas internas.

4.2 Poderia o Brasil combater o "treaty shopping" unilateralmente?

Conforme o exposto neste trabalho, concluiu-se que o combate unilateral do *treaty shopping* se dá por meio de cláusulas de controle do abuso de formas. Neste sentido, somente se admitiria o combate unilateral ao *treaty shopping* no nosso direito interno caso se verificasse a possibilidade de controle do planejamento tributário por meio de repressão ao abuso de formas.

Inicialmente, destaque-se que não há norma específica no direito brasileiro para o controle do *treaty shopping*, como ocorre na Suíça e nos EUA. Portanto, somente se poderia falar em aplicação de medidas unilaterais pelo Brasil caso houve no nosso ordenamento uma cláusula geral de controle ao planejamento tributário por meio do abuso de formas.

Contudo, não há no Brasil essa possibilidade. Dentre outras razões, destaque-se que no Brasil não é proibido o planejamento tributário, em respeito à livre iniciativa, ao princípio da legalidade e à vedação expressa à analogia gravosa, salvo os casos de simulação.

Não obstante, é importante destacar que alguns doutrinadores, acompanhados por parte da jurisprudência administrativa, vêm adotando teorias doutrinárias que defendem a análise do "propósito negocial". Neste caso, *em tese*, adotando-se a premissa da "teoria do propósito negocial", poder-se-ia admitir que o Brasil teria instrumentos para combater o *treaty shopping* por medidas unilaterais.

Portanto, somente a partir da adoção da teoria do "propósito negocial" é que se poderia falar em controle ao *treaty shopping* por meio de medidas de direito interno no Brasil. Contudo, como não há ainda precedentes que tenham analisado questões similares, não há como saber qual será a linha adotada pela jurisprudência pátria.

5. Medida bilateral de controle – Conceito de beneficiário efetivo ("beneficial ownership")

A partir da revisão ao Modelo da OCDE ocorrida em 1977, passou-se a exigir, como pressuposto para a fruição das vantagens tributárias do acordo de bitributação, que o *beneficiário efetivo* dos rendimentos de dividendos, juros e *royalties* seja residente em algum dos Estados Contratantes (arts. 10, 11 e 12).

Este parâmetro foi criado para coibir os casos de *treaty shopping* (interposição de pessoa em determinado Estado Contratante apenas com a finalidade de estender a aplicação do acordo de bitributação a um investidor – beneficiário efetivo – que não seja residente neste Estado).

Trata-se, portanto, de uma regra que limita o critério subjetivo de aplicação dos acordos de bitributação. Isto porque, em geral, o tratado se aplica às pessoas que são residentes de um ou de ambos os Estados Contratantes (art. 1º, em conjunto com o art. 4º, do Modelo da OCDE). Contudo, nos casos em que essa pessoa residente seja uma interposta pessoa, que não é o beneficiário efetivo, as regras de repartição de competências do tratado não serão aplicáveis: *trata-se de uma restrição ao conceito de pessoa beneficiada pelo tratado*.

Ocorre que o termo "beneficiário efetivo" (*benefical owner*) não está definido no âmbito dos acordos de bitributação, motivo pelo qual se faz necessário estabelecer quais são os limites para sua aplicação.

Conforme previamente definido, a "interposta pessoa" que se está considerando no presente estudo é aquela efetivamente constituída e em conformidade com a legislação do Estado Contratante. Desta forma, não se está considerando neste estudo os casos em que há simulação (o que certamente é considerado um caso de inaplicabilidade do acordo de bitributação, com ou sem cláusula de beneficiário efetivo).

Esta "interposta pessoa", portanto, é uma pessoa que se enquadraria no aspecto subjetivo dos acordos de tributação, nos termos do art. 1º, em conjunto com o art. 4º, da Convenção modelo da OCDE, mas será excluída do âmbito da proteção oferecida pelo tratado caso não seja considerada como um "beneficiário efetivo" deste rendimento.

Klaus Vogel define "beneficiário efetivo" como sendo aquele que pode decidir sobre a aplicação do capital ou bem econômico, bem como sobre a administração dos seus rendimentos.[26]

O Modelo da OCDE não traz o conceito de "beneficiário efetivo", mas o comentário da OCDE sobre o assunto trata da interposição, entre o beneficiário e a fonte pagadora, de um intermediário, tal como um representante ou uma pessoa indicada (*an intermediary, such as an agent or nominee*).

Para Vogel, a interpretação deste dispositivo não permite a conclusão de que se esteja falando de um beneficiário formal, mas sim aquele que tenha o "poder de decidir" se vai receber ou não o rendimento e o modo como vai dispor dele. Este autor entende, contudo, que não é o fato de uma sociedade deter a totalidade do capital de outra que a tornará beneficiária efetiva dos rendimentos, pois é necessário existir indícios de que as decisões tomadas pela sociedade controlada dependem da concordância da controladora.[27]

Uma grande controvérsia existente acerca dos limites para o conceito de "beneficiário efetivo" refere-se à distinção entre a "*propriedade jurídica*" e a "*propriedade econômica*" dos rendimentos. Conforme destaca Luís Eduardo Schoueri, há manifestações no estudo do International Bureu of Fiscal Documentation (IBFD) no sentido de que o conceito de beneficiário efetivo se aplica nos casos em que a interposta pessoa tenha apenas a "propriedade jurídica", mas estaria apenas recebendo o rendimento por conta e outra sociedade (detentor da "propriedade econômica" – beneficiário efetivo).[28]

Esta distinção entre "propriedade jurídica" e "propriedade econômica" é bastante controversa, mas há diversos autores que entendem não ser cabível este entendimento, uma vez que não há no Modelo da OCDE (nem é geralmente estabelecido nos acordos) qualquer indicação de que o

26. Cf. Luís Eduardo Schoueri, *Planejamento*, cit. (nota 4), p. 156.

27. Luís Eduardo Schoueri, cf. ob. cit. (nota 4), p. 157.

28. Luís Eduardo Schoueri, cf. ob. cit. (nota 4), pp. 157 e 158.

conceito de beneficiário efetivo deva ser feito sob a ótica econômica e não jurídica. Neste sentido, confira-se o entendimento de Luís Eduardo Schoueri:

"Em nossa opinião, assiste razão aos que defendem que o conceito de *benefical owner* restringe-se aos casos em que o rendimento é pago a quem, por obrigação contratual ou de outra natureza, deve, de imediato, repassá-lo a terceiro, já que não lhe pertence. É o caso de uma instituição financeira, que administra a carteira de investimentos de seus clientes. Ela recebe, por ordem e por conta de terceiros (os 'beneficiários efetivos') os rendimento, e o repassam imediatamente.

"Trata-se, portanto, de um conceito cujos contornos jurídicos são claros, e não há, no texto do acordo (base para a interpretação, conforme art. 31 da Convenção de Viena), qualquer dispositivo que permita a conclusão de que o conceito de 'beneficiário efetivo' escape dos seus limites jurídicos, invadindo a esfera da 'interpretação econômica', ou semelhante.

"Pelo contrário, o comentário que acompanha o modelo da OCDE não define o 'beneficiário efetivo' e apenas se refere aos casos de agentes, que autuam por conta de terceiros. Além disso, não é demais lembrar que a própria OCDE reconhece, em seu estudo sobre *Treaty Shopping* que, quando os acordos de bitributação não incluem cláusulas de salvaguarda, contra o uso abusivo de seus dispositivos, as vantagens hão de ser conferidas, em virtude do princípio *pacta sunt servanda*, ainda que se considere serem impróprias (OCDE, 1987/101). (...)."

Ante o exposto, entende-se como beneficiário efetivo do rendimento como sendo a pessoa que detenha o poder de decidir sobre a aplicação dos recursos e ativos, bem como sobre o destino dos rendimentos auferidos. O fato de existir uma sociedade interposta entre a fonte de rendimentos e o beneficiário efetivo, mesmo que regularmente constituída nos termos da legislação do Estado Contratante, não implica a extensão dos benefícios do tratado àquele rendimento.

O rendimento transferido do residente no Estado da Fonte para a pessoa intermediária residente no outro Estado Contratante somente estará abrangido pelo acordo de bitributação caso este intermediário detenha ***juridicamente*** o poder de decidir sobre a destinação dos recursos a serem aplicados/investidos, bem como sobre a destinação dos rendimentos auferidos.

Com efeito, mesmo que uma pessoa jurídica seja uma sociedade *holding* com 100% de seu capital controlado por uma sociedade residente num terceiro país, faz-se necessária a análise de todas as características jurídicas da sociedade controlada, especialmente obrigações contratuais/estatutárias que retirem poder dos seus administradores para fins de gestão dos investimentos, bem como que restrinjam sua autonomia para decisão sobre a destinação dos rendimentos.

Feitas todas essas considerações, passa-se agora a analisar especificamente os fundamentos utilizados pelas autoridades fiscais no Canadá para considerar que, no Caso Prévost, a *Holding* constituída na Holanda não seria a beneficiária efetiva dos rendimentos, bem como quais foram os fundamentos da *Federal Court of Appeal* para considerar que este conceito não se aplicava ao caso.

6. Análise dos fundamentos da decisão no "Caso Prévost"

No Caso Prévost, abordou-se o conceito de "beneficiário efetivo" para fins de aplicação dos acordos de bitributação. Apenas para retomar o caso concreto, trata-se da tributação de dividendos remetidos pela Prévost, uma subsidiária integral residente no Canadá, para sua *Holding* residente na Holanda.

A alíquota do IR/Fonte sobre dividendos no Canadá, nos termos da legislação interna, é de 25%. Contudo, caso a *Holding* fosse considerada como a beneficiária efetiva dos rendimentos remetidos pela Prévost, aplicar-se-ia o § 2º do art. 10 do Acordo de Bitributação Canadá/Holanda, que limita essa tributação a 5%. Confira-se novamente o seguinte esquema ilustrativo da operação:

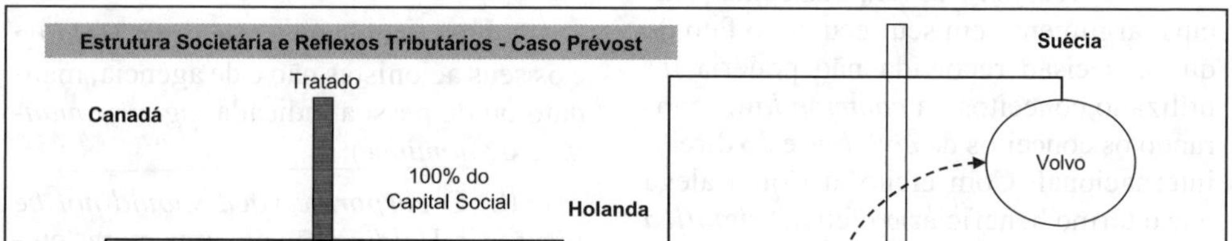

As alegações da Coroa (*Her Majesty the Queen*) para afirmar que a *Holding* não seria a beneficiária efetiva dos rendimentos podem ser assim resumidos:

(a) Havia um acordo entre os acionistas da *Holding* (Volvo e Henlys), que determinava, entre outras coisas, que deveriam ser distribuídos no mínimo 80% dos lucros auferidos pela Prévost e pela *Holding*;

(b) Haveria falta de substância econômica na Holanda (a *Holding* não tinha empregados nem possuía um escritório físico lá, bem como era administrada por um terceiro);

(c) Foram indicados alguns documentos bancários da *Holding* com referências aos acionistas da *Holding* com sendo os beneficiários efetivos;

(d) Os diretores da Prévost eram os mesmos da *Holding*;

(e) Outras inconsistências nos registros societários da Prévost.

Na decisão de primeira instância, a *Tax Court of Canada* ressaltou que não havia um conceito de beneficiário efetivo no âmbito do acordo, tampouco no âmbito da legislação do imposto de renda do Canadá.

Contudo, aplicando o § 2 do art. 3º do acordo,[29] a decisão de primeira instância procurou o significado ordinário desse termo, o significado técnico que ele poderia ter na *common law*, na *civil law* de Québec, no direito interno da Holanda e no direito internacional. A decisão também se valeu dos comentários da OCDE à Convenção modelo para a construção do conceito de beneficiário efetivo.

Com efeito, entendeu a decisão *Tax Court of Canada* que *o beneficiário efeti-*

29. Confira-se na redação atual (redação de 17.7.2008): "Article 3. *General Definitions* – (...). 2. As regards the application of the Convention at any time by a Contracting State, any term not defined therein shall, unless the context otherwise requires, have the meaning that it has at that time under the law of that State for the purposes of the taxes to which the Convention applies, any meaning under the applicable tax laws of that State prevailing over a meaning given to the term under other laws of that State".

vo dos dividendos é a pessoa que recebe os dividendos para seu próprio uso e proveito, e assume o risco e controle do dividendo que recebe.[30]

A Coroa, por sua vez, traz como principal argumento em seu recurso, o fato de que a decisão recorrida não poderia ter utilizado conceitos da *common law*, ignorando os conceitos da *civil law* e do direito internacional. Com efeito, a Coroa alega que o termo beneficiário efetivo "*significa a pessoa que possa, de fato, ser o beneficiário final dos dividendos*".

A *Federal Court of Appeal* entendeu que realmente o conceito de beneficiário efetivo deveria ser interpretado em conformidade com o direito internacional. Contudo, entendeu a Corte de Apelação que o conceito de beneficiário efetivo estabelecido na decisão de primeira instância está em conformidade com os comentários da OCDE e com o "Conduit Companies Report".

Na decisão de segunda instância, ressaltou-se que o conceito defendido pela Coroa não aparecia nos documentos da OCDE, e abre inúmeras possibilidades de aplicação, o que poderia abalar o relativo grau de certeza e estabilidade que os acordos de bitributação procuram atingir. No entendimento da Corte, trata-se de uma visão pejorativa das *holding companies* que a nem legislação doméstica do Canadá, nem a comunidade internacional, nem o Governo Canadense por meio de objeções, tenham adotado.[31]

Com efeito, a *Federal Court of Appeal* manteve o entendimento de que a *Holding* constituída na Holanda era a beneficiária efetiva dos dividendos pagos, especialmente pelos seguintes argumentos:

(a) O relacionamento entre a *Holding* e os seus acionistas não é de agência, mandato ou de pessoa indicada (*agency, mandate* ou *nominee*);

(b) O *corporate vaeil should not be pierced*: a *Holding* não era uma mera "empresa-canal" (*conduit company*), pois não era possível afirmar que (i) ela *não detinha qualquer discricionariedade* para decidir sobre o uso e a aplicação dos seus fundos como uma *conduit*, e (ii) tinha concordado em agir apenas sob a orientação de outra pessoa;

(c) Não havia evidencia de que a *Holding* era uma *conduit* para a Volvo e para a Henlys, pois não havia destinação automática e predeterminada de fundos;

(d) A *Holding* era uma sociedade estatutária, que exercia atividades negociais em conformidade com a legislação Holandesa, sob a qual foi constituída;

(e) A *Holding* não era parte do acordo celebrado entre os acionistas acerca da distribuição de dividendos;

(f) Nem a Henlys nem a Volvo poderiam ingressar com ações contra a *Holding* por não seguir a política de divisão de dividendos descrita no acordo de acionistas;

(g) Os atos societários de constituição da *Holding* não obrigava o pagamento de dividendos aos acionistas;

30. "The 'beneficial owner' of dividends is the person who receives the dividends for his or her own use and enjoyment and assumes the risk and control of the dividend he or she received" (*Prévost Car Inc.* v. *Her Majesty The Queen* – Docket: A-252-08; Citation: 2009 FCA 57).

31. "Counsel for the Crown has invited the Court to determine that 'beneficial owner', 'bénéficiaire effectif', 'mean the person who can, in fact, ultimately benefit from the dividend'. That proposed definition does not appear anywhere in the OECD documents and the very use of the word 'can' opens up a myriad of possibilities which would jeopardize the relative degree of certainty and stability that a tax treaty seeks to achieve. The Crown, it seems to me, is asking the Court to adopt a pejorative view of holding companies which neither Canadian domestic law, the international community nor the Canadian government through the process of objection, have adopted" (*Prévost Car Inc.* v. *Her Majesty The Queen* – Docket: A-252-08; Citation: 2009 FCA 57).

(h) Quando a *Holding* decide sobre o pagamento de dividendos, ela deve obedecer a legislação holandesa que trata dessa matéria;

(i) A *Holding* era a proprietária registrada das ações da Prévost, tendo pagado por pelas elas. Quando os dividendos são recebidos pela *Holding* em razão da propriedade dessas ações, tais dividendos estão disponíveis para os credores da *Holding*, se existirem, até que a *Holding* delibere a sua distribuição para a Henlys e a Volvo.

Com efeito, a decisão ora analisada é muito didática para fins de demonstrar o que entendemos por "propriedade jurídica" dos rendimentos. No caso, a *Holding* não possuía outras atividades ou atribuições que não o recebimento dos dividendos da Prévost e a sua remessa para os acionistas Volvo e Henlys.

A análise do conceito de beneficiário efetivo restringiu-se ao conceito de "propriedade jurídica" do rendimento. No caso, entendeu-se que a *Holding* é uma sociedade efetivamente constituída e sofre todas as consequências econômicas e jurídicas de ser proprietária das ações da Prévost, uma vez que os rendimentos recebidos por esta sociedade estariam inclusive disponíveis para seus credores, caso existissem.

Conclusões

Conforme definido, considera-se *treaty shopping* como sendo um planejamento tributário internacional por meio da utilização de acordos de bitributação. Trata-se de uma conduta geralmente não desejada pelos Estados que celebraram o acordo, uma vez que tem como característica a busca de benefícios concernentes a determinado acordo de bitributação, embora o investidor, beneficiário final do rendimento, não seja residente dos Países signatários.

No *treaty shopping*, objetiva-se uma economia fiscal em determinada transferência internacional de rendimentos. Para tanto, o investidor cria uma estrutura societária/negocial com a interposição de uma pessoa ou um estabelecimento permanente entre (i) a fonte do rendimento e (ii) o beneficiário efetivo, de modo a fruir o benefício tributário decorrente da aplicação de um acordo de bitributação.

Com efeito, um investidor que, em princípio, não participaria dos benefícios de um determinado acordo de bitributação, utiliza uma interposta pessoa constituída apenas para se valer do acordo internacional que não seria a ele aplicável.

O controle do *treaty shopping* se dá por meio de (i) *cláusulas gerais* de combate ao abuso de forma ou da aplicação da teoria do *substance over form* etc.; ou (ii) *cláusulas específicas* de controle de operações, tais como regras especiais de limitação de benefícios (LOB – *limitation on benefits*) e cláusulas de referência ao beneficiário efetivo (*beneficial owner*).

Neste sentido, verifica-se que é possível se pretender controlar o *treaty shopping* por meio de medidas de direito interno (medidas unilaterais) de duas formas: (i) aplicação de cláusulas gerais internas de controle ao planejamento tributário, como ocorre com a vedação ao abuso de forma na Alemanha e a análise da *substance over form* nos EUA; e (ii) a adoção de normas internas específicas para controle do *treaty shopping*, como ocorre na Suíça, nos EUA e na Alemanha.

A aplicação do direito interno é criticável principalmente pelos seguintes motivos:

(a) No momento da aplicação dos acordos de bitributação, deve ser cumprido o que foi combinado entre os Estados, de boa-fé. Não poderia, portanto, um Estado pretender afastar o acordo de bitributação para situações por ele abrangidas, com base na utilização das normas internas (*treaty override*), a não ser que referido acordo contrarie a própria Constituição. Dessa forma, caso não exista alguma regra de controle do *treaty shopping* no próprio acordo, a adoção de medidas unilaterais de controle significa a não aplicação do acordo para uma situação que é por ele abrangida, o que é vedado pelo o art. 27 da Convenção de Viena.

(b) O controle ao *treaty shopping* não está sujeita às regras internas de controle ao planejamento tributário previstas no ordenamento jurídico de cada País, pois o *treaty shopping* ocorre em uma etapa anterior, qual seja: a delimitação da jurisdição de cada Estado para fins de tributação. Dessa forma, as normas que devem ser observadas no controle ao *treaty shopping* são aquelas que se referem à interpretação do próprio acordo de bitributação, uma vez que não deveria haver espaço para a aplicação das normas de direito interno de cada Estado contratante sob pena de haver um conflito de normas.

Ademais, mesmo que se pretendesse aplicar normas internas de controle ao *treaty shopping* no Brasil, esse controle não seria possível, pois (i) não há normas específicas de controle ao *treaty shopping* previstas no direito interno brasileiro; e (ii) não há, no Brasil, a possibilidade de aplicação de cláusulas gerais como o abuso de formas na Alemanha e o *substance over form* nos EUA, especialmente em razão do princípio da legalidade, da segurança jurídica e da vedação à analogia gravosa.

Com efeito, o controle ao *treaty shopping* deve ser feito mesmo por meio de medidas bilaterais, inclusive como é recomendado pela ONU e pela OCDE. Neste sentido, dentre as formas de controle ao *treaty shopping* no âmbito dos próprios acordos de bitributação, destaca-se a cláusula de "beneficiário efetivo" (*beneficial ownership*).

Trata-se da previsão, nos tratados, que os benefícios de limitação de tributação no Estado da Fonte somente serão aplicados nos casos em que o destinatário dos rendimentos seja o beneficiário efetivo de tais rendimentos.

Dessa forma, o rendimento transferido do residente no Estado da Fonte para a pessoa intermediária, residente no outro Estado Contratante, somente estará abrangido pelo acordo de bitributação caso este intermediário detenha ***juridicamente*** o poder de decidir sobre a destinação dos recursos a serem aplicados/investidos, bem como sobre a destinação dos rendimentos auferidos.

Assim, mesmo que uma pessoa jurídica seja uma sociedade *holding* com 100% de seu capital controlado por uma sociedade residente num terceiro país, faz-se necessária a análise de todas as características jurídicas da sociedade controlada, especialmente obrigações contratuais/estatutárias que retirem poder dos seus administradores para fins de gestão dos investimentos, bem como que restrinjam sua autonomia para decisão sobre a destinação dos rendimentos.

O Caso Prévost é muito didático para demonstrar o que se entende por "propriedade jurídica" dos rendimentos. Neste caso, a *Holding* não possuía outras atividades ou atribuições que não o recebimento dos dividendos da Prévost e a sua remessa para os acionistas Volvo e Henlys.

A decisão da *Federal Court of Appeal* é muito interessante por dois motivos: (i) entendeu que o conceito de beneficiário efetivo deve ser procurado no plano do direito internacional; e (ii) que este conceito de beneficiário efetivo restringe-se à "propriedade jurídica" do rendimento, uma vez que a *Holding* foi considerada a beneficiária efetiva por ser uma sociedade que sofre todas as consequências jurídicas de ser proprietária das ações da Prévost (inclusive para fins de distribuição de dividendos e garantia a credores).

Não há no Brasil ainda a análise pelos tribunais administrativos ou judiciais acerca de casos que tratem de *treaty shopping* e a aplicação da cláusula do beneficiário efetivo. Contudo, conforme o exposto neste trabalho, a análise de eventuais casos deverá ser feita nos limites do conceito internacional do termo, que restringe-se ao conceito de "propriedade jurídica" do rendimento.

TRANSAÇÃO TRIBUTÁRIA E O PROJETO DE LEI N. 5.082/2009

ANA PAULA DA COSTA HERRERA
Graduada pela Universidade Mackenzie/SP. Especialização em Direito Tributário pela COGEAE-PUC/SP e diversos Cursos de Extensão pela Fundação Getúlio Vargas – Escola de Direito de São Paulo – GV*Law*. Mestranda em Direito Tributário, na PUC/SP. Advogada em SP de Consultoria Tributária de Instituição Financeira.

I – Introdução. II – Da transação tributária no Brasil: II.1 Conceito de transação no direito brasileiro; II.2 Conceito de litígio; II.3 Peculiaridades da transação tributária. III – Princípios constitucionais e transação tributária do Projeto de Lei n. 5.082/2009. IV – Conclusão. V – Bibliografia.

I – Introdução

O presente artigo tem o objetivo de analisar a real possibilidade de Transação Tributária no Brasil, principalmente diante dos Princípios Constitucionais previstos no art. 37 da Constituição Federal (CF) tão citados no Projeto de Lei (PL) n. 5.082/2009, cujo principal escopo, se aprovado, é pretender regulamentar o instituto da Transação Tributária, prevendo um sistema nacional para solução, mediante acordo, de disputas judiciais e administrativas sobre discussões tributárias.

Esse projeto, originário da Procuradoria-Geral da Fazenda Nacional, está na primeira leva de Projetos de Lei que o Governo Federal encaminhou para análise e discussão no Congresso Nacional e que faz parte do chamado "II Pacto Republicano de Estado por um sistema de justiça mais acessível, ágil e efetivo", assinado em abril deste ano pelos Presidentes da República, do Senado Federal, da Câmara dos Deputados e do Supremo Tribunal Federal.

Com a bandeira de desafogar o Poder Judiciário e tornar mais célere, acessível e efetiva a cobrança tributária, o Governo Federal também encaminhou ao Congresso Nacional outros Projetos de Lei, que não serão analisados neste artigo, mas que fazem parte do mesmo "pacote" que altera a legislação tributária atual, sendo que todos os PLs têm o argumento de estímulo ao pagamento ou parcelamento dos débitos tributários, redução de litígios e tentativas de evitar a criação de passivos por demandas excessivas que atravancam o contencioso administrativo e judicial tributários brasileiros.

O PL n. 5.080/2009 trata da cobrança da dívida ativa da União, dos Estados, do Distrito Federal e das suas autarquias e fundações de direito público. A proposta, dentre outras questões, tem o objetivo de conceder poderes judiciais à Procuradoria-Geral da Fazenda Nacional, que com base nas informações gerenciadas pela Receita Federal do Brasil, terá acesso eletrônico às informações patrimoniais dos contribuintes. Se este Projeto for aprovado, será permitido o bloqueio, sem necessidade de decisão judicial, de valores em contas bancárias, investimentos, bens e faturamento de devedores inscritos nas dívidas ativas da União, dos Estados, do Distrito Federal, das autarquias e fundações de direito público.

O PL n. 5.081/2009 pretende instituir novos mecanismos de cobrança dos créditos inscritos em dívida ativa da União, através da regulamentação da prestação de garantias extrajudiciais, da oferta de bens imóveis em pagamento, do parcelamento e pagamento à vista de dívida de pequeno valor.

Os Projetos de Lei ns. 5.080/2009, 5.081/2009 e 5.082/2009 tramitam apensados ao Projeto de Lei n. 2.412/2007. Foram apresentadas 31 emendas ao PL. No início de agosto o Governo Federal havia solicitado pedido de urgência na tramitação, que foi deferido, porém, dias depois solicitou o cancelamento de referido pedido. Desde 29 de setembro os Projetos foram devolvidos à Coordenação de Comissões Permanentes, em razão de criação de Comissão Especial e, desde então, não houve movimentação.[1]

Desde o início, é importante deixar claro que não pretendemos nos estreitos limites deste artigo tratar sobre todas as questões polêmicas que envolvem o tema da transação tributária, mas sim apenas contribuir com nosso entendimento sobre o tema e fomentar sua discussão, especialmente sobre os princípios previstos no art. 37 da Constituição Federal.

Como premissas deste artigo, deixamos claro que por direito positivo entendemos o conjunto de normas jurídicas que estão no sistema e é no sistema jurídico brasileiro que está o conceito de transação tributária e os princípios constitucionais, os quais devem ser respeitados.

II – Da transação tributária no Brasil

II.1 Conceito de transação no direito brasileiro

Inicialmente entendemos importante deixar claro que para a construção de sentido de uma norma jurídica, pensamos que antes é necessário que o intérprete construa seu significado dentro do sistema de referência adotado, com o objetivo de depurá-lo dos vícios da ambiguidade e vaguidade que maculam a comunicação. Estes vícios semânticos são os responsáveis por permitir a diferença que existe entre a linguagem e a realidade, contudo, para a construção de um significado jurídico, cremos que é imprescindível efetuar o processo de elucidação do objeto que pretendemos analisar. Neste sentido, procuraremos analisar os sentidos dos vocábulos que mais nos chamaram a atenção em relação ao instituto da transação tributária.

Geralmente "transação" é utilizada para indicar acordo de vontades, que pode ser concretizado em um negócio jurídico ou em acordo de cavalheiros.

Pois bem, iniciando pela acepção de base, temos que o Dicionário Houaiss[2] indica o termo "transação" como "1. Ato de transigir ou o seu efeito. 2. Ajuste em consequência do qual se realiza uma negociação, ou contrato; acordo, convenção. 3. Operação comercial".

Tendo em vista que nosso objeto de análise pertence ao direito positivo, sendo este nosso sistema de referência, então partimos por compulsar seu significado no Vocabulário Jurídico de De Plácido e

1. Informações obtidas no site *www.camara.gov.br*, em 30.11.2009.

2. Antonio Houaiss, *Minidicionário Houaiss da Língua Portuguesa.*

Silva:[3] "transação é a convenção em que, mediante concessões recíprocas, duas ou mais pessoas ajustam certas cláusulas e condições para que previnam litígio, que se possa suscitar entre elas, ou ponham fim a litígio já suscitado".

Como a princípio o termo "transação" nos leva a um acordo de vontades, então verificamos o Código Civil e nos deparamos com a seguinte utilização, em seu art. 1.025: "É lícito aos interessados prevenirem, ou terminarem o litígio mediante concessões mútuas".

Hugo de Brito Machado[4] diz que no sentido jurídico restrito, a palavra "transação" reflete adequadamente a sua origem, pois deriva do latim, *transactio*, resultado da ação expressa pelo verbo *transigere*, que quer dizer transigir, albergando, portanto, a ideia de renúncia.

Natalia de Nardi Dacomo,[5] em sua tese de doutoramento, indica que transação, em sentido amplo, significa solução transacional, que por sua vez, admite três subtipos: acordo, mediação e arbitragem. Para esta autora, transação, em sentido amplo, significa solução transacional e, em sentido estrito, acordo.

Como visto acima, no Direito Privado a transação é utilizada tanto para evitar como terminar o litígio.

Orlando Gomes[6] a conceituava como "um contrato pelo qual, mediante concessões mútuas, os interessados previnem ou terminam litígio, eliminando a incerteza de uma relação jurídica. (...) Necessário que haja *concessões mútuas*, de qualquer teor. Concessões feitas somente por um dos interessados implicam *renúncia* ou reconhecimento do direito do outro. Tudo conceder sem nada receber não é transigir" (itálicos no original).

II.2 Conceito de litígio

Mais uma vez entendemos que devemos percorrer o caminho para a construção de sentido que norma de transação deve ter, para então o introduzirmos em nosso sistema de referência.

Novamente pensamos sobre a acepção corriqueira da palavra "litígio" e lembramos dos seguintes significados: (i) discussão acalorada; (ii) briga; (iii) pendência.

Voltamos ao Dicionário Houaiss[7] e verificamos que "litígio" é "conflito de interesses; contenda; pendência".

No *Dicionário Jurídico* de Maria Helena Diniz,[8] verificamos que litígio tem os seguintes significados jurídicos: "1. Questão judicial. 2. Discussão formada em juízo. 3. Controvérsia. 4. Contestação. 5. Causa. 6. Conflito de interesses onde há pretensão de uma das partes processuais e resistência à outra".

Francesco Carnelutti, citado por Natalia de Nardi Dacomo,[9] diz que litígio é "(...) conflito de interesses qualificado pela pretensão de um dos interessados e pela resistência do outro".

II.3 Peculiaridades da transação tributária

Pois bem, por enquanto, achamos melhor ter em mente o seguinte para a construção do significado do nosso objeto de estudo: transação é um acordo de vontades, mediante concessões mútuas, entre credor e devedor, com o objetivo de finali-

3. De Plácido e Silva, *Vocabulário Jurídico*, vol. IV.

4. Hugo de Brito Machado, "A transação no Direito Tributário", *Revista Dialética de Direito Tributário* 75/60.

5. Natalia de Nardi Dacomo, *Direito Tributário Participativo: Transação e Arbitragem Administrativas da Obrigação Tributária*, p. 89.

6. Orlando Gomes, *Contratos*, 21ª ed., pp. 440 e 441.

7. Ob. cit.

8. Maria Helena Diniz, *Dicionário Jurídico*, vol. 3, 2ª ed.

9. Ob. cit., p. 113.

zar um conflito de interesses anteriormente instalado.

No Código Tributário Nacional o instituto tem previsão no art. 171 que prevê: "A lei pode facultar, nas condições que estabeleça, aos sujeitos ativo e passivo da obrigação tributária celebrar transação que, mediante concessões mútuas, importe em determinação de litígio e consequente extinção do crédito tributário. Parágrafo único. A lei indicará a autoridade competente para autorizar a transação em cada caso".

O instituto não é novo no Direito Tributário Brasileiro e muitos Estados e Municípios já tinham previsão em leis específicas e já vinham transacionando, tal como o Estado do Espírito Santo, os Municípios de Salvador/BA, Campinas/SP, Rio de Janeiro/RJ, Fortaleza/CE dentre outros. Mas o assunto reacendeu com as discussões do anteprojeto de Lei encaminhado pela Procuradoria-Geral da Fazenda Nacional, que se for aprovado, poderá, mesmo com os problemas que carrega, ser espelho para o resto do país. E é por esse motivo que entendemos que esse PL precisa ser melhor debatido.

Pela análise deste artigo do CTN, verificamos que o instituto é admitido no Direito Tributário e que caberá à lei operacionalizar a forma em que será realizada essa transação. Porém, entendemos que os seguintes pontos merecem melhor análise: (i) obrigação tributária; (ii) concessões mútuas; (iii) determinação de litígio e (iv) extinção do crédito tributário. E é o que pretendemos fazer nos estreitos limites deste artigo.

Antes de tratarmos de obrigação tributária, achamos melhor versar rapidamente das acepções possíveis de "tributo". E como não poderia deixar de sê-lo, "tributo" também padece de vício semântico, sendo que é palavra ambígua que pode denotar diversas classes de objetos, tais como relação jurídica, direito subjetivo, dever jurídico, quantia em dinheiro, norma jurídica ou relação jurídica, o fato e a norma que jurisdiciza o fato.

Há muita discussão se o conceito de tributo do art. 3º do CTN confunde-se com o de obrigação tributária e nós entendemos que pela leitura do CTN o legislador realmente se equivocou quando tratou da obrigação tributária. No conceito de tributo há a especificação de prestação pecuniária compulsória decorrente ou não da atuação estatal, mas que não tenha origem em ato ilícito. Portanto, tributo não é multa. Mas ao conceituar obrigação tributária, verifica-se que o legislador não teve rigor técnico e misturou conceitos de tributo com penalidade pecuniária. Assim, pela interpretação do art. 113, verifica-se que o legislador pretendeu chamar de obrigação tributária principal o pagamento de tributo e de obrigação acessória, a prestação decorrente da arrecadação ou da fiscalização do tributo. Esses dois tipos de obrigações seriam tributos, ou seja, prestações pecuniárias, compulsórias, não decorrentes de ato ilícito. Ocorre que o parágrafo terceiro do art. 113, em nossa opinião, apresenta redação falha e de fato confunde a obrigação acessória com a multa. Desse modo, com o intuito de demonstrar coerência na interpretação, nossa proposta para a expressão obrigação tributária principal diz respeito apenas ao valor do tributo, ou seja, do principal.

Paulo de Barros Carvalho,[10] ao tratar da obrigação tributária e os deveres instrumentais ou formais, diz que "Por sem dúvida que a prestação pecuniária a que alude o art. 3º do CTN dá uma feição nitidamente patrimonial ao vínculo tributário, pois o dinheiro – pecúnia – é a mais viva forma de manifestação econômica. Esse dado, que salta à evidência, nos autoriza a tratar o laço jurídico, que se instala entre sujeito pretensor e sujeito devedor, como uma autêntica e verdadeira obriga-

10. Paulo de Barros Carvalho, *Curso de Direito Tributário*, 19ª ed., p. 320.

ção, levando-se em conta a ocorrência do fato típico, previsto no descritor da norma. Mas é inaplicável àqueloutras relações, também de índole fiscal, cujo objeto é um fazer ou não fazer, insusceptível de conversão para valores econômicos".

Pois bem, tendo em vista que seguimos a concepção de que a incidência do tributo depende de manifestação de linguagem competente a partir da atuação humana, então o nascimento da obrigação tributária apenas dependeria da ocorrência do fato jurídico tributário, com a edição de uma norma individual e concreta. Assim, o surgimento do vínculo obrigacional apenas dá-se no instante em que o evento é relatado no antecedente de uma norma individual e concreta, ou seja, no exato instante em que é constituído o fato jurídico tributário. Ponto que merece importância em relação à transitoriedade da obrigação tributária é o fato de que toda obrigação nasce para morrer, ou seja, ela nasce para ser necessariamente cumprida e assim se extinguir. Essa transitoriedade está na conduta dos sujeitos e não na norma que determina tal conduta, já que a obrigação se extingue quando ocorre seu cumprimento e não na norma que tem seu comando legal.

Por concessões mútuas, entendemos que ambas as partes interessadas no acordo devem renunciar a parte de seu direito ou ainda reconhecer o direito do outro. Sendo assim, em nossa opinião, de nada adianta a lei específica de Transação dizer em tese que o instituto prevê a concessão mútua, se apenas um dos lados da negociação faz renúncias. Ora, não é admissível que apenas um dos sujeitos conceda sem que o outro ceda. Isso não é transação.

Continuando com nosso objetivo de redução do objeto de análise, voltamos aos terceiro e quarto pontos que nos chamaram atenção, não sem antes mencionar que por "determinação de litígio" muito já se falou na doutrina se o legislador teria utilizado o termo "determinação" ao invés de "terminação", se isso seria falta de técnica ou não do legislador. Inclusive para acabar com essa discussão, o Projeto de Lei n. 5.082/2009 no *caput* do art. 1º, menciona "terminação". Mas nossa intenção é demonstrar que a mensagem que esse comando nos traz é que não é objetivo da transação a extinção da relação obrigacional que enseja o litígio, mas sim o seu pagamento. Isso porque em uma leitura rápida do art. 171 do CTN, poderia o intérprete entender que a transação no Direito Tributário ocorrerá se decorrer a extinção do crédito tributário em que se deu o litígio.

Não é isso. A extinção da obrigação tributária ocorre com o pagamento e não com as concessões recíprocas do sujeito ativo e passivo da relação obrigacional.

Paulo de Barros Carvalho[11] inclusive diz que "O processo de transação tão somente prepara o caminho para que o sujeito passivo quite sua dívida, promovendo o desaparecimento do vínculo. Tão singela meditação já compromete o instituto como forma extintiva de obrigações".

Assim, a transação acaba tendo como consequência a extinção do litígio, mas é possível que o crédito tributário seja extinto de uma única vez ou somente após o cumprimento de todas as parcelas do acordo.

Também é importante ressaltar que o litígio pode ser tanto na órbita administrativa como na judicial, posto que não há qualquer impedimento legal para isso. Basta que previamente tenha sido instaurado um conflito de interesses, que em nossa visão pode ser um auto de infração, por exemplo, de modo que entendemos que a transação tributária comporta tanto discussão de conflito de interesses administrativo como judicial. O importante é que tenha sido instaurado um litígio.

Por fim, não vemos a antinomia entre os arts. 3º e 171, ambos do CTN, que os autores que negam a transação no Direito Tributário apontam, como Eduardo Fer-

11. Ob. cit., p. 498.

reira Jardim,[12] para quem: "não padece dúvida que o aludido instituto afigura-se incompatível com as premissas concernentes à tributação, dentre elas a necessária discricionariedade que preside a transação e a vinculabilidade que permeia toda a função administrativa relativa aos tributos".

Para nós o art. 3º CTN menciona sobre a cobrança do tributo, de modo que esta deve ser feita mediante atividade administrativa plenamente vinculada e o art. 171 CTN faz uma prescrição especial, apenas para os casos previstos e nos termos da lei própria. Hugo de Brito Machado,[13] inclusive analisou esse ponto e assim se manifestou: "trata-se de exceção razoável, que convive perfeitamente com a regra geral sem de nenhum modo agredi-la. Na verdade o caráter plenamente vinculado da atividade administrativa somente será contrariado se a lei ordinária atribuir às autoridades lançadoras em geral, ou às autoridades que geralmente presentam a Fazenda Pública em juízo, competência para fazer transações. Mas, neste caso, o defeito será da lei ordinária, e não do art. 171 do Código Tributário Nacional".

Portanto, entendemos que são características peculiares da transação tributária: (i) acordo de vontades entre sujeito ativo e passivo, que deve ser regulado por lei específica do ente tributante; (ii) concessões mútuas; (iii) extinção da incerteza do conflito e não da obrigação tributária.

III – Princípios constitucionais e transação tributária do Projeto de Lei n. 5.082/2009

Entendemos que o direito positivo é um conjunto de normas estabelecidas em uma estrutura escalonada, na qual normas de nível superior fundamentam a produção de normas que estejam em inferior hierarquia. Dentro dessa estrutura, a Constituição Federal ocupa o lugar mais alto, dando fundamento de validade às demais normas jurídicas. Mesmo as normas constitucionais não possuem a mesma importância, de modo que algumas podem ser vistas como regras e outras como princípios.

O vocábulo "princípio" pode apontar limites objetivos ou valores. É o grau de objetividade das proposições que veiculam o critério para diferenciá-los.

Roque Antonio Carrazza[14] conceitua o princípio jurídico como "um enunciado lógico, implícito ou explícito, que, por sua generalidade, ocupa posição de preeminência nos vastos quadros do Direito e, por isso mesmo, vincula, de modo inexorável, o entendimento e a aplicação das normas jurídicas que com ele se conectam". Carrazza[15] ainda diz: "os princípios exercem função importantíssima dentro do ordenamento jurídico-positivo, já que orientam, condicionam e iluminam a interpretação das normas jurídicas em geral, aí incluídas as individuais, com efeitos concretos, como é o caso das decisões judiciais".

Sendo assim, os princípios são os vetores da interpretação jurídica.

Desse modo, com o objetivo de analisar a compatibilidade da transação tributária com os princípios constitucionais, é que passaremos a tratar de forma estritamente sumária, sobre alguns princípios que julgamos que afetam diretamente o tema da transação tributária e que em algumas passagens, em nossa opinião, o PL 5.082/ 2009 os viola.

Verificamos que o PL em questão, constantemente cita alguns princípios cons-

12. Eduardo Marcial Ferreira Jardim, *Comentários ao Código Tributário Nacional*, vol. 2, p. 402.

13. Hugo de Brito Machado, "Transação e arbitragem no âmbito tributário", *Revista Fórum de Direito Tributário* 28/53.

14. Roque Antonio Carrazza, *Curso de Direito Constitucional Tributário*, 25ª ed., p. 44.

15. Ob. cit., p. 51.

titucionais da Administração Pública, como se fossem palavras mágicas que têm o poder de tornar todos os atos relacionados à Transação Tributária proposta no Projeto como perfeitos. Contudo, não é conclusão que tivemos.

No 2º artigo do PL o intérprete se depara com uma frase mágica que achamos por bem trazer à baila: "Em todos os atos e procedimentos desta Lei, serão observados os princípios do art. 37, *caput*, da Constituição, do art. 2º da Lei n. 9.784, de 29 de janeiro de 1999, e os deveres de veracidade, de lealdade, de boa-fé, de confiança, de colaboração e de celeridade". Nosso alívio logo é interrompido ao continuar a leitura do PL e perceber que essas "palavrinhas", muitas vezes, dentro do texto de lei proposto, demonstram um iminente perigo escondido, se o texto for aprovado da forma em que está.

Isso porque o PL está carreado de conceitos vagos e tivemos a impressão que os princípios foram mencionados como se solucionassem tudo, porém, em nossa opinião, o Projeto de Lei n. 5.082/2009 não operacionaliza os valores previstos nos princípios que cita, mas apenas os jogam no ar, como se estivessem cumprindo requisitos para a existência da lei.

Eurico Marcos Diniz de Santi,[16] no artigo "Transação e arbitragem no âmbito tributário: paranoia ou mistificação", ao analisar o Anteprojeto de Lei de Transações inclusive faz uma série de apontamentos sobre violações a diversos princípios constitucionais.

O *princípio da legalidade* mencionado no art. 2º do PL está explícito em nosso sistema no art. 5º, inciso II: "ninguém será obrigado a fazer ou deixar de fazer alguma coisa senão em virtude de lei". Assim, a lei é quem diz o que a Administração pode fazer, de modo que ela só pode conceder direitos ou criar obrigações ou ainda vedações aos administrados por meio de lei.

Contudo, os procedimentos da transação proposta não estão na lei, mas serão estabelecidos pela Câmara Geral de Transação e Conciliação da Fazenda Nacional – CGTC, órgão vinculado à Procuradoria-Geral da Fazenda Nacional, presidida pelo Procurador-Geral da Fazenda Nacional ou por Procurador da Fazenda Nacional por ele indicado, que dentre outros poderes, poderá editar resoluções específicas relativas à definição dos requisitos, forma e parâmetros de propostas de transação, que a nosso ver, deveriam ser previstos na própria lei de transação.

A Constituição Federal positivou o *princípio da impessoalidade* também no art. 5º, *caput*, que determina: "todos são iguais perante a lei". A ideia central deste princípio é que a Administração tem que tratar a todos os administrados sem discriminações, favoritismos, nem perseguições, políticas, ideológicas. Enfim, esse princípio consagra a igualdade, a isonomia. Assim, a Administração Pública está proibida de lesar ou favorecer pessoas determinadas. Sendo assim, a lei que instituir a transação deve sem dúvida obedecer a este princípio.

Contudo, a análise do PL 5.082/2009 não nos trouxe garantias de que este princípio será cumprido. Isso porque há exclusão da possibilidade das micro e empresas de pequeno porte em transacionarem, nos termos do art. 61.

Além do art. 37, a CF também positivou o princípio da moralidade da Administração no art. 5º, LXXIII, e ainda indica como sancionar sua falta: "qualquer cidadão é parte legítima para propor ação popular que vise a anular ato lesivo ao patrimônio público ou de entidade de que o Estado participe, à moralidade administrativa, ao meio ambiente e ao patrimônio histórico e cultural, ficando o autor, salvo comprovada má-fé, isento de custas judiciais e do ônus da sucumbência".

16. Eurico Marcos Diniz Santi, "Transação e arbitragem no âmbito tributário: paranoia ou mistificação?", *Revista Fórum de Direito Tributário – RFDT*, pp. 29-53.

Celso Antônio Bandeira de Mello[17] diz que em razão deste princípio, "os agentes da Administração Pública devem atuar na conformidade de princípios éticos. Violá-los implicará violação ao próprio Direito, configurando ilicitude que assujeita a conduta viciada a invalidação, porquanto tal princípio assumiu foros de *pauta jurídica*, na conformidade do art. 37 da CF. Compreendem-se em seu âmbito, como é evidente, os chamados princípios da lealdade e boa-fé (...)".

Assim, em nossa opinião, a lei de transação deve ter voltada atenção especial a tal princípio, estabelecendo objetivamente quais serão as sanções aos agentes públicos por atos ou condutas ímprobas, nos termos do art. 37, § 4º, da CF, que prevê que os atos de improbidade importarão em suspensão dos direitos políticos, perda da função pública, indisponibilidade de bens, ressarcimento ao erário, na forma e gradação previstas em lei, sem prejuízo da ação penal cabível.

Ocorre que no PL apenas vemos menção aos termos "que será observado o cumprimento da moralidade", porém não existem no PL sanções claras e objetivas aos agentes públicos infratores.

O Princípio da Publicidade também está previsto no art. 37 da CF e pode ser entendido como o dever da Administração Pública manter total transparência em seus comportamentos, sem qualquer ocultamento de assuntos de interesse aos administrados.

Natalia de Nardi Dacomo, em sua tese de doutoramento, inclusive diz que "o ato administrativo que realizar a transação e a arbitragem deverá ser publicado, e a lei que as instituir terá de prever tal procedimento, sob pena de nulidade do ato".

Ocorre que o PL, em nossa visão, não é tão devoto aos princípios da publicidade e moralidade, eis que prevê escolha de representantes do contribuinte para participar das reuniões do CGTC, os quais serão escolhidos pelo Ministro de Estado da Fazenda, a partir de lista sêxtupla composta por conselheiros dos Conselhos de Contribuintes indicados por entidades de classe de categorias econômicas de nível nacional, mediante eleição direta, porém secreta. Também prevê a possibilidade de sessões do CGTC e do CTC às portas fechadas, mediante requerimento do sujeito passivo transator, quando supostamente for examinada matéria sigilosa ou dados profissionais ou empresariais restritos.

Para nós, resta cristalino que essa possibilidade de confidencialidade de atos fere de morte os valores da moralidade administrativa e publicidade, pois é gritante a abertura para corrupção, favoritismos e falta de governança.

Deve ainda a Transação curvar-se ao princípio da eficiência, previsto no art. 37, *caput*, da CF, e que é entendido por Maria Sylvia Zanella Di Pietro[18] como aquele que "apresenta, na realidade, dois aspectos: pode ser considerado em relação ao modo de atuação do agente público, do qual se espera o melhor desempenho possível de suas atribuições, para lograr aos melhores resultados; e em relação ao modo de organizar, estruturar, disciplinar a Administração Pública, também com o mesmo objetivo de alcançar os melhores resultados na prestação do serviço público".

Neste ponto chamamos atenção ao fato de que inclusive o PL em seu art. 53, em redação que julgamos obscura, deixa aberta a possibilidade de servidor de Estado, Distrito Federal ou de Município atuar provisoriamente na qualidade de assessor técnico da CGTC ou das CTC, além do absurdo de poder haver contratação de empresa ou profissionais com "competência técnica reconhecida" para prestar assesso-

17. Celso Antônio Bandeira Mello, *Curso de Direito Administrativo*, p. 107.

18. Maria Sylvia Zanella Di Pietro, *Direito Administrativo*, 18ª ed., p. 84.

ramento pericial nos procedimentos de transação. Realmente, essa parte do PL é estranha e nos parece que atenta contra o princípio da Eficiência.

Também a transação tributária deve cumprir o princípio da motivação. Segundo Celso Antônio Bandeira de Mello, "este princípio está implícito tanto no art. 1º, II, que indica a cidadania como um dos fundamentos da República, quanto no parágrafo único deste preceptivo, segundo o qual todo o poder emana do povo, como ainda no art. 5º, XXXV, que assegura o direito à apreciação judicial nos casos de ameaça ou lesão de direito. É que o princípio da motivação é reclamado quer como afirmação do direito político dos cidadãos ao esclarecimento do 'porquê' (*sic*) das ações de quem gere negócios que lhes dizem respeito por serem titulares últimos do poder, quer como direito individual a não se assujeitarem a decisões arbitrárias, pois só têm que se conformar às que forem ajustadas às leis".

Assim, a transação tributária deve ser motivada, como todos os atos de seus Administradores durante o procedimento.

O princípio da universalidade da jurisdição está disposto no art. 5º, XXXV, da CF, no seguinte sentido: "a lei não excluirá da apreciação do Poder Judiciário lesão ou ameaça a direito".

Entendemos que tal princípio não é ofendido pelo instituto da Transação Tributária, desde que a lei que a regulamente não exclua o direito do contribuinte em discutir os termos da transação. Isso porque o direito de pedir tutela jurisdicional previsto na CF não é genérico e muito menos exige outras condições que não a legitimidade para a causa, o interesse de agir e a possibilidade jurídica do pedido.

Ocorre que o Projeto de Lei n. 5.082/2009, em seu art. 12, viola esse princípio, pois restringe as possibilidades de discussão do termo de transação ao impor condições excludentes para a discussão, administrativa e judicial, do termo de transação, que não as acima citadas.

IV – Conclusão

Desse modo, em que pese sermos favoráveis ao instituto da transação tributária, que repetimos, não é novidade em nosso sistema jurídico, entendemos que o PL n. 5.082/2009 apresenta pontos que precisam de melhor análise antes de sua aprovação, eis que em nossa opinião não basta apenas citar que a lei será regida pelos princípios "XPTO", mas quando da leitura do conteúdo do PL percebemos outra mensagem e mais uma vez acabamos enxergando que há uma lanterna para outros interesses envolvidos, que não exatamente a implementação de um sistema de justiça mais acessível, ágil e efetivo.

Em nossa opinião a transação tributária pode ser a porta de entrada para a modernidade do direito tributário, como alguns estão chamando, porém, cremos que ainda falta muito para chegarmos lá e cremos que o caminho deveria ser trilhado com muito mais esmero, para que o direito constitucional tributário não seja mais uma vez atacado por outros interesses.

V – Bibliografia

CARVALHO, Paulo de Barros. *Curso de Direito Tributário*. 19ª ed., São Paulo, Saraiva, 2007.

CARRAZZA, Roque Antonio. *Curso de Direito Constitucional Tributário*. 25ª ed., São Paulo, Malheiros Editores, 2009.

DACOMO, Natalia de Nardi. *Direito Tributário Participativo: Transação e Arbitragem Administrativas da Obrigação Tributária*. Tese de Doutoramento apresentada à Banca examinadora da Pontifícia Universidade Católica de São Paulo, 2008.

DE PLÁCIDO E SILVA. *Vocabulário Jurídico*. vol. IV. Rio de Janeiro, Forense, 2004.

DI PIETRO, Maria Sylvia Zanella. *Direito Administrativo.* 18ª ed., São Paulo, Atlas, 2004.

DINIZ, Maria Helena. *Dicionário Jurídico.* vol. 3, 2ª ed., São Paulo, Saraiva, 2005.

GOMES, Orlando. *Contratos.* Atualizado por Humberto Theodoro Júnior. 21ª ed., Rio de Janeiro, Forense, 2000.

HOUAISS, Antonio. *Minidicionário Houaiss da Língua Portuguesa.* Rio de Janeiro, Objetiva, 2004.

JARDIM, Eduardo Marcial Ferreira. *Comentários ao Código Tributário Nacional.* vol. 2. Coordenado por Ives Gandra da Silva Martins. Saraiva, São Paulo, 1998, p. 402.

MACHADO, Hugo de Brito. "A transação no Direito Tributário", *Revista Dialética de Direito Tributário* 75/60.

______. "Transação e arbitragem no âmbito tributário", *Revista Fórum de Direito Tributário* 28/53, Belo Horizonte, ano 5.

MELLO, Celso Antônio Bandeira. *Curso de Direito Administrativo.* São Paulo, Malheiros Editores, 2005.

SANTI, Eurico Marcos Diniz. "Transação e arbitragem no âmbito tributário: paranoia ou mistificação?", *Revista Fórum de Direito Tributário – RFDT,* Belo Horizonte, ano 5, pp. 29-53.

ESTUDOS
&COMENTÁRIOS

O DECRETO FEDERAL 7.126/2010 E O FAP: A CORREÇÃO DE DISTORÇÕES DA PORTARIA INTERMINISTERIAL 329/2009

CAMILA CAMPOS VERGUEIRO CATUNDA
Advogada em São Paulo – Mestre pela PUC/SP
– Professora do IBET, da GV*Law* e da PUC/Cogeae.

1. Introdução. 2. O conteúdo semântico do inciso III do art. 151 do CTN. 3. Questão de legalidade – Portaria que contraria lei. 4. O "mínimo" direito à primeira e à segunda instâncias administrativas. 5. Conclusão.

1. Introdução

Se ainda existem muitos motivos para combater o Fator Acidentário de Prevenção/FAP e sua fórmula de cálculo, com a publicação do Decreto federal 7.126, de 3.3.2010 (*DOU* 4.3.2010) reputamos que algumas distorções foram corrigidas e boas lições podem ser extraídas da batalha judicial que vêm travando o Fisco e o contribuinte nos últimos meses.

A mídia vem divulgando, quase que diariamente, a concessão de diversas liminares em todo o País afastando a incidência do percentil do FAP – decisões, essas, que, basicamente, abordam (i) o problema da inconstitucionalidade do FAP em si; ou (ii) a necessidade de atribuição de efeito suspensivo à contestação administrativa apresentada pelo contribuinte contra o percentual que lhe foi atribuído.

Além desses dois pontos controversos, havia, até a publicação do referido decreto federal, um terceiro, que tratava da impossibilidade de ser interposto recurso contra a decisão de primeira instância que eventualmente rejeitasse a contestação administrativa.

Esse terceiro ponto, acreditamos, permaneceu dormente, pois as contestações administrativas ainda não foram decididas. Mas, apesar de especificamente essa questão não estar "na pauta do dia", não era (e não é) de menor importância no contexto deste trabalho, como será exposto a seguir.

Não trataremos da questão da invalidade do FAP e de sua cobrança, pois o foco é trazer para debate as distorções que foram ajustadas com a vinda do Decreto federal 7.126/2010, e que confirmam a necessidade de os atos infralegais observarem as normas que são seu fundamento de validade, como o texto constitucional, o Código Tributário Nacional ou o próprio Regulamento da Previdência. Vejamos cada uma delas.

2. *O conteúdo semântico do inciso III do art. 151 do CTN*

A primeira questão a ser abordada contextualiza-se com a discussão que tratou da necessidade de ser atribuído efeito suspensivo à defesa administrativa que os contribuintes apresentaram no Ministério da Previdência Social.

A corrida ao Poder Judiciário em defesa da atribuição desse efeito suspensivo deveu-se ao fato de que a Portaria Interministerial 329, de 10.12.2009, apesar de prever o cabimento da contestação, ao mesmo tempo estabelecia o dever de pagamento da contribuição previdenciária com o percentil do FAP durante o período em que estivesse pendente o julgamento dessa contestação. Literalmente, está escrito o seguinte:

"Art. 1º. O *FAP* atribuído pelo Ministério da Previdência Social – MPS *poderá ser contestado* perante o Departamento de Políticas de Saúde e Segurança Ocupacional daquele Ministério, no prazo de 30 (trinta) dias, contado da publicação desta Portaria, por razões que versem sobre possíveis divergências dos elementos previdenciários que compõem o cálculo do Fator.

"Art. 2º. (...).

"Parágrafo único. *Se, do julgamento da contestação, resultar FAP inferior ao atribuído pelo MPS e, em razão dessa redução, houver crédito em favor da empresa, esta poderá compensá-lo* na forma da legislação tributária aplicável" (grifos nossos).

Sem dúvida alguma, essa portaria prescreve, para a hipótese de provimento da contestação, o direito do contribuinte de compensar o que eventualmente tenha sido considerado pagamento indevido; mas esse "direito" do contribuinte contraria a garantia constitucional que assevera o direito de prevenção da tributação reputada ilegítima.[1]

Desditosamente, tal portaria restaurou a regra do *solve et repete*, extirpada do nosso ordenamento pela Constituição Federal de 1988, que assegura ao particular o acesso à esfera administrativa e ao Judiciário, o direito de propriedade, a legalidade, o devido processo legal e a ampla defesa ainda em caráter preventivo à instauração do litígio.

Da leitura do texto constitucional constatamos que nele está consagrado o princípio segundo o qual toda lesão provocada por terceiro (seja sujeito de direito público ou privado) a direito subjetivo pode e deve ser prevenida. Não há permissão no ordenamento jurídico para que o dano se perpetue e somente depois serem acionadas as categorias jurídicas seja recomposta a situação do *status quo ante*. Muito pelo contrário, estão consagrados mecanismos para que a lesão seja evitada. É a idéia das medidas de caráter preventivo.[2]

A efetividade desse princípio, que é daqueles denominados de "implícitos" pela doutrina, é dada por normas infraconstitucionais que instituíram esses mecanismos que asseguram ao particular que uma lesão iminente seja evitada.

1. Utilizamos os verbos "prever" e "contrariar" no presente porque a Portaria Interministerial 329, de 10.12.2009, não foi expressamente revogada, como determina a Lei Complementar 95/1998 em seu art. 9º ("Art. 9º. A cláusula de revogação deverá enumerar, expressamente, as leis ou disposições legais revogadas").

2. "Art. 5º. (...): (...) II – ninguém será obrigado a fazer ou deixar de fazer alguma coisa senão em virtude de lei; (...) XXII – é garantido o direito de propriedade; (...) XXXIV - são a todos assegurados, independentemente do pagamento de taxas: a) o direito de petição aos Poderes Públicos em defesa de direitos ou contra ilegalidade ou abuso de poder; XXXV – a lei não excluirá da apreciação do Poder Judiciário lesão ou ameaça a direito; (...) LIV – ninguém será privado da liberdade ou de seus bens sem o devido processo legal; LV – aos litigantes, em processo judicial ou administrativo, e aos acusados em geral são assegurados o contraditório e ampla defesa, com os meios e recursos a ela inerentes; (...)."

"Art. 150. Sem prejuízo de outras garantias asseguradas ao contribuinte, é vedado à União, aos Estados, ao Distrito Federal e aos Municípios: I – exigir ou aumentar tributo sem lei que o estabeleça; (...)."

Cogitamos, por exemplo, (i) do poder geral de cautela que é evidenciado nas decisões liminares, que podem ser concedidas em mandados de segurança ou em medidas cautelares, e na tutela antecipada, que, em matéria tributária, tem evidente natureza cautelar,[3] ao garantir o bem da vida que será concedido ao final na sentença; ou (ii) de regra como a contida no inciso III do art. 151 do CTN, que barra a possibilidade de o Fisco dar continuidade à cobrança do tributo enquanto estiver pendente de decisão a petição[4] protocolada na esfera administrativa contestando o crédito tributário – hipótese, esta última, que interessa para o presente trabalho.

Em função desse contexto, muitos contribuintes, ao se depararem com a odiosa regra do *solve et repete* estatuída na Portaria Interministerial 329/2009, correram ao Poder Judiciário para ter assegurado seu direito de, enquanto discutem administrativamente o FAP, não se sujeitarem à cobrança da contribuição previdenciária com o percentil a ele atribuído pelo Ministério da Previdência Social.

Pauta-se a discussão em torno da seguinte pergunta: a contestação ao FAP está inserida no conteúdo semântico da expressão "reclamações e recursos" do art. 151, III, do CTN, de modo a ensejar a suspensão da exigibilidade da contribuição previdenciária com a aplicação do percentil do FAP?

Os contribuintes, então, sustentam que a denominada contestação administrativa ao FAP está, sim, abarcada pela regra do art. 151, III, do CTN, que assim dispõe:

"Art. 151. Suspendem a exigibilidade do crédito tributário: (...) III – as reclamações e os recursos, nos termos das leis reguladoras do processo tributário administrativo; (...)".

Na grande maioria das decisões judiciais prolatadas a resposta àquela pergunta foi positiva, reconhecendo-se que a contestação ao FAP tem o condão de suspender a exigibilidade do crédito tributário. Citemos algumas dessas decisões, exemplificativamente:

"Posto isso, defiro a liminar requerida, para determinar a suspensão da exigibilidade dos créditos reclamados pelo Fisco, calculados pelo FAP de 1,6977, até a final decisão do recurso protocolado pela impetrante, no âmbito administrativo (Processo Administrativo n. 37311.008303/2009-13), devendo a impetrante recolher a contribuição segundo os moldes da legislação anteriormente vigente. Notifique-se a autoridade impetrada, para prestar informações. Após, dê-se vista dos autos ao Ministério Público Federal, vindo, a seguir, conclusos para sentença" (3ª Vara Federal de *Campinas*).

"Assiste razão à impetrante em suas argumentações.

"(...).

"Embora não conste expressamente no dispositivo acima o efeito suspensivo da impugnação, não há como aceitar a incidência da majorante sem que haja o prévio pronunciamento do Fisco acerca das alegações formuladas administrativamente pela impetrante.

"Tal decorre do disposto no Decreto n. 70.235/1972, bem como no art. 151, III, do CTN, que asseguram a suspensão da exigibilidade do crédito fiscal em caso de apresentação de reclamações e recursos administrativos.

3. Afirma-se que a tutela antecipada em matéria tributária não antecipa os efeitos da sentença porque quando ela é concedida, por exemplo em uma Ação Anulatória, não está antecipando o pedido de anulação do auto de infração (art. 156 do CTN), e sim suspendendo-se (art. 151 do CTN) a possibilidade de a Fazenda Pública promover a cobrança do crédito tributário constituído nesse auto de infração, ou seja, impede nesse o ajuizamento da execução fiscal.

4. Expressão utilizada em sentido lato, tal como consagrada no art. 5º, XXXIV, da CF de 1988, incluindo a petição (seja denominada na primeira instância administrativa de impugnação, contestação ou manifestação de inconformidade) e os recursos administrativos.

"(...).

"Em face do exposto, defiro a liminar pleiteada, a fim de assegurar à impetrante o recolhimento da contribuição ao SAT da forma como vem sendo feita, sem as alterações do Decreto n. 6.957/2009, até que sejam apreciadas as impugnações administrativas apresentadas por ela, às quais deverá ser atribuído o efeito do art. 151, III, do CTN, devendo as autoridades impetradas absterem-se da prática de qualquer ato visando à cobrança da diferença do tributo em questão. (...)" (7ª Vara Federal de *São Paulo*).

"O pedido formulado na inicial apresenta a necessária relevância jurídica que autoriza o deferimento da liminar. A não concessão de efeito suspensivo à impugnação administrativa nega vigência ao art. 151, III, do CTN, segundo o qual suspendem a exigibilidade do crédito tributário 'as reclamações e os recursos, nos termos das leis reguladoras do processo tributário administrativo'.

"(...).

"III – Isto posto, defiro a liminar para suspender a exigibilidade do crédito tributário objeto da impugnação administrativa apresentada pela impetrante (...) até a decisão final do processo administrativo em que se discute o percentual do FAP, nos termos do art. 151, III, do CTN, mantido o dever de recolhimento nos moldes estabelecidos pelo art. 22 da Lei n. 8.212/1991, em sua redação original. (...)" (6ª Vara Federal de *São Paulo*).

"Em consequência, incide o art. 151, III, do CTN, que determina a suspensão da exigibilidade no caso de impugnação relativa à apuração do FAP.

"Ante o exposto, defiro a liminar pleiteada para declarar a suspensão de exigibilidade do crédito tributário referente à contribuição previdenciária destinada ao SAT/RAT (...) a partir do protocolo das duas impugnações administrativas constantes destes autos até final decisão administrativa, devendo a autoridade se abster de praticar qualquer ato tendente à cobrança do tributo, a não ser quanto ao recolhimento nos moldes do art. 22 da Lei n. 8.212/1991, sem aplicação do art. 10 da Lei n. 10.666/2003. (...)" (2ª Vara Federal de *Araraquara*).

"Isto posto, defiro em parte a liminar e atribuo efeito suspensivo ao recurso administrativo apresentado pelo impetrante e suspendo a exigibilidade do crédito tributário decorrente da contribuição ao RAT, apenas na parcela majorada pelo FAT, [*sic*] até o julgamento administrativo. Como não há lançamento, deve o contribuinte apresentar planilha mensal declarando o valor que deixou de recolher para fins de controle fiscal. (...)" (15ª Vara Federal do *Rio de Janeiro*).

"(...). Desse modo, e tendo em vista o disposto no art. 151, III, do CTN, cabe atribuir efeito suspensivo ao recurso administrativo.

"*Decisão:* Pelo exposto, defiro o pedido, para atribuir efeito suspensivo ao recurso interposto na via administrativa. (...)" (*TRF-4ª Região*).

Deveras, a aplicação do art. 151, III, do CTN à contestação ao FAP na fórmula desenvolvida pelos contribuintes pressupõe a conjunção de três elementos identificados no texto abstrato do Código Tributário Nacional e no fato jurídico dessa contestação. São eles: (1) tratar-se de discussão a respeito de crédito tributário (1º elemento); (2) estar-se diante de processo tributário administrativo (2º elemento); e (3) estar compreendida a contestação ao FAP no conceito de "reclamações e recursos" (3º elemento).

Identificados esses três elementos na contestação ao FAP, a única resposta possível à pergunta feita acima seria mesmo a de que o art. 151, III, do CTN aplica-se ao FAP.

Passamos a demonstrar a relação existente entre o texto normativo e o fato jurídico da contestação ao FAP, de modo a confirmar a ilegalidade da Portaria Interministerial 329/2009, tal como vem sendo sustentado pelos contribuintes no Judiciário.

É cabível afirmar que a contestação ao FAP é contra o crédito tributário, pois, como preleciona Paulo de Barros Carvalho,[5] a lei que instituiu o tributo indica genérica e abstratamente todos os critérios[6] que devem compor a obrigação tributária – e são eles: o critério material (fato econômico), o critério *espacial* (âmbito territorial), o critério *temporal*, o critério pessoal (sujeitos ativo e passivo) e o critério quantitativo (base de cálculo e alíquota) –, enquanto a linguagem competente, editada pelo sujeito passivo ou ativo (autolançamento ou lançamento), institui a obrigação tributária, consolidando o vínculo que se instaura entre sujeito passivo (devedor) e sujeito ativo (credor). Ao devedor é acometido o dever jurídico de suportar a prestação pecuniária (débito), e ao credor o direito subjetivo de percebê-la (crédito). Na obrigação tributária, portanto, o Fisco detém a condição de credor.

Ora, se justamente os contribuintes, ao se contraporem ao FAP, imposto individualmente pelo Ministério da Previdência Social segundo a quantidade de acidentes de trabalho registrados na Previdência Social e sua freqüência, gravidade e custo de cada um em relação aos demais integrantes da mesma subclasse, segundo a Classificação Nacional de Atividades Econômicas/CNAE, buscam afastar o direito subjetivo do Fisco à percepção do tributo que está sendo contestado, atacando aspectos que implicaram a definição da alíquota da contribuição previdenciária, forçoso reconhecer que se trata de discussão sobre crédito tributário.

Assim, identificado que a contestação trata do crédito tributário, há que se reconhecer que são coincidentes o fato jurídico da contestação e o 1º elemento prescrito no Código Tributário Nacional, causa suficiente[7] para incidência do art. 151, III, do CTN, portanto.

A discussão da existência do crédito tributário, contudo, não é exclusiva para que de maneira eficiente ocorra a incidência desse art. 151, III, do CTN à contestação ao FAP; para tanto, teve ainda o contribuinte de demonstrar que essa contestação está compreendida no conceito de "processo administrativo" (2º elemento do texto do Código Tributário Nacional).

Pode-se falar na existência de legítimo processo[8] para discussão do FAP na esfera administrativa, pois se perfaz a lide, sendo a petição (contestação) protocolada pelo contribuinte o veículo que constitui o fato-conflito e ensejará uma decisão (solução) da autoridade competente, a qual não poderá deixar de proferi-la, por se tratar de um dever da Administração Pública, à luz da Lei federal 9.784/1999: "Art. 48. *A Administração tem o dever de explicitamente emitir decisão* nos processos administrativos e sobre solicitações ou reclamações, em matéria de sua competência" (grifamos).

Não são outras as lições do professor Paulo César Conrado sobre o conceito de *processo*: "(...) haverá processo tributário (...) desde que, ou por iniciativa do Estado-Fisco (ou de quem em seu nome aja), ou por iniciativa do contribuinte (ou de pessoa a ele equiparada), seja constituído,

5. Paulo de Barros Carvalho, *Curso de Direito Tributário*, 22ª ed., São Paulo, Saraiva, 2010.

6. "(...) utilizamos a palavra 'critérios' para referir as propriedades que a relação deve ostentar, em ordem a ser efetivamente uma relação jurídica; agora empregaremos 'elementos' para indicar as partes de que se compõe uma relação jurídica concretamente considerada. (...)" (Paulo de Barros Carvalho, *Direito Tributário: Fundamentos Jurídicos da Incidência*, 6ª ed., São Paulo, Saraiva, 2008, pp. 169-170).

7. *Condição suficiente* é aquela que sempre implica uma determinada situação quando a condição (causa) se verifica.

8. Preleciona Paulo César Conrado: "A impugnação (...) ostenta a mesma potência da petição inicial (...) constitui o conflito, funcionando como 'fato gerador' da relação processual, qualificada, porém, como 'administrativa'" (*Processo Tributário*, 2ª ed., São Paulo, Quartier Latin, 2007, p. 66).

como fato jurídico, um certo conflito, para tanto servindo à guisa de instrumento (veículo) a impugnação administrativa (produzida unicamente pelo contribuinte) (...)".[9]

Como já mencionado, a Portaria Interministerial 329/2009 prevê o cabimento da contestação e a prolação de uma decisão irrecorrível pela autoridade competente – dispondo, portanto, sobre típico processo administrativo tributário. Em outras palavras, quando da edição da referida portaria e até a publicação do Decreto federal 7.126/2010 era[10] esse o regramento do *processo* administrativo específico de contestação ao FAP (*due process of law*), de modo que se estava diante de lei reguladora do processo administrativo – e, portanto, identificado resta o 2º critério no caso concreto, fazendo incidir o art. 151, III, do CTN.

Entretanto, ainda havia que se confirmar se a contestação do FAP assumia a natureza de "reclamação" ou de "recurso" (3º elemento) para que o referido artigo do Código Tributário Nacional pudesse incidir. Para tanto, foram trabalhados os conceitos de "reclamação" e de "recurso".

Não foi essa a primeira vez que a questão foi posta para apreciação no Poder Judiciário. De fato, a Fazenda Nacional, quando instituiu a manifestação de inconformidade e o pedido de revisão de débito inscrito em dívida ativa, relutou em admitir que se tratava de espécies do gênero "reclamação" prevista no art. 151, III, do CTN; em razão disso, reputava que essas peças processuais administrativas não eram hábeis para suspender a exigibilidade do tributo.[11]

Sobre os limites semânticos da expressão "reclamações e os recursos" do art. 151, III, do CTN, restou assentado na 1ª Seção do STJ que a interpretação a ser dada a esse dispositivo deve ser ampla, abrangendo toda e qualquer petição protocolada pelo contribuinte que se contraponha ao crédito tributário e observe o devido processo legal administrativo. E, mais, firmou-se posição no sentido de que o conceito de "reclamações" corresponde ao das petições de primeira instância administrativa e o de "recursos" ao de petições protocoladas para análise em segundo grau administrativo. Veja-se a ementa desse julgado:

"Tributário – Embargos de divergência – Compensação – Homologação indeferida pela Administração – Recurso administrativo pendente – Suspensão da exigibilidade do tributo – Fornecimento de certidão positiva com efeito de negativa.

"1. As impugnações, na esfera administrativa, a teor do Código Tributário Nacional, podem ocorrer na forma de reclamações (defesa em primeiro grau) e de recursos (reapreciação em segundo grau) e, uma vez apresentadas pelo contribuinte, têm o condão de impedir o pagamento do valor até que se resolva a questão em torno da extinção do crédito tributário em razão da compensação.

"2. Interpretação do art. 151, III, do CTN, que sugere a suspensão da exigibilidade da exação quando existente uma impugnação do contribuinte à cobrança do tributo, qualquer que seja esta.

"3. Nesses casos, em que suspensa a exigibilidade do tributo, o Fisco não pode negar a certidão positiva de débitos, com

9. Paulo César Conrado, *Processo Tributário*, cit., 2ª ed., p. 79.

10. Utilizamos o verbo "ser" no passado, pois justamente nesse ponto o Decreto 7.126/2010 inovou, dando novos contornos ao processo administrativo de contestação ao FAP.

11. A Lei federal 10.637/2002, ao alterar o art. 64 da Lei federal 9.430/1996, confirmou a "tese" dos contribuintes em relação à manifestação de inconformidade; assim como a jurisprudência acerca do pedido de revisão de débito inscrito em dívida ativa, que assegurou aos contribuintes a obtenção de sua certidão de regularidade fiscal enquanto esse pedido estivesse pendente de análise – entendimento, esse, posteriormente também erigido a texto normativo, especificamente no art. 13 da Lei federal 11.051/2004.

efeito de negativa, de que trata o art. 206 do CTN.

"4. Embargos de divergência providos" (EResp 850.332-SP, *DJe* 12.8.2008).

Do voto da Min. Eliana Calmon proferido nesses embargos de divergência no recurso especial extrai-se a seguinte passagem, que merece transcrição por se contextualizar ao que os contribuintes sustentaram ao pleitear a atribuição de efeito suspensivo à sua contestação:

"(...). Uma vez realizado o lançamento ou provocada a Administração, por iniciativa dos contribuintes ou mesmo *ex officio*, abre-se a instância de revisão, formando-se o procedimento administrativo tributário, que será regido nos termos da lei (art. 151, III, do CTN).

"(...).

"*O que está fazendo o STJ é tão-somente interpretar o real sentido do art. 151, III, do CTN, que sugere a suspensão da exigibilidade do tributo quando existente uma impugnação do contribuinte à cobrança do tributo, qualquer que seja esta.* (...)" (grifamos).

Na doutrina, no mesmo sentido manifesta-se a professora Regina Helena Costa:

"*7.2.3 Reclamações e recursos administrativos*

"Também as reclamações e os recursos administrativos constituem causas de suspensão da exigibilidade da obrigação tributária (art. 151, III, do CTN).

"A *expressão 'reclamações e recursos administrativos', de significação ampla, compreende todos os instrumentos de defesa, todos os meios hábeis a impugnar exigências fiscais.* (...)"[12] (grifamos).

Com o que foi exposto, podemos constatar que há plena identidade entre o conceito de "reclamação" do Código Tributário Nacional e o de "contestação" ao percentil do FAP.

Presentes, portanto, na contestação ao FAP, os três elementos abstratos previstos no inciso III do art. 151 do CTN, há que se reconhecer sua plena aplicabilidade à contestação ao FAP, de modo que a Portaria Interministerial 329/2009, ao negar efeito suspensivo à "reclamação", necessariamente havia de ser reputada ilegal, tal como assentaram as decisões acima mencionadas, ainda que tenham sido proferidas em grau de precariedade.[13]

A confirmação dessa tese suscitada pelos contribuintes se deu com a publicação do Decreto federal 7.126/2010, que acrescentou no Regulamento da Previdência Social (Decreto 3.048/1998) disposição expressa prescrevendo que a contestação apresentada contra o percentil do FAP é dotada de efeito suspensivo, *verbis*:

"Art. 202-B. O FAP atribuído às empresas pelo Ministério da Previdência Social poderá ser contestado perante o Departamento de Políticas de Saúde e Segurança Ocupacional da Secretaria Políticas de Previdência Social do Ministério da Previdência Social, no prazo de 30 (trinta) dias da sua divulgação oficial.

"(...).

"§ 3º. *O processo administrativo de que trata este artigo tem efeito suspensivo*" (grifamos).

Com a inserção dessa regra no Decreto federal 3.048/1998 reafirma-se a extensão do conteúdo semântico do art. 151, III, do CTN, já manifestado na jurisprudência do STJ, merecendo essa discussão servir como exemplo e lição para os estudiosos do Direito, e para o legislador também, no sentido de que as petições administrativas que contestam o crédito tributário, recebam elas a denominação que tenha convindo ao legislador ("defesa", "impugnação", "contestação", "manifestação" ou "pedido"), devem assegurar ao contribuinte seu direito de obter a suspen-

12. Regina Helena Costa, *Curso de Direito Tributário*, 1ª ed., São Paulo, Saraiva, 2009, p. 240.

13. Decisões precárias porque proferidas liminarmente.

são da exigibilidade do crédito tributário quando o está questionando.

3. *Questão de legalidade – Portaria que contraria lei*

Nessa discussão do FAP tomou corpo também um problema que constantemente os contribuintes enfrentam, que é a edição de atos normativos infralegais que contrariam disposição da lei que lhes serve de fundamento de validade.

Como é cediço, o ordenamento jurídico é estruturado segundo regras de subordinação e coordenação, de modo que uma norma encontra fundamento de validade na norma que lhe é hierarquicamente superior.

Essa estruturação do ordenamento jurídico é deduzida já do texto constitucional, que dispõe, em seu art. 84, IV, que os decretos serão editados para cumprir a lei, *verbis*: "Art. 84. Compete privativamente ao Presidente da República: (...) IV – sancionar, promulgar e fazer publicar as leis, bem como expedir decretos e regulamentos para sua fiel execução; (...)".

No âmbito tributário esse tom do ordenamento jurídico constitucional é evidenciado pelos termos do art. 99 do CTN: "Art. 99. O conteúdo e o alcance dos decretos restringem-se aos das leis em função das quais sejam expedidos, determinados com observância das regras de interpretação estabelecidas nesta Lei".

Por essas disposições normativas podemos concluir que o ato normativo infralegal (i) é editado para dar cumprimento ao texto da lei (em sentido formal[14]) e que (ii) seu conteúdo está limitado ao da disposição legal. Assim, havendo divergência entre o conteúdo da lei e o de seu ato de execução infralegal, provoca-se um alvoroço no ordenamento jurídico e pretere-se o ato infralegal, para prestigiar a lei. É o império da lei, tão bem entoado no inciso II do art. 5º e no inciso I do art. 150, ambos da CF.

A jurisprudência do STJ e do STF acerca de situações em que há dissonância entre lei e ato regulamentador reconhece que as disposições da lei (em sentido formal) devem prevalecer:

"Tributário – Contribuição social – Gratificação natalina – Extensão de decreto regulamentador – Lei n. 8.212/1991 – Decreto n. 612/1992 – Lei n. 8.620/1993.

"1. *O regulamento não pode estender a incidência ou forma de cálculo de contribuição sobre parcela de que não cogitou a lei. Deve restringir-se ao fim precípuo de facilitar a aplicação e execução da lei que regulamenta.*

"2. No período anterior à Lei n. 8.620/1993, o Decreto n. 612/1992 (art. 37, § 7º), ao regulamentar o art. 28, § 7º, da Lei n. 8.212/1991, extrapolou sua competência ao determinar que a contribuição incidente sobre a gratificação natalina deva ser calculada mediante aplicação, em separado, da tabela de alíquotas prevista para os salários de contribuição – Precedentes.

"3. Entretanto, a tributação em separado da gratificação natalina passou a ser exigível, nos termos do art. 7º, § 2º, da Lei n. 8.620/1993.

"4. Recurso especial provido em parte" (STJ, REsp 442.781-PR, *DJU* 12.9.2005).

"Ação direta de inconstitucionalidade – Agravo regimental – Impugnação de instrução normativa do Departamento da Receita Federal – (...). *As instruções normativas editadas por órgão competente da Administração Tributária constituem espécies jurídicas de caráter secundário, cuja validade e eficácia resultam, imediatamente, de sua estrita observância dos limites impostos pelas leis*, tratados, convenções internacionais ou decretos presidenciais, de que devem constituir normas complementares. Essas instruções nada mais são, em sua configuração jurídico-

14. "Lei em sentido formal", segundo a doutrina, refere-se à inovação do ordenamento jurídico por ato normativo produzido pelo Poder Legislativo.

formal, que provimentos executivos cuja normatividade está diretamente subordinada aos atos de natureza primária, como as leis e as medidas provisórias, a que se vinculam por um claro nexo de acessoriedade e de dependência. Se a instrução normativa, (...)" (STF, ADI 365/AgR, *DJU* 15.3.1991).

No caso do FAP, mais uma vez a legalidade prevaleceu, pois, muito embora tenha havido uma tentativa de afastar o efeito suspensivo da contestação apresentada pelo contribuinte, essa orientação perniciosa foi solucionada com a publicação do referido Decreto federal 7.126/ 2010.

Como apontado no item acima, a Portaria Interministerial 329/2009 prevê o cabimento da contestação ao FAP, mas não a reconhece como causa suspensiva da exigibilidade do crédito tributário, contrariando frontalmente o já citado art. 151, III, do CTN.

Essa aflição entre a portaria e o Código Tributário Nacional já foi demonstrada de forma suficiente linhas atrás. E justamente porque havia essa incompatibilidade entre lei e ato infralegal que os contribuintes provocaram a jurisdição, buscando declarar a ilegalidade da portaria. E foi obtido sucesso, ainda que em decisão liminar.

E com a publicação do Decreto federal 7.126/2010 essa celeuma gerada pela Portaria Interministerial 329/2009 foi encerrada, pois, ao prever que a contestação ao FAP tem efeito suspensivo, ficou claro que a regra a ser prestigiada é a do Código Tributário Nacional. De fato, esse decreto reforçou a eficácia do disposto no art. 151, III, do CTN.

Por já dispor o Código Tributário Nacional que a "reclamação" (contestação) é instrumento hábil para suspender a exigibilidade do crédito tributário, não seria necessária a previsão do decreto federal. Mas, em nossa terra brasiliense, reiterar, parece, tende a tornar mais forte o conteúdo normativo.

Assim, tudo indica que esse decreto federal veio para eliminar os efeitos da Portaria Interministerial 329/2009 e – o mais importante – prestigiar a legalidade; mas, como ainda não houve sua revogação expressa, pode haver alguém descuidado que pretenda aplicá-la.

Não é demais ter em mente que é a lei, sempre a lei, a amarra para a sangria decorrente da atividade arrecadatória fiscal.

4. O "mínimo" direito à primeira e à segunda instâncias administrativas

O terceiro ponto que merece destaque, apesar de não apreciado pelo Poder Judiciário – e nem o será, devido à publicação do Decreto federal 7.126/2010 –, e que também era uma questão delicada, refere-se à ausência de previsão na referida Portaria Interministerial 329/2009 do cabimento de recurso da decisão de primeira instância.

A portaria prevê o seguinte:

"Art. 1º. (...).

"§ 1º. *O julgamento da contestação, que terá caráter terminativo no âmbito administrativo*, observará as determinações do Conselho Nacional de Previdência Social – CNPS, contidas nas Resoluções ns. 1308 e 1309, ambas de 2009."

Salta aos olhos a invalidade dessa disposição, pois limita o acesso à esfera administrativa a uma única instância, contrariando o que prescreve o art. 5º, LV, da CF de 1988: "LV – aos *litigantes, em processo* judicial ou *administrativo*, e aos acusados em geral são *assegurados* o contraditório e *ampla defesa, com os meios **e** recursos* a ela inerentes; (...)".

Importante fixar o conceito de "recurso" para delimitação do conteúdo de significação desse dispositivo constitucional: instrumento de linguagem promovido pela parte, mediante ato voluntário, no curso de um processo, que tem como intuito provocar o exercício da jurisdição revisiva sobre ato decisório prolatado anteriormente.

Esse dispositivo constitucional é um enunciado composto, que se refere ao exercício da ampla defesa por meio de duas expressões simples ("meios" e "recursos") como partes componentes do todo de seu conteúdo; expressões, essas, que se conjugam pelo conectivo "e".

Como preleciona Irvin M. Copi,[15] o signo "e" é utilizado para interligar enunciados, sendo dotado da função conjuntiva. O conectivo "e", quando utilizado em enunciados normativos, assume a função de linguagem de uma conjunção includente, ou seja, a de conjugação de, no mínimo, dois elementos para compreensão do todo do conteúdo do enunciado prescritivo.

Desta forma, a regra constitucional é cristalina, dispondo, em outras palavras, que a ampla defesa no processo administrativo pressupõe "meios" *e* "recursos" e, com isso, um mínimo da primeira instância *mais* uma segunda instância.

Com base nesse artigo da Constituição, o Regulamento da Previdência, em sua redação original (Decreto federal 3.048/1999), já assegurava a instância revisora:

"Art. 305. *Das decisões* do Instituto Nacional do Seguro Social nos processos *de interesse dos* beneficiários e dos *contribuintes* da Seguridade Social *caberá recurso* para o Conselho de Recursos da Previdência Social, conforme o disposto neste Regulamento e no Regimento daquele Conselho".

"Art. 308. Ressalvadas as hipóteses legais e as previstas neste Regulamento, o *recurso* só pode ter efeito suspensivo mediante solicitação das partes, deferida pelo presidente da instância julgadora.

"Parágrafo único. Tratando-se de *recursos* em processos fiscais, aplica-se o que dispõe o art. 151 do Código Tributário Nacional."

15. Irvin M. Copi, *Introdução à Lógica*, 3ª ed., São Paulo, Mestre Jou, p. 227.

Não fossem suficientes as disposições citadas, que são infralegais, contextualizada ao assunto está a regra contida no Decreto federal 70.235/1972, o qual regula o processo administrativo fiscal federal: "Art. 33. Da decisão caberá recurso voluntário, total ou parcial, com efeito suspensivo, dentro dos 30 (trinta) dias seguintes à ciência da decisão".

A garantia do contribuinte ao recurso está assegurada ainda na prescrição do art. 2º, parágrafo único, da Lei federal 9.784/1999, *verbis*:

"Art. 2º. A Administração Pública obedecerá, dentre outros, aos princípios da legalidade, finalidade, motivação, razoabilidade, proporcionalidade, moralidade, ampla defesa, contraditório, segurança jurídica, interesse público e eficiência.

"Parágrafo único. *Nos processos administrativos serão observados, entre outros, os critérios de*: (...) X – garantia dos direitos à comunicação, à apresentação de alegações finais, à produção de provas e à *interposição de recursos*, nos processos de que possam resultar sanções e nas situações de litígio; (...)."

É evidente que a segunda instância é uma garantia constitucional, legal e infralegal do contribuinte. Entretanto, a referida portaria interministerial (mais uma vez a Portaria 329/2009) admitia apenas a instância única, negando o direito de recorrer e, reflexamente, açoitando a ampla defesa.

Essa situação de manifesto atentado ao texto constitucional e legal foi corrigida pelo Decreto federal 7.126/2010 ao incluir o art. 202-B no Decreto federal 3.048/1999, passando-se a prever expressamente o cabimento de recurso contra a decisão que julgar a contestação do contribuinte:

"Art. 202-B. O FAP atribuído às empresas pelo Ministério da Previdência Social poderá ser contestado perante o Departamento de Políticas de Saúde e Segurança Ocupacional da Secretaria Políticas de Previdência Social do Ministério da

Previdência Social, no prazo de 30 (trinta) dias da sua divulgação oficial.

"(...).

"§ 2º. *Da decisão* proferida pelo Departamento de Políticas de Saúde e Segurança Ocupacional *caberá recurso*, no prazo de 30 (trinta) dias da intimação da decisão, para a Secretaria de Políticas de Previdência Social, que examinará a matéria em caráter terminativo."

Mais uma vez a publicação do Decreto federal 7.126/2010 prestigiou a lei, *in fine* a Constituição, em detrimento do ato normativo infralegal. Ainda não sem tempo a distorção da portaria foi corrigida pelo referido decreto.

5. Conclusão

Por tudo que foi exposto, podemos concluir que a perplexidade e a inquietação do contribuinte quanto às ilegalidades cometidas pela Portaria Interministerial 329/2009 em relação ao procedimento de contestação ao FAP chamaram a atenção do legislador, que, ressaltando o desmedido erro, entendeu por bem corrigir, ainda em tempo, suas invalidades.

Tal atitude do legislador, pode-se dizer, é louvável, pois colocou no devido lugar garantias constitucionais e legais do contribuinte. Mas não deixa de trazer à tona o problema de que a contribuição ao "atolamento" do Judiciário é uma decorrência de maus aplicadores do Direito, e que deve sempre ser evitada, como ocorre no caso sob exame, em que se deve ter em vista que a regra do Código Tributário Nacional (art. 151, III) sempre foi aplicável à contestação ao FAP. O regramento estatuído pelo Decreto federal 7.126/2010, outrossim, deixa claro que a voracidade arrecadatória não pode se dar em detrimento de garantias constitucionais e legais do contribuinte.

Além de dar plena aplicabilidade ao art. 151, III, do CTN, o mesmo Decreto federal 7.126/2010 certeiramente estabelece que as alterações que produziu no Regulamento da Previdência se aplicam aos processos em andamento: "Art. 3º. As alterações introduzidas por este Decreto no Regulamento da Previdência Social, aprovado pelo Decreto n. 3.048, de 1999, aplicam-se aos processos administrativos em curso na data de sua publicação".

Assim, aqueles contribuintes que tempestivamente já protocolaram sua contestação somente se sujeitarão ao pagamento da contribuição previdenciária com o percentil do FAP quando encerrado o processo administrativo, que pode se dar depois do encerramento do prazo para recurso, se o contribuinte optar por não interpô-lo, ou depois que o recurso for julgado, quando ele for interposto.

É importante deixar claro que não há que se falar em reabertura de prazo para a apresentação da contestação apenas em aplicabilidade da causa suspensiva da exigibilidade para quem a protocolou em até 30 dias da divulgação oficial do percentil do FAP, que justamente se deu com a publicação da Portaria Interministerial 329/2009 no *DOU* de 11.12.2009.

ESTUDOS & COMENTÁRIOS

ORÇAMENTO PÚBLICO: UMA VISÃO ANALÍTICA

CELSO DE BARROS CORREIA NETO
Doutorando em Direito pela USP. Advogado.

1. Introdução. 2. Orçamento público: lei formal ou material? Notas de um velho debate: 2.1 Orçamento público no Brasil: lei formal ou material?; 2.2 Orçamento-programa: um novo sentido para o orçamento público?; 2.3 (Des)controle do orçamento na jurisprudência do Supremo Tribunal Federal; 2.4 PEC n. 281/2008: o anseio de um orçamento impositivo: 2.4.1 O contexto da descrença. 3. Detrás do óbvio: superando a dicotomia "formal-material": 3.1 O orçamento "vincula"?; 3.2 A "natureza" do orçamento ou os sentidos do termo: 3.2.1 Eficácia jurídico-orçamentária: uma peça de ficção?; 3.3 Orçamento: meios e metas; 3.4 Processo de positivação do gasto público: 3.4.1 Ordem de pagamento. 4. Orçamento como norma e as normas que vinculam o orçamento: 4.1 A relação receita-despesa e o equilíbrio: 4.1.1 O sentido da previsão de receitas no orçamento; 4.2 Orçamento como texto: caudas orçamentárias e outras excrescências; 4.3 "Vinculações orçamentárias" e normas de competência; 4.4 Desvios na execução orçamentária. 5. Conclusão. 6. Referências.

1. Introdução

Este é um trabalho sobre orçamento público. Seu propósito é compreender os sentidos que as leis orçamentárias adquirem no contexto institucional brasileiro e, se possível, procurar uma alternativa de interpretação que não as converta em mera peça ficcional.

No estágio atual, a leitura dos diplomas orçamentários, focada sobre o viés do gasto público, frequentemente leva à redução de se supor que há apenas duas alternativas excludentes – ou o orçamento obriga, ou é ineficaz; ou é lei material, ou é lei formal.

Pretendemos aqui traçar um caminho diferente. Inicialmente, situamos a discussão com base na controvérsia sobre o teor "formal" e/ou "material" das leis orçamentárias – aí incluídos o Plano Plurianual, a Lei de Diretrizes e a Lei Orçamentária Anual –, ressaltando os efeitos práticos a que conduzem as duas teses. Em seguida, abordamos a posição do STF e a PEC n. 281/2008, que propõe um modelo de orçamento público de execução impositiva como o único caminho para se construir uma legislação orçamentária socialmente eficaz. Será essa a única solução para a eficácia do orçamento público no Brasil?

Se por detrás da despesa pública há sempre uma decisão política, então discutir o orçamento público é, a cada exercício financeiro, repensar o Estado (e a sociedade) que temos. Na lei do orçamento, as decisões políticas formalizam-se, vestem-se de trajes jurídicos, mas sem eliminar seu conteúdo político. Sob a forma da lei, cada proposta de interpretação esconde uma decisão, uma tomada de posição, uma proposta de como agir.

2. Orçamento público: lei formal ou material? Notas de um velho debate

As questões implicadas na elaboração e na execução do orçamento público transcendem a esfera da academia: dizem respeito às opções políticas declaradas e concretizadas ou não pelo poder público. Discutir o orçamento público é, fundamentalmente, discutir as tarefas públicas que cada nível de governo cumpre ou deve cumprir.

Entre juristas, o debate assume uma feição aparentemente formal. Questiona-se a "natureza" do orçamento público, numa controvérsia permanente, que vem acompanhando toda a evolução da ciência das finanças e do direito financeiro. Hoje a discussão revigora-se pela inclusão de "novas" questões, como as vinculações orçamentárias e a proposta de criação de um orçamento inteiramente impositivo.

Tanto agora como antes, pode-se dizer que a controvérsia se desenvolve em torno de um problema central, que é o conteúdo da(s) norma(s) orçamentária(s). Elas obrigam ou apenas permitem? Atrás dessa pergunta de teor, aparentemente, formal, escondem-se questões cruciais para as finanças públicas e mesmo para a teoria do Estado: o equilíbrio entre os três Poderes e o papel atribuído ao poder público. Ao tomar partido no debate, consciente ou inconscientemente, os financistas posicionam-se também sobre esses dois pontos e, inevitavelmente, acabam emitindo opinião sobre aquela que julgam deva ser a função desempenhada pelo Executivo no Estado moderno, bem como os limites que o cingem.

De toda sorte, a disputa sobre o teor e o papel do orçamento deixa evidente sua posição central nas finanças públicas e no direito financeiro. É do cotejo entre o modelo orçamentário positivado, o orçamento anual e aquilo que dele efetivamente se executa – orçamento concretizado – que se percebe o real sentido da atuação do governo em determinado lapso de tempo.[1] No orçamento público concretizado, congrega-se o feixe de decisões que constituem e dão sentido ao Estado. E aí é que estão seus verdadeiros objetivos políticos, para além dos valores e dos princípios declarados na Lei ou na Constituição, mas que não encontram suporte concreto na realidade institucional.

Por isso, a discussão que aqui pretendemos introduzir sobre o sentido e as possibilidades de efetivação do orçamento não se esgota no seu aspecto meramente formal: em leis, normas e órgãos públicos. Ao estudar o orçamento, estamos (re)pensando o próprio sentido do Estado: as expectativas que ele incorpora e os limites que o vinculam.[2]

2.1 Orçamento público no Brasil: lei formal ou material?

Superadas as definições absolutamente vazias sobre o orçamento público, como mero documento contábil, que marcavam a posição dos primeiros estudiosos do tema, pode-se dizer que há, *grosso modo*, três posturas fundamentais sobre a matéria: 1) a dos que entendem que o orçamento é lei apenas em sentido formal; 2) a dos que aceitam tratar-se de uma lei em sentido material; e 3) entre os dois extremos, a dos que defendem posições inter-

1. "O Estado viverá o espaço de um orçamento", Becker, 2002, p. 232.

2. Neste primeiro item, pretendemos situar o leitor no contexto do debate brasileiro sobre o sentido do modelo orçamentário vigente. Com esse propósito, faremos referência, direta e indireta, a uma ampla gama de autores nacionais e estrangeiros. Isso explica a grande quantidade de citações que há (apenas) neste item, mas não se repete nos seguintes.

mediárias, compreendendo o orçamento como lei formal no tocante às despesas e material quanto às receitas.

Em parecer publicado em 1963, Francisco Campos critica o tratamento da lei orçamentária como "mero ato da administração", tal como então proposto pela doutrina de Laband; o orçamento público é "apenas um plano de gestão financeira", destituído de qualquer efeito jurídico para o Executivo ou para os indivíduos. Na visão de Campos, a norma orçamentária teria dupla eficácia. De um lado, "o Tesouro não poderá efetuar pagamento de nenhuma soma, ainda que a ela o indivíduo tenha direito em virtude de lei, contrato ou qualquer outro título jurídico, se do orçamento não constam os fundos necessários à satisfação da dívida"; de outro, "o Estado não pode exigir do indivíduo imposto, contribuição ou outra qualquer prestação tributária, se não figura como elemento da receita autorizada".[3]

Com base nisso, o autor afirma que, ao menos na segunda parte, que trata das receitas, o preceito orçamentário estaria, sim, endereçado à generalidade dos cidadãos, porque poderia ser invocada pelos contribuintes para se eximirem de obrigação tributária não inserida no orçamento. Não haveria, portanto, como negar à lei orçamentária seu conteúdo de lei material.

Na mesma linha vai o pensamento de Alberto Deodato e Geraldo Vidigal. Ambos defendem a natureza material do orçamento, em que pese Deodato tomar o aspecto das receitas para justificá-la, e não o das despesas, afirmando que "todo orçamento é um estado de previsão", seja ele público ou privado.[4] Vidigal, por sua vez, menciona que o orçamento "autorizando despesas, veda *ipso facto* a gestão pública de serviços que não possam ser cobertos pelos gastos permitidos".[5]

3. Campos, 1963, p. 335.
4. Deodato, 1967, p. 318.
5. Vidigal, 1975, p. 231.

Em sentido diametralmente oposto, Hely Lopes Meirelles via no orçamento público simples ato administrativo da espécie "ato-condição". Para o publicista, "não importa que, impropriamente, se apelide o orçamento anual de *lei orçamentária* ou de *lei de meios*, porque sempre lhe faltará a força normativa e criadora de lei propriamente dita".[6] Tem apenas o aspecto formal de lei e, em boa técnica, poderia e deveria ser aprovado por decreto legislativo, segundo defende o autor.

Aliomar Baleeiro, por sua vez, explica que, do ponto de vista político, a lei orçamentária teve alterada sua finalidade no passar dos séculos. Numa primeira fase, o orçamento nasce com a função política de servir de "escudo para defesa dos contribuintes contra os governos", vistos como opressores e parasitários.[7] Num segundo momento, além deste, a lei orçamentária ganha outro sentido: o de plano de ação do governo, instrumento de realização de determinado programa político.[8] Para Baleeiro, modernamente, a função orçamentária de planejamento recebe tal importância que "o orçamento já não é apenas uma ato político: tende a envolver toda a economia nacional, inclusive o setor privado".[9]

Ante a legislação financeira portuguesa, António L. de Souza Franco conclui tratar-se o orçamento de um verdadeiro "plano" de atuação estatal, funcionando como "uma previsão de variáveis econômicas especificadas",[10] no caso, receitas e despesas públicas. Embora reconheça o caráter imperativo das leis orçamentárias em relação aos órgãos e aos agentes do Estado,[11] Sousa Franco afirma que "não regulam principalmente direitos e deveres como as normas *leis materiais*, mas po-

6. Meirelles, 1979, pp. 160-161.
7. Baleeiro, 2004, p. 309.
8. Ibidem, p. 311.
9. Ibidem, p. 3.
10. Franco, 2007, p. 400.
11. Ibidem.

dem criar ou reger direitos, obrigações e outras situações jurídicas".[12]

Héctor B. Villegas acredita que o interesse na questão reside apenas no plano abstrato, porquanto sua solução será encontrada no direito positivo de cada país. Cita como exemplo o direito brasileiro, explicando: "Não há dúvida, por exemplo, que no Brasil a lei orçamentária é uma lei formal, dado que segundo sua Constituição de 1967, a lei do orçamento não pode incluir 'disposição estranha à fixação de gastos e previsão de receitas' (art. 63), pelo qual o orçamento só deve limitar-se a *calcular* e *autorizar*, sem que seja lícito incluir disposições de outro tipo, e entre elas, as de caráter substancial".[13]

Entre os juristas da atualidade, Regis Fernandes de Oliveira sintetiza o problema na seguinte oposição: "O orçamento é peça que não vale nada, ou é conquista histórica de controle institucional e, pois, deve ser obedecido?". Em defesa do caráter impositivo do orçamento, Oliveira argumenta que, em primeiro lugar, o orçamento é lei e, como tal, inova na ordem jurídica. Cita as vinculações constitucionais (educação, saúde e precatórios) e legais (servidores e dívida) que indicariam, segundo crê, o sentido impositivo do orçamento. "De resto", explica o autor, "tem o Governo que executar os serviços públicos a que está obrigado, atender aos Fundos e efetuar a partilha constitucional dos tributos".[14] Estas seriam, sem dúvida, prestações a que está obrigado o Poder Público. O orçamento, para Regis de Oliveira, já é hoje impositivo: "Contém autorizações, com certeza, na arrecadação, mas as despesas devem ser efetuadas de acordo com o que foi determinado na lei orçamentária", conclui.[15] Para o autor, ou o orçamento é impositivo, ou é socialmente ineficaz: não há terceira possibilidade.

Embora a posição de Regis de Oliveira não seja majoritária na doutrina, também não se pode dizer que represente uma voz isolada. Mais e mais, nota-se na atualidade uma crescente tendência à criação de vinculações orçamentárias e um anseio de um orçamento impositivo, em que não restasse praticamente margem alguma de manobra para o Executivo. Representar o orçamento como lei formal, nessa perspectiva, é esvaziá-lo de qualquer conteúdo de juridicidade que esta lei pudesse ter. No plano formal, as disposições orçamentárias convertem-se em mera promessa, em mera possibilidade, que não obriga o Executivo e hoje não convence mais ninguém. A solução, imagina-se, estaria num "orçamento impositivo", em que todos os compromissos normatizados fossem efetivados pelo poder público. Será mesmo este o sentido do orçamento no direito brasileiro?

2.2 Orçamento-programa: um novo sentido para o orçamento público?

Na sua função clássica, o orçamento público configurava uma estratégia de controle do Executivo pelo Parlamento. Sua origem identifica-se com a das instituições democráticas representativas, como "uma peça de previsão de receitas e autorização de despesas, classificadas estas como *objeto*, sem se cogitar das necessidades reais da administração e da população, nem dos objetivos econômico-sociais a atingir com sua execução".[16] Inicialmente, os princípios aplicáveis à gestão orçamentária tinham inspiração nitidamente liberal, voltados ao equilíbrio anual das contas públicas, limitando as despesas às necessidades primárias do Estado: segurança e justiça. O orçamento público era, fundamentalmente, um instrumento de controle do Executivo pelo Parlamento.

12. Ibidem, p. 402.
13. Villegas, 1975, p. 625.
14. Oliveira, acesso em 26.9.2008.
15. Ibidem.

16. Silva, 1972, p. 1 (grifos originais).

Esse sentido muda, no século XX, à medida que ganha espaço a preocupação com os ciclos de depressão econômica e se percebe o importante papel que o Estado poderia (ou deveria) desempenhar na ordem econômica. Sem prejuízo de sua função clássica, o orçamento é pensado também como "técnica orçamentária vinculada ao planejamento econômico".[17] A ideia de equilíbrio ganha novo significado. A preocupação estrita com o equilíbrio anual das contas públicas dá lugar a considerações mais amplas, que têm em vista o equilíbrio econômico real. Em outras palavras, é a economia que deve estar equilibrada, e não o orçamento. Surge, então, a noção de orçamento-programa como o principal artifício de planejamento da ação estatal e de sua atuação (ou intervenção) na economia, "o meio mais poderoso de coordenação e integração da vida econômica e orientação do desenvolvimento social", como salienta Andrés Rojas.[18]

Fernando Rezende explica que a principal característica do orçamento-programa é a ênfase dada ao objetivo do gasto público.[19] Nele as despesas passam a ser classificadas por programas e vinculadas a tarefas perfeitamente identificadas, em vez de serem simplesmente distribuídas por órgãos e entes.[20] A ideia central é que a elaboração do orçamento anual seja uma etapa do processo de planejamento, seja este na esfera pública ou na privada. Aliás, "o método do orçamento-programa representa uma contribuição das empresas privadas ao aperfeiçoamento da administração pública", embora se reconheça que, no setor público, a ideia de orçamento tem outra significação.

Para Rezende, o conceito de orçamento-programa no setor público inclui quatro características: 1) a avaliação e a comparação de diferentes programas do governo, considerando sua contribuição para os objetivos públicos; 2) a determinação das ferramentas mais econômicas para a realização dos objetivos preestabelecidos; 3) a projeção das ações do poder público para determinado lapso de tempo, que, geralmente, coincide com o exercício financeiro; e 4) a comparação e a revisão dos objetivos, das ações e das despesas, tendo em vista as experiências passadas, a fim de realizar modificações, se necessário.[21] Não estão, destarte, abrangidas na definição ações que se resumam à etapa inicial, isto é, à elaboração da proposta orçamentária. Esta seria "apenas uma nova forma de apresentar o *[texto do]* orçamento, e não um novo método de decisão orçamentária".[22]

Orçamento-programa e orçamento por programa não são o mesmo. O segundo é apenas um "novo" modo de classificar as despesas no orçamento; o primeiro, um novo método de decisão no tocante à alocação dos recursos públicos. O orçamento por programas não é senão uma nova forma de redação dos orçamentos, dando destaque às finalidades a que se destinam os recursos públicos.[23] Por sua vez, o orçamento-programa é visto como "plano da economia do setor público". Seu sentido é baseado no conjunto de suas proposições, não há uma mera justaposição entre receitas e gastos, "mas um plano de destinações tendentes a lograr determinados fins mediante a indicação dos recursos correspondentes", destaca Dino Jarach.[24]

Na prática, a experiência nacional e internacional não tem demonstrado grande êxito nessa mudança de paradigma, seja por motivos técnicos, como a dificuldade de integração entre orçamento e planejamento, seja por razões político-insti-

17. Ibidem, p. 20.
18. Rojas, 1993, p. 341.
19. Rezende, 2001, p. 104.
20. Ibidem, p. 105.
21. Ibidem.
22. Ibidem, p. 106.
23. Jarach, 1983, p. 94.
24. Ibidem.

tucionais, que inserem no cenário outros valores e interesses.[25]

No direito brasileiro, a noção de orçamento-programa vem ganhando espaço desde o final da década de 1950. A Lei n. 4.320/1964, logo no seu art. 2º, *caput*, menciona que a discriminação de receitas e despesas deverá ser feita de forma que se evidencie o "programa de trabalho do Governo". A referência textual a "programa" também pode ser encontrada no art. 22, IV, e no parágrafo único do art. 25, do mesmo diploma. Este último apresenta a definição de metas como "os resultados que se pretende obter com a realização de cada *programa*".[26] Os programas seriam entendidos como atividades, ao passo que metas seriam o resultado concreto do que se espera das atividades. Haveria ainda um terceiro elemento compondo esse quadro: a noção de meio, isto é, a quantificação de recursos necessários para o exercício da atividade e o atendimento da meta.

Num Estado Social de Direito, como o da Constituição Federal de 1988, essas metas a que se vinculam as despesas no orçamento devem ser entendidas como adensamento dos deveres atribuídos ao poder público pela Constituição. Nesse caso, as noções de programa e de planejamento[27] são tomadas numa acepção ampla, que engloba não só a racionalização das formas de intervenção estatal na economia, como o método de própria gestão das finanças e elaboração das políticas públicas.

Na Constituição Federal de 1988, a função de planejamento financeiro teria sido incorporada na sequência legislativa que irá resultar na Lei Orçamentária Anual: PPP, LDO e LOA. O Plano Plurianual e a Lei de Diretrizes Orçamentárias seriam instrumentos de planejamento econômico, em tese, mais estáveis e duradouros que o orçamento anual, que lhe seria subordinado. Neles deveriam constar programas de maior duração e diretrizes (vinculantes) para elaboração da lei orçamentária anual. Entretanto, mesmo com a estruturação, no plano legislativo e constitucional, de um modelo orçamentário voltado ao planejamento econômico e à atuação programática, boa parte dos juristas brasileiros continua a aplicar à realidade orçamentária atual as mesmas ideias que julgava cabíveis ao orçamento clássico.

Analisando cada uma das três leis de planejamento orçamentário no Brasil, Ricardo Lobo Torres reconhece em todas o aspecto meramente formal. "Plano plurianual é lei formal, dependendo do orçamento anual para que possa ter eficácia quanto à realização de despesas". A mesma posição é defendida quanto à Lei de Diretrizes Orçamentárias e ao Orçamento anual: "A lei de diretrizes orçamentárias tem, como o próprio orçamento anual, natureza 'formal'. É simples orientação ou sinalização, de caráter anual, para a feitura do orçamento (...). Não cria direito subjetivo para terceiros nem tem eficácia fora da relação entre os Poderes do Estado. (...) Não sendo lei material, não revoga nem retira a eficácia das leis tributárias ou das que concedem incentivos".

A passagem refere-se ainda à dualidade entre lei "formal" e lei "material" e deixa transparecer as reais questões que se escondem detrás dela. O pano de fundo do debate, mais do que o propósito classificatório, é o questionamento acerca da "obrigatoriedade" da lei orçamentária. Ou seja, quais os efeitos da edição da(s) lei(s) orçamentária(s) para o Executivo?

Decerto a questão talvez pudesse encontrar uma resposta cômoda, ante a concepção clássica do orçamento, como sim-

25. Ibidem.

26. É importante destacar que a palavra "meta" assume conotação diferente na Lei de Responsabilidade Fiscal. Naquele diploma, a expressão, que se encontra, p. ex., no art. 1º, § 1º, 14, I, e 16, § 1º, II, refere-se aos resultados fiscais propriamente ditos em termos de custos monetários, não aos objetivos a que as despesas visam.

27. "O planejamento, assim, não configura modalidade de intervenção (...) mas simplesmente um método a qualificá-la para torná-la sistematizadamente racional" (Grau, 2004, p. 196).

ples autorização para o gasto público. No entanto, diante do(s) novo(s) sentido(s) que a peça orçamentária tem assumido nos últimos cinquenta anos, inspirados pela ideia de orçamento-programa, não é possível oferecer uma resposta assim tão simples. Como compatibilizar a noção de orçamento como instrumento de intervenção (leia-se: ação) econômica, a vinculação de receitas decorrentes das contribuições e a fixação de percentuais de gasto obrigatório (para saúde e educação) com a tese de que a lei orçamentária é – apenas – uma autorização?

2.3 (Des)controle do orçamento na jurisprudência do Supremo Tribunal Federal

Diante de Constituição de 1988, o Supremo Tribunal Federal, a princípio, não alterou a posição que já vinha adotando anteriormente quanto à natureza do orçamento.[28] Para o STF, orçamento é "lei de efeitos concretos", ou seja, é lei apenas formal e, portanto, não passível de controle concentrado de constitucionalidade. A restrição estende-se inclusive ao Plano Plurianual e à Lei de Diretrizes Orçamentárias.

Um exemplo dessa orientação pode ser encontrado na ADI n. 1.905, de 1998, relatada pelo então Ministro Sydney Sanches. Na demanda, questionava-se a destinação dada pela Lei Orçamentária Anual, Lei n. 9.438/1997, às receitas obtidas com a extinta CPMF, sob o argumento de que teria havido violação do § 3º, do art. 74, do ADCT. A conclusão do Tribunal foi que não se estava diante de uma norma, mas "de uma destinação de recursos, prevista em lei formal, mas de natureza e efeitos político-administrativos concretos, hipótese em que, na conformidade com os precedentes desta Corte, descabe controle concentrado de constitucionalidade".[29]

Solução semelhante foi adotada no julgamento da ADI n. 2.033-2, proposta contra a Lei n. 11.324, do Rio Grande do Sul (Lei de Diretrizes Orçamentárias). Neste caso, o requerente defendia a inconstitucionalidade da lei citada, sob o argumento de que teria estabelecido, em seus arts. 25 e 26, hipótese de vinculação de receita de imposto, o que é proibido pelo art. 167, IV, da Constituição Federal. Como no caso anterior, também aqui o STF não conheceu a ação, baseado, mais uma vez, na tese de que a LDO é lei formal apenas.[30]

Há exceções. O Supremo Tribunal Federal já aceitou, em alguns acórdãos, o cabimento do controle de constitucionalidade concentrado, mesmo em se tratando de normas contidas em diplomas orçamentários, desde que as disposições questionadas revelassem "contornos abstratos e autônomos". É o caso da ADI n. 2.925, de 2004, julgada procedente para dar interpretação conforme a Constituição à Lei Orçamentária n. 10.640/2003. Estava em jogo, na demanda, a possibilidade de a lei em questão autorizar a abertura de crédito suplementar em rubrica estranha à destinação prevista no art. 177, § 4º, da Constituição Federal. A disposição questionada, segundo a orientação predominante entre os ministros, possuía caracteres de norma geral e abstrata, pois não se voltava a uma única "ação historicamente determinada" e, por conseguinte, seria passível de análise em ADI.[31]

Comparando-se essa decisão com as demais que tratam da mesma matéria, não se pode afirmar que tenha havido propriamente uma mudança completa na orientação da Corte.[32] No caso, ficou claro que o controle concentrado de constitucionalidade só seria possível quando as normas contidas no diploma financeiro – Plano Plurianual, Lei de Diretrizes Orçamentá-

28. O posicionamento antigo da Corte pode ser conferido no RE n. 17.184, de 1952.

29. ADI n. 1.905-01.

30. ADI n. 2.033.

31. ADI n. 2.925.

32. Contra: Barreto, 2006, p. 200.

rias e Lei Orçamentária Anual – não cuidassem propriamente de temas orçamentários, isto é, não fossem "normas orçamentárias" em sentido restrito: não versassem nem sobre a previsão de receitas, nem sobre a fixação de despesas.

De fato, pode-se encontrar uma alteração significativa na orientação jurisprudencial do STF apenas com o julgamento de Medida Cautelar na ADI n. 4.048-DF, decidida em 17.4.2008. A ação fora proposta contra a Medida Provisória n. 405/2007, posteriormente, convertida na Lei n. 11.658/2008, que abriu crédito extraordinário em favor da Justiça Eleitoral e diversos órgãos do Poder Executivo. A abertura de crédito extraordinário teria sido autorizada fora das hipóteses do art. 167, § 3º, da Constituição, em despesas de custeio, o que justificaria a propositura de demanda. A ação ainda não teve julgamento final, o que faz supor apressada a conclusão de que tenha havido revisão na orientação da Corte. De todo modo, a cautelar foi deferida, suspendendo a vigência da Lei n. 11.658/2008, desde a sua publicação. E isto não deixa de constituir uma novidade. A decisão aparentemente supera os fundamentos antes aplicados para se negar o controle abstrato de constitucionalidade às leis orçamentárias, concluindo que "O Supremo Tribunal Federal deve exercer sua função precípua de fiscalização da constitucionalidade das leis e dos atos normativos quando houver um tema ou uma controvérsia constitucional suscitada em abstrato, independente do caráter geral ou específico, concreto ou abstrato de seu objeto. Possibilidade de submissão das normas orçamentárias ao controle abstrato de constitucionalidade".

A orientação tradicional do STF elimina uma importante ferramenta jurídica para o controle das contas públicas. Afastada a possibilidade de controle abstrato, a alternativa restante é questionar cada ato individualizado que infrinja disposição orçamentária nas instâncias processuais ordinárias, suscitando o controle concreto. O questionamento dos diplomas orçamentários, em nível abstrato, fica inviabilizado, desconstruindo-se, dessa maneira, rigoroso modelo orçamentário desenhado na Constituição Federal.

2.4 PEC n. 281/2008: o anseio de um orçamento impositivo

A insatisfação com o esvaziamento de sentido dado às normas orçamentárias veio resultar na Proposta de Emenda Constitucional n. 281/2008.[33] A PEC n. 281/2008, apresentada em 15.7.2008 pelo deputado Luiz Carlos Hauly, do PSDB-PR,[34] pretende alterar o § 9º, do art. 165, da Constituição Federal, a fim de criar um novo modelo orçamentário no ordenamento jurídico brasileiro. De acordo com a proposta, o § 9º passaria a apresentar a seguinte redação: "§ 9º. As receitas previstas na Lei Orçamentária Anual para a realização da sua programação serão de execução obrigatória, vinculadas às despesas nela previstas, e deverão ter caráter participativo, impositivo e inclusivo, sob pena de caracterização de crime de responsabilidade".

Como justificativa para a alteração, os autores afirmam que, no texto da Constituição vigente, a Lei Orçamentária Anual tem caráter "meramente autorizativo", o que "permite que o Poder Executivo modifique a proposta aprovada pelo Congresso Nacional, de acordo com sua discricionariedade". A nova redação constitucional, por sua vez, teria o condão de assegurar que a Lei Orçamentária aprovada pelo

33. Disponível em *http://www.camara.gov.br/sileg/integras/586732.pdf*, acesso em 26.9.2008.

34. Além de Luiz Carlos Hauly (PSDB-PR), assinam o projeto os seguintes deputados federais: Nilson Mourão (PT-AC), Luiza Erundina (PSB-SP), Chico Alencar (PSOL-RJ), Maria do Rosário (PT-RS), Hugo Leal (PSC-RJ), Pedro Wilson (PT-GO), Gustavo Fruet (PSDB-PR), Antônio Carlos Pannunzio (PSDB-SP), Antônio Carlos Mendes Thame (PSDB-SP) e Leandro Sampaio (PPS-RJ). A situação partidária refere-se à data de apresentação da proposta, frise-se.

Congresso fosse cumprida integralmente, de acordo com o argumento dos seus proponentes. O "novo" modelo[35] de orçamento público passaria a ter caráter "participativo", "impositivo" e "inclusivo", ampliando o canal de participação popular na sua elaboração, proposta e execução.

Para além das boas intenções – que, como se sabe, têm pavimento próprio e especializado no inferno –, a proposta faz repensar a relação entre Legislativo e Executivo, bem como o papel desempenhado pelo orçamento público. Deixa também evidente uma tendência da cultura jurídica nacional: a descrença nas instituições e, especialmente, no Poder Executivo.

Há alguns defeitos formais que podem ser apontados à primeira vista. O primeiro e mais evidente é o uso do termo "receitas" em lugar de "despesas", como objeto da execução obrigatória. Ao contrário do que sugere a redação do dispositivo, não são as "receitas" que, num orçamento impositivo, serão de execução obrigatória, as despesas é que passarão a sê-lo. Aliás, hoje, as receitas – ao menos as tributárias – já são de execução (leia-se: arrecadação) obrigatória. É esse o teor do art. 11, da Lei de Responsabilidade Fiscal, que obriga a instituição, a previsão e a efetiva arrecadação de todos os impostos da competência constitucional do ente público,[36] sob pena de ficar impedido de receber transferências voluntárias. A mesma crítica redacional pode ser feita à menção do caráter "participativo, impositivo e inclusivo", que no texto se refere, equivocadamente, às receitas, e não ao orçamento.

35. A referência a "modelo orçamentário" pode ser entendida, em sentido amplo, como "o conjunto de procedimentos padronizados que devem ser seguidos pelos entes da Federação para poderem arrecadar suas receitas e efetuarem suas despesas" (Vignoli, 2004, p. 365). Diríamos simplesmente normas que vinculam a elaboração das leis orçamentárias.

36. Deve-se reconhecer, entretanto, que o preceito do art. 11 obriga apenas a Estados e Municípios, uma vez que a sanção prevista não se aplica à União.

Ao mesmo tempo, a referência ao crime de responsabilidade configura mero apelo retórico, desempenhando uma função político-simbólica no corpo do dispositivo. Poderia ser eliminado sem influir decisivamente no sentido deôntico do parágrafo. A simples menção não "cria" o crime, já previsto no ordenamento brasileiro, nem acresce qualquer elemento ao seu tipo. Aliás, a mesma crítica quanto ao apelo retórico pode ser feita à referência ao caráter "participativo" e "inclusivo" que, na proposta, deveria compor novo modelo orçamentário. Ambas são exigências já presentes no ordenamento jurídico brasileiro, mas sua vagueza semântica e a falta de instrumentos para sua implementação as mantêm no campo das propostas irrealizadas e das boas intenções; dois defeitos que a PEC n. 281/2008 não logra corrigir.

2.4.1 O contexto da descrença

Por que alterar o modelo orçamentário previsto na Constituição Federal? Os argumentos lançados em favor da PEC n. 281/2008 apontam a ineficiência do modelo vigente como principal justificativa. Um orçamento público vinculante seria a resposta para a falha recorrente do Estado na execução da LOA e no cumprimento das tarefas públicas: uma forma – a única? – de se obter um orçamento que funcione verdadeiramente como lei material.

Tradicionalmente, no Brasil, a elaboração da proposta de lei orçamentária é um momento de formalizar expectativas, que se frustram logo em seguida, no momento da execução. Seja pela superestimação de receitas, seja pela aprovação de emendas parlamentares, seja pelo remanejo de receitas, permite-se uma ampla margem de liberdade para o executor do orçamento, que é convertido em mera peça retórica.

Descrente do Executivo, a população redireciona suas expectativas políticas para os demais Poderes, esperando que estes cumpram as promessas que a administração pública não cumpriu. Parece ser esse o caso também da PEC n. 281/2008. Depositam-se na lei e no formalismo jurídico todas as esperanças,[37] imaginando-se que o modelo orçamentário impositivo seria a chave para solucionar boa parte dos entraves institucionais existentes com relação à despesa pública. Será esta a única solução? Ou mesmo, será esta "uma" solução?

Este trabalho toma o caminho inverso. Pretende-se, com base no sistema financeiro-orçamentário vigente, oferecer uma proposta hermenêutica que não só reavalie as possibilidades de compreensão do debate sobre o sentido deôntico do orçamento público, como ofereça uma alternativa de interpretação para garantir sua efetividade.

3. Detrás do óbvio: superando a dicotomia "formal-material"

Nas decisões do STF, assim como nos debates doutrinários, há uma menção recorrente a dois conceitos: o de "lei formal" e o de "lei material". As duas expressões são amplamente empregadas para explicar ou justificar esta ou aquela postura, sem que, todavia, seu uso seja sempre acompanhado pelo devido esclarecimento quanto ao seu conteúdo. Afinal, o que significa afirmar que o orçamento é "apenas uma lei formal"?

Questionar a existência de um "sentido de lei material" para o orçamento público é buscar nele o conteúdo que se julga intrínseco à noção de lei. Pelo ângulo formal, o elemento definitório do conceito de "lei" estaria no seu órgão produtor e no processo de sua elaboração. Lei é ato do Poder Legislativo, produzido de acordo com procedimento previamente determinado, qualquer que seja seu conteúdo. Sob outro aspecto, a definição de lei em sentido material diria respeito aos atributos de generalidade e abstração que, segundo se supõe, fariam parte do conteúdo de toda lei.[38]

"Generalidade" e "abstração", nesse caso, não seriam expressões sinônimas. Segundo Norberto Bobbio, a primeira noção refere-se aos destinatários das normas jurídicas, ao passo que a segunda se refere à ação ou prestação regrada. Portanto, pelo critério dos destinatários, as normas poderiam ser gerais quando se "dirigem a uma classe de pessoas" ou individuais se dirigidas a um único indivíduo ou a um grupo de indivíduos perfeitamente identificados. Quanto à ação ou prestação imposta, poderiam as normas ser classificadas em abstratas se regulam uma ação-tipo, ou concretas se voltadas a uma ação singular.[39] Consequentemente, haveria quatro combinações possíveis: geral e abstrata; individual e concreta; geral e concreta; e individual e abstrata. Em princípio, só a primeira enquadrar-se-ia no conceito material de lei.

Considerando essa noção preliminar, há duas críticas que se podem fazer ao uso indiscriminado das expressões de que tratamos aqui. A primeira é que "lei formal" é uma expressão com muitos sentidos, e estes nem sempre vêm claramente delimitados no discurso de quem se vale do termo. A segunda diz respeito à eleição da generalidade como elemento essencial ao conceito de lei, o que não é de todo correto. Generalidade é um atributo que, normalmente, se exige da lei para que seja

37. Rosenn, 1998, p. 57.

38. A propósito, afirma Kelsen: "Fala-se de lei em sentido formal em contraposição à lei em sentido material. Esta compreende toda norma jurídica geral. Aquela abrange, quer toda e qualquer norma jurídica geral surgida na forma de lei, isto é, emitida pelo Parlamento e – de conformidade com as determinações típicas da maioria das contribuições – publicada por determinada maneira, quer, em geral, todo conteúdo que surja nesta forma. A designação 'lei em sentido formal' tem, portanto, várias significações" (Kelsen, 2003, p. 255).

39. Bobbio, 2003, pp. 180-181.

válida ou justa, mas não um elemento indispensável para sua caracterização como lei.[40]

De toda sorte, quando se trata de analisar o orçamento público, não parece ser exatamente nesse sentido que os financistas se referem à dicotomia entre lei formal e material. À exceção das hipóteses em que se discutem questões referentes ao controle de constitucionalidade, generalidade e abstração, não são, nos demais casos, o foco do debate sobre a natureza de "lei material" das leis orçamentárias.

Para os financistas, o que importa para caracterizar o orçamento como lei em sentido material não são, ao menos diretamente, seus eventuais destinatários ou a abstração ou individualização das ações que regulam. A ideia de lei "material", no contexto deste debate é, bem ou mal, associada à de juridicidade, pressupondo-se que o orçamento seria lei em sentido material se tivesse o condão de obrigar o Executivo a realizar as despesas públicas que prevê. Ou ainda, se pudesse criar, diretamente, direitos e deveres para os cidadãos e para administração pública, respectivamente.

Discutir se o orçamento é ou não lei material seria, em síntese, o mesmo que perguntar: "o orçamento vincula?". Uma questão ambígua, plena de questionamentos jurídicos e políticos, como veremos a seguir.

3.1 O orçamento "vincula"?

Se entendermos que toda norma jurídica vincula, ou não é jurídica, ou a resposta que se pode oferecer à pergunta anterior será um óbvio "sim". Resposta absolutamente estéril, que pouco informa a respeito da eficácia (jurídica) da lei orçamentária.

Em lugar de se discutir se o orçamento é ou não, de fato, lei – "material" –, é mais importante discutir qual o conteúdo da norma que esta lei introduz no ordenamento jurídico em relação ao Estado: uma faculdade, uma obrigação ou uma permissão? Responder a esta questão implica, contudo, que antes assentemos três pressupostos: 1) a distinção entre texto e norma; 2) a uniformidade sintática das normas jurídicas; e 3) a interdefinibilidade dos modais deônticos.[41]

Com o primeiro deles pretende-se separar noções nem sempre muito claras no discurso do direito e das finanças públicas. Muitas vezes, texto legal e norma jurídica são usados, indistintamente, no mesmo sentido. Em princípio, não há nada errado nisso, mas sem o refino dessa distinção torna-se difícil compreender o motivo pelo qual, com base em um único artigo, normas diferentes são construídas.[42]

Toma-se como segundo pressuposto que todas as normas do ordenamento jurídico têm uma mesma estrutura lógica, uma mesma forma sintática: trazem um antecedente e um consequente ligados por vínculo de imputação.[43] A ocorrência do fato previsto no antecedente faz surgir uma relação jurídica prevista no consequente, que tem por objeto um direito e um dever atribuídos a sujeitos distintos em posições opostas.[44]

Obrigatório, permitido e proibido são as três formas de modalização da relação jurídica, os três sentidos deônticos. Só há três, não existe quarta opção. Cada um deles tem a propriedade de definir-se pelo outro com o auxílio do conector negativo: uma conduta será obrigatória se não for permitido omiti-la; será facultativa se não

40. Nesse sentido, vale conferir a seguinte passagem de Pontes de Miranda: "A generalidade não é, pois, essencial à lei; é exigência que, através da evolução humana, se vem fazendo à lei (...): a regra jurídica há de ser igual para todos os fatos da mesma classe (isonomia)" (Miranda, 2000, pp. 52-53).

41. Echave, 2002, p. 123; Carvalho, 2008, p. 127.

42. Carvalho, ob. cit., p. 137; Ivo, 2006, pp. 41, 48 *et passim*; Streck, 2004, p. 322.

43. Vilanova, 2005, p. 105.

44. Santi, 1999, p. 38.

for obrigatório realizá-la, e será proibida se não for permitido realizá-la:[45] eis o terceiro pressuposto.

Ao que nos parece, essas são noções fundamentais para uma reformulação do debate acerca da "natureza" do orçamento.

3.2 A "natureza" do orçamento ou os sentidos do termo

É importante perceber que, tal como está posto, o debate quanto à "natureza" do orçamento público evidencia pressupostos típicos da filosofia da consciência, paradigma no qual questionar a natureza de algo seria o mesmo que investigar sua "essência", no caso, a "essência" do orçamento.

Superando esse modelo, que via na linguagem um terceiro elemento, interpondo-se entre sujeito e objeto, "a linguagem deixa de ser um instrumento de comunicação do conhecimento e passa a ser *condição de possibilidade* para a própria constituição do conhecimento", como salienta Lenio Streck.[46] Deixa-se de lado a perspectiva objetivista, instrumentalista ou designativa: "Não há essências. Não há relação entre nomes e coisas. Não há qualquer essência comum entre as coisas no mundo".[47] Nesse novo contexto, posterior ao chamado "giro linguístico", não há mais sentido em se buscar a "essência" das coisas, porque as coisas não têm essências ou têm apenas as "essências" que dizemos que têm.

Daí se impor uma resposta aparentemente evidente à pergunta "o que é o orçamento?". Orçamento é uma palavra, e, como palavra, não tem propriamente uma natureza, uma essência: tem sentido. Na verdade, mais de um.

O termo orçamento é empregado numa variedade de sentidos jurídicos e não jurídicos (político, econômico, contábil etc.). A princípio, podemos apontar pelo menos sete acepções: 1) qualquer previsão de receitas e despesas (certas); 2) previsão de despesas a cobrir com receitas incertas; 3) cada um dos níveis ou veículos do processo de positivação orçamentário; 4) documento contábil; 5) diploma normativo (texto); 6) norma jurídica; e, finalmente; 7) Lei Orçamentária Anual. O mesmo se pode dizer da expressão "gasto público" ou seu equivalente "despesa pública". Nesse caso, podemos apontar, pelo menos, seis significados diversos para o termo: 1) o veículo normativo referente à totalidade de dispêndios estatais, em sentido global; 2) cada um dos veículos normativos que tenham por objeto dispêndios estatais, em seus diversos níveis de positivação, e o conteúdo dessas normas, seja este 3) os dispêndios globais ou 4) os dispêndios individualizados; 5) o documento que registra o pagamento; e 6) o ato concreto de pagar.

Todas essas acepções representam possibilidades de sentidos ou de usos dessas palavras. Perceber a pluralidade de acepções mais ou menos precisas quanto aos usos que os termos podem ter é fundamental para evitar debates meramente verbais[48] e, por conseguinte, inócuos. Além disso, permite dar conta de que o papel do orçamento na atividade financeira do Estado, ou melhor, das normas orçamentárias em sentido amplo, não se esgota num único ato ou numa única norma. Como, de resto, todo o ordenamento jurídico, a atividade financeira do Estado também se processa em variados níveis, indo desde o mais geral e abstrato ao mais individual e concreto. Voltaremos ao tema mais adiante.

3.2.1 Eficácia jurídico-orçamentária: uma peça de ficção?

Como pudemos observar anteriormente, é comum chegar-se à conclusão de

45. Carvalho, 2004, p. 31.
46. Streck, 2004, p. 164.
47. Ibidem.
48. Debates em que os interlocutores dissentem por estarem, na verdade, tratando de objetos diversos ou de sentidos diversos de uma mesma palavra (Carrió, 1994, p. 96).

que "ou o orçamento obriga ou é uma peça ficcional", sem conceber terceira alternativa. Nessa linha de raciocínio, o orçamento público vinculante seria, então, concebido como a única possibilidade de orçamento "eficaz". Boa parte do debate fica reduzido à seguinte pergunta: o orçamento vincula?

As atenções concentram-se no gasto público, não na arrecadação, o que se justifica porque, ainda que a previsão de receitas desempenhe um papel relevante no texto orçamentário, como veremos mais adiante, atualmente não mais se estabelece ligação entre essa estimativa e a possibilidade de o ente público cobrar os tributos. Ou seja, a competência tributária não depende do orçamento para ser exercida. Assim a pergunta "o orçamento vincula?" converte-se em "o orçamento obriga a realização de gastos ou apenas os permite?".

Ante a afirmação de que os três modais são interdefiníveis, a questão de se saber se a lei orçamentária veicula uma obrigação ou uma permissão torna-se vazia, considerando que uma e outra são conversíveis entre si. O importante é determinar a quem e a que ela obriga, proíbe ou faculta: eis um primeiro ponto a se destacar.

Em geral, quando se investiga a eficácia da Lei Orçamentária Anual tem-se em mente o Estado ou a administração pública como destinatário de suas normas. Entretanto, como se sabe, deve haver um segundo sujeito figurando no pólo oposto da relação jurídica, pois, no direito, as relações são sempre irreflexivas: pressupõem sujeitos diversos em posições contrapostas.[49] No caso, o segundo sujeito seria a própria coletividade, em princípio.

Sendo o orçamento impositivo ou vinculante, a coletividade seria sujeito ativo da relação jurídica, titular, portanto, do direito de exigir a realização do gasto público concreto. O Estado ou a administração pública seria o sujeito passivo, cabendo-lhe o dever a ser satisfeito. Na outra hipótese, isto é, no caso de o orçamento conter apenas permissões de gasto e não obrigações, as posições dos sujeitos invertem-se; tem-se o Estado na posição de sujeito ativo e a coletividade na posição de sujeito passivo.

Em nenhuma das alternativas a lei orçamentária perde seu caráter de norma jurídica. Juridicidade e obrigatoriedade não se confundem. De fato, o direito é uma ordem de coação,[50] "não há direito que não implique *nele mesmo, a priori, na estrutura analítica de seu conceito*, a possibilidade de ser *'enforced', aplicado pela força*", como afirma o filósofo Jacques Derrida.[51] Mas disso não decorre, como já explicamos, que o orçamento só teria sentido deôntico se veiculasse um dever de efetuar gastos. Ainda que se admita que "a lei orçamentária regula a conduta dos administradores no modal *permitido*",[52] o orçamento não perde, necessariamente, sua eficácia jurídica nem se converte em mero "ato político".

Se considerarmos que a legalidade, pilar do Estado de Direito, implica uma proibição genérica ao poder público de fazer algo que a lei não permita, ao contrário dos agentes privados, que podem fazer tudo o que a lei não proíba, então é fácil entender a função do orçamento como peça autorizativa.[53] Só as despesas nele previstas é que podem ser realizadas, todas as outras estão proibidas. Aliás, o caráter de autorização legal seria justamente o elemento distintivo dos orçamentos públicos em relação aos privados, a característica que os tornaria jurídicos, segundo acreditava Maurice Duverger.[54]

O problema dessa tese é deixar ao Estado a dupla alternativa: gastar ou não

49. Vilanova, ob. cit., p. 148.

50. Kelsen, 2003, p. 35.

51. Derrida, 2007, p. 8 (grifo original).

52. Ivo, Gabriel, 2002, p. 67.

53. Sundfeld, 2003, p. 159; Di Pietro, 2003, p. 68; Mello, 2003, p. 91.

54. Duverger, 1960, p. 224.

gastar. Se dos gastos depende a satisfação de necessidades públicas, essa opção conduziria à possibilidade de concretizá-las ou não, o que não parece condizer com o modelo de Estado que encontramos desenhado na Constituição Federal de 1988.

3.3 Orçamento: meios e metas

A normatização que positiva o gasto público, segundo entendemos, não pode ser compreendida na sua integralidade sem que se considere sua dupla finalidade prescritiva: de meios e de metas. Afirmar simplesmente que o orçamento é apenas "lei de meios", pondo em destaque seu caráter instrumental, contribui muito pouco para o debate. A atividade financeira é toda ela instrumental, aliás, o próprio direito financeiro e as finanças públicas também o são.

A sucessão de diplomas normativos que compõem o processo de positivação do gasto público inclui esses dois aspectos. Há normas que prescrevem finalidades ou programas a serem logrados, e há normas que oferecem os meios financeiros para financiar as atividades. Com isso não se desconhece o teor instrumental do direito financeiro, mas postula-se a inclusão dos fins da atividade financeira no debate das finanças públicas. Pretende-se evitar um duplo equívoco: de um lado, o erro de excluir do campo das finanças públicas os objetivos que orientam toda a atividade financeira do Estado, e, de outro, o erro de discutir as tarefas atribuídas ao Estado, em especial a efetivação do direito a prestações,[55] sem considerar os reais meios de que a sociedade dispõe para tanto.

Em graus de determinação variáveis, todos os níveis do processo de positivação do gasto público envolvem considerações atinentes a recursos e aos fins a que devem ser destinados, isto é, meios e metas. Diante dessa dupla perspectiva, cada um dos diplomas normativos que compõem o processo de positivação orçamentária inclui normas de duas espécies: umas indicando objetivos e formulando programas que devem ser perseguidos; outras, oferecendo meios financeiros para lográ-los. Nas primeiras, observa-se o modal deôntico obrigatório, uma vez que as tarefas atribuídas ao Estado sempre o são em tom de obrigação, não de faculdade. Nas segundas, o modal facultativo, uma vez que os meios econômicos oferecidos implicam uma permissão de gasto para que se efetive determinado programa. Essas normas aplicam-se conjuntamente, umas oferecendo recursos, outras, objetivos, podendo estar presentes num mesmo dispositivo ou em dispositivos diversos, como em geral ocorre.

Se o objetivo ou o programa em questão puder ser efetivado sem aquela despesa ou sem que a despesa atinja a integralidade do montante previsto, então não é preciso que o gasto se realize. No entanto, o gasto, obviamente, não pode afastar-se da meta prevista, sob pena de desvio de finalidade e responsabilização funcional. As dotações orçamentárias são os limites máximos[56] dos gastos que podem ser realizados com determinadas finalidades. Não há a obrigação de sua total realização, desde que o objetivo a que se destina seja alcançado. A realização do programa é obrigatória, o gasto não. O gasto público pode ser necessário ou não para que se realize o programa positivado, mas não será,

55. Como explica Robert Alexy, esse conjunto dos direitos a prestações em sentido amplo abrange três espécies de direitos: 1) os direitos à proteção, 2) direitos à organização e ao procedimento; e, finalmente, 3) direitos a prestações em sentido estrito, tendo em comum todas essas espécies o fato de demandarem atuações positivas por parte do Estado. Todos, em maior ou menor intensidade, geram custos e, portanto, repercutem no orçamento, ainda que indiretamente: "A escala de ações positivas do Estado que pode ser objeto de um direito a prestações se estende desde a proteção do cidadão frente aos outros cidadãos através de normas do direito penal, passando pelas normas de organização e procedimento, até prestações em dinheiro e bens" (Alexy, 2001, p. 247).

56. Franco, 2007, p. 432.

em si mesmo, posto em termos obrigatórios na lei orçamentária. Ao afirmar que o orçamento traça planos ou objetivos, que obrigatoriamente devem ser cumpridos, e oferece recursos para lográ-los, "esta obrigatoriedade não exclui as economias, ou seja, a diferença a menor do gastado em relação ao orçado, sempre que esta diferença não implique descumprimento do plano", como salienta Dino Jarach.[57]

A despesa pública não é em si mesma um fim, é meio (jurídico) para a concretização das finalidades atribuídas ao Estado, o que não é lícito é o gasto ser realizado fora da meta imposta.

3.4 Processo de positivação do gasto público

Considerando a multiplicidade de sentidos possíveis que pudemos apontar e a duplicidade de normas – de meios e de metas – que estão implicadas no processo de positivação do gasto público, é possível perceber que o papel do orçamento na atividade financeira do Estado, ou melhor, das normas orçamentárias em sentido amplo, não se esgota num único ato ou numa única norma.

Como, de resto, todo o ordenamento jurídico, a atividade financeira do Estado também se processa em variados níveis, indo desde o mais geral e abstrato ao mais individual e concreto. As normas jurídicas não se colocam umas ao lado das outras, todas no mesmo plano. A ordem jurídica, como afirma Kelsen, é uma "construção escalonada de diferentes camadas ou níveis de normas jurídicas" ligadas por uma relação de "supra-infra-ordenação".[58] Há sempre hierarquia, este é um axioma de qualquer ordem positiva, embora a forma de realizá-lo possa variar em cada sistema positivo.[59]

57. Jarach, 1983, p. 80.
58. Kelsen, 2003, p. 247.
59. Carvalho, 2008, p. 217.

Como metáfora, pode-se representar o ordenamento jurídico-positivo de forma piramidal, dividida em diversos níveis, indo do degrau mais genérico e abstrato ao mais individual e concreto. No nível mais alto, a Constituição; abaixo, todos os demais níveis de positivação do ordenamento jurídico: instrumentos introdutores primários (leis) e secundários (normas administrativas e normas introduzidas por atos privados).[60] Essa estrutura parte da compreensão de que todo ato de aplicação do direito também é um ato de criação jurídica, à exceção dos dois extremos da pirâmide: a norma fundamental, que não decorre da aplicação de nenhuma outra, e os atos de mera execução, que nova norma não criam. Cada norma criada busca fundamento de validade na norma da qual deriva, do modo que uma norma seria superior a outra quando lhe servisse de fundamento de validade. Essa hierarquia e dinâmica caracterizam o processo de aplicação-criação do direito positivo, que vai do nível mais geral e abstrato ao mais individual e concreto.[61]

A mesma imagem também serve para ilustrar o processo de desenvolvimento da atividade financeira do Estado, que vem desde o estabelecimento das finalidades estatais mais gerais até a mais concreta efetivação do gasto. Chamaremos este caminho de "processo de positivação do gasto público", usando essa expressão na sua acepção mais ampla. A atividade financeira, focada especialmente sobre a vertente do gasto público, é tomada como uma sucessão de meios e metas, partindo dos níveis mais genéricos e abstratos até os individuais e concretos. Nesse sentido amplo, a atividade financeira estatal co-

60. Carvalho, 2004, p. 74.
61. Generalidade e individualidade são atributos que dizem respeito aos destinatários da norma, situados no consequente da estrutura prescritiva. Abstração e concretude, à situação fática descrita no antecedente normativo. Há quatro possibilidades: normas gerais e abstratas, gerais e concretas, individuais e abstratas e individuais e concretas (Bobbio, 2003, pp. 180-181).

meça na Constituição Federal: a primeira e mais genérica previsão de objetivos a serem perseguidos na atuação estatal. Toda e qualquer referência às tarefas estatais ou mais especialmente àquelas que, em princípio, impliquem dispêndio de receitas públicas estão compreendidas na atividade financeira do Estado, em sentido amplo.

No sistema orçamentário adotado no Brasil, abaixo da Constituição há, sucessivamente, três níveis legislativos: Plano Plurianual, Lei de Diretrizes Orçamentárias e Lei Orçamentária Anual. A sequência de espécies normativas enquadra-se no sentido moderno da lei orçamentária, como plano de atuação estatal, e, em tese, deveria restringir a liberdade do legislador orçamentário, atrelando a elaboração do orçamento aos planos estabelecidos na LDO e esta ao PPP.

A edição da Lei Orçamentária Anual, entretanto, não esgota a sucessão normativa. Abaixo dela, há ainda uma série de normas de menor hierarquia, continuando o processo de positivação do gasto e aproximando-se cada vez mais do gasto concreto. Para que se efetive, cada despesa, agora individualmente considerada, depende, além de dotação orçamentária específica, de três etapas: empenho, liquidação e pagamento. Mais três níveis da sucessão normativa antes iniciada, cada um deles resultando da aplicação de outra norma que lhe é imediatamente superior.

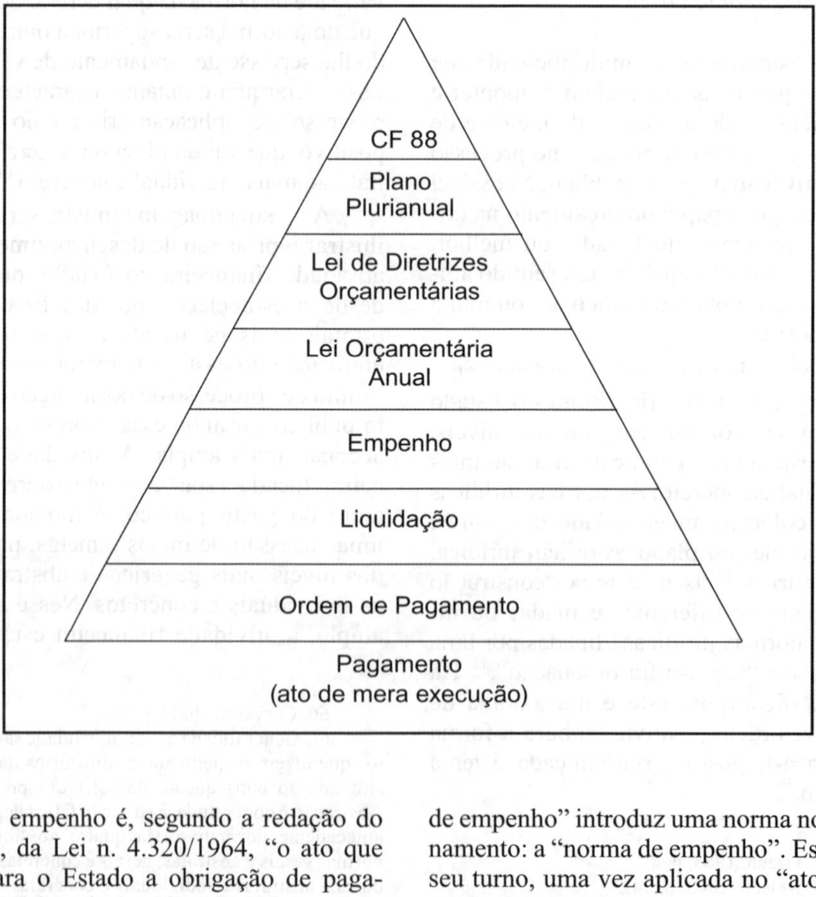

O empenho é, segundo a redação do art. 58, da Lei n. 4.320/1964, "o ato que cria para o Estado a obrigação de pagamento". Visto do ângulo normativo, o "ato de empenho" introduz uma norma no ordenamento: a "norma de empenho". Esta, por seu turno, uma vez aplicada no "ato de liquidação" dará lugar à nova norma: "norma de liquidação". Veja-se, a propósito, os arts. 59 e 60, da Lei n. 4.320/1964, o primeiro determinando que o empenho não deverá exceder o limite dos créditos concedidos; o segundo vedando a realização de despesa sem prévio empenho.

Na sequência, obedecendo-se ao mesmo raciocínio, tem-se a "ordem de execução": ato da autoridade competente que determina o "pagamento", aqui entendido como ato de mera execução, encerrando a sucessão normativa.

3.4.1 Ordem de pagamento

Essa imagem da sucessão normativa, que representa o processo de positivação do gasto público, baseia-se em uma concepção mais ampla da atividade financeira e do conteúdo das normas orçamentárias, pressupõe a construção das normas orçamentárias com duplo sentido deôntico, meios e metas, fundamentando-se em disposições que podem não pertencer sequer ao mesmo diploma legislativo. Entretanto, deve-se reconhecer que, à medida que a sucessão normativa se afasta da Constituição e se aproxima de seu termo final – o pagamento –, fica mais difícil perceber a distinção entre o que seria meio e o que seria meta.

No plano administrativo, a "ordem de pagamento", como o próprio nome indica, não veicula uma faculdade, mas uma obrigação para o funcionário ao qual se dirige. É um dever, "determinando que a despesa seja paga", de acordo com o art. 64 da Lei n. 4.320/1964. Altera-se, portanto, o modal deôntico em questão. Se até esse instante da sucessão normativa a despesa pública era apenas autorizada pelas normas financeiras, a partir desse ponto torna-se obrigatória, sujeitando o funcionário encarregado, em caso de descumprimento, às sanções administrativas aplicáveis ou penais, se for o caso.[62] Ainda assim, para que seja lícito ordenar a despesa, é preciso que haja antes, no plano legislativo (leia-se: no orçamento), uma autorização para o gasto, do contrário o ordenador ficará sujeito à sanção do art. 359-D do Código Penal.

4. Orçamento como norma e as normas que vinculam o orçamento

Ao dizer que as leis orçamentárias têm feição dúplice, incluindo normas que impõem metas e normas que autorizam meios, estamos nos referindo, num e noutro caso, àquele que seria o consequente, o preceito dessas normas. Mas qual seria sua hipótese?

Para manter a coerência com o pressuposto antes assentado, de que toda norma jurídica é formada de antecedente e consequente, é preciso delimitar, então, qual seria a hipótese ou o antecedente da norma orçamentária. Neste ponto ganha destaque o tema das receitas públicas, que, nesta exposição, até agora tem sido tratado apenas indiretamente.

4.1 A relação receita-despesa e o equilíbrio

A relação despesa-receita, abstratamente considerada, é um pressuposto da atividade estatal. Em tese, se não houvesse receitas, de nenhuma espécie, não haveria despesas possíveis. Logo, poderíamos afirmar uma relação necessária entre despesas e receitas como as duas faces da atuação estatal, dois lados da mesma moeda.

Aceitando que a função do orçamento é dar destino às receitas públicas, percebe-se que, mesmo não havendo nele menção expressa a elas, sua existência seria um pressuposto da própria atividade financeira e, pois, da elaboração do orçamento público. A existência de alguma receita, ainda que transferida, ainda que decorrente de empréstimo, concretiza a liberdade como pressuposto ontológico do regramento de condutas. O que não é possível não pode ser obrigatório nem permi-

62. Havendo interesse ou sentimento pessoal, a omissão pode configurar o crime de prevaricação, previsto no art. 319 do Código Penal.

tido; a liberdade de agir é um pressuposto do regramento de condutas.[63] Para que tenham algum sentido, as prestações prescritas pelas normas requerem o contexto das possibilidades fáticas. Prescrever o que factualmente é impossível, carece de sentido, tanto quanto obrigar o que é factualmente necessário.[64] Portanto, quer se tome o orçamento como norma que autoriza despesas, quer como norma que as obriga, não haveria sentido nem numa nem noutra se a existência de receitas (possíveis) não fosse ao menos pressuposta.

Decerto que aqui não nos referimos à mera impossibilidade momentânea por insuficiência de receitas, nem damos suporte à retórica da "reserva possível" como argumento para justificar a inação do Poder Público.[65] O que se afirma é tão-somente a relação lógica e abstrata entre arrecadação e gasto, sendo aquela o pressuposto deste. E, ao contrário do que possa parecer à primeira vista, esta concepção da atividade financeira e orçamentária não conduz à ideia de que entre receitas e despesas haja uma necessária relação de equilíbrio.

O equilíbrio entre receitas e despesas, em seus muito sentidos,[66] não é um axioma do direito financeiro, tampouco do Estado de Direito, é uma opção político-legislativa, dentre outras possíveis. Não é preciso que haja paridade entre despesas e receitas orçamentárias para que as decisões político-orçamentárias sejam tidas como válidas e legítimas. Há casos em que as circunstâncias socioeconômicas recomendam exatamente o contrário. O déficit público pode ser um importante instrumento de desenvolvimento do Estado intervencionista. Nesse caso, deixa-se de lado o equilíbrio orçamentário anual para privilegiar o equilíbrio da própria economia.[67] No ordenamento jurídico brasileiro, entretanto, a Lei de Responsabilidade Fiscal positivou o equilíbrio das contas públicas como meta da gestão responsável (art. 1º, § 1º), imputando inclusive consequências negativas a seu descumprimento, vale ressaltar.

4.1.1 O sentido da previsão de receitas no orçamento

No plano do direito positivo, o sentido ou o papel da previsão de receitas orçamentárias dependerá de estar ou não positivado no ordenamento o princípio da anualidade orçamentária. Vigente este princípio, o orçamento público tem dupla feição autorizativa, em relação às receitas e também às despesas: é "um acto jurídico praticado pelo Poder Legislativo, que autoriza anualmente a cobrança de impostos (e tendencialmente de todas as outras receitas públicas) e fixa as despesas públicas", como explica Sousa Franco, diante do ordenamento português.[68]

63. Aftalión, *et al.*, 2004, pp. 355 e ss.

64. Vilanova, ob. cit., p. 72.

65. O argumento da "reserva do possível" coloca, de modo abstrato e apriorístico, a limitação de recursos públicos como barreira fática à realização dos direitos sociais prestacionais, impossibilitando sua exigência acima de um limite social básico. Apesar de seus muitos defensores, a tese é objeto de duras críticas pelo modo acrítico como foi transplantada da Alemanha para o Brasil, um país com um texto constitucional e um contexto social completamente diversos do alemão (Krell 2002, pp. 51-57).

66. Nas finanças públicas, pode-se falar em equilíbrio em diversas acepções: 1) equilíbrio financeiro, em sentido amplo, para englobar crédito público, orçamento, patrimônio público e o equilíbrio global da economia e 2) equilíbrio orçamentário, em sentido restrito, observando apenas a situação estática descrita na peça orçamentária. Em se tratando de equilíbrio orçamentário, tem-se: a) equilíbrio formal, se o que se pretende é a existência de uma situação contabilística de igualdade entre despesas e receitas, sem restringir estas últimas, e b) equilíbrio substancial, quando se leva em consideração apenas determinadas espécies de receitas (p. ex., excluindo empréstimos) para verificar-se a situação das contas públicas. Além disso, a ideia de equilíbrio pressupõe a escolha de determinado critério econômico variável segundo o modelo teórico adotado (Franco, 2007, pp. 365-390).

67. Silva, 1972, p. 5.

68. Franco, 2007, p. 340.

No Brasil, a anualidade, em relação a receitas e despesas, fez-se presente na ordem constitucional até a Emenda n. 18/1965. Na Constituição Federal de 1988, o antigo princípio da anualidade manteve-se apenas em relação às despesas, dando lugar, no campo da tributação, à anterioridade, em sua dupla limitação temporal: ano-calendário (art. 150, III, "b") e noventena (art. 150, III, "c").[69]

Ausente o princípio da anualidade, a previsão de receitas públicas ganha sentido diferente no direito positivo. Deixa de haver a necessidade de renovação anual da autorização para a cobrança de tributos, e a previsão de receitas – tributárias – não traz efeito algum no tocante à efetiva possibilidade de sua cobrança.

Qual, então, o sentido atual da previsão de receitas no orçamento público? O valor estimado das receitas é base para toda elaboração do orçamento. Na Lei Complementar n. 101/2000, a previsão, a instituição e a arrecadação de todos os tributos de competência do ente federativo são eleitas como requisitos essenciais da gestão fiscal responsável (art. 11). Como elemento de controle, a previsão geral das receitas que serão (ou poderão ser) arrecadadas no exercício financeiro é um dado fundamental para o planejamento e o controle das contas públicas.

Sem prejuízo de outras funções, no plano intranormativo o valor das receitas estimadas servirá de critério para determinar o valor total dos créditos orçamentários e, pois, das despesas autorizadas.[70] Entre os requisitos de adequação da despesa pública em relação à LOA, a Lei Complementar n. 101/2000 menciona a necessidade de dotação específica e suficiente para que o dispêndio possa ser validamente realizado (art. 16, § 1º). A disposição reforça a já evidenciada relação entre ingressos e gastos, estabelecendo ainda como limite para cada despesa ou conjunto de despesas especificamente considerado um determinado montante de receitas, fixado com base em um recorte ou em uma delimitação da cifra global de ingressos auferidos. Tal construção nos autoriza a atribuir às receitas estimadas no orçamento (e repartidas em dotações) o papel de elemento da hipótese normativa de cada norma que autoriza o gasto público.

Destarte, se, abstratamente, a existência de receitas figura como pressuposto da despesa pública, então a estimativa de receita, por sua vez, tem a função de adensar o conceito de receita pública antes posto apenas em termos formais, quantifica-o e serve de critério para delimitar o valor do gasto público autorizado.

4.2 Orçamento como texto: caudas orçamentárias e outras excrescências

Afirmar que o orçamento público inclui normas que estipulam objetivos e atribuem meios para atingi-los pressupõe a distinção, hoje amplamente difundida, entre norma jurídica e texto legal, pressuposto este, aliás, já assentado acima.[71] Quando mencionamos "normas orçamentárias" temos em mente essas duas espécies de normas: as que fixam objetivos e as que estabelecem ferramentas jurídico-financeiras para lográ-los. Seria este o teor das normas orçamentárias. No entanto, se tomarmos o orçamento como diploma normativo (texto), é fácil perceber que nele podem ser incluídas disposições que não cuidam, efetivamente, nem de receitas nem de despesas públicas.

O exemplo mais comum são as chamadas "caudas orçamentárias": prescrições completamente estranhas ao conteú-

69. Schoueri, 2005, p. 268.

70. O que não implica, no entanto, um orçamento sempre equilibrado, uma vez que as receitas representadas poderiam decorrer do incremento da dívida pública, gerando ou aumentando o déficit público.

71. V. supra, seção 2.

do orçamentário, que não cuidam nem de previsão de receitas nem de fixação de despesas, mas nele são inseridas para que sua aprovação se aproveite da celeridade do rito do processo legislativo, aplicável à espécie legislativa. A prática dos orçamentos "rabilongos", que já foi muito comum no cenário político brasileiro, atualmente encontra proibição expressa no art. 165, § 5º, da Constituição Federal de 1988. Mas esta não é a única forma de disposição excrescente a ser encontrada no diploma orçamentário.

É possível também encontrar disposições que, embora se refiram, de algum modo, a despesas ou a receitas públicas, não deveriam, em princípio, constar do diploma orçamentário, porque não fixam programas nem meios financeiros para a atuação estatal. Um exemplo disso pode ser encontrado na Lei Orçamentária n. 10.640/2003, que foi objeto da ADI n. 2.925-9, apreciada em 19.12.2004. Julgada procedente em parte a demanda, deu-se interpretação conforme a Constituição ao art. 4º daquele diploma para impedir que sua norma implicasse abertura de crédito suplementar em rubrica estranha à destinação das receitas decorrentes da Cide a que se refere o art. 177, § 4º, da Constituição Federal. Fosse a norma em questão uma típica previsão orçamentária, provavelmente a ação não teria sido sequer conhecida pelo STF, que costumeiramente se nega a controlar a constitucionalidade de leis orçamentárias, sob o argumento de que são "lei de efeitos concretos".

A pergunta sobre o que pode e o que não pode constar no diploma orçamentário encontrará resposta no direito positivo de cada país. Na Espanha, por exemplo, o art. 134 da Constituição autoriza que a lei orçamentária veicule normas modificando tributos se a lei ordinária que os institui assim o permitir, o orçamento mesmo só não pode criá-los.[72] A mesma regra, todavia, não pode ser encontrada no nosso ordenamento. Nada obstante, a proibição do art. 165, § 5º, da Constituição Federal – de inclusão de disposição estranha à previsão de receita e fixação de despesa – não elimina do texto orçamentário o estabelecimento de projetos e programas. Ainda que a norma que estabelece o programa a ser implementado seja geralmente construída com base também nos textos da LDO e do PPP, os programas não estão excluídos do texto do orçamento público. Isso se percebe de forma clara no texto do art. 167, I, da Constituição Federal, que proíbe "o início de programas ou projetos não incluídos na lei orçamentária anual".[73] Enfim, fazemos essa ressalva para deixar claro que nada impede que se encontrem inseridos no corpo de um diploma normativo-orçamentário enunciados que não configurem normas orçamentárias propriamente ditas.

4.3 *"Vinculações orçamentárias" e normas de competência*

A visão do orçamento como diploma normativo reunindo normas de meios e metas permite que se possa enxergar as "vinculações orçamentárias" por uma perspectiva um tanto diferenciada. À primeira vista, pode parecer que a concepção aqui proposta destoa totalmente das prescrições – sobretudo as constitucionais – que estabelecem percentuais obrigatórios de gastos públicos em determinadas áreas, como saúde e educação, ou destinação obrigatória de receita de tributos, mas isso não é verdade.

Em primeiro lugar, é preciso ter em mente que o tema das "vinculações orça-

72. Molina, 1990, p. 127.

73. Em 1979, Hely Lopes Meirelles fazia comentário semelhante em defesa do orçamento-programa, referindo-se ao art. 65, § 1º, da Constituição Federal então vigente. Dizia ele que, ao vedar emendas que aumentassem as despesas destinadas a projetos e programas ou que lhes modificassem o montante, a natureza e o objetivo, a Constituição fazia opção por incluí-los no orçamento anual (Meirelles, ob. cit., p. 159).

mentárias" muitas vezes envolve uma variedade de conteúdos e formas jurídicas diversas. Numa acepção ampla, o termo "vinculação" pode designar qualquer forma de restrição à liberdade de disposição orçamentária: proibições ou obrigações. Decerto, a segunda acepção, de obrigação, é mais frequente do que a primeira, tendo em vista as disposições dos arts. 212 e 198 da Constituição Federal. Ainda assim, o primeiro sentido também é aceitável.

Como obrigação, as vinculações podem compreender: 1) percentuais de gastos inseridos como obrigatórios no texto constitucional; 2) tributos de destinação obrigatória; 3) pagamento que devem ser incluídos no orçamento, como os precatórios judiciais e as obrigações resultantes de contratos firmados pelo poder público; e 4) despesas recorrentes,[74] como o pagamento de pessoal. As regras dos arts. 198 e 212 da Constituição Federal estabelecem para os entes federados obrigatoriedade de destinação de percentuais mínimos de recursos para as áreas de saúde e educação, respectivamente. Também no plano constitucional, o art. 100 exige a inclusão, no orçamento das entidades de direito público, de verba necessária para o pagamento de débitos decorrentes de precatórios judiciais expedidos. No que se refere ao plano infraconstitucional, pode-se citar o art. 9º, § 2º, da LC n. 101/2000, que proíbe sejam objeto de limitação as despesas que decorram de obrigações constitucionais ou legais do ente, inclusive aquelas destinadas ao pagamento do serviço da dívida, e as ressalvadas pela LDO. A sua maneira, cada uma essas hipóteses seria uma forma de despesa "vinculada".[75]

É de se reconhecer também, que, em alguma medida, toda despesa pública, bem como toda receita pública, é vinculada, porque a gestão do dinheiro público nunca fica ao livre alvedrio de quem o administra. Todo gasto público é efetivado de acordo com uma finalidade, que dever ser igualmente pública. Em certo sentido, o que fazem as leis orçamentárias senão vincular (ou destinar) verbas?

Ainda assim, não nos parece correto entender a vinculação como o emprego do modal deôntico obrigatório na composição da norma orçamentária que tem por objeto o gasto público, como meio. Em todas as hipóteses anteriormente citadas, não há norma orçamentária obrigando o pagamento. Esta obrigação, quando existente, decorre de outra norma, situada em outro diploma normativo ou mesmo num contrato. Na lei orçamentária, o gasto, em si mesmo, é sempre uma faculdade; o modal deôntico obrigatório diz respeito apenas à realização do programa a que se vinculam as receitas.

Quando a Constituição Federal estabelece percentuais mínimos de gasto com saúde e educação (arts. 198 e 212) firma norma de competência, norma esta que condiciona a criação da Lei Orçamentária Anual: obriga a inclusão de determinada finalidade e o oferecimento de meios econômicos em limites mínimos para lográ-la. Isso, entretanto, não faz com que cada uma das dotações orçamentárias para saúde ou educação, especificamente consideradas, converta-se em gastos obrigatórios, nem autoriza o gasto sem prévia dotação orçamentária.

Em voto prolatado na ADI n. 2.925, o então Ministro Sepúlveda Pertence expli-

74. De acordo com a classificação da Lei n. 4.320/1964, as "despesas de custeio" seriam uma subespécie das "despesas correntes", caracterizadas aquelas como dotações destinadas a financiar a manutenção de serviços anteriormente criados, aí incluídas também obras de adaptação e conservação de bens imóveis (art. 12, § 1º, da Lei n. 4.320/1964). Entre as despesas de custeio se inserem os gastos com pessoal, civil e militar, material de consumo, serviços terceirizados e outros encargos relacionados à manutenção do serviço.

75. Para Regis Fernandes de Oliveira, a destinação cria limitações *ao executor* orçamentário, que não poderá deixar de pagar as obrigações constitucionais e legais e, especialmente, o serviço da dívida (Oliveira, 2008, p. 324).

ca a necessidade de dotação orçamentária, mesmo nos casos de receitas vinculadas: "Ninguém duvida, a meu ver, os dez ministros presentes, que o artigo 177, § 4º, inciso II, da Constituição, criou uma vinculação de receita iniludível, que alcança todo o montante arrecadado a título da Cide. (...) Ninguém duvida também de que, em função das regras básicas do processo orçamentário constitucional, essa vinculação não obriga a despender, em cada exercício, toda a arrecadação desta contribuição ou de outras receitas vinculadas. O dispêndio depende de dotação orçamentária".

A passagem evidencia a tese aqui defendida. A vinculação é aplicada à elaboração do orçamento, mas não autoriza diretamente o gasto, embora só se efetive, de fato, por meio deste. Daí seguir-se a conclusão de que se o mesmo objetivo pode ser atingido sem o esgotamento da dotação orçamentária se impõe que o valor restante não seja desperdiçado, sob pena de desvio de finalidade. O excedente não empregado será novamente destinado a outro programa ou finalidade, que nem mesmo precisa situar-se no mesmo campo (por exemplo, saúde) se o percentual mínimo exigido na Constituição já tiver sido atingido.

A vinculação, portanto, é estabelecida um nível acima do nível em que está a Lei Orçamentária Anual, no plano das competências.

4.4 Desvios na execução orçamentária

A indistinção das duas espécies normativas que compõem as leis orçamentárias e, *grosso modo*, os demais diplomas que tomam parte no processo de positivação do gasto público podem conduzir a duas sortes de desvios na sua execução.

O primeiro desvio seria o de supor que, como o orçamento é autorizativo, a administração pode dar ao dinheiro público o destino que desejar, desde que seja aplicado com finalidades públicas. O segundo equívoco está no extremo oposto: é achar que o gasto público deve ser realizado obrigatoriamente, mesmo que não se revele necessário para o atendimento da meta positivada.

Na última hipótese, tem-se o vício da *burocratização* do gasto público, que consiste na avaliação dos gastos independentemente dos resultados, como se a utilização dos meios – e não o atendimento dos fins – é que fosse obrigatória. É o que ocorre nos casos em que se questiona a não utilização de toda a verba disponibilizada a certo órgão, ainda que a meta tenha sito lograda. Avalia-se a execução orçamentária apenas examinando se a despesa foi ou não realizada, como se o gasto fosse um fim em si e o modal deôntico em questão fosse o "obrigatório".

O segundo vício é o da *banalização* da despesa pública, que existe quando se desconsidera o aspecto de programa – obrigatório – do orçamento no que diz respeito às atividades e aos objetivos da atividade pública. Nesse caso, a perspectiva dos fins da atividade financeira é deixada de lado, e o gasto público converte-se em permissão vazia, o que implica, inclusive, rejeitar o controle financeiro no que diz respeito a gastar ou não, sob o argumento de que se trata de uma – mera – faculdade do executor da despesa.

Pode-se perceber que, nos dois casos, existem situações extremas, aqui mencionadas a título didático, nas quais o que existe é a desconsideração da dualidade meios/metas ou mesmo a confusão de modais deônticos. Em todo caso, ao mencionar "desvios", obviamente não nos referimos a "desvio de verba", nem a crime de corrupção. Para essas situações, o ordenamento jurídico reserva a tutela penal.

5. Conclusão

O desejo de um orçamento cada vez mais vinculado ou mesmo de um "orçamento impositivo" reflete a descrença do povo nas instituições políticas e, sobretudo, no Poder Executivo. Deposita-se na lei a esperança que não se tem nas pessoas – ou mais precisamente, nos representantes do povo, como se a simples edição de um diploma pelo Legislativo pudesse, atuando *per se*, solucionar, de forma prescritiva, todos os problemas subjacentes na realidade socioeconômica brasileira. É a lei que *faz*, *protege*, *impõe*, *age* – dá-se à lei o protagonismo da ação pública, convertendo-a em sujeito transformador da realidade social.

O problema agrava-se quando o que está em jogo é a Lei Orçamentária, que tem como principal tarefa a alocação de recursos públicos. Espera-se que o orçamento possa interferir na realidade social, transformando-a. Mas, a princípio, o orçamento é apenas um texto, e os textos não *fazem* nada, não *dizem* nada: são mera possibilidade de sentido a ser determinada pelos sujeitos.

É o uso que constrói o(s) sentido(s) dos textos, inclusive dos textos legislativos. A possibilidade de exigir a efetiva realização das promessas estampadas na lei orçamentária não passa, necessariamente, por uma alteração do texto constitucional, e esta não garante uma mudança de sentido se a prática institucional permanece a mesma. Ainda que, quanto à despesa pública, o orçamento se modalize no sentido de autorização, os programas e as metas são sempre obrigatórios, e, portanto, exigíveis.

6. *Referências*

AFTALIÓN, Enrique R.; VILANOVA, José; e RAFFO, Julio (2004). *Introducción al Derecho*. 4ª ed., Buenos Aires, Abeledo Perrot,

ALEXY, Robert (2001). *Teoría de los Derechos Fundamentales*. Trad. Ernesto G. Valdés. Madri, Centro de Estudios Políticos y Constitucionales.

BALEEIRO, Aliomar (2004). *Uma Introdução à Ciência das Finanças e à Política Fiscal*. 3ª ed., Rio de Janeiro, Forense.

BARRETO, Paulo Ayres (2006). *Contribuições: Regime Jurídico, Destinação e Controle*. São Paulo, Noeses.

BRASIL, Supremo Tribunal Federal (2004). Ação Direita de Inconstitucionalidade n. 2.925, rela. originária Min. Ellen Gracie; rela. para o acórdão Min. Marco Aurélio, j. 19.12.2004.

______ (1999). Ação Direita de Inconstitucionalidade n. 2.033, rel. Min. Néri da Silveira, red. para o acórdão Min. Nelson Jobim, j. em 17.12.1999.

______ (1998). Ação Direita de Inconstitucionalidade n. 1.905-01, rel. Min. Sydney Sanches, j. 12.2.1998.

______ (1952). Recurso Extraordinário n. 17.184, rel. Min. Ribeiro da Costa, j. 3.7.1952.

BECKER, Alfredo Augusto (2002). *Teoria Geral do Direito Tributário*. 3ª ed., São Paulo, Lejus.

BOBBIO, Norberto (2003). *Teoria da Norma Jurídica*. 2ª ed. Trad. Fernanda Pavan Baptista e Ariani Bueno Sudatti. Bauru, Edipro.

CAMPOS, Francisco (1963). "Orçamento – Natureza jurídica – Anualidade – Discriminação de rendas – Imposto de indústrias e profissões – Movimento econômico – Imposto sobre vendas e consignações", *Revista de Direito Administrativo* 71/324-371, jan.-mar. 1963.

CARRIÓ, Genaro R. (1994). *Notas sobre Derecho y Lenguaje*. 4ª ed., Buenos Aires, Abeledo-Perrot.

CARVALHO, Paulo de Barros (2004). *Direito Tributário: Fundamentos Jurídicos da Incidência*. São Paulo, Saraiva.

______ (2008). *Direito Tributário, Linguagem e Método*. São Paulo, Noeses.

DERRIDA, Jacques (2007). *Força de Lei*. São Paulo, Martins Fontes.

DEODATO, Alberto (1976). *Manual de Ciência das Finanças*. 10ª ed., São Paulo, Saraiva.

DI PIETRO, Maria Sylvia Zanella (2003). *Direito Administrativo*. 15ª ed., São Paulo, Atlas.

DUVERGER, Maurice (1960). *Instituciones Financieras*. Trad. Jacinto Ros Hombravella. Barcelona, Bosch.

ECHAVE, Delia Teresa; URQUIJO, María Eugenia; e GUIBOURG, Ricardo A. (2002). *Lógica, Proposición y Norma*. Buenos Aires, Astrea.

FRANCO, António L. de Sousa (2007). *Finanças Públicas e Direito Financeiro*. vol.I, 4ª ed., Coimbra, Almedina.

GRAU, Eros Roberto (2004). *A Ordem Econômica na Constituição de 1988 (Interpretação e Crítica)*. 9ª ed., São Paulo, Malheiros Editores.

HARET, Florence Cronemberger (2006). "A prova na teoria dos atos administrativos", *Revista da Faculdade de Direito*. Universidade de São Paulo.

IVO, Gabriel (2006). *Norma Jurídica: Produção e Controle*. São Paulo, Noeses.

______ (2002). "O processo de formação de lei orçamentária anual: a rejeição do projeto de lei e o princípio da inexauribilidade orçamentária", *Anuário da Procuradoria-Geral do Estado de Alagoas*. Maceió, Centro de Estudos da PGE/AL.

JARACH, Dino (1983). *Finanzas Públicas y Derecho Tributario*. Buenos Aires, Cangallo.

KELSEN, Hans (2003). *Teoria Pura do Direito*. São Paulo, Martins Fontes.

KRELL, Andreas J. (2002). *Direitos Sociais e Controle Judicial no Brasil e na Alemanha: os (Des)Caminhos de um Direito Constitucional "Comparado"*. Porto Alegre, Sergio Fabris.

MEIRELLES, Hely Lopes (1979). *Finanças Municipais*. São Paulo, Ed. RT.

MELLO, Celso Antônio Bandeira de (2003). *Curso de Direito Administrativo*. 16ª ed., São Paulo, Malheiros Editores.

MIRANDA, Francisco Cavalvanti Pontes de (2000). *Tratado de Direito Privado*. t. I. Atual. Vilson Rodrigues Alves. Campinas, Bookseller.

MOLINA, Pedro Manuel Herrera (1990). *La Exención Tributaria*. Madri, Colex.

OLIVEIRA, Regis Fernandes (2008). *Curso de Direito Financeiro*. 2ª ed., São Paulo, Ed. RT.

______ (2005). "Deve o orçamento ser cumprido?", *Jus Navigandi*. Teresina, ano 9, n. 672, 8.5.2005. Disponível em *http:// jus2. uol.com. br/doutrina/texto.asp? id = 6698*, acesso em 26.9.2008.

REZENDE, Fernando (2001). *Finanças Públicas*. 2ª ed., São Paulo, Atlas.

ROJAS, Andrés Serra (1993). *Derecho Económico*. 3ª ed., México, Porrua.

ROSA JR., Luiz Emygdio F. da (2003). *Manual de Direito Financeiro e Direito Tributário*. Rio de Janeiro, Renovar.

ROSENN, Keith S. (1998). *O Jeito na Cultura Jurídica Brasileira*. Rio de Janeiro, Renovar.

SANTI, Eurico Marcos Dinis de (1999). *Lançamento Tributário*. 2ª ed., São Paulo, Max Limonad.

SCHOUERI, Luis Eduardo (2005). *Normas Tributárias Indutoras e Intervenção Econômica*. Rio de Janeiro, Forense.

SILVA, José Afonso da (1972). *Orçamento-Programa no Brasil*. São Paulo, Ed. RT.

STRECK, Lenio Luiz (2004). *Hermenêutica Jurídica e(m) Crise: uma Exploração Hermenêutica da Construção do Direito*. 5ª ed., Porto Alegre, Livraria do Advogado.

SUNDFELD, Carlos Ari (2003). *Fundamentos de Direito Público*. 4ª ed., São Paulo, Malheiros Editores.

VIDIGAL, Geraldo (1975). *Fundamentos do Direito Financeiro*. São Paulo, Ed. RT.

VIGNOLI, Francisco Humberto (2004). "Legislação e execução orçamentária", in BIDERMAN, Ciro; e ARVATE, Paulo (orgs.). *Economia do Setor Público*. Rio de Janeiro, Elsevier.

VILANOVA, Lourival (2005). *Estruturas Lógicas e Sistema do Direito Positivo*. São Paulo, Noeses.

VILLEGAS, Héctor B. (1975). *Curzo de Finanzas, Derecho Financiero y Tributario*. 2ª ed., Buenos Aires, Depalma.

ICMS-IMPORTAÇÃO E INTERESTADUAL: UMA QUESTÃO SOBRE A SUJEIÇÃO ATIVA NAS OPERAÇÕES DE IMPORTAÇÃO

RODRIGO ANTÔNIO DA ROCHA FROTA

O presente estudo busca discutir quem é o sujeito ativo do ICMS incidente nas operações relativas à circulação de mercadorias importadas do exterior, o chamado "ICMS-Importação", a partir de uma aparente lacuna quanto a uma definição clara sobre o Estado para o qual deve ser realizado o recolhimento do imposto, induzindo o exegeta a um aparente conflito entre os preceitos constitucionais e a legislação complementar.

Existindo dúvidas na definição do sujeito ativo, o sujeito passivo está submetido ao risco de recolhimento errôneo, sujeitando-se a nova exigência do imposto, apesar da ocorrência de um único fato jurídico tributário. Tal situação configura claramente a insegurança jurídica presente na vida cotidiana dos empresários, e precisa ser combatida pelos operadores do Direito, a fim de dar efetividade ao sistema jurídico pátrio.

A dúvida quanto à definição do sujeito ativo da obrigação tributária surge na hipótese em que uma empresa "ABC Ltda.", estabelecida em um dado Estado – São Paulo, por exemplo –, importa mercadorias por meio de uma *trading* localizada no Espírito Santo e as revende para a cliente "XYZ Ltda.", estabelecida em outra unidade federativa – como Minas Gerais, por exemplo. Por questões logísticas, remete o bem importado, e que se encontra em uma repartição, de modo que o bem importado *não circula fisicamente* pelo estabelecimento do importador (São Paulo).

A análise da Constituição Federal prescreve que o imposto caberia ao Estado no qual esteja estabelecida a pessoa jurídica que realizou a operação de importação. Enquanto a Lei Complementar 87/1996, em seu art. 11, I, "d", determina que o local da operação ou da prestação, para efeitos da cobrança do imposto e definição do estabelecimento responsável, é, tratando-se de mercadoria ou bem importado do exterior, o do estabelecimento onde ocorrer a entrada física.

Diante disso, fica o contribuinte justificadamente apreensivo sobre a qual o Estado fazer o recolhimento do chamado ICMS-Importação: se para aquele em que está estabelecido, e por intermédio do qual realiza suas operações mercantis (São Paulo), ou para o Estado no qual está estabelecido seu cliente, e onde se dá a entrada física do bem (Minas Gerais).

Para a perfeita compreensão do tributo em foco, serão analisados e abordados (i) os conceitos de "operação", "circulação" e "mercadoria"; bem como (ii) as modalidades de importação previstas pelo sistema jurídico nacional, e que devem ser levadas em conta pelo legislador estadual na instituição e exigência do imposto de sua competência; (iii) a regra-matriz do ICMS-Importação; (iv) a função das leis complementares no sistema jurídico nacional; (v) o conteúdo da Lei Complementar 87/1996, verificando a compatibilidade de seus enunciados com os limites constitucionais; e (vi) se o ICMS-Importação caracteriza-se como mero adicional do imposto de importação.

Ao final do presente estudo pretende-se chegar a alguma contribuição científica sobre as seguintes questões, que ainda causam grande dúvida a empresários e operadores do Direito – sem, contudo, pretender colocar um ponto final a elas, mas contribuir para o esclarecimento do tema:

(a) Para qual Estado deve ser recolhido o ICMS-Importação?

(b) Qual o significado do termo "destinatário" utilizado pela CF no art. 155, § 2º, IX, "a"?

(c) É correto afirmar que o ICMS é devido pelo "destinatário final" da mercadoria e, neste sentido, seria esse o sujeito a figurar no critério pessoal da regra-matriz de incidência tributária?

(d) A Lei Complementar 87/1996 (art. 11, I, "d") "complementa" a Constituição, de forma a preencher de conteúdo semântico o disposto no art.155, § 2º, IX, "a"?

(e) Existem decisões do STF sobre a matéria?

Mas, antes de adentrar o assunto propriamente dito do presente estudo, é de suma importância um posicionamento acerca do caráter sistêmico do Direito. Nas lições do professor Paulo de Barros Carvalho,[1] o Direito constitui corpo de linguagem agregada por um fator comum: sua função prescritiva; além ser auto-organizada. A soma destes dois fatores implica a condição de sistema do direito positivo.

Não coadunamos com as teorias que afastam o caráter sistêmico do ordenamento, relegando-o à produção científica, mas, sim, na ordem interna ao Direito posto. Relevante, portanto, o papel do intérprete chamado autêntico, interno ao sistema, de organizar seus elementos: as normas jurídicas.

O Direito, corpo de linguagem constituído por proposições prescritivas institucionalizadas em alto grau, caracteriza-se como verdadeiro objeto cultural: decorrente da produção humana, através da valoração das condutas. O legislador, ao produzir normas, elege quais as condutas pretendidas, agregando-lhes a obrigatoriedade, aceitas, permitindo-as, ou repelidas, imputando-lhes a proibição.

Neste sentido, reforça-se a idéia de que a interpretação revela-se verdadeira construção de sentidos. Quando feita por um intérprete interno ao sistema, é produzida norma, que caminha no sentido da concretude, mas que não toca aquele mundo chamado "real", aquele "conjunto de dados" que Vilém Flusser nomeia "dados brutos ou imediatos", de caos, enquanto a realidade das palavras seria o "caos organizado".[2]

No tocante ao direito tributário o legislador busca estabelecer normas que imputem a obrigação tributária, mas dentro do campo predeterminado pela Constituição, em decorrência do poder constituinte originário, respeitando a hierarquia normativa do sistema.

O papel da Constituição no ordenamento é organizar o Estado, atribuindo competências, através de disposições afirmativas e negativas. Nesse caminho legislativo, resguarda o cidadão dos excessos do Estado e de outros cidadãos, seja no abuso de autoridade, seja no abuso de direito por parte do administrado.

1. Paulo de Barros Carvalho, *Curso de Direito Tributário*, São Paulo, Saraiva, 2007, pp. 10 e ss.

2. Vilém Flusser, *Língua e Realidade*, 2ª ed., São Paulo, Annablume, 2004, pp. 40 e ss.

Não poderia ser de outra maneira se o Direito objetiva a regulação de condutas que possibilitem a boa convivência em sociedade, segundo os valores eleitos por ela para tanto.

Assim, evidencia-se que tanto o Estado pode abusar de seu poder no trato com os administrados ao fugir das linhas mestras dispostas na Constituição Federal, como estes, quando buscam por meio de condutas ilícitas se locupletar através de fraudes, simulações e condutas dolosas. Diferente é o caso do erro, do Fisco ou do particular, onde não há a evidente intenção do autor da conduta de prejudicar a outra parte.

No campo do direito tributário a Constituição determina as competências específicas de cada ente federativo para instituir tributos, delimitadas entre si e pelas imunidades e princípios constitucionais tributários, os quais visam a garantir o cidadão dos eventuais abusos cometidos pelo Estado.

Neste sentido atribui às leis ordinárias, em regra, o papel de instituir e aumentar tributos (art. 150, I, da CF) e à lei complementar (art. 146 da CF) a função de dirimir conflitos de competência entre a União, os Estados, o Distrito Federal e os Municípios; bem como regular as limitações constitucionais ao poder de tributar; e estabelecer normas gerais em matéria de legislação tributária. Sendo este último item o que causa maior discussão na doutrina sobre qual seria a natureza destas normas gerais.

Contudo, este não é o objeto da análise do presente trabalho. Restrinjo-me aos dois primeiros itens: dirimir conflitos de competência e como regular as limitações constitucionais ao poder de tributar.

Em relação com o ICMS, a CF, em seu art. 155, § 2º, XII, elenca em quais situações deve a lei complementar atuar de maneira a dirimir tais conflitos de competência e limitações constitucionais ao poder de tributar, de maneira a lhe ser atribuída a competência para definir quais os contribuintes deste imposto, dispondo, inclusive, sobre substituição tributária; disciplinar o regime de compensação do ICMS; fixar, para efeito de sua cobrança e definição do estabelecimento responsável, o local das operações relativas à circulação de mercadorias e das prestações de serviços; estipular uma isenção heterônoma, excluindo da incidência do imposto, nas exportações para o exterior, serviços e produtos; prever quais os casos de manutenção de crédito, na circulação interestadual e exportação; regular a forma como concessão e extinção de isenções, incentivos e benefícios fiscais, mediante deliberação dos Estados e do Distrito Federal, serão concedidos e revogados; definir os combustíveis e lubrificantes sobre os quais o imposto incidirá uma única vez; além de fixar a base de cálculo, de modo que o montante do imposto a integre, também na importação do exterior de bem, mercadoria ou serviço.[3]

Pretende-se, aqui, ao analisar o ICMS-Importação, elaborar um estudo acerca da regra-matriz constitucionalmente possível e das limitações constitucionais ao poder

3. CF, art. 155, § 2º, XII: "XII – cabe à lei complementar: a) definir seus contribuintes; b) dispor sobre substituição tributária; c) disciplinar o regime de compensação do imposto; d) fixar, para efeito de sua cobrança e definição do estabelecimento responsável, o local das operações relativas à circulação de mercadorias e das prestações de serviços; e) excluir da incidência do imposto, nas exportações para o exterior, serviços e outros produtos além dos mencionados no inciso X, 'a'; f) prever casos de manutenção de crédito, relativamente à remessa para outro Estado e exportação para o exterior, de serviços e de mercadorias; g) regular a forma como, mediante deliberação dos Estados e do Distrito Federal, isenções, incentivos e benefícios fiscais serão concedidos e revogados; h) definir os combustíveis e lubrificantes sobre os quais o imposto incidirá uma única vez, qualquer que seja a sua finalidade, hipótese em que não se aplicará o disposto no inciso X, 'b'; [*incluída pela Emenda Constitucional 33/2001*] i) fixar a base de cálculo, de modo que o montante do imposto a integre, também na importação do exterior de bem, mercadoria ou serviço". [*Incluída pela Emenda Constitucional 33/2001*]

de tributar, dentro do limite de competência de cada Estado, regulamentadas pela Lei Complementar 87/1996, através de um enfoque sistêmico do sistema normativo pátrio. Para tanto, é necessária a interpretação conjunta dos enunciados normativos relacionados ao tema em análise.

Comecemos com o critério material da regra-matriz. A Constituição Federal revela qual a materialidade possível ao estabelecer competência para os Estados e para o Distrito Federal de instituir o ICMS sobre: (a) realizar operações relativas à circulação de mercadorias; (b) prestar serviços de transporte interestadual e intermunicipal; e (c) prestar serviços de comunicação, ainda que as operações e as prestações se iniciem no exterior, mas que tenham fim dentro dos limites territoriais dos Estados ou do Distrito Federal, identificadas pela execução, geração ou utilização dos serviços correspondentes.[4]

"Art. 155. Compete aos Estados e ao Distrito Federal instituir impostos sobre: [*redação dada pela Emenda Constitucional 3/1993*] (...) II – operações relativas à circulação de mercadorias e sobre prestações de serviços de transporte interestadual e intermunicipal e de comunicação, ainda que as operações e as prestações se iniciem no exterior; [*redação dada pela Emenda Constitucional 3/1993*] (...)."

No mesmo sentido segue a Lei Complementar 87/1996, regulamentadora do tributo de caráter nacional:

"Art. 2º. O imposto incide sobre: I – operações relativas à circulação de mercadorias, inclusive o fornecimento de alimentação e bebidas em bares, restaurantes e estabelecimentos similares; II – prestações de serviços de transporte interestadual e intermunicipal, por qualquer via, de pessoas, bens, mercadorias ou valores; III – prestações onerosas de serviços de comunicação, por qualquer meio, inclusive a geração, a emissão, a recepção, a transmissão, a retransmissão, a repetição e a ampliação de comunicação de qualquer natureza; IV – fornecimento de mercadorias com prestação de serviços não compreendidos na competência tributária dos Municípios; V – fornecimento de mercadorias com prestação de serviços sujeitos ao imposto sobre serviços, de competência dos Municípios, quando a lei complementar aplicável expressamente o sujeitar à incidência do imposto estadual.

"§ 1º. O imposto incide também: I – sobre a entrada de mercadoria ou bem importados do exterior, por pessoa física ou jurídica, ainda que não seja contribuinte habitual do imposto, qualquer que seja a sua finalidade; [*redação dada pela Lei Complementar 114, de 16.12.2002*] II – sobre o serviço prestado no exterior ou cuja prestação se tenha iniciado no exterior; III – sobre a entrada, no território do Estado destinatário, de petróleo, inclusive lubrificantes e combustíveis líquidos e gasosos dele derivados, e de energia elétrica, quando não destinados à comercialização ou à industrialização, decorrentes de operações interestaduais, cabendo o imposto ao Estado onde estiver localizado o adquirente."

Ora, o que se percebe é que a Lei Complementar 87/1996 foi, à primeira vista, mais ampla. Todavia, num exame mais minucioso, podemos enquadrar estas materialidades nas três possíveis materialidades estabelecidas pela Constituição, vislumbrando no conteúdo da presente lei espécies dos gêneros constitucionais.

Fiquemos com a materialidade específica do caso em estudo, qual seja: a importação. Da conjugação dos supracitados art. 155, II, da CF e incisos I e III do § 1º do art. 2º bem como seu inciso I da Lei Complementar 87/1996 percebe-se que na importação de bens caracterizados como mercadoria, para fins da inci-

4. Paulo de Barros Carvalho, *Direito Tributário, Linguagem e Método*, São Paulo, Noeses, 2008, p. 645.

dência do ICMS-Importação, deve haver a necessária circulação, ou seja: a tradição, a entrega.

Impossível tratar de ICMS sem se deparar com alguns problemas semânticos, em especial com relação aos termos "operação", "circulação" e "mercadoria", no contexto da "venda de mercadoria", expressão com conteúdo semântico idêntico a "operação de circulação de mercadoria".

Temos que, neste contexto, "operações" são aqueles atos ou negócios jurídicos hábeis a proporcionar a circulação de mercadorias. "Circulação" seria a passagem, a entrega, da mercadoria de uma pessoa para outra, com a conseqüente transmissão da propriedade. "Mercadoria", a seu turno, não vislumbra uma característica intrínseca ao bem, mas a finalidade que se dê a ele. Será mercadoria, segundo Paulo de Barros Carvalho, todo bem natural ou manufaturado cuja destinação seja o comércio.[5]

A discussão a respeito da constitucionalidade da incidência sobre bens não destinados ao comércio, com base no inciso I do § 1º do art. 2º da Lei Complementar 87/1996, contudo, não cabe neste momento, pois irrelevante à matéria objeto do presente estudo. Até porque a Emenda Constitucional 33/2001 incluiu ou explicitou, dependendo da análise, a possibilidade de os Estados e o Distrito Federal tributarem as entradas de bens do exterior.

"Art. 155. (...).

"(...).

"§ 2º. O imposto previsto no inciso II atenderá ao seguinte: [*redação dada pela Emenda Constitucional 3/1993*] (...) IX – incidirá também: a) sobre a entrada de bem ou mercadoria importados do exterior por pessoa física ou jurídica, ainda que não seja contribuinte habitual do imposto, qualquer que seja a sua finalidade, assim como sobre o serviço prestado no exterior, cabendo o imposto ao Estado onde estiver situado o domicílio ou o estabelecimento do destinatário da mercadoria, bem ou serviço; [*redação dada pela Emenda Constitucional 33/2001*] b) sobre o valor total da operação, quando mercadorias forem fornecidas com serviços não compreendidos na competência tributária dos Municípios; (...)."

Quanto ao critério espacial, a CF designa, no inciso IX do § 2º do art. 155, o imposto ao Estado onde estiver situado o domicílio ou o estabelecimento do destinatário da mercadoria, bem ou serviço, mas não chega a ser específica e clara quanto à forma da importação, de maneira que cabe à lei complementar, regulando eventual conflito de competência, dispor a respeito. Assim, o critério espacial da regra-matriz de incidência, segundo a Lei Complementar 87/1996, em seu art. 11, regulamentando o dispositivo constitucional, como determina o inciso XII do mesmo artigo constitucional, elege o local da incidência do ICMS-Importação: é o estabelecimento onde ocorrer a entrada física ou, quando não estabelecido o adquirente naquele Estado onde se der a entrada, no local de seu domicílio. Vejamos: "Art. 11. O local da operação ou da prestação, para os efeitos da cobrança do imposto e definição do estabelecimento responsável, é: I – tratando-se de mercadoria ou bem: (...) d) importado do exterior, o do estabelecimento onde ocorrer a entrada física; e) importado do exterior, o do domicílio do adquirente, quando não estabelecido; (...)".

Esta "entrada física" de mercadoria ou bem importado do exterior no estabelecimento do importador, para ser relevante ao Direito, há de ser vertida em linguagem apropriada. Irrelevante a simples entrada sem a correlata documentação da entrega do bem, através da objetivação dos deveres instrumentais capazes de caracterizar a entrada física. Assim, de acordo com os ensinamentos de Paulo de Barros Carvalho: "(...) ao tributar as 'operações de importação de mercadorias' refere-se à aqui-

5. Paulo de Barros Carvalho, *Direito Tributário, Linguagem e Método*, cit., p. 648.

sição de tais bens por sujeito estabelecido ou domiciliado no País, não sendo seu ingresso físico bastante, em si mesmo, para a caracterização do fato jurídico tributário".

Assim, bastaria documentação que respalde a operação jurídica de transferência de titularidade, esta seria considerada perfeita e acabada.

Porém, nesta reflexão sobre o critério espacial do ICMS-Importação resta crucial esclarecer o sentido do termo "estabelecimento" para fins de ICMS. A própria Lei Complementar 87/1996 traz, no § 3º desse art. 11, a acepção deste termo: "§ 3º. Para efeito desta Lei Complementar, estabelecimento é o local, privado ou público, edificado ou não, próprio ou de terceiro, onde pessoas físicas ou jurídicas exerçam suas atividades em caráter temporário ou permanente, bem como onde se encontrem armazenadas mercadorias, observado, ainda, o seguinte: I – na impossibilidade de determinação do estabelecimento, considera-se como tal o local em que tenha sido efetuada a operação ou prestação, encontrada a mercadoria ou constatada a prestação; (...)".

Ressaltando os pontos realmente relevantes para o caso, temos que o estabelecimento do importador será considerado, portanto, para fins do ICMS-Importação, como aquele *público* ou privado, próprio ou *de terceiro*, onde pessoas físicas ou jurídicas exerçam suas atividades *em caráter temporário* ou permanente, *bem como onde se encontrem armazenadas mercadorias*.

Ora, cabe muito bem neste caso a referência aos armazéns-gerais, onde a mercadoria fica retida na alfândega até sua liberação. Isto porque para a caracterização como estabelecimento basta que a atividade seja ali desenvolvida em caráter temporário (não precisando ser necessariamente permanente), ou mesmo que ali se encontrem armazenadas as mercadorias.

Examinando o *caput* e o inciso acima transcritos, percebe-se clara a diferenciação entre o importador localizado no mesmo Estado onde ocorre a importação e aquele sem estabelecimento naquele Estado. No primeiro caso considera-se o local de seu estabelecimento, enquanto no segundo o local onde a operação foi efetuada.

Neste sentido, no caso em estudo, quando a importação ocorrer por contribuinte localizado no mesmo Estado da entrada da mercadoria em território nacional, configura-se este como o local de incidência. Porém, quando localizado em outro Estado, o local da incidência é o Estado onde se localizar o estabelecimento do importador.

Com relação ao critério temporal, está intimamente ligado ao espacial, pois é tratado em conjunto. Assim, ao analisar os supracitados dispositivos – inciso IX do § 2º do art. 155 da CF e alíneas "d" e "e" do inciso I do art. 11 da Lei Complementar 87/1996 –, o STF manifestou-se entendendo ser o desembaraço aduaneiro o momento da incidência do ICMS-Importação. Vejamos:

"*Ementa:* ICMS sobre mercadorias importadas – Fato gerador – Elemento temporal – Art. 155, § 2º, IX, 'a', da CF. O Plenário desta Corte, ao julgar o RE n. 192.711, assim decidiu: 'ICMS incidente sobre mercadorias importadas – Fato gerador – Elemento temporal – CF/1988, art. 155, § 2º, IX, 'a'. Afora o acréscimo decorrente da introdução de serviços no campo da abrangência do imposto em referência, até então circunscrito à circulação de mercadorias, duas alterações foram feitas pelo constituinte no texto primitivo (art. 23, § 11, da Carta de 1969): a primeira, a supressão das expressões: 'a entrada, em estabelecimento comercial, industrial ou produtor, de mercadoria importada do exterior por seu titular'; e a segunda, em deixar expresso caber 'o imposto ao Estado onde estiver situado o estabelecimento destinatário da mercadoria'. Alterações que tiveram por conseqüência lógica a substituição da entrada da mercadoria no estabelecimento do importador para o recebimento da mercadoria importada como aspecto temporal do fato gerador do tributo, condicionando-se o desembaraço das mercadorias ou do bem importado ao recolhimento não apenas dos tributos federais, mas também do ICMS incidente sobre a operação – Legitimação dos Estados para ditarem norma geral, de caráter provisório, sobre a matéria, de conformidade com o art. 34, § 8º, do ADCT/1988, por meio do Convênio ICM n. 66/1988 (art. 2º, I) e, conseqüentemente, do Estado de São Paulo para fixar o novo momento da exigência do tributo (Lei n. 6.374/1989, art. 2º, V)' – Recurso extraordinário do Estado de São Paulo conhecido e provido, ficando, em conseqüência, prejudicado o recurso de Prodome Química e Farmacêutica Ltda. e outro" (STF, 1ª Turma, RE 185.772-SP, rel. Min. Moreira Alves, *DJU* 30.8.2002, p. 96).

"*Ementa:* ICMS – Fato gerador – Desembaraço aduaneiro das mercadorias importadas do exterior – Antecipação da data de recolhimento – Legitimidade por meio de decreto. Apresenta-se sem utilidade o processamento de recurso extraordinário quando o acórdão recorrido se harmoniza com a orientação desta Corte no sentido da possibilidade da cobrança do ICMS quando do desembaraço aduaneiro da mercadoria (RE ns. 192.711, 193.817 e 194.268), bem como de não se encontrar sujeita ao princípio da legalidade a fixação da data do recolhimento do ICMS (RE ns. 197.948, 253.395 e 140.669) – Agravo desprovido" (STF, 1ª Turma, AI/AgR 339.528-SP, rel. Min. Ilmar Galvão, *DJU* 22.2.2002, p. 41).

Estes acórdãos bem enfatizam as mudanças no texto constitucional, que, com a edição da Constituição de 1988, criou uma nova possibilidade de critério temporal de incidência do ICMS-Importação para abarcar o desembaraço aduaneiro.

Assim, em relação ao texto do art. 23, § 11, da Carta de 1969, duas alterações foram feitas pelo constituinte: (a) a supressão das expressões "a entrada, em estabelecimento comercial, industrial ou produtor, de mercadoria importada do exterior por seu titular"; e (b) deixando expresso no texto constitucional caber "o imposto ao Estado onde estiver situado o estabelecimento destinatário da mercadoria".

Do ponto de vista histórico, a conseqüência lógica é a possibilidade da incidência do ICMS-Importação no momento do desembaraço, diferentemente do que ocorria na Carta de 1969, quando o critério temporal abarcava o momento da entrada da mercadoria no estabelecimento do importador, como relata, no excerto acima, o Min. Moreira Alves.

Neste diapasão a Lei Complementar 87/1996, em seu art. 12, elenca as seguintes hipóteses de critério temporal possíveis do ICMS-Importação:

"Art. 12. Considera-se ocorrido o fato gerador do imposto no momento: (...) IX – do desembaraço aduaneiro de mercadorias ou bens importados do exterior; [*redação dada pela Lei Complementar 114, de 16.12.2002*] X – do recebimento, pelo destinatário, de serviço prestado no exterior; XI – da aquisição em licitação pública de mercadorias ou bens importados do exterior e apreendidos ou abandonados; [*redação dada pela Lei Complementar 114, de 16.12.2002*] XII – da entrada no território do Estado de lubrificantes e combustíveis líquidos e gasosos derivados de petróleo e energia elétrica oriundos de outro Estado, quando não destinados à comercialização ou à industrialização; [*redação dada pela Lei Complementar 102, de 11.7.2000*] (...).

"(...).

"§ 2º. Na hipótese do inciso IX, após o desembaraço aduaneiro, a entrega, pelo depositário, de mercadoria ou bem importados do exterior deverá ser autorizada pelo órgão responsável pelo seu desembaraço, que somente se fará mediante a exibição do comprovante de pagamento do imposto incidente no ato do despacho aduaneiro, salvo disposição em contrário.

"§ 3º. Na hipótese de entrega de mercadoria ou bem importados do exterior antes do desembaraço aduaneiro, considera-se ocorrido o fato gerador neste momento, devendo a autoridade responsável, salvo disposição em contrário, exigir a comprovação do pagamento do imposto." [*Incluído pela Lei Complementar 114, de 16.12. 2002*]

No caso concreto temos que o critério temporal da regra-matriz de incidência do ICMS-Importação é o desembaraço aduaneiro, conforme o inciso IX do art. 12 da Lei Complementar 87/1996.

O critério quantitativo é composto por base de cálculo e alíquota. Quanto a esta, dependerá do produto a ser importado. Mas, quanto à base de cálculo, esta, sim, tem determinação na Lei Complementar 87/1996: "Art. 13. A base de cálculo do imposto é: (...) V – na hipótese do inciso IX do art. 12, a soma das seguintes parcelas: a) o valor da mercadoria ou bem constante dos documentos de importação, observado o disposto no art. 14; b) imposto de importação; c) imposto sobre produtos industrializados; d) imposto sobre operações de câmbio; e) quaisquer outros impostos, taxas, contribuições e despesas aduaneiras; [*redação dada pela Lei Complementar 114, de 16.12.2002*] (...)".

Assim, a base de cálculo do ICMS-Importação, no caso, seria a soma do valor da mercadoria constante dos documentos de importação, do imposto de importação/II, do imposto sobre produtos industrializados/IPI, do imposto sobre operações de câmbio/IOF-Câmbio e qualquer despesa ou tributo aduaneiro.

Tal disposição – acredito – não esbarra no próprio ditame do art. 155 da CF de que os Estados têm competência para instituir o ICMS sobre a circulação de mercadorias, onde a base de cálculo, nas lições de Becker, como quantificação econômica do critério material da hipótese de incidência, deve ser não apenas o valor da mercadoria, mas o valor total da operação de circulação da mercadoria, até com as despesas aduaneiras, inclusive outros tributos.

Neste sentido, faz-se relevante ressaltar que o ICMS-Importação não se caracteriza como mero adicional do imposto de importação, pois o incorpora em sua base de cálculo. Configurando um meio de política fiscal-econômica de equivalência do produto interno.

Quanto ao critério pessoal da regra-matriz do ICMS-Importação, ele se subdivide em sujeito passivo, o destinatário da mercadoria, e sujeito ativo, o Estado onde se localiza o estabelecimento ou residência do sujeito passivo.

Neste sentido, a Lei Complementar 87/1996 disciplina, no parágrafo único de seu art. 4º,[6] ser contribuinte a pessoa física ou jurídica que, mesmo sem habitualidade ou intuito comercial, importe mercadorias ou bens do exterior, qualquer que seja sua finalidade.

No entanto, a definição de quem seja o importador não é tão simples, dadas as diversas formas de importação possíveis no Direito pátrio, e que devem ser levadas em consideração pelos Estados ao legislarem a respeito do ICMS-Importação.

Há duas formas básicas de importação: aquela feita diretamente pelo adquirente do produto, confundindo-se as figuras do importador e do adquirente na mesma pessoa; e a que utiliza terceiros especializados – as chamadas *tradings*. É crescente a utilização destas empresas, com o escopo de baratear custos e buscar maior agilidade, pela especialização.

A idéia do empresário é, cada vez mais, deixar uma ou mais atividades-meio, como as relacionadas à execução e geren-

6. "Art. 4º. Contribuinte é qualquer pessoa, física ou jurídica, que realize, com habitualidade ou em volume que caracterize intuito comercial, operações de circulação de mercadoria ou prestações de serviços de transporte interestadual e intermunicipal e de comunicação, ainda que as operações e as prestações se iniciem no exterior.

"Parágrafo único. É também contribuinte a pessoa física ou jurídica que, mesmo sem habitualidade ou intuito comercial: [*redação dada pela Lei Complementar 114, de 16.12.2002*] I – importe mercadorias ou bens do exterior, qualquer que seja a sua finalidade; [*redação dada pela Lei Complementar 114, de 16.12.2002*] (...)."

ciamento dos aspectos operacionais, logísticos, burocráticos, financeiros, tributários, entre outros, da importação de mercadorias a um especialista.

Atualmente, duas formas de terceirização das operações de comércio exterior são reconhecidas e regulamentadas pela Secretaria da Receita Federal/SRF: a importação por conta e ordem e a importação por encomenda. A primeira consiste na prestação de serviço de importação realizada por uma empresa em função de ordem de outra e sob as custas desta, chamada adquirente, regulamentada pela Instrução Normativa 225/2002 da SRF. A outra, onde há encomenda: a importação é promovida por pessoa jurídica importadora para posterior revenda a uma outra, chamada encomendante predeterminada, regulamentada pela Lei 11.281/2006 e pela Instrução Normativa da SRF 634/2006.

A escolha entre importar mercadoria estrangeira por conta própria ou por meio de um intermediário contratado para esse fim é, portanto, livre e perfeitamente legal, seja esse intermediário um prestador de serviço ou um revendedor.

Quanto ao sujeito ativo, será o Estado onde ocorrer a operação. Contudo, devemos retornar ao critério espacial para defini-lo. Assim, interpretando sistematicamente o art. 155, § 2º, IX, "a", da CF com o art. 11, "d", da Lei Complementar 87/1996, temos que o sujeito ativo do ICMS-Importação será o Estado onde: (a) ocorrer a entrada física, devidamente convertida em linguagem, pela importação; ou (b) não sendo naquele Estado estabelecido o importador, o Estado onde for domiciliado.

Tal diferenciação é relevante, pois pode o importador localizado em São Paulo promover o desembaraço dos bens por porto localizado em outro Estado. Surge, então, a dúvida sobre se o tipo de importação será relevante, mais uma vez, para a definição dos sujeitos da relação jurídica tributária.

Assim, na importação por conta e ordem, quando há o serviço de importação por parte de empresa especializada sob ordem e despesas da adquirente do produto, o importador será, nos termos da Instrução Normativa 225/2002, a empresa contratada para o serviço. Caso em que o tomador do serviço não aparece na relação jurídica, seria apenas o chamado "contribuinte de fato", por arcar com o ônus econômico.

Já, no caso da importação por encomenda o produto será importado e revendido ao encomendante sob despesas da *trading* importadora, conforme disciplinam a Lei 11.281/2006 e a Instrução Normativa da SRF 634/2006. Neste caso há revenda, e ocorre a incidência de ICMS sobre a circulação das mercadorias, não do ICMS-Importação.

Apenas no caso de confusão entre as figuras do importador e do adquirente, quando se localizar em outro Estado, é que ocorreria a diferenciação entre o local da entrada física (devidamente documentada) e o local de seu estabelecimento. Hipótese, esta, que a CF, em seu art. 155, § 2º, IX, "a", em conformidade com o art. 11, "e", da Lei Complementar 87/1996, soluciona, restando ao Estado onde estiver estabelecido o importador arrecadar o ICMS-Importação.

Assim, a nosso ver, o conteúdo da Lei Complementar 87/1996, verificando-se seus enunciados, guarda consonância com os limites constitucionais.

A partir do raciocínio acima transcrito, acredito ainda serem importantes alguns pontos referentes ao caso em análise: uma empresa "ABC Ltda.", estabelecida em um dado Estado – São Paulo, por exemplo –, importa mercadorias por meio de uma *trading* localizada no Espírito Santo e as revende para o cliente "XYZ Ltda.", estabelecido em outra unidade federativa – como Minas Gerais, por exemplo. Por questões logísticas, remete o bem importado, e que se encontra em uma repartição, de modo que o bem importado *não circula fisicamente* pelo estabelecimento do importador (São Paulo).

Há dois caminhos interpretativos neste caso: (a) a importação ocorreu por conta e ordem da empresa "ABC Ltda." através da *trading*; ou (b) a importação ocorreu por encomenda de "ABC Ltda." à *trading*, que importou e revendeu a mercadoria para "ABC Ltda.".

Vejamos: (a) a importação ocorreu por conta e ordem da empresa "ABC Ltda." através da *trading* – neste caso, uma prestação de serviço, onde a importadora é a *trading* e a adquirente a empresa "ABC Ltda.". Independentemente de passar por seu estabelecimento, "ABC Ltda." arca com o custo e revende para o cliente "XYZ Ltda.". Neste caso há uma operação de importação e outra de venda, precisando buscar o Estado onde se localiza "ABC Ltda." uma forma de regulamentar a não-cumulatividade e, portanto, a possibilidade, ou não, da utilização dos créditos de ICMS-Importação, de titularidade de outra pessoa, a *trading* importadora. Direito, este, que em princípio não existiria, posto não figurar na relação jurídica.

Já, na situação (b) a importação ocorreu por encomenda de "ABC Ltda." à *trading*, que importou e revendeu a mercadoria para "ABC Ltda."; ocorrem a importação e duas operações de circulação de mercadoria interestaduais. A importação pela *trading* importadora que revende as mercadorias para "ABC Ltda." em São Paulo, que as revende para "XYZ Ltda." em Minas Gerais, independentemente da entrada física, pois nas operações internas interestaduais o critério relevante é a tradição, a entrega. Havendo a respectiva linguagem competente em cumprimento aos deveres instrumentais, completa está a configuração da incidência da norma tributária do ICMS.

Assim, temos condições de expor nosso pensamento acerca das questões levantadas no início do presente trabalho para desenvolvimento do tema.

(a) *Sobre a questão de para qual Estado deve ser recolhido o ICMS-Importação*, entendemos que o Estado para o qual deve ser recolhido o ICMS-Importação será o Estado onde ocorrer a operação de importação, entendido este local como onde estiver estabelecido o importador, de acordo com a interpretação do art. 155, § 2º, IX, "a", da CF, em conformidade com o art. 11, "e", da Lei Complementar 87/1996. Assim, o ICMS-Importação cabe ao Estado do Espírito Santo, enquanto o ICMS pela venda caberia ao Estado de São Paulo. O Estado de Minas Gerias ficaria com a diferença entre o percentual interno e a alíquota interestadual, a qual configura recolhimento de ICMS para São Paulo. Isto porque não há necessidade da passagem física pelo estabelecimento de "ABC Ltda.", podendo ser direcionada a mercadoria diretamente para "XYZ Ltda." em Minas Gerias.

(b) *Quanto à dúvida acerca do significado do termo "destinatário" utilizado pela CF no art. 155, § 2º, IX, "a"*, entendemos ser possível uma interpretação sistemática, coadunando-o com o art. 11, "e", da Lei Complementar 87/1996; tenho interpretado que o termo "destinatário" representa aquele a quem se destina, o comprador, o importador. O destinatário de cada operação. No caso da importação de mercadoria ou bem, será o importador, no caso: a empresa *trading* importadora.

Ora, cada operação de circulação de mercadoria ou importação do bem ou mercadoria configura uma possível incidência. Assim, só faz sentido jurídico falar-se em destinatário quando este for o titular do direito sobre a coisa e do dever de recolher o tributo sobre determinada operação.

(c) *Sobre ser, ou não, correto afirmar que o ICMS é devido pelo "destinatário final" da mercadoria e, neste sentido, seria esse o sujeito a figurar no critério pessoal da regra-matriz de incidência tributária*, temos que tal afirmativa estaria incorreta. Isto porque não seria correto afirmar *a priori* que o ICMS é devido pelo "destinatário final" da mercadoria, por não figurar como sujeito do verbo inserido no critério da regra-matriz de incidência. É necessária a correspondência entre o verbo e quem pratica a ação. Em casos excepcionais, contudo, pode a lei dispor de maneira a eleger sujeito passivo diverso daquele que pratica a ação contida no antecedente normativo (o contribuinte) quando este tiver alguma ligação, mesmo que indireta, com tal ato e sejam respeitadas normas de responsabilidade do Código Tributário Nacional e de substituição da Lei Complementar 87/1996, bem como os ditames constitucionais.

Neste sentido, o sujeito passivo poderia ser o contribuinte ou um terceiro (responsável ou substituto), mas somente de acordo com a legislação competente, para – aí, sim – poder ser configurado sujeito da relação tributária, figurando no critério pessoal da regra-matriz de incidência tributária.

No caso em análise, porém, não vislumbro tal possibilidade, pois não há permissivo constitucional ou legal (Lei Complementar 87/1996) para instituir regime de substituição tributária no ICMS-Importação.

(d) *Sobre a questão acerca da "complementaridade" da Lei Complementar 87/96 (art. 11, I, "d") frente à Constituição, de forma a preencher de conteúdo semântico o disposto no art. 155, § 2º, IX, "a"*, entendemos ser a assertiva. Vejamos o que rezam os citados dispositivos:

CF, art. 155, § 2º: "§ 2º O imposto previsto no inciso II atenderá ao seguinte: [*redação dada pela Emenda Constitucional 3/1993*] (...) IX – incidirá também: a) sobre a entrada de bem ou mercadoria importados do exterior por pessoa física ou jurídica, ainda que não seja contribuinte habitual do imposto, qualquer que seja a sua finalidade, assim como sobre o serviço prestado no exterior, *cabendo o imposto ao Estado onde estiver situado o domicílio ou o estabelecimento do destinatário da mercadoria, bem ou serviço*; [*redação dada pela Emenda Constitucional 33/2001*] (...)" (grifamos).

Lei Complementar 87/1996: "Art. 11. O local da operação ou da prestação, para os efeitos da cobrança do imposto e definição do estabelecimento responsável, é: I – tratando-se de mercadoria ou bem: (...) d) importado do exterior, o do estabelecimento onde ocorrer a entrada física; e) importado do exterior, o do domicílio do adquirente, quando não estabelecido; (...)".

Ora, interpretando os excertos "cabendo o imposto ao Estado onde estiver situado o domicílio ou o estabelecimento do destinatário da mercadoria, bem ou serviço", da Constituição Federal, e "d) importado do exterior, o do estabelecimento onde ocorrer a entrada física; e) importado do exterior, o do domicílio do adquirente, quando não estabelecido", temos que o sentido do local onde se der a entrada física dos bens ou mercadorias dependerá de onde estiver o estabelecimento do importador: se no mesmo Estado, ali; mas, se não tiver estabelecimento no Estado onde ocorreu o desembaraço aduaneiro, cabe o imposto ao Estado onde tiver domicílio.

(e) *Quanto à existência de decisões do STF sobre a matéria*, podemos afirmar que não apenas decisões que embasem tais posições, mas até mesmo uma súmula, que citamos abaixo.

"Na entrada de mercadoria importada do exterior, é legítima a cobrança do ICMS por ocasião do desembaraço aduaneiro" (Súmula 661 do STF).

"A importação de aeronaves e/ou peças ou equipamentos que as componham em regime de *leasing* não admite posterior transferência ao domínio do arrendatário. A circulação de mercadoria é pressuposto de incidência do ICMS. O imposto – diz o art. 155, II, da Constituição do Brasil – é sobre 'operações relativas à circulação de mercadorias e sobre prestações de serviços de transporte interestadual e intermunicipal e de comunicação, ainda que as operações e as prestações se iniciem no exterior'. Não há operação relativa à circulação de mercadoria sujeita à incidência do ICMS em operação de arrendamento mercantil contratado pela indústria aeronáutica de grande porte para viabilizar o uso, pelas companhias de navegação aérea, de aeronaves por ela construídas" (RE 461.968, rel. Min. Eros Grau, j. 30.5.2007, *DJU* 24.8.2007).

"De acordo com a Constituição de 1988, incide ICMS sobre a entrada de mercadoria importada do exterior. Desnecessária, portanto, a verificação da natureza jurídica do negócio internacional do qual decorre a importação, o qual não se encontra ao alcance do Fisco Nacional. O disposto no art. 3º, VIII, da Lei Complementar n. 87/1996 aplica-se exclusivamente às operações internas de *leasing*" (RE 206.069, rela. Min. Ellen Gracie, j. 1.9. 2005, *DJU* 1.9.2006).

"O sujeito ativo da relação jurídico-tributária do ICMS é o Estado onde estiver situado o domicílio ou o estabelecimento do destinatário jurídico da mercadoria (alínea 'a' do inciso IX do § 2º do art. 155 da Carta de Outubro); pouco importando se o desembaraço aduaneiro ocorreu por meio de ente federativo diverso" (RE 299.079, rel. Min. Carlos Britto, j. 30.6. 2004, *DJU* 16.6.2006) .

"O ICMS cabe ao Estado em que localizados o porto de desembarque e o destinatário da mercadoria, não prevalecendo a forma sobre o conteúdo, no que procedida a importação por terceiro consignatário situado em outro Estado e beneficiário de sistema tributário mais favorável" (RE 268.586, rel. Min. Marco Aurélio, j. 24.5. 2005, *DJU* 18.11.2005).

"ICMS incidente sobre mercadoria importada – Momento da ocorrência do fato gerador – CF, art. 155, § 2º, IX, 'a'. O Plenário do STF, no julgamento do RE n. 193.817-RJ, em 23.10.1996, por maioria de votos, firmou orientação segundo a qual, em se cuidando de mercadoria importada, o fato gerador do ICMS não ocorre com a entrada no estabelecimento do importador, mas, sim, quando do recebimento da mercadoria, ao ensejo do respectivo desembaraço aduaneiro" (RE 224.277, rel. Min. Néri da Silveira, j. 25.5.1998, *DJU* 26.6.1998).

Assim, concluímos este estudo, que intentamos ser apenas uma contribuição para se chegar ao melhor entendimento sobre a matéria aqui tratada, sem qualquer pretensão de se afirmar como verdade absoluta, mas expor nosso entendimento, para futura discussão.

Bibliografia

CARVALHO, Paulo de Barros. *Curso de Direito Tributário*. São Paulo, Saraiva, 2007.

————. *Direito Tributário, Linguagem e Método*. São Paulo, Noeses, 2008.

FLUSSER, Vilém. *Língua e Realidade*. 2ª ed. São Paulo, Annablume, 2004.

ESTUDOS & COMENTÁRIOS

LIMITES À INTERPRETAÇÃO DO DIREITO E A IMUNIDADE DOS TEMPLOS RELIGIOSOS*

ROSANA PASINATO
Mestranda em Direito Tributário pela PUC/SP. Especialista em Direito Tributário pela PUC/SP – COGEAE. Advogada em São Paulo.

I – Introdução. II – Pressupostos teóricos: 2.1 O Direito como sistema; 2.2 A diferença entre texto e norma. III – Paradigmas de interpretação: 3.1 A interpretação na Escola da Exegese e na Jurisprudência dos Conceitos; 3.2 A interpretação conforme Hans Kelsen; 3.3 A interpretação na Teoria Jurídica Estruturante de Friedrich Müller; 3.4 A interpretação em Marcelo Neves. IV – Nosso entendimento sobre interpretação. V – A imunidade tributária: 5.1 Definição; 5.2 A imunidade como valor. VI – O sistema do direito e a religião. VII – O uso do conceito de templo religioso de qualquer culto em nossos Tribunais. VIII – Conclusão. Bibliografia.

I – Introdução

A sociedade contemporânea, na qual o sistema[1] normativo do Direito está imerso, caracteriza-se por sua complexidade,[2] ou seja, apresenta ao homem "uma multiplicidade de possíveis experiências e ações, em contraposição ao seu limitado potencial em termos de percepção, assimilação de informação, e ação atual e consciente".[3] Inexiste uma moral única, a exemplo das sociedades pré-modernas, com a qual os conflitos possam ser definitivamente decididos. O que se verifica são múltiplas expectativas de comportamento, conforme múltiplos são os valores e interesses que as fundamentam.[4]

Neste contexto, onde o que prevalece é o dissenso,[5] cabe ao sistema do Direito reduzir complexidades criando expectativas normativas de estabilização de condutas. Por sua vez, tais expectativas normativas se manifestam em textos que necessitam de interpretação, dada a sua inerente e natural "vagueza"[6] e "ambigüidade",[7] como

* Utilizamos a expressão "interpretação do Direito" ao invés de "interpretação das normas jurídicas" por entendermos que a norma já é o próprio sentido do texto.

1. Em princípio, adotamos como definição de sistema a veiculada por Marcelo Neves (1988, p. 2), formulada na esteira de inúmeros doutrinadores, por ele citados na correspondente nota de rodapé e, segundo a qual, este seria "(...) um conjunto de elementos (partes) que entram em relação formando um todo unitário". Mais adiante, em tópico próprio ao tema, trataremos com mais vagar do assunto.

2. Luhmann, 1983, p. 45.

3. Luhmann, 1983, p. 45.

4. Cf. Marcelo Neves, 2006, p. 205.

5. Cf. Marcelo Neves, 2006, pp. 204 e ss.

6. "Vagueza" se refere aos problemas de extensão de um conceito, à sua conotação. "Ambiguidade" está relacionada à denotação de um conceito, a possibilidades diversas de sua aplicação.

um dos elementos para a concretização da norma jurídica.[8]

O problema da "vagueza" e da "ambigüidade" não está adstrito aos limites do texto normativo, isto é, não é somente um problema de linguagem do direito posto, mas de concretização da norma. Essa, por sua vez, não é simples resultado da interpretação dos enunciados e de operações lógicas de subsunção e implicação (mundo do dever-ser), mas leva em consideração aspectos do mundo do ser. Interpreta-se o texto para solucionar casos, sejam eles existentes ou fictícios.[9] Não queremos com essa afirmação negar a autonomia do direito enquanto sistema, mas apenas enfatizar que o mundo do dever-ser é sensível ao mundo do ser, pois como afirma Lourival Vilanova,[10] "a hipótese ou o pressuposto é a via aberta à entrada do fáctico no interior do universo-do-Direito".

Assim sendo, a própria interpretação do caso também padece de "vagueza" e de "ambiguidade", o que é decorrência lógica da constituição da realidade pelo sujeito cognoscente por intermédio da linguagem. Conforme nos ensina Paulo de Barros Carvalho[11] "aquilo que chamamos de 'realidade', é dado bruto, que se torna real apenas no contexto da língua, única responsável pelo seu aparecimento". Nas palavras de Vilém Flusser:[12] "a língua é, forma, cria e propaga a realidade".

Somando-se à complexidade da sociedade contemporânea, com sua infinitude de valores e expectativas, a necessidade de interpretação dos textos jurídicos e dos fatos, com vistas à solução de casos (concretos ou fictícios), para que se alcance a normatividade, verifica-se facilmente que a interpretação e seus limites se torna tema problemático.

Se adicionarmos ainda, o fato de que essa regulação de condutas pretende ocorrer em países periféricos, nos quais não há suficiente diferenciação entre o sistema do Direito e o sistema político,[13] além de problemático, se torna essencial à Dogmática[14] discutir os limites da atividade hermenêutica. Não queremos, contudo, afirmar que inexiste, nos países periféricos, dentre os quais incluímos o Brasil, qualquer diferenciação entre o sistema do direito e os demais sistemas. Porém, não raras vezes, notamos uma falta de tratamento jurídico às questões apresentadas ao Poder Judiciário, nas quais, as respectivas soluções se apresentam estranhas à pragmática jurídica.

7. "Uma norma não é (apenas) carente de interpretação porque e à medida que ela não é 'unívoca', 'evidente', porque e a medida que ela é 'destituída de clareza' – mas sobretudo porque ela deve ser aplicada a um caso (real ou fictício)" (Müller, 2005, p. 48).

8. Friedrich Müller considera a interpretação como um dos elementos da norma jurídica: "A interpretação do teor literal da norma é um dos elementos mais importantes no processo da concretização, mas somente um elemento" (Müller, 2005, p. 47).

9. Eros Roberto Grau (2006, p. 97), na esteira do pensamento de Müller, afirma que "(...) a norma é produzida, pelo intérprete, não apenas a partir de elementos colhidos no *texto normativo* (mundo do dever-ser), mas também a partir de elementos do caso ao qual será ela aplicada – isto é, a partir de dados da realidade (mundo do ser)".

10. 2005, p. 202.

11. 2008, p. 170.

12. 2007, p. 17.

13. Marcelo Neves (2003, pp. 26-27) considera que nos países latino-americanos que se encontram na periferia da modernidade, em lugar da autopoiese, se encontra a alopoiese do Direito. "Eso significa que no surge una esfera de juridicidad apta para, de acuerdo con sus propios criterios y de forma congruentemente generalizada, reciclar las influencias provenientes de su contexto económico y político, como también de las 'buenas relaciones'".

14. Tércio Sampaio Ferraz Jr. (1980, p. 100) afirma sobre a função da Dogmática que: "(...) não é um simples eixo de mediação entre normas e fatos nem se resume no desenvolvimento de técnicas de subsunção do fato à norma, como chegaram a dizer os representantes da Jurisprudência dos Conceitos e da Escola da Exegese. Sua função repousa, outrossim, no conceito de consistência de decisões, tendo em vista outras decisões; em outras palavras, no controle da consistência da decidibilidade, sendo, então, *a partir dela que se torna viável definir as condições do juridicamente possível*" (grifamos).

É nesse cenário, que a Constituição Federal em seu art. 150, VI, "b", institui a imunidade tributária com relação aos impostos, dos templos de qualquer culto. Entendemos que a imunidade, por impedir o exercício da competência dos entes tributantes em face de determinadas instituições, expressa a importância atribuída pela sociedade às funções por elas exercidas, notoriamente, no caso dos templos de qualquer culto, como espaço de expressão e exercício da liberdade religiosa.[15]

Todavia, não se conhece uma definição expressa nos textos de lei que esclareça o que venha a ser um templo de qualquer culto, que possa em função disso, ser agraciado com a imunidade. Ainda que tal definição existisse, em nossa opinião, seria necessariamente, como texto, interpretada para fins de aplicação da imunidade.

Portanto, o problema que queremos abordar é justamente a possibilidade de conceituar-se o que seria templo de qualquer culto para fins de aplicação da imunidade. Dito de outro modo, queremos entender se haveria limites à interpretação desse conceito, que dado seu valor, foi agraciado com a imunidade tributária dos impostos.

Para enfrentarmos o problema, tomamos como referência os pressupostos teóricos que a seguir passamos a tratar.

II – Pressupostos teóricos

2.1 O Direito como sistema

Conforme acima mencionamos (nota 1) adotamos a definição de sistema exposta por Marcelo Neves,[16] segundo o qual, apesar da plurivocidade do termo, é possível extrair-se um significado de base. "Nesta orientação, define-se o sistema como conjunto de elementos (partes) que entram em relação formando um todo unitário".[17]

Classificamos o sistema do Direito como um sistema nomoempírico[18] prescritivo, que pelas suas características possui fechamento sintático, bem como, abertura semântica e pragmática,[19] haja vista, o relacionamento dialético que possui com o sistema social.

O que queremos afirmar é que, do ponto de vista sintático, as normas, enquanto sentido que construímos a partir dos enunciados, possuem estrutura lógica peculiar, composta por antecedente, que descreve fato de possível ocorrência e que se entrelaça a um conseqüente, por intermédio da imputação do modal deôntico (dever-ser), obrigando, permitindo ou proibindo condutas.[20]

Há também, uma forma própria de relacionamento entre estas estruturas lógicas, que se armam de forma hierarquizada. No topo, temos a Constituição Federal, como fundamento de validade das demais normas do sistema, de natureza geral e abstrata, geral e concreta, individual e abs-

15. Nesse sentido, v. redação do art. 5º, VI, da CF/1988 no qual está expresso que: "É inviolável a liberdade de consciência e de crença, sendo assegurado o livre exercício dos cultos religiosos e garantida, na forma da lei, a proteção aos locais de culto e suas liturgias".

16. Marcelo Neves, 1988, p. 1.

17. Marcelo Neves, 1988, p. 2.

18. "Os sistemas nomoempíricos são constituídos de proposições que se referem – genérica ou individualmente, direta ou indiretamente – a objetos reais, em uma linguagem material aberta e condicionada fundamentalmente pela experiência" (Marcelo Neves, 1988, p. 6).

19. O Direito se manifesta em linguagem. Como tal, podemos analisar seus enunciados, conforme no ensina a Semiótica, sob o ponto de vista sintático (relação dos enunciados entre si), semântico (relação dos enunciados com as condutas intersubjetivamente disciplinadas) e pragmático (relação dos significantes com os usuários do discurso normativo).

20. "Inexiste, pois, no universo das proposições jurídicas, necessidade lógica ou factualmente fundada de a hipótese implicar a tese ou conseqüência. É a própria norma que põe o *vinculum*, é a *fonte formal* do Direito que, fundando-se num *ato de valoração*, estatui como devendo ser que a hipótese implique o conseqüente" (Lourival Vilanova, 2005, p. 92 – os destaques são do autor).

trata e individual e concreta. Na base dessa estrutura, temos, justamente, as normas individuais e concretas que surgem, do ponto de vista exclusivamente lógico, pela operação de subsunção dos fatos às normas.

Além desta estrutura sintática, o sistema do Direito, por estar dirigido à regulação de condutas intersubjetivas,[21] possui abertura semântica e pragmática, sem as quais não atingiria sua finalidade. Dito de outra forma, o Direito, enquanto sistema, não está isolado do sistema social, mas dele faz parte. Há uma dialética com o sistema social. Ao mesmo tempo, que recebe dados de outros sistemas sociais, após o devido tratamento em linguagem jurídica, os devolve à sociedade, na forma de regulação de condutas.

No entanto, o sistema do Direito é complexo, visto que as normas são construídas não somente em função dos textos normativos, mas têm componentes ideológicos/valorativos do intérprete, entendido este como ser histórico, e componentes fáticos.[22]

Além disso, há de se considerar que a autorreferência do sistema do Direito não está fundamentada exclusivamente de forma hierárquica, conforme acima descrito, mas se completa com um modelo circular, no qual, outros elementos do sistema, além dos enunciados normativos, como a Dogmática e a jurisprudência colaboram na produção normativa.[23]

Portanto, o aspecto formal-normativo do Direito, que chamaremos, a partir de agora, de ordenamento[24] é uma das dimensões do sistema do Direito, que na sua integralidade envolve os componentes ideológicos e fáticos do fenômeno jurídico e, além disso, engloba outras dimensões, como os órgãos de decisão,[25] a Dogmática e a jurisprudência. Assim sendo, Lourival Vilanova[26] nos ensina que "o conhecimento jurídico dogmático insere-se no interior do sistema jurídico total. A ciência jurídica não é um setor ilhado, como se fora propriedade dos teóricos do Direito. Está permeando a atividades dos advogados e dos juízes, como saber teorético, projetando-se em saber instrumental visando conhecer, para, no final, aplicar normas".

O conceito de sistema do Direito, conforme procuramos apenas aclarar, já que o assunto merece pesquisa aprofundada, o que é incompatível com as características deste trabalho, nos parece fundamental para vislumbrarmos limites à interpretação da norma jurídica, pois nos traz a ideia de diferenciação entre o Direito e a sociedade e enfatiza que diferenciação não é o mesmo que isolamento.

21. "Por serem os ordenamentos jurídicos conexões de sentido de caráter histórico, ou melhor, tratando-se de sistemas nomoempíricos insertos na ordem da *práxis*, os atos de sua criação-interpretação-aplicação estão condicionados pelo contexto fático-ideológico, havendo apenas uma relativa autonomia dos conteúdos de significação" (Marcelo Neves, 1988, p. 11).

22. "Todas as concepções reducionistas (idealistas, formalistas ou realistas), portanto, apresentam obstáculos intransponíveis à compreensão, seja parcial ou integral, do universo jurídico. Em verdade, o complexo fático e as conexões de sentido normativas e axiológicas constituem subsistemas de um todo ontologicamente dialético, o sistema jurídico" (Marcelo Neves, 1988, p. 13).

23. Cf. entendimento das lições de Marcelo Neves na disciplina de Teoria Geral do Direito: entre o Disciplinar e o Interdisciplinar, ministrada na PUC/SP, no 1º semestre de 2009. Ressalto que, conforme o conceito de circularidade, as normas produzidas pelo Poder Judiciário, também são referenciais para os outros elementos que compõem o sistema do Direito.

24. O critério para se diferenciar ordenamento e sistema não é a ausência de possibilidade de identificar ou relacionar os enunciados prescritivos como um conjunto de elementos voltados para um determinado fim. Esse critério não é suficiente para verificamos qualquer diferença entre ordenamento jurídico e sistema do Direito. O critério que adotamos é a diferença texto normativo e Direito enquanto fenômeno mais amplo, que depende de outros elementos (científicos, culturais e sociais) para ser formado.

25. Afirmação baseada em Friedrich Müller, 2005, p. 35.

26. 2005, p. 206.

Dessa maneira, o intérprete, ao aplicar a imunidade aos templos religiosos deverá observar, como limites de sua atividade, a estrutura autônoma do Direito, enquanto sistema complexo e diferenciado de seu ordenamento, como uma de suas dimensões, e seu relacionamento com a sociedade.

2.2 A diferença entre texto e norma

Partimos da compreensão que o Direito é um sistema nomoempírico[27] prescritivo de condutas, e como tal, é composto de atos comunicativos constituídos de linguagem.

Tais atos comunicativos se tornam intersubjetivos por intermédio de textos, que como signos, necessitam de construção de sentido, o que nos leva a outro pressuposto teórico que adotamos neste trabalho, consistente na diferença entre texto normativo e norma jurídica. Entendemos que o ordenamento jurídico é composto por enunciados normativos que são pontos de partida para a construção das normas jurídicas que atribuem o sentido ao enunciado.

Do ponto de vista formal, o texto normativo corresponde ao enunciado e a norma a uma proposição com forma lógico-linguística própria,[28] composta de proposição antecedente, que descreve fato de possível ocorrência e proposição consequente, que regula a conduta intersubjetiva,[29] ambas entrelaçadas pela causalidade normativa.

Portanto, a norma é diferente do texto normativo. Não é o texto que regula o comportamento, mas a construção que se faz a partir dele. Segundo Müller: "Também o 'conteúdo' de uma prescrição jurídica, i.é., os impulsos de ordenamento, regulamentação e critérios de aferição que dela partem (porque publicados, veiculados, transmitidos, aceitos e observados), não estão substancialmente 'presentes' no seu teor literal. Esse conteúdo pode ser formulado apenas em linguagem pelo teor literal, pode ser 'representado' apenas pelo modo peculiar à linguagem".[30]

Nesse mesmo sentido, Paulo de Barros Carvalho afirma que: "Uma coisa são os *enunciados prescritivos*, isto é, usados na função pragmática de prescrever condutas; outras as normas jurídicas, como significações construídas a partir dos textos positivados e estruturadas consoante a forma lógica dos juízos condicionais, condicionados pela associação de duas ou mais proposições prescritivas".[31]

A diferença entre texto e norma pode ser verificada empiricamente. Basta a simples constatação que a partir dos mesmos textos legais temos inúmeras possibilidades de decisão,[32] inúmeras construções normativas.[33]

27. Cf. Paulo de Barros Carvalho, 2007(a), p. 141, "todos os sistemas são proposicionais", ou seja, pressupõem linguagem.

28. Bobbio (2008, p. 49): "Toda norma, como de resto toda proposição, apresenta problemas estruturais que são propostos e resolvidos sem atentar para o fato de ela ter este ou aquele conteúdo. Como toda proposição, também a norma tem uma estrutura lógico-lingüística própria, que pode ser preenchida como os mais diversos conteúdos".

29. "Se a proposição-hipótese é descritora de fato de possível ocorrência no contexto social, a proposição-tese funciona como prescritora de condutas intersubjetivas. A conseqüência normativa apresenta-se, invariavelmente, como uma proposição relacional, enlaçando dois ou mais sujeitos de direito em torno de uma conduta regulada como proibida" (Paulo de Barros Carvalho, 2008, p. 133).

30. Müller, 2005, pp. 38-39.

31. Paulo de Barros Carvalho, 2008, p. 129.

32. V., a título de exemplo, a ADI 3.510, que questionava o art. 5º da Lei de Biossegurança, sob a fundamentação que a vida humana teria início a partir da fecundação, julgada improcedente pelo STF em 29.5.2008.

33. Não desconsideramos a existência de outras correntes Dogmáticas, a exemplo da Jurisprudência dos Conceitos e da Escola da Exegese que limitavam a interpretação à descoberta da vontade do legislador e da lei. Mesmo nos dias atuais verificamos ainda esse entendimento, como é o caso do art. 111 do CTN. No entanto, dado o espaço limita-

Se a norma é uma construção de sentido a partir do texto normativo e não o próprio dispositivo legal, fica claro que a atividade do intérprete que podemos denominar de interpretação é que cria a norma. O vocábulo "intérprete" é aqui utilizado no sentido amplo, não se referindo apenas às autoridades que o sistema determina para a seleção e aplicação das expectativas normativas. Também nos referimos aos particulares na sua atividade de observância dos dispositivos legais, haja vista que para cumprir o quanto determinado pelo Direito é necessária a interpretação dos signos legais, ou seja, é necessária a atividade de criação de normas jurídicas.

Não importa essa afirmação no reconhecimento da atividade do exegeta como manifestação livre de condicionamentos jurídicos, sociais, culturais e históricos. O intérprete está limitado não somente pelo texto normativo, mas por suas próprias circunstâncias, isto é, pela sua própria condição de ser histórico, pertencente a uma determinada cultura e sociedade.

No entanto, quando estabelecemos a norma como construção de sentido, como fruto da interpretação, logo vem à nossa mente o seguinte problema: há limites à atividade do exegeta? Qualquer interpretação efetuada a partir dos textos normativos que preencha a estrutura lógica condicional pode ser qualificada como norma jurídica?

Para facilitar o raciocínio sobre o problema que se apresenta, lançamos mão de alguns paradigmas de interpretação que constam da classificação dos modelos de interpretação nos Estados Democráticos de Direito,[34] sob o ponto de vista da semiótica,[35] conforme efetuada por Marcelo Neves.[36] O autor aponta "para um processo que caminha de uma primazia da segurança formal, passa pelo predomínio da delimitação ou descoberta do sentido material e chega ao problema da incerteza condicionada pelo pluralismo e dissenso estrutural da esfera pública".[37] E, dessa forma, vislumbra modelos de interpretação sintático-semântico, semântico-sintático e semântico-pragmático.

III – Paradigmas de interpretação

3.1 A interpretação na Escola da Exegese e na Jurisprudência dos Conceitos

A interpretação que privilegia o aspecto sintático-semântico da linguagem é predominante nas Escolas da Exegese e da Jurisprudência dos Conceitos. Essas correntes, de maneiras diferentes, admitiam a existência de um significado único dos textos de lei, sendo a interpretação considerada pouco complexa devido a uma suposta precisão da linguagem jurídica. Cabia ao exegeta extrair a intenção do legislador do texto da lei (Escola da Exegese)[38]

do deste artigo, abordaremos em tópico próprio e de maneira superficial o pensamento dessas correntes.

34. Explica o autor que "os modelos de interpretação jurídica variam conforme o tipo de sociedade e a respectiva forma jurídico-política dominante" (Marcelo Neves, 2006, p. 196).

35. A semiótica leva em consideração os aspectos sintático, semântico e pragmático da linguagem, que consideramos como indissociáveis. Toda linguagem, assim como a linguagem jurídica, possui forma (aspecto sintático), conceito do objeto (aspecto semântico) e uso (aspecto pragmático). O critério adotado pelo autor, nos parece querer enfatizar um aspecto da linguagem, de acordo com o modelo de interpretação e não negar a presença concomitante dos três aspectos citados.

36. Marcelo Neves, 2006, pp. 196-213.

37. Marcelo Neves, 2006, pp. 196-197.

38. Interessante observar, que no Direito Português, havia a Lei da Boa-razão, de 1769, que trazia dispositivo determinando a punição dos advogados que fizessem interpretações que comprometessem as "verdadeiras" disposições de lei, cf. § 7º: "porquanto a experiência tem mostrado que a sobreditas interpretações dos advogados consistem ordinariamente em raciocínios frívolos, e ordenados mais a implicar com sofismas as verdadeiras disposições das leis, do que a demonstrar por elas a justiça das partes: Mando que todos os advogados que cometerem os referidos atentados, e forem neles convencidos de dolo, sejam nos autos, a que se juntarem os assentos, multados, pela primeira vez e, 50$000

ou, conforme a Jurisprudência dos Conceitos, apontar o significado da lei pelo nexo lógico entre os conceitos. "O ponto crucial do processo interpretativo residiria na concatenação horizontal e vertical entre termos e proposições legais (escola da exegese), ou entre conceitos tecnicamente precisos (jurisprudência dos conceitos), para que se definisse a única solução correta do caso".[39]

Portanto, nesse modelo não se admitia a "vagueza" e a "ambiguidade" dos textos, nem tão pouco a diferença entre texto e norma, enquanto construção de sentido, o que tornava, naquele contexto, a discussão sobre limites à interpretação pouco relevante.

3.2 *A interpretação conforme Hans Kelsen*

O modelo de interpretação semântico-sintático, predominante na primeira metade do século XX,[40] no qual temos como expoente Hans Kelsen,[41] já reconhece a inexistência da univocidade semântica,[42] admitindo vários significados possíveis para os signos da lei, já que a determinação entre normas de escalão superior e normas de escalão inferior não é completa,[43] "cabendo ao intérprete delimitar o quadro semântico das aplicações juridicamente corretas",[44] o que seria realizado por "operações lógico-sintáticas".[45] Essa escolha caberia ao aplicador do Direito, circunscrevendo o papel da Ciência do Direito e do cientista jurídico a cognição de seu objeto de estudo.

Considero, de difícil defesa, a tese da neutralidade e distanciamento da Ciência do Direito do direito posto,[46] já que os autores partem de suas convicções ideológicas e visam, com sua eloquência, conhecimento e raciocínio coerente convencer uma plateia vasta e são cotidianamente citados pelos Tribunais, como argumento de autoridade na fundamentação das decisões.

Com esse enfoque do Direito, verificamos que como limite temos o quadro semântico das aplicações juridicamente corretas. Mas, como definir esse quadro, já que firmamos a diferença entre texto e norma enquanto significação? Que seria uma interpretação possível de figurar dentro dos limites desse quadro? Essa resposta não é dada claramente por Kelsen, muito embora, em seu conceito de validade de uma norma jurídica aponte como imprescindível a eficácia social,[47] o que

réis para as despesas da Relação, e em seis meses de suspensão; pela segunda vez em privação dos graus, que tiverem da Universidade; e pela terceira em cinco anos de degredo para Angola, se fizerem assinar clandestinamente as suas alegações por diferentes pessoas" (Ricardo Lobo Torres, 2006, pp. 5-6).

39. Marcelo Neves, 2006, p. 198.

40. "Na primeira metade do século XX, a hermenêutica jurídica dominante, sem negar a relevância da dimensão sintática no processo interpretativo, tende a enfatizar-lhe o aspecto semântico. Cabe falar, então, de um modelo 'semântico-sintático' de interpretação do direito" (Marcelo Neves, 2006, p. 198).

41. "Quando o Direito é aplicado por um órgão jurídico, este necessita de fixar o sentido das normas que vai aplicar, tem de interpretar estas normas, a interpretação é, portanto, uma operação mental que acompanha o processo da aplicação do Direito, no seu progredir de um escalão superior para um escalão inferior" (Hans Kelsen, 2006, p. 387).

42. "(...) Aqui temos em primeira linha a pluralidade de significações de uma palavra ou de uma seqüência de palavras em que a norma se exprime: o sentido verbal da norma não é unívoco, o órgão que tem de aplicar a norma encontra-se perante várias significações possíveis" (Kelsen, 2006, p. 389).

43. Hans Kelsen (2006, p. 388).

44. Marcelo Neves, 2006, p. 198.

45. Marcelo Neves, 2006, p. 198.

46. "A interpretação jurídico-científica não pode fazer outra coisa senão estabelecer as possíveis significações de uma norma jurídica. Como conhecimento do seu objeto, ela não pode tomar qualquer decisão entre as possibilidades por si mesma reveladas, mas tem de deixar tal decisão ao órgão que, segundo a ordem jurídica, é competente para aplicar o Direito" (Kelsen, 2006, p. 389).

47. "Uma norma jurídica é considerada como objetivamente válida apenas quando a conduta humana que ela regula lhe corresponde efetivamente, pelo menos numa certa medida. Uma norma que nunca e em parte alguma é aplicada e respeitada, isto é, uma norma que – como costuma dizer-se –

pode ser entendido como um limite ao texto, já que norma jurídica não eficaz não seria válida.

Importante frisar que a partir da segunda metade do século XX, a interpretação do direito caminha no sentido de enfatizar o aspecto semântico-pragmático da linguagem jurídica, segundo o qual, os conceitos jurídicos seriam determinados, sobretudo, pela pragmática.[48] O aspecto sintático é entendido como "delimitação estrutural dos contornos lógico-sistemáticos da interpretação".[49] O semântico se apresenta de acordo com a variação do sentido dos textos no contexto histórico de sua aplicação. O elemento pragmático "apresenta-se na noção de pré-compreensão ou pré-conceito do intérprete a respeito da lei e do caso".[50] Porém, a questão que se impõe sobre os limites à interpretação, ainda está por ser esclarecida, pois delimitar a semântica ao contexto histórico, sem considerar os aspectos de diferenciação do sistema do Direito é o mesmo que não impor limites.

3.3 A interpretação na Teoria Jurídica Estruturante de Friedrich Müller

Nela encontramos uma ênfase maior na pragmática. Esta teoria considera a interpretação como um dos aspectos da concretização da norma jurídica. Para Müller o texto normativo corresponderia ao "programa da norma",[51] que ao lado do "âmbito da norma" formariam sua estrutura.

Nessa concepção, o âmbito da norma é visto como o fruto de uma seleção. Primeiramente, o sujeito concretizador faz a seleção dos fatos que comporão o "âmbito da norma", a partir dos "âmbitos da matéria"[52] e do "caso".[53] Momento seguinte, aplicando o "programa da norma" aos fatos já selecionados nos "âmbitos da matéria" e do "caso", faz, "um recorte da realidade social na sua estrutura básica, que o programa da norma 'escolheu' para si ou em parte criou para si como seu âmbito de regulamentação".[54] Esse recorte compõe justamente o âmbito da norma.[55]

A concretização da norma jurídica seria, justamente, a síntese entre o "ser" e o "dever ser", no sentido de que a norma não está pronta e acabada no texto ou no fruto de sua interpretação, ela é concretizada na norma de decisão. Müller afirma que na concretização da norma "não se 'aplica' algo pronto e acabado a um conjunto de fatos igualmente compreensível como concluído. O positivismo legalista alegou e continua alegando isso. Mas 'a' norma jurídica não está pronta nem substancialmente concluída (...). Esse 'núcleo' é concretizado no caso individual na norma de decisão e com isso quase sempre

não é eficaz em uma certa medida, não será considerada como válida (vigente)" (Kelsen, 2006, p. 12).

48. "Em sua formulação inicial, esse modelo remonta à hermenêutica de Gadamer. Ao intérprete do direito cabe descobrir o sentido latente de textos normativo-jurídicos, adequando-os ao momento histórico de sua aplicação ao caso dado" (Marcelo Neves, 2006, p. 199).

49. Marcelo Neves, 2006, p. 199.

50. Marcelo Neves, 2006, p. 199.

51. "Por um lado, o teor literal serve via de regra à formulação do programa da norma (...)" (Müller, 2006, p. 38).

52. "'O âmbito do caso' (...), composto por fatos que provavelmente serão relevantes para a solução do caso, já constitui um filtro ou mecanismo seletivo em relação ao âmbito da matéria (...) (conjunto de dados empíricos que supostamente estão em conexão com a norma ou, em outras palavras, o conjunto de dados reais genérica e imprecisamente relacionados com o processo concretizador)" (Marcelo Neves, 2006, p. 201, nota 192).

53. V. nota 43.

54. Müller, 2006, p. 42.

55. "Em princípio tem-se o suporte fático, como o conjunto de questões de fato selecionadas pelo sujeito concretizador, a partir do relato do caso. Em seguida, tendo em vista o 'âmbito da matéria' e o 'âmbito do caso' somam-se as possíveis relações entre o suporte fático e os textos normativos existentes, determinando-se o conjunto fático juridicamente relevante para a composição da norma, o âmbito normativo" (cf. Aline Nunes dos Santos em sua tese de Mestrado, defendida em 2009, na PUC/SP, denominada *Norma Jurídica, Irretroatividade Tributária e Alterações Jurisprudenciais*, pp. 27-28).

tornado nítido, diferenciado, materialmente enriquecido e desenvolvido dentro dos limites do que é admissível no Estado de Direito (determinados sobretudo pela função delimitadora do texto da norma)".[56]

Portanto, levando em consideração o conceito de concretização da norma jurídica, no qual, a interpretação dos textos seria um dos seus aspectos, Müller não identifica a normatividade com a força vinculante do texto ou com a força normativa do fático, mas "com a qualidade dinâmica de uma norma, assim compreendida, tanto de ordenar à realidade que lhe subjaz – normatividade concreta – quanto de ser condicionada e estruturada por essa realidade – normatividade materialmente determinada".[57]

Grosso modo, comparando a teoria estruturante de Müller com as teorias consideradas positivistas, que apontam o fato jurídico como a subsunção do fato à norma geral e abstrata, percebo que não se pode negar a existência do ser no dever-ser. Tão pouco se pode atribuir a uma concepção exclusiva da Teoria Estruturante, o processo de seletividade na formação da norma jurídica, ou no fato do intérprete criar direito.[58] A diferença entre os dois pensamentos, me parece, reside na maior liberdade que se atribui ao sujeito concretizador, já que a norma jurídica seria apenas por ele criada, no momento da concretização, muito embora os textos (programa da norma) sejam o fio condutor para esta atividade.

Dessa maneira, a questão dos limites à interpretação da norma jurídica ganha um novo elemento, ou ao menos, nova formulação. Se a norma jurídica é fruto da concretização do Direito, qual o limite para a atividade do sujeito concretizador? Müller alude ao texto como fio condutor, mas se é texto, necessita de interpretação, o que acarretará em várias significações possíveis, não servindo sua Teoria, para responder, com maior clareza, ao nosso problema.

3.4 A interpretação em Marcelo Neves

Nessa concepção, o problema dos limites à interpretação da norma jurídica seria, antes de tudo, um problema ligado à pragmática, tendo em vista, a complexidade da relação entre os intérpretes envolvidos no processo de concretização da norma jurídica e suas múltiplas expectativas normativas.[59] Afirma o autor que "a esfera pública não constitui uma unidade, mas sim uma pluralidade de valores e interesses conflitantes, surgem expectativas contraditórias em torno do texto constitucional que poderão ser selecionadas ou excluídas no processo de sua interpretação".[60]

Entende o jurista que "os sentidos objetivos são construídos em cada contexto específico de uso",[61] porém, não se trata de arbitrariedade, já que os sentidos construídos socialmente possuem maior força e capacidade de prevalecer frente aos sentidos subjetivos do intérprete considerado como indivíduo.

Considera-se que os limites à interpretação das normas jurídicas não são estáticos, já que a norma, enquanto sentido, poderá ser alterada sem a correspondente alteração do enunciado. Os limites estariam relacionados ao procedimento, ou melhor dizendo, a sentidos possíveis das regras que incidem sobre a produção normativa. Note-se que o autor não se limita à partilha de sentido de normas processuais, mas também de direito material.[62] Tão pouco admite consenso quanto ao conteúdo, tendo em vista o dissenso valorativo estrutural das sociedades complexas.

56. Müller, 2006, p. 48.
57. Müller, 2007, p. 40.
58. V. Kelsen, 2006, p. 395.

59. Marcelo Neves, 2006, p. 204.
60. Marcelo Neves, 2006, p. 204.
61. Marcelo Neves, 2006, p. 206.
62. Marcelo Neves, 2006, p. 212.

Considera Marcelo Neves que: "Definida a interpretação 'como a substituição de uma expressão por outra', pode-se afirmar que, do ponto de vista da heterovalidação na esfera pública pluralista, uma interpretação é incorreta quando a sua 'estranheza' impede que se possa compreendê-la como expressão de uma regra do jogo extraível do respectivo texto constitucional ou legal".[63] Assim sendo, uma interpretação incorreta seria aquela considerada implausível de acordo com as regras do jogo, com os procedimentos, do modo como entendidos e utilizados na esfera pública, tornando-se incapaz de generalização congruente. Ressalva Marcelo Neves, que esses usos são selecionados pelos intérpretes oficiais ou paraoficiais, dentre as inúmeras concepções que se verificam na esfera pública.

Segundo o autor, há duas perspectivas sobre a validade dos enunciados interpretativos. Uma interna, "que aponta para a autovalidação com base na consistência (autorreferência) e na reorientação de expectativas (heterorreferência), e a externa, que se refere à heterovalidação através de fluxos de sentido que advém da esfera pública".[64] A primeira perspectiva aponta para a redução de complexidade e seletividade do sistema jurídico e sua adequação e a outra apontaria para a relevância da esfera pública na construção de sentidos dos textos constitucionais.[65]

Os conflitos podem existir entre autovalidação e heterovalidação de enunciados interpretativos, bem como, entre os sentidos partilhados entre os intérpretes na acepção ampla e os sentidos prevalecentes entre os intérpretes na acepção estrita (órgãos oficiais competentes para a interpretação e aplicação jurídica), o que poderá acarretar a modificação do texto ou, ainda, a ruptura do ordenamento.[66]

63. Marcelo Neves, 2006, p. 210.
64. Marcelo Neves, 2006, p. 213.
65. Cf. Marcelo Neves, 2006, p. 213.
66. Cf. Marcelo Neves, 2006, p. 213.

IV – Nosso entendimento sobre interpretação

Primeiramente, compartilhamos do entendimento constante nos modelos de interpretação que diferenciam o texto normativo da norma jurídica, o que implica plurivocidade de sentidos possíveis dos textos normativos na construção da norma jurídica.

Todavia, entendemos que a norma jurídica é construída pelo sujeito, não somente a partir dos textos de lei (ordenamento), mas também em função de outros elementos, com vistas à concretização do Direito.

Há que se ressaltar, que o Direito, enquanto sistema nomoempírico, está voltado para a regulamentação de condutas de uma sociedade complexa, que apresenta expectativas múltiplas e incongruentes, o que importa dizer que na construção da norma há os aspectos ideológicos/valorativos que a determinam. Esses múltiplos valores utilizados na construção de sentido normativo estão presentes na sociedade, não se resumindo a uma vontade subjetiva.

Também há de se levar em conta, que o sistema do Direito é complexo e existe uma relação de circularidade entre vários elementos linguísticos que o compõem. Assim sendo, há um diálogo na construção da norma jurídica entre direito posto (ordenamento), Dogmática e precedentes jurisprudenciais que formam o sistema do Direito.

Face à plurivocidade de expectativas de sentidos possíveis, cabe ao sistema do Direito, através de seus órgãos competentes, selecionar aquelas que podem ser admitidas como normas jurídicas e que servirão de referência para a regulação de comportamentos. Contudo, essa seleção de interpretações possíveis não se dá de forma arbitrária.

Como primeiro limite à interpretação do Direito, apontamos a necessidade de se reconhecê-lo enquanto um sub-sistema social autônomo e diferenciado. Dito de outro modo, o Direito possui formas próprias de tratar os fatos que lhe são apresentados, não podendo utilizar-se de critérios de sistemas, como o da política, por exemplo, para solucionar os conflitos, o que acarretaria a incerteza e a insegurança jurídica, permitindo-se que interpretações casuísticas e inconsistentes dos textos normativos sejam sobrepostas ao que se espera de uma decisão racional e justa.[67]

Essa afirmativa não tem como consequência reconhecer o isolamento do Direito, já que para regular condutas é necessário que o sistema esteja adequado à sociedade, sensível a seus conflitos, sob pena de suas normas serem constantemente desobedecidas, tornando-se inválidas, posto que socialmente ineficazes. Portanto, a adequação da norma jurídica à sociedade pode ser vista como um limite a ser observado na construção normativa.

Outro aspecto, que está presente nos modelos de interpretação que dão maior ênfase ao aspecto pragmático da linguagem jurídica é o uso de seus termos como determinante de sentidos possíveis. Isso significa dizer que as normas jurídicas necessitam possuir o reconhecimento, pelos utentes da linguagem, como construção possível de ser realizada. E, para que isso ocorra, tendo em vista o dissenso estrutural presente nas sociedades complexas, é necessário o reconhecimento de que os procedimentos de produção normativa, sejam eles formais ou materiais, tenham sido respeitados[68] na construção normativa. Dessa forma, a norma jurídica construída não pode ser implausível enquanto norma pertencente ao sistema.

67. Mesmo não havendo consenso sobre o que seja uma decisão racional e justa é possível aferir se os fatos foram tratados com critérios jurídicos, bastando verificar os procedimentos adotados e a fundamentação das decisões.

68. Cf. se observa no que se expôs no tópico que discorre sobre a interpretação em Marcelo Neves.

Portanto, quando abordamos a questão dos limites à construção de sentido dos textos normativos, não os consideramos como estáticos, ou seja, para se construir novas significações, mais adequadas socialmente, ao menos em princípio, não há a necessidade de se alterar dispositivos do ordenamento. Os limites estariam na observação do Direito como sistema autônomo, na sua adequação social e no uso de seus termos, de forma a permitir o reconhecimento da construção normativa como compatível com os procedimentos formais e materiais adotados pelo sistema.

Assim sendo, tomando esses limites como premissas, passamos a examinar a imunidade tributária.

V – A imunidade tributária

5.1 Definição

Antes de adentrarmos na discussão sobre a possibilidade de delimitação do conceito de templos de qualquer culto para fins de aplicação da norma imunizante, cumpre-nos tecer algumas considerações sobre imunidade.

Primeiramente, o vocábulo "imunidade" padece, como todos os demais, da vagueza e da ambiguidade, conforme bem observou Clélio Chiesa,[69] podendo ora referir-se à norma jurídica, direito subjetivo e conceito jurídico positivo, devendo ser esclarecido o sentido no qual utilizamos o termo, em homenagem à almejada precisão da linguagem científica.

Quando utilizado no sentido de norma jurídica, queremos nos referir à construção de sentido feita pelo intérprete, sempre com vistas à solução de um caso, seja ele concreto ou fictício. Na acepção de direito subjetivo, queremos significar o direito do imune de não sofrer a ação de tributar do Estado e como conceito jurídi-

69. 2005, p. 921.

co, queremos nos referir ao disposto no ordenamento jurídico, de forma a nos auxiliar na interpretação do tema.

Em nosso trabalho, há a intenção de limitar-se esse conceito jurídico para fins de estabelecer critérios ao legislador para o reconhecimento da imunidade tributária dos templos religiosos de qualquer culto, de modo que o uso do vocábulo se dará nas três acepções mencionadas e, quando for relevante, se esclarecerá em qual sentido é utilizado.

Paulo de Barros Carvalho[70] traz importante lição sobre o tema, analisando de forma crítica o entendimento sobre o assunto, esposado pela maioria da doutrina.

Afirma o autor não tratar-se a imunidade de (i) limitação constitucional às competências tributárias, (ii) exclusão ou supressão do poder tributário e (iii) hipótese de não incidência constitucionalmente qualificada. No cerne dessa crítica está a ideia de que as normas imunizantes colaboram no desenho da competência constitucional. Logo, inexiste competência dos entes tributantes para instituírem tributos nos limites das hipóteses albergadas pelas regras imunizantes. E, onde não havia competência, não há que falar-se em sua limitação ou exclusão.

As regras imunizantes podem ser classificadas como regras de estrutura, já que não estão imediatamente vinculadas às condutas que importam incidência. Conforme Paulo de Barros Carvalho,[71] "as regras de imunidade são normas de estrutura, enquanto as de incidência são preceitos de conduta. No plano constitucional, o objeto da preocupação normativa é definir os campos de competência das entidades tributantes. As prescrições editadas nesse nível não curam da problemática da percussão do gravame, que é algo inerente à regra-matriz, erigida na plataforma do legislador ordinário".

70. 2007(a), pp. 188 e ss.

71. 2007(a), p. 194.

Portanto, tampouco, poderia tratar-se a imunidade de "hipótese de incidência constitucionalmente não qualificada", já que a incidência se dá em momento posterior ao estabelecimento das competências.

Mediante tais considerações, Paulo de Barros Carvalho[72] define imunidade como "a classe finita e imediatamente determinável de normas jurídicas, contidas no texto da Constituição Federal, e que estabelecem, de modo expresso, a incompetência das pessoas políticas de direito constitucional interno para expedir regras instituidoras de tributos que alcancem situações específicas e suficientemente caracterizadas".

Com essa definição fica clara a ideia de imunidade como regra de estrutura, ou seja, destinada à produção, formação ou transformação de outras normas[73] e, que, portanto, está voltada ao desenho da competência dos entes tributantes. Assim é que está estatuída a imunidade dos impostos concedida aos templos de qualquer culto, conforme art. 150, VI, "b", desde que o patrimônio, a renda e os serviços relacionem-se com as atividades essenciais dessas entidades, conforme § 4º, do mesmo dispositivo Constitucional.

O art. 146, II, da Constituição Federal, confere à lei complementar o poder de regulamentar as limitações constitucionais ao poder de tributar. Isso, em nosso entender não significa tolher o disposto na Constituição Federal, mas estabelecer alguns critérios para a interpretação e aplicação do conceito jurídico estabelecido na Carta Magna. Nesse sentido, concordamos com Clélio Chiesa[74] ao advertir-nos que "os pressupostos não podem ser de tal ordem a inviabilizar o direito dos beneficiados com o afastamento da tributação previsto na Constituição Federal. A lei complementar que, a título de regular as

72. 2007(a), p. 203.

73. Cf. Paulo de Barros Carvalho, 2007(a), p. 202.

74. 2005, p. 938.

imunidades condicionadas, dificultar excessivamente o gozo de seus benefícios é absolutamente inconstitucional, pois o seu espectro é restrito a editar normas necessárias a dar operatividade aos comandos constitucionais e não anulá-los".

O Código Tributário Nacional, que possui o *status* de Lei Complementar, em seu art. 14, traz alguns critérios que irão regular a imunidade prevista no art. 150, VI, "c", da Constituição Federal, não trazendo qualquer dispositivo que nos permita operar a imunidade concedida pela alínea "b" do mesmo dispositivo, o que significa dizer que o conceito de "templo de qualquer culto" necessita ser construído pelos intérpretes, sujeitos aplicadores da norma, que em princípio, conforme estabelecemos em nossas premissas se trata do legislador, por ser a imunidade norma de estrutura, mas também, refere-se ao sujeito de direito e às autoridades administrativas e juízes, já que competentes para criação,[75] transformação e extinção de outras normas jurídicas.

Tais interpretações, caso sejam conflitantes, serão selecionadas pelo Poder Judiciário no exercício de sua função jurisdicional de estabilização das expectativas normativas.

5.2 A imunidade como valor

O Direito, em sua ontologia, pode ser compreendido como objeto cultural, ou seja, criado pelo homem, visa modificar a natureza para a realização de determinados fins, "que, na expressão de Miguel Reale, nada mais é do que um valor tomado enquanto razão de ser da conduta".[76]

Os valores, conforme lição de Tércio Sampaio Ferraz Jr.,[77] são "centros significativos que expressam uma *preferibilidade* (abstrata e geral) por certos conteúdos de expectativa, ou melhor, por certos conjuntos de conteúdos abstratamente integrados num sentido consistente". Tal entendimento também é corroborado por Paulo de Barros Carvalho,[78] para quem o valor é uma preferência, "um vínculo que se institui entre o agente do conhecimento e o objeto, tal que o sujeito, movido por uma necessidade, não se comporta com indiferença, atribuindo-lhe qualidades positivas ou negativas".

No entanto, salientamos ser essa preferibilidade formada no seio da sociedade, que se impõe e suplanta os valores individuais na aplicação do Direito. Entendimento diverso, em nome de uma relatividade absoluta, seria o mesmo que confundir relatividade com arbitrariedade.[79] Nesse sentido Kelsen[80] afirma que todo sistema de valores "é um fenômeno social e, consequentemente, distinto conforme a natureza da sociedade na qual teve origem".

Também já afirmamos, em nossos pressupostos, tratar-se o Direito de sistema nomoempírico prescritivo de condutas, que é constituído pela linguagem. Assim sendo, enquanto objeto cultural, modifica a natureza por intermédio de linguagem prescritiva, carregada de valores que a sociedade deseja preservar ou implementar.

Portanto, os valores que porta o Direito, enquanto linguagem, podem ser apreciados do ponto de vista sintático, semântico e pragmático.

75. Como dissemos anteriormente, não se trata de criação arbitrária, mas que respeite a consistência do ordenamento, sua adequação social e os usos da linguagem jurídica, devendo a norma criada ser fundamentada em outras normas do sistema e apresentar-se como uma interpretação possível, conforme as regras de criação material e procedimental de normas jurídicas.

76. Cf. Paulo de Barros Carvalho, 2008, p. 174.

77. Cf. Tércio Sampaio Ferraz Jr., 2008, p. 86.

78. 2008, p. 175.

79. Num exemplo singelo, um juiz extremamente religioso, cuja formação seja contrária ao divórcio não poderá deixar de realizá-lo no exercício de sua função, já que a sociedade ao permitir o divórcio, atribui um valor positivo a essa conduta, em observância ao princípio da dignidade da pessoa humana e da liberdade.

80. Hans Kelsen, 2001, p. 8.

Do ponto de vista sintático, a linguagem prescritiva do Direito realiza os valores atribuindo às condutas, estatuídas no consequente das normas jurídicas, os modais permitido, proibido ou obrigatório. Assim sendo, os modais "permitido" e "obrigatório" revelam condutas desejadas pela sociedade, assumindo assim valores positivos, ao passo que, o modal "proibido" nos mostra o que a sociedade valora como indesejável para o ambiente. Dessa maneira, Paulo de Barros Carvalho[81] afirma com toda a propriedade que "o valor está na raiz mesma do dever-ser, isto é, na sua configuração lógico-formal".

Sob a óptica semântica e pragmática da linguagem prescritiva do Direito, verificamos que os valores e suas significações dependem de aspectos históricos e culturais presentes em cada sociedade. Dessa forma, não há valores eternos e universais que norteiam os seres humanos, como entendeu o jusnaturalismo.[82]

A imunidade, conforme acima conotamos e definimos, trata-se de "incompetência das pessoas políticas de direito constitucional interno para expedir regras instituidoras de tributos que alcancem situações específicas e suficientemente caracterizadas".[83] Entendida esta enquanto um valor, verificamos que demonstra uma preferência por certas situações, consideradas extremamente relevantes para a sociedade, que impede a instituição de tributos sobre tais situações referidas, como forma de facilitar a sua ocorrência.

Dessa forma, os templos de qualquer culto e a consequente prática religiosa foram selecionados pelo sistema do direito como um valor de extrema importância,[84] que deve ser preservado e incentivado de todas as formas, inclusive sob o aspecto tributário. Interessante observar, que no preâmbulo da Constituição Federal temos a invocação da proteção de Deus, o que reforça a ideia da religião e, por conseguinte, dos templos de qualquer culto, como valor da mais alta significância para nossa sociedade.

Com isso, não queremos afirmar que haveria um consenso geral sobre o valor da religião, o que seria contraditório com o dissenso que afirmamos ser característica de nossa sociedade complexa. E, nem tão pouco que o ateísmo, ou outras ideologias que não levam em conta a religião como valor, devam ser valoradas negativamente, já que em nosso sistema de direito, predomina a liberdade religiosa. Em outros termos é permitida a prática religiosa, independentemente da crença, bem como, a ausência de qualquer crença.[85] O modal lógico que regula esta conduta é o permitido (P) e não o obrigatório (O).

No entanto, remanesce a questão, no sentido de averiguar ser possível aos legisladores determinar critérios para nortear a edição de leis, excluindo os templos religiosos de qualquer culto de sua esfera de competência, em virtude da imunidade. Dito de outro modo, é possível ao direito fixar entendimento sobre o que seja um templo religioso, sem ofender um valor tão especial à humanidade como a liberdade religiosa?

Prosseguindo em nosso caminho, que esperamos nos levar à resposta desta ques-

81. 2008, p. 175.

82. Para Bobbio, 2008, p. 36: "Com uma outra definição, poderíamos dizer que a teoria do direito natural é aquela que considera poder estabelecer o que é justo e o que é injusto de modo universalmente válido".

83. Cf. Paulo de Barros Carvalho, 2007(a), p. 203.

84. Cf. pesquisa que consta da Tese de Doutoramento de Josias Jacintho de Souza, defendida na área de Direito Constitucional na PUC/SP, em 2009, sob a orientação do Prof. Tércio Sampaio Ferraz Jr., no Brasil há 3000 organizações religiosas juridicamente constituídas.

85. Sob esse aspecto, consideramos como indevida a invocação de Deus no Preâmbulo da Constituição Federal, bem como, a presença de símbolos religiosos nos órgãos públicos.

tão, consideramos necessário abordar a forma como o nosso sistema de direito trata a questão da religião, já que a partir dessa relação poderemos construir um conceito possível, não o único, sobre o que vem a ser templos de qualquer culto para fins de aplicação da imunidade tributária por parte dos legisladores.

VI – O sistema do direito e a religião

Já tivemos a oportunidade de tratar em tópico específico nosso entendimento sobre o sistema do direito. E, para tratar da relação entre este sistema e a religião necessitamos tecer breves palavras sobre o assunto, que serão lastreadas na intertextualidade e na interdisciplinaridade, já que obviamente não é tema de nossa alçada de estudos.

Mas, isso não retira a qualidade do pensamento jurídico, somente o reforça. Marcelo Neves[86] ao tratar da questão nos ensina que "a interdisciplinaridade permite que a linguagem de um campo do saber seja traduzida e, portanto, compreendida em outro campo do saber, tornando-a praticamente relevante neste campo. (...) De certa maneira, pode-se dizer, usando a linguagem da teoria dos sistemas, que a interdisciplinaridade constitui uma forma específica de acoplamento estrutural entre duas disciplinas (...)". Portanto, a interdisciplinaridade torna a linguagem do direito mais eficaz, porque permite o tratamento jurídico de questões sociais da mais alta relevância e que pertencem primariamente a outros sistemas sociais, realizando assim, a abertura semântica do sistema.

Em linhas gerais, podemos conceituar a palavra religião "como o conjunto de crenças que a humanidade cultua ao sobrenatural, divino, sagrado e transcendental, bem como o conjunto de códigos ético-morais, de símbolos e de rituais derivados dessas crenças".[87]

Ao nos socorrermos dos léxicos verificamos conceito similar, que se fundamenta na crença de força(s) sobrenatural(is) criadora do universo e que envolve a ideia de culto e ritual.[88]

Interessante é o ensaio realizado por Vilém Flusser,[89] que entende a religiosidade como "nossa capacidade de captar a dimensão sacra do mundo", que não seria comum a todos os homens, porém existente em toda e qualquer sociedade. Segundo o filósofo, há épocas em que a religiosidade é fortalecida e estimulada e outras épocas, como a nossa, nas quais a religiosidade é pobre e reprimida. E, como consequência dessa repressão, teríamos "o desvio do ardor religioso da dimensão sacra para a profanidade chata do mundo", o que acarretaria em "pseudo-religiosidades como o endeusamento do dinheiro ou do Estado".[90]

Nessa contundente passagem do ensaio de Flusser, escrito em 1965, temos uma descrição do que ocorre nos dias de hoje, no qual vemos, em nome da religião, práticas estranhas aos usos possíveis do termo em nossa sociedade.

Também verificamos na quase totalidade das religiões, sejam elas ocidentais ou orientais, a presença de regras que visam incrementar a religiosidade, como a presença em cultos, a necessidade de orações e a realização de sacrifícios, muitas vezes de ordem patrimonial. Todavia, o sistema religioso não pode estar fechado ao que determina o direito, já que vivemos em um Estado laico, que se caracteriza por ser um Estado Democrático de Direito, e, portanto, independente do controle de

86. 2005, p. 212.

87. Cf. Josias Jacintho de Souza, 2009, p. 34.
88. Cf. Aurélio Buarque de Holanda Ferreira, 1975, p. 1.211, verbete "religião".
89. 2002, pp. 15-21.
90. 2002, pp. 17-18.

qualquer instituição religiosa. Isso não significa ignorar a influência das diversas correntes religiosas na política e, por consequência, nas Casas Legislativas, porém, isso não significa miscelânea entre religião e Estado.

Paulo de Barros Carvalho,[91] ao tratar da imunidade dos templos de qualquer culto faz uma interpretação lassa da locução culto religioso, de forma a assegurar o princípio da liberdade de crença e prática religiosa, prestigiados no art. 5º, VI a VIII. Nesse sentido assevera o autor que "cabem no campo de sua irradiação semântica todas as formas racionalmente possíveis de manifestação organizada de religiosidade, por mais estrambóticas, extravagantes, ou exóticas que sejam. E as edificações onde se realizarem esses rituais haverão de ser consideradas *templos. Prescindível dizer que o interesse da coletividade e todos os valores fundamentais tutelados pela ordem jurídica concorrem para estabelecer os limites de efusão da fé religiosa e a devida utilização dos templos onde se realize*".[92]

Portanto, seguindo essa linha de pensamento, a própria Constituição Federal traz limites ao conceito de templos religiosos de qualquer culto, já que a prática da religiosidade não poderá desrespeitar o interesse da coletividade e os valores fundamentais por ela tutelados, a exemplo, da dignidade da pessoa humana (art. 1º, III, da Constituição Federal de 1988).

Ao tratarmos sobre os limites à interpretação do Direito, afirmamos que um deles estaria no uso de seus termos, de forma a permitir o reconhecimento da construção normativa como compatível com os procedimentos formais e materiais adotados pelo sistema para a produção de normas.

Portanto, é de extrema importância para este trabalho verificarmos a posição de nossos tribunais sobre o assunto.

VII – O uso do conceito de templo religioso de qualquer culto em nossos Tribunais

Ao efetuarmos pesquisa sumária (dada a natureza deste trabalho), na jurisprudência de nossos tribunais, verificamos que o Poder Judiciário, em suas diversas esferas tem delimitado o conceito de templo religioso de qualquer culto, seja para reconhecer a imunidade tributária, ou ainda, para enquadrar esse conceito nos limites da dignidade da pessoa humana e dos valores fundamentais de nosso ordenamento.

O Tribunal de Justiça do Distrito Federal[93] ao analisar apelação cível proposta pela Fazenda Pública do Distrito Federal e Territórios contra sentença proferida em Embargos à Execução Fiscal, que havia reconhecido a imunidade dos templos maçônicos com relação ao IPTU (imposto predial e territorial urbano), fundamenta seu entendimento afirmando que "é denominado templo o local onde se reúnem os maçons periodicamente a fim de praticar as cerimônias ritualísticas para melhorar o caráter, a vida espiritual, meditar sobre a missão do homem na vida, recordando-lhe os valores eternos cujo cultivo lhes permite acercar-se da verdade (...)". Assim sendo, reforça o acórdão a existência da finalidade essencial da entidade, qual seja, uma forma possível de manifestação organizada de religiosidade, para que seja reconhecida a imunidade do imposto, nos

91. 2007(a), pp. 208-209.

92. Os destaques finais não estão contidos no texto do autor.

93. 5ª Turma Cível, processo n. 2003 01 5 009352-5.

termos do § 4º do art. 150, VI, da Constituição Federal.

Note-se que o patrimônio, a renda e os serviços prestados pelos templos de qualquer culto devem ser utilizados para a finalidade de propiciar e garantir a prática religiosa. Esse é uma das balizas presentes no texto constitucional e nas interpretações efetuadas pelo Poder Judiciário.

É o que expressa o acórdão proferido pelo Tribunal de Justiça do Estado de São Paulo,[94] no qual está fundamentado que: "Logo, e em razão da aplicação restrita do favor fiscal, afora a aplicação do benefício aos 'templos de qualquer culto', essa imunidade não pode atingir, e nem alcançar, os demais bens (...), uma vez que esses bens não possuem nenhuma relação com a finalidade primeira da Igreja Católica Apostólica Romana, que é a divulgação e a prática da doutrina cristã".[95]

Outro óbice às interpretações feitas ao conceito de templos e cultos religiosos são ofensas que possam ser direcionadas à dignidade e aos valores fundamentais da pessoa humana. Essas ofensas não estão compreendidas no uso aceitável da expressão, melhor dizendo, não há como reconhecer como fruto fidedigno de nenhum procedimento que fundamente a criação de normas, interpretação que fira a dignidade e os direitos fundamentais da pessoa humana. Nos exemplos que daremos a seguir, temos ilustrado o rechaço ao Poder Judiciário contra tais ofensas.

O Superior Tribunal de Justiça,[96] ao julgar *habeas corpus* impetrado em favor dos bispos fundadores da Igreja Renascer em Cristo, negaram-lhe provimento por detectar a existência de elementos necessários à persecução criminal, por considerar "hipótese em que a denúncia descreve a existência de organização criminosa que se valia de estrutura de entidade religiosa e empresas vinculadas, para arrecadar vultosos valores, ludibriando fiéis mediante várias fraudes – mormente estelionatos –, desviando os numerários oferecidos para determinadas finalidades ligadas à Igreja em proveito próprio e de terceiros, além de pretensamente lucrar na condução das diversas empresas citadas, algumas por meio de 'testas de ferro', desvirtuando suas atividades eminentemente assistenciais, aplicando seguidos golpes".

Muito embora o julgado tenha sido efetuado em razão de processo criminal, os fatos que transcrevemos podem ser analisados sob a óptica do que até então argumentamos. Um templo cujo objetivo de seus fundadores revela a prática de fraudes, a ponto de existir indícios da existência de organização criminosa poderia, ainda assim, permanecer usufruindo os benefícios da imunidade? Entendemos que a resposta deveria ser negativa. Muito embora não se questione a fé dos fiéis que lá frequentam, se ficar provado que a finalidade da instituição não está sendo respeitada, já que dinheiro arrecadado para tanto, haveria sido desviado pelos seus fundadores, não há que se falar em espaço de culto à religiosidade e, portanto, não é hipótese de imunidade, podendo a autoridade administrativa efetuar o lançamento de ofício dos respectivos impostos.

No exemplo dado, o conceito dos fatos narrados na decisão não se subsumem ao conceito de templo e culto religioso, enquanto prática de valores e princípios espirituais, causando estranheza aos utentes da linguagem jurídica que usufruam de imunidade tributária.

94. Acórdão proferido na apelação cível n. 069.812.5/9, proveniente de Jales.

95. No mesmo sentido acórdão proferido pela 15ª Câmara de Direito Público do TJSP, na apelação cível n. 549.293.5/8-00, na qual a Igreja Universal do Reino de Deus insurge-se contra cobrança de IPTU promovida pela Prefeitura Municipal de Teodoro Sampaio incidente sobre imóvel não utilizado como templo.

96. *Habeas corpus* 2007/0041879-9, j. 5ª T., rela. Ministra Laurita Vaz.

VIII – Conclusão

Para apresentar respostas ao problema proposto nesta monografia, consubstanciado na pergunta sobre a possibilidade do intérprete do Direito estabelecer limites ao conceito de templos religiosos de qualquer culto, para fins de reconhecer-se a imunidade prevista no art. 150, VI, "b", da Constituição Federal, inicialmente, efetuamos considerações, cujo objetivo foi estabelecer o que seria a atividade de interpretar os textos normativos e quais seus limites.

Como ponto de partida, diferençamos o texto normativo da norma jurídica e admitimos, com base nos modelos semióticos de interpretação da linguagem jurídica, de perspectiva semântico-sintático e semântico-pragmático,[97] a plurivocidade de sentidos possíveis dos textos normativos na construção da norma jurídica.

Todavia, entendemos que a norma jurídica é construída pelo sujeito, não somente a partir dos textos de lei (ordenamento), mas também em função de outros elementos, com vistas à concretização do Direito.

Partimos também do entendimento de que o Direito é um sistema[98] complexo. Enquanto sistema nomoempírico, está voltado para a regulamentação de condutas de uma sociedade multifacetária e heterárquica, que apresenta expectativas múltiplas e incongruentes, o que importa dizer que na construção da norma há os aspectos ideológicos/valorativos que a determinam. Esses múltiplos valores utilizados na construção de sentido normativo estão presentes na sociedade, não se resumindo a uma vontade subjetiva.

Consideramos ainda, que o sistema do Direito é complexo, na medida em que, além dos aspectos ideológicos e valorativos, existe uma relação de circularidade entre vários elementos linguísticos que o compõe. Assim sendo, há um diálogo na construção da norma jurídica entre direito posto (ordenamento), Dogmática e precedentes jurisprudenciais, que formam o sistema do Direito.

Face à plurivocidade de expectativas de sentidos possíveis, cabe ao sistema do Direito, através de seus órgãos competentes, selecionar aquelas que podem ser admitidas como normas jurídicas e que servirão de referência para a regulação de comportamentos. Contudo, essa seleção de interpretações possíveis não se dá de forma arbitrária. Não podemos confundir a relatividade de pontos de vista, necessariamente presentes numa sociedade complexa, com arbitrariedades, que desconsideram a estrutura do sistema do Direito, isto é, as expectativas possíveis de significação de seus enunciados para fins de regulamentação de condutas.

Como primeiro limite à interpretação do Direito, apontamos a necessidade de se reconhecê-lo enquanto um sub-sistema social autônomo e diferenciado. Dito de outro modo, o Direito possui formas próprias de tratar os fatos que lhe são apresentados, não podendo utilizar-se de critérios de sistemas, como o da política, por exemplo, para solucionar os conflitos, o que acarretaria a incerteza e a insegurança jurídica, permitindo-se que interpretações casuísticas e inconsistentes dos textos normativos sejam sobrepostas ao que se espera de uma decisão racional e justa.[99]

97. A estrutura desses modelos encontra-se explicada em capítulo próprio, quando abordamos os paradigmas de interpretação do Direito.

98. Para definição de sistema v. item II e ss. deste trabalho.

99. Mesmo não havendo consenso sobre o que seja uma decisão racional e justa é possível aferir se os fatos foram tratados com critérios jurídicos, bastando verificar os procedimentos adotados e a fundamentação das decisões.

O Direito, enquanto objeto cultural, foi criado pelo homem com a finalidade de regular condutas intersubjetivas e permitir a convivência em sociedade. Portanto, muito embora o Direito seja um sistema diferenciado dos demais sistemas sociais, não podemos reconhecê-lo como insensível aos conflitos que se multiplicam na esfera pública, já que para regular condutas é necessário que o sistema esteja adequado à sociedade, pronto a dar respostas racionais e justas a seus conflitos, sob pena de suas normas serem constantemente desobedecidas, tornando-se inválidas, posto que socialmente ineficazes. Portanto, a adequação da norma jurídica à sociedade pode ser vista como um limite a ser observado na construção normativa.

Outro aspecto, que está presente nos modelos de interpretação que dão maior ênfase ao aspecto pragmático da linguagem jurídica é o uso de seus termos como determinante de sentidos possíveis. Isso significa dizer que as normas jurídicas necessitam possuir o reconhecimento, pelos utentes da linguagem, como construção possível de ser realizada. E, para que isso ocorra, tendo em vista o dissenso estrutural presente nas sociedades complexas, é necessário o reconhecimento de que os procedimentos de produção normativa, sejam eles formais ou materiais, tenham sido respeitados[100] na construção das normas jurídicas. Dessa forma, a significação atribuída aos signos de lei, isto é, a norma jurídica não pode ser implausível enquanto norma pertencente ao sistema.

Portanto, quando abordamos a questão dos limites à construção de sentido dos textos normativos, não os consideramos como estáticos, ou seja, para se construir novas significações, mais adequadas socialmente, ao menos em princípio, não há a necessidade de se alterar dispositivos do ordenamento. Os limites estariam na observação do Direito como sistema autônomo, na sua adequação social e no uso de seus termos, de forma a permitir o reconhecimento da construção normativa como compatível com os procedimentos formais e materiais adotados pelo sistema.

Estabelecidos os limites à interpretação do Direito, entendido este como sistema complexo de normas prescritivas de condutas intersubjetivas, que se apresentam sob a forma de enunciados prescritivos, conforme abordado nos tópicos anteriores, efetuamos algumas considerações sobre a imunidade.

Concluímos que as normas imunizantes podem ser construídas a partir do texto constitucional e entendidas como regra de competência, ou seja, colaboram, junto com outras normas, no desenho da competência constitucional para criação de normas que visam incidência tributária.

Trata-se de regras de estrutura, já que não estão imediatamente vinculadas às condutas que importam incidência tributária, mas estão direcionadas à criação, transformação e extinção de outras normas jurídicas.

Nesse sentido, adotamos a definição de imunidade proposta por Paulo de Barros Carvalho,[101] que a compreende como "a classe finita e imediatamente determinável de normas jurídicas, contidas no texto da Constituição Federal, e que estabelecem, de modo expresso, a incompetência das pessoas políticas de direito constitucional interno para expedir regras instituidoras de tributos que alcancem situações específicas e suficientemente caracterizadas".

100. Cf. se observa no que se expôs no tópico que discorre sobre a interpretação em Marcelo Neves.

101. 2007(a), p. 203.

Assim é que está estatuída a imunidade dos impostos concedida aos templos religiosos de qualquer culto, conforme art. 150, VI, "b", da Constituição Federal, desde que o patrimônio, a renda e os serviços relacionem-se às atividades essenciais dessas entidades, conforme o § 4º, do dispositivo constitucional.

O art. 146, II, da Constituição Federal confere à lei complementar o poder de regulamentar as limitações constitucionais ao poder de tributar. No entanto, o art. 14 do Código Tributário Nacional, recepcionado como lei complementar pela Constituição Federal de 1988, não traz critérios que permitam operar com a imunidade concedida pela alínea "b" do art. 150, VI, da Carta Magna, cabendo ao intérprete, conforme os limites acima apontados, construir o conceito de templo religioso para fins de reconhecimento da imunidade.

A imunidade também pode ser vista como um valor. Isto é, como preferibilidade de conteúdos de expectativas. No entendimento de Paulo de Barros Carvalho,[102] para quem o valor é uma preferência, trata-se de "um vínculo que se institui entre o agente do conhecimento e o objeto, tal que o sujeito, movido por uma necessidade, não se comporta com indiferença, atribuindo-lhe qualidades positivas ou negativas".

Todavia, essa preferibilidade é formada no seio da sociedade, que se impõe e suplanta os valores individuais na aplicação do Direito. Entendimento diverso, em nome de uma relatividade absoluta, seria o mesmo que confundir relatividade com arbitrariedade.[103] Nesse sentido Kelsen[104] afirma que todo sistema de valores "é um fenômeno social e, consequentemente, distinto conforme a natureza da sociedade na qual teve origem".

A outra dimensão deste trabalho, cujo esclarecimento se faz necessário para respondermos à pergunta que o originou, consistente em apurar a possibilidade de estabelecer-se limites à interpretação do conceito de templos religiosos de qualquer culto, para fins de reconhecimento da imunidade reside, justamente, em atribuir sentido à expressão "templo religioso de qualquer culto".

Em linhas gerais, podemos conceituar a palavra religião "como o conjunto de crenças que a humanidade cultua ao sobrenatural, divino, sagrado e transcendental, bem como o conjunto de códigos ético-morais, de símbolos e de rituais derivados dessas crenças".[105] Ao nos socorrermos dos léxicos verificamos conceito similar, que se fundamenta na crença de força(s) sobrenatural(is) criadora do universo e que envolve a ideia de culto e ritual.[106]

Também verificamos na quase totalidade das religiões, sejam elas ocidentais ou orientais, a presença de regras que visam incrementar a religiosidade, como a presença em cultos, a necessidade de orações e a realização de sacrifícios, muitas vezes de ordem patrimonial. Todavia, o sistema religioso não pode estar fechado ao que determina o Direito, já que vivemos em um Estado laico, que se caracteriza por ser um Estado Democrático de Direito, e, portanto, independente do controle de qualquer instituição religiosa. Tal afirmação, não significa ignorar a influência das diversas correntes religiosas

102. 2008, p. 175.

103. Num exemplo singelo, um juiz extremamente religioso, cuja formação seja contrária ao divórcio não poderá deixar de realizá-lo no exercício de sua função, já que a sociedade ao permitir o divórcio, atribui um valor positivo a essa conduta, em observância ao princípio da dignidade da pessoa humana e da liberdade.

104. Hans Kelsen, 2001, p. 8.

105. Cf. Josias Jacintho de Souza, 2009, p. 34.

106. Cf. Aurélio Buarque de Holanda Ferreira, 1975, p. 1.211, verbete "religião".

na política e, por consequência, nas Casas Legislativas, porém, isso não tem como fruto a miscelânea entre religião e Estado.

Paulo de Barros Carvalho,[107] ao tratar da imunidade dos templos de qualquer culto faz uma interpretação lassa da locução culto religioso, de forma a assegurar o princípio da liberdade de crença e prática religiosa, prestigiados no art. 5º, VI a VIII. Nesse sentido assevera o autor que "cabem no campo de sua irradiação semântica todas as formas racionalmente possíveis de manifestação organizada de religiosidade, por mais estrambóticas, extravagantes, ou exóticas que sejam. E as edificações onde se realizarem esses rituais haverão de ser consideradas *templos*". No entanto, em seguida, ressalva ser "*prescindível dizer que o interesse da coletividade e todos os valores fundamentais tutelados pela ordem jurídica concorrem para estabelecer os limites de efusão da fé religiosa e a devida utilização dos templos onde se realize*".[108]

Portanto, seguindo essa linha de pensamento, a própria Constituição Federal traz limites ao conceito de templos religiosos de qualquer culto, já que a prática da religiosidade não poderá desrespeitar o interesse da coletividade e os valores fundamentais por ela tutelados, a exemplo, da dignidade da pessoa humana (art. 1º, III, da Constituição Federal de 1988).

Ao tratarmos sobre os limites à interpretação do Direito, afirmamos que um deles estaria no uso de seus termos, de forma a permitir o reconhecimento da construção normativa como compatível com os procedimentos formais e materiais adotados pelo sistema para a produção de normas.

Assim sendo, elaboramos pequena pesquisa jurisprudencial que demonstrou que o conceito de templo religioso de qualquer culto, para fins de imunidade, deve observar a finalidade da instituição, ou seja, para que o seu patrimônio, serviços e a renda não sofram a tributação dos impostos, conforme imunidade concedida pela Constituição Federal, art. 150, VI, "b", § 4º, é necessário que sejam utilizados com o intuito de realizar o valor que o constituinte positivou, qual seja, configure-se como espaço de culto ao sacro.

Nessa perspectiva pragmática, outro limite ao conceito de "templos religiosos de qualquer culto" seria o de que suas práticas não podem ofender aos direitos fundamentais e os interesses da coletividade, conforme garantidos pela Constituição Federal e legislação infraconstitucional. Entendemos, portanto, que templos religiosos que sejam utilizados como forma de instrumentalizar práticas criminosas, ou outras práticas que ofendam a dignidade da pessoa humana, independentemente da fé de seus participantes e da filiação de suas crenças, não devem ser agraciados com a imunidade dos impostos, garantida constitucionalmente, já que não se configuram como espaço de culto ao sacro, mas como meio de afronta à dignidade humana, aos direitos fundamentais e aos interesses coletivos garantidos pelo sistema do Direito.

Dessa maneira, concluímos que qualquer interpretação plausível do conceito de "templos religiosos de qualquer culto" para fins de imunidade seria aquela que, de forma consistente com o sistema do Direito, o vislumbre como espaço de práticas religiosas, de culto ao sacro, de forma a respeitar as finalidades da instituição, em consonância com os direitos fundamentais e os interesses da coletividade, conforme garantidos pela Constituição Federal e legislação infraconstitucional.

107. 2007(a), pp. 208-209.

108. Os destaques finais não estão contidos no texto do autor.

Bibliografia

BOBBIO, Norberto (2008). *Teoria Geral do Direito*. 2ª ed., São Paulo, Martins Fontes.

CARVALHO, Paulo de Barros (2007, a). *Curso de Direito Tributário*. 19ª ed., São Paulo, Saraiva.

______ (2007, b). *Direito Tributário: Fundamentos Jurídicos da Incidência*. 5ª ed., São Paulo, Saraiva.

______ (2008). *Direito Tributário, Linguagem e Método*. São Paulo, Noeses.

CHIESA, Clélio (2005). "Imunidades e normas gerais de Direito Tributário". In *Curso de Especialização em Direito Tributário. Estudos Analíticos em Homenagem a Paulo de Barros Carvalho*. Coord. Eurico Marcos Diniz de Santi. Rio de Janeiro, Forense.

FERRAZ JR., Tércio Sampaio (2008). *Introdução ao Estudo do Direito. Técnica, Decisão, Dominação*. 6ª ed., São Paulo, Atlas.

______ (1998). *Função Social da Dogmática Jurídica*. São Paulo, Max Limonad.

FERREIRA, Aurélio Buarque de Holanda (1975). *Novo Dicionário Aurélio*. 1ª ed., 15ª impr. Rio de Janeiro, Nova Fronteira.

FLUSSER, Vilém (2007). *Língua e Realidade*. 3ª ed., São Paulo, Annablume.

______ (2002). *Da Religiosidade. A Literatura e o Senso de Realidade*. São Paulo, Escrituras.

GRAU, Eros Roberto (2006). *Ensaio e Discurso sobre a Interpretação/Aplicação do Direito*. 4ª ed., São Paulo, Malheiros Editores.

KELSEN, Hans (2006). *Teoria Pura do Direito*. 7ª ed., São Paulo, Martins Fontes.

______ (2005). *Teoria Geral do Direito e do Estado*. 4ª ed., São Paulo, Martins Fontes.

______ (2001). *O Que É Justiça?* 2ª ed., São Paulo, Martins Fontes.

LUHMANN, Niklas (1983). *Sociologia do Direito I*. Rio de Janeiro, Tempo Brasileiro.

______ (1985). *Sociologia do Direito II*. Rio de Janeiro, Tempo Brasileiro.

MÜLLER, Friedrich (2005). *Métodos de Trabalho do Direito Constitucional*. 3ª ed., Rio de Janeiro, Renovar.

______ (2007). *O Novo Paradigma do Direito*. São Paulo, Ed. RT.

NEVES, Marcelo (1988). *Teoria da Inconstitucionalidade das Leis*. São Paulo, Saraiva.

______ (2003). "Del pluralismo jurídico a la miscelánea social: el problema de la falta de identidad de la(s) esfera(s) de juricidad en la modernidad periférica y sus implicaciones en América Latina". In *Derecho y Sociedad en América Latina: un Debate sobre los Estudios Jurídicos Críticos*. Bogotá, Maurício García Villegas y César A. Rodríguez (eds.).

______ (2007). *A Constitucionalização Simbólica*. 2ª ed., São Paulo, Martins Fontes.

______ (2006). *Entre Têmis e Leviatã: uma Relação Difícil*. São Paulo, Martins Fontes.

SANTOS, Aline Nunes dos (2009). *Norma Jurídica, Irretroatividade Tributária e Alterações Jurisprudenciais*. Dissertação apresentada na PUC/SP, como um dos requisitos para a obtenção do título de Mestre em Direito Tributário.

SOUZA, Josias Jacintho de (2009). *Separação entre Religião e Estado no Brasil: Utopia Constitucional?* Dissertação apresentada na PUC/SP, como um dos requisitos para a obtenção do título de Doutor em Direito Constitucional.

TORRES, Ricardo Lobo (2006). *Normas de Interpretação e Integração do Direito Tributário*. Rio de Janeiro, Renovar.

VILANOVA, Lourival (2005). *Estruturas Lógicas e o Sistema de Direito Positivo*. 3ª ed., São Paulo, Noeses.

______ (2000). *Causalidade e Relação no Direito*. 4ª ed., São Paulo, Ed. RT.

ESTUDOS & COMENTÁRIOS

HABILITAÇÃO DO CRÉDITO PÚBLICO NA FALÊNCIA: EFICIÊNCIA NA ARRECADAÇÃO E EFETIVIDADE PROCESSUAL

RAFAEL GAIA EDAIS PEPE
Procurador do Estado do Rio de Janeiro –
Ex-Procurador da Fazenda Nacional

1. Introdução. 2. Prerrogativas do crédito público, dever de eficiência na arrecadação, efetividade processual e razoável duração do processo. 3. Execução de crédito público em face do falido – Proposta de reaproximação. 4. Conclusão.

1. Introdução

A insolvência consiste, por definição, na insuficiência do patrimônio de alguém para satisfazer a totalidade das dívidas contraídas. Eis a clara dicção do art. 748 do CPC: "Art. 748. Dá-se a insolvência toda vez que as dívidas excederem à importância dos bens do devedor".

É intuitivo que tal situação incute nos respectivos credores o temor de verem frustradas as suas expectativas de pagamento, desembocando em uma procura desenfreada por bens do insolvente.

Com o escopo de assegurar a isonomia entre os credores, evitando que penhoras desordenadas culminem na prevalência daqueles que gozam de posição econômica mais favorável, o legislador fixou dois regimes distintos de execução coletiva contra devedores insolventes. O critério para tal diferenciação reside na natureza do devedor: se empresário, consoante a definição traçada no art. 966, *caput*, do CC, aplicar-se-á a Lei 11.101/2005, norteadora da "falência"; caso contrário incidirão os arts. 748 e ss. do CPC, regedores da "insolvência civil".

Seguindo os passos traçados em qualquer dos diplomas acima, cada um dos credores procederá à habilitação do seu crédito, obedecendo-se à ordem concursal.

O objetivo do presente estudo não é esmiuçar cada um dos regimes mencionados. Pretende-se, aqui, suscitar o debate acerca do comportamento pertinente a uma espécie singular de credor, a Fazenda Pública, ao tomar ciência da falência de pessoa que figura como ré em determinada execução fiscal.

Para tanto, são imprescindíveis algumas considerações iniciais.

2. Prerrogativas do crédito público, dever de eficiência na arrecadação, efetividade processual e razoável duração do processo

O dever de eficiência, previsto no *caput* do art. 37 da Constituição da República, consiste na otimização dos recursos existentes para o cumprimento dos fins colimados. Segundo o escólio de Diogo de Figueiredo Moreira Neto, o objeto de um ato administrativo é ineficiente "quando ocorrer comprometimento do interesse público pela desproporcionalidade entre custos e benefícios. (...). Não se justifica, com efeito, que o agente público desperdice os recursos do Erário com escolhas que pouco ou mal atendem aos interesses públicos, para o prosseguimento dos quais foi investido".[1]

Na qualidade principiológica que lhe foi expressamente atribuída pela Carta Magna, a eficiência espraia-se por toda a atuação da Administração Pública e realiza-se em diferentes graus, através de condutas concretas que a prestigiam.[2] Assim, incumbe à legislação (atos normativos gerais e abstratos) fornecer mecanismos que permitam aos agentes públicos atender à obrigação que lhes foi constitucionalmente imposta.

Sob a ótica da prestação do serviço jurisdicional – o qual, inegavelmente, consubstancia monopólio estatal –, a eficiência desdobra-se na efetividade processual e na razoável duração do processo.

A efetividade do processo significa – na precisa lição de Cândido Rangel Dinamarco – "a sua almejada aptidão a eliminar insatisfações, com justiça e fazendo cumprir o Direito, além de valer como meio de educação geral para o exercício e respeito aos direitos e canal de participação dos indivíduos nos destinos da sociedade e assegurar-lhes a liberdade".[3] Cuida-se de faceta do acesso à Justiça, princípio plasmado no art. 5º, XXXV, da CF de 1988, o qual – consoante averbado por Leonardo Greco –, "como direito fundamental, corresponde ao direito que cada cidadão tem individualmente ao exercício da função jurisdicional sobre determinada pretensão de direito material".[4]

Nessa esteira, o processo, enquanto instrumento destinado à tutela do direito subjetivo das partes[5] e à pacificação social, deve ser conduzido de forma a propiciar ao titular de um direito tudo e exatamente aquilo a que tem direito.[6] E isso sem descurar do mínimo de dispêndio de tempo, consectário da razoável duração do processo, alçada hodiernamente à categoria de direito fundamental (art. 5º, LXXVIII, da CF): a antiga, e cada vez mais atual, batalha travada contra o tempo-inimigo carneluttiano.

Noutro giro, no que tange aos órgãos de representação judicial das pessoas jurídicas de direito público ao atuarem na defesa dos interesses do Erário, mister ressaltar a curial importância do esforço dirigido ao aumento da eficiência na cobrança de dívidas tributárias e não-tributárias.

Todos esses fatores devem ser levados em consideração pelo Poder Judiciário

1. Diogo de Figueiredo Moreira Neto, *Mutações do Direito Administrativo*, 3ª ed., Rio de Janeiro, Renovar, 2007, p. 70.

2. Humberto Ávila estabelece, com eloqüência, distinção qualitativa entre as *regras* e os *princípios*, sendo os últimos "normas imediatamente finalísticas, primariamente prospectivas e com pretensão de complementaridade e parcialidade, para cuja aplicação se demanda uma avaliação da correlação entre o estado de coisas a ser promovido e os efeitos decorrentes da conduta havida como necessária à sua promoção" (*Teoria dos Princípios: da Definição à Aplicação Prática dos Princípios Jurídicos*, 5ª ed., São Paulo, Malheiros Editores, 2006, pp. 78-79). Nessa seara, os fins precedem os meios, sendo estes definidos *a posteriori*, com vistas à consecução dos primeiros.

3. Cândido Rangel Dinamarco, *A Instrumentalidade do Processo*, 12ª ed., São Paulo, Malheiros Editores, 2005, p. 331.

4. Leonardo Greco, "Garantias fundamentais do processo: o processo justo", in *Estudos de Direito Processual*, Campos dos Goytacazes, Editora Faculdade de Direito de Campos, 2005, p. 230.

5. Leonardo Greco, "Publicismo e privatismo no processo civil" *RePro* 164/43, São Paulo, Ed. RT, outubro/2008.

6. Na feliz síntese de Giuseppe Chiovenda, "na medida do que for praticamente possível, o processo deve proporcionar a quem tem um direito tudo aquilo e precisamente aquilo que ele tem o direito de obter" ("Dell'azione nascente dal contrato preliminare", *apud* Cândido Rangel Dinamarco, *A Instrumentalidade do Processo*, cit., 12ª ed., p. 331).

e pelos entes federativos, vez que inafastavelmente comprometidos com a redução dos custos econômicos e sociais que a procrastinação de um litígio representa. Com efeito, o prolongamento injustificado de contendas é indesejável sob todos os aspectos, levando o Judiciário ao descrédito perante o cidadão.

O legislador, atento às considerações em testilha e aos entraves de toda sorte que permeiam a máquina administrativa,[7] introduziu alguns mecanismos que facilitam a recuperação *in executivis* do crédito público. Tais prerrogativas não consubstanciam – ou não deveriam consubstanciar – privilégios desarrazoados, mas, sim, meios que viabilizam a efetividade da arrecadação, finalidade à qual aquelas se encontram indissociavelmente atreladas.

Não é difícil localizar alguns exemplos das aludidas prerrogativas, *v.g.*, a confecção unilateral de título executivo extrajudicial após procedimento administrativo (art. 585, VII, do CPC) e o próprio rito da execução fiscal (Lei 6.830/1980).

A insubmissão a concurso de credores e ao dever de habilitação em falência, recuperação judicial, concordata, inventário ou arrolamento, prevista nos arts. 29 da Lei 6.830/1980 e 187 do CTN, figura topograficamente no conjunto encimado.[8]

Todavia, no que diz respeito à falência, uma interpretação sistemática e uma perspectiva pragmática apontam em sentido contrário, demonstrando-se a seguir a incoerência em considerá-la autêntica prerrogativa no ordenamento vigente.

3. Execução de crédito público em face do falido – Proposta de reaproximação

Considerando o disposto nos arts. 29 da Lei 6.830/1980 e 187 do CTN, a medida comumente alvitrada pelo ente público ao se ver diante de réu falido em execução fiscal é requerer ao juízo seja procedida a penhora "no rosto dos autos" da falência.

Entretanto, há algumas inconsistências nesta postura; se não, vejamos.

Inicialmente, cumpre anotar que a penhora "no rosto dos autos" pressupõe a existência de um feito no qual o então executado seja credor;[9] contudo, a falência representa outra execução de matiz coletivo e voltada para a excussão de todos os bens do falido, haja vista a situação de insolvência.

Soma-se a isso o art. 83 da Lei 11.101/2005, o qual inclui expressamente os créditos inscritos em dívida ativa no elenco concursal:[10] "Art. 83. A classificação dos créditos na falência obedece à seguinte ordem: (...) III – créditos tributários, independentemente da sua natureza e tempo de constituição, excetuadas as multas tri-

7. Sobre o assunto, cai a talho citar o pensamento de Leonardo José Carneiro da Cunha, *litteris*: "Ora, a Fazenda Pública, que é representada em juízo por seus procuradores, não reúne as mesmas condições que um particular para defender seus interesses em juízo. Além de estar defendendo o interesse público, a Fazenda Pública mantém uma burocracia inerente à sua atividade, tendo dificuldade de ter acesso aos fatos, elementos e dados da causa. O volume de trabalho que cerca os advogados públicos impede, de igual modo, o desempenho de suas atividades nos prazos fixados para os particulares. Demais disso, enquanto um advogado particular pode selecionar suas causas, recusando aquelas que não lhe convêm, o advogado público não pode declinar de sua função, deixando de proceder à defesa da Fazenda Pública" (*A Fazenda Pública em Juízo*, 5ª ed., São Paulo, Dialética, p. 34).

8. Seção II ("Preferências") do Capítulo VI ("Garantias e Privilégios do Crédito Tributário") do Título III do Livro Segundo do Código Tributário Nacional.

9. A penhora "no rosto dos autos" não é outra coisa senão uma penhora de direito litigioso, ao teor do art. 674 do CPC: "Art. 674. Quando o direito estiver sendo pleiteado em juízo, averbar-se-á no rosto dos autos a penhora, que recair nele e na ação que lhe corresponder, a fim de se efetivar nos bens, que forem adjudicados ou vierem a caber ao devedor".

10. Note-se que os incisos do art. 83 fazem menção exclusivamente aos créditos tributários e às multas, silenciando quanto às demais dívidas não-tributárias. Estas, portanto, concorrerão ao lado dos créditos quirografários.

butárias; (...) VII – as multas contratuais e as penas pecuniárias por infração das leis penais ou administrativas, inclusive as multas tributárias; (...)".

Tem-se, assim, um impasse: de um lado, dispensa-se a habilitação do crédito público na falência; de outro, contraditoriamente, há a alocação daquele no rol estampado no art. 83 da Lei 11.101/2005, e oferta-se ao ente público uma medida incapaz de atender às suas necessidades, pois delineada para situação diversa.

Uma incursão na jurisprudência dos Tribunais Superiores só aumenta a perplexidade.

O vetusto Enunciado 44 da Súmula do extinto TFR estabelecia a penhora como divisor de águas: se perfeita antes da sentença de falência, o bem constrito ficaria reservado à execução fiscal; se posterior à decretação da falência, deveria ser realizada "no rosto dos autos". Veja-se: "Súmula n. 44. Ajuizada a execução fiscal anteriormente à falência, com penhora realizada antes desta, não ficam os bens penhorados sujeitos à arrecadação no juízo falimentar; proposta a execução fiscal contra a massa falida, a penhora far-se-á no rosto dos autos do processo da quebra, citando-se o síndico".

Já, o STJ, ao reapreciar a questão, decidiu diversas vezes que o numerário oriundo da arrematação, fruto de penhora anterior à sentença de falência, deve ser também encaminhado ao juízo falimentar, *in verbis*:

"Processual civil – Tributário – Execução fiscal e falência do executado – Leilão – Arrematação.

"1. O produto arrecadado com a alienação de bem penhorado em execução fiscal, antes da decretação da quebra, deve ser entregue ao juízo universal da falência – Precedentes: REsp n. 188.418-RS, rel. Min. Humberto Gomes de Barros, Corte Especial, *DJU* 27.5.2002; AgR no Ag n. 1.115.891-SP, rel. Min. Mauro Campbell Marques, *DJe* 28.9.2009; AgR no REsp n. 783.318-SP, rel. Min. Humberto Martins, *DJe* 14.4.2009; AgR nos ED no REsp n. 421.994-RS, rel. Min. Teori Albino Zavascki, 1ª Turma, *DJU* 6.10.2003; AgR na MC n. 11.937-SP, rel. Min. Francisco Falcão, relator para o acórdão Min. Luiz Fux, 1ª Turma, *DJU* 30.10.2006.

"2. A falência superveniente do devedor não tem o condão de paralisar o processo de execução fiscal, nem de desconstituir a penhora realizada anteriormente à quebra. Outrossim, o produto da alienação judicial dos bens penhorados deve ser repassado ao juízo universal da falência para apuração das preferências.

"3. Os embargos de declaração que enfrentam explicitamente a questão embargada não ensejam recurso especial pela violação do art. 535, II, do CPC.

"4. Ademais, o magistrado não está obrigado a rebater, um a um, os argumentos trazidos pela parte, desde que os fundamentos utilizados tenham sido suficientes para embasar a decisão.

"5. Recurso especial provido" (REsp 1.013.252-RS, rel. Min. Luiz Fux, *DJe* 9.12.2009).

"Execução fiscal – Penhora anterior à decretação da falência do devedor – Pacificação da matéria pela corte especial e pela 1ª Seção do STJ, no sentido de arrecadar o produto da penhora para o juízo falimentar.

"1. A controvérsia dos autos resume-se à possibilidade de o bem imóvel, objeto de penhora em execução fiscal, ser arrecadado pela massa falida após penhora, ou mesmo após o leilão daquele bem perante o juízo da execução fiscal.

"2. A Súmula n. 44 do extinto TFR assim dispõe: 'Ajuizada a execução fiscal anteriormente à falência, com penhora realizada antes desta, não ficam os bens penhorados sujeitos à arrecadação no juízo falimentar; proposta a execução fiscal contra massa falida, a penhora far-se-á no rosto dos autos do processo da quebra, citando-se o síndico'.

"3. Entretanto, em vista da preferência dos créditos trabalhistas em face dos créditos tributários, o produto da arrematação realizada na execução fiscal deve ser colocado à disposição do juízo falimentar para garantir a quitação dos créditos trabalhistas. Trata-se de interpretação sistemática dos arts. 29 da Lei n. 6.830/1980 e 186 e 187, estes do CTN.

"4. Precedentes: EREsp n. 444.964-RS, rela. Min. Eliana Calmon, *DJU* 9.12. 2003; AgR no REsp n. 815.161-SP, rel. Min. José Delgado, j. 11.4.2006, *DJU* 22.5. 2006; REsp n. 440.787-RS, rela. Min. Eliana Calmon, 2ª Turma, *DJU* 13.9.2004 – Agravo regimental improvido" (AgR no REsp 783.318-SP, rel. Min. Humberto Martins, *DJe* 14.4.2009)

Despiciendo ir além: as supostas prerrogativas lançadas nos arts. 29 da Lei 6.830/1980 e 187 do CTN só teriam alguma utilidade se ofertassem à Fazenda Pública total isolamento em relação ao procedimento falimentar. Porém, este desiderato colide frontalmente com o art. 83 da Lei 11.101/2005 e com a jurisprudência da Corte Superior de Justiça, autoridade máxima na interpretação da lei federal (art. 105, III, da CF), cujo entendimento prestigia em grau máximo a *par conditio creditorum*.

Nessa linha, conclui-se que, ao contrário do que parece em um primeiro passar de olhos, a dispensa de habilitação não representa um benefício.

Ao revés, a norma encartada nos dispositivos supramencionados deixa o ente público alheio ao quadro geral de credores, ensejando a corrosão do seu crédito. Isto é: na prática, União, Estados e Municípios e suas respectivas autarquias ficam aguardando o pagamento que nunca ocorrerá, dada a inexistência de instrumento capaz de permitir a participação eficaz no rateio da massa falida objetiva.

Surge, então, o seguinte questionamento: é juridicamente possível a renúncia a uma "prerrogativa" pelo ente público caso ela se mostre contrastante com o dever de eficiência e, ademais, com a efetividade e a razoável duração do processo? Em outras palavras, se a dita "prerrogativa" for, na verdade, uma desvantagem, pode o beneficiário deixar de utilizá-la?

Data venia, parece insustentável a tese de que a Fazenda Pública seja obrigada a se valer da dispensa de habilitação ainda que esta culmine na irrecuperabilidade de créditos regularmente constituídos. Não fosse atentatória à lógica, a interpretação produziria norma eivada de inconstitucionalidade, por violação aos princípios da eficiência, da razoável duração do processo e do acesso à Justiça, e ao devido processo legal.

Explica-se. Como dito linhas volvidas, as prerrogativas do crédito público são elaboradas para tornar a arrecadação mais eficiente e atalhar a contenda entre o Estado e o administrado. Ao provocarem efeito inverso no caso concreto, isto é, ao retardarem o desfecho da execução, (i) perdem a adequação ao fim colimado e (ii) restringem os princípios listados, sem qualquer razão subjacente. Em outras palavras, desrespeitam o postulado normativo da proporcionalidade, derivado da cláusula do devido processo legal, em dois de seus desdobramentos – quais sejam: a adequação e a proporcionalidade em sentido estrito.[11]

É precisamente este fenômeno que ocorre com a faculdade preconizada nos arts. 29 da Lei 6.830/1980 e 187 do CTN. Faculdade que não será manejada (como

11. O controle de constitucionalidade através do postulado da proporcionalidade, extraído da cláusula do *substantive due process of law*, já faz parte do cotidiano dos tribunais brasileiros, e subdivide-se em: (a) adequação (o meio promove o fim?); (b) necessidade (dentre os meios disponíveis e igualmente adequados para promover o fim, não há outro meio menos restritivo do direito fundamental afetado?); e (c) proporcionalidade em sentido estrito (as vantagens trazidas pela promoção do fim superam as desvantagens provocadas pela adoção do meio?). Para maiores detalhes, v. Humberto Ávila, *Teoria dos Princípios: da Definição à Aplicação Prática dos Princípios Jurídicos*, cit., 5ª ed., pp. 148 e ss.

defendido neste trabalho) de acordo com o juízo de conveniência e oportunidade do ente público, na busca, sempre, pela maior eficiência na arrecadação; da mesma forma será avaliada pelo Poder Judiciário, indissociavelmente vinculado à efetividade e à razoável duração do processo. Idêntico raciocínio, aliás, norteia as demais "prerrogativas" prescritas em lei.

O STJ já teve a oportunidade de apreciar a questão, acolhendo os argumentos ora suscitados:

"Processual civil e tributário – Apresentação de créditos na falência – Prestação de contas apresentada pelo síndico – Créditos tributários de pequeno valor – Habilitação – Caso concreto – Possibilidade.

"1. Não viola o art. 535 do CPC o acórdão que soluciona a controvérsia com base em fundamento prejudicial ao ponto sobre o qual não houve enfrentamento no âmbito do tribunal de origem.

"2. Os arts. 187 e 29 da Lei n. 6.830/1980 não representam um óbice à habilitação de créditos tributários no concurso de credores da falência; tratam, na verdade, de uma prerrogativa da entidade pública em poder optar entre o pagamento do crédito pelo rito da execução fiscal ou mediante habilitação do crédito.

"3. Escolhendo um rito, ocorre a renúncia da utilização do outro, não se admitindo uma garantia dúplice – Precedentes.

"4. O fato de permitir-se a habilitação do crédito tributário em processo de falência não significa admitir o requerimento de quebra por parte da Fazenda Pública.

"5. No caso, busca-se o pagamento de créditos da União, representados por 11 inscrições em dívida ativa, que, todavia, em sua maioria, não foram objeto de execução fiscal, em razão de seu valor. Diante dessa circunstância, seria desarrazoado exigir que a Fazenda Nacional extraísse as competentes CDAs e promovesse as respectivas execuções fiscais para cobrar valores que, por razões de política fiscal, não são ajuizáveis (Lei n. 10.522/2002, art. 20), ainda mais quando o processo já se encontra na fase de prestação de contas pelo síndico.

"6. Determinação de retorno dos autos ao Tribunal de origem para verificação da suficiência e validade da documentação acostada pela Procuradoria da Fazenda Nacional para fazer prova de seu pretenso crédito.

"7. Recurso especial provido" (REsp 1.103.405-MG, rel. Min. Castro Meira, *DJe* 27.4.2009).

Por fim, vale mencionar a notícia de adoção, ainda tímida, da providência aqui suscitada por alguns órgãos de representação judicial de entes públicos, dentre os quais figura a Procuradoria-Geral da Fazenda Nacional no Estado de São Paulo. Criou-se, nesta, divisão especificamente voltada para a defesa dos interesses da União nos feitos falimentares, cujos frutos são colhidos na jurisprudência do TJSP, *e.g.*:

"*Ementa:* Falência decretada e acordo celebrado entre requerente e requerida dias depois – Juízo que, antes do encerramento da falência por perda de objeto, entendeu que, antes, deveria ser publicado o edital do art. 99, parágrafo único, da Lei n. 11.101/2005 – Advento de habilitação da União Federal – Irrelevância de se tratar de habilitação retardatária – Inclusão do crédito – Inadmissibilidade de anulação de todos os atos processuais a partir do acordo celebrado – Inexistência, ademais, de violação a dispositivos legais. Os arts. 187 e 29 da Lei n. 6.830/80 não representam um óbice à habilitação de créditos tributários no concurso de credores da falência; tratam, na verdade, de uma prerrogativa da entidade pública em poder optar entre o pagamento do crédito pelo rito da execução fiscal ou mediante habilitação do crédito. Escolhendo um rito, ocorre a renúncia da utilização do outro, não se admitindo uma garantia dúplice – Precedentes do egrégio STJ – Agravo de instrumento não provido" (Câmara Reservada à Falência e Recuperação, AI 6363234100, rel. Des. Romeu Ricupero, j. 30.6.2009, data de registro: 8.7.2009).[12]

Roga-se, então, seja divulgado pela União um comparativo do montante ingressado nos cofres federais por conta desta experiência, de modo a contribuir, com subsídios empíricos, para a discussão.

4. Conclusão

O exegeta deve, incansavelmente, buscar formas de aprimorar os institutos existentes, para que a Ciência Jurídica não se divorcie da prática forense, sob pena de esterilidade. A concepção do processo como instrumento subserviente ao direito subjetivo deve inaugurar no espírito do estudioso um desejo de transformação social, que só poderá ser alcançada mediante a superação de preconceitos.

Nessa toada, é altamente recomendável que a execução do crédito público em face do falido seja revisitada e repensada, para compatibilizá-la com a eficiência, a efetividade e a razoável duração do processo.

Este ensaio, ao lançar novas luzes sobre os arts. 29 da Lei 6.830/1980 e 187 do CTN, procurou demonstrar que a ferramenta ali plasmada torna deveras tortuoso o caminho daquele a quem busca auxiliar; por isso, deve ser deixada de lado, em um enfoque essencialmente sistemático e teleológico.

Por certo, diversas questões permanecem em aberto. Todavia, penso ter sido lançada a pedra fundamental a respeito do assunto, sobre a qual os interessados devem se debruçar na busca de soluções para os problemas futuros.

12. Disponível em *http://www.tj.sp.gov.br* (acesso em 8.4.2010).

RDT 109/110

CADERNOS DE DIREITO TRIBUTÁRIO: EL PRINCIPIO DE NEUTRALIDAD FISCAL Y LA FINANCIACIÓN DE LAS SOCIEDADES EN LA UNIÓN EUROPEA – César García Novoa • TRIBUTAÇÃO SOBRE "VENDAS DIRETAS" PELO INSS – Paulo de Barros Carvalho • A NOVA LEI DO MANDADO DE SEGURANÇA E AS RESTRIÇÕES ÀS GARANTIA DE JURISDIÇÃO EM MATÉRIA TRIBUTÁRIA – Hugo de Brito Machado • LA APLICACIÓN DEL PRINCIPIO DE RETROACTIVIDAD DE LA LEY PENAL MÁS FAVORABLE EN EL DELITO FISCAL – Luis Manuel Alonso González • ELISÃO FISCAL: LIMITES NA DESCONSIDERAÇÃO DE NEGÓCIOS JURÍDICOS – Maria Rita Ferragut • ESTRITA LEGALIDADE E A IMPORTÂNCIA DAS PROVAS NA APLICAÇÃO DAS NORMAS JURÍDICAS TRIBUTÁRIAS – Fabiana Del Padre Tomé • FEDERAÇÃO E SISTEMA TRIBUTÁRIO – Fernando Aurelio Zilveti • A SUPERAÇÃO DE REGRAS POR PRINCÍPIOS JURÍDICOS NA ATIVIDADE JURISDICIONAL: UM ENFOQUE PELA ANÁLISE ECONÔMICA DO DIREITO – Cristiano Carvalho e Manoel Gustavo Neubarth Trindade • AS CONTRIBUIÇÕES DE INTERVENÇÃO NO DOMÍNIO ECONÔMICO E SUA DESTINAÇÃO NECESSÁRIA: NOTAS CARACTERIZADORAS DA ESPÉCIE TRIBUTÁRIA – Fernando F. Castellani • VERDADE MATERIAL *VERSUS* PRECLUSÃO: TRAÇANDO LIMITES – Alberto Macedo • TAXA E PREÇO PÚBLICO: POR UMA REAVALIAÇÃO DO CONCEITO DE TRIBUTO E DEFINIÇÃO DAS ESPÉCIES TRIBUTÁRIAS – Florence Haret • SIGILO FISCAL E A SUA TRANSFERÊNCIA AO MINISTÉRIO PÚBLICO: ABORDAGEM DA JURISPRUDÊNCIA DOMINANTE NO STF E NO STJ – Oswaldo Othon de Pontes Saraiva filho • IPVA E O RODÍZIO VEICULAR NO MUNICÍPIO DE SÃO PAULO – Íris Vânia Santos Rosa e Victor Manzin Sartori • LACUNAS NO SISTEMA JURÍDICO E AS NORMAS DE DIREITO TRIBUTÁRIO – Renata Elaine Silva • ***ESTUDOS E COMENTÁRIOS***: O NASCIMENTO OU NÃO DE OBRIGAÇÃO TRIBUTÁRIA EM RAZÃO DO FECHAMENTO DE EMPRESA INDIVIDUAL COM A TRANSFERÊNCIA DOS SEUS ATIVOS À PESSOA FÍSICA – Fernando Rister de Sousa Lima • CRÍTICA À ANÁLISE MACROLÓGICA DO DIREITO CONCORRENCIAL ECONÔMICO E SUA INFLUÊNCIA NA INTERPRETAÇÃO DO DIREITO TRIBUTÁRIO – Diego Bomfim • O CRITÉRIO DA FONTE NUM CENÁRIO GLOBALIZADO: IMPRECISÕES CONCEITUAIS E O PARADIGMÁTICO CASO *AGASSI* – João Victor Guedes Santos • PLANEJAMENTO TRIBUTÁRIO POR MEIO DE ACORDOS DE BITRIBUTAÇÃO (*TREATY SHOPPING*) – "CASO PRÉVOST" E CONCEITO DE "BENEFICIÁRIO EFETIVO" – Rodrigo de Freitas • TRANSAÇÃO TRIBUTÁRIA E O PROJETO DE LEI 5.082/2009 – Ana Paula da Costa Herrera • O DECRETO FEDERAL 7.126/2010 E O FAP: A CORREÇÃO DE DISTORÇÕES DA PORTARIA INTERMINISTERIAL 329/2009 – Camila Vergueiro • ORÇAMENTO PÚBLICO: UMA VISÃO ANALÍTICA – Celso de Barros Correia Neto • ICMS-IMPORTAÇÃO E INTERESTADUAL: UMA QUESTÃO SOBRE A SUJEIÇÃO ATIVA NAS OPERAÇÕES DE IMPORTAÇÃO – Rodrigo Antonio da Rocha Frota • LIMITES À INTERPRETAÇÃO DO DIREITO E A IMUNIDADE DOS TEMPLOS RELIGIOSOS – Rosana Pasinato • AS IMUNIDADES TRIBUTÁRIAS E O SISTEMA CONSTITUCIONAL – Paulo Guilherme Gorski de Queiroz • HABILITAÇÃO DO CRÉDITO PÚBLICO NA FALÊNCIA: EFICIÊNCIA NA ARRECADAÇÃO E EFETIVIDADE PROCESSUAL – Rafael Gaia Edais Pepe

MALHEIROS EDITORES